Stn. 71.

소리에 놀라지 않는 사자와 같이
그물에 걸리지 않는 바람과 같이,
흙탕물에 더렵혀지지 않는 연꽃과 같이,
무소의 뿔처럼 혼자서 가라.

sīho ca saddesu asantasanto /
vāto va jālamhi asajjamāno /
padumaṃ va toyena alippamāno /
eko care khaggavisāṇakappo //

빅쿠빠띠목카
Bhikkhu-Pāṭimokkha

ॐ सत्यमेव जयते ॐ

빅쿠빠띠목카 - 비구계본

값 24,000 원

발행일 2020년 9월 5일 초판발행
발행인 도 법
역주자 전재성
감수자 혜 능
교정위원 선 덕
발행처 한국빠알리성전협회
1999년5월31일
(신고번호:제318-1999-000052호)
서울 서대문구 모래내로430 #102-102
전화 02-2631-1381
홈페이지 www.kptsoc.org
Korea Pali Text Society
Moraenaero 430 #Seongwon 102-102
Seoul 03728 Korea
TEL 82-2-2631-1381 FAX 82-2219-3748
전자우편 kptsoc@kptsoc.org
홈페이지 www.kptsoc.org

ISBN 978-89-8996-677-7 90220

우리말빠알리대장경

巴漢對照義務戒律(빠알리율과 사분율)

빅쿠빠띠목카 - 비구계본

भिक्खुपातिमोक्ख

혜능 스님 감수/퇴현 전 재 성 역주

한국빠알리성전협회
Korea Pāli Text Society

譯註 退玄 全在星

철학박사. 서울대학교를 졸업했고,
한국대학생불교연합회 13년차 회장을 역임했다.
동국대학교 인도철학과 석·박사과정을 수료하고,
독일 본대학 인도학세미나에서 인도학 및 티베트학을 연구했으며,
독일 본대학과 쾰른 동아시아 박물관 강사,
동국대 강사, 중앙승가대학 교수, 경전연구소 상임연구원,
한국불교대학(스리랑카 빠알리불교대학 분교)교수,
충남대 강사, 가산불교문화원 객원교수를 역임했고,
현재 한국빠알리성전협회 회장을 역임하고 있다.
저서에는 ‹거지성자›(선재, 안그라픽스), ‹빠알리어사전› ‹티베트어사전›
‹범어문법학› ‹초기불교의 연기사상› ‹천수다라니와 붓다의 가르침›이 있고,
역주서로는 ‹금강경-번개처럼 자르는 지혜의 완성›
‹붓다의 가르침과 팔정도› ‹쌍윳따니까야 전집› ‹오늘 부처님께 묻는다면›
‹맛지마니까야› ‹명상수행의 바다› ‹디가니까야 전집› ‹신들과 인간의 스승›
‹앙굿따라니까야 전집› ‹생활 속의 명상수행›
‹법구경-담마파다› ‹숫타니파타› ‹우다나-감흥어린 싯구›
‹이띠붓따까-여시어경› ‹예경지송-쿳다까빠타›
‹비나여삐따까»(이상, 한국빠알리 성전협회)
그리고 역서로 ‹인도사회와 신불교›(일역, 한길사)가 있다.
주요논문으로<初期佛敎의 緣起性 硏究><中論歸敬偈無畏疏硏究>
<學問梵語의 硏究> <梵巴藏音聲論>등 다수 있다.

भिक्खुपाटिमोक्ख

translated by **Jae-Seong Cheon**
Published and Distributed by
Korea Pali Text Society ©2020

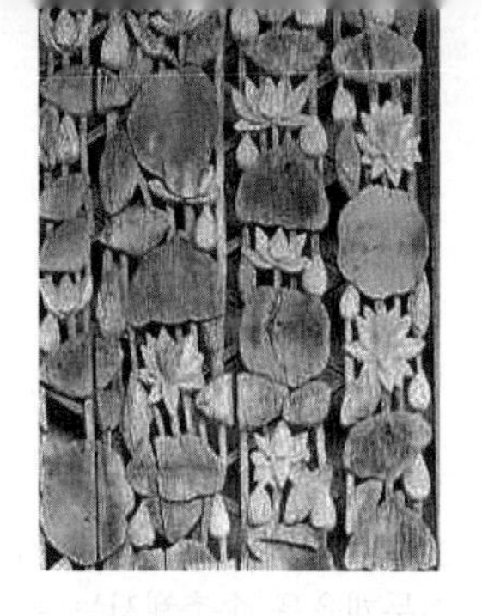

빠알리율계본과 사분율계본

이 책에 대한
상세한 주석은
본회 발행의

『비나야삐따까』에 실려 있습니다.

ॐ सत्यमेव जयते ॐ

수행승들이여,
재가인이 포함된 대중 가운데
의무계율을 송출해서는 안 된다.
송출하면, 악작죄를 범하는 것이다."

na bhikkhave,
sagahaṭṭhāya parisāya pāṭimokkhaṁ uddisitabbaṁ.
yo uddiseyya, āpatti dukkaṭassa'ti
(Vin. I. 115)

발 간 사

불교승단은 인류의 도적적 삶과 정신적 가치를 구현시켜온, 고요하고도 기저적인 역사적 토대였습니다. 이러한 불교승단의 경이로운 고요를 오랜 역사를 통해 지탱하게 한 것은 수행자들의 윤리지표이자 행동지침인 율장이었습니다. 그 율장을 구성하는 계율은 계정혜 삼학의 기초로서 우리를 궁극적으로 해탈에 이르게 하는 가장 중요한 지표입니다.

계율은 부처님의 가르침에서 보면, 몇몇으로 정해진 것이 아닙니다. 이론상 인간의 욕망이 초래하는 무한번뇌와 대치되는 무한계율이 있을 수 있습니다. 그 가운데 재가자나 출가자의 현실에서 맞게 적용한 것을 학습계율이라고 하는데, 대표적인 것으로 오계와 『빠띠목카』라고 하는 의무계율의 계본이 있습니다.

우리나라는 자장율사 이래로 계율을 중요시 했음에도 불구하고 그 동안 율장연구에서의 한역율의 모호성이나 난해성이 해소되지 않았는데, 퇴현 전재성 박사의 각고의 노력으로 그 원천이 되는 빠알리율장이 완역되어 한역율의 이해에도 서광을 비추기 시작했습니다.

이번에 그 빠알리성전협회 전회장님께서 동아시아에서 소의율로 삼는 한역으로만 남아 있는 『사분율계본』을 새롭게 복원번역하고 그 토대가 되는 『빠알리율계본』도 함께 실어서 『빠띠목카』를 출간하게 된 것을 계기로 불교중흥의 초석이 이루어지길 바라며, 아울러 불법승 삼보전에 공양드림으로써 부처님과 가르침이 널리 세상에 드러나며 승가 또한 나날이 청정해지기를 기원해봅니다.

원컨대 이 인연으로 사해의 병고에 시달리는 뭇삶들과 아내 이혜성(李慧惺 垠姓) 도반의 회복을 간절히 소망하면서 삼배를 올립니다.

불기 2564(2020)년 9월 5일

大峙(큰 언덕)에서

顯默 李準鎔 合掌

추 천 사(1)

우리나라 계율의 비조인 자장율사는 왕의 부름을 받고 '내가 차라리 계율을 지키고 하루를 살지언정, 계율을 깨뜨리고 백 년을 살기를 원하지 않는다.'라고 조정의 관직에 나아가지 않았습니다. 그러한 준엄한 계율정신이 있었던 것은 계율에 어긋난 삶을 경계한 석가모니 부처님의 계율에 관한 가르침을 송출하여 기록한 율장이 있었기 때문입니다.

용성(龍城)스님에게 법맥을 전수받아 근래 한국불교의 승강(僧綱)을 바로 잡아 온 자운스님은 유교경을 인용하여 '계율이 바로 해탈의 근본이요, 계율이 바로 그대들의 큰 스승이니 내가 이 세상에 더 살더라도, 이와 다를 바 없으니, 계율을 존중해서 어둠 속에 빛을 만난 듯 대하고, 가난한 사람이 보물을 만난 듯, 해야 한다.'라고 했습니다. 또한 자운 스님은 '계율이 바로 서면, 일신성불은 물론이요, 불국정토를 따로 바라지 않아도 그 자리가 바로 불국정토이다.'라고 선언하셨습니다.

현대사회에서 차를 타면서 지켜야 할 신호등, 지켜야 할 차도를 지키지 않는다면, 도시는 곧 교통지옥으로 변해 목적지에 갈 수 없듯, 계율이 없이는 우리는 지옥에 떨어질 수 밖에 없으며, 보리심에 한 발자국도 다가설 수 없습니다. 거꾸로 계율을 잘 지키려면, 고귀한 삶이라는 목표가 있어야 합니다. 그래서 오대산 상원사에 들어가 좌탈입멸(坐脫入滅)하신 방한암 스님께서는 '만약 계행을 잘 지키려고 한다면, 항상 보리심을 잃지 말라.'고 했습니다. 무수한 부처님이 출현하시어 가없는 중생을 제도하고 있지만, 생사윤회를 벗어나지 못한 중생 또한 한량없이 많으니, 이 무한한 중생으로 하여금 생사고해를 건너게 하려면, 계율이 필요하므로 진표율사(眞表律師)는 속리산 계곡에서 물고기에게도 계율을 설했다고 합니다.

대승불교의 계율의 소의경전인 ≪사분율≫(四分律) 등의 율장은, 그 원전이 되는 것이 ≪빠알리율≫입니다. 대승경에 설해진 삼취정계(三聚淨戒)나 보살계(菩薩戒)의 그 근원도 ≪빠알리율≫에 있습니다. 처음 부처님을 따르는 제자들은 선근이 출중하여 계율이 필요 없어 승단 12년간은 계법을 설하지 않았습니다. 그러나 차츰 범계(犯戒)가 나타나게 되어 생길 때마다 부처님께서는 계율을 시설했는데, 그것을 수범수제(隨犯隨制)라고 합니다. 이러한 과정을 통해 우리는 계율정신을 살펴 볼 수 있습니다.

이번에 퇴현 전재성 박사가 부처님원음인 빠알리경장을 대부분 번역한 뒤에 부처님원음인 ≪비나야삐따까≫마저 복원하여 완간한 것뿐만 아니라, 이번에 그 계본과 한역으로만 남아있던 동아시아 불교의 소의율인 ≪사분율≫의 계본마저 준복원하여 번역한 것은 한국불교의 중흥의 그 초석을 놓은 것이나 다름이 없으니, 그 노고에 모든 불보살님과 더불어 깊은 감사를 드립니다.

불기 2564(2020)년 9월 5일
조계종 전계대화상
무봉 성우 합장

추 천 사(2)

승가가 공양·공경받을 만한, 세상에서 위없는 공덕의 밭으로서의 승보인 이유는, 그들이 훌륭하고 정직하고 현명하고 조화롭게 실천 수행할 뿐만 아니라, '사소한 허물이든 어떠한 악행을 저질렀어도 그것을 감추지 못하기 때문이며, 궁극적인 길을 본 사람은 그것을 감추는 것이 불가능하다.'(『보배경』11)고 하였습니다.

그래서 두 종류의 승가가 있다고 하는데, 하나는 이와 같이 이미 궁극적인 길인 열반을 보고 더 이상 허물을 감추지 않는 이의 상태가 된 사쌍팔배의 성자로서의 승가이고, 다른 하나는 아직 궁극적인 길을 보지 못한 일반 범부의 승가입니다.

수행자를 수행자답게 만드는 세 가지 가운데, 보다 높은 계행에 대한 배움은 '수행승이 계행을 지키고, 의무계율을 수호하고, 올바른 행위의 경계를 갖추고, 사소한 잘못에서 두려움을 보고, 지켜야 할 학습계율을 수용하며 배우는 것을 말합니다. 보다 높은 세 가지 배움이 없다면, 수행승들의 참모임인 승가의 뒤를 따라가면서, '나는 수행승이다. 나는 수행승이다.'라고 생각하더라도 단지 생각일 뿐 수행승이 아니니, 수행승은 증상삼학에 대한 배움에 치열한 의욕을 일으켜 배워야 한다.(AN. 3:81「수행자의 경」)라고 하셨습니다. 치열한 의욕을 일으켜 세 가지 보다 높은 배움인 증상삼학에 대해 배우는 청정한 삶이 수행의 시작일 뿐만 아니라, 그러한 수행승은 귀의의 대상으로서의 승보에 속한다고도 할 것입니다.

부처님께서 녹야원에서 처음 진리의 수레바퀴를 굴리신 이후 12년까지는 승단의 수행승들이 티끌을 여의고 위험을 여의어 궁극적인 진리를 본 성자들만이 있었기 때문에 수행승들에게 의무계율을 시설할 필요가 없었습니다. 그런데 쑤딘나 깔란다까뿟따에 의해서 티끌이 생겨나고 위험이 생겨나서부터 여러 가지 계율이 시설된 것입니다. 이렇게 시설된 계율에는 수행승이 반드시 지켜야 하는 의무계율과 사소한 계율인 권장계율이 있는데, 이것을 모아 둔 것을 빠띠목카라 합니다. 이 빠띠목카를 포살에 합송하게 된 것은, "어찌 싸끼야의 아들들은 보름기간 중에 제14일, 제15일 그리고 제8일에 모여 앉아 벙어리 돼지처럼 말없이 있기만 한단 말인가? 앉아만 있지 말고 설법을 해야 하지 않는가?"(Vin. I. 102)라고 사람들이 혐책하고 분개하고 비난한 것에서부터 시작되었다고 합니다.

퇴현 전재성 박사가 온갖 어려움 속에서도 빠알리어경전 ≪쌍윳따니까야≫를 비롯한 오부니까야의 대부분을 번역하고, 율장연구의 진정한 토대가 되는 ≪빠알리율장≫을 번역한 뒤, 다시 「빠리바라(율장강요)」와 「빠띠목카」까지 추가 번역하여 통합본으로 ≪비나야삐따까≫를 출간한 것은 불교사에 경이로운 역경불사의 완성이라 할 것입니다.

그동안 종단에서는 운허 스님께서 번역한 『사분계본』을 독송해왔는데, 율장의 원음이라 할 수 있는 『빠알리율장』과 대조하며 이해할 수 있도록 빠알리율계본과 사분율계본을 합본한 『빠띠목카』를 만들고, 특히 각 계율 조항마다 율장에 있는 예외규정인 불범(不犯) 부분을 첨부하여 율장에서의 지범개차(持犯開遮)에 대한 명료한 이해를 돕게 했습니다. 어려운 여건에서도 꾸준히 부처님의 원음인 빠알리삼장을 번역해 오신 한국빠알리성전협회 퇴현 전재성 박사께 깊은 존경과 수희찬탄을 드립니다.

이 빠띠목카의 수지로 수행승들의 계행이 청정해지고, 청정한 계행으로 열반의 조건이 충족되어지며, 아울러 승해(僧海)가 징청(澄淸)하여 부처님 가르침이 오랫동안 머물기를 기원합니다.

불기 2564(2020)년 9월 5일 람림의 마을 적정처에서

비나야연구원 원장

고천 석혜능 합장

머 리 말

빠띠목카의 계율항목은 정신적 성취를 통해 풍요로운 영적 경지에 도달하고 마침내 궁극적 해탈을 이루는데, 그 토대를 이룹니다. 이러한 특별한 목표를 지닌 계율들은 재가자와 참모임의 신체적, 정서적, 지적, 정신적인 통합을 계발시킵니다. 율장은 비록 불교승단의 내부적 규율이기는 하지만, 재가자의 일상생활에서도 귀감이 될 수 있는 뛰어넘을 수 없는 법체계적 심오한 통찰을 보여주고 있습니다.

우리가 도덕적으로 윤리적으로 잘못을 범한다면, 대부분은 우리 스스로 자신의 이성의 간계에 속아 합리화함으로써 같은 돌뿌리에 계속 넘어지는 것입니다. 아무리 알아차림을 철저히 한다고 해도, 그것이 양심에 저촉이 되는가, 그렇지 않은가에 대한 경험적이고도 보편적인 잣대가 없이, 우리는 삶의 규범을 확립하기 어렵습니다.

이번에 한역과 한글 중역으로 남아있는 『사분율계본』을 새롭게 복원번역한 것은 비나야연구원장 혜능 스님의 간곡한 부탁으로 이루어진 것입니다. 특히 스님께서 현 조계종의 독송본을 송출되는 『사분율계본』의 계본과 계목의 유래에 대한 자료제공을 하시고 원고를 교열해주신 혜능 스님과 원고를 교열해준 선덕 보살에 대해 심심한 감사를 드립니다. 아울러 덕분에 그것과 『빠알리계본』과 상호대조를 통해 이미 출간된 ≪비나야삐따까≫ 전서를 교정할 있게 된 계기가 된 것은 무척 다행일 아닐 수 없습니다.

이번에 이 책에 출간비를 지원하시고 발간사를 써주신 약사 이준용 거사님과 그의 사모 이혜성 보살님과 비나야삐따까 출간을 후원하신 성우 큰스님과 혜능 스님 그리고 최근에 성전협회를 후원하신, 김현수 전무님, 유필화 교수님, 정인진 변호사님, 이진홍 님, 이건우 님, 이상길 님께 깊은 감사를 드립니다.

불기2558년(2014)년 9월 5일 창릉천 연구실에서

퇴현 전재성 합장

빠띠목카 해제

1. 빠띠목카의 정의와 어원

≪비나야삐따까≫의 내용은 구성하는 핵심은 빠알리어로 '빠띠목카'(pāṭimokkha)라고 하고, 산스크리트어로는 쁘라띠모끄샤(*sk.* prātimokṣa)라고 한다. 한역으로는 음사하여 바라제목차(波羅提木叉)라고 하고 번역하여 별해탈(別解脫) 또는 계본(戒本)이라고 한다. 그것에 비해 빠알리어로 '씩카빠다'(sikkhāpada), 산스크리트어로 식샤빠다(*sk.* śikṣāpada), 한역으로 학처(學處)라고 하는 것은 일반적으로 하나하나의 계율조문을 말하고, '빠띠목카'는 그 계율조문을 모아놓은 것을 뜻한다고 알려져 있다. 그러나 그 의미가 담고 있는 정확한 범주가 어떠한 것인지는 학문적으로도 분명하지 않다.

원래 '빠띠목카'의 어원 'pāṭi+√muc(*sk.* prāti+√muc)'는 적어도 두 가지 상반된 의미 내지는 보다 다양한 의미를 지닌다. 첫째는 '내려놓다. 방면하다. 자유롭게 하다.'이고 두 번째는 '묶다. 결합시키다. 조이다.'라는 의미를 지니고 세 번째는 '부과하다.'라는 의미를 지니고 네 번째로 그 사역의 의미는 '탈환하다.'라는 뜻을 지닌다.

상좌불교의 위대한 주석가 붓다고싸(Buddhaghosa : Vism. 16)는 대체로 '빠띠목카'의 어원을 그 첫 번째의 것 '짐을 내려놓게 하는 것, 벗어나게 하는 것, 자유롭게 하는 것'을 취해 해석하였는데, 다소간의 유사언어학적 해석을 곁들여 '지옥(niraya)의 처벌에서 벗어나게 하는 것'이라고 정의한다. 여기서 하필 지옥을 염두에 둔 것은 '빠띠목카'을 포함하고 있는 비나야(vinaya)와의 발음상의 유사성을 대비시켰기 때문이다. 현장(玄奘) 법사가 『구사론』(俱舍

論)에서 '별해탈(別解脫)이라고 번역한 것이나 티베트어에서 쏘쏘타르빠(so·so·thar·pa) — '각각의 해탈' 또는 '구체적인 해탈' — 라고 번역하는 것은 모두 이러한 첫 번째 의미에 입각한 것이다. 서양에서 로마자율장의 교열을 완성한 올덴베르크(H. Oldenberg)도 '죄로부터 벗어나는 것에 따라 이름지어진 것'이라고 해석하는 것으로 보아 대체로 이러한 전통적 해석방식을 취한 것으로 보인다.

그러나 듀뜨(S. Dutt : Bd. I. xii)는 '빠띠목카'의 어원을 두 번째의 것으로 해석하여 '묶는 것, 결합'을 지시하므로 '빠띠목카'는 '수행자를 교단에 묶는 것'이라고 해석하고 있다. 리스 데이비즈(Rhys Davids)와 스티드(Stede)는 빠알리영어사전에서 두 번째 의미와 세 번째 의미를 한꺼번에 엮어서 '묶는 것의 의미를 지닌 것으로 의무적인 것, 즉, 의무'를 뜻한다고 해석하고 있다. 그리고 윈터닛쯔(Winternitz : Hi. II. 22)는 '빠띠목카'의 어원을 네 번째 의미로 해석하여 '탈환되어야 할 것, 회복되어야 할 것'의 의미를 갖는다고 주장했다. 그 이유는 예를 들어 ≪자타카≫(Jāt. V. 25)에서 '쌍가람 빠띠목캄(saṁgaram pāṭimokkhaṁ)'이 '되찾아져야 할 약속'이라는 의미로 사용되기 때문이라는 것이다.

그러나 부처님이 율장 즉, 비나야 자체에서 규정하는 '빠띠목카'의 의미는 다음과 같다. 위의 어원적 해석방식과는 다르다.

> '빠띠목카'라는 것, 그것은 착하고 건전한 것들의 시초이자, 얼굴이자, 선두이다. 그래서 '빠띠목카'라고 한다.(Pāṭimokkhanti ādimetaṁ mukhametaṁ pamukhametaṁ kusalānaṁ dhammānaṁ tena vuccati Pāṭimokkhan'ti : Vin. I. 103)

위의 율장의 정의에 따르면, '빠띠목카'는 모든 착하고 건전한 것들을 성취하려고 할 때에 그것들의 가장 시초이자 얼굴이자 선구라는 것이다. 앞서 필자가 법구경을 예로 들어 지적했듯이 '일체

악하고 불건전한 것을 하는 않는 것'을 의미한다. 그런데 히라카와 아키라(平川彰)가 이것을 두고 '빠띠목카'의 어원을 선두를 의미하는 '빠무카에서 유래한 빠목카(pāmokkha<pamukha)'에서 찾을 수 있다고 주장한 것(비연 I. 39)은 타당하지 않다. 어원학적으로 '빠목카'가 '빠띠목카'가 될 수는 없기 때문이다. 이러한 부처님의 정의는 내용적 의미가 적확하기 때문에 채용한 것이지 '빠띠목카'를 유사언어학적인 놀이로 채택한 것은 아닐 것이다. 유사언어학적인 놀이라고 본다면 그것은 우연의 일치일 것이다. 그리고 이 단어는 ≪디가니까야≫(DN. II. 46-49)에 따르면, 과거불인 비빳씬(Vipassin)의 시대로까지 소급되며, 역사적인 부처님 시대 이전에 이미 잘 알려진 것이었다. 『담마빠다』(Dhp. 185.)에도 다음과 같은 시가 등장한다 :

> "비방을 삼가고 해치지 않고 빠띠목카를 지키고 식사에서 알맞은 분량을 알고 홀로 떨어져 앉거나 눕고 보다 높은 마음에 전념하는 것, 이것이 깨달은 님들의 가르침이다."(anūpavādo anūpaghāto | Pāṭimokkhe ca saṁvaro | mattaññutā ca bhattasmiṁ | pantañca sayanāsanaṁ | adhicitte ca āyogo | etaṁ buddhāna sāsanaṁ ‖)

이제까지 고찰해본 결과에 따르면, '빠띠목카'의 정확한 의미의 범주는 명확하게 규정되지 않았다는 것을 알 수 있다. 역자는 어원적으로 그것의 두 번째 의미를 취해 '빠띠목카'를 의무계율이라고 번역한다. 그리고 그 구체적인 조문을 의미하는 '씩카빠다'를 학습계율이라고 번역한다. 모든 학습계율은 의무계율이 될 수 있지만, 모든 학습계율이 의무계율인 것은 아니다.

이를테면 비구의무계율에 포함된 학습계율의 숫자는 각 부파불교마다 다르기 때문이다. ≪빠알리율≫(Vinayapāḷi)에서는 227조인데 비해, ≪사분율≫(Caturvargavinaya : 四分律)에서는 250조,

≪오분율≫(Pañcavargavinaya : 五分律)에서는 251조, ≪십송율≫(Daśādhyāyavinaya : 十誦律)에서는 263조, ≪근본설일체유부율≫(Mūlasarvāstivādavinaya : 根本說一切有部毘奈耶)에서는 249조, ≪마하승지율≫(Mahāsaṅghikavinaya : 摩訶僧祇律)에서는 218조, 티베트역의 ≪근본설일체유부율≫(Mūlasarvāstivāda-vinaya : 根本說一切有部律)에서 258조로 되어 있다.

리스 데이비즈(Rhys Davids)는 이 의무계율의 집성인 「빠띠목카」는 다양한 학습계율의 조문을 집성한 것으로 삼장의 성립에서 가장 후대에 속한다고 본 반면에, 올덴베르크는 거꾸로 「빠띠목카」가 율장에서 가장 먼저 성립한 것으로 본다. 그는 그 이유로 다음과 같은 사항을 주장한다. 첫째, 「빠띠목카」가 율장에서 완전히 그 원형적인 형태가 발견되지는 않는다. 둘째, 그 학습계율의 규칙과 조문이 각각 분리되어 있긴 하지만 자구와 자구가 완전히 일치하므로 즉, 『쏫따비방가』는 「빠띠목카」가 확장된 읽기에 불과하다. 셋째는 점차적으로 수행승들이 재가자의 가정에 나쁜 모범을 보여 주고 있다는 다음과 같은 구절 즉, '이 앗싸지와 뿌납비쑤를 추종하는 수행승들은 가정을 더럽히고 악행을 합니다.(Vin. II. 13; ime as-sajipunabbasukā bhikkhū kuladūsakā pāpasamācārā)'라는 말을 들고 있다. 이러한 이유를 들어 올덴베르크는 「빠띠목카」가 원형적으로 먼저 있었고 점차적으로 조문의 적용과 조문의 해석에서의 모호성을 피하기 위해 『쏫따비방가』가 성립된 것으로 보고 있다.

2. 빠띠목카의 복원과 재배치

빠알리어 『빅쿠-빠띠목카』에 관한 한, 최근까지 트랜스크립션과 그에 따른 다양한 번역이 있어 왔다. 리스 데이비즈와 올덴베르크를 위시하여 딕슨(Dickson, J. F.), 호너(I. B. Horner :

1938-1966), 니야나땃싸나 빅쿠(Ñāṇadassana Bhikkhu), 니야나몰리 빅쿠(Nyanamoli : The Pāṭimokkha. 227 Fundamental Rules of a Bhikkhu. Translated from the Pali. 1969), 타니싸로 빅쿠(Thanissaro : 1994)의 번역에서 찾을 수 있다. 그러나 최근까지 세계적으로 『빅쿠니-빠띠목카』에 대해서는 체계적으로 복원되어 트랜스크립션되거나 번역된 적이 없다. 호너의 비교적 완벽한 번역조차 율장의 『빅쿠니-비방가』에 주어진 빅쿠니고유학습계율에 의존하고 있어 빅쿠니 측의 공유계율에 대해서는 생략한 채로 두었기 때문에 『빅쿠니-빠띠목카』의 전모를 알 수가 없었다. 히라카와 아키라((平川彰)나 우테 휘스켄(Ute Hüsken : 1997)의 최근 번역도 마찬가지였다.

Davids, T. W. Rhys & Herman Oldenberg, H. 1881-1885, Vinaya Texts, 3vols. (Sacred Books of the East XII, XVII, XX).

Dickson, J. F. "The Pāṭimokkha, Being the Buddhist Office of the Confession of Priests : The Pali Text, with a Translation and Notes" Journal of the Royal Asiatic Society, new series, VIII. pp. 62-130

Hirakawa, A. 1982 Monastic Discipline for the Buddhist Nuns. Patna

Horner. I. B. 1936-1966. The Book of the Discipline, 6 volumes, Sacred Books of the Buddhists. London.

Hüsken, Ute. 1997. Die Vorschriften für die buddhistische Nonnengemeinde im Vinayapiṭaka der Theravādin. Berlin.

Ñāṇadassana Bhikkhu and Vivekavihārī Bhikkhu, tr., ca. 1999. Pāṭimokkha : Das Hauptgesetz der Bettelmönche mit Notizen der ethischen Führung (Vinaya) im Anhang. N.p.

Ñāṇadassana Bhikkhu. 1999. Bhikkhu-Pāṭimokkhaṁ : Das Hauptregelwerk der buddhistischen Bettelmönche. Colombo : Karunaratne &

Sons.

Ñāṇamoli Thera 1992. The Pāṭimokkha. Bangkok : Mahamakutaraja vidhyalaya(first ed. 1966)

Nolot, Édith. 1991. Regles de discipline des des nonnes bouddhistes. Paris (College de France, Publications de l'Institute de Civilisation Indienne, 60)

Nolot, Édith. 1996. "Studies in Vinaya Technical Terms, I-III." Journal of the Pali Text Society, Vol. XXII. pp. 73-150)

Thanissaro Bhikkhu. 1994. The Buddhist Monastic Code. Valley Center, Calif. : Metta Forest Monastry.

『빅쿠니-빠띠목카』가 완전히 복원된 것은 2001년에 와서 위리엄 프루잇(William Pruitt)이 편집하고 노먼(K. R. Norman)이 번역한 『빠띠목카』(PTS. 2001)에서였다. 그들은 율장의 주석서인 『싸만따빠싸디까』(Samantapāsādikā)와 『깡카비따라니』(Kaṅkhāvitaraṇī)를 참조로 『빅쿠니-빠띠목카』를 완전 복원하여 완벽한 빠알리어 『빠띠목카』를 번역할 수 있었다.

The Pāṭimokkha ed. by William Pruitt. tr. by K. R. Norman. The Pali Text Society Oxford 2001.

역자가 『빅쿠니-비방가』를 번역할 당시에는 ≪사분율≫의 순서에 맞추어서 의무계율의 순서를 복원했는데, 그 이유는 승단추방죄의 배열순서에 맞추어서 ≪사분율≫의 배열순서와 일치시켰기 때문이었다. 그러나 그 순서가 곧 빠알리어 『빠띠목카』의 순서와는 맞지 않는다는 것을 뒤늦게 알았다. 승단추방죄법에서는 ≪사분율≫의 순서와 배열이 같았지만, 그 이외 승단잔류죄법 이하에서는 ≪사분율≫과는 달리 대체로 빅쿠니고유학습계율을 먼저 배열하고 공유계율은 나중에 배치하는 구조를 갖고 있다. 이번에 역자는 초판본과는 달리 통합본에서는 이 빠알리성전협회본의 『빅쿠니-빠띠목카』의 순서에 맞추어 계율항목의 순서를 다시 배열하였다.

3. 빠띠목카의 구조

1) 『빠띠목카』는 「빅쿠-빠띠목카」와 「빅쿠니-빠띠목카」의 양부를 갖고 있는 수행승과 수행녀의 행동규범이다.

2) 그러나 『양중-빠띠목카』가 수행승과 수행녀의 모든 규범을 총괄하고 있는 것은 아니고, 단지 요약일 따름이다. 다른 갈마의규(kammavāca)와 규칙들은 양 다발부, 즉, 마하박가와 쭐라박가에 포함되어 있다.

3) 「빅쿠-빠띠목카」는 수행승이 지켜야 할 227개 조항의 의무계율로 이루어져 있다. 4개 조항의 승단추방죄법, 13개 조항의 승단잔류죄법, 2개 조항의 부정죄법, 30개 조항의 상실속죄죄법, 92개 조항의 단순속죄죄법, 4개 조항의 고백죄법, 75개 조항의 중학죄법, 7개 조항의 멸쟁죄법이다.

4) 「빅쿠니-빠띠목카」는 수행녀가 지켜야 할 311개 조항의 의무계율로 이루어져 있다. 8개 조항의 승단추방죄법(4개 조항 공유), 17개 조항의 승단잔류죄법(7개 조항 공유), 30개 조항의 상실속죄죄법(18개 조항 공유), 166개 조항의 단순속죄죄법(70개 조항 공유), 8개 조항의 고백죄법, 75개 조항의 중학죄법,(75개 조항 공유) 7개 조항의 멸쟁죄법(7개 조항 공유)이다.

5) 『빠띠목카』를 인연담에서부터 상세히 해설하고 있는 『빅쿠-비방가』에서는 수행승의 모든 의무계율을 상세히 해설하고 있으나 『빅쿠니-비방가』에서는 공유계율을 제외한 빅쿠니고유학습계율

만을 다루고 있다. 중학죄법은 모두가 공유계율이므로 첫 번째와 마지막 계율만을 다루고 있고, 멸쟁죄법은 생략행태로 다루고 있다. 그러나 별도의 『빠띠목카』의 필사본과 편찬본에서는 공유계율을 포함한 완전한 형태로 기술되어 있다.

6) 「빅쿠-빠띠목카」와 「빅쿠니-빠띠목카」는 공유계율의 철자법에서 약간의 차이를 보이지만, 의미상에서는 차이가 없다 : tathārūpa(p)paccayā; attu(ū)panāyikaṁ, upaāhanāru(ū)ḷhassa; kattikatemāsi(ka)paṇṇamaṁ, patisāyanti(ī)yāni; pādakāru(ū)-ḷhassa; pani(ī)yathālakaṁ.

7) 『빠띠목카』의 품(vagga)의 명칭은 일반적으로 각각 계율의 다발의 첫 번째 계율에 따라서 명칭지어진다. 빅쿠니상실속죄죄법 제21조로 시작하는 상실속죄죄법 제3품의 명칭은 금전(Jātarūpa-vagga)인데, Se. Be의 명칭은 '발우의 품(Pattavagga)'이라고 붙여졌는데, 이것은 잘못 붙여진 것이다. 따라서 Ce의 명칭에 따라 수정되어야 한다.

8) 계율의 조항의 명칭은 원래의 『빠띠목카』의 부분으로 송출되지 않은 것으로 이차적이고 부가적인 것이다. 그 명칭은 계율에서 가장 중요한 구절에 따라 붙여졌다. 그러나 제목이 내용상 동일해질 경우에는 달리 명칭을 부여했다. 빅쿠상실속죄죄법 제26조나 제27조(Khu-Pāc. 26, 27)는 모두 직조사(tantavāya)에 대한 것이다. 제27조(Khu-Pāc. 27=Nī-Pāc. 28)는 '직조사에 대한 큰 학습계율[Mahāpesakārasikkhāpada]'라는 명칭이 부여되어 있으나 원래에 계율조항에 없던 용어를 사용해서 명칭이 부여되었다. 그리고 제26조(Khu-Pāc. 26= Nī-Pāc. 27)는 직조사라는 용어를 피하고 '실타래의 요청에 대한 학습계율[Suttaviññattisik-khāpada]'이라는 명칭이 부여되어 있다. 아마도 명칭이 동일해지

는 오류를 피하기 위해서 다른 명칭이 부여된 것 같다. 여기에 대해서 오스카 폰 힌위버(Oskar von Hinüber)의 주장이 옳다면, 제27조의 논리대로라면 '직조사에 대한 작은 학습계율[Cūḷapesakāra-sikkhāpada]'이라는 명칭이 부여되었어야 한다. 역자는 이러한 혼돈을 피하기 위해서 제27조(Khu-Pāc. 27=Nī-Pāc. 28)의 항목의 제목에서 '큰'이라는 의미의 '마하(Mahā)'를 빼고, '직조사에 대한 학습계율[Pesakārasikkhāpada]'라는 명칭을 부여했다. 그리고 어떤 조항의 명칭은 그 계율 안의 문구에는 등장하지 않지만 그 계율이 생기게 된 양부 『비방가』의 인연담에서는 중요한 역할을 한다. 빅쿠단순속죄죄법 가운데, 제34조(Khu-Pāc. 34 = Nī-Pāc.119)의 '까나의 어머니와 관계된 학습계율[Kāṇamātusik-khāpada]' 제47조(Khu-Pāc. 47=Nī-Pāc. 128)의 '마하나마와 관계된 학습계율[Mahānāmasikkhāpada]' 제68조(Khu-Pāc. 68=Nī-Pāc. 146)의 '아릿타와 관계된 학습계율[Ariṭṭhasikkhāpada]' 제70조(Khu-Pāc. 70=Nī-Pāc. 148)의 '깐따까와 관계된 학습계율[Kaṇṭakasikkhāpada]' 제92조(Khu-Pāc. 92= Nī-Pāc. 166)의 '장로 난다와 관련된 학습계율[Nandattherasikkhāpada]'에서 볼 수 있다. 그 가운데 제81조(Khu-Pāc. 81= Nī-Pāc. 159)의 '닳아빠진 옷에 대한 학습계율[Dubbalasikkhāpada]'도 거기에 속한다고 볼 수 있는데, 주석서(Smp. 888)에서는, 그 명칭이 답바와 관련된 학습계율[Dabbasikkhāpada]이라고 달리 주어져 있는데, 명칭 자체가 학습계율에는 없는 그 계율이 발생하게 된 주인공을 지칭하고 있다는 것을 알 수 있다. 동일한 학습계율에 주어진 이러한 두 명칭은 모두 『빅쿠-비방가』의 인연담에 따라 주어진 것이다.

9) 다양한 계율의 다발에서 계율조항의 순서에 관하여 죄악이나 문법적 사항과 관련하여 유사한 구조를 발견할 수 있다. 위에서

언급한 것처럼 빅쿠상실속죄죄법 제26조나 제27조(Khu-Pāc. 26, 27)의 유사성과 같은 유사성을 발견할 수 있다. 특히 중학죄법에서는 그러한 규칙이 가는 것과 앉는 것과 관련되어 한 쌍으로 자주 발견된다. 그리고 빅쿠단순속죄죄법 제86조~제92조(Khu-Pāc. 86~92)까지는 범법자가 행해야 하는 것을 포함하는 -aka라는 형용사가 연이어 등장한다. 예를 들어 제87조, 제89조~제92조에서 잘라내는 것(chedanaka), 제86조에서 부수는 것(bhedanaka), 제88조에서 뜯어내는 것(uddālanaka)이 있다. 또한 빅쿠니단순속죄죄법 제22조와 제163조~제166조(Nī-Pāc. 22, 163~166)에서도 마찬 가지이다. 예를 들어 제22조, 제163조, 제165조~제166조에서 잘라내는 것(chedanaka), 제162조에서 부수는 것(bheda-naka), 제164조에서 뜯어내는 것(uddālanaka)이 있다. 휘스켄은 빠알리어 빅쿠니 승단잔류죄가 성에 따라 배열된 것을 발견했다. 여성의 계율은 공통계율보다 앞에 배열되어있다.

10) 공유계율에서의 빠알리어의 문법상의 성의 차이가 나타나야 한다. 빅쿠 계율의 '그런데 어떤 수행승(yo pana bhikkhu)'이 빅쿠니 계율의 '그런데 어떤 수행녀(yā pana bhikkhunī)'로 변환되고 기타의 문법사항이 여성형으로 변환되는 것이 일반적이다. 그러나 약간의 예외가 있는데, 빅쿠니계율의 여성형에서도 빅쿠계율의 남성형 형태의 문법사항이 일부 단어에서 그대로 적용되는 경우가 있는데, 그것은 편집자의 간과라기 보다는 부사적 용법으로 해석한 것으로 보여진다. 예를 들어 알면서(jānaṁ)라는 현재분사의 주격적 형태가 빅쿠상실속죄죄법 제30조(Khu-Niss. 30)와 빅쿠니상실속죄죄법 제30조(Nī-Niss. 30), 빅쿠단순속죄죄법 제16조(Khu-Pāc. 16)와 빅쿠니단순속죄죄법 제112조(Nī-Pāc.112), 빅쿠단순속죄죄법 제20조(Khu-Pāc. 20)와 빅쿠니단순속죄죄법

제116조(Nī-Pāc. 116), 빅쿠단순속죄죄법 제62조·제63조·제66조(Khu-Pāc. 62, 63, 66)와 빅쿠니단순속죄죄법 제143조~제145조(Nī-Pāc. 143~145), 빅쿠단순속죄죄법 제69조·제70조(Khu-Pāc. 69, 70)와 빅쿠니단순속죄죄법 제147조·제148조(Nī-Pāc. 147, 148), 빅쿠단순속죄죄법 제82조(Khu-Pāc. 82)와 빅쿠니단순속죄죄법 제160조(Nī-Pāc. 160)에서 동일하게 사용된다. 그리고 별도로 그 현재분사는 빅쿠니승단추방죄법 제6조(Nī-Pār.6), 빅쿠니승단잔류죄법 제2조(Nī-Saṅgh. 2), 빅쿠니단순속죄죄법 제51조(Nī-Pāc. 51)에서도 사용되고 있다. 그밖에 그와 유사하게 빅쿠승단추방죄법 제4조(Khu-Pār. 4)와 빅쿠니승단추방죄법 제4조(Nī-Pār. 4)에서 현재분사 ajānaṁ, apassaṁ, anabhijanaṁ이 사용된다. 그리고 빅쿠단순속죄죄법 제73조(Khu-Pāc. 73)의 '원칙에 따라 처벌받아야 하고(yathādhammo kāretabbo)'는 빅쿠니단순속죄죄법 제151조(Nī-Pāc. 151)에서도 그대로 사용되었는데, 문법적으로 '원칙이 실현되는 것처럼(yathā dhammo kāretabbo)'라고 띄어서 해석하면 문제가 해결된다. 그런데 동일한 계율에서 빅쿠 계율에 사용된 '이것은 그 태만한 자(idaṁ tasmiṁ mobhanake)'라는 남성형 구절이 그대로 빅쿠 계율에서 계승된 것이 특이한데 아마도 태만한 자를 남성형 명사로서 해석했기 때문에 있을 수 있는 것이라고 볼 수 있다. 그러한 현상은 빅쿠단순속죄죄법 제12조(Khu-Pāc. 12)와 빅쿠니단순속죄죄법 제108조(Nī-Pāc. 108)에서의 '핑계를 대거나 묵비에 의한 괴롭힘을 주면(aññavādake vihesake)'이라는 것에도 적용된다. 빅쿠단순속죄죄법 제13조(Khu-Pāc. 13)와 빅쿠니단순속죄죄법 제109조(Nī-Pāc. 109)의 '원망하거나 매도하면(ujjhāpanake khīyanake)'에도 적용된다. 이렇게 빠알리어 문법상 여성형의 구절이 기대되는

곳에 남성형이 그대로 적용된 것은 해석학상으로 어미 -ika가 남성형 명사로 취급될 수 있음을 보여주는 것이다.

11) 『빠띠목카』의 용어의 번역은 경장에서 사용되는 것보다 그 어원적 또는 근원적 의미를 밝혀내려고 하면, 더욱 어려운 경우가 많다. 빠라지까(Pārājika)의 경우, 한역으로 음사하여 바라이(波羅夷)이지만, 오스카 폰 힌위버(Oskar von Hinüber : 1996. §17)의 경우 '축출과 관계된 것' 또는 '추방과 관계된 것'이라는 의미라고 해석하는데 이것은 한역의 단두죄(斷頭罪)라는 의미에 가깝다고 볼 수 있는데 비해, 테라바다 불교에서는 전통적으로 '패배를 당한 것'이란 의미로 해석하고 있다. 역자는 '승단추방죄'라고 번역했다. 쌍가디쎄싸(Saṅghādisea)의 경우 원래 한역의 승잔죄(僧殘罪)처럼 '승단의 잔여와 관계된 것'이라는 의미이지만, 어원적으로는 '승단이 처음부터 끝까지 관여해야 하는 것'으로 해석할 수 있다. 그 의미는 '승단의 갈마가 필요한 것'이라는 뜻이라고 볼 수 있다. 역자는 '승단잔류죄'라고 번역한다. 그밖에 구족계와 관계된 술어로 어원적으로 '일으키다'라는 의미의 'vuṭṭhapeti' 또는 'vuṭṭhāpeti'라는 용어를 어떻게 어원적으로 '성취하다'라는 의미의 'upasampādeti'와 구별해야 하는가는 율장 번역가를 괴롭혀온 것이다. 호너(Bd. III. 361)는 전자를 후자와 별다른 구별없이 '구족계를 주다.'라는 의미로 번역했고, 우에다 텐주이(上田天瑞 : 남율2권511)는 '구족계를 받게 하다'라는 의미로 번역했다. 최근까지 그 정확한 의미가 모호했는데, 1991년 에뒤 노로(Édit Norot)에 의해서 '책임을 맡다(prendre en charge)'란 의미로 사용한 이래 '구족계를 위해 수련생으로 맡다(aponsor as trainee for ordination)'라는 의미로 2001년 노먼이 개역했는데, 역자는 보다 이해하기 쉽게 '구족계를 받을 수 있도록 맡다.'라고 번역한다.

4. 빠띠목카의 송출

『빠띠목카』의 송출에 대해서는 율장의 다발부의 『마하박가』의 제2장 포살의 다발(Uposathakkhandhaka)에 나와있듯, 마가다국의 빔비싸라 왕이 '이교도인 유행자들이 보름기간 중에 제14일이나 제15일 그리고 제8일에 함께 모여 가르침을 설하는데, 사람들이 가르침을 듣기 위해 그들에게 다가왔다가 이교도의 유행자들에게 호감을 얻고 믿음을 얻는다.'라는 사실을 알게 되어 부처님에게 수행승들에게도 이러한 날의 행사를 권함으로써 이루어졌다. 부처님께서는 수행승들에게 정보를 주었으나 처음에는 수행승들은 침묵한 채 앉아만 있었다. 사람들이 그것을 비난하자, 부처님께서는 수행승들에게 설법할 것을 권했고, 이후에 『빠띠목카』의 송출로 방향을 바꾸었다. 그러던 중, 부처님께서는 보름기간 중에 세 번 제14일, 제15일 그리고 제8일의 송출은 폐지하고, 한 달에 두 번 즉, 보름기간에 한 번, 즉 제14일이나 제15일에 송출하는 것으로 바꾸었고, 동일포살결계를 선정하고 포살당을 선정하게 하여 『빠띠목카』의 송출에서 편리하도록 편의를 도모하였다. 그리고 『빠띠목카』의 송출을 위해서는 올바른 날에 해야 하고(Vin. I. 117), 최소한 네 명의 수행승이 필요하고(Vin. I. 124), 그 수행승들은 같은 분야의 죄를 범하지 않은 자들이어야 하고(Vin. I. 126), 재가의 신자들이나 권리정지처분을 받은 자 등의 부적당한 자들이 출석해서는 안 되고(Vin. I. 115; 135) 단지 두세 명의 수행승이 출석하면, 청정권리의 선언을 해야 하고, 수행승이 혼자라면, 네 가지 예비적 의무를 행하고 개인적으로 포살일이라는 사실을 염두에 두어야 한다.(Vin. I. 124) 송출하기 전에 어떠한 수행승이든 죄를 범했다면, 다른 수행승에게 참회해야 한다.(Vin. 125-128) 예비적 임무가 행해져야 하고(Vin. I. 125), 다섯 가지 예비적 의무가 충족되어야 하지만

(Vin. I. 120; 117, IV. 49-53), 그것들이 어떻게 『빠띠목카』의 송출의 서두에 등장하는가는 승가의 전통에 따라 다르다. 『빠띠목카』는 일반적으로 장로가 송출하는데, 장로가 할 수 없을 때에는 경험있는 유능한 수행승이 송출할 수 있다.(Vin. I. 116) 『빠띠목카』를 송출하는 다섯 가지 방식이 있다.(Vin. I. 112) : *1)* 인연을 송출한 뒤에 나머지는 들은 바와 같다고 선언한다. *2)* 인연을 송출하고 네 가지 승단추방죄법을 송출한 뒤에 나머지는 들은 바와 같다고 선언한다. *3)* 인연을 송출하고 네 가지 승단추방죄법을 송출하고 열세 가지 승단잔류죄법을 송출한 뒤에 나머지는 들은 바와 같다고 선언한다. *4)* 인연을 송출하고 네 가지 승단추방죄법을 송출하고 열세 가지 승단잔류죄법을 송출하고 두 가지 부정죄법을 송출한 뒤에 나머지는 들은 바와 같다고 선언해야 한다. 이것이 네 번째 의무계율의 송출이다. *5)* 완전히 송출한다.

5. 빠알리율과 사분율의 빠띠목카의 비교

역자의 ≪비나야삐따까≫의 통합본에 ≪빠알리율≫의 빠띠목카가 상세히 기술되어 있다. 알다시피 ≪빠알리율≫은 테라바다의 소속의 율장이다. 그런데 우리나라의 대표종단인 조계종에서는 ≪사분율≫을 소의율장으로 채택하고 있다. 대승불교인 북방불교에는 사실상 대승에 고유한 율장은 존재하지 않고 모두가 소승부파불교의 율장을 그대로 채택하고 있다. 이들 가운데 ≪사분율≫은 법장부(法藏部 : Daharmaguptaka[曇無德部])라고 하는 부파에서 사용하던 율장이었다. 이것은 후진(後秦)의 삼장(三藏) 법사였던 불타야사(佛陀耶舍)가 번역한 것이다. 그 가운데 계본인 빠띠목카를 서태원사 사문 회소(懷素)가 모은 것이 『사분율비구계본』(四分律比丘戒本 : 大正22권1429 No. 1429)이고, 내용상 이상이 없는 한에서 다소간 그것을 간략화한 것이 『사분승계본』(四分僧戒本：大正22권1430 No. 1430)이다. ≪사분율≫ 서문에 '불교가 중국에 전래한 지 400년이 지났는데도 아직 율장이 갖추어지지 않아 안타깝더니, 임진년(서력 392)에 혜원의 제자 지겁령(支怯領)이 산스크리트 본을 구하러 우전국(于闐國)에 갔다가 붇타야사를 만나서 그를 데리고 장안(長安)으로 돌아온 것이 무신년(서기 408)이었다. 따라서 서문을 보면 불타야사가 번역한 판본은 원래 산스크리트본인 것을 알 수 있으나, 지금은 존재하지 않는다. 다만, 다른 설일체유부나 근본설체유부 또는 대중부의 계본의 단편들은 존재하는데, 불타야사는 구마라집의 제자로서 그가 사용한 법장부의 산스크리트 계본은 발견되지 않았으나, 다른 부파의 판본처럼 ≪빠알리율≫의 계본과 큰 차이가 없다. 역자는 시간 관계상 단편적으로 존재하는 범본과의 대조는 후학들에게 미룬다. 그것에 관해서는 세계적인 연구 성과를 참조하기 바란다.

처음부터 『사분율비구계본』이 『빠알리율비구계본』에서 '단단하거나 부드러운 음식'을 단순히 '음식'으로 한역했듯이, 『빠알리율비구계본』(Khu−Saṅgh. 13; Nī−Saṅgh. 17)에서 '존자가 악행을 행하는 것이 보이고 또한 들리고, 존자가 가정을 오염시키는 것이 보이고 또한 들립니다.'라는 구절이 『사분율비구계본』(오가빈방위승간계(汚家擯謗違僧諫戒) | 승가바시사 12)에서 도치되어 세 차례 반복되는 한역을 취하여 '오타가역견역문 행악행역견역문(汚他家亦見亦聞 行惡行亦見亦聞)'이라고 했는데, 『사분승계본』(오가빈방위승간계(汚家擯謗違僧諫戒) | 승가바시사 12)은 '함께 보았거나 들었다면(俱有見聞.)'이라고 축약하고 있음을 볼 수 있다. 내용상으로 상당히 합리적인 축약을 하고 있어 크게 번거로움을 줄인 것이다. 이러한 까닭에 대만에서 사용하는 계본이나 우리나라

에서 사용하는 계본은 이 『사분승계본』이나 『사분니계본』을 사용한다.

다만 역자는 『빠알리율계본』과 『사분승계본』을 비교해보면, 여러 가지 정황으로 보아, 『사분율비구계본』이나 『사분승계본』이 ≪빠알리율≫보다도 훨씬 후대에 성립된 것임을 알 수 있다.

1) 다수의 ≪빠알리율≫에는 없는 학습계율이 ≪사분율≫에서 추가되었다. 특히 중학죄법에서 다수(≪사분율≫ 중학죄법 제60조~제85조)가 추가되었는데, 그 모두가 불탑과 관련된 신앙적 경건성을 반영하는 학습규범으로 되어 있다는 사실이다, 이것은 법장부의 나타날 쯤에는 불탑신앙이 그 정점에 있었다는 사실을 의미한다. 이부종륜론(異部宗輪論)에 따르면, 법장부는 상좌부에서 파생되어 서북인도 지방에 분포되어 있던 설일체유부 가운데 화지부(化地部)의 전통을 잇는 부파였다. 그렇다면 당연히 ≪빠알리율≫보다는 3내지 4세대 이후에 성립되었고 불탑신앙이 성행하던 서북인도를 배경으로 하고 성립되었다는 것을 의미한다.

2) ≪빠알리율≫에서 반복되는 구절이나 부연되는 설명이 ≪사분율≫에서는 간략하게 정리된다. ≪빠알리율≫과 내용적으로 차이가 없는 학습계율의 번잡한 문구들은 ≪사분율≫ 계본에 오면 간략화 된다는 사실이다. 이를테면 승단잔류죄법(승가바시사 2, 3, 4; Khu-Saṅgh. 2, 3, 4)에서 빠알리문의 '욕정을 일으켜 일탈한 마음으로(otiṇṇo vipariṇatena cittena)'는 '욕정의 마음을 일으켜(淫欲意)'로 간략화 되고, 단순속죄죄법(바일제 25; Khu-Pāc. 26)에서는 빠알리문의 '꿰매거나 꿰매게 시키면(sibbeyya vā sibbāpeyya vā)'이 '옷을 지어주면(作衣者)'으로 간략화된다. 상실속죄죄법(니살기바일제3; Khu-Niss. 3)의 경우 빠알리문에는 '그러나 만약 그것이 그에게 충분하지 않다면, 최대한 1개월까지는,

부족한 것이 채워지리라는 희망이 있다면, 그 수행승이 그 옷을 따로 둘 수 있지만, 그 기간이 지나서 따로 두면, 희망이 있더라도' 라고 되어 있는데, 한역(『사분승계본』)은 '여건이 갖추어지면 좋지만, 갖추어지지 않으면, 한 달까지는 갖추어지기를 기다릴 수 있다. 그러나 기간이 지나면(若足者善; 若不足者, 得畜經一月, 爲滿足故. 若過者)'이라고 간략화되어 있다. 아주 긴 문장의 상실속죄죄법(니살기바일제10; Khu-Niss. 10)의 경우도 빠알리문에는 "사자를 통해서 '이 옷의 자금으로 옷을 구입하여 이러이러한 수행승에게 옷을 보시하라.'라고 옷의 자금을 보내온다고 할 때"라는 구절이 ≪사분율≫에서는 '사자를 파견해서 옷의 자금을 보내서(遣使爲比丘送衣價)'라고 간략화되는 등 보다 내용적으로 간략하고 판명해진다. 단순속죄죄법(바일제35, 36, 37, 38, 41; Khu-Pāc. 35, 36, 37, 38, 41)과 고백죄법(제사니 1, 3, 4; Khu-Paṭid. 1, 3, 4) 에서 빠알리문에는 "단단한 음식이거나 부드러운 음식"이라는 구절이 ≪사분율≫에서는 '음식(食)'으로 간략화된 것을 볼 수 있다.

3) ≪빠알리율≫에 비해 ≪사분율≫이 어떤 경우에는 보완적이다. 승단잔류죄법(승가바시사13; Khu-Saṅgh. 12)에서는 '돌아가며 서로 충고하고 서로 가르쳐 참회하는(aññamaññavacanena aññamaññavuṭṭhāpanenā'ti)은 '돌아가며 서로 충고하고 서로 가르쳐 참회하는(展轉相諫◦相教◦懺悔)으로 좀더 상세히 설명된다. 상실속죄법(니살기바일제 23; Khu-Niss. 26)에 '친척이 아닌(非親里)'라는 구절이 있는데, 이것을 빠알리계본에는 없는 것이 부가된 것인데, 비방가에서는 예외조항으로 들어간 것을 보완한 것이다. 상실속죄법(니살기바일제 6; Khu-Niss. 6)의 경우에는 빠알리문에는 '옷이 약탈당했거나 망가졌을 경우에(acchinnacīvaro vā hoti bhikkhu naṭṭhacīvaro vā)'가 비방가의 예외조항에 들어가 있지는

않지만, '수행승의 옷이 약탈당했거나 잃었거나 불탔거나 떠내려갔을 경우에(奪衣◦失衣◦燒衣◦漂衣)'로 상세히 설명된다. 단순속죄죄법(바일제80; Khu-Pāc. 76)의 경우 빠알리문에는 없는 '화가 나고 불만에 가득 차서(瞋故不喜)'가 추가되고 있다. ≪사분율≫ 단순속죄죄법(바일제 32; Khu-Pāc.33)에서는 '옷을 지을 때에(作衣時)'가 추가되고 있다.

4) 계명의 경우에는 ≪빠알리율≫에 비해 ≪사분율≫의 좀더 합리적일 경우가 많다. 대표적인 것이 원래의 빠알리계본의 부정죄법 2개 항목(부정법 1, 2; 은 '첫 번째 부정죄법, 두 번째 부정죄법'이라고 명칭지어져 있으나, 이 명칭은 ≪사분율≫보다 명칭의 일관성이 없어 역자가 ≪사분율≫의 '병처부정계(屛處不定戒)'와 '노처부정계(露處不定戒)'를 빠알리어로 환원하여 빠알리계문의 명칭으로 삼았다.

5) 계율형식에서 ≪빠알리율≫보다 ≪사분율≫이 통일적이다. 중학법을 제외하고 ≪빠알리율≫에서는 대부분 '어떤 수행승이든지… 한다면(yo pana bhikkhu)'이라는 구절 시작되지만, 단순속죄죄법(Khu-Pāc. 19, 31, 34, 47, 87, 89, 90, 91; 바일제 20, 31, 34, 47, 84, 87, 88, 89)처럼 '수행승이([pana] bhikkhunā)'라고 시작하거나 다른 형식을 시작하는 학습계율도 ≪사분율≫은 중학죄법은 제외하고는 '어떤 수행승이든지… 한다면(若比丘 … 者)'으로 일괄적으로 통일하고 있다. 심지어 빠알리문에는 수행승이란 단어조차 없는데도 단순속죄죄법(바일제 33; Khu-Pāc. 32)에서는 '어떤 수행승이든지… 한다면(若比丘 … 者)'을 추가하고 있다. 기타 상실속죄죄법(니살기바일제 1, 2, 7, 8, 9, 10, 13, 14, 15, 16, 21, 24, 26, 27, 28, 29; Khu-Niss. 1, 2, 7, 8, 9, 10, 13, 14, 15, 16, 21, 23, 24, 27, 28, 29) 등에서도 유사하다.

6) ≪사분율≫의 한역이 치명적인 오류를 내포할 수 있는 것은 한문이 빠알리어의 다의성이나 초기불교의 철학을 적절하게 반영하는데 오해를 낳을 수 있기 때문이다. ≪사분율≫ 단순속죄죄법(바일제 11; Khu-Pāc. 11)의 경우가 대표적인데, 한글번역과도 관계되므로 이것은 다음의 항목에서 다룬다. 그리고 ≪사분율≫ 단순속죄죄법(바일제 23; Khu-Pāc. 24)에서 ≪빠알리율≫에서 역자가 '이득을 얻기 위해서(āmisahetu)'라고 번역한 것은 한역에서는 '음식을 얻기 위해(爲飮食故)'라고 되어 있는데, 실제로 그렇게 번역하면 오해를 낳게 된다. 정확한 의미는 '자양(滋養)을 얻기 위해서'라는 뜻인데, Vin. IV. 58에 따르면 '이득을 얻기 위한 것'이란 옷을 얻기 위한 것과 탁발음식을 얻기 위한 것과 와좌구를 얻기 위한 것과 필수의약을 얻기 위한 것과 명성을 얻기 위한 것과 존경을 얻기 위한 것과 공경을 얻기 위한 것과 예경을 얻기 위한 것과 공양을 얻기 위한 것이다.

6. 사분율계본의 한글번역의 문제점

≪사분율≫의 한역이 가져오는 이중번역의 치명적인 오류로는 다음과 같은 예를 들 수가 있다.

■괴생종계(壞生種戒) | 바일제 11 :

若比丘 壞鬼神村者, 波逸提

•괴생종계⊙(壞生種戒) | Khu-Pāc. 11(Nī-Pāc. 107) :

bhūtagāmapātavyatāya pācittiyan'ti.

○ 괴생종계(壞生種戒) | 운허

비구로서 귀신숲을 망가뜨리면 바일제죄이니라.

○ 괴생종계(壞生種戒) | 퇴현역 : 빠알리본에 입각한 사분율한글역

어떠한 수행승이든 초목을 파괴하면, 단순속죄죄를 범하는 것이다.

한역의 귀신촌(鬼神村)은 명백하게 초목 또는 식물을 의미하는 'bhūtagāma'에 대한 명백한 오역이다. 물론 이 단어를 분리하면

'bhūta'는 귀신의 의미가 있고 'gāma'는 마을의 의미를 지닌다. 그러나 복합어는 결코 그러한 의미를 지닌 적이 없다. 그밖에 《사분율》의 별중식계(別衆食戒 : 바일제 33)에 대한 운허스님의 번역은 '비구로서 대중을 떠나서 따로 모여 먹으면, 특별한 때를 제외하고는 바일제죄이니라.'인데, 이때 별중식(別衆食)이란 '대중을 떠나서 따로 모여 먹는 것'이라고 했는데, 원래의 어원인 빠알리어 '가나보자나(gaṇabhojana)'는 무리지어 식사하는 것'을 의미한다. 정확히는 '네 명의 수행승이 다섯 가지 정식 가운데 어느 하나로 초대받아 식사하는 것을 말한다.'을 말한다.

그리고 《사분율》 바일제 12의 망작이어뇌승자(妄作異語惱僧者)라는 한역은 《빠알리율》(Khu-Pāc. 12; Nī-Pāc. 108)에서 'aññavādake vihesake pācittiyan'ti'를 번역한 것인데, 이것을 번역한 운허 스님은 '부질없이 딴 말을 하거나, 스님네를 시끄럽게 하면'이라고 했는데, '했는데, 비방가의 인연이야기를 참조하지 않으면 번역하기 힘든 구절인데, 역자는 '어떠한 수행승이든 핑계를 대거나 묵비에 의해 괴롭히면'이라는 번역했다. 그리고 Smp. 770에 따르면, 두 개의 별개의 사건이라 두 개를 다 범하는 경우는 두 개의 단순속죄죄를 범하는 것이고 주장하고 있는 것도 고려해야 한다. 그 밖에 오가빈방위간계⊙(汚家擯謗違諫戒) | Khu-Saṅgh. 13(Nī-Saṅgh. 17)에서 한역 '유구자 유불구자(有驅者, 有不驅者)'라는 구절은 빠알리문 'ekaccaṁ pabbājenti: ekaccaṁ na pabbājentī'ti'라는 구절을 한역한 것인데, '누구는 가라하고 누구는 눈감아 준다.'라는 것은 대표적으로 잘못 오해된 것이고 '어떤 자들은 한시퇴출시키고 어떤 자들은 한시퇴출시키지 않습니다.'라고 번역해야 한다. 그리고 한역 '승유애, 유에, 유포, 유치(僧有愛∘有恚∘有怖∘有癡)'는 빠알리 원문이 'chandagāmino ca bhikkhū dosagāmino ca bhikkhū mohagāmino ca bhikkhū bhayagāmino ca bhikkhū'라고 되어 있는데, 운허역에서는 '스님네가 사랑하는 이도 있고, 미워하는 이도 있고, 두려워하는 이도 있고, 어리석은 이도 있고'라고 했는데, 원래는 '욕망의 길을 가고, 분노의 길을 가고, 우치의 길을 가고, 공포의 길을 가는 수행승들이 있는데,'라는 뜻으로 그 뒷 구절의 죄악을 설명하는 것이다. 그리고 한역의 승불애, 불에, 불포, 불치(僧不愛◦不恚◦不怖◦不癡.)는 앞의 구절과 반대구조를 갖고 있어 운허역에서는 '편벽되게 스님네가 사랑하는 이도 없고, 미워하는 이도 없고, 두려워하지도 아니하고, 어리석지도 아니합니다.'라고 했는데, '편벽되게'라는 말은 한역에도 없는 말이 추가된 것인데 내용상 문제를 야기할 수가 있는 것이다. 역자는 '수행승들은 욕망의 길을 가지 않고, 분노의 길을 가지 않고, 우치의 길을 가지 않고, 공포의 길을 가지 않습니다.'라고 번역했다.

7. 조계종에서 실제 사용하는 사분율계본과 계목에 대하여

≪사분율≫은 후진(後秦)의 삼장(三藏) 법사였던 불타야사(佛陀耶舍)가 번역한 것이다. ≪사분율≫에 입각한 『바라제목차』 즉, 계본은 『사분율』을 근거로 서태원사 사문 회소(懷素)가 『사분율비구계본(四分律比丘戒本)』(대정22권 No. 1429)과 『사분승계본(四分僧戒本』(대정22권 No. 1430)을 모으고, 『사분니계본(四分尼戒本)』(대정1431)을 모았다. 당 나라 때 도선율사(596~667)는 『사분율장』을 소의율장으로 종남산 백천사에서 「남산율종」을 창종하고 『사분율』을 널리 펴게 된다. 당시에 『사분율』을 소의로 하는 「동탑종」과 「상부종」이라는 율종도 있었으나 이들은 당대로 소멸하고, 「남산율종」만 현재까지 계승되고 있는데, 대승지상주의적인 중국불교에서 소승율 가운데 하나인 『사분율』을 소의로 하는

세 가지 율종 가운데 오직 「남산율종」만 남게 된 데는, 중국율학의 중심과제였던 계체(戒體)에 대해 유식적(唯識的)인 견해로 설명한 것과 특히 도선은 『사분율』이 소승율이 아니라 대승율이라고 주장하며 대승불교의 교의로 율장을 해석했기 때문이라고도 한다. 이에 도선은 『사분율』을 바탕으로 ≪사분율산번보궐행사초(四分律删繁补阙行事钞)≫, ≪사분율함주계본소(四分律含注戒本疏)≫、≪사분율산보수궤갈마(四分律删补随机羯磨)≫ 등의 남산삼대부 이외에 많은 저술을 남겼는데, 회소가 모은 계본을 산정한 『신상정사분승계본(新删定四分僧戒本)』은 지금까지 중국과 한국에서 비구계의 계본으로 지송되고 있다. 한편 비구니계본에 관하 한, 회소의 『사분니계본』에서 송나라 원조(元照 : 1048~1116) 율사가 중정(重定)한 것이 『사분산정비구니계본(四分删定比丘尼戒本)』인데, 이것이 현재 조계종 공용계본으로 이어지고 있다. 그리고 조계종 표준 비구니계본의 계목(戒目)은 원조율사의 계본을 출처로 한다. 그리고 봉녕사에서 편역한 비구니계본의 계목(戒目)은 명 나라 견월독채(見月讀體 : 1601-1679) 율사가 의장중각(依藏重刻)한 『사분비구니계본』과 『사분율비구니계상표기』를 참고하였다. 계본의 우리말 번역은 1957년에 운허스님이 번역한 것이 처음이다. 그 뒤 일타 스님의 포살본이나 조계종 단일계단의 계본으로 사용되고 있어도 한두 가지 정도의 자구나 송출하기 편하게 윤문하는 정도 이외에 계상의 본문은 초판 번역 그대로 유지해 왔다고 볼 수 있다. 그런데 계본의 계상 번역이나 편역에서 원본에 없는 말이 추가되어 계상의 본질을 잘못 이해하게 하는 부분이나, 빠알리율의 빠띠목카나 교리상으로 볼 때 일부 게송에 오역으로 보이는 부분은 이번 기회에 바로잡을 필요가 있다.

8. 빠띠목카의 범계와 제재

율장에는 『빠띠목카』의 계율을 범한 수행승과 수행녀에 대한 상세한 제재가 나온다. 흥미로운 것은 가장 심각한 위범에 대해서 갈마에서 처리하지 않는다는 사실이다. 수행승이나 수행녀가 첫번째 유형의 죄인 승단추방죄법을 어겼을 경우, 그 죄상을 자인하면 단지 승단으로부터 추방될 뿐이고 더 이상의 조치가 취해지지는 않는다. 만약 수행승이나 수행녀가 승단추방죄를 자인하기를 거절하면, 승단은 그 사람을 『빠띠목카』의 송출에서 참여시키지 않고, 승단에서 추방할 수 있다. 두 번째 유형의 죄인 승단잔류죄법을 어겼을 경우는 승단의 갈마에 회부되고 처벌과 복귀에서 승단의 감독을 받아야 하기 때문에 가장 복잡한 유형의 제재가 이루어진다. 그리고 상실속죄죄법을 어겼을 경우에는 다른 수행승에게 범계의 죄에 대해 참회하고, 관련된 물품을 내어놓아야 한다. 그리고 단순속죄죄법을 어겼을 경우에는 다른 수행승에게 다가가서 속죄를 통해 참회하는 것으로 족하고, 고백죄법을 어겼을 경우에는 고백을 통한 참회로 족하고, 중학죄법을 어겼을 경우에는 악작죄나 악설죄를 짓는 것인데, 이것들에 대해서는 의도적일 경우에는 다른 수행승에게 참회하는 것으로 족하고 비의도적이었을 경우는 단지 마음속으로만 참회하는 것으로 족하다. 그리고 빅쿠-빠띠목카에는 두 가지 부정죄법이 승단잔류죄법과 상실속죄죄법 사이에 첨가되어 있다. 그리고 양부 『빠띠목카』에는 이러한 계율의 뒤에 멸쟁죄법을 소개하고 있는데, ① 논쟁에 관한 쟁사, ② 비난에 관한 쟁사, ③ 죄악에 관한 쟁사, ④ 의무에 관한 쟁사(Vin. II. 88)의 쟁사가 생겨났을 경우, 쟁사의 제재를 위한 7개 조항의 멸쟁죄법을 소개하고 있다.

[승단추방죄법(pārājikā)]

빠알리어로 빠라지까(pārājika)이고, 한역으로 음사하여 바라이(波羅夷)라고 한다. '빠라지까'는 여기에 속한 학습계율을 어기면, 승단추방죄를 범하는 것이기 때문에 승단추방죄를 의미하기도 한다. 그래서 수행자로서 승단에서 목숨을 잃는 것이기 때문에 단두법(斷頭法)이나 단두죄(斷頭罪)라고도 한다. 어원적으로 살펴보면, 빠라지까(pārājika)의 원래 의미는 패배죄(敗北罪)이다. 가까운 한역으로는 타승(他勝)이라는 용어가 있다. 수행자로서 이 죄를 범하는 것은 수행에서의 승리자가 되지 못하고 패배자가 된다는 것으로 수행자에게는 가장 무서운 죄이다. 당연히 계율 가운데 가장 중죄를 구성하는 것으로 4조(四條)가 있다. ① 음행 ② 투도 ③ 살인 ④ 인간을 뛰어넘는 상태(上人法 : uttarimanussadhamma)에 대한 사칭이다. 여기서 인간을 뛰어넘는 상태에 대한 사칭이란 실제로 얻지 못한 선정이나 신통이나 길과 경지를 얻었다고 허위로 알리는 것을 뜻한다. 수행녀의 경우에는 네 가지가 더 추가된다. 이러한 죄들을 지으면, 참모임에서 추방되고, 다시는 구족계를 받을 수 없다. 그러나 사미계는 가능하다. 이 승단추방죄는 용서할 수 없는 죄(anavasesā āpatti)라고 하고 나머지는 용서할 수 있는 죄이다. 그리고 이 승단추방죄법에서는 상황에 따라 승단추방죄에 인접한 죄(pārājikasāmanta)를 '무거운 죄' 즉, 중죄(重罪 : garukā āpatti)라고 하는데, '음행(淫行 : methunadhamma)에 인접한 악작죄(惡作罪 : dukkaṭa)나, 그밖에 투도(偸盜 : adinnādāna) 등에 인접한 추악죄(醜惡罪 : thullaccaya) 등으로서 처벌을 받을 수 있다. 그러나 막상 율장에서 승단추방죄와 관련된 수행승에 관하여 단 한 번의 갈마에 대한 언급이 있다. "수행승이 승단추방죄를 범했다. 참모임이나 무리나 개인이 그에게 '존자여, 승단추방죄를 범한 것입니다.'라고 질책했다. 그는 이와 같이 '존자들이여, 그렇소. 나는 승단추방죄를 범한 것입니다.'라고 말했다. 참모임이 그를 승단추방죄로 다룬다면, 원칙에 맞는 자인에 입각한 조정을 밟는 것이다."(Vin. II. 84) 다른 구절은 승단추방죄를 범한 수행승이 어떻게 의무계율의 송출에서 차단될 수 있는지를 보여준다.(Vin. II. 243) 그 밖에는 승단추방죄와 관련해서 율장이나 주석서에서 갈마가 주어지지 않는다. 다만 승단추방죄법의 말미에 있는 "승단추방죄를 범하는 것이므로, 함께 살 수 없다.(pārājiko hoti asaṁvāso)"라는 구절이 전부이다. 이것은 승단추방죄를 지은 수행승이나 수행녀가 추방되어야 한다는 당위를 보여주는 것이다. 그러나 그것에 승복하길 거부하는 수행승이나 수행녀에게는 부분적 진실일 뿐이다. 율장에 추방의 과정은 시설되어 있지 않다.

[승단잔류죄법(僧團殘留罪法 : saṅghādisesā]

빠알리어로 쌍가디쎄싸(saṅghādisesa)라고 하고, 한역에서는 승잔(僧殘)이라고 하고, 음사하여 승가바시사(僧伽婆尸沙)라고 한다. 쌍가디쎄싸라는 말은 승단잔류죄법을 의미하기도 하고, 여기에 속한 학습계율를 어기면, 승단잔류죄를 범하는 것이기 때문에 승단잔류죄를 지칭하기도 한다. 승단잔류죄법을 어긴 자에 대한 처벌의 가장 단순한 형태는 감추지 않은 죄의 경우인데 이와 같이 다루어야 한다. *1)* 수행승과 수행녀는 참회처벌(mānatta)의 기간에 대한 허락을 구한다. 수행승들은 6일이고, 수행녀들은 반월(半月)이다. 참회처벌은 양중의 참모임의 앞에서 받아야 한다. a) 수행승이나 수행녀는 죄를 짓고 감추지 않은 것에 대하여 세 번 반복하여 참회처벌을 청한다.(Vin. II. 38) b) 총명하고 유능한 수행승이나 수행녀가 참모임에 한번제안세번의결갈마를 거쳐 침묵으로 의결한다. c) 수행승이나 수행녀는 참회처벌의 기간을 받는다. 2) 참회처벌의 기간 동안에 수행승은 격리생활을 하면서 94가지 의무를 지켜야 한다. 그 가운데 하나의 의무는 참회처벌을 지키는 것을 방문하는 수행승에게 알릴 것을 요구한다.(Smp. 1171) 수행녀는 적어도 네 명의 수행녀나 네 명의 수행승에게 반월의 각 날마다 자신들이 참회처벌을 지키는 것을 알려야 한다.(Kkh.167) 3) 참회처벌의 기간이 끝나면, 수행승은 출죄복귀(abbhāna)를 하기 위해서 적어도 20명의 수행승의 참모임을 요청해야 한다.(Vin. II. 39) 수행녀도 적어도 20명의 수행녀의 참모임을 요청해야 한다. a) 수행승은 세 번 출죄복귀를 청원을 한다. b) 총명하고 유능한 수행승이나 수행녀가 참모임에 한번제안세번의결갈마를 거쳐 침묵으로 의결한다. 승단잔류죄법을 어긴 자가 처벌기간 중에 다시 승단잔류죄법을 어기는 경우는 단순한 형태의 처벌과 동일한 갈마의 형식을 빌어서 다음과 같은 복잡한 형태의 처벌이 주어진다. 1) 참회처벌의 기간 동안 또는 6일간의 참회처벌 후에 출죄복귀하기 전에 두 번째 감추지 않은 죄를 범하면, 그는 가중처벌을 받고 다시 6일간의 참회처벌을 받아야 한다.(Vin. II. 46) 2) 여기서 가중처벌(加重處罰)은 빠알리어는 물라야 빠띠깟싸나(mūlāya paṭikassana)이고 한역에서는 본일치(本日治)라고 하는데, 습관적인 잘못이 남아 있어 격리처벌받는 동안에도 동일한 죄를 범하는 경우, 그 동안 격리처벌의 기간인 일수(日數)가 무효가 되고 처음의 일수로 되돌아가 다시 격리처벌되는 것을 뜻한다. 죄를 감추었을 경우, 죄를 감춘 기간과 동일한 격리생활이 주어져야 하고, 그 후에 별도의 6일간의 참회처벌을 받아야 한다.(Vin. II. 40) 두 번째 감춘 죄를 범했을 경우는 감춘 것에 대하여 가중처벌을 주고 예전의 죄에 대하여 통합격리처벌(合一別住)을 받아야 한다.(Vin. II. 48) 3) 다수의 승단잔류죄를 지었는데, 죄의 한계를 알지 못하고, 날의 한계를 알지 못할 경우, 그 수행승은 정화격리처벌(淸淨邊別住)을 받아야 한다.

[부정죄법(不定罪法 : aniyatā)]

빠알리어로는 '아니야따(aniyata)'이다. 이 학습계율은 수행승에게만 해당하고 수행녀의 계본에는 존재하지 않는다. 한역에는 부정(不定) 또는 부정법(否定法)이라고 한다. 어떠한 죄를 범했는지 불분명하지만 혐의를 받을 만한 죄로서 수행승이 여성과 자리를 함께 한 경우 증인의 증언에 의해 죄가 결정되므로 부정(不定)이라고 한다. 부정죄법을 어겼을 경우, 결과적으로 세 가지 유형의 죄로 귀결된다. 승단추방죄이거나 승단잔류죄이거나 단순속죄죄이다. 어떠한 죄를 범했는지 불분명하지만 혐의를 받을 만한 죄로서 수행승이 여성과 자리를 함께 한 경우, 참모임에서 믿을 만한 재가의 여신도의 증언에 의해 죄가 결정되므로 부정(不定)이라고 한다. 하나는 병처부정(屛處不定)이고 하나는 노처부정(露處不定)이다. 병처부정은 남이 볼 수 없는 곳, 속삭여도 들리지 않는 곳에서 여인과 단 둘이 앉는 것인데, 경우에 따라서 승단추방죄나 승단잔류죄나 단순속죄죄를 범하는 것이 될 수 있다. 노처부정은 남이 볼 수 있는 곳이지만 음담이 가능한 곳에서 여인과 단 둘이 있는 것인데, 경우에 따라서 승단잔류죄나 단순속죄죄를 범하는 것이 될 수 있다.

[상실속죄죄법(喪失贖罪罪法 : nissagiyapācittiyā)]

빠알리어로 닛싹기야(nissaggiya)이다. 한역에서는 음사하여 니살기(尼薩耆)라고 하고, 번역하여 사타(捨墮) · 진사타(盡捨墮) · 기타(棄墮)라고 한다. 닛싹기야는 상실죄(喪失罪)라고만 번역할 수 있지만, 속죄죄법에 속하기 때문에 그것을 어기면 상실속죄죄를 범하는 것이므로 역자는 상실속죄죄 또는 상실속죄죄법이라고 번역한다. 수행승이나 수행녀가 상실속죄죄법을 어겼을 경우, 그들은 자신의 죄를 속죄하고 잘못된 방식으로 얻어진 물건을 내어놓아야 한다. 수행승은 참모임(saṅgha : 5명 이상의 수행승)이나, 무리(gaṇa : 別衆 : 2-4명의 수행승) = 다수의 수행승(2-4명의 수행승), 또는 개인적 수행승(eka : 1명)에게 다가가서 죄를 참회하고, 그들에게 그 물건을 내어놓아야 한다.(Vin. III. 196) 첫 두 경우에는 참모임이나 무리 앞에서 총명하고 유능한 수행승은 그 죄를 받아들이고, 넘겨받은 옷은 그 죄를 지은 자에게 돌려주도록 제안해야 한다. 참회가 개인적인 수행승 앞에서 이루어지면, 그는 누구에게 돌려주라고 제안할 필요가 없고, 자신이 돌려주면 된다. 수행녀의 경우도 그러한 과정은 동일하다. 상실속죄죄법을 어겼을 경우, 돌려주어야 하는 품목에는 옷을 포함해서, 옷, 누더기, 양모, 거래를 통해 얻은 것, 발우, 약품, 승단에 소속된 할당물이 있다. 수행녀의 상실속죄법에만 있는 것으로는 잘못 요구한 것, 잘못 교환된 것, 4깡싸 보다 많이 주고 구한 무거운 옷, 2½ 깡싸 이상을 주고 구한 가벼운 옷이 있다. 『빠띠목카』에는 죄를 범한 수행승이나 수행녀에게 돌려주어서는 안 되는 품목을 다루는 세 가지 조항이 포함되어 있다. 두 조항 즉, 빅쿠상실속죄죄법 제18조, 제19조(Khu-Niss. 18, 19)와 빅쿠니상실속죄죄법 제21조, 제22조 Nī-Niss. 21, 22)에 따라 금전은 수행승이나 수행녀가 지니거나 교환할 수 없으므로 참모임은 그것을 되돌려줄 수 없다. 승원에서 몰수 하여 정인이나 재가의 신자가 버터기름, 기름, 꿀, 당밀로 바꾸게 해야 한다.(Vin. III. 238) 그러나 바꾸어서 그러한 것들을 얻을 수 없다면, 버리라고 해야 하고, 만약 버리지 못하면, 금전제거자를 선정해서 폐기해야 한다. 세 번째 조항, 즉, 빅쿠상실속죄죄법 제22조(Khu-Niss. 22)와 빅쿠니상실속죄죄법 제24조(Nī-Niss. 24)는 다섯 곳보다 적게 수리된 발우로써 다른 새로운 발우를 교환하여 구한다면, 상실속죄죄를 범하는 것이다. 그 수행승은 그 새 발우를 수행승들의 대중에게 넘겨주고, 대중에게 속하는 마지막으로 남은 발우를 받아야 한다.

[단순속죄죄법(單純贖罪罪法 : suddhapācittiyā)]

빠알리어로 빠찟띠야(pācittiya)이고, 한역으로는 바일제(波逸提), 바일저가(波逸底迦), 바약치(波藥致), 바라일니가(波羅逸尼柯), 바라야질지가(波羅夜質肢迦), 바야제(波夜提)라고 하고, 번역하여 타(墮)라고 한다. 빠찟띠야는 속죄죄 또는 속죄죄법이라고 할 수 있지만, 상실속죄죄와 구별하기 위해서 단순속죄죄 또는 단순속죄죄법이라고 번역할 수 있다. 단순속죄죄는 망어(妄語)나 악구(惡口) 기타 가벼운 죄를 모아 놓은 것인데, 버릴 재물이 필요 없는 죄를 지은 것이므로 참모임, 모임이나 두세 명의 수행승, 또는 개인적 수행승에게 다가가서 속죄하는 것으로 충분하다. 그러나 빅쿠단순속죄죄법 제86조~제92조(Khu-Pāc. 86~92)까지는 범법자가 사죄 이외에 행해야 하는 것을 포함한다. 예를 들어 제87조, 제89조~제92조(Khu-Pāc. 87, 89~92)에서 잘라내는 것(chedanaka), 제86조에서 부수는 것(bhedanaka), 제88조에서 뜯어내는 것(uddālanaka)이 있다. 또한 빅쿠니단순속죄죄법 제163조~제166조(Nī-Pāc. 163~166)까지에서도 마찬가지이다. 예를 들어 제163조, 제165조~제166조(Nī-Pāc. 163, 165~166)에서 잘라내는 것(chedanaka), 제162조에서 부수는 것(bhedanaka), 제164조에서 뜯어내는 것(uddālanaka)이 있다. 그러나 빅쿠니단순속죄죄법 제22조(Nī-Pāc. 22)의 잘라내는 것(chedanaka)은 분리되어 있다.

[고백죄법(告白罪法 : pāṭidesanīyā)]

빠알리어로 빠띠데싸니야(pāṭidesaniya)이다. 한역으로는 바라제사니(波羅提舍尼), 바라제제사니(波羅提提舍尼), 번역하여 향피회(向彼悔), 대타설(對他說), 또는 회과법(悔過法)이라고 한다. 주로 탁발음식의 수용에서 부적절한 행위를 했을 경우에 해당하는 경우가 많다. 고백죄를 범하면, 고백을 통해 참회해야 한다. 수행승은 개별적으로 다른 수행승이나 수행승들에게, 수행녀는 개별적으로 다른 수행녀나 수행녀들에게 '저는 비난받을 만하고 적절하지 못한 고백죄를 범했는데, 그것을 고백합니다.'라고 고백하면, '죄의 참회(āpattidesanā)'가 이루어지는 것이다.

[중학죄법(衆學罪法 : sekhiyā)]

빠알리어로 쎄키야(sekhiya)라고 하고, 한역에서는 중학(衆學)이라고 한다. 중학죄법은 수행승이나 수행녀의 위의자세에 대한 규칙을 모아놓은 것인데, 이 규율을 어기면, 두 가지 악작(惡作) 또는 돌길라(突吉羅)라고 한역되는 악작죄(惡作罪) 즉, 둑까따(dukkaṭa)와, 그것과 구분되는 악설(惡說)로 한역되는 악설죄(惡說罪) 즉, 둡바씨따(dubbhāsita)가 있다. 이러한 죄애서 벗어나려면, 의도적으로 범한 경우에는 다른 한 수행승 앞에서 '죄의 참회(āpattidesanā)'를 행하고, 의도적이 아닌 경우에는 마음속으로만 '죄의 참회(āpattidesanā)'를 행하면 된다.

[멸쟁죄법(滅諍罪法 : adhikaraṇasamatha)]

빠알리어로 아디까라나싸마타(adhikaraṇasamatha)라고 하는데, 『빠띠목카』의 마지막 7개 조항은 실제로 규칙이나 죄법이 아니라 쟁사를 해결하는 7개 조항의 멸쟁의 방법을 말한다. 이 7개 조항의 멸쟁죄법은 다음과 같은 4 가지 쟁사를 해결하는 것이다. 네 가지 쟁사(cattāri adhikaraṇāni) 즉, 4쟁사(四諍事)가 있다. 그 네 가지는 ① 논쟁에 관한 쟁사(vivādādhikaraṇa) 즉, 논쟁사(論爭事) ② 비난에 관한 쟁사(anuvādādhikaraṇa) 즉, 비난사(非難事), ③ 죄악에 관한 쟁사(āpattādhikaraṇa) 즉, 죄쟁사(罪諍事) ④ 의무에 관한 쟁사(kiccādhikaraṇa) 즉, 행쟁사(行諍事)가 있다.(Vin. II. 87) 이러한 쟁사를 해결하기 위해 7가지 멸쟁죄법이 있다. 즉, ① 멸쟁죄법 제1조(Nī-Adhi. 1 = Khu-Adhi. 1) 현전에 입각한 조정(sammukhāvinaya)은 현전비니(現前毘尼) 또는 현전비나야(現前毘奈耶)라고 한다. 당사자가 출석하여 대면하여 쟁사를 그치게 하는 것을 뜻한다. ② 멸쟁죄법 제2조(Nī-Adhi. 2 = Khu-Adhi. 2) 기억에 입각한 조정(sativinaya)은 한역에서는 억념비니(憶念毘尼) 또는 억념비나야(憶念毘奈耶)라고 하는데, 과거의 기억을 환기시켜 쟁사를 그치게 하는 것으로, 자신의 잘못이 없음을 확인하는 완전한 기억에 도달했다면, 기억에 입각한 무죄평결을 주는 것을 뜻한다. ③ 멸쟁죄법 제3조(Nī-Adhi. 3 = Khu-Adhi. 3) 착란에 입각한 조정(amūḷhavinaya)은 한역에서 불치비니(不痴毘尼) 또는 불치비나야(不痴毘奈耶)라고 한다.라고 하는데, 당시의 정신착란을 확인하여 그 정신착란에 대하여 고의성이 없이 죄를 저질렀음을 증명하여 무죄평결을 주는 것을 뜻한다. ④ 멸쟁죄법 제4조(Nī-Adhi. 4 = Khu-AdhI. 4) 자인에 입각한 조정(paṭiñ-ñātakaraṇa)는 한역에서 자언치(自言治) 또는 자인(自認)이라고 하는데, 스스로 잘못을 인정하게 하여 자신의 고백으로 쟁사를 그치게 하는 것을 뜻한다. ⑤ 멸쟁죄법 제5조(Nī-Adhi. 5 = Khu-Adhi. 5) 다수에 입각한 조정(yebhuyyasikā)은 다인어(多人語) 또는 다인멱(多人覓)이라고 하는데, 다수의 의견을 통한 해결을 따름으로써 쟁사를 그치게 하는 것을 뜻한다. ⑥ 멸쟁죄법 제6조(Nī-Adhi. 6 = Khu-Adhi. 6) 심문에 입각한 조정(tassapāpiyyasikā)은 한역에서 멱죄상(覓罪相) 또는 구피죄(求被罪)라고 하는데, 상대의 죄악에 대하여 밝혀진 것 이외에 더 추궁하고 심문하여 자인하게 함으로써 쟁사를 그치게 하는 것을 뜻한다. ⑦ 멸쟁죄법 제7조(Nī-Adhi. 7 = Khu-Adhi. 7) 대속에 입각한 조정(tiṇavatthāraka)은 한역에서 여초복지(如草覆地)라고 하는데, 어떤 사람이나 어떤 편의 잘못을 한 사람이 대표해서 인정하고 고백함으로써 잘못을 풀로 덮어두는 방식으로 쟁사를 그치게 하는 것을 뜻한다.

일 러 두 기

1. ≪빠알리계본≫의 원본대조는 푸르잇(W. Ptuitt)이 편찬하고 노먼(K. R. Norman)이 번역한 『빠띠목카』(The Pāṭimokkha : PTS. 2001)에서 비구·비구니계본을 분리하여 『빠알리승계본』과 『빠알리니계본』으로 명칭지어 사용했다. 그리고 『사분율계본』은 『신산정사분승계본(新刪定四分僧戒本)』과 『사분산정비구니계본(四分刪定比丘尼戒本)을 사용하였는데, 각각 이 책에서의 명칭은 『사분승계본』과 『사분니계본』으로 간략화했다. 계목에 대해서는 해제 7번을 참조하라.
2. 계본의 의무계율에 대해서는 주석을 달아 빠알리어 원문을 밝혀 놓았으며, 그 가운데 확정된 의무계율에 대해서는 명칭을 부여하고, 한역 의무계율의 명칭을 대조할 수 있도록 했고, 빠알리 계율분류항목의 표시에 ∅는 비공유의 표시로 각각 빅쿠고유학습계율과 빅쿠니고유학습계율을 의미하고 ⊙는 공유의 표시로 빅쿠학습계율과 빅쿠니학습계율의 공유계율 즉, 공통적 계율을 의미한다.
3. 계율조항의 번역은 한글세대를 위해 가능한 한, 쉬운 우리말을 사용했으며, 어의를 분명히 하기 위하여 원전에는 없지만, 화자를 괄호 안에 삽입하고, 계율조항에 대한 파악을 용이하게 하기 위해, 일련번호를 매겨서 학습계율을 분류하였다.
4. 주석에는 기본적으로 ≪빠알리율≫의 원문과 ≪사분율≫의 한역본의 계율조항을 동시에 실어서 차이를 비교하도록 했고, 계율조항만을 비교하는 것은 의미가 없어 ≪빠알리율≫과 ≪사분율≫에서 나오는 무죄에 해당하는 불범(不犯) 부분을 계율조항에서의 예외로 첨가했다.
5. 부록에는 참고문헌을 비롯한 약어표, 빠알리어표기법과, 참모임의 옷에 대한 고찰, 고유명사 및 법수·계명색인, 그리고 빠알리계명색인과 빠알리성전협회의 안내와 빠알리대장경의 전체의 구성을 알기 쉬운 도표로 제시하였다.

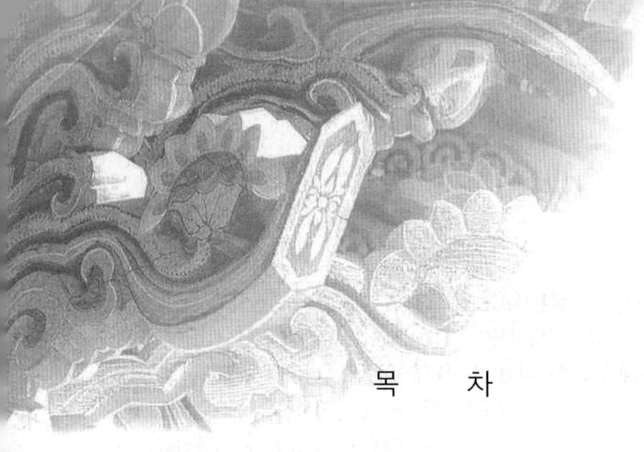

목 차

빠알리승계본

빠알리율비구계본(巴利律比丘戒本)

Pālivinayabhikkhupāṭimokkha

비구바라제목차(比丘波羅提木叉)

Bhikkhupāṭimokkha

수행승의 의무계율

(Bhikkhupāṭimokkha)[1]

[比丘波羅提木叉]

존귀한 님,[2-3][1] 거룩한 님,
올바로 원만히 깨달은 님께 귀의합니다.[2]

A. 예비적 의무
(Pubbakicca)

[예비적 준비]
(Pubbakaraṇa)

1. 빗자루와 등불,[3] 그리고
자리와 더불어 물이 있으니,[4]
이것들이 포살일을 위한
이른바 예비적 준비입니다.[5]

---

1) [1] : 이하의 [x-y]는 Pm.의 페이지 수이다. 이하에서는 빠알리계본의 순서에 맞는 빠알리문의 주석의 원문 안에만 집어 넣는다.

2) •namo tassa bhagavato arahato sammāsambuddhassa.

3) sammajjanī padīpo ca : 포살을 위한 장소를 빗자루로 쓸고 등불을 밝히는 것을 의미한다.

4) udakaṁ āsanena ca : 음용수를 준비하고 자리를 만드는 것을 뜻한다.

5) •sammajjanī padīpo ca / udakaṁ āsanena ca / uposathassa etāni

[예비적 의무]
(Pubbkicca)

2. 청정동의의 선언과
청정권리의 전달,[6] 시간의 알림,[7]
수행승들의 점검,[8] 그리고 교계,[9]
이것들이 포살일을 위한
이른바 예비적 의무입니다.[10]

[적절한 시간]
(Pattakalaṅgā)

3. 포살일, 필요한 만큼의
수행승들이 갈마를 위해 도착했고,[11]
동일한 죄들을 지닌 자들도 없고,
회피되어야 하는 개인들도 없으니,
이것이 이른바 적절한 시간입니다.[12]

/ pubbakaraṇan ti vuccati // Smp. V. 1063

6) chandapārisuddhi : 참여하지 못하는 환우수행승들을 위한 청정동의의 선언와 청정권리의 전달을 말하는 것이다. Khu-Pāc. 79의 주석을 참조하라.

7) utukkhāna : 의무계율을 송출하는 시간을 말한다.

8) bhikkhugaṇanā : 참여하는 수행승을 점검하는 것을 말한다.

9) ovādo : 수행녀들에 대한 교계를 말한다.

10) •chanda-pārisuddhi-utukkhānaṁ / bhikkhugaṇanā ca ovādo / uposathassa etāni / pubbakiccan ti vuccati // [Smp. V. 1063]

11) kammappattā : Srp. 1197에 따르면, 4명이나 5명이나 10명이나 20명의 수행승이 필요하다.

예비적 준비와 의무를 끝내고,
죄를 참회한 수행승의 화합참모임의 허락을 얻어,
의무계율의 송출을 행합니다.13)

12) •*uposatho yāvatikā ca bhikkhū kammappattā / sabhāgāpattiyo ca na vijjanti / vajjanīyā [4-5] ca puggalā tasmiṁ na honti / pattakallan ti vuccati //*

13) •*pubbakaraṇapubbakiccāni samāpetvā desitāpattikassa samaggassa bhikkhusaṅghassa anumatiyā pātimokkaṁ uddisituṁ ārādhanaṁ karoma.*

B. 인연의 송출
(Nidānuddesa)

1. 존자들이여, 참모임은 제 말에 귀를 기울이십시오. 오늘은 십오일 포살일입니다. 만약 참모임을 위한 적절한 시간이 되었다면, 참모임은 포살을 해야 하며, 의무계율의 송출을 해야 합니다.14)

2. 참모임을 위한 예비적 의무는 무엇입니까? 존자들께서는 자신의 청정권리15)를 알려주십시오.

3. 저는 의무계율을 송출하겠습니다.16) 여기에 참석하신 모두는 그것을 잘 듣고 그것에 정신활동을 기울여야 합니다. 죄가 있는 자는 밝히십시오.17)

4. 죄가 없는 자는 침묵하십시오. 그런데 침묵하면, 존자들은 청정권리가 있다고 저는 인정할 것입니다.18)

---

14) •*suṇātu me bhante, saṅgho, ajj'uposatho pannraso. yadi saṅghassa pattakallaṁ, saṅgho uposathaṁ kareyya pāṭimokkhaṁ uddiseyya* : ■大德僧聽 今白月十五日 衆僧說戒 若僧時到 僧忍聽 和合說戒

15) *pārisuddhi* : *Vin. I. 103*과 주석을 참조하라.

16) •*kiṁ saṅghassa pubbakiccaṁ pārisuddhiṁ āyasmanto ārocetha* ■ 白如是! 作白成不? (若成答云成若不成答云不成)

17) •*pāṭimokkhaṁ uddisissāmi. taṁ sabbeva santā sādhukaṁ suṇoma. manasi karoma. yassa siyā āpatti, so āvīkareyya.* ■諸大德 我今欲說波羅提木叉, 諸比丘共集在一處 應當諦聽 善思念之 若有犯者, 應懺悔

18) •*asantiyā āpattiyā tuṇhī bhavitabbaṁ. tuṇhībhāvena kho panāyasmante parisuddhā ti vedissāmi.* ■無犯者默然 默然故 知諸大

5. 한 번 질문할 때마다 대답하는 방식으로, 이와 같은 대중 가운데 세 번까지 선언해야 합니다.[19]

6. 만약 어떠한 수행승이든, 세 번까지 선언하는 동안, 기억나는 죄가 있는 데도 밝히지 않으면, 의도적인 거짓말[20]을 하는 것이 됩니다. 세존께서는 의도적인 거짓말은 장애가 되는 것이라고 말했습니다.[21]

7. 그러므로 수행승이 [6-7] 청정해지고자 원한다면, 기억나는 죄가 있다면, 죄를 밝히십시오. 밝히면, 평안하게 될 것입니다.[22]

姊清淨.

19) •*yathā kho pana paccekaputṭhassa veyyākaraṇaṁ hoti, evamevaṁ evarūpāya parisāya yāvatatiyaṁ anusāvitaṁ hoti.* ■*若有他問者亦卽應如實答.*

20) *sampajānamusāvāda : Vin. IV. 2* 참조

21) •*yo pana bhikkhu yāva tatiyaṁ anusāviyamāne saramāno santiṁ āpattiṁ nāvīkareyya, sampajānamusāvādassa hoti. sampājānamusāvādo kho panāyasmanto antarāyiko dhammo vutto bhagavatā.* ■*如是諸比丘在衆中乃至三問 憶念有罪 不發露者. 得故妄語罪 佛說故妄語 是障道法*

22) •*tasmā saramānena bhikkhunā āpannena visuddhāpekkhena santī āpatti āvikātabbā. āvikatā hissa phāsu hotī'ti* ■*彼比丘 自憶知有罪 欲求清淨者當懺悔, 懺悔則安樂*

존자들이여,
이와 같이 인연을 송출하였습니다.[23]

이와 관련하여
저는 존자들께 묻겠습니다.
이와 관련하여 완전히 청정합니까?
두 번째에도 저는 존자들께 묻겠습니다.
이와 관련하여 완전히 청정합니까?
세 번째에도 저는 존자들께 묻겠습니다.
이와 관련하여 완전히 청정합니까?
존자들께서는
완전히 청정한 까닭에 침묵했으므로
저는 그와 같이 알겠습니다.[24]

인연이 끝났다.

---

23) • *uduṭṭham kho ayasmanto nidānaṁ.* ▪ *諸大德 我已說戒經序*

24) • *tatthāyasmante pucchāmi kaccīttha parisuddhā? dutiyampi pucchāmi kaccittha parisuddhā? tatiyampi pucchāmi kaccittha parisuddhā? parisuddhetthāyasmanto, tasmā tuṇhī. evametaṁ dhārayāmī'ti.* ▪ *今問諸大德 是中清淨不? (第二第三亦如是說) 諸大德 是中清淨, 默然故 是事如是持*

제1장 승단추방죄법의 송출

(Pārājikuddesa)

[존자들이여,]
이제 이와 같은 4개 조항의
승단추방죄법을 송출하겠습니다.25)

---

25) •*tatr'ime [8-9] cattāro pārājikā dhammā uddesaṁ āgacchanti.* ■ *諸大德 是四波羅夷法 半月半月說 戒經中來*

Pali-Khup. 1

1(1-1) 승단추방죄법 제1조

성적 교섭에 대한 학습계율

[Methunadhammasikkhāpada]

[세존] "어떠한 수행승이든 수행승들의 학습계율을 받고, 학습계율의 부인도 없이 자신의 학습계율에 대한 취약성도 알리지 않고,[26] 성적 교섭에 빠진다면, 심지어 축생과 행하는 것조차도, 승단추방죄[27]를 범하는 것이므로, 함께 살 수 없다."[28]

---

26) *sikkhaṁ apaccakkhāya, dubbalyaṁ anāvīkatvā : '학습계율의 부인'이라는 것은 '나는 더 이상 수행승이 아니라고 선언하는 것'이라는 뜻이다. '학습계율에 대한 취약성을 알리는 것'은 '자신이 계행을 지킬 수 없는 것을 인지하고 가사를 벗는 것'을 뜻한다.*

27) *pārājika : ≪빠알리율≫에서는 '알지 못했거나, 동의하지 않아 즐거움을 느끼지 않은 경우이거나, 정신착란자이거나, 마음이 심란한 자이거나, 애통해 하는 자이거나, 최초의 범행자인 경우'는 예외이고, ≪사분율≫에서는 그 밖에 '잠들어서 알아차리지 못했거나, 즐거움을 느끼지 않았거나, 일체 음행의 뜻이 없었거나, 이 학습계율시설의 원인이 된 최초의 범행자이거나, 정신착란자이거나, 마음이 심란한 자이거나, 애통해 하는 자인 경우'를 예외로 한다.*

28) *• 음계⊙(淫戒) / Khu-Pār. 1(Nī-Pār. 1) : yo pana bhikkhu bhikkhūnaṁ sikkhāsājīvasamāpanno sikkhaṁ apaccakkhāya dubbalyaṁ anāvīkatvā methunaṁ dhammaṁ patiseveyya, antamaso tiracchānagatāya pi, pārājiko hoti asaṁvāso'ti. ▪ 음계(婬戒) / 바라이 1 : 若比丘 共戒。同戒 不捨戒 戒羸 不自悔 犯不淨行 乃至共畜生 是比丘波羅夷 不共住*

Pali-Khup. 2

2(1-2) 승단추방죄법 제2조

주지 않은 것을 빼앗음에 대한 학습계율
[Adinnādānasikkhāpada]

[세존] "어떠한 수행승이든, 마을로부터나 숲속으로부터 주지 않은 것을 훔칠 의도로 빼앗는다면, 이와 같이 훔치는 경우에 예를 들어 왕들은 훔친 자를 붙잡아서 '그대는 강도이다. 그대는 바보이다. 그대는 천치이다. 그대는 도둑이다.'라고 구타하거나 구속하거나 추방할 것이다. 이와 마찬가지로 수행승으로서 주지 않는 것을 빼앗는다면, 그도 또한 승단추방죄[29]를 범하는 것이므로, 함께 살 수 없다."[30]

---

29) pārājika : ≪빠알리율≫에서는 '자신의 것이라고 알았거나, 신뢰에 입각하여 취한 것이거나, 잠시 빌린 것이거나, 아귀의 영역에 있는 자의 소유이거나, 축생으로 있는 자의 소유이거나, 쓰레기더미인 것을 알거나, 마음이 심란한 자이거나, 애통해 하는 자의 경우'는 예외이고, ≪사분율≫에서는 '준 것이라고 생각했거나, 자기의 것이라고 생각했거나, 버린 것이라고 생각했거나, 잠깐 취한 것이라고 생각했거나, 친분이 두터운 사람의 것이라고 생각했거나, 이 학습계율시설의 원인이 된 최초의 범행자이거나, 정신착란자이거나, 마음이 심란한 자이거나, 애통해 하는 자인 경우'를 예외로 한다.

30) • 도계⊙(盜戒) / Khu-Pār. 2(Nī-Pār. 2) : yo pana bhikkhu gāmā vā araññā vā adinnaṁ theyyasaṅkhātaṁ ādiyeyya, yathārūpe adinnādāne rājāno coraṁ gahetvā haneyyuṁ vā bandheyyuṁ vā pabbā-

jeyyaṁ vā, coro'si bālo'si muḷho'si theno'sīti, tathārūpaṁ bhikkhu adinnaṁ ādiyamāno ayampi pārājiko hoti asaṁvāso'ti. ■ *도계(盜戒) / 바라이 2 : 若比丘 在村落中, 若閑靜處 不與物, 盜心取 隨不與取法 若爲王及王大臣所捉 若縛。若驅出國。若殺 :「汝是賊! 汝癡! 汝無所知」 是比丘波羅夷, 不共住*

Pali-Khup. 3

3(1-3) 승단추방죄법 제3조

인체의 살해에 대한 학습계율

[Manussaviggahasikkhāpada]

[세존] "어떠한 수행승이든 의도적으로 인간의 몸에서 목숨을 빼앗거나, 목숨을 빼앗는 무기를 구해주거나, 죽음을 찬탄하거나, 죽음을 권유하면서, '이보시오, 그대에게 이러한 악한 고통스러운 삶이 무슨 의미가 있는가, 그대는 살기보다는 죽는 것이 낫다.'라고 일부러 의도적으로 여러 가지 방편으로 죽음에 이르도록 찬탄하거나 죽음에 이르도록 권유하면, 그도 또한 승단추방죄[31]를 범하는 것이므로, 함께 살 수 없다."[32]

---

31) pārājika : ≪빠알리율≫에서는 '의도하지 않았거나, 알지 못했거나, 살의가 없거나, 정신착란자이거나, 마음이 심란한 자이거나, 애통해 하는 자이거나, 최초의 범행자인 경우'는 예외'이고, ≪사분율≫에서는 '칼이나 몽둥이나 기와나 돌을 던졌는데 잘못하여 타인의 몸에 맞아 그 사람이 죽었거나, 집을 짓는 일을 하다가 잘못하여 벽돌이나 재목이나 서까래나 기둥이 떨어져 사람이 죽었거나, 환자를 부축하거나 목욕을 시키거나 음식을 먹이거나 다른 곳으로 옮기거나 방으로 들고나거나 화장실로 들고 날 때에 해치려는 마음이 없는데 죽었거나, 이 학습계율시설의 원인이 된 최초의 범행자이거나, 정신착란자이거나, 마음이 심란한 자이거나, 애통해 하는 자인 경우'를 예외로 한다.

32) • 살인계⊙(殺人戒) / Khu-Pār. 3(Nī-Pār. 3) : yo pana bhikkhu sañcicca manussaviggahaṁ jīvitā voropeyya, satthahārakaṁ vāssa

---

pariyeseyya, maraṇavaṇṇaṁ vā saṁvaṇṇeyya, maraṇāya vā samādapeyya: 'ambho purisa kiṁ tuyhaminā pāpakena dujjīvitena, matante jīvitā seyyo'ti iti cittamano cittasaṅkappo anekapariyāyena maraṇavaṇṇaṁ vā saṁvaṇṇeyya maraṇāya vā samādapeyya, ayampī pārājiko hoti asaṁvāso'ti. ■ *살인계(殺人戒) / 바라이 3 : 若比丘 故斷人命, 持刀與人, 歎譽死。快勸死:「咄! 男子, 用此惡活爲? 寧死不生」作如是思惟, 種種方便, 歎譽死。快勸死, 是比丘波羅夷, 不共住*

Pali-Khup. 4

4(1-4) 승단추방죄법 제4조
인간을 뛰어넘는 상태에 대한 학습계율
[Uttarimanussadhammasikhāpada]

[세존] "어떠한 수행승이든 곧바로 알지 못하면서 인간을 뛰어넘는 상태에 대하여 자신과 관계하여 '나는 이와 같이 안다. 나는 이와 같이 본다.'라고 충분한 고귀한 앎과 봄을 선언한다면, 그리고 나중에 규명되건 규명되지 않건 간에 타락하여, 죄의 정화를 기대하고 이와 같이 "존자여, 나는 알지 못하는 것을 알고 보지 못하는 것을 본다.'고 운운하며 허황된 말, 거짓된 말, 망언을 했습니다.'라고 말한다고 하더라도, 과도한 자만을 제외하고, 그도 또한 승단추방죄[33]를 범하는 것

---

33) pārājika : ≪빠알리율≫에서는 '과도한 자만을 지녔거나, 망어를 의식하지 못하는 경우나, 정신착란자이거나, 마음이 심란한 자이거나, 애통해 하는 자이거나,, 최초의 범행자인 경우'는 예외이고, ≪사분율≫에서는 '과도한 자만이었다.'라고 스스로 말했거나, '이것은 업보의 인연이고 스스로 수행해서 얻은 것이 아니다.'라고 말했거나, 실제로 인간을 뛰어넘은 상태를 얻어서 동의하는 비구에게 말했거나, 남에게 그러한 상태의 원리를 설했으나 '내가 그것을 얻었다.'라고 하지 않았거나, 장난으로 말했거나, 빨리 말해서 상대가 알아듣지 못했거나, 혼자 있는 데서 말했거나, 꿈속에서 말했거나, 이것을 말하려다가 저것을 말했거나, 이 학습계율시설의 원인이 된 최초의 범행자이거나, 정신착란자이거나, 마음이 심란한 자이거나, 애통해

이므로, 함께 살 수 없다."[34]

하는 자인 경우'를 예외로 한다.

34) • 대망어계⊙(大妄語戒) / Khu-Pār. 4(Nī-Pār. 4) : yo [10-11] pana bhikkhu anabhijānaṁ uttarimanussadhammaṁ attūpanāyikaṁ alamariyañāṇadassanaṁ samudācareyya'iti jānāmi, iti passāmī'ti. tato aparena samayena samanuggāhiyamāno vā asamanuggāhiyamāno vā āpanno visuddhāpekkho evaṁ vadeyya: ajānamevāhaṁ āvuso avacaṁ jānāmi, apassaṁ passāmi, tucchaṁ musā vilapin'ti aññatra adhimānā. ayampi pārājiko hoti asaṁvāso'ti. ■ 대망어계(大妄語戒) / 바라이 4 : 若比丘 實無所知, 自稱言:「我得上人法 我已入聖智勝法 我知是 我見是」彼於異時, 若問。若不問, 欲自清淨故, 作是說「我實不知不見, 言知言見, 虛誑妄語」除增上慢 是比丘波羅夷, 不共住

존자들이여,
이와 같이 4개 조항의 승단추방죄법을 송출하였습니다.
수행승이 이 가운데 어떠한 것이라도 범하면,
예전과 마찬가지로 이후에도 승단에서 추방되는 상태가 되어
수행승들과 함께 살 수 없습니다.35)

이와 관련하여
저는 존자들께 묻겠습니다.
이와 관련하여 완전히 청정합니까?
두 번째에도 저는 존자들께 묻겠습니다.
이와 관련하여 완전히 청정합니까?
세 번째에도 저는 존자들께 묻겠습니다.
이와 관련하여 완전히 청정합니까?
존자들께서는
완전히 청정한 까닭에 침묵했으므로
저는 그와 같이 알겠습니다.36)

승단추방죄법이 끝났다.

---

35) • *uddiṭṭhā kho āyasmanto cattāro pārājikā dhammā, yesaṁ bhikkhu aññataraṁ vā aññataraṁ vā āpajjitvā na labhati bhikkhūhi saddhiṁ saṁvāsaṁ, yathā pure tathā pacchā pārājiko hoti asaṁvāso* : *Smp. 516에 따르면, '이전과 마찬가지로'라는 것은 '출가 이전의 재가자와 마찬가지로 승단추방의 상태가 되어'라는 뜻으로 재가자가 출가자와 함께 포살이나 자자 등을 할 수 없다는 뜻이다.* ■ *諸大德 我已說四波羅夷法 若比丘 犯一一法 不得與諸比丘共住如前, 後犯亦爾. 是比丘得波羅夷罪, 不應共住*

36) • *tatthāyasmante pucchāmi kaccittha parisuddhā? dutiyampi pucchāmi kaccittha parisuddhā? tatiyampi pucchāmi kaccittha parisuddhā? parisuddhetthāyasmanto, tasmā tuṇhī. evametaṁ dhārayāmī'ti.* ■ *今問諸大德 是中清淨不? (第二第三亦如是說) 諸大德 是中清淨, 默然故 是事如是持*

제2장 승단잔류죄법의 송출

(Saṅghādisesuddesa)

존자들이여,
이제 이러한 13개 조항의 승단잔류죄법을
송출하겠습니다.[37]

37) *•ime [12-13] kho panāyasmanto terasa saṅghādisesā dhammā uddesaṁ āgacchanti. ■諸大德 是十三僧伽婆尸沙法 半月半月說 戒經中來*

Pali-Khup. 5

5(2-1) 승단잔류죄법 제1조

정액의 방출에 대한 학습계율
[Sukkavisaṭṭhisikkhāpada]

[세존] "의도적으로 정액을 사정하면, 몽정을 제외하고, 승단잔류죄[38]를 범하는 것이다."[39]

---

38) *saṅghādisesa : ≪빠알리율≫에서는 '몽정을 하거나, 사정의 의도가 없거나, 정신착란된 자이거나, 마음이 심란한 자이거나, 애통해 하는 자이거나, 최초의 범행자의 경우'는 예외이고, ≪사분율≫에서는 '몽정을 하거나, 여색을 보고 건드리지 않아도 누정하거나, 옷에 닿거나 대소변을 보다가 누정하거나, 찬물이나 더운 물로 목욕할 때에 누정하거나, 비누나 진흙으로 몸을 씻다가 누정하거나, 가려워서 긁다가 누정하거나, 몹시 울거나 힘겹게 일하다가 누정하거나, 이 학습계율시설의 원인이 된 최초의 범행자이거나, 정신착란 자이거나, 마음이 심란한 자이거나, 애통해 하는 자인 경우'를 예외로 한다.*

39) *• 고출정계⊘(故出精戒) / Khu-Saṅgh. 1 : sañcetanikā sukkavisaṭṭhi aññatra supinantā saṅghādiseso'ti. ■ 고출정계(故失精戒) / 사분승승가바시사 1. 若比丘 故弄陰失精, 除夢中, 僧伽婆尸沙.*

Pali-Khup. 6

6(2-2) 승단잔류죄법 제2조

신체의 접촉에 대한 학습계율
[Kāyasaṁsaggasikkhāpada]

[세존] "어떠한 수행승이든 욕정을 일으켜 일탈한 마음으로 여인과 함께 신체적 접촉, 손을 잡는 것이나 두발(頭髮)을 잡는 것이나 혹은 사지를 마촉하는 것을 행한다면, 승단잔류죄[40]를 범하는 것이다."[41]

---

40) saṅghādisesa : ≪빠알리율≫에서는 '의도가 없거나, 새김이 없거나, 알지 못하고 했거나, 향락하지 않았거나, 정신착란된 자이거나, 마음이 심란한 자이거나, 애통해 하는 자이거나, 최초의 범행자의 경우'는 예외이고, ≪사분율≫에서는 '가질 것이 있어서 서로 닿았거나, 웃다가 서로 닿았거나, 서로 헤어지다가 닿았거나, 이 학습계율시설의 원인이 된 최초의 범행자이거나, 정신착란자이거나, 마음이 심란한 자이거나, 애통해 하는 자인 경우'를 예외로 한다.

41) • 마촉여인계⊘(摩觸女人戒) / Khu-Saṅgh. 2 : yo pana bhikkhu otiṇṇo vipariṇatena cittena mātugāmena saddhiṁ kāyasaṁsaggaṁ samāpajjayya: hatthagāhaṁ vā veṇigāhaṁ vā aññatarassa vā aññatarassa vā aṅgassa parāmasanaṁ, saṅghādiseso'ti. ■ 마촉여인계(摩觸女人戒) / 사분승승가바시사 2 : 若比丘 婬欲意, 與女人身相觸, 若觸一一身分者, 僧伽婆尸沙.

Pali-Khup. 7

7(2-3) 승단잔류죄법 제3조

추잡한 말에 대한 학습계율
[Duṭṭhullavācāsikkhāpada]

[세존] “어떠한 수행승이든 욕정을 일으켜 일탈한 마음으로 여인에게 추잡한 말로 거스르는 것, 예를 들어, 젊은 남자가 젊은 여자에게 하는 것과 같은 성적 교섭과 관계된 말로 거스르면, 승단잔류죄[42]를 범하는 것이다.”[43]

---

42) saṅghādisesa : ≪빠알리율≫에서는 '의미를 존중하여 설하거나, 원칙을 존중하여 설하거나, 가르침을 존중하여 설하는 경우이거나, 정신착란된 자이거나, 최초의 범행자의 경우'는 예외이고, ≪사분율≫에서는 '여자들에게 부정관(不淨觀)을 가르치면서 아홉 구멍 — 두 눈, 두 귀, 두 콧구멍, 입, 대변도, 소변도 — 을 언급할 때에 여인이 이를 추악한 말이라고 했거나, 계율을 설명할 때에 여기에 이르렀을 때에 추악한 말이라고 했거나, 이 학습계율시설의 원인이 된 최초의 범행자이거나, 정신착란자이거나, 마음이 심란한 자이거나, 애통해 하는 자인 경우'를 예외로 한다.

43) • 여여인추어계⊘(與女人醜語戒) / Khu-Saṅgh. 3 : yo pana bhikkhū otiṇṇo vipariṇatena cittena mātugāmaṁ duṭṭhullāhi vācāhi obhāseyya yathā taṁ yuvā yuvatiṁ methunūpasaṁhitāhi, saṅghādiseso'ti. ■ 여여인조어계(與女人粗語戒) / 사분승승가바시사 3. 若比丘 婬欲意, 婬欲語者, 僧伽婆尸沙.

Pali-Khup. 8

8(2-4) 승단잔류죄법 제4조

자신의 성적 욕망을 섬김에 대한 학습계율
[Attakāmapāricariyasikkhāpada]

[세존] "어떠한 수행승이든 욕정을 일으켜 일탈한 마음으로 여인의 앞에서 자신의 성적 욕망을 충족하기 위한 섬김을 찬탄하여, '자매여, 나와 같은 계행을 지키는 자, 선법을 지닌 자, 청정한 삶을 사는 자에게 이러한 행위로 공양하면, 공양하는 자 가운데 최상자가 된다.'라고 말하면서 성적 교섭을 암시하면, 승단잔류죄44)를 범하는 것이다."45)

---

44) *saṅghādisesa : ≪빠알리율≫에서는 '의복이나 탁발음식이나 와좌구나 필수의약을 공양하라고 하는 경우이거나, 정신착란된 자이거나, 최초의 범행자의 경우'는 예외이고, ≪사분율≫에서는 "여인에게 '이 비구은 계를 지키고 선법을 닦으니 인자한 신구의의 삼업으로 공양하라.'고 했을 때나 계율을 설할 때에 저 비구가 자신을 찬탄한다고 했거나, 경을 배우고 송출할 때에 두 사람이 함께 배우고 묻고 외우고 희롱하고 웃고 이야기했거나, 빨리 말했거나, 꿈속에서 말했거나, 이것을 말하려다가 착오로 저것을 말했거나, 이 학습계율 시설의 원인이 된 최초의 범행자이거나, 정신착란자이거나, 마음이 심란한 자이거나, 애통해 하는 자인 경우"를 예외로 한다.*

45) *• 향여탄신색공계⊘(向女歎身索供戒) / Khu-Saṅgh. 4 : yo pana bhikkhu otiṇṇo vipariṇatena cittena mātugāmassa santike attakāmapāricariyāya vaṇṇaṁ bhāseyya: etad aggaṁ bhagini, pāricariyānaṁ yā mādisaṁ sīlavantaṁ kalyāṇadhammaṁ brahmacāriṁ etena dham-*

mena paricareyyā'ti methunūpasaṁhitena, saṅghādiseso'ti. ■ 향여탄신색공계(向女歎身索供戒) / 사분승승가바시사 4 : 向女人歎身索供戒 若比丘 婬欲意, 於女人前, 自歎身言:「大妹! 我修梵行, 持戒精進, 修善法, 可持是婬欲法供養我. 如是供養第一最」, 僧伽婆尸沙.

Pali-Khup. 9

9(2-5) 승단잔류죄법 제5조

중매에 대한 학습계율

[Sañcarittasikkhāpada]

[세존] "어떠한 수행승이든 여인에 대한 남자의 의중을 또는 남자에 대한 여인의 의중을 중매해서 부부관계를 맺게 하거나 애인관계를 맺게 하면, 그것이 일시적인 관계라도, 승단잔류죄[46]를 범하는 것이다."[47]

---

46) *saṅghādisesa : ≪빠알리율≫에서는 '참모임을 위한 것이거나, 탑묘를 위한 것이거나, 환자를 위하여 일을 보기 위해 가거나, 정신착란자이거나, 최초의 범행자인 경우'는 예외이고, ≪사분율≫에서는 '남녀가 먼저 통하고 후에 이별했다가 다시 화합했거나, 부모나 신심이 돈독한 재가자나 환자나 감옥에 있는 자를 위해 서신을 가지고 갔거나, 참모임이나 승원이나 탑묘나 환우비구를 위해서 서신을 보고 가지고 갔거나, 이 학습계율시설의 원인이 된 최초의 범행자이거나, 정신착란자이거나, 마음이 심란한 자이거나, 애통해 하는 자인 경우'를 예외로 한다.*

47) *• 매인계⊙(媒人戒) / Khu-Saṅgh. 5(Nī-Saṅgh. 7) : yo [14-15] pana bhikkhu sañcarittaṁ samāpajjeyya itthiyā vā purisamatiṁ purisassa vā itthimatiṁ, jāyattane vā jārattane vā, antamaso taṅkhaṇikāya pi, saṅghādiseso'ti. ■ 매인계(媒人戒) / 사분승승가바시사 5 : 若比丘 往來彼此媒嫁, 持男意語女, 持女意語男, 若爲成婦事, 及爲私通事, 乃至須臾頃, 僧伽婆尸沙.*

Pali-Khup. 10

10(2-6) 승단잔류죄법 제6조

암자의 건축에 대한 학습계율

[Kuṭikārasikkhāpada]

[세존] "수행승이 스스로 탁발하여[48] 후원자가 없이, 자신들을 위하여, 암자(庵子)를 지을 경우 측량해서 지어야 한다. 그 경우 측량은 다음과 같다. 행복한 님의 뼘[49]으로 길이 열두 뼘(276cm∨1080cm), 너비 일곱 뼘(161cm∨630cm)이다. 부지를 표시하기 위해서는 수행승들을 초빙하여, 그 수행승들을 통해

---

48) saññācikāya : Smp. 566에 따르면, 스스로 거행하여 구걸하는 것을 뜻한다.

49) sugatavidatthi : 한역에서는 불걸수(佛搩手) 또는 불수척(佛手尺)이라고 한다. 한역문헌에서는 손으로 물건을 잴 때 무지(拇指)와 장지(長指)를 편 크기로 12손가락마디(手節)의 크기라고 본다. 손가락마디는 일 인치(1 inch = 2.5 cm) 정도의 크기를 말한다. 따라서 30cm의 크기이다. 한편, 빠알리문헌의 Smp. 567에 따르면, 행복한 님의 뼘은 '보통사람의 키의 크기는 행복한 님의 뼘으로 3뼘'이므로, 목공의 완척(腕尺 : hattha = 46~56 cm)으로 1½완척의 크기이다. 그러므로 주석에 따른다면, 행복한 님의 한 뼘은 보통사람의 세 배 정도의 크기로 75cm 전후로 보아야 한다. 그러나 이것에 대하여 한역의 주석서에서도 이설이 많아서 Bd. I. 253에서는 '수용된 길이(the accepted length)'라고 번역한다. 이것은 '행복한 님(sugata)'을 여래라고 보지 않고 '수용된 것'이라는 과거분사로 해석한 것인데, 그렇게 되면, 표준사이즈를 말하는 것이다. 표준사이즈로 말하자면, 보통사람의 뼘은 23cm 정도를 언급한 것이다.

서 위해가 없고 접근가능한[50] 부지에 대한 지정을 받아내야 한다. 만약에 수행승이 위해가 있고 접근가능하지 않은 부지에 스스로 탁발해서 암자를 짓거나 혹은 수행승들을 초빙해서 부지에 대한 지정을 받아내지 않거나 혹은 측량을 어기면, 승단잔류죄[51]를 범하는 것이다."[52]

---

50) anārambhaṁ saparikkamanaṁ : 한역은 무난처유행처(無難處有行處)라고 한다. Bd. I. 253에 따르면, 위해가 없는 곳은 살아있는 생명체에 위해가 없는 곳이라는 뜻이고, 접근가능한 곳은 유행하기 좋은 곳인데, 수레가 접근할 수 있는 곳을 뜻한다.

51) saṅghādisesa : 《빠알리율》에서는 '산굴이나 소옥이나 초옥을 짓거나, 타인을 위하여 짓거나, 자신의 주거용집을 제외하고 어떠한 경우이거나, 정신착란된 자이거나, 최초의 범행자의 경우'는 예외이고, 《사분율》에서는 '비구들이 지시한 대로 지었거나, 어려움과 장애가 없는 곳에 지었거나, 비구들을 위한 탑묘나 강당이나 초암을 지었거나, 몸을 겨우 용납하는 집이나 여러 사람을 위한 집을 지었거나, 이 학습계율시설의 원인이 된 최초의 범행자이거나, 정신착란자이거나, 마음이 심란한 자이거나, 애통해 하는 자인 경우'를 예외로 한다.

52) • 무주승불처분과량방계⊘(無主僧不處分過量房戒) / Khu-Saṅgh. 6 : saññācikāya pana bhikkhunā kuṭiṁ kārayamānena assāmikaṁ attuddesaṁ pamāṇikā kāretabbā. tatridaṁ pamāṇaṁ: dīghaso dvādasavidatthiyo sugatavidatthiyā tiriyaṁ sattantarā, bhikkhū abhinetabbā vatthudesanāya. tehi bhikkhūhi vatthuṁ desetabbaṁ anārambhaṁ saparikkamanaṁ. sārambhe ce bhikkhu vatthusmiṁ aparikkamane saññācikāya kuṭiṁ kāreyya bhikkhū vā anabhineyya vatthudesanāya pamāṇaṁ vā atikkāmeyya saṅghādiseso'ti. ■ 무주방불처분계(無主房不處分戒) / 사분승승가바시사 6 : 若比丘 自求作屋, 無主, 自爲己, 當應量作. 是中量者, 長佛十二磔手, 內廣七磔手. 當將諸比丘指授處所, 彼應指授處所, 無難處 無妨處. 若比丘有難處。妨處, 自求作屋, 無主, 自爲己, 不將諸比丘指授處所, 若過量作者, 僧伽婆尸沙.

Pali-Khup. 11

11(2-7) 승단잔류죄법 제7조

정사의 건축에 대한 학습계율

[Vihārakārasikkhāpada]

[세존] "만약 수행승이 큰 정사를 후원자의 지지아래 자신을 위해서 지으려고 한다면, 수행승들을 초빙하여 그 수행승들을 통해서 부지에 대한 지정을 받아야 하고, 그 수행승들은 상해가 없는 곳, 접근가능한 곳에 부지에 대한 지정을 해야 한다. 그 수행승이 상해가 있는 곳, 접근불가능한 곳에 큰 정사를 짓거나, 수행승들을 초빙해서 부지에 대한 지정을 받지 않으면, 승단잔류죄[53]를 범하는 것이다."[54]

---

53) saṅghādisesa : 앞의 학습계율과 마찬가지로 ≪빠알리율≫에서는 '산굴이나 소옥이나 초옥을 짓거나, 타인을 위하여 짓거나, 자신의 주거용집을 제외하고 어떠한 경우이거나, 정신착란된 자이거나, 최초의 범행자의 경우'는 예외이고, ≪사분율≫에서는 '비구들이 지시한 대로 지었거나, 어려움과 장애가 없는 곳에 지었거나, 비구들을 위한 탑묘나 강당이나 초암을 지었거나, 몸을 겨우 용납하는 집이나 여러 사람을 위한 집을 지었거나, 이 학습계율시설의 원인이 된 최초의 범행자이거나, 정신착란자이거나, 마음이 심란한 자이거나, 애통해 하는 자인 경우'를 예외로 한다.

54) • 유주승불처분방계⊘(有主僧不處分房戒) / Khu-Saṅgh. 7 : mahallakaṁ pana bhikkhunā vihāraṁ kārayamānena sassāmikaṁ attuddesaṁ, bhikkhū abhinetabbā vatthudesanāya. tehi bhikkhuhi vatthuṁ desetabbaṁ anārambhaṁ saparikkamanaṁ, sārambhe ce bhikkhu vatthusmiṁ aparikkamane mahallakaṁ vihāraṁ kāreyya, bhikkhū vā anabhineyya vatthudesanāya, saṅghādiseso'ti. ■ *유주승불처분방계(有主僧不處分房戒) 승가바시사 7. 若比丘 欲作大房, 有主, 爲己作, 當將餘比丘指授處所, 彼應指授處所, 無難處。無妨處 若比丘 難處。妨處作大房, 有主, 爲己作, 不將餘比丘指授處所者, 僧伽婆尸沙.*

Pali-Khup. 12

12(2-8) 승단잔류죄법 제8조

악의와 분노에 대한 학습계율①

[Duṭṭhadosapaṭhamasikkhāpada]

[세존] "어떠한 수행승이든 수행승을 악의나 분노나 불만으로 '아마도 그를 내가 이러한 청정한 삶에서 몰아낼 수 있겠다.'라고 근거 없이 승단추방죄에 해당한다고 비방하고, 나중에 조사를 받건 조사를 받지 않건, 그 쟁사가 근거 없음이 밝혀지고, 수행승이 자신의 잘못을 시인한다면, 승단잔류죄[55]를 범하는 것이다."[56]

---

55) saṅghādisesa : ≪빠알리율≫에서는 '충고받지 못했거나, 그만두거나, 정신착란자이거나, 최초의 범행자인 경우'는 예외이고, ≪사분율≫에서는 '장난으로 말했거나, 빨리 말했거나, 혼자 있는 데서 말했거나, 꿈속에서 말했거나, 이것을 말하려다 착오로 저것을 말했거나, 이 학습계율시설의 원인이 된 최초의 범행자이거나, 정신착란자이거나, 마음이 심란한 자이거나, 애통해 하는 자인 경우'를 예외로 한다.

56) • 무근중죄방타계⊙(無根重罪謗他戒) / Khu-Sangh. 8 (Nī-Saṅgh. 8) : yo pana bhikkhu bhikkhuṁ duṭṭho doso appatīto amūlakena pārājikena dhammena anuddhaṁseyya appeva nāma naṁ imamhā brahmacariyā cāveyyan'ti. tato aparena samayena [16-17] samanuggāhiyamāno vā asamanuggāhiyamāno vā amūlakañceva taṁ adhikaraṇaṁ hoti bhikkhu ca dosaṁ patiṭṭhāti, saṅghādiseso'ti. ■ 무근방타중죄계(無根謗他重罪戒) / 사분승승가바시사 8 : 若比丘 瞋恚所覆故 非波羅夷比丘, 以無根波羅夷法謗, 欲壞彼清淨行. 彼於異時, 若問。若不問, 知此事無根說 「我瞋恚故 作是語」者, 僧伽婆尸沙.

Pali-Khup. 13

13(2-9) 승단잔류죄법 제9조

악의와 분노에 대한 학습계율②

[Duṭṭhadosadutiyasikkhāpada]

[세존] "어떠한 수행승이든 수행승을 악의나 분노나 불만으로 다른 종류의 쟁사 어떤 것이든 유사한 점을 관련시켜, '아마도 그를 내가 이러한 청정한 삶에서 몰아낼 수 있겠다.'라고 말하며 승단추방죄에 해당한다고 비방하고, 나중에 조사를 받건 조사를 받지 않건, 그 쟁사가 다른 쟁사에 속한 것으로 드러나고, 어떤 것이든 유사한 점을 관련시켜 취한 것이고, 수행승이 자신의 잘못을 시인하면, 승단잔류죄57)를 범하는 것이다."58)

---

57) saṅghādisesa : ≪빠알리율≫에서는 '충고받지 못했거나, 그만두거나, 정신착란자이거나, 최초의 범행자인 경우'는 예외이고, ≪사분율≫에서는 '장난으로 말했거나, 빨리 말했거나, 혼자 있는 데서 말했거나, 꿈속에서 말했거나, 이것을 말하려다 착오로 저것을 말했거나, 이 학습계율시설의 원인이 된 최초의 범행자이거나, 정신착란자이거나, 마음이 심란한 자이거나, 애통해 하는 자인 경우'를 예외로 한다.

58) • 가근방계⊙(假根謗戒) / Khu-Saṅgh. 9(Nī-Saṅgh. 9) : yo pana bhikkhu bhikkhuṁ duṭṭho doso appatīto aññabhāgiyassa adhikaraṇassa kiñci desaṁ lesamattaṁ upādāya pārājikena dhammena anuddhaṁseyya, appeva nāma naṁ imamhā brahmacariyā cāveyyan'ti. ta-

to aparena samayena samanuggāhiyamāno vā asamanuggāhiyamāno vā aññabhāgiyañceva taṁ adhikaraṇaṁ hoti, koci deso lesamatto upādinno, bhikkhu ca dosaṁ patiṭṭhāti, saṅghādiseso'ti. ■ *가근방계(假根謗戒) / 사분승승가바시사 9 : 若比丘 以瞋恚故 於異分事中取片, 非波羅夷比丘, 以無根波羅夷法謗, 欲壞彼清淨行. 彼於異時, 若問若不問, 知是異分事中取片, 便言:「我瞋恚故 作是語」者, 僧伽婆尸沙.*

Pali-Khup. 14

14(2-10) 승단잔류죄법 제10조

참모임의 분열에 대한 학습계율
[Saṅghabhedasikkhāpada]

[세존] "어떠한 수행승이든 화합참모임을 파괴하려고 기도하거나, 분열로 이끄는 쟁사를 취하여 공개하여 지지하면, 그 수행승에 대하여 수행승들은 '존자여, 화합참모임을 파괴하려고 기도하거나, 분열로 이끄는 쟁사를 취하여 공개하여 지지하지 마시오. 존자여, 참모임과 화평해야 합니다. 그래야 비로소 참모임이 조화롭고, 친절하고, 다투지 않고, 동일한 가르침 아래 평안하게 지내기 때문입니다.'라고 말해야 한다. 그 수행승에 대하여 수행승들이 이와 같이 말하는데도 그와 같이 고집하면, 그 수행승에 대하여 수행승들은 그것을 그만두도록 세 번까지 충고해야 하는데, 세 번까지 충고해서 그만둔다면, 그것은 훌륭한 일이지만, 그만두지 않으면, 승단잔류죄[59]를 범하는 것이다."[60]

---

59) saṅghādisesa : ≪빠알리율≫에서는 '충고받지 못했거나, 그만두는 경우이거나, 정신착란자이거나, 마음이 심란한 자이거나, 애통해하는 자이거나, 최초의 범행자인 경우'는 예외이고, ≪사분율≫에서는 '한두 번 충고했을 때 그만두었거나, 원칙에 맞지 않는 갈마를 통

해 충고했거나, 가르침이나 계율에 맞지 않게 충고했거나, 꾸짖고 충고하기 이전이었거나, 악한 도반을 막아서 못하게 했거나, 방편으로 참모임의 분열을 막아서 못하게 했거나, 두세 사람이 갈마를 하는 것을 막았거나, 참모임이나 승원이나 친교사와 궤범사와 같은 선지식 등을 위하여 참모임의 분열을 도모하여 손해를 끼친 사람들이 살 곳이 없게 만들어 그것을 막았거나, 이 학습계율시설의 원인이 된 최초의 범행자이거나, 정신착란자이거나, 마음이 심란한 자이거나, 애통해 하는 자인 경우'를 예외로 한다.

60) • 파승위간계⊙(破僧違諫戒) / Khu-Saṅgh. 10(Nī-Saṅgh. 14) : yo pana bhikkhu samaggassa saṅghassa bhedāya parakkameyya, bhedanasaṁvattanikaṁ vā adhikaraṇaṁ samādāya paggayha tiṭṭheyya, so bhikkhu bhikkhūhi evam assa vacanīyo: mā āyasmā samaggassa saṅghassa bhedāya parakkami, bhedanasaṁvattanikaṁ vā adhikaraṇaṁ samādāya paggayha aṭṭhāsi, samet' āyasmā saṅghena samaggo hi saṅgho sammodamāno avivadamāno ekuddeso phāsu viharatī'ti. evañ ca so bhikkhu bhikkhūhi vuccamāno tath'eva paggaṇheyya, so bhikkhu bhikkhūhi yāvatatiyaṁ samanubhāsitabbo tassa paṭinissaggāya, yāvatatiyañc'eva samanubhāsiyamāno taṁ paṭinissajeyya, iccetaṁ kusalaṁ. no ce paṭinissajeyya, saṅghādiseso'ti. ■ 파승위간계(破僧違諫戒) / 사분승승가바시사 10 : 若比丘 欲壞和合僧, 方便受壞和合僧法, 堅持不捨. 彼比丘應諫是比丘言:「大德 莫壞和合僧, 莫方便壞和合僧, 莫受壞僧法, 堅持不捨. 大德 應與僧和合, 歡喜不諍, 同一師學, 如水乳合, 於佛法中有增益安樂住」是比丘如是諫時, 堅持不捨, 彼比丘應三諫, 捨此事故. 乃至三諫, 捨者善; 不捨者, 僧伽婆尸沙.

Pali-Khup. 15

15(2-11) 승단잔류죄법 제11조

분열의 추종에 대한 학습계율

[Bhedānuvattakasikkhāpada]

[세존] "어떤 수행승이 수행승들을 하나나 둘이나 셋이나 거느리고 있는데, 이 수행승들이 저 수행승를 추종하고 편을 들어 말하길 '존귀한 자매들이여, 그 수행승에 대하여 어떠한 것이든 말하지 마십시오. 그 수행승은 가르침을 말하고, 계율을 말합니다. 그 수행승은 우리의 의도와 취향을 취하여 표현하고, 우리를 위해 말하는 것이 우리에게 알맞은 것인가를 압니다.'라고 말하면, 수행승들은 이 수행승들에게 '존귀한 자매들이여, 그렇게 말하지 마시오. 그 수행승은 가르침을 말하지 않고, 계율을 말하지 않습니다. 존귀한 자매들도 승단의 분열을 좋아하지 마십시오. 존귀한 자매들께서는 참모임과 화평해야 합니다. 그래야 비로소 참모임이 조화롭고, 친절하고, 다투지 않고, 동일한 가르침 아래 평안하게 지내기 때문입니다.'라고 말해야 한다. 수행승들이 이 수행승들에게 이와 같이 말하는데도 그대로 고집하면, 수행승들이 그 수행승들에게 그것을 그만두도록 세 번까지 충고해야 하는데, 세 번까지 충고해서 그것을 그만둔다면, 훌륭한 일이지만, 그

만두지 않는다면, 이 수행승들이야말로 세 번까지 충고해서 그것을 그만둔다면, 훌륭한 일이지만, 그만두지 않는다면, 승단잔류죄61)를 범하는 것이다."62)

---

61) *saṅghādisesa : 《빠알리율》에서는 '충고받지 못했거나, 그만두는 경우이거나, 마음이 심란한 자이거나, 애통해 하는 자이거나 정신착란자이거나, 최초의 범행자인 경우'는 예외이고, 《사분율》에서는 '한두 번 충고했을 때 그만두었거나, 원칙에 맞지 않는 갈마를 통해 충고했거나, 가르침이나 계율에 맞지 않게 충고했거나, 꾸짖고 충고하기 이전이었거나, 이 학습계율시설의 원인이 된 최초의 범행자이거나, 정신착란자이거나, 마음이 심란한 자이거나, 애통해 하는 자인 경우'를 예외로 한다.*

62) *• 조파승위간계⊙(助破僧違諫戒) / Khu-Saṅgh. 11(Nī-Saṅgh. 15) : tasseva [18-19] kho pana bhikkhussa bhikkhū honti anuvattakā vaggavādakā eko vā dve vā tayo vā, te evaṁ vadeyyuṁ: mā āyasmanto etaṁ bhikkhuṁ kiñci avacuttha, dhammavādī ceso bhikkhū vinayavādī ceso bhikkhu amhākaṁ ceso bhikkhu chandañca ruciñca ādāya voharati, jānāti no bhāsati, amhākampetaṁ khamatī'ti. te bhikkhu bhikkhūhi evamassu vacanīyā: mā āyasmanto evaṁ avacuttha, na ceso bhikkhu dhammavādī, na ceso bhikkhu vinayavādī, mā āyasmantānampi saṅghabhedo ruccittha. smet'āyasmantānaṁ saṅghena, samaggo hi saṅgho sammodamāno avivadamāno ekuddeso phāsu viharatī'ti. evañca te bhikkhu bhikkhūhi vuccamānā tatheva paggaṇheyyuṁ, te bhikkhu bhikkhūhi yāvatatiyaṁ samanubhāsitabbā tassa paṭinissaggāya. yāva tatiyañce samanubhāsiyamānā taṁ paṭinissa- jeyyuṁ, iccetuṁ kusalaṁ, no ce paṭinissajeyyuṁ, saṅghādiseso'ti. ■ 조파승위간계(助破僧違諫戒) / 사분승승가바시사 11 : 若比丘 有餘伴黨, 若一◦二◦三, 乃至無數 是比丘語彼比丘言:「大德 莫諫此比丘, 此比丘是法語◦律語比丘, 此比丘所說 我等喜樂 我等忍可. 然此比丘非法語◦非律語比丘 大德 莫欲壞和合僧, 汝等當樂欲和合僧. 大德 與僧和合, 歡喜不諍, 同一師學, 如水乳合, 於佛法中有增益安樂住」 是比丘如是諫時, 堅持不捨, 彼比丘應三諫 捨此事故 乃至三諫捨者善; 不捨者, 僧伽婆尸沙.*

Pali-Khup. 16

16(2-12) 승단잔류죄법 제12조

충고를 받아들이지 않는 것에 대한 학습계율
[Dubbacasikkhāpada]

[세존] "어떤 수행승이 남이 충고할 수 없는 자로서 교계에 포함된 학습계율 가운데 수행승들이 원칙에 맞게 충고하는 데도 자신은 충고를 받아서는 안 된다고 '존자들이여, 나에게 선이건 악이건 어떠한 충고도 하지 말라. 나도 또한 존자들께 선이건 악이건 어떠한 충고도 하지 않겠다. 존자들은 나에게 충고하지 말라.'라고 말한다면, 수행승들은 그 수행승에게 '존자여, 자신을 남이 충고할 수 없는 자로 만들지 마십시오. 존자여, 자신을 남이 충고할 수 있는 자로 만드십시오. 존자도 원칙에 맞게 수행승에게 충고할 수 있어야 하고 수행승들도 존자에게 원칙에 맞게 충고할 수 있어야 합니다. 이와 같이 하면, 서로서로 충고하고 서로서로 독려하는 세존의 회중이 증가하는 것입니다.'라고 말해야 한다. 그 수행승에 대하여 수행승들이 이렇게 충고하여도 그와 같이 고집하면, 그 수행승에 대하여 수행승들은 그것을 그만두도록 세 번까지 충고해야 하는데, 세 번까지 충고해서 그만둔다면, 그것은 훌륭한 일이다. 그만두지 않

는다면, 승단잔류죄[63])를 범하는 것이다."[64])

63) saṅghādisesa : ≪빠알리율≫에서는 '충고받지 못했거나, 그만두거나, 정신착란자이거나, 최초의 범행자인 경우'는 예외이고, ≪사분율≫에서는 '한두 번 충고했을 때에 그만두었거나, 가르침이나 계율에 맞지 않는 갈마를 했거나, 일체의 견책조치의 갈마를 하기 이전이거나, 지혜가 없는 사람이 충고할 때에 그에게 '그대의 친교사나 궤범사가 행하는 것도 이와 같으니 다시 잘 배우고 경을 외어 충고하는 법을 알고 난 후에 충고해야 한다.'라고 했거나, 그 일이 사실과 같았거나, 장난으로 했거나, 빨리 말했거나, 혼자 말했거나, 꿈속에서 말했거나, 이것을 말하려다가 저것을 말했거나, 이 학습계율시설의 원인이 된 최초의 범행자이거나, 정신착란자이거나, 마음이 심란한 자이거나, 애통해 하는 자인 경우'를 예외로 한다.

64) ● 악성거승위간계⊙(惡性拒僧違諫戒) / Khu-Saṅgh. 12(Nī-Saṅgh. 16) : bhikkhu pan'evadubbacajātiko hoti, uddesapariyāpannesu sikkhāpadesu bhikkhūhi sahadhammikaṁ vuccamāno attānaṁ avacanīyaṁ karoti, 'mā maṁ āyasmanto kiñci avacuttha, kalyāṇaṁ vā pāpakaṁ vā, ahampāyasmante na kiñci vakkhāmi kalyāṇaṁ vā pāpakaṁ vā, viramathāyasmanto mama vacanāyā'ti. so bhikkhu bhikkhūhi evam assa vacanīyo: 'mā āyasmā attānaṁ avacanīyaṁ akāsi. vacanīyamevāyasmā attānaṁ karotu. āyasmāpi bhikkhu vadetu saha dhammena. bhikkhūpi āyasmantaṁ vakkhanti saha dhammena. evaṁ saṁvaddhā hi tassa bhagavato parisā, [20-21] yadidaṁ aññamaññavacanena aññamaññavuṭṭhāpanenā'ti. evañca so bhikkhu bhikkhūhi vuccamāno tatheva paggaṇheyya, so bhikkhu bhikkhūhi yāvatatiyaṁ samanubhāsitabbo tassa paṭinissaggāya. yāvatatiyañce samanubhāsiyamāno taṁ paṭinissajeyya, iccetaṁ kusalaṁ no ce paṭinissajeyya, saṅghādiseso'ti. ■ 악성거승위간계⊙(惡性拒僧違諫戒) / 사분승승가바시사 13 : 若比丘 惡性不受人語 於戒法中, 諸比丘如法諫已, 不受諫語 言:「諸大德 莫向我說若好。若惡, 我亦不向諸大德說若好。若惡 大德且止! 莫數諫我」彼比丘諫是比丘言:「大德 莫不受諫語 大德當受諫語 大德如法諫諸比丘, 諸比丘亦如法諫大德 如是佛弟子衆得增益 展轉相諫。相教。懺悔」是比丘如是諫時, 堅持不捨, 彼比丘應三諫 捨此事故 乃至三諫 捨者善; 不捨者, 僧伽婆尸沙.

Pali-Khup. 17

17(2-13) 승단잔류죄법 제13조

가정을 오염시키는 것에 대한 학습계율
[Kuladūsakasikkhāpada]

[세존] “어떤 수행승이 어떤 마을이나 소도시에 의지하여 가정을 오염시키고 악행을 행하는데, 그가 악행하는 것이 보이고 또한 들리고, 그가 가정을 오염시키는 것이 보이고 들린다면, 수행승들은 그 수행승에 대해서 ‘존자는 가정을 오염시키고 악행을 행하는데, 존자가 악행을 행하는 것이 보이고 또한 들리고, 존자가 가정을 오염시키는 것이 보이고 또한 들립니다. 존자는 이 처소를 떠나십시오. 여기서 이처럼 살지 마십시오.’라고 말해야 한다. 수행승들이 그 수행승에게 이와 같이 말할 때, 그 수행승은 그 수행승들에게 ‘욕망의 길을 가는 수행승들이 있고, 분노의 길을 가는 수행승들이 있고, 우치의 길을 가는 수행승들이 있고, 공포의 길을 가는 수행승들이 있는데, 이와 같은 죄악에 대하여 그 수행승들은 어떤 자들은 한시퇴출시키고 어떤 자들은 한시퇴출시키지 않습니다.’라고 말한다면, 수행승들은 그 수행승에게 ‘존자는 그와 같이 말하지 마십시오. 수행승들은 욕망의 길을

가는 자들이 아니고, 수행승들은 분노의 길을 가는 자들이 아니고, 수행승들은 우치의 길을 가는 자들이 아니고, 수행승들은 공포의 길을 가는 자들이 아닙니다. 존자는 가정을 오염시키고 악행을 행하는데, 존자가 악행을 행하는 것이 보이고 또한 들리고, 존자가 가정을 오염시키는 것이 보이고 또한 들립니다. 존자는 이 처소를 떠나십시오. 여기서 이처럼 살지 마십시오.'라고 말해야 한다. 그 수행승에 대하여 수행승들이 이렇게 충고하여도 그와 같이 고집하면, 그 수행승에 대하여 수행승들은 그것을 그만두도록 세 번까지 충고해야 하는데, 세 번까지 충고해서 그만둔다면, 그것은 훌륭한 일이지만, 그만두지 않으면, 승단잔류죄[65]를 범하는 것이다."[66]

---

65) saṅghādisesa : 《빠알리율》에서는 '충고받지 못했거나, 그만두었거나 정신착란자이거나, 최초의 범행자인 경우'는 예외이고, 《사분율》에서는 '한두 번 충고했을 때에 그만두었거나, 가르침이나 계율에 맞지 않는 갈마를 했거나, 일체의 견책조치의 갈마를 하기 이전이거나, 부모나 환자나 어린 아이나 임신부나 감옥에 갇힌 자나 사원에서 일하는 자에게 주었거나, 스스로 또는 남을 시켜 꽃이나 나무를 심거나 화만을 만들거나 실로 꽃을 꿰거나 꽃을 가져오게 하거나 화만을 가져와서 삼보에 공양하거나, 사람이 손을 들어 때리려고 했거나 도둑 · 코끼리 · 곰 · 사자 · 호랑이 · 이리 등이 왔거나 뾰족한 것을 메고 와서 피했거나, 강 · 도랑 · 구덩이를 건너려고 뛰었거나, 도반이 따라오다 보이지 않아 휘파람을 불었다든가, 부모나 신심이 돈독한 재가자, 환자, 감옥에 갇힌 자를 위해 서신을 보고 갔다던가, 승원과 비구들을 위하거나 환우비구를 위해 서신을

가지고 갔거나, 이 학습계율시설의 원인이 된 최초의 범행자이거나, 정신착란자이거나, 마음이 심란한 자이거나, 애통해 하는 자인 경우'를 예외로 한다.

66) • 오가빈방위간계⊙(汚家擯謗違諫戒) / Khu-Saṅgh. 13(Nī-Saṅgh. 17) : bhikkhu pan'evaaññataraṁ gāmaṁ vā nigamaṁ vā upanissāya viharati kuladūsako pāpasamācāro, tassa kho pāpakā samācārā dissanti ceva suyyanti ca, kulāni ca tena duṭṭhāni dissanti ceva suyyanti ca, so bhikkhu bhikkhūhi evam assa vacanīyo: āyasmā kho kuladūsako pāpasamācāro, āyasmato kho pāpakā samācārā dissanti ceva suyyanti ca, kulāni cāyasmatā duṭṭhāni dissanti ceva suyyanti ca, pakkamat'āyasmā imamhā āvāsā, alaṁ te idha vāsenā'ti, evañca so bhikkhu bhikkhūhi vuccamāno te bhikkhū evaṁ vadeyya: chandagāmino ca bhikkhū dosagāmino ca bhikkhū mohagāmino ca bhikkhū bhayagāmino ca bhikkhū, tādisikāya āpattiyā ekaccaṁ pabbājenti: ekaccaṁ na pabbājentī'ti. so bhikkhu bhikkhūhi evam assa vacanīyo: mā āyasmā evaṁ avaca, na ca bhikkhū chandagāmino na ca bhikkhū dosagāmino na ca bhikkhū mohagāmino na ca bhikkhū bhayagāmino, āyasmā kho kuladūsako pāpasamācāro, āyasmato kho pāpakā samācārā dissanti ceva suyyanti ca kulāni cāyasmatā duṭṭhāni dissanti ceva suyyanti ca pakkamatāyasmā imamhā āvāsā, alaṁ te idha vāsenā'ti. evañca so bhikkhu bhikkhūhi vuccamāno tatheva paggaṇheyya, so bhikkhu bhikkhūhi yāva tatiyaṁ samanubhāsitabbo tassa paṭinissaggāya, yāvatatiyañceva samanubhāsiyamāno taṁ paṭinissajeyya, iccetaṁ kusalaṁ, no ce paṭinissajjeyya saṅghādiseso'ti. ■ 오가빈방위승간계(汚家擯謗違僧諫戒) / 사분승승가바시사 12 : 若比丘 依聚落, 若城邑住, 汚他家, 行惡行, 俱有見聞. 諸比丘當語是比丘言:「大德 汚他家, 行惡行, 俱有見聞, 今可遠此聚落去, 不須住此」是比丘語彼比丘言:「大德 今僧有愛。有恚。有怖。有癡, 有如是同罪比丘, 有驅者, 有不驅者.」諸比丘諫言:「大德 莫作是語. 言:『僧有愛。有恚。有怖。有癡, 有如是同罪比丘, 有驅者, 有不驅者.』而僧不愛。不恚。不怖。不癡. 大德 汚他家。行惡行, 俱有見聞.」是比丘如是諫時, 堅持不捨, 彼比丘應三諫, 捨此事故, 乃至三諫捨者善; 不捨者, 僧伽婆尸沙.

존자들이여,
이와 같이 13개 조항의 승단잔류죄법을 송출하였습니다.
9개 조항(1–9)은 즉시,
4 개 조항(10–13)은
세 번의 충고 후에 적용됩니다.
수행승이 이것들 가운데 어느 하나라도 범하면,
알면서 감춘 날만큼 격리생활을 받아야 합니다.
격리생활을 하고 난 뒤에는
6일간의 수행승들을 위한 참회생활을 해야 합니다.
참회생활이 끝나면
20명의 수행승의 무리의 참모임이 있는 곳에서
출죄복귀를 할 수 있습니다.
20명 미만의 수행승의 무리의 참모임이
그 수행승을 출죄복귀시킨다면,
그 수행승은 출죄복귀된 것이 아니며,
그 수행승들은 비난받아야 합니다.
이것이 그 경우의 적절한 조치입니다.[67]

---

67) *•uddiṭṭhā [22-23] kho āyasmanto terasa saṅghādisesā dhammā, nava paṭhamāpattikā, cattāro yāvatatiyakā, yesaṁ bhikkhu aññataraṁ vā aññataraṁ vā āpajjitvā yāvatīhaṁ jānaṁ paṭicchādeti, tāvatīhaṁ tena bhikkhunā akāmā parivatthabbaṁ. parivutthaparivāsena bhikkhunā uttari chārattaṁ bhikkhumānattāya paṭipajjitabbaṁ. ciṇṇamānatto bhikkhu yattha siyā vīsatigaṇo bhikkhusaṅgho, tattha so bhikkhu abbhetabbo. ekenapi ce ūno vīsatigaṇo bhikkhusaṅgho taṁ bhikkhuṁ abbheyya, so ca bhikkhu anabbhito. te ca bhikkhū gārayhā. ayaṁ tattha sāmīci.* ■諸大德 我已說十三僧伽婆尸沙法 九戒初犯 餘至三諫 若比丘犯一一法 知而覆藏 應强與波利婆沙; 行波利婆沙竟 增上與六夜摩那埵 行摩那埵已 應與出罪 當二十人僧中出是比丘罪 若少一人 不滿二十衆 是比丘罪不得除 諸比丘

이와 관련하여
저는 존자들께 묻겠습니다.
이와 관련하여 완전히 청정합니까?
두 번째에도 저는 존자들께 묻겠습니다.
이와 관련하여 완전히 청정합니까?
세 번째에도 저는 존자들께 묻겠습니다.
이와 관련하여 완전히 청정합니까?

존자들께서는
완전히 청정한 까닭에 침묵했으므로
저는 그와 같이 알겠습니다.68)

승단잔류죄법이 끝났다.

亦可訶, 此是時.

68) •tatthāyasmante pucchāmi kaccīttha parisuddhā? dutiyampi pucchāmi kaccittha parisuddhā? tatiyampi pucchāmi kaccittha parisuddhā? parisuddhetthāyasmanto, tasmā tuṇhī. evametaṁ dhārayāmī'ti.
■今問諸大德 是中清淨不? (如是三說) 諸大德 是中清淨, 默然故, 是事如是持.

제3장 부정죄법의 송출

(Aniyatuddesa)

존자들이여,
이제 이와 같은 2개 조항의 부정죄법을
송출하겠습니다.[69]

---

69) •*ime [24-25] kho panāyasmanto dve aniyatā dhammā uddesaṁ āgacchanti.* ■*諸大德 是二不定法 半月半月說 戒經中來*

Pali-Khup. 18

18(3-1) 부정죄법 제1조

가려진 곳의 부정(不定)에 한 학습계율
[Paṭicchannaaniyatasikkhāpada][70)]

[세존] "만약 수행승이 여인과 함께 서로 은밀히 음행도 가능한 가려진 자리에 앉으면, 믿을 만한 재가의 여신도[71)]가 그것을 보고서 승단추방죄법이나 승단잔류죄법이나 단순속죄죄법의 세 가지 원칙 가운데 하나를 말하고[72)] 수행승이 그 앉은 것을 인정하는 경우, 승단추방죄법이나 승단잔류죄법이나 단순속죄죄법의 세 가지 원칙 가운데 하나로 처벌받거나, 또는 그 믿을만한 재가의 여신도가 말하는 경우, 그 수행승은 그녀의 말에 의해서 처벌받아야 한다. 이것이 부정

---

70) Paṭicchannaaniyatasikkhāpada : 빠알리 『빠띠목카』에서는 '첫 번째 부정죄법(Paṭhama-aniyatasikhāpada)'이라고 명칭지어져 있으나, 이 명칭은 ≪사분율≫보다 명칭의 일관성이 없어 역자가 ≪사분율≫에 따라 한역 명칭을 빠알리어로 환원한 것이다.

71) saddheyyavacasā upāsikā : Smp. 632에 따르면, 흐름에 든 경지를 얻은 재가의 여신도를 말한다.

72) tiṇṇaṁ dhammānaṁ aññatarena vadeyya, pārājikena vā saṅghādisesena vā pācittiyena vā : 승단추방죄법 제1조(Khu-Pār. 1), 승단잔류죄법 제2조(Khu-Saṅgh. 2), 단순속죄죄법 제44조, 제45조(Khu-Pāc. 44, 45)를 말하는 것이다.

죄법[73])이다.”[74])

---

73) *aniyata : ≪빠알리율≫에서는, '부정죄법'이라는 것은 '승단추방죄(Khu-Pār. 1) 혹은 승단잔류죄(Khu-Saṅgh. 2) 혹은 단순속죄죄(Khu-Pāc. 44) 등에 속하는가'가 정해지지 않은 것을 뜻하고, ≪사분율≫에서는 단순히 '일정한 법이 없는 까닭에 부정죄법이다.'라고 하는 까닭에 결정되면 그 죄법에 따라 예외가 정해진다.*

74) *• 병처부정계∅(屛處不定戒) / Khu-Aniy. 1 : yo pana bhikkhu mātugāmena saddhiṁ eko ekāya raho paṭicchanne āsane alaṁkammaṇiye nisajjaṁ kappeyya, tam enaṁ saddheyyavacasā upāsikā disvā tiṇṇaṁ dhammānaṁ aññatarena vadeyya, pārājikena vā saṅghādisesena vā pācittiyena vā, nisajjaṁ bhikkhu paṭijānamāno tiṇṇaṁ dhammānaṁ aññatarena kāretabbo pārājikena vā saṅghādisesena vā pācittiyena vā. yena vā sā saddheyyavacasā upāsikā vadeyya, tena so bhikkhu kāretabbo. ayaṁ dhammo aniyato'ti. ■ 병처부정계(屛處不定戒) / 사분승부정법 1 : 若比丘 共女人 獨在屛處。覆處。障處 可作婬處坐, 說非法語 有住信優婆夷, 於三法中一一法說 若波羅夷。若僧伽婆尸沙。若波逸提, 是坐比丘自言:「我犯是罪」於三法中應一一治. 若波羅夷。若僧伽婆尸沙。若波逸提, 如住信優婆夷所說, 應如法治是比丘, 是名不定法*

Pali-Khup. 19

19(3-2) 부정죄법 제2조

가려진 곳이 아닌 곳의 부정(不定)에 대한 학습계율
[Apaṭicchannaaniyatasikkhāpada][75)]

[세존] "만약 가려진 곳이 아니고 음행이 가능한 곳이 아니더라도, 여인과 음담을 나누기에[76)] 적당한 곳이 있어, 어떠한 수행승이든 그와 같은 곳에 여인과 함께 서로 은밀히 앉으면, 믿을만한 재가의 여신도가 그것을 보고서 승단잔류죄법이나 단순속죄죄법의 두 가지 원칙 가운데 하나를 말하고 그 수행승이 그 앉은 것을 인정하는 경우, 승단잔류죄법이나 단순속죄죄법의 두 가지 원칙 가운데 하나로 처벌받거나, 또는 그 믿을만한 재가의 여신도가 말하는 경우, 그 수행승은 그녀의 말에 의해서 처벌받아야 한다. 이것이 부정죄법[77)]이

---

75) Apaṭicchannaaniyatasikkhāpada : 빠알리 『빠띠목카』에서는 '두 번째 부정죄법(Dutiya-aniyatasikhāpada)'이라고 명칭지어져 있으나, 이 명칭은 명칭의 일관성이 없어 역자가 ≪사분율≫에 따라 한역 명칭을 빠알리어로 환원한 것이다.

76) mātugāmaṁ duṭṭhullāhi vācāhi obhāsituṁ : 승단잔류죄법 제3조 (Khu-Saṅgh. 3)와 관계된 것이다.

77) aniyata : ≪빠알리율≫에서는 '부정죄법'이라는 것은 '승단잔류죄에 속하는 것인가 단순속죄죄에 속하는 것인가'가 결정되지 않은 것을 뜻하고, ≪사분율≫에서는 단순히 '일정한 법이 없는 까닭에

다.[78]

부정죄법이다.'라고 하는 까닭에 예외가 따로 없고, 결정되면 그 죄법에 따라 예외가 정해진다.

78) • 노처부정계⊘(露處不定戒) / Khu-Aniy. 2 : na heva kho pana paṭicchannaṁ āsanaṁ hoti nālaṁkammaṇiyaṁ, alañca kho hoti mātugāmaṁ duṭṭhullāhi vācāhi obhāsituṁ. yo pana bhikkhu thatārūpe āsane mātugāmena saddhiṁ eko ekāya raho nisajjaṁ kappeyya, tam enaṁ saddheyyavacasā upāsikā disvā dvinnaṁ dhammānaṁ aññatarena vadeyya saṅghādisesena vā pācittiyena vā, nisajjaṁ bhikkhu paṭijānamāno dvinnaṁ dhammānaṁ aññatarena kāretabbo saṅghādisesena vā pācittiyena vā, yena vā sā saddheyyavacasā upāsikā vadeyya tena so bhikkhu kāretabbo. ayampi dhammo aniyato'ti. ■ 노처부정계(露處不定戒) / 사분승부정법 2 : 若比丘 共女人, 在露現處不可作婬處坐, 作麤惡語, 有住信優婆夷, 於二法中一一法說. 若僧伽婆尸沙.若波逸提, 是坐比丘自言: 「我犯是罪」 於二法中應一 一治. 若僧伽婆尸沙。若波逸提, 如住信優婆夷所說, 應如法治是比丘, 是名不定法

존자들이여,
이와 같이 2개 조항의 부정죄법을
송출하였습니다.[79]

이와 관련하여
저는 존자들께 묻겠습니다.
이와 관련하여 완전히 청정합니까?
두 번째에도 저는 존자들께 묻겠습니다.
이와 관련하여 완전히 청정합니까?
세 번째에도 저는 존자들께 묻겠습니다.
이와 관련하여 완전히 청정합니까?

존자들께서는
완전히 청정한 까닭에 침묵했으므로
저는 그와 같이 알겠습니다.[80]

부정죄법이 끝났다.

---

79) •uddiṭṭhā [26-27] kho āyasmanto dve aniyatā dhammā ■諸大德 我已說二不定法

80) •tatthāyasmante pucchāmi kaccīttha parisuddhā? dutiyampi pucchāmi kaccittha parisuddhā? tatiyampi pucchāmi kaccittha parisuddhā? parisuddhetthāyasmanto, tasmā tuṇhī. evametaṁ dhārayāmī'ti. ■今問諸大德 是中清淨不? (如是三說) 諸大德 是中清淨, 默然故 是事如是持

제4장 상실속죄죄법의 송출

(Nissaggiyapācittiyuddesa)

존자들이여,
이제 이러한 30개 조항의 상실속죄죄법을
송출하겠습니다.[81]

81) •ime [28-29] kho panāyasmanto tiṁsa nissaggiyā pācittiyā dhammā uddesaṁ āgacchanti. ■諸大德 是三十尼薩耆波逸提法 半月半月說 戒經中來

제1품 옷
(Cīvaravagga)

Pali-Khup. 20

20(4-1-1) 상실속죄죄법 제1조
까티나옷에 대한 학습계율
[Kaṭhinasikkhāpada]

[세존] "옷의 끝남에 의해서,[82] 까티나특권[83]이 해제되었을 때,[84] 최대한 열흘까지는 여분의 옷을 지닐 수 있지만, 그 기간이 지나면, 상실속죄죄[85]를 범하

---

82) *niṭṭhitacīvarasmiṁ : Vin. III. 196에 따르면, 수행승을 위하여 옷이 1) 만들어졌거나, 2) 망실되었거나, 3) 파괴되었거나, 4) 불타버렸거나, 3) 옷에 대한 기대(희망)이 상실된 것을 뜻한다.*

83) *kaṭhina : Vin. I. 254에 따르면, 다섯 가지 까티나특권이 허용될 수 있다. 1) 허락 없이도 탁발하는 것, 2) 완전히 착의하지 않고 탁발하는 것, 3) 무리지어 식사하는 것, 4) 필요한 만큼의 옷을 받는 것, 5) 어떤 옷이 거기서 생겨나든, 그들의 것이 될 것이다.*

84) *ubbhatasmiṁ kaṭhine : Vin. I. 254에 따르면, 까티나특권이 해제되는가? 수행승들이여, 까티나특권이 해제되는데 여덟 가지 경로(aṭṭha mātikā)가 있다. 1) 떠남에 의한 것, 2) 끝남에 의한 것, 3) 결정에 의한 것, 4) 망실에 의한 것, 5) 청문에 의한 것, 6) 희망의 단절에 의한 것, 7) 결계의 벗어남에 의한 것, 8) 함께 하는 해제에 의한 것이다.*

85) *nissaggiyapācittiya : 《빠알리율》에서는 '열흘 이내에 개인의 소유로 결정되거나, 양도되거나, 증여되거나, 망실되거나, 파괴되거나, 불태워진 경우이거나, 약탈되는 경우이거나, 신뢰로 취해지거나 정신착란자이거나, 최초의 범행자인 경우'는 예외이고, 《사분율》에서는 그 밖에 '그가 이불을 만들라고 주었거나, 옷을 맡아준 이가 목숨이 다*

는 것이다."[86)]

했거나, 멀리 떠났거나, 환속했거나, 도적에 강제로 끌려갔거나, 짐승에 피해를 입었거나 물에 떠내려간 이유로 보시하거나 양도하지 않았거나, 이 학습계율시설의 원인이 된 최초의 범행자이거나, 정신착란자이거나, 마음이 심란한 자이거나, 애통해 하는 자인 경우'를 예외로 한다.

86) • 장의과한계⊙(長衣過限戒) / Khu-Niss. 1(Nī-Niss. 13) : niṭṭhitacīvarasmiṁ bhikkhunā ubbhatasmiṁ kaṭhine dasāhaparamaṁ atirekacīvaraṁ dhāretabbaṁ. taṁ atikkāmayato nissaggiyaṁ pācittiyanti. ■ 장의과한계(長衣過限戒) / 사분승니살기바일제 1 : 若比丘 衣已竟, 迦絺那衣已出, 得長衣, 經十日, 不淨施, 得畜. 若過者, 尼薩耆波逸提

Pali-Khup. 21

21(4-1-2) 상실속죄죄법 제2조

보관장소의 원리에 대한 학습계율
[Udositasikkhāpada]

[세존] "옷의 끝남에 의해서, 까티나특권이 해제되었을 때, 만약에 단 하룻밤이라도 수행승이 세벌 옷을 떠나 지내면, 수행승의 동의를 제외하고, 상실속죄죄[87]를 범하는 것이다."[88]

---

87) nissaggiyapācittiya : ≪빠알리율≫에서는 '일출 전에 해제되거나, 증여되거나, 망실되거나, 파괴되거나, 소실되거나, 약탈되는 경우이거나, 신뢰로 취해지는 경우이거나, 수행승들이 동의한 경우'는 예외이고, ≪사분율≫에서는 그 밖에 '대중들이 갈마를 해주었거나, 날이 밝기 전에 손으로 가사를 잡고 있었거나 가사를 내놓았거나 손으로 돌을 던져서 닿을 수 있는 곳 안에 있었던가, 위협을 받아서 빼앗기거나 망실되거나 파괴되거나 소실되거나 약탈되는 경우에 손으로 돌을 던져서 닿을 수 있는 곳 안에 있던가, 물길이 끊기거나 길이 험난하거나 도적이 사나운 짐승에 위해를 입었거나, 힘센 자의 강요였거나, 목숨이 위태롭거나 청정행이 어려운 경우에 손으로 돌을 던져서 닿을 수 있는 곳 안에 있는 경우'를 예외로 한다. 그러나 ≪빠알리율≫의 손이 닿을 수 있는 거리(hatthapāsā)를 옷이 떠나서는 안 된다. 그래서 주석서(Smp. 652)에 의하면, 옷은 2½ 라따나 [1ratana = 1hattha = 46-56cm]를 떠나 있어서는 안 된다. 그러나 ≪사분율≫에서는 그것을 척석소급처(擲石所及處) 즉, 손으로 돌을 던져 닿는 거리라고 해석하고 있다.

88) • 이삼의숙계⊙(離三衣宿戒) / Khu-Niss. 2(Nī-Niss. 14) : niṭṭhitacīvarasmiṁ bhikkhunā ubbhatasmiṁ kaṭhine ekarattampi ce bhik-

khu ticīvarena vippavaseyya aññatra bhikkhusammutiyā, nissaggiyaṁ pācittiyan'ti. ■ *이의삼숙계(離衣三宿戒) / 사분승니살기바일제 2 : 若比丘 衣已竟, 迦絺那衣已出, 於三衣中, 若離一一衣異處宿, 除僧羯磨, 尼薩耆波逸提*

Pali-Khup. 22

22(4-1-3) 상실속죄죄법 제3조
때 아닌 때의 시간의 옷에 대한 학습계율
[Akālacīvarasikkhāpada]

[세존] "옷의 끝남에 의해서, 수행승의 까티나특권이 해제되었을 때, 때 아닌 때의 시간에 옷을 얻는 경우, 희망이 있다면 수행승이 받을 수 있지만, 받으면 빨리 옷을 만들어야 한다. 그러나 만약 그것이 그에게 충분하지 않다면, 최대한 1개월까지는, 부족한 것이 채워지리라는 희망이 있다면, 그 수행승이 그 옷을 따로 둘 수 있지만, 그 기간이 지나서 따로 두면, 희망이 있더라도, 상실속죄죄[89]를 범하는 것이다."[90]

---

89) nissaggiyapācittiya : ≪빠알리율≫에서는 '한 달 이내에 개인의 소유로 결정되거나, 양도되거나, 증여되거나, 망실되거나, 파괴되거나, 소실되거나, 약탈되는 경우이거나, 신뢰로 취해지거나 정신착란자이거나, 최초의 범행자인 경우'는 예외이고, ≪사분율≫에서는 그 밖에 '이불로 만들었다든가, 옷을 맡아준 비구가 죽었거나 길을 떠났거나 환속했거나 도적에게 빼앗겼거나 사나운 짐승에 해를 입었거나 사고를 당했거나, 이 학습계율시설의 원인이 된 최초의 범행자이거나, 정신착란자이거나, 마음이 심란한 자이거나, 애통해 하는 자인 경우'를 예외로 한다.

90) • 월망의계⊙(月望衣戒) / Khu-Niss. 3(Nī-Niss. 15) : niṭṭhitacīvarasmiṁ bhikkhunā ubbhatasmiṁ kaṭhine bhikkhuno pan'eva akālacīvaraṁ uppajjeyya, ākaṅkhamānena bhikkhunā paṭiggahetabbaṁ,

---

paṭiggahetvā khippam eva kāretabbaṁ. no c'assa pāripūri, māsaparamaṁ tena bhikkhunā taṁ cīvaraṁ nikkhipitabbaṁ ūnassa pāripūriyā satiyā paccāsāya, tato ce uttariṁ nikkhipeyya satiyā'pi paccāsāya, nissaggiyaṁ pācittiyan'ti. ■ *월망의계(月望衣戒) / 사분승니살기바일제 3 : 若比丘 衣已竟, 迦絺那衣已出, 得非時衣, 欲須便受, 受已疾成. 若足者善; 若不足者, 得畜經一月, 爲滿足故. 若過者, 尼薩耆波逸提*

Pali-Khup. 23

23(4-1-4) 상실속죄죄법 제4조

예전에 입었던 옷에 대한 학습계율

[Purāṇacīvarasikkhāpada]

[세존] "어떠한 수행승이든 친척이 아닌 수행녀에게, 예전에 입었던 옷을 세탁시키거나 염색하게 하거나 다듬이질하게 하면, 상실속죄죄[91]를 범하는 것이다."[92]

---

91) *nissaggiyapācittiya : 《빠알리율》에서는 '친척인 여자가 세탁을 하거나, 친척이 아닌 자인 조력자가 돕거나, 부탁하지 않았는데도 여자가 세탁하거나, 사용하지 않은 옷을 세탁하게 하거나, 옷 이외에 다른 필수자구를 세탁하게 하거나, 정학녀에게 세탁하게 하거나, 사미니에게 세탁하게 하는 경우나, 정신착란된 자와 최초의 범행자의 경우'는 예외이다. 《사분율》에서는 '친척인 비구니에게 헌 옷을 주어 세탁 · 염색 · 다듬이질 하게 하거나, 환자를 위해서나 참모임이나 승원을 위해서 세탁 · 염색 · 다듬이질 하게 하거나, 옷을 빌렸다가 세탁 · 염색 · 다듬이질하게 하거나, 이 학습계율시설의 원인이 된 최초의 범행자이거나, 정신착란자이거나, 마음이 심란한 자이거나, 애통해 하는 자인 경우'를 예외로 한다.*

92) *• 사비친니완고의계Ø(使非親尼浣故衣戒) / Khu-Niss. 4 : yo pana bhikkhu aññātikāya bhikkhuniyā purāṇacīvaraṁ dhovāpeyya vā rajāpeyya vā ākoṭāpeyya vā nissaggiyaṁ pācittiyan'ti. ■ 사비친니완고의계(使非親尼浣故衣戒) / 사분승니살기바일제 5 : 若比丘 使非親里比丘尼浣。染。打故衣者, 尼薩耆波逸提*

Pali-Khup. 24

24(4-1-5) 상실속죄죄법 제5조

옷을 받아 지니는 것에 대한 학습계율
[Cīvarapaṭiggahaṇasikkhāpada]

[세존] "어떠한 수행승이든 친척이 아닌 수행녀의 손으로부터 옷을 받아 지니면, 교환을 제외하고, 상실속죄죄[93]를 범하는 것이다."[94]

---

93) nissaggiyapācittiya : 《빠알리율》에서는 '친척으로부터 얻거나, 교환으로 얻거나, 작은 것을 주고 큰 것을 얻거나, 큰 것을 주고 작은 것을 얻거나, 수행승이 신뢰로 받거나, 잠시 동안 받거나, 옷을 제외한 다른 필수자구를 받거나, 정학녀로부터 받거나 사미니로부터 받는 경우이거나, 정신착란된 자이거나, 최초의 범행자인 경우'는 예외이고, 《사분율》에서는 '친척인 비구니에게서 옷을 받거나 바꾸거나, 참모임과 사원을 위해서 받거나, 이 학습계율시설의 원인이 된 최초의 범행자이거나, 정신착란자이거나, 마음이 심란한 자이거나, 애통해 하는 자인 경우'를 예외로 한다.

94) • 취비친니의계⊘(取非親尼衣戒) / Khu-Niss. 5 : yo [30-31] pana bhikkhu aññātikāya bhikkhuniyā hatthato cīvaraṁ paṭiggaṇheyya aññatra pārivattakā, nissaggiyaṁ pācittiyan'ti : Vin. IV. 60을 참조하라: 교환을 제외하고 친척이 아닌 수행녀에게 옷을 주는 것은 단순속죄죄를 범하는 것이다. ■ 취비친니의계(取非親尼衣戒) / 사분승니살기바일제 4 : 若比丘 取非親里比丘尼衣, 除貿易, 尼薩耆波逸提

Pali-Khup. 25

25(4-1-6) 상실속죄죄법 제6조

친척 아닌 자에의 요청에 대한 학습계율
[Aññātakaviññattisikkhāpada]

[세존] "어떠한 수행승이든 친척이 아닌 장자나 장자의 부인에게 옷을 요청하면, 특별한 상황을 제외하고, 상실속죄죄[95]를 범하는 것이다. 여기서 특별한 상황이란, 수행승의 옷이 약탈당했거나 망가졌을 경우에, 그러한 상황을 뜻한다."[96]

---

95) *nissaggiyapācittiya : 《빠알리율》에서는 '제 때의 시간이거나, 친척인 자에게나, 초대받았거나, 타인을 위한 것이거나 자신의 재물로 얻었거나, 정신착란자이거나, 최초의 범행자인 경우'는 예외이고, 《사분율》에서는 '옷을 빼앗겼거나, 잃어버렸거나, 불탔거나, 물에 떠내려갔거나 친척이 아닌 장자나 장자의 부인에게서 구했거나, 같은 출가자에게 구했거나, 자신이 타인을 위해 구했거나, 타인이 자신을 위해 구했거나, 구하지 않았는데 저절로 얻어졌거나, 이 학습계율시설의 원인이 된 최초의 범행자이거나, 정신착란자이거나, 마음이 심란한 자이거나, 애통해 하는 자인 경우'를 예외로 한다.*

96) *• 종비친속인걸의계⊙(從非親俗人乞衣戒) / Khu-Niss. 6 (Nī-Niss. 16) : yo pana bhikkhu aññātakaṁ gahapatiṁ vā gahapatāniṁ vā cīvaraṁ viññāpeyya aññatra samayā, nissaggiyaṁ pācittiyaṁ. tatthāyaṁ samayo: acchinnacīvaro vā hoti bhikkhu naṭṭhacīvaro vā. ayaṁ tattha samayo'ti. ■ 종비친속걸의계(從非親俗乞衣戒) / 사분승니살기바일제 7 : 若比丘 從非親里居士。若居士婦乞衣, 除餘時, 尼薩耆波逸提. 餘時者, 奪衣。失衣。燒衣。漂衣, 此是時.*

Pali-Khup. 26

26(4-1-7) 상실속죄죄법 제7조

과도한 수용에 대한 학습계율

[Tatuttarisikkhāpada]

[세존] "만약에 그 수행승에게 친척이 아닌 장자나 장자의 부인이 많은 옷들을 가져와서 보시하면, 그 수행승은 최대한 하의와 상의97)까지만 그 옷들로부터 수용해야 하는데, 그 이상을 수용하면, 상실속죄죄98)를 범하는 것이다."99)

---

97) santaruttaraparamaṁ : 보통은 삼의 가운데 상의와 하의만 입어도 충분했고 외투인 대의는 필수적인 것은 아니었다.

98) nissaggiyapācittiya : ≪빠알리율≫에서는 "내가 남은 것을 가지겠다.'라고 가지고 가거나, '남은 것은 그대의 것이다.'라고 주거나, 옷이 약탈되었기 때문에 주지 않거나, 옷이 망가졌기 때문에 주지 않거나, 친척이기 때문이거나, 초대되었기 때문이거나, 자신의 재물로 얻거나, 정신착란자이거나, 최초의 범행자인 경우'는 예외이고, ≪사분율≫에서는 "필요한 만큼 가지거나, 필요한 것 보다 적게 가지거나, 거사가 옷감을 많이 주었는데도 부드럽고 얇고 견고하지 못할 경우 물어서 장자가 '옷을 잃어버려서 주는 것이 아니라, 우리가 스스로 남에게 보시하는 것입니다.'라고 했거나, 이 학습계율시설의 원인이 된 최초의 범행자이거나, 정신착란자이거나, 마음이 심란한 자이거나, 애통해 하는 자인 경우'를 예외로 한다.

99) • 과분취의계⊙(過分取衣戒) / Khu-Niss. 7(Nī-Niss. 17) : tañce aññātako gahapati vā gahapatānī vā bahūhi cīvarehi abhihaṭṭhuṁ pavāreyya, santaruttaraparamaṁ tena bhikkhunā tato cīvaraṁ sāditabbaṁ. tato ce uttariṁ sādiyeyya, nissaggiyaṁ pācittiyanti. ▪ 과분취

의계(過分取衣戒) | 사분승니살기바일제 7 : 若比丘 奪衣。失衣。燒衣。漂衣 是非親里居士。若居士婦 自恣請多與衣 是比丘當知足受. 若過者, 尼薩耆波逸提

Pali-Khup. 27

27(4-1-8) 상실속죄죄법 제8조

비축에 대한 학습계율①

[Upakkhaṭapaṭhamasikkhāpada]

[세존] "수행승을 위하여, 친척이 아닌 장자나 장자의 부인이, 그에게 옷의 자금[100]이 마련되었을 경우, '그 옷의 자금으로 옷을 구입해서 이러이러한 수행승에게 옷을 보시하고 싶다.'라고 생각했는데, 만약 그때 그 수행승이 아직 초대받지 않았는데도 보다 훌륭한 것을 원해서 찾아가서 이와 같이 '존귀한 분이여,[101] 이 옷의 자금으로 이러이러한 옷이나 이러이러한 옷을 구입해서 보시하십시오.'라고 옷에 대하여 왈가왈부하면, 상실속죄죄[102]를 범하는 것이다."[103]

---

100) cīvaracetāpana : 교환을 위한 옷의 자금을 뜻한다. Smp. 670에 따르면, 옷을 위한 돈(cīvaramūla)을 의미한다.

101) āyasmā : 여기서는 존칭의 칭호로서 신사나 숙녀를 뜻한다.

102) nissaggiyapācittiya : ≪빠알리율≫에서는 '친척으로부터이거나, 초대받았거나, 타인을 위한 것이거나, 자신의 재물로 이거나, 비싼 것을 구하려고 했는데 싼 것을 구하거나, 정신착란자이거나, 최초의 범행자인 경우'는 예외이고, ≪사분율≫에서는 '초대를 받고 가서 만족을 알고 적게 구했거나, 친척이나 출가자에게 구했거나, 자신이 타인을 위해 구했거나, 타인이 자신을 위해 구했거나, 구하지 않았는데 저절로 얻어졌거나, 이 학습계율시설의 원인이 된 최초의 범

행자이거나, 정신착란자이거나, 마음이 심란한 자이거나, 애통해 하는 자인 경우'를 예외로 한다.

103) • *권증의가계⊙(勸增衣價戒)* / *Khu-Niss. 8(Nī-Niss. 18) : bhikkhuṁ pan'evauddissa aññātakassa gahapatissa vā gahapatāniyā vā cīvaracetāpannaṁ upakkhaṭaṁ hoti, iminā cīvaracetāpannena cīvaraṁ cetāpetvā itthannāmaṁ bhikkhuṁ cīvarena acchādessāmī'ti. tatra ceso bhikkhu pubbe appavārito upasaṅkamitvā cīvare vikappaṁ āpajjeyya. sādhu vata maṁ āyasmā iminā cīvaracetāpannena evarūpaṁ vā evarūpaṁ vā cīvaraṁ cetāpetvā acchādehī'ti kalyāṇakamyataṁ upādāya, nissaggiyaṁ pācittiyan'ti.* ■ *권증의가계(勸增衣價戒)* / *사분승니살기바일제 8 : 若比丘 居士。居士婦, 爲比丘具衣價 是比丘先不受自恣請, 到居士家, 作如是說 「善哉居士! 辦如是衣與我」 爲好故 若得衣者, 尼薩耆波逸提*

Pali-Khup. 28

28(4-1-9) 상실속죄죄법 제9조

비축에 대한 학습계율②

[Upakkhaṭadutiyasikkhāpada]

[세존] "수행승을 위하여 친척이 아닌 두 장자들이나 장자의 부인들이, 그들에게 각자의 옷의 자금이 비축되었을 경우, '각자 옷의 자금으로서 각자 옷을 교환해서 이러이러한 수행승에게 옷을 보시하고 싶다.'라고 생각했는데, 만약 그때 그 수행승이 아직 초대받지 않았는데도 보다 훌륭한 것을 원해서 찾아가서 이와 같이 '존귀한 분들이여, 이 각자 옷의 자금으로 이러이러한 옷이나 이러이러한 옷을 둘이서 함께 구입해서 보시하십시오.'라고 옷에 대하여 왈가왈부하면, 상실속죄죄104)를 범하는 것이다."105)

---

104) nissaggiyapācittiya : ≪빠알리율≫에서는 '친척으로부터이거나, 초대받았거나, 타인을 위한 것이거나, 자신의 재물로 이거나, 비싼 것을 구하려고 했는데 싼 것을 구했거나, 정신착란자이거나, 최초의 범행자인 경우'는 예외이고, ≪사분율≫에서는 '먼저 초대를 받고 가서 만족을 알고 적게 구했거나, 친척이나 출가자에게서 구했거나, 타인을 위해 구했거나 타인이 자신을 위해 구했거나, 구하지 않았는데 저절로 얻어졌거나, 이 학습계율시설의 원인이 된 최초의 범행자이거나, 정신착란자이거나, 마음이 심란한 자이거나, 애통해 하는 자인 경우'를 예외로 한다.

105) • 권이가증의가계⊙(勸二家增衣價戒) / Khu-Niss. 9(Nī-Niss. 19) : bhikkhuṁ [32-33] pan'evauddissa ubhinnaṁ aññātakānaṁ gahapatīnaṁ vā gahapatānīnaṁ vā paccekacīvaracetāpannā upakkhaṭā honti: imehi mayaṁ paccekacīvaracetāpanehi paccekacīvarāni cetāpetvā itthannāmaṁ bhikkhuṁ cīvarehi acchādessāmā'ti. tatra ceso bhikkhu pubbe appavārito upasaṅkamitvā cīvare vikappaṁ āpajjeyya: sādhu vata maṁ āyasmanto imehi paccekacīvaracetāpannehi evarūpaṁ vā evarūpaṁ vā cīvaraṁ cetāpetvā acchādetha. ubho'va santā ekenā'ti, kalyāṇakamyataṁ upādāya, nissaggiyaṁ pācittiyan'ti. ■ 권이가증의가계(勸二家增衣價戒) / 사분승니살기바일제 9 : 若比丘 二居士。居士婦, 與比丘辦衣價 是比丘, 先不受自恣請, 到二居士家, 作如是說「善哉居士! 辦如是衣與我 共作一衣」爲好故 若得衣者, 尼薩耆波逸提

Pali-Khup. 29

29(4-1-10) 상실속죄죄법 제10조

왕에 대한 학습계율
[Rājasikkhāpada]

[세존] “어떤 수행승을 위하여 왕이나 대신106)이나 바라문이나 장자가 사자를 통해서 ‘이 옷의 자금으로 옷을 구입하여 이러이러한 수행승에게 옷을 보시하라.’라고 옷의 자금을 보내온다고 할 때, 그 사자가 그 수행승에게 다가와서 ‘존자여, 이 옷의 자금은 존자를 위하여 보낸 것입니다. 존자께서는 이 옷의 자금을 받아주십시오.’라고 말한다면, 그 수행승은 그 사자에게 이와 같이 ‘존자여, 우리는 옷의 자금을 받지 않습니다. 우리는 제 때의 시간에 허용될 수 있는 옷만을 받습니다.’라고 할 경우, 그 사자는 그 수행승에게 이와 같이 ‘존자의 집사인107)이 누구라도 있습니까?’라고 말

---

106) rājabhogga : ‘왕의 위력을 지닌 자, 왕의 자리를 부여받은 자’를 의미하는데 ‘총리대신’이나 ‘대신’이라고도 볼 수 있다. 고주에서는 ‘왕으로부터 녹을 먹는 자’라고 규정하고 있다.

107) veyyāvaccakara : 집사인(執事人 : Vin. III. 220)은 한역에서는 동일하게 정인이라고 번역되지만, 정인보다는 조금 나은 위치에 있는 자로서 주석서(Smp. 672)에 따르면, 수행승을 위해 ‘해야 할 일을 행하는 자(kiccakāra)’이다. 그리고 그와 유사한 의미로 ‘어떤 것을

할 것이다. 수행승들이여, 옷을 원하는 수행승은 정인이나 재가의 남자신도에 대하여 '이 분이 수행승들의 집사인입니다.'라고 집사인으로 지정해야 한다. 그 사자는 그 집사인에게 사실을 알리고 그 수행승에게 다가가서 이와 같이 '존자여, 존자께서 집사인이라고 지정한 자에게 제가 사실을 알려주었습니다. 존자께서는 때가 되면 찾아가십시오. 그가 존자에게 옷을 줄 것입니다.'라고 말할 것이다. 수행승들이여, 옷을 원하는 수행승은 집사인이 있는 곳을 찾아가서 두세 번 '벗이여, 나는 옷을 원합니다.'라고 독촉하여 상기시켜야 한다. 두세 번 독촉하여 상기시켜서 그 옷을 얻는다면, 그것으로 훌륭한 것이다. 그러나 만약에 얻지 못한다면, 네 번, 다섯 번, 최대한 여섯 번까지 침묵하면서 그 목적을 위하여 서 있어야 하며, 네 번, 다섯 번, 최대한 여섯 번까지 침묵하면서 그 목적을 위하여 서 있다가 그 옷을 얻으면, 그것은 훌륭한 것이다. 그 이상 애써서 그 옷을 얻으면, 상실속죄죄[108]를 범하는 것

수행승들에게 허용될 수 있는 것으로 만드는 자'라는 의미의 시봉인(侍奉人)을 의미하는 깝삐야까라까(kappiyakāraka : Vin. I. 206) – 남방에서는 줄여서 '깝삐야'라고 부름 – 가 있다. 그리고 실제로 주석서(Smp. 672)에서는 집사인을 시봉인이라고 설명하고 있다.

108) *nissaggiyapācittiya : ≪빠알리율≫에서는 '세 번 독촉하고 여섯 번 서 있거나, 세 번 이하 독촉하고 여섯 번 이하 서 있거나, 독촉하지 않고 주거나, 주인이 독촉하고 주거나, 정신착란자이거나, 최초*

이다. 만약에 얻지 못하면, 옷의 자금을 보낸 시주 앞에 스스로 가거나 사자를 파견해서[109] '존귀한 분들이여, 그대들이 수행승을 위하여 옷의 자금을 보냈는데, 그것이 그 수행승에게 아무런 이익이 되지 못했습니다. 존귀한 분들께서는 스스로 거두어들여 망실하게 하지 마십시오.''라고 말해야 한다. 이것이 그 경우에 적절한 조치이다."[110]

의 범행자인 경우'는 예외이고, 《사분율》에서는 그 밖에 '옷을 얻지 못해 옷의 자금을 얻은 곳에 말했더니 '다시 찾아 잃지 마시오'라고 하거나, 그가 '필요가 없다. 비구에게 보시한 것이다.'라고 해서 이 비구가 알맞은 때에 부드러운 말이나 방편으로 그 옷을 찾았든가, 제 때에 요구했거나 부드러운 말로 요구했거나 방편으로 요구했거나, 이 학습계율시설의 원인이 된 최초의 범행자이거나, 정신착란자이거나, 마음이 심란한 자이거나, 애통해 하는 자인 경우'를 예외로 한다.

109) tattha sāmaṁ vā gantabbaṁ dūto vā pāhetabbo : Smp. 674에 따르면, 수행승이 스스로 가지 않거나 사자를 파견하지 않으면, 관행을 깨는 악작죄를 범하는 것이다.

110) • 과근홀절색의가계⊙(過根忽切索衣價戒) / Khu-Niss. 10(Nī-Niss. 20) : bhikkhuṁ pan'evauddissa rājā vā rājabhoggo vā brāhmaṇo vā gahapatiko vā dūtena cīvaracetāpannaṁ pahiṇeyya: iminā cīvaracetāpannena cīvaraṁ cetāpetvā itthannāmaṁ bhikkhuṁ cīvarena acchādehī'ti. so ce dūto taṁ bhikkhuṁ upasaṅkamitvā evaṁ vadeyya: idaṁ kho bhante āyasmantaṁ uddissa cīvaracetāpanaṁ ābhataṁ. patigganhātu āyasmā cīvaracetāpanan' ti. tena bhikkhūnā so dūto evam assa vacanīyo: na kho mayaṁ āvuso cīvaracetāpanaṁ patiganhāma, cīvarañca kho mayaṁ patiganhāma kālena kappiyan'ti. so ce dūto taṁ bhikkhuṁ evaṁ vadeyya: atthi panāyasmato koci veyyāvaccakaro'ti cīvaratthikena bhikkhave bhikkhunā veyyāvaccakaro

제1품 옷이 끝났다.

---

niddisitabbo ārāmiko vā upāsako vā, 'eso kho āvuso bhikkhūnaṁ veyyāvaccakaro'ti. [34-35] so ce dūto taṁ veyyāvaccakaraṁ saññāpetvā taṁ bhikkhuṁ upasaṅkamitvā evaṁ vadeyya: yaṁ kho bhante āyasmā veyyāvaccakaraṁ niddisi, saññatto so mayā, upasaṅkamatu āyasmā kālena, cīvarena taṁ acchādessatī'ti. cīvaratthikena bhikkhave bhikkhunā veyyāvaccakaro upasaṅkamitvā dvattikkhattuṁ codetabbo sāretabbo: 'attho me āvuso cīvarenā'ti; dvattikkhattuṁ codayamāno sārayamāno taṁ cīvaraṁ abhinipphādeyya, iccetaṁ kusalaṁ. no ce abhinipphādeyya, catukkhattuṁ pañcakkh- attuṁ chakkhattuparamaṁ tuṇhībhutena uddissa ṭhātabbaṁ. catukkhattuṁ pañcakkhattuṁ chakkhattuparamaṁ tuṇhībhuto uddissa tiṭṭhamāno taṁ cīvaraṁ abhinipphādeyya, iccetaṁ kusalaṁ. tato ce uttariṁ vāyamamāno taṁ cīvaraṁ abhinipphādeyya nissaggiyaṁ pācittiyaṁ. no ce abhinipphādeyya yat'assa cīvaracetāpanaṁ ābha- taṁ, tattha sāmaṁ vā gantabbaṁ dūto vā pāhetabbo: yaṁ kho tumhe āyasmanto bhikkhuṁ uddissa cīvaracetāpanaṁ pahiṇittha, na taṁ tassa bhikkhuno kiñci atthaṁ anubhoti, yuñjantāyasmanto sakaṁ mā vo sakaṁ vinassā'ti. ayaṁ tattha sāmīcīti. ■ *과한총체색의가계(過限悤切索衣家戒) / 사분승니살기바일제 10 : 若比丘 若王。若大臣。若婆羅門。居士。居士婦, 遣使爲比丘送衣價 彼使至比丘所言:「大德今送衣價 可受取之」是比丘言:「我所不應 須衣 合時, 淸淨, 當受.」彼使報言:「大德 有執事人不?」比丘言:「有! 若僧伽藍民。若優婆塞 此是比丘執事人」彼使詣執事人所, 與衣價已, 還到比丘所言:「大德所示 某甲執事人, 我已與衣價 大德知時, 往彼當得衣」須衣比丘, 當往執事人所, 若一。二。三反, 爲作憶念, 得衣者善; 若不得衣, 應四。五。六反, 在前默然住, 令彼憶念, 得衣者善; 若不得衣, 過是求得衣者, 尼薩耆波逸提 若不得衣, 從所來處 若自往。若遣使往, 語言:「汝先遣使送衣價與某甲比丘, 是比丘竟不得衣, 汝還取, 莫使失, 此是時.」*

제2품 비단
(Kosiyavagga)

Pali-Khup. 30

30(4-2-1) 상실속죄죄법 제11조

비단에 대한 학습계율
[Kosiyasikkhāpada]

[세존] "어떠한 수행승이든 비단실이 섞인 깔개를 만들게 하면, 상실속죄죄[111]를 범하는 것이다."[112]

---

111) nissaggiyapācittiya : 《빠알리율》에서는 '천개(天蓋)나 바닥깔개나 천막이나 매트리스나 베개의 경우이거나, 정신착란된 자이거나, 최초의 범행자인 경우'는 예외이고, 《사분율》에서는 '이미 완성한 것을 얻었거나, 도끼나 낫으로 가늘게 썰어서 진흙에 개어 벽이나 토방에 발랐거나, 이 학습계율시설의 원인이 된 최초의 범행자이거나, 정신착란자이거나, 마음이 심란한 자이거나, 애통해 하는 자인 경우'를 예외로 한다.

112) • 잡야잠면작와구계∅(雜野蠶綿作臥具戒) / Khu-Niss.11 : yo [36-37] pana bhikkhu kosiyamissakaṁ santhataṁ kārāpeyya, nissaggiyaṁ pācittiyanti. ■ 걸잠면작가사계(乞蠶綿作伽沙戒) / 사분승니살기바일제 14 : 若比丘 雜野蠶綿, 作新臥具者, 尼薩耆波逸提 ※조계종독송본의 원래 제목이 걸잠면작가사계(乞蠶綿作伽沙戒)로 되어 있는데, 사분율의 원래 제목은 걸잠면작삼의계(乞蠶綿作三衣戒)로 되어 있다. 그런데 제목의 가사와 삼의는 학습계율의 내용에는 와구(臥具)로 되어 있다. 도선(道宣) 율사의 사분율행사초(四分律行事鈔)에 '와구라는 것이 바로 삼의이다.'라고 설명하고 있지만, 빠알리율의 해당 술어인 싼타따(santhata)는 양털로 만든 깔개나 매트를 의미하지 가사나 삼의란 뜻은 없다. 따라서 역자는 내용에 맞도록 제목을 환원한다.

Pali-Khup. 31

31(4-2-2) 상실속죄죄법 제12조
순흑색 깔개에 대한 학습계율
[Suddhakāḷakasikkhāpada]

[세존] "어떠한 수행승이든 순흑색양모로 깔개를 만들게 하면, 상실속죄죄[113]를 범하는 것이다."[114]

---

*113) nissaggiyapācittiya : 《빠알리율》에서는 '천개나 바닥깔개나 커튼이나 담장이나 매트리스나 베개로 사용하거나, 정신착란된 자이거나, 최초의 범행자인 경우'는 예외이고, 《사분율》에서는 '이미 완성된 것을 얻었거나, 쪼개고 끊어서 괴색(**壞色**)을 만들거나, 베개를 만들거나, 누빈 요를 만들거나, 방석을 만들거나, 발우를 펴는 방석을 만들거나, 삭도(**削刀**)의 주머니를 만들거나, 모자나 버선이나 땀수건이나 신발주머니를 만들거나, 이 학습계율시설의 원인이 된 최초의 범행자이거나, 정신착란자이거나, 마음이 심란한 자이거나, 애통해 하는 자인 경우'를 예외로 한다.*

*114) • 흑모와구계⊘(黑毛臥具戒) / Khu-Niss. 12 : yo pana bhikkhu suddhakāḷakānaṁ eḷakalomānaṁ santhataṁ kārāpeyya, nissaggiyaṁ pācittiyanti. ■ 흑모와구계(黑毛臥具戒) / 사분승니살기바일제 12 : **若比丘 以新純黑糯羊毛, 作臥具者, 尼薩耆波逸提** ※ 원래 조계종 사분율 독송본에는 모삼의계(毛三衣戒)라는 제목이 붙어있는데, 도선(**道宣**) 율사의 사분율행사초(**四分律行事鈔**)에 '와구라는 것이 바로 삼의이다.'라고 설명한데서 연유한 듯하다. 빠알리율의 해당 술어인 싼타따(santhata)는 양털로 만든 깔개나 매트를 의미하지 삼의(**三衣**)란 뜻은 없다. 따라서 필자는 이 학습계율의 제목을 남전율과 일치하도록 흑모와구계(黑毛臥具戒)로 바꾼다.*

Pali-Khup. 32

32(4-2-3) 상실속죄죄법 제13조

두 부분에 대한 학습계율

[Dvebhāgasikkhāpada]

[세존] "만약 수행승이 새로운 깔개를 만들도록 할 때, 두 부분(2/4)은 순흑색양모, 세 번째 부분(1/4)은 백색양모, 네 번째 부분(1/4)은 갈색양모를 취해야 하는데, 만약 수행승이 두 부분은 순흑색양모, 세 번째 부분은 백색양모, 네 번째 부분은 갈색양모를 취하지 않고 새로운 깔개를 만들게 하면, 상실속죄죄[115]를 범하는 것이다."[116]

---

115) nissaggiyapācittiya : ≪빠알리율≫에서는 '1뚤라 분의 백색양모와 1뚤라 분의 갈색양모를 취해서 만들거나, 그 이상의 백색양모와 그 이상의 갈색양모를 취해서 만들거나, 순전히 백색양모와 순전히 갈색양모를 취해서 만드는 경우, 천개나 바닥깔개나 커튼이나 담장이나 매트리스나 베개의 경우이거나, 정신착란된 자이거나, 최초의 범행자인 경우'는 예외이고, ≪사분율≫에서는 '이미 완성된 것을 얻었거나, 쪼개고 끊어서 괴색(壞色)을 만들거나, 베개를 만들거나, 누빈 요를 만들거나, 방석을 만들거나, 발우를 펴는 방석을 만들거나, 삭도(削刀)의 주머니를 만들거나, 모자나 버선이나 땀수건이나 신발주머니를 만들거나, 이 학습계율시설의 원인이 된 최초의 범행자이거나, 정신착란자이거나, 마음이 심란한 자이거나, 애통해하는 자인 경우'를 예외로 한다.

116) • 백모와구계⊘(白毛臥具戒) / Khu-Niss. 13 : navaṁ pana bhikkhunā santhataṁ kārayamānena dve bhāgā suddhakāḷakānaṁ eḷaka-

lomānaṁ ādātabbā, tatiyaṁ odātānaṁ, catutthaṁ gocariyānaṁ, anādā ce bhikkhu dve bhāge suddhakāḷakānaṁ eḷakalomānaṁ tatiyaṁ odātānaṁ, catutthaṁ gocariyānaṁ, navaṁ santhataṁ kārāpeyya, nissaggiyaṁ pācittiyanti. ■ *백모와구계(白毛臥具戒) / 사분승니살기바일제 14 : 若比丘 作新臥具, 應用二分純黑羊毛, 三分 白, 四分尨. 若比丘不用二分純黑羊毛, 三分 白, 四分尨 作新臥具者, 尼薩耆波逸提*

Pali-Khup. 33

33(4-2-4) 상실속죄죄법 제14조

육 년에 대한 학습계율

[Chabbassasikkhāpada]

[세존] "만약 수행승이 새로운 깔개를 만들게 하면 6년을 지녀야 하지만, 만약 6년 이내에 그 깔개를 혹은 처분하고 혹은 처분하지 않고 다른 새로운 깔개를 만들게 하면, 수행승들의 동의를 제외하고, 상실속죄죄117)를 범하는 것이다."118)

---

117) *nissaggiyapācittiya* : *≪빠알리율≫에서는 '6년에 만들거나, 6년 이상이 되어 만들거나, 타인을 위하여 만들거나 만들게 하거나, 타인이 만든 것을 얻어 사용하는 경우나, 천개나 바닥깔개나 커튼이나 담장이나 매트리스나 베개의 경우, 정신착란된 자나 최초의 범행자의 경우'는 예외이고, ≪사분율≫에서는 '대중이 허락했거나, 만 6년이 되었거나, 6년이 되기 전에 새 것을 만들었거나, 없어서 스스로 만들었거나, 타인이 만들어서 주었거나, 이미 이루어진 것을 얻었거나, 이 학습계율시설의 원인이 된 최초의 범행자이거나, 정신착란자이거나, 마음이 심란한 자이거나, 애통해 하는 자인 경우'를 예외로 한다.*

118) • *감육년작와구계⊘(減六年作臥具戒)* / Khu-Niss.14 : *navaṁ pana bhikkhunā santhataṁ kārāpetvā chabbassāni dhāretabbaṁ, orena ce channaṁ vassānaṁ taṁ santhataṁ vissajjetvā vā avissajjetvā vā aññaṁ navaṁ santhataṁ kārāpeyya, aññatra bhikkhusammutiyā, nissaggiyaṁ pācittiyanti.* ▪ *감육년작와구계(減六年作臥具戒) 니살기바일제 14 : 若比丘 作新臥具 應滿六年持. 若減六年, 不捨故, 更作新者, 除僧羯磨, 尼薩耆波逸提*

Pali-Khup. 34

34(4-2-5) 상실속죄죄법 제15조

좌와구용 깔개에 대한 학습계율

[Nisīdanasanthatasikkhāpada]

[세존] "만약에 수행승이 좌와구용 깔개를 만들도록 할 때, 그것을 괴색으로 만들기 위해서 예전의 깔개에서 둘레를 행복한 님의 뼘으로 한 뼘(25cm∨60cm)을 취해야 하지만, 만약에 수행승이 예전의 좌와구용 깔개에서 둘레를 행복한 님의 뼘으로 한 뼘을 취하지 않고 새로운 좌와구용 깔개를 만들게 한다면, 상실속죄죄[119]를 범하는 것이다."[120]

---

119) *nissaggiyapācittiya* : *≪빠알리율≫에서는 '예전의 좌와구용 깔개에서 둘레를 행복한 님의 뼘으로 한 뼘을 취하여 만들거나, 얻지 못해서 조금만 취해서 만들거나, 얻지 못해서 취하지 않고 만들거나, 타인이 만든 것을 사용하는 경우이거나, 천개(天蓋)나 바닥깔개나 커튼이나 담장이나 매트리스나 베개로 사용하거나, 정신착란된 자이거나, 최초의 범행자인 경우'는 예외이고, ≪사분율≫에서는 '헌 것을 잘라서 새 것 위에 포개서 괴색을 만들거나, 얻지 못해서 새 것으로 만들거나, 타인이 만들어주었거나, 이미 만들어진 것을 얻었거나, 순전히 헌 것으로 만들었거나, 이 학습계율시설의 원인이 된 최초의 범행자이거나, 정신착란자이거나, 마음이 심란한 자이거나, 애통해 하는 자인 경우'를 예외로 한다.*

120) • *불첩좌구계∅(不貼座具戒)* / *Khu-Niss. 15* : *nisīdanasanthataṁ na bhikkhūnā kārayamānena purāṇasanthatassa sāmantā sugatavidatthī ādātadabbā dubbaṇṇakaraṇāya. anādā ce bhikkhu purāṇasan-*

thatassa [38-39] sāmantā sugatavidatthiṁ navaṁ nisīdanasanthataṁ kārāpeyya, nissaggiyaṁ pācittiyan' ti. ■ *불설좌구계(不揲坐具戒) / 사분승니살기바일제 15 : 若比丘 作新坐具, 當取故者, 縱廣一磔手, 揲新者上, 爲壞色故 若比丘作新坐具 不取故者, 縱廣一磔手揲者, 尼薩耆波逸提*

Pali-Khup. 35

35(4-2-6) **상실속죄죄법 제16조**

양모에 대한 학습계율

[Eḷakalomasikkhāpada]

[세존] "만약 수행승이 여행길을 가다가 양모를 얻으면, 원한다면 수행승은 취할 수 있는데, 가져가는 사람이 없으면, 취해서 3요자나 거리(48km∨걸어서3일)까지를 자신의 손으로 가져올 수 있다. 그 이상을 넘어서 가져오면 가져가는 사람이 없었다고 하더라도, 상실속죄죄를 범하는 것이다."121)

---

121) • 지양모과한계∅(持羊毛過限戒) / Khu-Niss. 16 : bhikkhuno pan' evaaddhānamaggappaṭipannassa eḷakalomāni uppajjeyyuṁ, ākaṅkhamānena bhikkhunā paṭiggahetabbāni. paṭiggahetvā tiyojanaparamaṁ sahatthā haritabbāni. asante hārake. tato ce uttariṁ hareyya asantepi hārake nissaggiyaṁ pācittiyan'ti. ■ 지양모과한계(持羊毛過限戒) / 사분승니살기바일제 16 : 若比丘 行道中得羊毛 須者應取 無人持, 自持, 行三由旬, 若過者, 尼薩耆波逸提

Pali-Khup. 36

36(4-2-7) 상실속죄죄법 제17조

양모의 세탁에 대한 학습계율
[Eḷakalomadhovāpanasikkhāpada]

[세존] "어떠한 수행승이든 친척이 아닌 수행녀들에게 양모를 세탁하게 하거나, 염색하게 하거나, 다듬게 하면, 상실속죄죄122)를 범하는 것이다."123)

---

122) nissaggiyapācittiya : ≪빠알리율≫에서는 '친척인 여자가 세탁을 하거나, 친척이 아닌 자인 조력자가 돕거나, 여자가 말하지 않았는데도 세탁하거나, 사용하지 않은 꾸러미에 묶인 제품을 세탁하게 하거나, 정학녀에게 세탁하게 하거나, 사미니에게 세탁하게 하거나, 정신착란된 자이거나, 최초의 범행자인 경우'는 예외이고 ≪사분율≫에서는 '친척인 비구니에게 세탁 · 염색 · 다듬질을 하게 하거나, 환자를 위해서 세탁 · 염색 · 다듬질을 하게 하거나, 참모임과 부처님과 사원을 위해서 세탁 · 염색 · 다듬질을 하게 하거나, 이 학습계율시설의 원인이 된 최초의 범행자이거나, 정신착란자이거나, 마음이 심란한 자이거나, 애통해 하는 자인 경우'를 예외로 한다.

123) ● 사비친니완염모계∅(使非親尼浣染毛戒) / Khu-Niss. 17 : yo pana bhikkhu aññātikāya bhikkhuniyā oḷakalomāni dhovāpeyya vā rajāpeyya vā vijaṭāpeyya vā, nissaggiyaṁ pācittiyanti. ■ 사비친니완염양모계(使非親尼浣染羊毛戒) / 사분승니살기바일제 17 : 若比丘 使非親里比丘尼浣。染。擘羊毛者, 尼薩耆波逸提

Pali-Khup. 37

37(4-2-8) 상실속죄죄법 제18조

금전에 대한 학습계율
[Rūpiyasikkhāpada]

[세존] "어떠한 수행승이든 금전을 자신을 위해 받거나 받게 하거나 자신을 위해 보관하게 하는 것에 동의하면, 상실속죄죄[124]를 범하는 것이다."[125]

---

124) nissaggiyapācittiya : ≪빠알리율≫에서는 "승원 안에서나 공공 휴게소 안에서 받거나 타인에게 받게 하거나, '소유자가 가져 갈 것이다'라고 치워두거나, 정신착란된 자이거나, 최초의 범행자인 경우"는 예외이고, ≪사분율≫에서는 "'이것을 알고 이것을 보시오'라고 말했거나, 정인(淨人)에게 내놓고 나서 돌려주거나 돌려주지 않거나 간에 비구가 원칙에 맞게 행했거나, 이 학습계율시설의 원인이 된 최초의 범행자이거나, 정신착란자이거나, 마음이 심란한 자이거나, 애통해 하는 자인 경우"를 예외로 한다.

125) • 축전보계⊙(畜錢寶戒) / Khu-Niss. 18(Nī-Niss. 21) : yo pana bhikkhu jātarūparajataṁ uggaṇaheyya vā uggaṇhāpeyya vā upanikkhittaṁ vā sādiyeyya, nissaggiyaṁ pācittiyan'ti. ■ 축전보계(畜錢寶戒) / 사분승니살기바일제 18 : 若比丘 自手受金。銀。若錢 若敎人取 若口可受者, 尼薩耆波逸提

Pali-Khup. 38

38(4-2-9) 상실속죄죄법 제19조

금전거래에 대한 학습계율

[Rūpiyasaṁvohārasikkhāpada]

[세존] "어떠한 수행승이든 여러 종류의 금전거래를 하면, 상실속죄죄[126]를 범하는 것이다."[127]

---

126) nissaggiyapācittiya : ≪빠알리율≫에서는 '금전이 아닌 것에 대하여 금전이 아닌 것이라고 지각하고 사용하거나, 정신착란자이거나, 최초의 범행자인 경우'는 예외이다. ≪사분율≫에서는 "'이것을 알고 이것을 보시오'라고 말했거나, 정인에게 내놓고 나서 돌려주거나 돌려주지 않거나 간에 비구가 원칙에 맞게 행했거나, 돈으로 영락과 장신구를 사서 삼보를 위해 사용했거나, 영락이나 장신구를 돈으로 바꾸어 삼보를 위해 사용했거나, 이 학습계율시설의 원인이 된 최초의 범행자이거나, 정신착란자이거나, 마음이 심란한 자이거나, 애통해 하는 자인 경우'를 예외로 한다.

127) • 무보계⊙(貿寶戒) / Khu-Niss. 19(Nī-Niss. 22) : yo pana bhikkhu nānappakārakaṁ rūpiyasaṁvohāraṁ samāpajjeyya, nissaggiyaṁ pācittiyan'ti. ■무보계(貿寶戒) / 사분승니살기바일제19 : 若比丘 種種賣買實物者, 尼薩耆波逸提

Pali-Khup. 39

39(4-2-10) 상실속죄죄법 제20조

물품교역에 대한 학습계율

[Kayavikkayasikkhāpada]

[세존] "어떠한 수행승이든 여러 종류의 물품교역128)을 하면, 상실속죄죄129)를 범하는 것이다."130)

제2품 비단이 끝났다.

---

128) kayavikkaya : DN. I. 5에 따르면, 일반사람들은 여래에 대하여 '수행자 고따마는 사고 파는 것을 여의었다.'라고 칭찬했다.

129) nissaggiyapācittiya : ≪빠알리율≫에서는 "가격을 묻거나, 집사인에게 지시하거나, '이것은 우리의 것이다. 우리는 이러저러한 것을 원한다.'라고 말하거나, 정신착란된 자이거나, 최초의 범행자의 경우"는 예외이고, ≪사분율≫에서는 '출가자들(五衆)과 서로 바꾸되 스스로 값을 정하고 값을 올리거나 내리지 않거나, 정인으로 하여금 바꾸게 시켰고 후회하는 경우 돌려주었거나, 생버터를 기름으로 바꾸었다든가 기름을 생버터로 바꾸었거나, 이 학습계율시설의 원인이 된 최초의 범행자이거나, 정신착란자이거나, 마음이 심란한 자이거나, 애통해 하는 자인 경우'를 예외로 한다.

130) • 판매계⊙(販賣戒) / Khu-Niss. 20(Nī-Niss. 23) : yo pana bhikkhu nānappakārakaṁ kayavikkayaṁ samāpajjeyya, nissaggiyaṁ pācittiyanti. ■ 판매계(販賣戒) / 사분승니살기바일제 20 : 若比丘 種種販賣者, 尼薩耆波逸提

제3품 발우
(Pattavagga)

Pali-Khup. 40

40(4-3-1) 상실속죄죄법 제21조
발우에 대한 학습계율
[Pattasikkhāpada]

[세존] "여분의 발우는 최대한 열흘까지 지닐 수 있다. 그것을 초과하면, 상실속죄죄[131]를 범하는 것이다."[132]

---

131) nissaggiyapācittiya : ≪빠알리율≫에서는 '열흘 이내에 개인의 소유로 결정되거나, 양도되거나, 증여되거나, 망실되거나, 파괴되거나, 파열되거나, 약탈되거나, 신뢰로 취해지거나, 정신착란된 자이거나, 최초의 범행자인 경우'는 예외이고 ≪사분율≫에서는 '열흘 이내에 보시하거나, 남에게 주거나, 빼앗겼다거나 잃어버렸거나 파괴되었거나 물에 떠내려갔다고 생각했거나, 빼앗겼다거나 잃어버렸거나 파괴되었거나 물에 떠내려간 것을 갔다고 사용했다던가, 남이 준 것을 받아서 사용했다던가, 발우를 맡겨 둔 비구가 죽었든가 멀리 갔던가 수행을 그만 두었거나 도적을 만났거나 사나운 짐승에 상해를 입었든가 물에 빠졌을 때에 남에게 주지 않았거나, 이 학습계율시설의 원인이 된 최초의 범행자이거나, 정신착란자이거나, 마음이 심란한 자이거나, 애통해 하는 자인 경우'를 예외로 한다.

132) • 축장발과한계∅(畜長鉢過限戒) / Khu-Niss. 21 : dasāhaparamaṁ [40-41] atirekapatto dhāretabbo, taṁ atikkāmayato, nissaggiyaṁ pācittiyanti. ▪ 축장발과한계(畜長鉢過限戒) / 사분승니살기바일제 21. 若比丘 畜長鉢, 不淨施, 得畜齊十日. 若過者, 尼薩耆波逸提

Pali-Khup. 41

41(4-3-2) 상실속죄죄법 제22조

다섯 번 수리 이하에 대한 학습계율

[Ūnapañcabandhanasikkhāpada]

[세존] "어떠한 수행승이든 다섯 곳보다 적게 수리된[133] 발우로써 다른 새 발우를 구한다면, 상실속죄죄[134]를 범하는 것이다. 그 수행승은 그 새 발우를 수행승들의 대중에게 넘겨주어야 하고, 그 수행승들의 대중에게 속하는 마지막으로 남은 발우[135]가 있다면, 그것이 어떤 것이든 그 수행승에게 '수행승이여, 이것이 그대의 발우이다. 파괴되기까지 그대가

---

133) bandhanena : 원래 '함께 묶는다.'에서 유래했으나, 균열이 생긴 곳을 함께 묶거나 결합시키는 것을 말한다.

134) nissaggiyapācittiya : ≪빠알리율≫에는 '발우를 잃어버렸거나, 발우가 부서졌거나, 친척의 것을 소유했거나, 초대받거나, 타인을 위해 탁발하거나, 자신의 재산에 의한 것이거나, 정신착란자이거나, 최초의 범행자인 경우'는 예외이고, ≪사분율≫에서는 '발우가 다섯 번 수리되고 샜거나, 다섯 번 보다 적지만 새기 때문에 새 발우를 구했거나, 친척이나 출가인에게 구했거나, 타인을 위해 구했거나 타인이 나를 위해 구했거나, 구하지 않았는데 얻었거나, 발우를 보시할 때에 차례가 되어 얻었거나, 자기의 재물로 사서 모았거나, 이 학습계율시설의 원인이 된 최초의 범행자이거나, 정신착란자이거나, 마음이 심란한 자이거나, 애통해 하는 자인 경우'를 예외로 한다.

135) pattapariyanta : Smp. 708에 따르면, 넘겨주고 나서 끝에 남은 발우를 뜻한다.

지녀라.'라고 주어져야 한다. 이것이 그 경우의 올바른 조치이다."136)

---

136) • 걸발계⊙(乞鉢戒) / Khu-Niss. 22(Nī-Niss. 24) : yo pana bhikkhu ūnapañcabandhanena pattena aññaṁ navaṁ pattaṁ cetāpeyya, nissaggiyaṁ pācittiyaṁ. tena bhikkhunā so patto bhikkhuparisāya nissajitabbo. yo ca tassā bhikkhuparisāya pattapariyanto so tassa bhikkhuno padātabbo 'ayaṁ te bhikkhu patto yāva bhedanāya dhāretabbo'ti. ayaṁ tattha sāmīcīti. ■ 걸발계⊙(乞鉢戒) / 사분승니살기바일제 22. 若比丘 畜鉢減五綴不漏 更求新鉢 爲好故 尼薩耆波逸提 彼比丘是鉢應往僧中捨 展轉取最下鉢 與之令持 乃至破應持 此是時.

Pali-Khup. 42

42(4-3-3) 상실속죄죄법 제23조

약에 대한 학습계율

[Bhesajjasikkhāpada]

[세존] "환우수행승들이 복용해야 하는 약들, 즉, 버터기름, 신선한 버터, 기름, 꿀, 당밀을 수령하면, 최대한 7일까지 보관하여 사용해야 한다. 그것을 초과하면, 상실속죄죄137)를 범하는 것이다."138)

---

137) nissaggiyapācittiya : 《빠알리율》에서는 '7일 이내에 개인의 소유로 결정되거나, 양도되거나, 증여되거나, 망실되거나, 소실되거나, 약탈되는 경우거나, 신뢰로 취해지는 경우이거나, 구족계를 받지 않은 자에게 바쳐지고 내놓아지고 희사되는 경우이거나, 바램 없이 주고 받거나 사용하거나, 정신착란자이거나, 최초의 범행자인 경우'는 예외이고 《사분율》에서는 '7일이 지난 약이 연유나 기름이어서 문틀에 발랐거나 꿀이나 석밀이어서 집사인에게 주었거나, 7일이 된 약을 다른 비구에게 주어서 먹게 했거나, 7일이 되기 전에의 약을 그 비구에게 돌려주었는데 사용하여 약을 바르거나 등불을 켰거나, 이 학습계율시설의 원인이 된 최초의 범행자이거나, 정신착란자이거나, 마음이 심란한 자이거나, 애통해 하는 자인 경우"를 예외로 한다.

138) • 축칠일약과한계⊙(畜七日藥過限戒) / Khu-Niss. 23(Nī-Niss. 25) : yāni kho pana tāni gilānānaṁ bhikkhūnaṁ paṭisāyanīyāni bhesajjāni seyyathīdaṁ: sappī navatītaṁ telaṁ madhu phāṇitaṁ, tāni paṭiggahetvā sattāhaparamaṁ sanatidhikārakaṁ paribhuñjitabbāni. taṁ atikkāmayato nissaggiyaṁ pācittiyan'ti. ■ 약과한계(藥過限戒) / 사분승니살기바일제 26. 若比丘 有病畜酥◦油◦生酥◦蜜◦石蜜, 齊七日得服 若過者, 尼薩耆波逸提

Pali-Khup. 43

43(5-3-4) 상실속죄죄법 제24조
우기옷에 대한 학습계율
[Vassikasāṭikasikkhāpada]

[세존] "하계를 한 달 남기고 수행승이 우기옷을 구해야 하고, 하계를 반월 남기고 옷을 만들어 입어야 한다. 만약에 하계를 한 달 남기기 전에 수행승이 우기옷을 구하고, 하계를 반월 남기기 전에 우기옷을 만들어 입으면, 상실속죄죄[139]를 범하는 것이다."[140]

---

139) *nissaggiyapācittiya : ≪빠알리율≫에서는 '하계를 한 달 남기고 우기옷을 구하거나, 하계를 반월 남기고 우기옷을 만들어 입거나, 하계를 한 달 미만 남기고 옷을 구하거나, 하계를 반월 미만 남기고 우기옷을 만들어 입거나, 구해진 우기옷이 우기를 지났거나, 착용한 우기옷이 우기를 지났거나, 세탁하여 보관했거나, 제 때의 시간에 착용했거나, 옷을 빼앗겼거나, 옷을 잃어버렸거나, 사고가 일어난 경우이거나, 정신착란된 자이거나, 최초의 범행자인 경우'는 예외이고, ≪사분율≫에서는 '3월 16일부터 구하고 4월1일부터 사용하거나, 우기옷을 버린 뒤에 다른 데에 쓰거나, 목욕하는 옷을 입고 목욕하거나, 우기옷이 없거나, 목욕옷을 만든다거나, 세탁하거나 물들이거나, 이 학습계율시설의 원인이 된 최초의 범행자이거나, 정신착란자이거나, 마음이 심란한 자이거나, 애통해 하는 자인 경우'를 예외로 한다.*

140) *• 과전구우의과전용계∅(過前求雨衣過前用戒) / Khu-Niss. 24 : māso seso gimhānan ti bhikkhunā vassikasāṭikacīvaraṁ pariyesitabbaṁ. addhamāso seso gimhānanti katvā nivāsetabbaṁ. orena ce māso seso gimhānan ti vassikasāṭikacīvaraṁ pariyeseyya, oren'addhamāso seso gimhānan ti katvā nivāseyya, nissaggiyaṁ pācittiyan'ti. ▪ 과전구*

우의과전용계(過前求雨衣過前用戒) | 사분승니살기바일제 27 : 若比丘 春殘一月在, 應求雨浴衣, 半月應用浴. 若比丘 春一月前求雨浴衣, 半月前用者, 尼薩耆波逸提

Pali-Khup. 44

44(4-3-5) 상실속죄죄법 제25조

옷 빼앗기에 대한 학습계율

[Cīvaraacchindanasikkhāpada]

[세존] "어떠한 수행승이든 다른 수행승에게 스스로 옷을 주고 나서 화가 나고 불쾌하다고 다시 빼앗거나 빼앗게 하면, 상실속죄죄[141]를 범하는 것이다."[142]

---

141) nissaggiyapācittiya : ≪빠알리율≫에서는 '그가 주거나, 그에 대하여 신뢰하여 취하거나, 정신착란자이거나, 최초의 범행자인 경우'는 예외이고, ≪사분율≫에서는 "화내지 않고 '내가 후회하니 내옷을 돌려주시오'라고 말하거나, 준 것을 후회하는 것을 알고 돌려주었거나, 타인이 '그가 후회하니 돌려주시오'라고 해서 돌려주었거나, 입으라고 주었는데 도리에 맞지 않아 다시 가졌거나, 옷을 잃거나 망가질까 두려웠거나, 옷을 받은 사람이 계율이나 견해나 위의를 깨뜨렸거나 권리정지되었거나 멸빈되었거나, 옷을 준 일 때문에 목숨이 위태로웠거나, 청정행이 어려웠거나, 이 학습계율시설의 원인이 된 최초의 범행자이거나, 정신착란자이거나, 마음이 심란한 자이거나, 애통해 하는 자인 경우"를 예외로 한다.

142) • 탈의계⊙(奪衣戒) / Khu-Niss. 25(Nī-Niss. 26) : yo [42-43] pana bhikkhu bhikkhussa sāmaṁ cīvaraṁ datvā kupito anattamano acchindeyya vā acchindāpeyya vā nissaggiyaṁ pācittiyan'ti. ■ 탈의계⊙(奪衣戒) / 사분승니살기바일제 25 : 若比丘 先與比丘衣, 後瞋恚, 若自奪, 若使人奪. 是比丘應還衣. 若取者, 尼薩耆波逸提

Pali-Khup. 45

45(4-3-6) 상실속죄죄법 제26조

실타래의 요청에 대한 학습계율
[Suttaviññattisikkhāpada]

[세존] "어떠한 수행승이든 스스로 실타래를 요청하여 직조사로 하여금 옷을 짜게 한다면, 상실속죄죄143)를 범하는 것이다."144)

---

143) nissaggiyapācittiya : 《빠알리율》에서는 '인끈에나 허리띠에나 어깨끈에나 발우주머니에나 여과낭에 천을 깁기 위한 것이거나, 친척에게 속하거나, 초대받았거나, 남을 위해 탁발하거나, 자신의 재물로 얻었거나, 정신착란자이거나, 최초의 범행자인 경우'는 예외이고, 《사분율》에서는 '직조사나 실을 준 사람이 친척이거나, 좌선띠, 모자, 양말, 땀닦는 수건, 가죽신을 싸는 수건이거나 직접 천을 짜서 발우주머니, 가죽신주머니, 바늘꽂이를 만들었거나, 이 학습계율시설의 원인이 된 최초의 범행자이거나, 정신착란자이거나, 마음이 심란한 자이거나, 애통해 하는 자인 경우'를 예외로 한다.

144) • 자걸루사비친직계⊙(自乞縷使非親織戒) / Khu-Niss. 26(Nī-Niss. 27) : yo pana bhikkhu sāmaṁ suttaṁ viññāpetvā tantavāyehi cīvaraṁ vāyāpeyya, nissaggiyaṁ pācittiyan'ti. ■ 자걸루사비친직의계(自乞縷使非親織衣戒) / 사분승니살기바일제 23 : 若比丘 自乞縷線, 使非親里織師, 織作衣者, 尼薩耆波逸提

Pali-Khup. 46

46(4-3-7) 상실속죄죄법 제27조

직조사에 대한 학습계율
[Pesakārasikkhāpada]

[세존] "수행승을 위하여, 친척이 아닌 장자나 장자의 부인이 직조사에게 옷을 짜게 할 때, 그때 그 수행승이 초대받기 전에 직조사를 찾아가서 옷에 대하여 지시하면서 '이보시오, 이 옷은 나를 위해 짜는 것이오. 길게 짜고 넓게 짜고 두텁게 짜시오. 그리고 고르게 짜고, 반듯하게 짜고, 반반하게 짜고, 가다듬어 짜시오. 혹시 우리가 그대에게 조금이라도 사례할 수 있을지 어떻게 알겠소.'라고 말하는 경우, 그 수행승이 이와 같이 말하면서, 어떠한 약소한 탁발물이라도 사례한다면, 상실속죄죄145)를 범하는 것이다."146)

---

145) nissaggiyapācittiya : ≪빠알리율≫에서는 '친척인 자이거나, 초대받았다거나, 타인을 위해서라거나, 자신의 재물을 수단으로 하거나, 값비싼 직물을 원하다가 값싼 직물을 짜서 얻었거나, 정신착란자이거나, 최초의 범행자인 경우'는 예외이고, ≪사분율≫에서는 그 밖에 '출가자에게서 얻었거나, 타인을 위해 얻었거나, 구하지 않았는데 저절로 얻었거나, 이 학습계율시설의 원인이 된 최초의 범행자이거나, 정신착란자이거나, 마음이 심란한 자이거나, 애통해 하는 자인 경우'를 예외로 한다.

146) • 권직사증의루계⊙(勸織師增衣縷戒) / Khu-Niss. 27 (Nī -Niss. 2

---

8) : bhikkhuṁ pan'evauddissa aññātako gahapati vā gahapatānī vā tantavāyehi cīvaraṁ vāyāpeyya, tatra ce so bhikkhu pubbe appavārito tantavāye upasaṅkamitvā cīvare vikappaṁ āpajjeyya: idaṁ kho āvuso cīvaraṁ maṁ uddissa viyyati, āyatañca karotha citthatañca appitañca suvītañca suppavāyitañca suvilekhitañca suvitacchitañca karotha, appeva nāma mayampi āyasmantānaṁ kiñcimattaṁ anupadajjeyyāmā'ti, evañca so bhikkhu vatvā kiñcimattaṁ anupadajjeyya antamaso piṇḍapātamattampi, nissaggiyaṁ pācittiyan'ti. ■ *권직사증의루계(勸織師增衣縷戒) / 사분승니살기바일제24 : 若比丘 居士。居士婦, 使織師爲比丘織作衣 是比丘先不受自恣請, 往織師所言:「此衣爲我作, 汝當極好織 令廣長堅緻 齊整好, 我當與汝價」是比丘與衣價 乃至一食直, 若得衣者, 尼薩耆波逸提*

Pali-Khup. 47

47(4-3-8) 상실속죄죄법 제28조

특별한 보시옷에 대한 학습계율

[Accekacīvarasikkhāpada]

[세존] "깟띠까 월의 만월147)이 되기 전에 열흘 동안 특별한 보시옷을 얻으면, 그것이 특별한 것이라고 생각되면 수행승은 받아도 되고, 받아서 옷처리 시기148)가 될 때까지 보관해둘 수 있으나, 그것보다 오랫동안 보관하면, 상실속죄죄149)를 범하는 것이다."150)

---

147) komudī cātumāsinī : 우기가 지속하는 4개월의 끝을 말한다.

148) cīvarakālasamaya : 상실속죄죄법 제1조(Niss. I.) 참조. '옷처리 시기'라는 것은 옷을 받고 분배하고 보관하는 시기를 말한다.

149) nissaggiyapācittiya : ≪빠알리율≫에서는 '시기 이내에 개인의 소유로 결정되거나, 양도되거나, 증여되거나, 망실되거나, 파괴되거나, 소실되거나, 약탈되는 경우이거나, 신뢰로 취해지거나, 정신착란자이거나, 최초의 범행자인 경우'는 예외이고, ≪사분율≫에서는 이 밖에도 '망실되거나 파괴되거나 소실되거나 약탈되었다고 생각해서 기한 후에 받았던가, 물길이 끊어졌거나 길이 험난하거나 도적에게 사로잡혔거나 사나운 짐승에 해를 입었거나 강물이 불어났거나 힘센 자에게 사로잡혔거나 목숨이 위태로웠거나, 청정행이 어려웠거나, 맡아준 비구가 죽었거나 길을 떠났거나 환속했거나 도적에게 빼앗겼거나 사나운 짐승에 해를 입었거나 사고를 당했거나, 이 학습계율시설의 원인이 된 최초의 범행자이거나, 정신착란자이거나, 마음이 심란한 자이거나, 애통해 하는 자인 경우'를 예외로 한다.

150) • 과전수급시의과후축계⊙(過前受,急施衣過後畜戒) / Khu-Niss. 28(Nī-Niss. 29) : dasāhānāgataṁ kattikatemāsikapuṇṇamaṁ bhikkhuno pan'evaaccekacīvaraṁ uppajjeyya, accekaṁ maññamānena bhikkhunā paṭiggahetabbaṁ, paṭiggahetvā yāva cīvarakālasamayaṁ nikkhipitabbaṁ. tato ce uttariṁ nikkhipeyya, nissaggiyaṁ pācittiyan'ti. ■ 과전수급시의과후축계(過前受,急施衣過後畜戒) / 사분승니살기바일제 28. 若比丘 十日未滿夏三月, 若有急施衣, 應受. 乃至衣時, 應畜. 若過者, 尼薩耆波逸提

Pali-Khup. 48

48(4-3-9) 상실속죄죄법 제29조

위험한 곳에 대한 학습계율

[Sāsaṅkasikkhāpada]

[세존] "수행승이 숲속의 처소에 살면서, 깟띠까 월의 만월까지 안거를 보내고, 위험하고 무서운 곳이라고 생각되면, 그러한 처소에 사는 그는 원한다면, 세 벌 옷 가운데 한 벌은 마을에 둘 수 있고, 그 수행승이 어떤 원인으로 그 옷을 떠나서 지내게 된다면, 최대한 엿새까지 떠나 지낼 수 있지만, 그것을 초과해서 떠나 지내면, 수행승들의 동의를 제외하고, 상실속죄죄[151]를 범하는 것이다."[152]

---

151) nissaggiyapācittiya : ≪빠알리율≫에서는 '엿새 동안을 옷을 떠나 지내거나, 엿새 이하를 옷을 떠나 지내거나, 엿새를 떠나 지내고 다시 마을의 경계내로 들어와 지내다가 다시 떠나거나, 엿새 이내에 옷이 해제되거나, 증여되거나, 망실되거나, 파괴되거나, 소실되거나, 약탈되는 경우이거나, 신뢰로 취해지는 경우이거나, 수행승들이 동의한 경우이거나, 정신착란된 자이거나, 최초의 범행자의 경우'는 예외이고, ≪사분율≫에서는 '6일 밤이 지나 제7일 일출전에 옷이 있는 곳에 이르거나, 옷을 버리거나 옷을 손에 잡고 돌을 던져서 닿는 곳에 이르렀거나, 빼앗겼다거나 물에 띄웠거나 불에 탔다고 생각하여 옷을 버리지 않고 옷을 손에 잡지 않고 돌을 던져 닿은 곳에 이르지 않았거나, 이 학습계율시설의 원인이 된 최초의 범행자이거나, 정신착란자이거나, 마음이 심란한 자이거나, 애통해 하는 자인

경우'를 예외로 한다.

152) • *유난란군리의계*∅(*有難蘭君離衣戒*) / *Khu-Niss. 29 : upavassaṁ [44-45] kho pana kattikapuṇṇamaṁ yāni kho pana tāni āraññakāni senāsanāni sāsaṅkasammatāni sappaṭibhayāni, tathārūpesu bhikkhu senāsanesu viharanto ākaṅkhamāno tiṇṇaṁ cīvarānaṁ aññataraṁ cīvaraṁ antaraghare nikkhipeyya, siyā ca tassa bhikkhuno kocid eva paccayo tena cīvarena vippavāsāya, chārattaparamaṁ tena bhikkhunā tena cīvarena vippavasitabbaṁ. tato ce uttariṁ vippavaseyya aññatra bhikkhusammutiyā, nissaggiyaṁ pācittiyan'ti.* ■ *유난란야리의계*(*有難蘭若離衣戒*) / *사분승니살기바일제 29 : 若比丘 夏三月安居竟 至八月十五日滿已 若逈遠有疑恐怖畏難處 比丘在如是處住, 於三衣中, 若留一一衣 置村舍內, 及有緣事, 離衣宿, 乃至六夜. 若過者, 尼薩耆波逸提*

Pali-Khup. 49

49(4-3-10) 상실속죄죄법 제30조
기증된 것에 대한 학습계율
[Pariṇatasikkhāpada]

[세존] "어떠한 수행승이든 알면서 참모임에 속하는 기증된 소득을 자신의 것으로 전용하면, 상실속죄죄153)를 범하는 것이다."154)

제3품 발우가 끝났다.

---

153) nissaggiyapācittiya : ≪빠알리율≫에서는 "'어디에 줄까?'라고 자신이 질문하거나, 그대의 보시물이 사용되거나 수리되거나 오랫동안 유지되는 곳에, 또는 그대의 마음이 청정해지는 곳에 그곳에 주시오.'라고 말한 경우"는 예외이고, ≪사분율≫에서는 '약속했는데 약속하지 않았다고 생각했거나, 조금 보시하기로 했는데 권해서 많은 물건을 보시했거나, 적은 사람에게 약속했는데 권해서 많은 사람에게 보시했거나, 악한 이에게 보시하려고 약속했는데 권해서 좋은 사람에게 보시했거나, 장난으로 말했거나, 이 학습계율시설의 원인이 된 최초의 범행자이거나, 정신착란자이거나, 마음이 심란한 자이거나, 애통해 하는 자인 경우'를 예외로 한다. 참고로 참모임에 속하는 것 즉, 승물(僧物)에는 ① 승가에 약속한 것, ② 승가를 위해 만들어진 것 ③ 승가에 보시한 것의 세 종류가 있다.

154) • 회승물입이계⊙(廻僧物入已戒) / Khu-Niss. 30(Nī-Niss. 30) : yo pana bhikkhu jānaṁ saṅghikaṁ lābhaṁ pariṇataṁ attano pariṇāmeyya, nissaggiyaṁ pācittiyanti. ▪ 회승물입이계⊙(廻僧物入已戒) / 사분승니살기바일제 30 : 若比丘 知他欲與僧物, 自廻入己者, 尼薩耆波逸提

존자들이여,
이와 같이 30개 조항의 상실속죄죄법을
송출하였습니다.[155]

이와 관련하여
저는 존자들께 묻겠습니다.
이와 관련하여 완전히 청정합니까?
두 번째에도 저는 존자들께 묻겠습니다.
이와 관련하여 완전히 청정합니까?
세 번째에도 저는 존자들께 묻겠습니다.
이와 관련하여 완전히 청정합니까?

존자들께서는
완전히 청정한 까닭에 침묵했으므로
저는 그와 같이 알겠습니다.[156]

상실속죄죄법의 송출이 끝났다.

---

155) •*uddiṭṭhā kho āyasmanto tiṁsanissaggiyā pācittiyā dhammā* ■ *諸大德! 我已說三十尼薩耆波逸提法*

156) •*tatthāyasmante pucchāmi kaccīttha parisuddhā? dutiyampi pucchāmi kaccittha parisuddhā? tatiyampi pucchāmi kaccittha parisuddhā? parisuddhetthāyasmanto, tasmā tuṇhī. evametaṁ dhārayāmī'ti.* ■ *今問諸大德! 是中清淨不? (如是三說) 諸大德! 是中清淨, 默然故, 是事如是持.*

제5장 단순속죄죄법의 송출

(Suddhapācittiyuddesa)

존자들이여,
이제 이와 같은 92개 조항의 단순속죄죄법을
송출하겠습니다.[157]

157) •ime [46-47] kho panāyasmanto dvenavuti pācittiyā dhammā uddesaṁ āgacchanti. ■波逸提法 諸大德 是九十波逸提法 半月半月說 戒經中來

제1품 거짓말
(Musāvagga)

Pali-Khup. 50

50(5-1-1) 단순속죄죄법 제1조
거짓말에 대한 학습계율
[Musāvādasikkhāpada]

[세존] "의도적으로 거짓말을 하면,[158] 단순속죄죄[159]를 범하는 것이다."[160]

---

158) sampajānamusāvāde : 여기서는 모든 의도적인 거짓말이 속죄죄인 것처럼 서술되고 있다. 그러나 그것은 소망어(小妄語)에 해당하는 것이고, 대망어(大妄語)는 인간을 뛰어넘는 상태(上人法)를 성취했다고 의도적으로 거짓말하는 것으로 승단추방죄에 해당하고(Khu-Pār. 4) 누군가를 승단추방죄라고 의도적으로 거짓말하면 승단잔류죄에 해당하고(khu-Saṅgh. 8) 누군가를 승단잔류죄라고 의도적으로 거짓말하면 단순속죄죄에 해당하고(Khu-Pāc. 76) 누군가가 계행을 지키지 않는다고 의도적으로 거짓말하면, 악작죄에 해당한다.(Vin IV. 148)

159) pācittiya : 《빠알리율》에서는 "농담으로 말하거나, 성급하게 말하거나 즉, '농담으로 말하거나'라는 것은 사려가 없이 말하는 것이고, '성급하게 말하거나' 라는 것은 '나는 이것을 말하겠다.' 하고서 다른 것을 말하는 것인데 그러한 때나, 정신착란자이거나, 최초의 범행자인 경우'는 예외이고, 《사분율》에서는 '본 것 들은 것, 인지한 것, 의식한 것을 그렇다고 말했거나, 보지 않은 것, 듣지 않은 것, 인지하지 않은 것, 의식하지 않은 것을 그렇다고 말했거나, 이 학습계율시설의 원인이 된 최초의 범행자이거나, 정신착란자이거나, 마음이 심란한 자이거나, 애통해 하는 자인 경우'를 예외로 한다.

160) • 소망어계⊙(小妄語戒) / Khu-Pāc. 1(Nī-Pāc. 97) : sampajānamusāvāde pācittiyanti. ■ 소망어계⊙(小妄語戒) / 사분승바일제 1 : 若比丘 知而妄語者, 波逸提

Pali-Khup. 51

51(5-1-2) 단순속죄죄법 제2조

욕설에 대한 학습계율
[Omasavādasikkhāpada]

[세존] "욕설을 하면, 단순속죄죄161)를 범하는 것이다."162)

---

161) pācittiya : ≪빠알리율≫에서는 '의미를 설명하기 위한 것이거나, 진리를 설명하기 위한 것이거나, 가르침을 설명하기 위한 것이거나, 정신착란자이거나, 최초의 범행자인 경우'는 예외이고, ≪사분율≫에서는 그 밖에 '이롭게 하려고 말했거나, 친밀한 자에게 말했거나, 장난으로 말했거나, 말하다가 실수로 말했거나, 이 학습계율 시설의 원인이 된 최초의 범행자이거나, 정신착란자이거나, 마음이 심란한 자이거나, 애통해 하는 자인 경우'를 예외로 한다.

162) • 매계①(罵戒) / Khu-Pāc. 2(Nī-Pāc. 98) : omasavāde pācittiyan'ti.
■ 매계(罵戒) / 사분승바일제 2 : 若比丘 種類毀呰語者, 波逸提

Pali-Khup. 52

52(5-1-3) 단순속죄죄법 제3조

중상에 대한 학습계율

[Pesuññasikkhāpada]

[세존] "수행승이 중상하면, 단순속죄죄[163]를 범하는 것이다."[164]

---

163) pācittiya : ≪빠알리율≫에서는 '애호를 얻기 위한 것이 아니거나, 이간을 시키기 위한 것이 아니거나, 정신착란자이거나, 최초의 범행자인 경우'는 예외이고, ≪사분율≫에서는 '악한 도반이나 나쁜 무리나 대중의 화합을 깨뜨리는 자를 부수기 위한 것이거나, 원칙에 맞지 않고 계율에 맞지 않는 갈마를 깨뜨리기 위한 것이거나, 참모임이나 승원이나 친교사 등을 위해 의미 없고 이익 없는 일을 하려는 것을 깨뜨리기 위한 것이었거나, 이 학습계율시설의 원인이 된 최초의 범행자이거나, 정신착란자이거나, 마음이 심란한 자이거나, 애통해 하는 자인 경우'를 예외로 한다.

164) • 양설계⊙(兩舌戒) / Khu-Pāc. 3(Nī-Pāc. 99) : bhikkhu pesuññe pācittiyan'ti. ■ 양설계(兩舌戒) / 사분승바일제 3 : 若比丘 兩舌語者, 波逸提

Pali-Khup. 53

53(5-1-4) 단순속죄죄법 제4조

가르침의 구절에 대한 학습계율
[Padasodhammasikkhāpada]

[세존] "어떠한 수행승이든 구족계를 받지 않은 자에게 가르침을 한 구절 한 구절 송출시키면, 단순속죄죄165)를 범하는 것이다."166)

---

165) pācittiya : ≪빠알리율≫에서는 '함께 독송하게 하거나, 함께 공부하거나, 말하면서 일반적으로 잘 아는 구절을 빠뜨렸거나, 설명하면서 빠뜨리거나, 정신착란자이거나, 최초의 범행자인 경우'는 예외이고, ≪사분율≫에서는 '내가 송출했으니 그대가 송출하라.'고 했거나, 한 사람이 독송을 마치고 한 사람이 사경했거나, 두 사람이 함께 공부한 사이라서 같이 독송했거나, 장난으로 말했거나, 이 학습계율시설의 원인이 된 최초의 범행자이거나, 정신착란자이거나, 마음이 심란한 자이거나, 애통해 하는 자인 경우'를 예외로 한다.

166) • 여미수구인동송계⊙(與未受具人同誦戒) / Khu-Pāc. 4(Nī-Pāc. 100) : yo pana bhikkhu anupasampannaṁ padaso dhammaṁ vāceyya pācitatiyan'ti. ■ 수구인동송계(受具人同誦戒) / 사분승바일제 6 : 若比丘 與未受大戒人同誦者, 波逸提

Pali-Khup. 54

54(5-1-5) 단순속죄죄법 제5조

동숙에 대한 학습계율①

[Sahaseyyapaṭhamasikkhāpada]

[세존] "어떠한 수행승이든 구족계를 받지 않은 자와 이틀이나 삼일이 지나도록 동숙한다면, 단순속죄죄[167]를 범하는 것이다."[168]

---

167) *pācittiya* : 《빠알리율》에서는 '이틀을 묵고 사흘째의 일출 이전에 떠나서 다시 묵는 경우나, 완전히 덮였으나 완전히 둘러싸이지 않았거나, 완전히 둘러싸였으나 완전히 덮이지 않았거나, 부분적으로 덮이지 않았거나, 부분적으로 둘러싸이지 않은 경우나, 구족계를 받지 않은 자가 앉아 있을 때 수행승이 앉거나, 수행승이 앉아 있을 때 구족계를 받지 않은 자가 앉거나, 양자가 동시에 앉아 있거나, 정신착란자이거나, 최초의 범행자인 경우'는 예외이고, 《사분율》에서는 '비구가 구족계를 받지 않은 자가 먼저 도착할 줄 몰랐거나, 구족계를 받지 않은 자가 뒤에 도착했으나 몰랐거나, 방이 덮여있으나 사면에 벽이 없었거나, 방이 다 덮였고 반 또는 조금 막혔거나, 방이 다 막혔고 덮여있지 않거나, 방이 다 막혔고 반만 또는 조금 덮였거나, 방이 반만 덮였고 반만 막혔거나, 방이 조금 덮였고 조금 막혔거나, 덮이지도 막히지도 않은 노지였거나, 방안에 거닐거나 앉아있었거나, 머리가 어지러워 쓰러졌든가, 병이 나서 누었든가, 힘센 자의 강요였거나, 결박당했거나, 목숨이 위태로웠거나, 청정행이 어려웠거나, 이 학습계율시설의 원인이 된 최초의 범행자이거나, 정신착란자이거나, 마음이 심란한 자이거나, 애통해 하는 자인 경우'를 예외로 한다.

168) • 공미수구인숙과한계⊙(共未受具人宿過限戒) / Khu-Pāc.5(Nī-Pāc. 101) : *yo pana bhikkhu anupasampannena uttaridvirattatirattaṁ sahaseyyaṁ kappeyya pācittiyan'ti.* ■ 공미수구인숙과한계(共未受具人宿過限戒) / 사분승바일제 5 : 若比丘 與未受大戒人共宿, 過二夜至三夜者, 波逸提

Pali-Khup. 55

55(5-1-6) 단순속죄죄법 제6조

동숙에 대한 학습계율②

[Sahaseyyadutiyasikkhāpada]

[세존] "어떠한 수행승이든 여인과 동숙하면, 단순속죄죄169)를 범하는 것이다."170)

169) pācittiya : ≪빠알리율≫에서는 '완전히 덮였으나 완전히 둘러싸이지 않았거나, 완전히 둘러싸였으나 완전히 덮이지 않았거나, 부분적으로 덮이지 않았거나, 부분적으로 둘러싸이지 않은 경우나, 여자가 앉아 있을 때 수행승이 앉거나, 수행승이 앉아 있을 때 여자가 앉거나, 양자가 동시에 앉아 있거나, 정신착란자이거나, 최초의 범행자인 경우'는 예외이고, ≪사분율≫에서는 그 밖에 '비구가 여자가 먼저 도착할 줄 몰랐거나, 여자가 뒤에 도착했으나 몰랐거나, 방이 덮여있으나 사면에 벽이 없었거나, 방이 다 덮였고 반만 또는 조금 막혔거나, 방이 다 막혔고 덮여있지 않거나, 방이 다 막혔고 반만 또는 조금 덮였거나, 방이 반만 덮였고 반만 막혔거나, 방이 조금 덮였고 조금 막혔거나, 덮이지도 막히지도 않은 노지였거나, 방안에 거닐거나 앉아있었거나, 머리가 어지러워 쓰러졌든가, 병이 나서 누었든가, 힘센 자의 강요였거나, 결박당했거나, 목숨이 위태로웠거나, 청정행이 어려웠거나, 이 학습계율시설의 원인이 된 최초의 범행자이거나, 정신착란자이거나, 마음이 심란한 자이거나, 애통해 하는 자인 경우'를 예외로 한다.

170) • 공여인숙계○(共女人宿戒) / Khu-Pāc. 6(Nī-Pāc. 102) : yo pana bhikkhu mātugāmena sahaseyyaṁ kappeyya pācittiyan'ti. ■ 공여인숙계(共女人宿戒) / 사분승바일제 4 : 若比丘 與婦人同室宿者, 波逸提

Pali-Khup. 56

56(5-1-7) 단순속죄죄법 제7조

설법에 대한 학습계율

[Dhammadesanāsikkhāpada]

[세존] "어떠한 수행승이든 여인에게 대여섯 구절 이상으로 가르침을 설하면, 양식있는 남자의 배석을 제외하고, 단순속죄죄[171]를 범하는 것이다."[172]

---

171) *pācittiya : 《빠알리율》에서는 "일어났다가 다시 앉아서 가르치거나, 여자들이 일어났다가 다시 앉거나, 바로 그 순간에 가르치거나, 다른 여자를 가르치거나, 질문을 묻는다던가, 질문을 물으면 말하거나, 다른 사람을 위하여 설할 때 여자가 듣는다거나, 정신착란자이거나, 최초의 범행자인 경우'는 예외이고, 《사분율》에서는 "장난으로 말했거나, 이 학습계율시설의 원인이 된 최초의 범행자이거나, 정신착란자이거나, 마음이 심란한 자이거나, 애통해 하는 자인 경우'를 예외로 한다.*

172) *• 여여인설법과한계⊙(與女人說法過限戒) / Khu-Pāc. 7(Nī-Pāc. 103) : yo pana bhikkhu mātugāmassa uttarichappañcavācāhi dhammaṁ deseyya aññatra viññunā purisaviggahena pācittiyan'ti. ■ 여여인설법과한계(與女人說法過限戒) / 사분승바일제 9 : 若比丘 與女人說法過五。六語 除有智男子, 波逸提*

Pali-Khup. 57

57(5-1-8) 단순속죄죄법 제8조

수행상태의 알림에 대한 학습계율
[Bhūtārocanasikkhāpada]

[세존] "어떠한 수행승이든 구족계를 받지 않은 자에게 인간을 뛰어넘는 상태에 도달했다고 알리면, 그것이 사실일 경우,[173] 단순속죄죄[174]를 범하는 것이다."[175]

---

173) bhūtasmiṁ : 인간을 뛰어넘는 상태에 도달한 것이 사실이 아닐 경우는 승단추방죄를 범하는 것이다.

174) pācittiya : ≪빠알리율≫에서는 '구족계를 받은 자에게 사실을 말하거나, 정신착란자이거나, 최초의 범행자인 경우'는 예외이고, ≪사분율≫에서는 "지나친 자만이 있었다고 스스로 말했거나, '업보의 인연이고 수행으로 얻은 것이 아니다.'라고 말했거나, 인간을 뛰어넘는 상태를 얻어 동의하는 비구에게 말했거나, 남에게 설명했지만 '내가 얻었다.'라고 말하지 않았거나, 장난으로 말했거나, 빨리 말해서 상대방이 알아듣지 못했거나, 혼자 있는 데서 말했거나, 꿈속에서 말했거나, 다른 것을 말하려다 착오로 말했거나, 이 학습계율시설의 원인이 된 최초의 범행자이거나, 정신착란자이거나, 마음이 심란한 자이거나, 애통해 하는 자인 경우'를 예외로 한다.

175) • 실득도향미수구자설계⊙(實得道向未受具者說戒) / Khu-Pāc. 8 (Nī-Pāc. 104) : yo [48-49] pana bhikkhu anupasampannassa uttarimanussadhammaṁ āroceyya bhūtasmiṁ pācittiyan'ti. ■ 실득도향미구자설계(實得道向未具者說戒) / 사분승바일제 8 : 若比丘 向未受大戒人說過人法 言:「我見是 我知是」見知實者, 波逸提

Pali-Khup. 58

58(5-1-9) 단순속죄죄법 제9조

추악죄를 알리는 것에 대한 학습계율
[Duṭṭhullārocanasikkhāpada]

[세존] "어떠한 수행승이든 수행승의 추악죄에 대하여 구족계를 받지 않은 자에게 알리면, 수행승들의 동의를 제외하고, 단순속죄죄[176]를 범하는 것이다."[177]

---

176) pācittiya : ≪빠알리율≫에서는 '일을 알려주고 죄를 알려주지 않거나, 죄를 알려주고 일을 알려주지 않거나, 수행승의 동의가 있거나, 정신착란자이거나, 최초의 범행자인 경우'는 예외이고, ≪사분율≫에서는 '알지 못했거나, 대중이 차출했거나, 추악죄를 추악죄라고 생각하지 않았거나, 재가자가 먼저 추악죄에 대해 들었거나, 이 학습계율시설의 원인이 된 최초의 범행자이거나, 정신착란자이거나, 마음이 심란한 자이거나, 애통해 하는 자인 경우'를 예외로 한다.

177) • 향비수구인설추죄계⊙(向非受具人說麤罪戒) / Khu-Pāc. 9(Nī-Pāc. 105) : yo pana bhikkhu bhikkhussa duṭṭhullaṁ āpattiṁ anupasampannassa āroceyya aññatra bhikkhusammutiyā pācittiyan'ti. ■ 향비구인설추죄계(向非具人說粗罪戒) / 사분승바일제 7 : 若比丘 知他比丘有麤惡罪, 向未受大戒人說, 除僧羯磨, 波逸提

Pali-Khup. 59

59(5-1-10) 단순속죄죄법 제10조

땅파기에 대한 학습계율

[Paṭhavīkhaṇanasikkhāpada]

[세존] "어떠한 수행승이든 땅을 파거나 땅을 파게 시키면, 단순속죄죄[178])를 범하는 것이다."[179])

제1품 거짓말이 끝났다.

---

178) pācittiya : ≪빠알리율≫에서는 "'이것을 알아라, 이것을 주어라, 이것을 가져와라, 이것이 필요하다, 이것을 사용할 수 있게 하라'고 말하는 경우이거나, 의도하지 않고, 새김을 잃고, 알지 못하거나, 정신착란자이거나, 최초의 범행자인 경우"는 예외이고, ≪사분율≫에서는 그 밖에 "땅위에 넘어진 울타리를 바로 잡거나, 땅위에 벽돌을 뒤집었거나, 소똥을 취해거나, 언덕이 무너져 흙을 취하든가, 쥐가 무너뜨린 흙을 취하든가, 경행길의 흙을 치웠든가, 집안의 흙을 치웠든가, 마당을 쓸었거나, 지팡이로 땅을 짚었거나, 고의로 파지 않았거나, 이 학습계율시설의 원인이 된 최초의 범행자이거나, 정신착란자이거나, 마음이 심란한 자이거나, 애통해 하는 자인 경우'를 예외로 한다.

179) • 굴지계㊀(掘地戒) / Khu-Pāc. 10(Nī-Pāc. 106) : yo pana bhikkhu paṭhaviyaṁ khaṇeyya vā khaṇāpeyya vā pācittiyan'ti. ■ 굴지계(掘地戒) / 사분승바일제 10 : 若比丘 自手掘地, 若教人掘者, 波逸提

제2품 초목
(Bhūtagāmavagga)

Pali-Khup. 60

60(5-2-1) 단순속죄죄법 제11조
초목에 대한 학습계율
[Bhūtagāmasikkhāpada]

[세존] "초목을 파괴하면, 단순속죄죄[180]를 범하는 것이다."[181]

180) *pācittiya : 《빠알리율》에서는 "'이것을 알아라, 이것을 주어라, 이것을 가져와라, 이것이 필요하다, 이것을 사용할 수 있게 하라.'고 말하거나, 의도하지 않고, 새김을 잃고, 알지 못하거나, 정신착란자이거나, 최초의 범행자인 경우"는 예외이고, 《사분율》에서는 그 밖에 '시들고 마른 초목을 자르거나, 초목위에 목재나 대나무를 끌거나, 초목위에 넘어진 울타리를 바로 잡거나, 초목위에 벽돌이나 돌이 있어 빼내거나, 풀이 길을 덮고 있어 막힌 곳을 뚫었거나, 이 학습계율시설의 원인이 된 최초의 범행자이거나, 정신착란자이거나, 마음이 심란한 자이거나, 애통해 하는 자인 경우'를 예외로 한다.*

181) *• 괴생종계⊙(**壞生種戒**) / Khu-Pāc. 11(Nī-Pāc. 107) : bhūtagāma pātavyatāya pācittiyan'ti. ■ 괴생종계(**壞生種戒**) / 사분승바일제 10 : **若比丘 壞鬼神村者, 波逸提** 'bhūta gāma'를 한역에서 '**鬼神村者**'라고 번역한 것은 오역이다.*

Pali-Khup. 61

61(5-2-2) 단순속죄죄법 제12조

핑계에 대한 학습계율

[Aññavādakasikkhāpada]

[세존] "핑계를 대거나 묵비에 의한 괴롭힘을 주면, 단순속죄죄182)를 범하는 것이다."183)

---

182) pācittiya : ≪빠알리율≫에서는 "알지 못하면서 묻거나, 아프면서 이야기하지 않는다거나, '참모임의 다툼이나 싸움이나 논쟁이나 논쟁이 있을 것이다.' 라고 생각하고 말하지 않거나, '참모임의 분열이나 참모임의 균열이 있을 것이다.' 라고 생각하고 말하지 않거나, '원칙에 맞지 않거나 불완전한 모임으로 갈마에 적당하지 않은 자에 대해 갈마를 행할 것이다.' 라고 말하지 않거나, 정신착란자이거나, 최초의 범행자인 경우"는 예외이고, ≪사분율≫에서는 '여러 번 듣고도 이해하지 못하거나, 원칙에 맞지 않는 갈마를 하려하거나, 이익이 없는 갈마를 하려하거나, 일좌식(一坐食) 중이거나 여식법(餘食法)을 하지 않고 공양 중이라던가 집이 무너졌거나 독사가 들어왔거나 도적이나 사나운 짐승이 들어왔거나 힘센 자의 강요를 당했을 때에 말을 듣지 않았을 경우나, 원칙에 맞지 않고 계율에 맞지 않는 갈마나 이익이 없는 갈마를 하려고 해서 말리는 경우나, 인간을 뛰어넘는 상태(上人法)를 물으면서 말하라고 했는데 말하지 않았거나, 장난으로 말했거나, 이 학습계율시설의 원인이 된 최초의 범행자이거나, 정신착란자이거나, 마음이 심란한 자이거나, 애통해 하는 자인 경우'를 예외로 한다. 참고로 일좌식은 한 자리에 앉아서 끝까지 먹는 것이고, 여식법은 남은 음식이 있거나 단월이 음식을 보내왔을 경우, 더 먹고자 할 경우 아직 다 먹지 않은 자에게 '이미 먹었으니 남은 음식을 먹겠습니다.' 라고 알리면 상대방이 음식을 조금 취하고 '마음대로 드십시오' 라고 하면 먹는 것을 말한다.

183) • 이어뇌승계⊙(異語惱僧戒) / Khu-Pāc. 12(Nī-Pāc. 108) : añña-vādake vihesake pācittiyan'ti : Smp. 770에 따르면, 두 개의 별개의 사건이라 두 개를 다 범하는 경우는 두 개의 단순속죄죄를 범하는 것이다. ■ 신구기계(身口綺戒) / 사분승바일제 12 : 若比丘 妄作異語惱僧者, 波逸提

Pali-Khup. 62

62(5-2-3) 단순속죄죄법 제13조

원망에 대한 학습계율

[Ujjhāpanasikkhāpada]

[세존] "원망하거나 매도하면, 단순속죄죄[184]를 범하는 것이다."[185]

---

184) pācittiya : ≪빠알리율≫에서는 '성격상 욕망에 의해서 성냄에 의해서 어리석음에 의해서 두려움에 의해서 행한 것을 원망하여 매도하거나, 정신착란자이거나, 최초의 범행자인 경우'는 예외이고, ≪사분율≫에서는 '실제로 그러할 일이 있어서 나중에 후회할까 걱정되었거나 장난으로 말했거나, 이 학습계율시설의 원인이 된 최초의 범행자이거나, 정신착란자이거나, 마음이 심란한 자이거나, 애통해하는 자인 경우'를 예외로 한다.

185) • 혐매승지사계⊙(嫌罵僧知事戒) / Khu-Pāc. 13(Nī-Pāc. 109) : ujjhāpanake khīyanake pācittiyan'ti. ■ 혐매승지사계(嫌罵僧知事戒) / 사분승바일제 13 : 若比丘 嫌罵僧知事者, 波逸提

Pali-Khup. 63

63(5-2-4) 단순속죄죄법 제14조

와좌구에 대한 학습계율①

[Senāsanapaṭhamasikkhāpada]

[세존] "어떠한 수행승이든 참모임의 침상이나 의자나 매트나 돗자리를 노천에 펴거나 펼치도록 시키고 떠날 때에 거두지 않거나 거두도록 시키지 않고 무단으로 간다면, 단순속죄죄[186]를 범하는 것이다."[187]

---

186) pācittiya : ≪빠알리율≫에서는, '햇볕에 말리고 가거나, 어떤 것이든 장애가 있거나, 사고가 나거나, 정신착란자이거나, 최초의 범행자인 경우'는 예외이고, ≪사분율≫에서는 '힘센 자의 강요였거나, 목숨이 위태로웠거나, 청정행이 어려웠거나, 두 사람이 함께 앉았다가 하좌가 거두었거나, 한 군데 펴놓았다가 거두고 떠나거나, 대중용 방석을 깔았다가 거둔 뒤에 방에 들어가 선정(思惟)을 닦거나, 이 학습계율시설의 원인이 된 최초의 범행자이거나, 정신착란자이거나, 마음이 심란한 자이거나, 애통해 하는 자인 경우'를 예외로 한다.

187) • 노부승물계⊙(露敷僧物戒) / Khu-Pāc. 14(Nī-Pāc. 110) : yo pana bhikkhu saṅghikaṁ mañcaṁ vā pīṭhaṁ vā bhisiṁ vā kocchaṁ vā ajjhokāse santharitvā vā santharāpetvā vā taṁ pakkamanto n'eva uddhareyya na uddharāpeyya anāpucchaṁ vā gaccheyya pācittiyan'ti. ■ 노부승물계(露敷僧物戒) / 사분승바일제 14 : 若比丘 取僧繩床。木床。臥具。坐褥, 露地 自敷, 若教人敷, 捨去, 不自擧。不教人擧者, 波逸提

Pali-Khup. 64

64(5-2-5) 단순속죄죄법 제15조

와좌구에 대한 학습계율②

[Senāsanadutiyasikkhāpada]

[세존] "어떠한 수행승이든 참모임에 속한 정사에서 잠자리를 펼치거나 펼치게 시키고 떠날 때에 거두거나 거두도록 시키지 않고 무단으로 가면, 단순속죄죄[188]를 범하는 것이다."[189]

---

188) pācittiya : 《빠알리율》에서는 '어떤 것이든 장애가 있거나, 곧 돌아오겠다고 기대를 가지고 가다가 머물러 기별을 전하던가, 어떤 것이든 방해자가 있다던가, 사고가 나거나, 정신착란자이거나, 최초의 범행자인 경우'는 예외이고, 《사분율》에서는 '방사가 무너졌다든가, 불이 났거나, 독사가 들어왔다든가, 도적이나 사나운 짐승이 들어왔다든가, 힘센 자의 강요에 의한 것이든가, 곧 돌아오겠다고 생각하고 삼일째 되는 날에 기별을 전했거나 물길이 끊어지는 등으로 기별을 전하지 못했거나, 이 학습계율시설의 원인이 된 최초의 범행자이거나, 정신착란자이거나, 마음이 심란한 자이거나, 애통해 하는 자인 경우'를 예외로 한다.

189) • 복처부승물계⊙(覆處數僧物戒) / Khu-Pāc. 15(Nī-Pāc. 111) : yo [50-51] pana bhikkhu saṅghike vihāre seyyaṁ santharitvā vā santharāpetvā vā taṁ pakkamanto n'eva uddhareyya na uddharāpeyya anāpucchaṁ vā gaccheyya, pācittiyan'ti. ■ 복처부승물계(覆處數僧物戒) / 사분승바일제 15 : 若比丘 僧房舍內, 數僧臥具。坐褥, 若自數, 若敎人數, 若坐。若臥, 從彼捨去, 不自擧。不敎人擧者, 波逸提

Pali-Khup. 65

65(5-2-6) 단순속죄죄법 제16조
밀치고 들어가는 것에 대한 학습계율
[Anupakhajjasikkhāpada]

[세존] "어떠한 수행승이든 먼저 도착한 수행승을 밀치고 들어가 '비좁게 꽉 끼는 자는 떠날 것이다.'라고 생각하고 잠자리를 차지하면, 그 동기뿐이고 다른 것이 아닌 한, 단순속죄죄[190]를 범하는 것이다."[191]

---

190) pācittiya : 《빠알리율》에서는 '환자가 들어가거나, 한기나 열기에 괴롭힘을 당하여 들어가거나, 사고가 일어나거나, 정신착란자이거나, 최초의 범행자인 경우'는 예외이고, 《사분율》에서는 '먼저 알지 못했거나, 말하자 머물던 사람이 공간을 마련해주었거나, 공간이 충분히 넓었거나, 바닥에 넘어졌거나, 환자였든가, 힘센 자의 강요였거나, 이 학습계율시설의 원인이 된 최초의 범행자이거나, 정신착란자이거나, 마음이 심란한 자이거나, 애통해 하는 자인 경우'를 예외로 한다.

191) • 강부계⊙(強敷戒) / Khu-Pāc. 16(Nī-Pāc. 112) : yo pana bhikkhu saṅghike vihāre jānaṁ pubbupagataṁ bhikkhuṁ anupakhajja seyyaṁ kappeyya yassa sambādho bhavissati so pakkamissatī'ti etad eva paccayaṁ karitvā anaññaṁ pācittiyan'ti. ■ 강부계(強敷戒) / 사분승바일제 16 : 若比丘 先知比丘住處 後來於其中間強敷臥具止宿, 念言:「彼若嫌迮者, 自當避我去」, 作如是因緣 非餘 非威儀者, 波逸提

Pali-Khup. 66

66(5-2-7) 단순속죄죄법 제17조

끌어내는 것에 대한 학습계율
[Nikkaḍḍhanasikkhāpada]

[세존] "어떠한 수행승이든 화를 내고 불쾌해 하며 수행승을 참모임에 속한 정사에서 끌어내거나 끌어내게 시키면, 단순속죄죄[192])를 범하는 것이다."[193])

---

192) pācittiya : ≪빠알리율≫에서는 '범계자 · 정신착란된 자 · 다툼을 일으킨 자 · 싸움을 일으킨 자 · 쟁론을 일으킨 자 · 분열을 일으킨 자 · 원칙에 맞지 않고 행동하는 학인이나 제자를 끌어내거나 끌어내게 시키거나 그의 필수자구를 끌어내거나 끌어내게 시키거나, 정신착란자이거나, 최초의 범행자인 경우'는 예외이다. ≪사분율≫에서는 '성내는 마음 없이 차서에 따랐거나, 구족계를 받지 않은 자와 묵었는데 3일째 되는 밤에 내보냈거나, 계행 · 견해 · 위의를 깨뜨렸거나 권리정지되었거나 멸빈당한 인연으로 내보냈거나, 목숨이 위태로웠거나, 청정행이 어려웠거나, 이 학습계율시설의 원인이 된 최초의 범행자이거나, 정신착란자이거나, 마음이 심란한 자이거나, 애통해 하는 자인 경우'를 예외로 한다.

193) • 견타출방계⊙(牽他出房戒) / Khu-Pāc. 17(Nī-Pāc. 113) : yo pana bhikkhu bhikkhuṁ kupito anattamano saṅghikā vihārā nikkaḍḍheyya vā nikkaḍḍhāpeyya vā pācittiyan'ti. ■ 견타출승방계(牽他出僧房戒) / 사분승바일제 17 : 若比丘 瞋他比丘, 不喜, 僧房舍內, 若自牽出, 若教人牽出者, 波逸提

Pali-Khup. 67

67(5-2-8) 단순속죄죄법 제18조

공중방사에 대한 학습계율
[Vehāsakuṭisikkhāpada]

[세존] "어떠한 수행승이든 참모임에 속한 정사의 공중방사에서 탈각침상이나 의자에 갑자기 앉거나 누우면, 단순속죄죄[194]를 범하는 것이다."[195]

---

194) pācittiya : 《빠알리율》에서는 '공중이 아닌 방사에 있거나, 머리가 닿는 곳에 있거나, 아래쪽에 사용하지 않는 것이 있거나, 침상의 판이 여러 겹이거나, 고정핀이 주어졌거나, 그 위에 서서 붙잡거나, 정신착란자이거나, 최초의 범행자인 경우'는 예외이고, 《사분율》에서는 '노끈평상이거나 굽은 다리의 평상이거나, 다리 없는 평상이거나, 평상을 받치는 주추가 크거나, 다리가 빠진 평상에 쐐기를 박았거나, 평상을 뒤엎어 앉거나 평상 다리를 빼고 앉거나, 이 학습계율시설의 원인이 된 최초의 범행자이거나, 정신착란자이거나, 마음이 심란한 자이거나, 애통해 하는 자인 경우'를 예외로 한다.

195) • 좌탈각상계⊙(坐脫脚牀戒) / Khu-Pāc. 18(Nī-Pāc. 114) : yo pana bhikkhu saṅghike vihāre uparivehāsakuṭiyā āhaccapādakaṁ mañcaṁ vā pīṭhaṁ vā abhinisīdeyya vā abhinipajjeyya vā pācittiyan'ti. ■ 좌탈각상계(坐脫脚牀戒) / 사분승바일제 18 : 若比丘 僧房若重閣上, 脫脚繩床。木床, 若坐, 若臥者, 波逸提

Pali-Khup. 68

68(5-2-9) 단순속죄죄법 제19조

큰 정사에 대한 학습계율
[Mahallakavihārasikkhāpada]

[세존] "수행승이 큰 정사를 지을 때에, 횡목(橫木)을 설치하고 또한 창호를 장치하기 위한 호창소(戶窓所)를 남겨두고, 나머지는 두세 겹으로 덮어씌워 축조하는 것을, 작물이 없는 곳에 입각해서 결정할 수 있지만, 그것을 어기면, 작물이 없는 곳에 입각해서 결정하더라도, 단순속죄죄[196]를 범하는 것이다."[197]

---

196) pācittiya : ≪빠알리율≫에서는 '두세 겹 이하 둘러싸거나, 동굴이나 석굴이나 초가집의 경우나, 타인을 위한 것이거나, 자신의 재산으로 만들었거나, 자기의 주옥(主屋)을 제외하거나, 정신착란자이거나, 최초의 범행자인 경우'는 예외이고, ≪사분율≫에서는 '세 겹을 다 잇기 전에 보이지 않고 들리지 않는 곳으로 갔거나, 수로나 육로가 끊기는 등이거나 힘센 자의 강요로 보이지 않고 들리지 않는 곳으로 갔거나, 이 학습계율시설의 원인이 된 최초의 범행자이거나, 정신착란자이거나, 마음이 심란한 자이거나, 애통해 하는 자인 경우'를 예외로 한다.

197) • 복옥과삼절계⊙(覆屋過三節戒) / Khu-Pāc. 19(Nī-Pāc. 115) : mahallakaṁ pana bhikkhunā vihāraṁ kārayamānena yāva dvārakosā aggalaṭṭhapanāya ālokasandhiparikammāya dvitticchadanassa pariyāyaṁ appaharite ṭhitena adhiṭṭhātabbaṁ, tato ce uttari appaharite pi ṭhito adhiṭṭhaheyya, pācittiyan'ti : 외짝문(戶)이나 창문(窓)을 설치하기 위해 짜는 사방의 나무를 횡목(橫木 : aggala)이라고 한다. 그 호창소(戶窓所)의 주변은 견고하게 하게 하기 위하여 여러 겹으

로 진흙이나 회반죽을 바를 수 있다. 그러나 이중이나 삼중 또는 그 이하로 진흙을 발라야 한다. ■ 복옥과한계(覆屋過限戒) | 사분승바일제 20 : 若比丘 作大房舍, 戶扉窗牖 及諸莊飾具 指授覆苫, 齊二。三節, 若過者, 波逸提

Pali-Khup. 69

69(5-2-10) 단순속죄죄법 제20조

생물이 들어있는 물의 뿌리기에 대한 학습계율

[Sappāṇakasiñcanasikkhāpada]

[세존] "어떠한 수행승이든 생물이 들어있는 물을 알고도, 풀이나 흙에 뿌리거나 뿌리게 한다면, 단순속죄죄[198]를 범하는 것이다."[199]

제2품 초목이 끝났다.

198) *pācittiya* : *《빠알리율》에서는 '의도가 없었거나, 새김을 잃었거나, 알지 못했거나, 정신착란자이거나, 최초의 범행자인 경우'는 예외이고, 《사분율》에서는 '벌레가 없다고 생각했거나, 손으로 휘저어 나가게 했거나, 물을 걸러서 뿌렸거나, 이 학습계율시설의 원인이 된 최초의 범행자이거나, 정신착란자이거나, 마음이 심란한 자이거나, 애통해 하는 자인 경우'를 예외로 한다.*

199) • *~~용충수계~~⊙(用蟲水戒) / Khu-Pāc. 20(Nī-Pāc. 116) : yo pana bhikkhu [52-53] jānaṁ sappāṇakaṁ udakaṁ tiṇaṁ vā mattikaṁ vā siñceyya vā siñcāpeyya vā, pācittiyan'ti.* ■ *~~용충수계~~(用蟲水戒) / 사분승바일제 19 : 若比丘 知水有蟲, 自用澆泥。澆草, 若教人澆者, 波逸提*

제3품 교계
(Ovādavagga)

Pali-Khup. 70

70(5-3-1) 단순속죄죄법 제21조

교계에 대한 학습계율
[Ovādasikkhāpada]

[세존] "어떠한 수행승이든 선정되지 않고서 수행녀들을 교계하면, 단순속죄죄[200]를 범하는 것이다."[201]

---

200) pācittiya : 《빠알리율》에서는 "송출을 주거나, 질문을 주거나, '존자여, 말씀해 주십시오.'라고 말해서 설시하거나, 그녀가 질문하거나, 질문을 받고 대답하던가, 타자의 이익을 위해 말하는 것을 수행녀가 듣는다던가, 정학녀나 사미니가 정신착란된 자이거나, 최초의 범행자인 경우"는 예외이고, 《사분율》에서는 "대중이 선정하여 비구니를 교계하게 했거나, 상좌에게 물어 비구니들의 교계의 요청을 받아 대중이 선정했거나, 비구니들이 처분에 맡긴다고 하면 대중이 항상 교계하는 자 가운데 차례에 따라 선정했거나, 비구들이 때에 맞게 갔거나, 비구니들이 때에 맞게 맞이했거나, 비구니들이 교계사가 온다는 말을 듣고 반 요자나 마중을 나가서 앉을 곳을 마련하고 목욕도구를 장만하고 음식을 마련했거나, 대중이 모이면 교계사가 팔경법(八敬法)을 설하거나 차례대로 가서 설해주었거나, 비구가 병이 났을 때 비구니들이 사람을 보내 대중에게 예배했거나 대중의 수효가 모자라 완전한 모임이 아니더라도 사람을 보내서 예배했거나 비구니가 병이 났을 때 대중이 모자라 완전한 모임이 아니더라도 사람을 보내서 예배했거나, 물길이 막히고 육로가 험난하고 도적이나 호랑이나 이리나 사자의 장애가 있거나 갇혔거나 목숨이 위태롭거나 청정행이 어려워 사람을 보내 예배할 수 없었거나, 이 학습계율시설의 원인이 된 최초의 범행자이거나, 정신착란자이거

나; 마음이 심란한 자이거나; 애통해 하는 자인 경우'를 예외로 한다.

201) • 첩교니계∅(輒教尼戒) / Khu-Pāc. 21 : yo pana bhikkhu asammato bhikkhuniyo ovadeyya pacittiyan'ti. ■ 첩교니계(輒教尼戒) / 사분승바일제 21 : 若比丘 僧不差, 教誡比丘尼者, 波逸提

Pali-Khup. 71

71(5-3-2) 단순속죄죄법 제22조

일몰 후에 대한 학습계율

[Atthaṅgatasikkhāpada]

[세존] "선정되었더라도 수행승이 해가 진 뒤에 수행녀들을 교계하면, 단순속죄죄[202]를 범하는 것이다."[203]

---

202) pācittiya : ≪빠알리율≫에서는 "특별한 상황이거나, 송출을 주거나, 질문을 주거나, '존자여, 말씀해 주십시오'라고 말해서 설시하거나, 그녀가 질문하거나, 질문을 받고 대답하거나, 타자의 이익을 위해 말하는 것을 수행녀가 듣거나, 정학녀이거나 사미니이거나 정신착란된 자이거나, 최초의 범행자인 경우"는 예외이고, ≪사분율≫에서는 "비구니를 가르치다가 날이 저물기 전에 그치거나, 부녀자들을 제외한 다른 사람들에게 경을 가르치거나 외우게 하거나 묻게 하거나, 나룻배에서 설법하는데 비구니가 듣거나, 장사꾼과 함께 밤길을 가면서 설법하거나, 비구니의 승원에서 설법하거나, 설계일에 교수사를 청하러 대중에게 왔다가 설법하는 자리를 만나 들었거나, 이 학습계율시설의 원인이 된 최초의 범행자이거나, 정신착란자이거나, 마음이 심란한 자이거나, 애통해 하는 자인 경우'를 예외로 한다.

203) • 여니설법지일모계⊘(與尼說法至日暮戒) / Khu-Pāc. 22 : sammato ce pi bhikkhu atthaṁgate suriye bhikkhuniyo ovadeyya pācittiyan'ti. ■ 여니설법지일모계(與尼說法至日暮戒) / 사분승바일제 22 : 若比丘 爲僧差, 教授比丘尼, 乃至日沒者, 波逸提

Pali-Khup. 72

72(5-3-3) 단순속죄죄법 제23조

수행녀들의 처소에 대한 학습계율
[Bhikkhunupassayasikkhāpada]

[세존] "어떠한 수행승이든 수행녀들의 처소를 찾아가서 교계하면, 특별한 상황을 제외하고, 단순속죄죄[204]를 범하는 것이다. 여기서 특별한 상황이란, 수행녀가 병들었을 경우에, 그러한 상황을 뜻한다."[205]

---

204) pācittiya : ≪빠알리율≫에서는 '특별한 상황이거나, 송출을 주거나, 질문을 주거나, '존자여, 말씀해 주십시오.'라고 말해서 설시하거나, 그녀가 질문하거나, 질문을 받고 대답하거나, 타자의 이익을 위해 말하는 것을 수행녀가 듣는 경우이거나, 정학녀이거나 사미니이거나 정신착란된 자이거나, 최초의 범행자인 경우'는 예외이다.

205) • 비구니주처계⊘(比丘尼住處戒) / Khu-Pāc. 23 : yo pana bhikkhu bhikkhunūpassayaṁ upasaṁkamitvā bhikkhuniyo ovadeyya aññatra samayā pācittiyaṁ, tatthāyaṁ samayo gilānā hoti bhikkhunī, ayaṁ tattha samayo'ti.

Pali-Khup. 73

73(5-3-4) 단순속죄죄법 제24조
이득을 얻기 위한 것에 대한 학습계율
[Āmisasikkhāpada]

[세존] "어떠한 수행승이든 '장로 수행승들이 이득을 얻기 위하여 수행녀들을 교계한다.'라고 말하면, 단순속죄죄[206]를 범하는 것이다."[207]

---

206) pācittiya : 《빠알리율》에서는 "사실에 의해서 옷을 얻기 위한 것이거나 탁발음식을 얻기 위한 것이거나 와좌구을 얻기 위한 것이거나 필수의약을 얻기 위한 것이거나 명성을 얻기 위한 것이거나 존경을 얻기 위한 것이거나 공경을 얻기 위한 것이거나 예경을 얻기 위한 것이거나 공양을 얻기 위한 것으로 교계를 말하는 경우이거나 정신착란된 자이거나, 최초의 범행자인 경우"는 예외이고, 《사분율》에서는 "음식을 공양하는 까닭에 비구니들을 교계했거나, 음식을 공양하는 까닭에 경을 송출했거나 경을 배우고 묻는 자에게 말했거나, 장난으로 말했거나, 이것을 말하려다 착오로 저것을 말했거나, 이 학습계율시설의 원인이 된 최초의 범행자이거나, 정신착란자이거나, 마음이 심란한 자이거나, 애통해 하는 자인 경우'를 예외로 한다.

207) • 기교니인계⊘(譏教尼人戒) / Khu-Pāc. 24 : yo pana bhikkhu evaṁ vadeyya āmisahetu therā bhikkhū bhikkhunīyo ovadantīti pācittiyan'ti. ■ 기교니계(譏教尼戒) / 사분승바일제 23. 若比丘 語餘(諸)比丘如是語「諸比丘爲飮食故, 教授比丘尼」者, 波逸提

Pali-Khup. 74

74(5-3-5) 단순속죄죄법 제25조

옷을 주는 것에 대한 학습계율

[Cīvaradānasikkhāpada]

[세존] "어떠한 수행승이든 친척이 아닌 수행녀에게 옷을 주면, 교환을 제외하고, 단순속죄죄[208]를 범하는 것이다."[209]

---

208) pācittiya : ≪빠알리율≫에서는 '친척에게나, 교환하는 것이거나, 작은 것을 얻고 큰 것을 주거나, 큰 것을 얻고 작은 것을 주거나, 수행녀가 신뢰로 받거나, 잠시 동안 받거나, 옷을 제외한 다른 필수자구를 주거나, 정학녀에게 주거나, 사미니에게 주거나, 정신착란된 자이거나, 최초의 범행자인 경우'는 예외이고, ≪사분율≫에서는 '친척인 비구니에게 주거나, 서로 교환하거나, 탑묘나 부처님에게나 참모임에 주거나, 이 학습계율시설의 원인이 된 최초의 범행자이거나, 정신착란자이거나, 마음이 심란한 자이거나, 애통해 하는 자인 경우'를 예외로 한다.

209) • 여비친니의계Ø(與非親尼衣戒) / Khu-Pāc. 25 : yo pana bhikkhu aññātikāya bhikkhuniyā cīvaraṁ dadeyya aññatra pārivaṭṭakā, pācittiyan'ti : 상실속죄죄법 제5조(Khu-Niss. 5)에 따르면, 친척이 아닌 수행녀로부터 옷을 받는 것은 교환을 제외하고 상실속죄죄를 범하는 것이다. ▪ 여비친니의계(與非親尼衣戒) / 사분승바일제 24 : 若比丘 與非親里比丘尼衣, 除貿易, 波逸提

Pali-Khup. 75

75(5-3-6) 단순속죄죄법 제26조

옷을 꿰매어주기에 대한 학습계율
[Cīvarasibbanasikkhāpada]

[세존] "어떠한 수행승이든 친척이 아닌 수행녀를 위하여 옷을 꿰매주거나 꿰매주게 시키면, 단순속죄죄[210]를 범하는 것이다."[211]

---

210) pācittiya : ≪빠알리율≫에서는 '친척에게나, 옷 이외에 다른 필수자구를 꿰매어주거나 꿰매어주게 시키거나, 정학녀에게나 사미니에게 주는 경우이거나, 정신착란된 자이거나, 최초의 범행자의 경우는 예외이고, ≪사분율≫에서는 '친척인 비구니에게 만들어주었거나, 비구들에게 만들어주었거나, 탑묘를 위한 것이거나, 빌려 입었거나, 세탁하고 염색하고 다듬어서 주인에게 돌려주었거나, 이 학습계율시설의 원인이 된 최초의 범행자이거나, 정신착란자이거나, 마음이 심란한 자이거나, 애통해 하는 자인 경우'를 예외로 한다.

211) • 여비친니작의계∅(與非親尼作衣戒) / Khu-Pāc. 26 : yo [54-55] pana bhikkhu aññātikāya bhikkhuniyā cīvaraṁ sibbeyya vā sibbāpeyya vā pācittiyan'ti. ■ 여비친니작의계(與非親尼作衣戒) / 사분승바일제 25 : 若比丘 與非親里比丘尼作衣者, 波逸提

Pali-Khup. 76

76(5-3-7) 단순속죄죄법 제27조

약속에 대한 학습계율①
[Saṁvidhānapaṭhamasikkhāpada]

[세존] "어떠한 수행승이든 수행녀와 미리 약속하고 여로를 동행하면, 마을사이의 거리일지라도 특별한 상황을 제외하고, 단순속죄죄[212]를 범하는 것이다. 여기서 특별한 상황이란, 무기를 지니고 가야 할 정도로, 위험이 감지되고 공포가 도사리는 여로일 경우에, 그러한 상황을 뜻한다."[213]

---

212) pācittiya : ≪빠알리율≫에서는 '특별한 상황이거나, 미리 약속하지 않고 가거나, 수행녀가 미리 약속을 제안하고 수행승이 미리 약속하지 않거나, 미리 약속한 것과 다르게 가거나, 사고가 일어났거나, 정신착란된 자이거나, 최초의 범행자인 경우'는 예외이고, ≪사분율≫에서는 '약속 없이 함께 다녔거나, 의심과 두려움이 있는 곳이었거나, 저곳에 이르면 편안 할 수 있었거나, 힘센 자에게 잡혔거나, 결박을 당했거나, 목숨이 위태로웠거나, 청정행이 어려웠거나, 이 학습계율시설의 원인이 된 최초의 범행자이거나, 정신착란자이거나, 마음이 심란한 자이거나, 애통해 하는 자인 경우'를 예외로 한다.

213) • 여니기행계⊘(與尼期行戒) / Khu-Pāc. 27 : yo pana bhikkhu bhikkhuniyā saddhiṁ saṁvidhāya ekaddhānamaggaṁ paṭipajjeyya antamaso gāmantarampi aññatra samayā pācittiyaṁ. tatthāyaṁ samayo: satthagamanīyo hoti maggo, sāsaṅkasammato, sappaṭibhayo ayaṁ tattha samayo'ti. ■ 여니기행계(與尼期行戒) / 사분승바일제 27 : 若比丘與比丘尼共同道行. 乃至聚落, 除餘時, 波逸提. 餘時者, 伴行, 有疑恐怖處. 此是時.

Pali-Khup. 77

77(5-3-8) 단순속죄죄법 제28조

승선에 대한 학습계율

[Nāvābhirūhanasikkhāpada]

[세존] "어떠한 수행승이든 수행녀와 함께 미리 약속하여 상류나 하류로 가는 동일한 객선을 타면, 가로질러 건너는 경우를 제외하고, 단순속죄죄[214]를 범하는 것이다."[215]

---

214) pācittiya : 《빠알리율》에서는 '가로질러 건너가거나, 미리 약속하지 않고 타거나, 수행녀가 미리 약속을 제안하고 수행승이 미리 약속하지 않거나, 미리 약속한 것과 다르게 타거나, 사고가 나는 경우이거나, 정신착란된 자나 최초의 범행자의 경우'는 예외이고, 《사분율》에서는 '함께 약속하지 않았거나, 바로 저편으로 건너가는 배에 탔는데 사공이 잘못해서 배를 오르락내리락했거나, 저편에 가면 편안하지 못했거나, 힘센 자에게 잡혔거나 결박당했거나 목숨이 위태로웠거나, 청정행이 어려웠거나, 이 학습계율시설의 원인이 된 최초의 범행자이거나, 정신착란자이거나, 마음이 심란한 자이거나, 애통해 하는 자인 경우'를 예외로 한다.

215) • 여니동선계∅(與尼同船戒) / Khu-Pāc. 28 : yo pana bhikkhu bhikkhuniyā saddhiṁ saṁvidhāya ekaṁ nāvaṁ abhirūheyya uddhagāminaṁ vā adhogāminiṁ vā aññatra tiriyaṁtaraṇāya pācittiyan'ti. ▪ 여니동선계(與尼同船戒) / 사분승바일제 28 : 若比丘 與比丘尼, 期同乘一船, 若上水, 若下水, 除直渡者, 波逸提

Pali-Khup. 78

78(5-3-9) 단순속죄죄법 제29조

알선에 대한 학습계율
[Paripācitasikkhāpada]

[세존] "어떠한 수행승이든 알면서 수행녀가 알선한 탁발음식을 먹는다면, 이전부터 재가자가 준비한 것을 제외하고, 단순속죄죄[216]를 범하는 것이다."[217]

---

216) pācittiya : 《빠알리율》에서는 '이전부터 재가자가 준비한 것이거나, 정학녀가 알선했거나, 사미니가 알선했거나, 다섯 가지 정식 이외의 모든 것이거나, 정신착란된 자나 최초의 범행자인 경우'는 예외이고, 《사분율》에서는 '단월이 먼저부터 가졌던 뜻을 알지 못하거나, 교화한 것을 교화하지 않았다고 생각했거나, 비구니 자신이 장만했거나, 단월이 비구니를 시켜서 경영했거나, 교화하여 걸식하지 않아도 주었거나, 이 학습계율시설의 원인이 된 최초의 범행자이거나, 정신착란자이거나, 마음이 심란한 자이거나, 애통해 하는 자인 경우'를 예외로 한다.

217) • 식니탄식계⊘(食尼歎食戒) / Khu-Pāc. 29 : yo pana bhikkhu jānaṁ bhikkhunīparipācitaṁ piṇḍapātaṁ bhuñjeyya aññatra pubbe gihīsamārambhā pācittiyan'ti. ■ 식니탄식계(食尼歎食戒) / 사분승바일제 29 : 若比丘 知比丘尼讚歎因緣得食食, 除施主先有意者, 波逸提

Pali-Khup. 79

79(5-3-10) 단순속죄죄법 제30조

은밀한 동석에 대한 학습계율①

[Rahonisajjapaṭhamasikkhāpada]

[세존] "어떠한 수행승이든 수행녀와 함께 단 둘이서 은밀히 앉으면, 단순속죄죄[218]를 범하는 것이다."[219]

제3품 교계가 끝났다.

---

218) pācittiya : ≪빠알리율≫에서는 '어떠한 양식있는 동석자라도 있거나, 서 있거나, 앉아 있지 않거나, 은밀한 장소를 기대하지 않거나, 다른 어떤 것에 대하여 생각하며 앉아 있은 경우이거나, 정신착란된 자이거나, 최초의 범행자인 경우'는 예외이고, ≪사분율≫에서는 '비구니의 도반이 있거나, 눈멀지 않고 귀먹지 않고 사람 둘이 곁에 있거나, 가다가 갑자기 땅에 쓰러졌거나, 힘센 자에게 붙들렸거나 결박당했거나 목숨이 위태로웠거나, 청정행이 어려웠거나, 이 학습계율시설의 원인이 된 최초의 범행자이거나, 정신착란자이거나, 마음이 심란한 자이거나, 애통해 하는 자인 경우'를 예외로 한다.

219) ● 독여니병로좌계∅(獨與尼屛露坐戒) / Khu-Pāc. 30 : yo pana bhikkhu bhikkhuniyā saddhiṁ eko ekāya raho nisajjaṁ kappeyya pācittiyan'ti. ■ 독여병로계(獨與尼屛露戒) / 사분승바일제 26 : 若比丘 與比丘尼在屛。覆處坐者, 波逸提

제4품 식사
(Bhojanavagga)

Pali-Khup. 80

80(5-4-1) 단순속죄죄법 제31조
휴게소의 음식에 대한 학습계율
[Āvasathapiṇḍasikkhāpada]

[세존] "환자가 아닌 한, 수행승은 휴게소의 음식을 한 끼만 먹어야 하며, 그 이상 먹는다면, 단순속죄죄[220]를 범하는 것이다."[221]

---

220) pācittiya : 《빠알리율》에서는 '환자이거나, 환자가 아닌 자로서 한 끼만 먹었거나, 가거나 오면서 먹었거나, 시주가 초청해서 대접했거나, 특정인에게 마련된 것이거나, 원하는 만큼 준비되지 않았거나, 다섯 가지 정식을 제외하고 다른 모든 것을 먹거나, 정신착란자이거나, 최초의 범행자인 경우'는 예외이고, 《사분율》에서는 '환자이거나, 시주가 초청했거나, 단월이나 친척이 차례로 음식을 청했거나, 물길이 끊어지는 등의 사고가 있거나, 힘센 자에게 붙들렸거나 결박당했거나 목숨이 위태로웠거나, 청정행이 어려웠거나, 이 학습계율시설의 원인이 된 최초의 범행자이거나, 정신착란자이거나, 마음이 심란한 자이거나, 애통해 하는 자인 경우'를 예외로 한다. 참고로 다섯 가지 정식이라는 것은 부드러운 음식 즉, 밥, 쌀죽, 미숫가루, 물고기, 육고기를 뜻한다.

221) • 시일식처과수계⊙(施一食處過受戒) / Khu-Pāc. 31(Nī-Pāc. 117) : agilānena [56-57] bhikkhunā eko āvasathapiṇḍo bhuñjitabbo, tato ce uttariṁ bhuñjeyya pācittiyanti. ▪ 시일식처과수계(施一食處過受戒) / 사분승바일제 31 : 若比丘 施一食處 無病比丘應受, 若過者, 波逸提

Pali-Khup. 81

81(5-4-2) 단순속죄죄법 제32조

무리지어 식사하는 것에 대한 학습계율

[Gaṇabhojanasikkhāpada]

[세존] "무리지어 식사하는 것은[222] 특별한 상황을 제외하고, 단순속죄죄[223]를 범하는 것이다. 여기서 특별한 상황이란, 병들었을 때이거나 옷이 보시될 때이거나 옷을 만들 때이거나 여로를 갈 때이거나 배를 타고 갈 때이거나 다수의 모임이 있을 때이거나 수행자들을 위한 시식이 있을 때에, 그러한 상황을 뜻한다."[224]

---

222) gaṇabhojane : 한역에서는 별중식(別衆食)이라고 하는데, 네 명의 수행승이 다섯 가지 정식 가운데 어느 하나로 초대받아 식사하는 것을 말한다. 이 때에 네 명의 수행승이 한 당파가 되어 행동하면 참모임의 파괴와 연결될 수 있으므로 금지된 것이다. 상세한 것은 Vin. III. 71을 참조하라.

223) pācittiya : 《빠알리율》에서는 '두 명이나 세 명이 함께 식사하거나, 탁발하러 가서 함께 모여서 식사하거나, 상시식이나, 행주식이나, 십오일식이나, 포살식이나, 월초일식이나, 다섯 가지 정식 이외의 다른 것을 먹거나, 정신착란자이거나, 최초의 범행자인 경우'는 예외이고, 《사분율》에서는 그 밖에 '네 사람이 돌아가며 번갈아 먹었거나 이러한 인연이 있어서 말하고 갔거나, 이 학습계율시설의 원인이 된 최초의 범행자이거나, 정신착란자이거나, 마음이 심란한 자이거나, 애통해 하는 자인 경우'를 예외로 한다. 참고로 행주식(行籌食)은 산가지표로 받는 음식인데, 탁발음식이 모자랄 경우에 산가지표를 발행했다.

224) • 별중식계ⓞ(別衆食戒) / Khu-Pāc. 32(Nī-Pāc. 118) : gaṇabhojane aññatra samayā pācittiyaṁ, tatthāyaṁ samayo: gilānasamayo, cīvaradānasamayo cīvarakārasamayo, addhānagamanasamayo. nāvabhirūhanasayo, mahāsamayo samaṇabhattasamayo, ayaṁ tattha samayo'ti. ■ 별중식계(別衆食戒) / 방일제 33. 若比丘 別衆食, 除餘時, 波逸提 餘時者, 病時。作衣時。施衣時。道行時。船行時。大衆集時。 大會時. 沙門施食時. 此是時.

Pali-Khup. 82

82(5-4-3) 단순속죄죄법 제33조

연속적인 식사에 대한 학습계율
[Paramparabhojanasikkhāpada]

[세존] "연속하여 식사하는 것은 특별한 상황을 제외하고, 단순속죄죄[225])를 범하는 것이다. 여기서 특별한 상황이란, 병들었을 때이거나 옷이 보시될 때에, 그러한 상황을 뜻한다."[226])

---

225) pācittiya : 《빠알리율》에서는 '특별한 상황이나, 양도하고 먹거나, 두 세 집의 초대를 받아 한꺼번에 먹거나, 순차적으로 청하여 먹거나, 전체 마을에서 초청을 받아 그 마을의 어느 곳에서든지 먹거나, 전체 조합에서 초대를 받아 그 조합의 어디에서든지 먹거나, 초대를 받고 '나는 탁발을 하겠다.'고 말하거나, 상시식이나, 행주식이나, 십오일식이나, 포살식이나, 월초일식이나, 다섯 가지의 정식 이외의 다른 것을 먹는 경우이거나, 정신착란된 자이거나, 최초의 범행자인 경우'는 예외이고, 《사분율》에서는 '병이 들었거나, 옷을 보시할 때나, 하루에 여러 사람이 청했는데 하나만 받고 나머지는 양도하였거나, 청하고서도 다섯 가지 정식이 아닌 다른 것을 주었거나, 공양을 청한 이가 없어 먹거나 먹은 뒤에 다시 음식이 생겼거나, 한 곳에 앞의 음식과 뒤의 음식이 있거나, 이 학습계율시설의 원인이 된 최초의 범행자이거나, 정신착란자이거나, 마음이 심란한 자이거나, 애통해 하는 자인 경우'를 예외로 한다.

226) • 전전식계∅(展轉食戒) / Khu-Pāc. 33 : paramparahojane aññatra samayā pācittiyaṁ, tatthāyaṁ samayo; gilānasamayo, cīvaradānasamayo ayaṁ tattha samayo'ti. ■ 전전식계(展轉食戒) / 사분승바일제 32. 若比丘 展轉食, 除餘時, 波逸提 餘時者, 病時。施衣時。作衣時, 此是時.

Pali-Khup. 83

83(5-4-4) 단순속죄죄법 제34조

까나227)의 어머니와 관계된 학습계율
[Kāṇamātusikkhāpada]

[세존] "수행승이 가정을 찾을 경우 과자나 만타228)를 가져와서 청하면, 수행승이 원한다면, 두세 발우를 채워서 받을 수 있지만, 그보다 많이 받으면 단순속죄죄229)를 범하는 것이다. 그리고 두세 발우를 채워서 받으면, 거기서부터 가지고 나와서 수행승들과 함께 나누어야 한다. 이것이 그 경우의 올바른

---

227) Kāṇā : Smp. 819에 따르면, 까나는 너무도 아름다워서 사람들은 탐욕으로 눈이 멀었다. 그녀가 다른 사람의 눈을 탐욕으로 멀게 했기 때문에 까나(Kāṇā)라고 불린 것이다.

228) 만타(mantha : Vin. I. 4)가 있는데, 한역에서는 초자(麨子)라고 하였다. 볶은 쌀에 우유를 섞어 만든 일종의 휴대용 음식이다.

229) pācittiya : 《빠알리율》에서는 '두세 발우를 채우거나 이하를 받거나, 보시를 위한 것이나 여행양식으로 준비된 것이 아닌 것을 주거나, 보시를 위한 것이나 여행양식으로 준비되어 남은 것을 주거나, 여행이 취소되었기 때문에 주거나, 친척에게 속한 것이거나, 초대를 받았거나, 타인을 위한 것이거나, 자신의 재산에 의한 것이거나, 정신착란자이거나, 최초의 범행자인 경우'는 예외이고, 《사분율》에서는 '환자이거나, 돌아와서 다른 비구와 나누어먹었거나, 승원에 보내온 것을 받았거나, 이 학습계율시설의 원인이 된 최초의 범행자이거나, 정신착란자이거나, 마음이 심란한 자이거나, 애통해 하는 자인 경우'를 예외로 한다.

조치이다."[230]

230) • 취귀부매객식계⊙(取歸婦買客食戒) / Khu-Pāc. 34 (Nī-Pāc. 119) : bhikkhuṁ pan'evakulaṁ upagataṁ pūvehi vā manthehi vā abhihaṭṭhuṁ pavāreyya, ākaṁkhamānena bhikkhunā dvattipattapurā paṭiggahetabbā. tato ce uttariṁ paṭigaṇheyya pācittiyaṁ, dvattipattapūre paṭiggahetvā tato nīharitvā bhikkhūhi saddhiṁ saṁvibhajitabbaṁ, ayaṁ tattha sāmīcī'ti. ■ 취귀부매객식계(取歸婦買客食戒) / 사분승바일제 34 : 若比丘 至檀越家, 慇懃請與餅。麨飯, 若比丘須者, 應二。三鉢受, 持至寺內, 應分與餘比丘食, 若比丘無病 過二。三鉢受者, 波逸提

Pali-Khup. 84

84(5-4-5) 단순속죄죄법 제35조

만족에 대한 학습계율①

[Pavāraṇapaṭhamasikkhāpada][231]

[세존] “어떠한 수행승이든 마치고 만족했는데도, 잔식이 아닌 단단한 음식이거나 부드러운 음식을 씹거나 먹는다면, 단순속죄죄를 범하는 것이다.”[232]

---

231) Pavāraṇapaṭhamasikkhāpada : 노먼은 ‘초대에 대한 학습계율①’이라고 번역하고 있다.

232) ● 족식계①(足食戒) / Khu-Pāc. 35 : yo [58-59] pana bhikkhu bhuttāvī pavārito anatirittaṁ khādanīyaṁ vā bhojanīyaṁ vā khādeyya vā bhuñjeyya vā, pācittiyan'ti. ■ 족식계(足食戒) / 사분승바일제 35 : 若比丘 足食竟, 或時受請, 不作餘食法, 更食者, 波逸提

Pali-Khup. 85

85(5-4-6) 단순속죄죄법 제36조

만족에 대한 학습계율②

[Pavāraṇadutiyasikkhāpada][233]

[세존] "어떠한 수행승이든 수행승이 식사를 마치고 만족했는데도 잔식이 아닌 단단한 음식이거나 부드러운 음식을[234] 가져와서 '자 수행승이여, 씹거나 드시오.'라고 청하며 알면서 잘못을 범하길 기대하면, 그가 시식할 때 단순속죄죄[235]를 범하는 것이다."[236]

---

233) Pavāraṇadutiyasikkhāpada : 노먼은 '초대에 대한 학습계율②'라고 번역하고 있다.

234) khādanīyena vā bhojaniyena vā : '단단한 음식'이라는 것은 시약(時藥 : 즉시에 먹도록 주어지는 약으로 다섯 가지 정식을 말한다)과 시분약(時分藥 : 일정시간 안에 먹어야 하는 약)과 칠일약(七日藥 : 7일 동안에 먹어야 하는 약)과 진형수약(盡形壽藥 : 평생 동안에 먹을 수 있는 약)을 제외한 나머지가 단단한 음식이다. '부드러운 음식'이라는 것은 다섯 가지 정식 즉, 밥, 쌀죽, 미숫가루, 물고기, 육고기를 뜻한다.

235) pācittiya : 《빠알리율》에서는 "잔식을 만들게 해서 주거나, 잔식을 만들게 해서 '드시오'라고 주거나, '타인을 위해서 가져와서 가라.'라고 주거나, 환자의 남은 것을 주거나, '시분약, 칠일약, 진형수약을 인연이 있을 때 드시오.'라고 주는 경우이거나, 정신착란된 자이거나, 최초의 범행자인 경우"는 예외이고, 《사분율》에서는 "먼저 만족하게 먹은 것을 알지 못하고 부족하게 먹었다고 생각했거나, 주었으나 버렸다가 먹게 했거나, 주었으나 두었다가 먹게 했거나, 사람을 시켜서 남에게 보냈다가 먹게 했거나, 아직 잔식법을 하지

않은 자에게 주어 잔식법을 하고 먹으라고 했으나 하지 않고 먹었거나; 환자가 남긴 음식을 주되 범하지 않게 하거나; 잔식법을 하고 주되 남이 범하게 하지 않거나; 이 학습계율시설의 원인이 된 최초의 범행자이거나; 정신착란자이거나; 마음이 심란한 자이거나; 애통해 하는 자인 경우를 예외로 한다.

236) • 권족식계Ø(勸足食戒) / Khu-Pāc. 36 : yo pana bhikkhu bhikkhuṁ bhuttāviṁ pavāritaṁ anatirittena khādanīyena vā bhojaniyena vā abhihaṭṭhuṁ pavāreyya handa bhikkhu khāda vā bhuñja vā ti jānaṁ āsādanāpekkho bhuttasmiṁ pācittiyan'ti. ■ 권족식계(勸足食戒) / 사분승바일제 36 : 若比丘 知他比丘足食竟 若受請 不作餘食法 慇懃請與食 「大德 取是食」 以是因緣 非餘 欲使他犯者 波逸提

Pali-Khup. 86

86(5-4-7) 단순속죄죄법 제37조

때 아닌 때의 시간의 식사에 대한 학습계율
[Vikālabhojanasikkhāpada]

[세존] "어떠한 수행승이든 때 아닌 때의 시간에 단단한 음식이나 부드러운 음식을 씹거나 먹는다면, 단순속죄죄[237]를 범하는 것이다."[238]

---

*237) pācittiya : ≪빠알리율≫에서는 '시분약, 칠일약, 진형수약을 원인이 있을 때 먹거나, 정신착란자이거나, 최초의 범행자인 경우'는 예외이다. ≪사분율≫에서는 그 밖에 '환자인 비구가 정오가 지나 보리를 끓여서 즙을 걸러 먹었거나, 트림하다가 목을 올라온 것을 삼켰거나, 이 학습계율시설의 원인이 된 최초의 범행자이거나, 정신착란자이거나, 마음이 심란한 자이거나, 애통해 하는 자인 경우'를 예외로 한다. 참고로 약에는 일정시간 안에 먹어야 하는 약인 시약(**時藥** : yāvakālika)과 때 아닌 때의 시간(정오에서 일출 무렵)에 먹을 수 있는 약인 시분약(**時分藥** : yāmakālika)과 7일까지 먹을 수 있는 칠일약(**七日藥** : sattāhakālika)과 평생 동안에 먹을 수 있는 약인 진형수약(**盡形壽藥** : yāvajīvika)이 있다.*

*238) • 비시식계⊙(**非時食戒**) / Khu-Pāc. 37(Nī-Pāc. 120) : yo pana bhikkhu vikāle khādanīyaṁ vā bhojanīyaṁ vā khādeyya vā bhuñjeyya vā, pācittiyan'ti. ■ 비시식계(**非時食戒**) / 사분승바일제 37 : **若比丘非時食者, 波逸提***

Pali-Khup. 87

87(5-4-8) 단순속죄죄법 제38조

저장한 것에 대한 학습계율

[Sannidhikārakasikkhāpada]

[세존] "어떠한 수행승이든 저장해 두었다가 단단한 음식이나 부드러운 음식을 씹거나 먹는다면, 단순속죄죄[239]를 범하는 것이다."[240]

---

239) pācittiya : 《빠알리율》에서는 '시약을 제 때의 시간에 저장하여 먹거나, 시분약을 때 아닌 때의 시간에 저장하여 먹거나, 칠일약을 7일간 저장하여 먹거나, 진형수약을 조건에 따라 먹거나, 정신착란자이거나, 최초의 범행자인 경우'는 예외이다. 《사분율》에서는 '음식이 남아 하룻밤 묵혀 부모에게 주거나, 품삯을 준 것을 다시 받았거나, 발우에 구멍이 있어 씻어도 나오지 않거나, 생버터나 기름으로 코를 씻다가 침을 따라나오면 뱉어야 하는데 그래도 남아있거나, 이 학습계율시설의 원인이 된 최초의 범행자이거나, 정신착란자이거나, 마음이 심란한 자이거나, 애통해 하는 자인 경우'를 예외로 한다.

240) • 식잔숙계⊙(食殘宿戒) / Khu-Pāc. 38(Nī-Pāc. 121) : yo pana bhikkhu sannidhikārakaṁ khādanīyaṁ vā bhojanīyaṁ vā khādeyya vā bhuñjeyya vā, pācittiyan'ti. ■ 식잔숙계(食殘宿戒) / 사분승바일제 38 : 若比丘 食殘宿食者, 波逸提

Pali-Khup. 88

88(5-4-9) 단순속죄죄법 제39조

맛있는 음식에 대한 학습계율

[Paṇītabhojanasikkhāpada]

[세존] "맛있는 음식 즉, 버터기름, 신선한 버터, 기름, 꿀, 당밀, 물고기, 육고기, 우유, 응유와 같은 것들이 있는데, 어떠한 수행승이든 환자가 아닌 한, 스스로 자신을 위하여 이러한 맛있는 음식을 요청하여 먹으면, 단순속죄죄241)를 범하는 것이다."242)

---

241) pācittiya : 《빠알리율》에서는 '환자이거나, 환자여서 요청하여 먹다가 환자가 아닌 자가 되어 먹는다거나, 환자의 남은 것을 먹는다거나, 친척에 속하거나, 초대받았던가, 타인을 위한 것이라거나, 자신의 재산을 통한 경우이거나, 정신착란된 자이거나, 최초의 범행자인 경우'는 예외이고, 《사분율》에서는 "환자인 자기가 구하거나, 환자를 위해서 구하거나, 구걸해 얻어서 먹거나, 자기가 남을 위하거나 남이 자기를 위하여 구걸하거나, 구걸하지 않고 얻어지거나, 이 학습계율시설의 원인이 된 최초의 범행자이거나, 정신착란자이거나, 마음이 심란한 자이거나, 애통해 하는 자인 경우'를 예외로 한다.

242) • 색미식계∅(索美食戒) / Khu-Pāc. 39 : yāni kho tāni paṇītabhojanāni seyyathīdaṁ: sappi navanītaṁ telaṁ madhu phāṇitaṁ maccho maṁsaṁ khīraṁ dadhi. yo pana bhikkhu evarūpāni paṇītabhojanāni agilāno attato atthāya viññāpetvā bhuñjeyya, pācittiyan'ti. ■ 색미식계(索美食戒) / 사분승바일제 40 : 若比丘 得好美食, 乳。酪。魚。肉, 無病, 自爲己索者, 波逸提

Pali-Khup. 89

89(5-4-10) 단순속죄죄법 제40조

치목(齒木)에 대한 학습계율

[Dantaponasikkhāpada]

[세존] "어떠한 수행승이든 주어지지 않은 음식을 입으로 가져오면, 음용수와 치목(齒木)을 제외하고, 단순속죄죄243)를 범하는 것이다."244)

제4품 식사가 끝났다.

243) *pācittiya* : ≪빠알리율≫에서는 '네 가지 대정화제(大淨化劑 : 똥, 오줌, 재, 점토)를 조건이 있거나 조건 없이 허용할 수 있는 사람이 없을 때 사용하거나, 정신착란자이거나, 최초의 범행자인 경우'는 예외이다. ≪사분율≫에서는 '생버터나 기름으로 코를 씻었는데 입으로 나오거나, 새가 물고 가다가 발우에 떨어뜨린 것이나 바람이 불어 발우에 떨어진 것은 손톱만큼이라도 제거해야 하지만 제거하고도 남아 있거나, 이 학습계율시설의 원인이 된 최초의 범행자이거나, 정신착란자이거나, 마음이 심란한 자이거나, 애통해 하는 자인 경우'를 예외로 한다.

244) • 불수식계⊙(不受食戒) / Khu-Pāc. 40(Nī-Pāc. 122) : *yo* [60-61] *pana bhikkhu adinnaṁ mukhadvāraṁ āhāraṁ āhāreyya aññatra udakadantapoṇā, pācittiyan'ti.* ▪ 불수식계(不受食戒) / 사분승바일제 39 : 若比丘 不受食, 若藥著口中, 除水及楊枝 波逸提

제5품 나형외도
(Acelakavagga)

Pali-Khup. 90

90(5-5-1) **단순속죄죄법 제41조**
나형외도에 대한 학습계율
[Acelakasikkhāpada]

[세존] "어떠한 수행승이든 나형외도[245]에게든지 남녀유행자에게든지 자신의 손으로 단단한 음식이나 부드러운 음식을 준다면, 단순속죄죄[246]를 범하는 것이다."[247]

---

245) *acelaka : 운명론자인 사명외도(邪命外道: ājīvika)를 말한다.*

246) *pācittiya : ≪빠알리율≫에서는 '주게 하고 주지 않거나, 가까이에 던져 주거나, 외상용 연고를 주는 경우이거나, 정신착란된 자이거나, 최초의 범행자인 경우'는 예외이고, ≪사분율≫에서는 '땅에 다 버려서 주거나, 남을 시켜서 주거나, 부모에게 주거나, 탑묘를 위해 일하거나 다른 방사를 위해서 일하는 자에게 주어 밥값을 계산하거나, 힘센 자의 강요였거나, 이 학습계율시설의 원인이 된 최초의 범행자이거나, 정신착란자이거나, 마음이 심란한 자이거나, 애통해 하는 자인 경우'를 예외로 한다.*

247) *• 여외도식계⊘(與外道食戒) / Khu-Pāc. 41 : yo pana bhikkhu acelakassa vā paribbājakassa vā paribbājikāya vā sahatthā khādanīyaṁ vā bhojanīyaṁ vā dadeyya, pācittiyan'ti. ■ 여외도식계(與外道食戒) / 사분승바일제 41 : 若比丘 外道男女, 自手與食者, 波逸提*

Pali-Khup. 91

91(5-5-2) 단순속죄죄법 제42조

떼어버림에 대한 학습계율
[Uyyojanasikkhāpada]

[세존] "어떠한 수행승이든 수행승에게 이와 같이 '존자여, 오시오. 마을이나 도시248)로 탁발하러 들어갑시다.'라고 말하고, 그에게 탁발음식을 얻었거나 혹은 얻지 못했거나 상관없이 '존자여, 가시오. 그대와 함께 말하거나 앉는 것이 불편합니다. 나 혼자서 말하거나 앉는 것이 편합니다.'라고 그를 떼어버린다면, 그 동기뿐이고 다른 것이 아닌 한, 단순속죄죄249)를 범하는 것이다."250)

---

248) gāmaṁ vā nigamaṁ vā : 중요한 마을이나 작은 도시를 말한다.

249) pācittiya : ≪빠알리율≫에서는 "우리는 두 사람이 한 곳으로 가지 말자'라고 떼어버리거나, '값비싼 물건을 보고 탐심이 일으킬 것이다.'라고 떼어버리거나, '여인을 보고 불만을 일으킬 것이다.'라고 떼어버리거나, '환자나 남은 자나 정인에게 죽이나 밥이나 단단한 음식이나 부드러운 음식을 가져와라.'라고 떼어버리거나, 비행을 행하길 원하지 않고 볼 일이 있어 떼어버리거나, 정신착란자이거나, 최초의 범행자인 경우'는 예외이고, ≪사분율≫에서는 '음식을 주어서 보냈거나, 계행을 깨뜨렸거나, 견해를 깨뜨렸거나, 권리정지당했거나, 멸빈당했거나, 목숨이 위태로웠거나, 청정행이 어려웠거나 등으로 떼어버렸거나, 이 학습계율시설의 원인이 된 최초의 범행자이거나, 정신착란자이거나, 마음이 심란한 자이거나, 애통해 하는 자인 경우'를 예외로 한다.

250) • 치타출취계⊙(馳他出聚戒) / Khu-Pāc. 42(Nī-Pāc. 123) : yo pana bhikkhu bhikkhuṁ eh'āvuso gāmaṁ vā nigamaṁ vā piṇḍāya pavisissāmā'ti tassa dāpetvā vā adāpetvā vā uyyojeyya gacchāvuso na me tayā saddhiṁ kathā vā nisajjā vā phāsu hoti ekakassa me kathā vā nisajjā vā phāsu hotī'ti. etad eva paccayaṁ karitvā anaññaṁ, pācittiyan'ti. ■ 치타출취계(驅他出聚戒) / 사분승바일제 46 : 若比丘語諸比丘如是語「大德 共至聚落, 當與汝食.」彼比丘竟不教與是比丘食, 語言:「汝去! 我與汝, 共坐共語不樂, 我獨坐獨語樂」以是因緣非餘, 方便遣者, 波逸提

Pali-Khup. 92

92(5-5-3) 단순속죄죄법 제43조

식사 중인 가정에 대한 학습계율
[Sabhojanasikkhāpada]

[세존] "어떠한 수행승이든 식사 중인 가정에[251] 들어가서 자리를 차지하면, 단순속죄죄[252]를 범하는 것이다."[253]

---

251) sabhojane kule : '*식사 중인 가정*'이라는 것은 부인뿐만 아니라 남편이 있고, 부부가 밖으로 나오지 않고 양자가 성적인 탐욕을 떠나지 않은 가정을 뜻한다.

252) pācittiya : 《빠알리율》에서는 "'큰 집 안에 앉는다면 문기둥과 상인방에서 손이 닿는 거리 이하 떨어져 앉지 않거나, 작은 집에 앉는다면 중앙기둥을 지나 앉지 않거나, 다른 수행승이 있거나, 양자가 집을 나갔거나, 양자가 탐욕을 떠났거나, 침실에 있지 않거나, 정신착란자이거나, 최초의 범행자인 경우'는 예외이고, 《사분율》에서는 '손을 펴서 문에 닿을 수 있는 곳에 앉거나, 두 비구가 함께 갔거나, 알고 지내는 자나 손님이 같은 장소에 있거나, 지나갔거나, 질병으로 그곳에 쓰러졌거나, 힘센 자의 강요였거나, 목숨이 위태로웠거나, 청정행이 어려웠거나, 이 학습계율시설의 원인이 된 최초의 범행자이거나, 정신착란자이거나, 마음이 심란한 자이거나, 애통해하는 자인 경우'를 예외로 한다.

253) • 식가강좌계⊙(食家強坐戒) / Khu-Pāc. 43(Nī-Pāc. 124) : yo pana bhikkhu sabhojane kule anupakhajja nisajjaṁ kappeyya pācittiyan'ti. ■ 식가강좌계(食家強坐戒) / 사분승바일제 43 : 此是時. 若比丘 食家中有寶, 強安坐者, 波逸提

Pali-Khup. 93

93(5-5-4) 단순속죄죄법 제44조

은밀히 가려진 자리에 대한 학습계율
[Rahopaṭicchannasikkhāpada]

[세존] "어떠한 수행승이든 여인과 함께, 은밀히 가려진 자리에 앉으면, 단순속죄죄[254]를 범하는 것이다."[255]

---

254) pācittiya : ≪빠알리율≫에서는 '어떠한 자이든지 아는 사람이 있거나, 서 있고 앉아 있지 않거나, 은밀히 앉기를 원하지 않았거나, 다른 것을 생각하면서 앉거나, 정신착란자이거나, 최초의 범행자인 경우'는 예외이고, ≪사분율≫에서는 '손을 펴서 문에 닿을 수 있는 곳에 앉거나, 두 비구가 함께 갔거나, 알고 지내는 자나 손님이 같은 장소에 있거나, 지나갔거나, 질병으로 그곳에 쓰러졌거나, 힘센 자의 강요였거나, 목숨이 위태로웠거나, 청정행이 어려웠거나, 이 학습계율시설의 원인이 된 최초의 범행자이거나, 정신착란자이거나, 마음이 심란한 자이거나, 애통해 하는 자인 경우'를 예외로 한다.

255) • 병여여좌계⊙(屛與女坐戒) / Khu-Pāc. 44(Nī-Pāc. 125) : yo pana bhikkhu mātugāmena saddhiṁ raho paṭicchanne āsane nisajjaṁ kappeyya pācittiyan'ti : 단순속죄죄법 제30조(Khu-Pāc. 30)에서는 수행승이 수행녀와 은밀히 앉는 것은 금지되었다. 그리고 부정죄법 제1조와 제2조(Khu-Aniy. 1, 2)를 참조하라. ■ 병여여좌계(屛與女坐戒) / 사분승바일제 44 : 若比丘 食家中有寶, 在屛處坐者, 波逸提

Pali-Khup. 94

94(5-5-5) 단순속죄죄법 제45조

은밀한 동석에 대한 학습계율②

[Rahonisajjadutiyasikkhāpada]

[세존] "어떠한 수행승이든 여인과 함께, 단 둘이서 은밀히 앉으면, 단순속죄죄[256]를 범하는 것이다."[257]

---

256) 《빠알리율》에는 '어떠한 자이든지 아는 사람이 있거나, 서 있고 앉아 있지 않거나, 은밀히 앉기를 원하지 않았거나, 다른 것을 생각하면서 앉거나 정신착란자이거나, 최초의 범행자인 경우'는 예외이고, 《사분율》에서는 '두 비구가 함께 갔거나, 알고 지내던 사람이나 손님이 같은 장소에 있어 보고 들었거나, 앞으로 지나가고 머물지 않았거나, 질병이 들어 바닥에 쓰러졌거나, 힘센 자에게 잡혔거나 갇혔거나, 목숨이 위태로웠거나, 청정행이 어려웠거나, 이 학습계율시설의 원인이 된 최초의 범행자이거나, 정신착란자이거나, 마음이 심란한 자이거나, 애통해 하는 자인 경우'를 예외로 한다.

257) • 독여여인좌계⊙(獨與女人坐戒) / Khu-Pāc. 45(Nī-Pāc. 126) : yo pana bhikkhu mātugāmena saddhiṁ eko ekāya raho nisajjaṁ kappeyya pācittiyan'ti : 부정죄법 제1조, 제2조(Khu-Aniy. 1, 2)와 단순속죄죄법 제30조, 제44조(Khu-Pāc. 30, 44)를 참조하라. ■ 독여여인좌계(獨與女人坐戒) / 사분승바일제 45 : 若比丘 獨與女人露地坐者, 波逸提

Pali-Khup. 95

95(5-5-6) 단순속죄죄법 제46조

방문에 대한 학습계율

[Cārittasikkhāpada]

[세존] "어떠한 수행승이든 식사에 초대받고, 수행승이 있을 경우 허락을 구하지 않고, 식전이나 식후에[258] 가정들을 방문하러 다니면, 특별한 상황을 제외하고, 단순속죄죄[259]를 범하는 것이다. 여기서 특별한 상황이란, 옷이 보시되는 때이거나 옷을 만들 때이거나 환우가 있을 때에, 그러한 상황을 뜻한다."[260]

---

258) purebhattaṁ vā pacchābhattaṁ : 식전은 날이 밝을 때부터 식사할 때까지이고 식후는 식시로부터 정오까지를 말한다.

259) pācittiya : ≪빠알리율≫에서는 '특별한 상황이거나, 수행승이 없을 때 허락을 구하지 않고 들어가거나, 타인의 집을 통해서 길이 있거나, 집 근처에 길이 있거나, 마을 안으로 들어가거나, 수행녀의 처소로 가거나, 이교도의 잠자는 곳으로 가거나, 참회당으로 가거나, 식당으로 가거나, 사고가 나거나, 정신착란자이거나, 최초의 범행자인 경우'는 예외이고, ≪사분율≫에서는 '병든 때나, 옷을 만드는 때나, 옷을 보시할 때나, 다른 비구에게 부탁했거나, 비구가 없어서 부탁하지 않고 창고나 마을이나 갓방에 갔거나, 비구니의 승원에 갔거나, 부탁한 속인의 집에 갔거나, 여러 집에서 좌구를 펴고 비구를 청했거나, 힘센 자의 강요였거나, 목숨이 위태로웠거나, 청정행이 어려웠거나, 이 학습계율시설의 원인이 된 최초의 범행자이거나, 정신착란자이거나, 마음이 심란한 자이거나, 애통해 하는 자인 경우'를 예외로 한다.

260) • 불촉동리입취계⊙(不囑同利入聚戒) / Khu-Pāc. 46(Nī-Pāc. 127) : yo pana bhikkhu nimantito sabhatto samāno santaṁ bhikkhuṁ anāpucchā purebhattaṁ vā pacchābhattaṁ vā kulesu cārittaṁ āpajjeyya aññatra samayā pācittiyaṁ, tatthāyaṁ samayo; cīvaradānasamayo cīvarakārasamayo [gilānasamayo] ayaṁ tattha samayo'ti : ≪빠알리율≫에서는 '환우가 있을 때'라는 것이 누락되어 있다. Vin. IV. 100의 맥락으로 보아 논리적으로 환우가 있을 때에 약을 구하기 위해 예외적으로 가정을 방문할 수 있는 것이 전제되므로 명백히 '환우가 있을 때'가 삽입되어야 한다. ■ 불촉동리입취계(不囑同利入聚戒) / 사분승바일제 42 : 若比丘 先受請已, 若前食。後食行詣餘家, 不囑餘比丘 除餘時, 波逸提 餘時者, 病時。作衣時。施衣時, 此是時.

Pali-Khup. 96

96(5-5-7) 단순속죄죄법 제47조

마하나마[261])와 관계된 학습계율

[Mahānāmasikkhāpada]

[세존] "수행승은 환자가 아닌 한, 사 개월 동안 필수의 약을 제공하는 초대를 받아들일 수 있는데, 그 이상을 받아들이면,[262]) 추가의 초대, 상시의 초대를 제외하

---

261) Mahānāma : 부처님의 제자인 재가의 남자 신자 가운데 '뛰어난 것을 보시를 하는 님 가운데 제일(paṇītadāyakānaṁ aggaṁ)'이다. 그는 싸끼야 족의 왕자(王者)로 고따마 붓다의 사촌이었다. 그는 아누룻다의 형이었다. 그는 동생 아누룻다의 출가를 허락했고, 재가의 경건한 신도로서 승단에 많은 의복과 탁발음식과 와좌구와 필수의약을 베풀었다. 그는 교리에도 밝아 《쌍윳따니까야》 등에는 부처님과 그와 대화 뿐만 아니라 아난다, 고다(Godha), 로마싸방기싸(Lomasavaṅgīsa)와의 대화도 기록으로 남아 있다. 그러나 그에게 불행한 일이 있었다. 그는 나가문다(Nāgamuṇḍā)라는 하녀와의 사이에 바싸바캇띠야(Vāsābhakhattiyā)라는 딸을 두었는데, 꼬쌀라 국왕 빠쎄나디가 부처님의 종족인 싸끼야 족의 처녀와 결혼하고 싶어 하자, 싸끼야 족은 회의를 하게 되었다. 그때 마하나마는 자신의 딸 바싸바캇띠야를 천거하자 가결되어 그녀는 출생과정은 비밀에 붙여진 채, 빠쎄나디 왕의 왕비가 되었고 훗날 그 둘 사이에 비두다바(Vidūdabha)라는 왕자가 태어났다. 비두다바는 청년이 되어 까삘라밧투 시에 왔다가 이 사실을 우연히 알게 되어 격분하였고, 훗날 그가 왕위에 오르자 그것을 빌미로 싸끼야 족을 몰살시켰다.

262) tato ce uttariṁ sādiyeyya : Vin. IV. 103에 따르면, 초대에는 일수에 한계지어지지 않고 약품에 한계지어진 것이 있다. 초대에는 약품에 한계지어지지 않고 일수에 한계지어진 것이 있다. 초대에는

고, 단순속죄죄[263]를 범하는 것이다."[264]

약품에 한계지어진 것과 일수에 한계지어진 것이 있다. 초대에는 약품에도 한계지어지지 않고 일수에 한계지어지지 않은 것이 있다.

263) pācittiya : 《빠알리율》에서는 '그 약품으로 초대받은 그 약품을 청하거나, 그 일수로 초대받은 그 일수에 청하거나, '이러한 약품에 의한 그대의 초대를 받았지만, 우리는 이러이러한 약품을 원한다.' 라고 설명하고 청하거나, '이러한 일수에 의한 그대의 초대를 받았지만, 우리는 그 일수가 지나쳤지만 이러이러한 약품을 원한다.' 라고 설명하고 청하거나, 친척에 속하거나, 초대를 받았거나, 타인을 위한 것이거나, 자신의 재물에 의한 것이거나, 정신착란자이거나, 최초의 범행자인 경우'는 예외이고, 《사분율》에서는 '환자가 기한을 지나서 청을 받았거나, 항상 약을 주겠다는 상청이나 다시 주겠다는 갱청이나 승원에 와서 나누어주는 분청이나 목숨이 다하도록 공양하겠다는 진형수청이었거나, 이 학습계율시설의 원인이 된 최초의 범행자이거나, 정신착란자이거나, 마음이 심란한 자이거나, 애통해 하는 자인 경우'를 예외로 한다.

264) • 과수사월약청계⊙(過受四月藥請戒) / Khu-Pāc. 47(Nī-Pāc. 128) : agilānena bhikkhunā cātumāsappaccayapavāraṇā sāditabbā aññatra puna pavāraṇāya aññatra niccapavāraṇāya, tato ce uttariṁ sādiyeyya, pācittiyan'ti. ■ 과수사월약청계(過受四月藥請戒) / 사분승바일제 47 : 若比丘 請四月與藥, 無病比丘應受, 若過受, 除常請更請。分請。盡形請者, 波逸提

Pali-Khup. 97

97(5-5-8) 단순속죄죄법 제48조

출정군에 대한 학습계율

[Uyyuttasenāsikkhāpada]

[세존] "어떠한 수행승이든 출정군을 보러 가면, 그럴 만한 충분한 이유를 제외하고, 단순속죄죄265)를 범하는 것이다."266)

---

265) pācittiya : ≪빠알리율≫에서는 '승원에서 서서 보거나, 수행승이 서 있는 곳이나 앉아 있는 곳이나 누워 있는 곳에 군대가 오거나, 길을 가면서 보거나, 그럴만한 충분한 이유가 있거나, 사고가 있거나, 정신착란자이거나, 최초의 범행자인 경우'는 예외이고, ≪사분율≫에서는 '일이 있다든가, 청해서 갔거나, 힘센 자의 강요로 갔거나, 먼저 길을 가는데 군진이 뒤에 와서 아랫길로 피했든가 피하려 했거나, 수로와 육로가 끊겼거나, 도적과 사나운 짐승의 환난이 있었거나, 힘센 자에게 잡혀갔거나, 목숨이 위태로웠거나, 청정행이 어려웠거나, 이 학습계율시설의 원인이 된 최초의 범행자이거나, 정신착란자이거나, 마음이 심란한 자이거나, 애통해 하는 자인 경우'를 예외로 한다.

266) • 관군계⊙(觀軍戒) / Khu-Pāc. 48(Nī-Pāc. 129) : yo pana bhikkhu uyyuttaṁ senaṁ dassanāya gacceyya aññatra thatārūpappaccayā, pācittiyan'ti. ■ 관군계(觀軍戒) / 사분승바일제 48 : 若比丘 往觀軍陣, 除時因緣 波逸提

Pali-Khup. 98

98(5-5-9) 단순속죄죄법 제49조

군대체류에 대한 학습계율

[Senāvāsasikkhāpada]

[세존] "그런데 그 수행승에게[267] 군대에 방문하기 위한 이유가 있다면, 이틀이나 사흘 동안 군대에서 체류할 수 있지만, 그 이상 체류하면, 단순속죄죄[268]를 범하는 것이다."[269]

---

267) ca tassa bhikkhuno : 원래 앞의 학습계율과 하나였던 것을 나눈 것 같은 인상을 준다.

268) pācittiya : ≪빠알리율≫에서는 '이틀이나 사흘 체류한다거나, 이틀이나 사흘 이하로 체류한다거나, 이틀 머물고 삼일째 밤의 일출 전에 갔다가 다시 와서 체류한다거나, 병들어 체류한다거나, 환자에 대한 일로 체류한다거나, 군대가 적군에 포위되어 있다거나, 어떤 한 것이든 장애가 있다거나, 사고가 있거나, 정신착란자이거나, 최초의 범행자인 경우'는 예외이고, ≪사분율≫에서는 '두 밤을 지나 삼일째 밤의 일출 전에 보이고 들리는 곳을 떠났거나, 수로와 육로가 끊겼거나, 도적과 사나운 짐승의 환난이 있었거나, 힘센 자에게 잡혀갔거나, 목숨이 위태로웠거나, 청정행이 어려웠거나, 이 학습계율시설의 원인이 된 최초의 범행자이거나, 정신착란자이거나, 마음이 심란한 자이거나, 애통해 하는 자인 경우'를 예외로 한다.

269) ● 유연군중과한계⊙(有緣軍中過限戒) / Khu-Pāc. 49(Nī-Pāc. 130) : siyā ca tassa bhikkhuno kocid eva paccayo setaṁ gamanāya, dvirattatirattaṁ tena bhikkhunā senāya vasitabbaṁ tato ce uttari vaseyya, pācittiyan'ti. ■ 유연군중과한계(有緣軍中過限戒) / 사분승바일제 49 : 若比丘 有因緣至軍中, 若過二夜, 至三夜者, 波逸提

Pali-Khup. 99

99(5-5-10) 단순속죄죄법 제50조

군사훈련(合戰)에 대한 학습계율
[Uyyodhikasikkhāpada]

[세존] "만약 수행승이 이틀이나 사흘 군대에 체류하는 사이에 훈련이나 점호나 열병이나 행진(行陣)을 보러 가면, 단순속죄죄[270]를 범하는 것이다."[271]

제5품 나형외도가 끝났다.

---

270) pācittiya : ≪빠알리율≫에서는 '승원에 서서 보거나, 수행승의 서 있는 곳, 앉아 있는 곳, 누워 있는 곳으로 와서 전투가 보이거나, 길을 가다가 보이거나, 볼일이 있어 가다가 보이거나, 사고가 있거나, 정신착란자이거나, 최초의 범행자인 경우'는 예외이고, ≪사분율≫에서는 '인연이 있었거나, 알리고자 하는 것이 있었거나, 청을 받아서 갔거나, 앞서 길을 가는데 군대가 뒤에 와서 피했거나, 수로와 육로가 끊겼거나, 도적과 사나운 짐승의 환난이 있었거나, 힘센 자에게 잡혀갔거나, 목숨이 위태로웠거나, 청정행이 어려웠거나, 이 학습계율시설의 원인이 된 최초의 범행자이거나, 정신착란자이거나, 마음이 심란한 자이거나, 애통해 하는 자인 경우'를 예외로 한다.

271) • 관군합전계⊙(觀軍合戰戒) / Khu-Pāc. 50(Nī-Pāc. 131) : dvirattatirattaṁ [64-65] ce bhikkhu senāya vasamāno uyyodhikaṁ vā balaggaṁ vā senābyuhaṁ vā anīkadassanaṁ vā gaccheyya, pācittiyan'ti. ■ 관군합전계(觀軍合戰戒) / 사분승바일제 50 : 若比丘 軍中住, 若二宿。三宿. 或觀軍陣鬪戰 若觀遊軍象馬勢力者, 波逸提

제6품 음주
(Surāpānavagga)

Pali-Khup. 100

100(5-6-1) **단순속죄죄법 제51조**
음주에 대한 학습계율
[Surāpānasikkhāpada]

[세존] "곡주나 과즙주 등의 취기있는 것을 마시면, 단순속죄죄[272]를 범하는 것이다."[273]

---

272) pācittiya : 《빠알리율》에서는 '술이 아닌 것으로 술색이 있거나 술향이 있거나 술맛이 있는 것을 마시거나, 카레에 섞은 것이나, 육고기에 섞은 것이나, 기름에 섞은 것이나, 아말라까과즙이나, 알코올이 없는 주정함유음료를 마시거나, 정신착란자이거나, 최초의 범행자인 경우'는 예외이고, 《사분율》에서는 '이러한 병이 있어 다른 약으로 고치지 못하여 술에 약을 타든지 술을 종기에 바르거나, 이 학습계율시설의 원인이 된 최초의 범행자이거나, 정신착란자이거나, 마음이 심란한 자이거나, 애통해 하는 자인 경우'를 예외로 한다.

273) • 음주계⊙(飮酒戒) / Khu-Pāc. 51(Nī-Pāc. 132) : surāmerayapāne pācittiyan'ti. ■ 음주계(飮酒戒) / 사분승바일제 51 : 若比丘 飮酒者, 波逸提

Pali-Khup. 101

101(5-6-2) **단순속죄죄법 제52조**

손가락으로 간질이기에 대한 학습계율
[Aṅgulipatodakasikkhāpada]

[세존] "손가락으로 간질이면, 단순속죄죄[274]를 범하는 것이다."[275]

---

274) pācittiya : 《빠알리율》에서는 '웃길 의도가 없고 볼 일이 있어서 접촉하거나, 정신착란자이거나, 최초의 범행자인 경우'는 예외이고, 《사분율》에서는 '고의가 아니거나, 조는 자를 흔들어 깨웠거나, 출입하면서 오가거나 마당을 쓸다가 건드렸거나, 막대기의 끝으로 건드렸거나, 이 학습계율시설의 원인이 된 최초의 범행자이거나, 정신착란자이거나, 마음이 심란한 자이거나, 애통해 하는 자인 경우'를 예외로 한다.

275) • 격력계⊙(擊攊戒) / Khu-Pāc. 52(Nī-Pāc. 133 : aṅgulipatodake pācittiyan'ti. ■ 격력계(擊攊戒) / 사분승바일제 53 : 若比丘 擊攊他者, 波逸提

Pali-Khup. 102

102(5-6-3) 단순속죄죄법 제53조

놀이에 대한 학습계율
[Hassadhammasikkhāpada]

[세존] "물놀이를 하면,276) 단순속죄죄277)를 범하는 것이다."278)

---

276) udake hassadhamme : 여기서 물놀이란 '물속에서 한바탕 웃는 것'이라는 뜻이다. Smp. 861에 따르면, 물놀이(udakakīḷikā)이다.

277) pācittiya : 《빠알리율》에서는 '유희를 하고자 하지 않고 볼일이 있어서 물속에 들어가서 가라앉거나, 뜨거나, 유영하거나, 다른 곳으로 가면서 물속에 들어가서 가라앉거나 뜨거나 유영하거나, 사고가 있거나, 정신착란자이거나, 최초의 범행자인 경우'는 예외이고 《사분율》에서는 '길을 가다가 물을 건너게 되어 이 언덕에서 저 언덕으로 갔거나, 물속의 재목이나 뗏목이나 대나무를 끌게 되어 물을 따라 거슬러 갔거나, 모래를 채취하거나 먹을 것을 구하거나 잃어버린 물건을 찾아 들어갔다가 나왔거나, 헤엄치는 법을 배웠거나, 이 학습계율시설의 원인이 된 최초의 범행자이거나, 정신착란자이거나, 마음이 심란한 자이거나, 애통해 하는 자인 경우'를 예외로 한다.

278) • 수중희계⊙(水中戱戒) / Khu-Pāc. 53(Nī-Pāc. 134) : udake hassadhamme pācittiyan'ti. ■ 수중희계(水中戱戒) / 사분승바일제 52 : 若比丘 水中戱者, 波逸提

Pali-Khup. 103

103(5-6-4) 단순속죄죄법 제54조

경멸의 태도에 대한 학습계율

[Anādariyasikkhāpada]

[세존] "경멸의 태도를 취하면,279) 단순속죄죄280)를 범하는 것이다."281)

---

279) anādariye : Vin. I. 176에 자자를 행할 때에 환우수행승과 관련하여 경멸의 태도에 대한 속죄죄에 해당하는 세 가지 경우가 기술되어 있다.

280) pācittiya : ≪빠알리율≫에서는 '이와 같이 우리의 궤범사로부터 배운 것이 의문이라고 말하거나 정신착란자이거나, 최초의 범행자인 경우'는 예외이고, ≪사분율≫에서는 "지혜가 없는 자가 충고해서 상대가 '그대의 궤범사나 친교사에 물어 가르침을 청해서 학습, 송출, 충고하는 법을 알고 난 후에 충고하면 받아들이겠다.'라고 말하거나, 장난으로 그러했거나, 이 학습계율시설의 원인이 된 최초의 범행자이거나, 정신착란자이거나, 마음이 심란한 자이거나, 애통해 하는 자인 경우"를 예외로 한다.

281) • 불수간계⊙(不受諫戒) / Khu-Pāc. 54(Nī-Pāc. 13 5) : anādariye pācittiyan'ti. ■ 불수간계(不受諫戒) / 사분승바일제 54 : 若比丘 不受諫者, 波逸提

Pali-Khup. 104

104(5-6-5) 단순속죄죄법 제55조

무섭게 놀려주기에 대한 학습계율
[Bhiṁsāpanakasikkhāpada]

[세존] "어떠한 수행승이든 수행승을 무섭게 놀려주면, 단순속죄죄282)를 범하는 것이다."283)

---

282) pācittiya : ≪빠알리율≫에서는 '무섭게 놀려줄 의도가 없이 형상이나 소리나 냄새나 맛이나 감촉을 사용하거나 도적의 험로나 뱀의 험로나 악귀의 험로를 보여주거나, 정신착란자이거나, 최초의 범행자인 경우'는 예외이고, ≪사분율≫에서는 '어두운 장소에 있거나 경행할 때에 상대방이 착각하고 놀랐거나, 실제로 그와 같은 일이 있었거나, 장난으로 했거나, 빨리 혼자서 말했거나, 꿈속에서 말했거나, 이것을 말하려다 착오로 저것을 말했거나, 이 학습계율시설의 원인이 된 최초의 범행자이거나, 정신착란자이거나, 마음이 심란한 자이거나, 애통해 하는 자인 경우'를 예외로 한다.

283) • 포비구계⊙(怖比丘戒) / Khu-Pāc. 55(Nī-Pāc. 136) : yo pana bhikkhu bhikkhuṁ bhiṁsāpeyya pācittiyan'ti. ■ 포비구계(怖比丘戒) / 사분승바일제 55 : 若比丘 恐怖他比丘者, 波逸提

Pali-Khup. 105

105(5-6-6) 단순속죄죄법 제56조

불에 대한 학습계율

[Jotisikkhāpada]

[세존] "어떠한 수행승이든 환자가 아닌 한, 몸을 데우기 위해서 불을 지피거나 지피우게 하면, 그럴만한 충분한 이유를 제외하고, 단순속죄죄[284]를 범하는 것이다."[285]

---

284) pācittiya : 《빠알리율》에서는 '환자이거나, 타인에 의해 만들어진 것에 몸을 데우거나, 타다 남은 숯에 몸을 데우거나, 등불이나 화당이나 욕실에서 몸을 데우거나, 그럴만한 충분한 이유가 있거나, 사고가 나거나, 정신착란자이거나, 최초의 범행자인 경우'는 예외이고 《사분율》에서는 "앞의 사람에게 '이것을 살펴라. 말으라'라고 하거나, 환자가 스스로나 타인을 시켜 지피거나, 환자를 위해 국이나 밥을 짓거나, 부엌이 있다든가, 화당이 있다든가, 욕실이 있다든가, 발우에 연기를 쐬거나, 옷을 삶거나 물들이거나, 등을 켜거나 향을 피웠거나, 이 학습계율시설의 원인이 된 최초의 범행자이거나, 정신착란자이거나, 마음이 심란한 자이거나, 애통해 하는 자인 경우"를 예외로 한다.

285) • 노지연화계⊙(露地然火戒) / Khu-Pāc. 56(Nī-Pāc. 137) : yo pana bhikkhu agilāno visibbanāpekho jotiṁ samādaheyya vā samādahāpeyya vā aññatra tathārūpapaccayā, pācittiyan'ti. ■ 노지연화계(露地然火戒) / 사분승바일제 57 : 若比丘 無病爲炙身故 露地然火, 若自然 若教人然 除時因緣 波逸提

Pali-Khup. 106

106(5-6-7) 단순속죄죄법 제57조

목욕에 대한 학습계율

[Nahānasikkhāpada]

[세존] "어떠한 수행승이든 반월보다 적은 간격으로 목욕을 하면, 특별한 상황을 제외하고, 단순속죄죄[286])를 범하는 것이다. 여기서 특별한 상황이란, 여름의 마지막 1개월 반과 우기의 첫 1개월 즉, 2개월 반의 더운 때이거나 무더운 때이거나 병들었을 때이거나 일을 하는 때이거나 여행하는 때이거나 바람이 불고 비가 올 때에, 그러한 상황을 뜻한다."[287])

---

286) pācittiya : ≪빠알리율≫에서는 '다른 곳으로 건너가면서 목욕을 하던가, 모든 변경지대에 있거나, 사고가 일어났거나, 정신착란자이거나, 최초의 범행자인 경우'는 예외이고, ≪사분율≫에서는 '더울 때나 아플 때나 일할 때나 바람이 불 때나 비가 올 때나 길을 갈 때나 힘센 자의 강요였거나, 이 학습계율시설의 원인이 된 최초의 범행자이거나, 정신착란자이거나, 마음이 심란한 자이거나, 애통해 하는 자인 경우'를 예외로 한다.

287) • 반월욕과계⊙(半月浴過戒) / Khu-Pāc. 57(Nī-Pāc. 138) : yo pana [66-67] bhikkhu oren'addhamāsaṁ nhāyeyya aññatra samayā pācittiyaṁ tatthāyaṁ samayo diyaḍḍho māso seso gimhānan ti vassānassa paṭhamo māso iccete aḍḍhateyyamāsā uṇhasamayo pariḷāhasamayo, gilānasamayo, kammasamayo, addhānagamanasamayo vātavuṭṭhisamayo ayaṁ tattha samayo'ti. ■ 반월욕과계(半月浴過戒) / 사분승바일제 56 : 若比丘 半月洗浴, 無病比丘應受. 若過者, 除餘時, 波逸提 餘時者, 熱時。病時。作時。風時。雨時。遠行來時. 此是時.

Pali-Khup. 107

107(5-6-8) 단순속죄죄법 제58조

괴색(壞色)에 대한 학습계율

[Dubbaṇṇakaraṇasikkhāpada]

[세존] "새 옷을 얻으면 수행승은 세 가지 괴색288) 즉, 청색이나 진흙색이나 흑갈색 가운데 한 괴색을 취해야 하지만, 만약에 수행승이 세 가지 괴색 가운데 한 괴색을 취하지 않고 새 옷을 착용하면, 단순속죄죄289)를 범하는 것이다."290)

---

288) dubbaṇṇakaraṇa : Smp. 863에 따르면, 괴색(壞色)을 취한다는 것은 새 옷이 허용될 수 있도록 찍어 넣는 작은 얼룩점(kappa-bindu)에 관하여 말한 것이다. 상실속죄죄법 제15조(Khu-Niss. 15)에서는 자기 자신의 깔개임을 구별하기 위해 헌 깔개의 한 조각을 떼어내어 새 깔개에 꿰매야 한다.

289) pācittiya : ≪빠알리율≫에서는 '허용괴색이 망실되었거나, 허용괴색이 낡아버렸거나, 허용되지 않은 것이 허용괴색과 함께 꿰매졌거나, 보철을 했거나, 중봉을 했거나, 배봉을 했거나, 정신착란자이거나, 최초의 범행자인 경우'는 예외이고, ≪사분율≫에서는 그밖에 '흰옷을 얻어 청, 흑, 목란색으로 염색했거나, 중의(重衣)나 경의(輕衣)를 깨끗이 하여 쌓아두었거나, 옷이 아닌 발우주머니 등을 깨끗이 하여 쌓아두었거나, 물들인 옷을 재가자의 집에 맡겼거나, 옷이 탈색되어 다시 물들였거나, 이 학습계율시설의 원인이 된 최초의 범행자이거나, 정신착란자이거나, 마음이 심란한 자이거나, 애통해 하는 자인 경우'를 예외로 한다.

290) • 착신의계⊙(著新衣戒) / Khu-Pāc. 58(Nī-Pāc. 139) : navaṁ pana bhikkhunā cīvaralābhena tiṇṇaṁ dubbaṇṇakaraṇānaṁ añña-

---

taraṁ dubbaṇṇakaraṇaṁ ādātabbaṁ nīlaṁ vā kaddamaṁ vā kāl-asāmaṁ vā, anādā ce bhikkhu tiṇṇaṁ dubbaṇṇakaraṇānaṁ añña-taraṁ dubbaṇṇakaraṇaṁ navaṁ cīvaraṁ paribhuñjeyya, pācittiyan 'ti. ■ *착신의계(著新衣戒) / 사분승바일제 60 : 若比丘 得新衣, 當作三種染壞色, 靑。黑。木蘭. 若比丘 得新衣, 不作三種染壞色, 靑。黑。木蘭, 新衣持者, 波逸提*

Pali-Khup. 108

108(5-6-9) 단순속죄죄법 제59조

양도에 대한 학습계율
[Vikappanasikkhāpada]

[세존] "어떠한 수행승이든 수행승이나 수행녀나 정학녀나 사미나 사미니에게 스스로 옷을 양도291)한 뒤에 취소하지 않고 그것을 착용하면, 단순속죄죄292)를 범하는 것이다."293)

---

291) vikappana : 양도라는 것은 두 가지 양도가 있다. 현전에 입각한 양도와 부재에 입각한 양도이다. '현전에 입각한 양도'라는 것은 '내가 이 옷을 그대나 이러이러한 사람에게 양도한다'는 뜻이다. '부재에 입각한 양도'라는 것은 '내가 이 옷을 양도하기 위해 그대에게 준다.'

292) pācittiya : 《빠알리율》에서는 '그가 주거나, 그에 대하여 신뢰하여 사용하거나, 정신착란자이거나, 최초의 범행자인 경우'는 예외이고, 《사분율》에서는, '부재에 입각한 양도이었거나, 이 학습계율시설의 원인이 된 최초의 범행자이거나, 정신착란자이거나, 마음이 심란한 자이거나, 애통해 하는 자인 경우'를 예외로 한다.

293) • 진실쟁불어취계⊙(眞實諍不語取戒) / Khu-Pāc. 59(Nī-Pāc. 140) : yo pana bhikkhu bhikkhussa vā bhikkhuniyā vā sikkhamānāya vā sāmaṇerassa vā sāmaṇeriyā vā sāmaṁ cīvaraṁ vikappetvā apaccuddhāraṇaṁ paribhuñjeyya, pācittiyan'ti : 단순속죄죄법 제81조(Khu-Pāc. 81)를 참조하라. ▪ 진실정불어취계(眞實淨不語取戒) / 사분승바일제 59 : 若比丘 淨施比丘。比丘尼。式叉摩那。沙彌。沙彌尼衣 不問主輒著者, 波逸提

Pali-Khup. 109

109(5-6-10) 단순속죄죄법 제60조

감추기에 대한 학습계율
[Apanidhānasikkhāpada]

[세존] "어떠한 수행승이든 수행승의 발우나 옷이나 좌와구용 깔개나 바늘통이나 허리띠를 감추거나 감추게 시키면, 웃기 위한 놀이일지라도, 단순속죄죄[294]를 범하는 것이다."[295]

제6품 음주가 끝났다.

---

294) pācittiya : ≪빠알리율≫에서는 '웃기위한 놀이가 아니거나, 잘못 된 것을 바로 잡거나, 이유를 말하고 돌려주겠다고 생각하고 바로 잡거나, 정신착란자이거나, 최초의 범행자인 경우'는 예외이고, ≪사분율≫에서는 '실제로 그 사람의 물건인 줄 알면서 신뢰하여 가져갔거나, 노지에서 비에 젖거나 바람에 날리는 것을 가져갔거나, 흐뜨러져 있는 물건에 대해 가르침을 주려고 가져갔거나, 잃어버릴까 걱정이 되어 가져갔거나, 물건 때문에 목숨이 위태로와 질 수 있거나 청정행이 어려웠거나, 이 학습계율시설의 원인이 된 최초의 범행자이거나, 정신착란자이거나, 마음이 심란한 자이거나, 애통해 하는 자인 경우'를 예외로 한다.

295) ● 장타의발계⊙(藏他衣鉢戒) / Khu-Pāc. 60(Nī-Pāc. 141) : yo pana bhikkhu bhikkhussa pattaṁ vā cīvaraṁ vā nisīdanaṁ vā sūcigharaṁ vā kāyabandhanaṁ vā apanidheyya vā apanidhāpeyya vā antamaso hassāpekho pi pācittiyan'ti. ■ 장타의발계(藏他衣鉢戒) / 사분승바일제 58 : 若比丘 藏他比丘 衣◦鉢◦坐具◦針筒, 若自藏, 若教人藏, 下至戲笑者, 波逸提

제7품 생물이 들어있는 물
(Sappāṇakavagga)

Pali-Khup. 110

110(5-7-1) 단순속죄죄법 제61조
의도적 살생에 대한 학습계율
[Sañciccavadhasikkhāpada]

[세존] "어떠한 수행승이든 의도적으로 생물로부터 목숨을 빼앗는다면, 단순속죄죄[296]를 범하는 것이다."[297]

---

296) pācittiya : ≪빠알리율≫에서는 '의도하지 않았거나, 새김을 잃었거나, 알지 못했거나, 살의가 없는 경우이거나, 정신착란된 자이거나, 최초의 범행자인 경우'는 예외이고, ≪사분율≫에서는 '무엇인가 던졌는데 잘못 맞아 죽거나, 방사를 짓다가 도구를 잘못 떨어뜨려 죽거나, 해칠 마음이 없이 도우려다가 죽는 사고사이거나, 이 학습계율시설의 원인이 된 최초의 범행자이거나, 정신착란자이거나, 마음이 심란한 자이거나, 애통해 하는 자인 경우'를 예외로 한다.

297) • 탈축생명계⊙(奪畜生命戒) / Khu-Pāc. 61(Nī-Pāc. 142) : yo pana [68-69] bhikkhu sañcicca pāṇaṁ jīvitā voropeyya pācittiyan'ti. ■ 탈축생명계(奪畜生命戒) / 사분승바일제 61 : 若比丘 故斷畜生命者, 波逸提

Pali-Khup. 111

111(5-7-2) 단순속죄죄법 제62조

생물이 들어있는 물의 음용에 대한 학습계율
[Sappāṇakaparibhuñjanasikkhāpada]

[세존] "어떠한 수행승이든 알면서도 생물이 들어있는 물을 음용하면, 단순속죄죄[298]를 범하는 것이다."[299]

---

298) pācittiya : ≪빠알리율≫에서는 '생물이 들어있어도 알지 못했거나, 생물이 들어있지 않다고 알거나, 음용해도 죽지 않을 것이라고 알고 음용하거나, 정신착란된 자이거나, 최초의 범행자인 경우'는 예외이고, ≪사분율≫에서는 '벌레가 없다고 생각했거나, 큰 벌레가 있을 때에 물을 건드려 가게 했거나, 물을 걸러 마셨거나, 이 학습계율시설의 원인이 된 최초의 범행자이거나, 정신착란자이거나, 마음이 심란한 자이거나, 애통해 하는 자인 경우'를 예외로 한다.

299) • 음충수계⊙(飮蟲水戒) / Khu-Pāc. 62(Nī-Pāc. 143) : yo pana bhikkhu jānaṁ sappāṇakaṁ udakaṁ paribhuñjeyya pācittiyan'ti. ■ 음충수계(飮蟲水戒) / 사분승바일제 62 : 若比丘 知水有蟲飮用者, 波逸提

Pali-Khup. 112

112(5-7-3) 단순속죄죄법 제63조

번복에 대한 학습계율
[Ukkoṭanasikkhāpada]

[세존] "어떠한 수행승이든 원칙에 맞게 쟁사[300]가 결정된 것을 알면서도 다시 갈마에 회부해야 한다고 번복하면, 단순속죄죄[301]를 범하는 것이다."[302]

---

300) adhikaraṇa : 사쟁사(四諍事)가 있다. 그 네 가지는 ① 논쟁에 관한 쟁사(vivādādhikaraṇa) 즉, 논쟁사(論爭事), ② 비난에 관한 쟁사(anuvādādhikaraṇa) 즉, 비난사(非難事), ③ 죄악에 관한 쟁사(āpattādhikaraṇa) 즉, 죄쟁사(罪諍事), ④ 의무에 관한 쟁사(kiccādhikaraṇa) 즉, 행쟁사(行諍事)가 있다. 상세한 것은 Vin. II. 87; Vin. III. 163; MN. II. 247-250; AN. I. 99를 참조하라.

301) pācittiya : ≪빠알리율≫에서는 '비법에 의한 것이나, 불완전한 모임에 의한 것이거나, 갈마를 적당하지 않은 자가 행했다고 알고 번복하거나, 정신착란자이거나, 최초의 범행자인 경우'는 예외이고, ≪사분율≫에서는 '미처 몰랐거나, 본 것을 보지 못했다고 생각했거나, 적절한 갈마가 성립하지 않았다고 생각했거나, 사실이 그러하다든가 장난으로 말했거나, 이 학습계율시설의 원인이 된 최초의 범행자이거나, 정신착란자이거나, 마음이 심란한 자이거나, 애통해 하는 자인 경우'를 예외로 한다.

302) • 발쟁계⊙(發諍戒) / Khu-Pāc. 63(Nī-Pāc. 144) : yo pana bhikkhu jānaṁ yathādhammaṁ nihatādhikaraṇaṁ punakammāya ukkoṭeyya, pācittiyan'ti. ■ 발쟁계(發諍戒) / 사분승바일제 66 : 若比丘知四諍事, 如法滅已, 後更發擧者, 波逸提

Pali-Khup. 113

113(5-7-4) 단순속죄죄법 제64조

거친 죄의 감추기에 대한 학습계율

[Duṭṭhullachādanasikkhāpada]

[세존] "어떠한 수행승이든 알면서 다른 수행승의 거친 죄[303]를 감춘다면, 단순속죄죄[304]를 범하는 것이다."[305]

---

303) duṭṭhulla : 거친 죄는 한역에서 추죄(麤罪) 또는 추중죄(麤重罪)를 말하는데, 승단추방죄와 승단잔류죄를 말한다.

304) pācittiya : ≪빠알리율≫에서는 "참모임의 다툼이나 싸움이나 언쟁이나 분쟁이 생겨날 것이다.'라고 생각하여 알리지 않거나, '참모임의 분열이나 참모임의 반목이 생겨날 것이다.'라고 생각하여 알리지 않거나, '이 자는 난폭하고 잔혹해서 목숨에 위해를 끼치거나 청정한 삶의 위험을 초래할 것이다.'라고 생각하여 알리지 않거나, 다른 적당한 수행승들을 보지 못해서 알리지 않거나, 감출 의도가 없이 알리지 않거나, '자신의 행위로 밝혀질 것이다.'라고 생각하여 알리지 않는 경우이거나, 정신착란된 자이거나 최초의 범행자의 경우"는 예외이고, ≪사분율≫에서는 "거친 죄가 거친 죄인지 알지 못했거나, 타인에게 말했거나, 말할 사람이 없어서 마음속으로 '내가 말하겠다.'라고 하다가 미처 말하기 전에 날이 샌 뒤에 말했거나, 목숨이 위태로웠거나, 청정행이 어려웠거나, 이 학습계율시설의 원인이 된 최초의 범행자이거나, 정신착란자이거나, 마음이 심란한 자이거나, 애통해 하는 자인 경우'를 예외로 한다.

305) • 복타추죄계⊘(覆他麤罪戒) / Khu-Pāc. 64 : yo pana bhikkhu bhikkhussa jānaṁ duṭṭhullaṁ āpattiṁ paṭicchādeyya, pācittiyan'ti. ■ 복타추죄계(覆他麤罪戒) / 사분승바일제 64 : 若比丘 知他比丘有麤惡罪, 覆藏者, 波逸提

Pali-Khup. 114

114(5-7-5) 단순속죄죄법 제65조

이십 세 미만에 대한 학습계율
[Ūnavīsativassasikkhāpada]

[세존] "어떠한 수행승이든 20세 미만인 자인 것을 알고도 구족계를 주게 하면, 그 자는 구족계를 얻지 못한 것이고, 수행승들은 견책을 받아야 하고, 그는 그것으로[306] 단순속죄죄[307]를 범하는 것이다."[308]

---

306) idaṁ tasmiṁ : 비방가에 따르면, '그는'이라는 것은 친교사(upajjhāya)를 뜻한다.

307) pācittiya : ≪빠알리율≫에서는 '20세 미만에 대하여 만 20세라고 지각하고 구족계를 주거나, 만 20세에 대하여 만 20세라고 지각하고 구족계를 주는 경우이거나, 정신착란된 자이거나, 최초의 범행자인 경우'는 예외이고, ≪사분율≫에서는 '먼저 알지 못해 구족계를 받는 자의 말을 믿었거나 측근의 말을 믿었거나 부모의 말을 믿었거나, 구족계를 받은 뒤에 의심이 있으면 모태 속의 해·달의 수효와 윤달의 수효와 14일 설계(說戒)을 모두 세어서 연수로 삼거나, 이 학습계율시설의 원인이 된 최초의 범행자이거나, 정신착란자이거나, 마음이 심란한 자이거나, 애통해 하는 자인 경우'를 예외로 한다.

308) • 여년불만계⊘(與年不滿戒) / Khu-Pāc. 65 : yo pana bhikkhu jānaṁ ūnavīsativassaṁ puggalaṁ upasampādeyya, so ca puggalo anupasampanno te ca bhikkhū gārayihā, idaṁ tasmiṁ pācittiyan'ti. ■ 여년불만계(與年不滿戒) / 사분승바일제 65 : 年滿二十, 當與受大戒 若比丘 知年未滿二十, 與受大戒 此人不得戒 諸比丘可訶, 彼愚癡故 波逸提

Pali-Khup. 115

115(5-7-6) 단순속죄죄법 제66조

도적인 캐러밴에 대한 학습계율
[Theyyasatthasikkhāpada]

[세존] "어떠한 수행승이든 알면서도 도적인 캐러밴과 함께 미리 약속하여 동일한 여행길을 가면, 한 마을의 마을 사이의 거리일지라도 단순속죄죄309)를 범하는 것이다."310)

---

309) pācittiya : ≪빠알리율≫에서는 '미리 약속을 하지 않고 가거나, 사람들이 미리 약속하고 수행승이 미리 약속하지 않거나, 미리 약속한 것과 다르게 가거나, 사고가 나거나, 정신착란자이거나, 최초의 범행자인 경우'는 예외이고, ≪사분율≫에서는 '미리 알지도 못하고 약속도 하지 않았거나, 그들을 따라가면 편안한 곳에 가게 되거나, 힘센 자의 강요였거나, 목숨이 위태로웠거나, 청정행이 어려웠거나, 이 학습계율시설의 원인이 된 최초의 범행자이거나, 정신착란자이거나, 마음이 심란한 자이거나, 애통해 하는 자인 경우'를 예외로 한다.

310) • 여적기행계⊙(與賊期行戒) / Khu-Pāc. 66(Nī-Pāc. 167) : yo pana bhikkhu jānaṁ theyyasatthena saddhiṁ saṁvidhāya ekaddhānamaggaṁ paṭipajjeyya antamaso gāmantarampi, pācittiyan'ti : 단순속죄죄법 제27조(Khu-Pāc. 27)를 참조하라. ▪ 여적기행계(與賊期行戒) / 사분승바일제 67 : 若比丘 知是賊伴, 期同道行, 乃至聚落者, 波逸提

Pali-Khup. 116

116(5-7-7) 단순속죄죄법 제67조

약속에 대한 학습계율②

[Saṁvidhānadutiyasikkhāpada]

[세존] "어떠한 수행승이든 여인과 함께 약속하고 동일한 여행길을 간다면, 한 마을과 마을 사이의 거리일지라도 단순속죄죄311)를 범하는 것이다."312)

311) *pācittiya : 《빠알리율》에서는 '미리 약속을 하지 않고 가거나, 여인이 미리 약속하고 수행승이 미리 약속하지 않거나, 미리 약속한 것과 다르게 가거나, 사고가 있거나, 정신착란된 자이거나, 최초의 범행자인 경우'는 예외이고, 《사분율》에서는 '함께 약속하지 않았거나, 저곳에 가야 편안해지겠다거나, 힘센 자에게 잡혔거나 결박당했거나 목숨이 위태로웠거나, 청정행이 어려웠거나, 이 학습계율시설의 원인이 된 최초의 범행자이거나, 정신착란자이거나, 마음이 심란한 자이거나, 애통해 하는 자인 경우'를 예외로 한다.*

312) *• 여여인기행계∅(與女人期行戒) / Khu-Pāc. 67 : yo pana bhikkhu mātugāmena saddhiṁ saṁvidhāya ekaddhānamaggaṁ paṭipajjeyya antamaso gāmantarampi, pācittiyan'ti. ■ 여여인기동행계(與女人期同行戒) / 사분승바일제 30 : 若比丘 與婦女人期同道行. 乃至聚落者, 波逸提*

Pali-Khup. 117

117(5-7-8) 단순속죄죄법 제68조

아릿타와 관계된 학습계율
[Ariṭṭhasikkhāpada]

[세존] "어떠한 수행승이든 이와 같이 '내가 세존께서 가르치신 진리를 이해하기로는, 틀림없이 세존께서 장애가 되는 것이라고 설한 것들도 그것들을 수용하는 자에게는 장애가 되지 않습니다.'라고 말한다면, 수행승들은 그 수행승에게 '존자여, 그와 같이 말하지 말라. 세존을 잘못 대변하지 말라. 세존을 잘못 대변하는 것은 옳지 않다. 세존께서는 그와 같이 말하지 않았다. 존자여, 세존께서는 여러 가지 법문으로 장애가 되는 것은 장애라고 말씀했고 그것을 행하는 자에 따라서 장애가 되기에 충분하다고 말씀했다.'라고 말해주어야 한다. 수행승들이 그 수행승에게 이와 같이 말하는데도 그와 같이 고집하면, 수행승들은 그 수행승에게 그것을 그만두도록 세 번까지 충고를 해야 하는데, 세 번까지 충고해서 그것을 그만둔다면, 훌륭한 일이지만, 그만두지 않는다면, 단순속죄죄[313]를 범하는 것이다."[314]

313) pācittiya : ≪빠알리율≫에서는 '충고받지 못했거나, 그만두거나, 정신착란자이거나, 최초의 범행자인 경우'는 예외이고, ≪사분율≫에서는 '한두 번 충고했을 때 그만두거나, 원칙에 맞지 않는 별중이나 원칙에 맞지 않는 갈마로 견책조치의 갈마를 하거나, 원칙에 맞지 않고, 계율에 맞지 않고, 가르침에 맞지 않는 갈마를 하거나, 일체의 충고를 하기 이전이었거나, 이 학습계율시설의 원인이 된 최초의 범행자이거나, 정신착란자이거나, 마음이 심란한 자이거나, 애통해 하는 자인 경우'를 예외로 한다.

314) •사견위간계⊙(邪見違諫戒) / Khu-Pāc. 68(Nī-Pāc. 146) : yo pana [70-71] bhikkhu evaṁ vadeyya: tathāhaṁ bhagavatā dhammaṁ desitaṁ ājānāmi yathā ye'me antarāyikā dhammā vuttā bhagavatā te paṭisevato nālaṁ antarāyāyā'ti, so bhikkhu bhikkhūhi evam assa vacanīyo, mā āyasmā evaṁ avaca, mā bhagavantaṁ abbhācikkhi, na hi sādhu bhagavato abbhakkhānaṁ, na hi bhagavā evaṁ vadeyya; anekapariyena āvuso, antarāyikā dhammā antarāyikā vutta bhagavatā alañca pana te paṭisevato antarāyāyā'ti. evañca pana so bhikkhu bhikkhūhi vuccamāno tath'eva paggaṇheyya, so bhikkhu bhikkhūhi yāvatatiyaṁ samanubhāsitabbo tassa paṭinissaggāya, yāvatatiyaṁ ce samanubhāsiyamāno tam paṭinissajjeyya, iccetaṁ kusalaṁ, no ce paṭinissajjeyya pācittiyan'ti. ■악견위간계(惡見違諫戒) / 사분승바일제 68 : 若比丘 作如是語 「我知佛所說法 行婬欲 非障道法」 彼比丘應諫是比丘言: 「大德 莫作是語 莫謗世尊 謗世尊者不善, 世尊不作是語 世尊無數方便 說行婬欲是障道法」 是比丘如是諫時, 堅持不捨 彼比丘應三諫 捨此事故 乃至三諫 捨者善; 不捨者, 波逸提

Pali-Khup. 118

118(5-7-9) 단순속죄죄법 제69조

권리정지된 자와의 향유에 대한 학습계율
[Ukkhittasambhogasikkhāpada]

[세존] "어떠한 수행승이든, 원칙에 맞게 충고를 이행하지 않고 사견을 버리지 않은 수행승과, 알면서 그렇게 말하는,315) 그와 함께 향유하거나,316) 함께 살거나, 함께 잔다면, 단순속죄죄317)를 범하는 것이다."318)

---

315) tathāvādinā : *'그렇게 말하는 자와'라는 것은 앞의 학습계율 뜻한다.*

316) saddhiṁ sambhuñjeyya vā : *향유에는 두 가지 향유 즉, 음식의 향유와 가르침의 향유가 있다.*

317) pācittiya : *≪빠알리율≫에서는 '권리정지되지 않은 자라고 알거나, 권리정지되어 사면복권되었다고 알거나, 그 견해를 버렸다고 알거나, 정신착란자이거나, 최초의 범행자인 경우'는 예외이다. ≪사분율≫에서는 '비구가 악견으로 권리정지된 자가 먼저 도착할 줄 몰랐거나, 악견으로 권리정지된 자가 뒤에 도착했으나 몰랐거나, 방이 덮여있으나 사면에 벽이 없었거나, 방이 다 덮였고 반만 또는 조금 막혔거나, 방이 다 막혔고 덮여있지 않거나, 방이 다 막혔고 반만 또는 조금 덮였거나, 방이 반만 덮였고 반만 막혔거나, 방이 조금 덮였고 조금 막혔거나, 덮이지도 막히지도 않은 노지였거나, 방안에 거닐거나 앉아있었거나, 머리가 어지러워 쓰러졌든가, 병이 나서 누었든가, 힘센 자의 강요였거나, 결박당했거나, 목숨이 위태로웠거나, 청정행이 어려웠거나, 이 학습계율시설의 원인이 된 최초의 범행자이거나, 정신착란자이거나, 마음이 심란한 자이거나, 애통해 하는 자인 경우'를 예외로 한다.*

---

318) • 수거계⊙(隨擧戒) / Khu-Pāc. 69(Nī-Pāc. 147) : yo pana bhikkhu jānaṁ tathāvādinā bhikkhunā akaṭānudhammena taṁ diṭṭhiṁ appaṭinissaṭṭhena saddhiṁ sambhuñjeyya vā saṁvaseyya vā saha vā seyyaṁ kappeyya, pācittiyan'ti. ▪ 수거계(隨擧戒) / 사분승바일제 69 : 若比丘 知如是語人未作法 如是邪見不捨, 供給所需. 共同羯磨, 止宿言語者, 波逸提

Pali-Khup. 119

119(5-7-10) 단순속죄죄법 제70조

깐따까319)와 관계된 학습계율
[Kaṇṭakasikkhāpada]

[세존] "어떠한 사미이든지 이와 같이 '내가 세존께서 가르치신 진리를 이해하기로는, 틀림없이 세존께서 장애가 되는 것이라고 설한 것들도 그것들을 수용하는 자에게는 장애가 되지 않습니다.'라고 말한다면, 수행승들은 그 사미에게 '사미여, 그와 같이 말하지 말라. 세존을 잘못 대변하지 말라. 세존을 잘못 대변하는 것은 옳지 않다. 세존께서는 그와 같이 말하지 않았다. 사미여, 세존께서는 여러 가지 법문으로 장애가 되는 것은 장애라고 말씀했고 그것을 행하는 자에 따라서 장애가 되기에 충분하다고 말씀했다.'라고 말해야 한다. 수행승들이 그 사미에게 이와 같이 말하는데도 그

---

319) Kaṇṭaka : 깐다까(Kaṇḍaka)라고도 하며, 우빠난다(Upananda)에게 구족계를 받은 사미이다. Vin. I. 79에 따르면, 그는 다른 사미 마하까(Mahaka)와 함께 동성애의 죄를 범했다. 이것이 알려지자 어떠한 수행승이든 두 사미에게 구족계를 줄 수 없게 되었지만, 나중에 Vin. I. 83에서 폐지되었다. Vin. I. 85에서는 수행녀 깐따까(Kaṇṭakā)를 능욕한 것으로 멸빈되었다. Vin. IV. 138에서는 수행승 아릿타(Ariṭṭha)와 같은 견해를 가졌다는 이유에서 승단에서 추방되었다.

와 같이 고집하면, 수행승들은 그 사미에게 '사미여, 오늘부터 그대는 '세존께서 그대의 스승이다.'라고 부르지 마라. 다른 사미가 수행승들과 함께 이틀이나 사흘을 함께 자더라도 그대는 그럴 수가 없다. 멀리 가서 사라져 버려라.'라고 말해야 한다. 어떠한 수행승이든 알면서 이와 같이 멸빈된 사미를 위로하거나 후원하거나 함께 향유하거나 함께 자면, 단순속죄죄[320]를 범하는 것이다."[321]

---

320) pācittiya : 《빠알리율》에는 '멸빈되지 않은 자라고 알거나, 그 견해를 버린 자라고 알거나, 정신착란자이거나, 최초의 범행자인 경우'는 예외이지만, 《사분율》에서는 '비구가 멸빈된 사미가 먼저 도착할 줄 몰랐거나, 멸빈된 사미가 뒤에 도착했으나 몰랐거나, 방이 덮여있으나 사면에 벽이 없었거나, 방이 다 덮였고 반만 또는 조금 막혔거나, 방이 다 막혔고 덮여있지 않거나, 방이 다 막혔고 반만 또는 조금 덮였거나, 방이 반만 덮였고 반만 막혔거나, 방이 조금 덮였고 조금 막혔거나, 덮이지도 막히지도 않은 노지였거나, 방안에 거닐거나 앉아있었거나, 머리가 어지러워 쓰러졌든가, 병이 나서 누었든가, 힘센 자의 강요였거나, 결박당했거나, 목숨이 위태로웠거나, 청정행이 어려웠거나, 이 학습계율시설의 원인이 된 최초의 범행자이거나, 정신착란자이거나, 마음이 심란한 자이거나, 애통해 하는 자인 경우'를 예외로 한다.

321) • 수빈사미계⊙(隨擯沙彌戒) / Khu-Pāc. 70(Nī-Pāc. 148) : samaṇuddeso pi ce evaṁ vadeyya, tathāhaṁ bhagavatā dhammaṁ desitaṁ ājānāmi yathā ye'me antarāyikā dhammā vuttā bhagavatā te paṭisevato nālaṁ antarāyāyā'ti. so samaṇuddeso bhikkhūhi evam assa vacanīyo: mā āvuso so samaṇuddesa, evaṁ avaca mā bhagavantaṁ abbhācikkhi, na hi sādhu bhagavato abbhakkhānaṁ. na hi bhagavā evaṁ vadeyya; [72-73] anekapariyāyena āvuso samaṇuddesa, antarāyikā dhammā attarāyikā vuttā bhagavatā alañca pana te

제7품 생물이 들어있는 물이 끝났다.

paṭisevato antarāyāyā'ti. evañca pana so samaṇuddeso bhikkhūhi vuccamāno tath'eva paggaṇheyya, so samaṇuddeso bhikkhūhi evam assa vacanīyo: ajjatagge te āvuso samaṇuddesa, na c'eva so bhagavā satthā apadisitabbo. yampi c'aññe samaṇuddesā labhanti bhikkhūhi saddhiṁ dvirittatirattaṁ sahaseyyaṁ, sāpi te n'atthi, cara pire vinassā'ti. yo pana bhikkhu jānaṁ tathā nāsitaṁ samaṇuddesaṁ upalāpeyya vā upaṭṭhāpeyya vā sambhuñjeyya vā saha vā seyyaṁ kappeyya, pācittiyan'ti. ▪ *수빈사미계(隨擯沙彌戒) / 사분승바일제 70 : 若比丘 知沙彌作如是語「我知佛所說法 行婬欲非障道法」彼比丘應語此沙彌言:「汝莫作是語 莫謗世尊, 謗世尊者不善, 世尊不作是語 沙彌 世尊無數方便 說行婬欲是障道法」是沙彌 如是諫時, 堅持不捨 彼比丘應三諫 捨此事故 乃至三諫 捨者善; 不捨者, 彼比丘 應語此沙彌言:「汝自今已後非佛弟子, 不得隨餘比丘 如餘沙彌得與大比丘二。三宿, 汝今無此事, 汝出去。滅去, 不須住此」若比丘知是被擯沙彌 若畜同一止宿者, 波逸提*

제8품 원칙에 따른 것
(Sahadhammikavagga)

Pali-Khup. 120

120(5-8-1) 단순속죄죄법 제71조
원칙에 따른 것에 대한 학습계율
[Sahadhammikasikkhāpada]

[세존] "어떠한 수행승이든 수행승들에 의해서 원칙에 따라 견책을 받고 이와 같이 '존자여, 내가 다른 유능한 지율자인 수행승에게 탐문하기 전까지는 나는 이 학습계율을 지키지 않겠다.'라고 말한다면, 단순속죄죄[322]를 범하는 것이다. 수행승들이여, 학습계율을 배우는 경우 수행승들은 학습계율을 숙지해야 하고, 탐문해야 하고, 고찰해야 하는데, 이것이 그 경우

---

322) pācittiya : ≪빠알리율≫에서는 "'나는 알겠다.' 또는 '나는 닦겠다.'라고 말하거나, 정신착란자이거나, 최초의 범행자인 경우'는 예외이고, ≪사분율≫에서는 "지혜가 없는 사람이 견책을 했을 때에는 '그대는 돌아가서 그대의 친교사나 궤범사에게 다시 물어보시오 그대는 다시 배워서 충고하시오.'라고 하는 경우나 그것이 사실과 같았거나, 장난으로 말했거나, 빨리 말했거나, 혼자서 말했거나, 꿈속에서 말했거나, 이 학습계율시설의 원인이 된 최초의 범행자이거나, 정신착란자이거나, 마음이 심란한 자이거나, 애통해 하는 자인 경우"를 예외로 한다.

의 올바른 조치이다."323)

---

323) • 거권학계⊙(拒勸學戒) / Khu-Pāc. 71(Nī-Pāc. 149) : yo pana bhikkhu bhikkhūhi sahadhammikaṁ vuccamāno evaṁ vadeyya: na tāv-āhaṁ āvuso, etasmiṁ sikkhāpade sikkhissāmi yāva na aññaṁ bhikkhuṁ vyattaṁ vinayadharaṁ paripucchāmī'ti pācittiyaṁ. sikkhamānena bhikkhave, bhikkhunā aññātabbaṁ paripucchitabbaṁ paripañhitabbaṁ, ayaṁ tattha sāmīcī'ti. ■ 거권학계(拒勸學戒) / 사분승바일제 71 : 若比丘 餘比丘如法諫時, 作如是語「大德 我今不學此戒 乃至有智慧 持戒律者, 我當難問」波逸提 欲求解者, 應當難問.

Pali-Khup. 121

121(5-8-2) 단순속죄죄법 제72조

혼란에 대한 학습계율
[Vilekhanasikkhāpada]

[세존] “어떠한 수행승이든 의무계율이 송출될 때, 이와 같이 ‘이러한 사소한 학습계율은 의혹과 고뇌와 혼란만을 야기시키는데, 그것들을 송출하는 것이 무슨 소용이 있는가?’라고 말하며 학습계율을 비방한다면, 단순속죄죄[324]를 범하는 것이다.”[325]

---

324) pācittiya : 《빠알리율》에서는 ‘비방하고자 의도하지 않고 ‘자, 경전이나 게송이나 논서를 배우고 나중에 계율을 배우겠습니다.’라고 말하거나, 정신착란자이거나, 최초의 범행자인 경우’는 예외이고, 《사분율》에서는 그 밖에 ‘질병이 있는 자에게 독송하라고 했거나 사문의 과위를 이룬 후에 독송하라고 했거나, 장난으로 말했거나, 빨리 말했거나, 혼자서 말했거나, 꿈속에서 말했거나, 이 학습계율시설의 원인이 된 최초의 범행자이거나, 정신착란자이거나, 마음이 심란한 자이거나, 애통해 하는 자인 경우’를 예외로 한다.

325) • 훼비니계⊙(毁毘尼戒) / Khu-Pāc. 72(Nī-Pāc. 150) : yo pana bhikkhu pāṭimokkhe uddissamāne evaṁ vadeyya: kiṁ pan'imehi khuddānukhuddakehi sikkhāpadehi uddiṭṭhehi, yāvad eva kukkuccāya vihesāya vilekhāya saṁvattantī'ti sikkhāpadavivaṇṇake pācittiyan'ti. ■ 훼비니계(毁毘尼戒) / 사분승바일제 72 : 若比丘 說戒時, 作如是語「大德 何用說此雜碎戒爲? 說是戒時, 令人惱愧懷疑」, 輕訶戒故, 波逸提

Pali-Khup. 122

122(5-8-3) 단순속죄죄법 제73조

태만에 대한 학습계율
[Mohanasikkhāpada]

[세존] "어떠한 수행승이든 반월마다 의무계율이 송출될 때, 이와 같이 '이제야 비로소 이 원칙이 조항으로 내려와 조항에 포함되어 반월마다 송출되게 된다는 것을 우리가 알았다.'라고 말할 때, 다른 수행승들이 그 수행승이 이전에 두세 번, 그 이상은 말할 것도 없이, 의무계율을 송출하는데 앉아 있었던 것을 안다면, 그 수행승은 알지 못한 까닭으로 면책될 수 없다. 그 경우 그가 위범한 그 죄는 원칙에 따라서 처벌받아야 하고 또한 그의 태만은 '존자여, 그대는 의무계율이 송출될 때, 그 가치를 잘 유념하지 않았고 정신활동을 기울이지 않았다.'라고 견책받아야 한다. 이렇게 되면, 태만한 자로서 단순속죄죄[326]를 범하는 것이다."[327]

---

326) pācittiya : ≪빠알리율≫에서는 '아직 상세하게 듣지 못했거나, 두세 번 이내에 상세히 들었거나, 태만할 의도가 없었거나, 정신착란자이거나, 최초의 범행자인 경우'는 예외이고, ≪사분율≫에서는 '들은 적이 없다던가, 지금 처음 들었던가, 장난으로 말했거나, 빨리 말했거나, 혼자서 말했거나, 꿈속에서 말했거나, 이 학습계율시설의 원인이 된 최초의 범행자이거나, 정신착란자이거나, 마음이 심란한 자이거

나, 애통해 하는 자인 경우'를 예외로 한다.

327) • 공거선언계⊙(恐擧先言戒) / Khu-Pāc. 73(Nī-Pāc. 151) : yo pana bhikkhu anvaddhamāsaṁ pāṭimokkhe uddissamāne evaṁ vadeyya: idān'eva kho ahaṁ jānāmi ayampi kira dhammo suttāgato suttapariyāpanno anvaddhamāsaṁ uddesaṁ āgacchatī'ti. tañce bhikkhuṁ aññe bhikkhū jāneyyuṁ nisinnapubbaṁ iminā bhikkhunā dvattikkhattuṁ pāṭimokkhe uddissamāne ko pana vādo bhiyyo na ca tassa bhikkhuno aññāṇakena mutti atthi yañca tattha āpattiṁ āpanno tañca yathādhammo kāretabbo uttariṁ c'assa moho āropetabbo: tassa te āvuso alābhā tassa te dulladdhaṁ yaṁ tvaṁ pāṭimokkhe uddissamāne na sādhukaṁ aṭṭhikatvā manasikarosī'ti. idaṁ tasmiṁ mobhanake pācittiyan'ti. ■ 공거선언계(恐擧先言戒) / 사분승바일제 73 : 若比丘 說戒時, 作如是語「大德 我今始知是法 是戒經 半月半月說戒經中來」若餘比丘, 知是比丘, 若二。若三說戒中坐, 何況多! 彼比丘無知無解, 若犯罪者, 應如法治, 更重增無知罪「大德 汝無利。得不善. 汝說戒時, 不一心思念, 攝耳聽法」彼無知故, 波逸提

Pali-Khup. 123

123(5-8-4) 단순속죄죄법 제74조

구타에 대한 학습계율
[Pahārasikkhāpada]

[세존] "어떠한 수행승이든 화가 나고 불만에 가득 차서 수행승을 구타하면, 단순속죄죄[328])를 범하는 것이다."[329])

---

328)pācittiya : 《빠알리율》에서는 '어떠한 것에 의해서라도 곤란을 당하여 거기에서 벗어나고자 구타하거나 정신착란자이거나, 최초의 범행자인 경우'는 예외이고, 《사분율》에서는 좀더 구체적으로 '병이 들었거나, 음식이 걸렸거나, 알아듣지 못해 알아듣게 했거나, 잠꼬대를 했거나, 경행할 때나 빗자루를 쓸 때에 부딪쳤거나, 이 학습계율시설의 원인이 된 최초의 범행자이거나, 정신착란자이거나, 마음이 심란한 자이거나, 애통해 하는 자인 경우'를 예외로 한다.

329) 진타비구계⊙(瞋打比丘戒) / Khu-Pāc. 74(Nī-Pāc. 152) : yo pana bhikkhu bhikkhussa kupito anattamano pahāraṁ dadeyya, pācittiyan'ti. ■ 진타비구계(瞋打比丘戒) / 사분승바일제 78 : 若比丘 瞋故不喜, 打比丘者, 波逸提

Pali-Khup. 124

124(5-8-5) 단순속죄죄법 제75조

위협적인 손짓에 대한 학습계율

[Talasattikasikkhāpada]

[세존] "어떠한 수행승이든 화가 나고 불만에 가득 차서 수행승에게 손짓으로 위협을 가한다면, 단순속죄죄[330]를 범하는 것이다."[331]

---

330) pācittiya : ≪빠알리율≫에서는 '어떠한 것에 의해서라도 곤란을 당하여 거기에서 벗어나고자 손짓으로 위협을 가하거나, 정신착란자이거나, 최초의 범행자인 경우'는 예외이고, ≪사분율≫에서는 '다른 사람이 때리려는데 손으로 막거나, 코끼리 · 도적 · 사나운 짐승이 오거나 가시를 가지고 올 때에 손으로 막거나, 물을 건너거나 진흙을 건널 때에 건드리거나, 상대방이 알아듣지 못해 알아듣게 했거나, 잠을 잘 때 잠꼬대를 했거나, 경행할 때나 빗자루를 쓸 때에 부딪쳤거나, 이 학습계율시설의 원인이 된 최초의 범행자이거나, 정신착란자이거나, 마음이 심란한 자이거나, 애통해 하는 자인 경우'를 예외로 한다.

331) • 박비구계⊙(摶比丘戒) / Khu-Pāc. 75(Nī-Pāc. 153) : yo pana bhikkhu bhikkhussa kupito anattamano talasattikaṁ uggireyya, pācittiyan'ti. ■ 박비구계(摶比丘戒) / 사분승바일제 79 : 若比丘 瞋故不喜, 以手摶比丘者, 波逸提

Pali-Khup. 125

125(5-8-6) 단순속죄죄법 제76조

근거 없는 것에 대한 학습계율

[Amulākasikkhāpada]

[세존] "어떠한 수행승이든 수행승에 대하여 근거 없이 '승단잔류죄를 범하는 것이다.'라고 비방한다면, 단순속죄죄[332]를 범하는 것이다."[333]

---

332) pācittiya : ≪빠알리율≫에서는 '진실이라고 지각하고 꾸짖거나, 꾸짖게 시키거나, 정신착란자이거나, 최초의 범행자인 경우'는 예외이고, ≪사분율≫에서는 '실제 보고 듣고 의심한 근거로써 뉘우치게 하려고 했거나, 장난으로 말했거나, 빨리 말해서 상대가 알아듣지 못했거나, 혼자 있는 데서 말했거나, 꿈속에서 말했거나, 이것을 말하려다가 저것을 말했거나, 이 학습계율시설의 원인이 된 최초의 범행자이거나, 정신착란자이거나, 마음이 심란한 자이거나, 애통해 하는 자인 경우'를 예외로 한다.

333) • 무근승잔방계⊙(無根僧殘謗戒) / Khu-Pāc. 76(Nī-Pāc. 154) : yo [76-77] pana bhikkhu bhikkhuṁ amūlakena saṅghādisesena anuddhaṁseyya, pācittiyan'ti. ▪ 무근승잔진방계(無根僧殘瞋謗戒) / 사분승바일제 80 : 若比丘 瞋故不喜. 以無根僧伽婆尸沙法謗者, 波逸提

Pali-Khup. 126

126(5-8-7) 단순속죄죄법 제77조

의도적으로 일으킨 회한에 대한 학습계율
[Sañciccakukkuccasikkhāpada]

[세존] "어떠한 수행승이든 수행승에게 '잠시일지라도 그가 평안해서는 안 될 것이다.'라고 의도적으로 회한을 일으키면, 그 동기뿐이고 다른 것이 아닌 한, 단순속죄죄[334)]를 범하는 것이다."[335)]

---

334) ≪빠알리율≫에는 '회한을 일으킬 의도가 없이 '그대는 틀림없이 20세 미만에 구족계를 받았다. 그대는 틀림없이 때 아닌 때의 시간에 식사를 했다. 그대는 틀림없이 술을 마셨다. 그대는 틀림없이 여인과 함께 은밀히 앉았다. 자, 그대가 알아야 한다. 나중에 그대에게 회한이 일어나서는 안 된다.'라고 말했거나, 정신착란자이거나, 최초의 범행자인 경우'는 예외이고, ≪사분율≫에서는 '그 일이 사실이어서 일부러 한 것이 아니고 의심하고 괴로워하는 일이 있을까 염려가 되어서 했거나, 장난으로 했거나, 빨리 말했거나, 혼자서 말했거나, 꿈속에서 말했거나, 이것을 말하려다 착오로 저것을 말했거나, 이 학습계율시설의 원인이 된 최초의 범행자이거나, 정신착란자이거나, 마음이 심란한 자이거나, 애통해 하는 자인 경우'를 예외로 한다.

335) • 의뇌비구계⊙(疑惱比丘戒) / Khu-Pāc. 77(Nī-Pāc. 155) : yo pana bhikkhu bhikkhussa sañcicca kukkuccaṁ upadabheyya iti'ssa muhuttampi aphāsu bhavissatī'ti etadeva paccayaṁ karitvā anaññaṁ, pācittiyan'ti. ■ 의뇌비구계(疑惱比丘戒) / 사분승바일제 63 : 若比丘故惱他比丘 乃至少時不樂者, 波逸提

Pali-Khup. 127

127(5-8-8) 단순속죄죄법 제78조
옛듣기에 대한 학습계율
[Upassutisikkhāpada]

[세존] "어떠한 수행승이든 수행승들이 다투고 싸우고 언쟁하는데, '이들이 말하는 것을 내가 듣겠다.'라고 생각하고 엿들으면, 그 동기뿐이고 다른 것이 아닌 한, 단순속죄죄336)를 범하는 것이다."337)

---

336) pācittiya : ≪빠알리율≫에서는 "듣고 '나는 그만두겠다. 나는 삼가겠다. 나는 그치겠다. 나를 자유롭게 하겠다.'라고 생각하고 가거나, 정신착란자이거나, 최초의 범행자인 경우'는 예외이고, ≪사분율≫에서는 '두 사람이 어두운 곳이나 가려진 곳에서 이야기하거나 길을 갈 때 앞서 가는 자가 이야기할 때에 손가락을 튕기거나 헛기침을 했거나, 원칙에 맞지 않는 갈마를 하려 하거나 참모임이나 승원이나 친교사에게 손해를 끼치려거나 이익이 없게 하거나 머물 수 없게 하는 갈마를 하려고 할 때에 그것을 알고 가서 들었거나, 이 학습계율시설의 원인이 된 최초의 범행자이거나, 정신착란자이거나, 마음이 심란한 자이거나, 애통해 하는 자인 경우'를 예외로 한다.

337) ● 병청사쟁계⊙(屛聽四諍戒) / Khu-Pāc. 78(Nī-Pāc. 156) : yo pana bhikkhu bhikkhūnaṁ bhaṇḍanajātānaṁ kalahajātānaṁ vivādāpannānaṁ upassutiṁ tiṭṭheyya yaṁ ime bhaṇissanti taṁ sossāmī'ti etadeva paccayaṁ karitvā anaññaṁ, pācittiyan'ti. ■ 병청사쟁계(屛聽四諍戒) / 사분승바일제 77 : 若比丘 知他比丘鬥諍, 聽此語已, 向彼說者, 波逸提

Pali-Khup. 128

128(5-8-9) 단순속죄죄법 제79조

갈마의 방해에 대한 학습계율

[Kammappaṭibāhanasikkhāpada]

[세존] "어떠한 수행승이든 원칙에 맞는 갈마에 청정동의를 위임하고[338] 나중에 불평을 토로하면, 단순속죄죄[339]를 범하는 것이다."[340]

---

338) *chandaṁ datvā : 의결할 수 있는 권리를 위임하는 것인데, 예를 들어 아픈 수행승은 갈마에서 청정권리의 위임(pārisuddhidāna : Vin. I. 120)과 청정동의의 위임(chandadāna : Vin, I. 121)의 위임을 행할 수 있다. 여기서 청정(pārisuddhi)은 의무계율에 비추어 어떠한 죄도 짓지 않은 것을 믿는다는 의미에서 청정(pārisuddhi)인데, 자기의 청정을 위임하여 갈마에 출석을 대신한다는 의미를 지닌다.*

339) *pācittiya : ≪빠알리율≫에서는 '원칙에 맞지 않았거나 불완전한 모임이거나 갈마에 적합하지 않은 자에 대하여 행해진 것을 알고 불평을 토로하거나 정신착란자이거나, 최초의 범행자인 경우'는 예외이고, ≪사분율≫에서는 "그것이 사실이어서 '원칙에 맞지 않는 갈마이므로 성립하지 않았다.'라고 말했거나, 장난으로 말했거나, 빨리 말했거나, 혼자서 말했거나, 꿈속에서 말했거나, 이 학습계율시설의 원인이 된 최초의 범행자이거나, 정신착란자이거나, 마음이 심란한 자이거나, 애통해 하는 자인 경우"를 예외로 한다.*

340) *• 여욕후회계⊙(與欲後悔戒) / Khu-Pāc. 79(Nī-Pāc. 157) : yo pana bhikkhu dhammikānaṁ kammānaṁ chandaṁ datvā pacchā khīyanadhammaṁ āpajjeyya, pācittiyan'ti. ■ 여욕후회계(與欲後悔戒) / 사분승바일제 76 : 若比丘 與欲已, 後更訶者, 波逸提*

Pali-Khup. 129

129(5-8-10) 단순속죄죄법 제80조

청정동의의 비위임에 대한 학습계율

[Chandaṁadatvāgamanasikkhāpada]

[세존] "어떠한 수행승이든 참모임에서 결의할 때 청정동의를 위임하지 않고 자리에서 일어나 그곳을 떠나면, 단순속죄죄341)를 범하는 것이다."342)

---

341) pācittiya : ≪빠알리율≫에서는 "참모임의 다툼이나 싸움이나 언쟁이나 분쟁이 있겠다.'라고 생각하고 떠나가거나, '참모임의 분열이나 참모임의 불화가 있겠다.'라고 생각하여 떠나가거나, '원칙에 맞지 않거나 불완전하거나 갈마에 적합하지 않은 자에게 갈마를 행하겠다.'라고 생각하고 떠나가거나, 아프기 때문에 떠나가거나, 대변이나 소변이 마려워서 떠나가거나, 갈마를 방해하지 않기 위하여 '내가 다시 오겠다.'라고 생각하고 떠나가거나, 정신착란자이거나, 최초의 범행자인 경우'는 예외이고, ≪사분율≫에서는 '참모임, 탑묘, 승원이나 환우의 일로 희망의 뜻을 위임하거나, 입이 어눌해서 희망하는 듯을 위임하지 못하거나, 참모임이나 승원이나 친교사 등에게 손해를 끼치거나 이익이 없거나 머물 곳이 없게 하는 갈마를 하려고 해서 위임 않고 떠났거나, 이 학습계율시설의 원인이 된 최초의 범행자이거나, 정신착란자이거나, 마음이 심란한 자이거나, 애통해 하는 자인 경우'를 예외로 한다.

342) • 불여욕계⊙(不與欲戒) / Khu-Pāc. 80(Nī-Pāc. 158) : yo pana bhikkhu saṅghe vinicchayakathāya vattamānāya chandaṁ adatvā uṭ-ṭhāy'āsanā pakkameyya, pācittiyan'ti. ■ 불여욕계(不與欲戒) / 사분승바일제 75 : 若比丘 僧斷事, 不與欲而起去者, 波逸提

Pali-Khup. 130

130(5-8-11) 단순속죄죄법 제81조

닳아빠진 옷으로 인한 학습계율

[Dubbalasikkhāpada]

[세존] "어떠한 수행승이든 화합참모임과 함께 옷을 나누어준 뒤에 나중에 '수행승들이 친밀에 따라 참모임의 소득을 나누어준다.'라고 불평하면, 단순속죄죄[343]를 범하는 것이다."[344]

---

343) *pācittiya* : *≪빠알리율≫에서는 "실제로 욕망과 분노와 어리석음과 두려움에 의해서 행동하는 자에게 주어진 것이 무슨 소용이 되겠는가? 그것을 받더라고 쓸모 없게 만들고 올바로 사용할 수 없을 것이다.'라고 불평하거나, 정신착란자이거나, 최초의 범행자인 경우'는 예외이고, ≪사분율≫에서는 '실제로 그러해서 주었든가, 장난으로 말했거나, 빨리 말했거나, 혼자서 말했거나, 꿈속에서 말했거나, 이 학습계율시설의 원인이 된 최초의 범행자이거나, 정신착란자이거나, 마음이 심란한 자이거나, 애통해 하는 자인 경우'를 예외로 한다.*

344) *• 동갈마후회계⊙(同羯磨後悔戒) / Khu-Pāc. 81(Nī-Pāc. 159) : yo pana bhikkhu samaggena saṅghena cīvaraṁ datvā pacchā khīyanadhammaṁ āpajjeyya yathāsanthutaṁ bhikkhū saṅghikaṁ lābhaṁ pariṇāmentī'ti, pācittiyan'ti. ■ 동갈마후회계(同羯磨後悔戒) / 방일제 74 : 若比丘 共同羯磨已, 後如是語 「諸比丘, 隨親友 以衆僧物與」者, 波逸提*

Pali-Khup. 131

131(5-8-12) 단순속죄죄법 제82조

전용에 대한 학습계율
[Pariṇāmanasikkhāpada]

[세존] "어떠한 수행승이든 알면서 참모임에게 기증된 소득을 개인을 위해 전용한다면, 단순속죄죄[345]를 범하는 것이다."[346]

제8품 원칙에 따른 것이 끝났다.

---

345) pācittiya : 《빠알리율》에서는 "'우리가 어디에 주는가?'라고 질문을 받거나 '어디에서 그대의 보시가 사용되어야 한다거나, 효과를 보아야 하거나, 오래갈 것이라거나, 언제 그대의 마음이 편하다든가 하는 곳에 주라.'라고 말하거나, 정신착란된 자이거나 최초의 범행자의 경우"는 예외이다.

346) • 회여승물계⊙(廻與僧物戒) / Khu-Pāc. 82(Nī-Pāc. 160) : yo pana [78-79] bhikkhu jānaṁ saṅghikaṁ lābhaṁ pariṇataṁ puggalassa pariṇāmeyya pācittiyan'ti : 상실속죄죄법 제30조(Khu-Niss. 30) — 어떠한 수행승이든 알면서 참모임에게 기증된 소득을 자신의 것으로 전용하면, 상실속죄죄를 범하는 것이다. — 와 비교하라.

제9품 재보
(Ratanavagga)

Pali-Khup. 132

132(5-9-1) 단순속죄죄법 제83조
내궁에 대한 학습계율
[Antepurasikkhāpada]

[세존] “어떠한 수행승이든, 왕족으로서 관정을 받은 왕이 아직 떠나지 않았고, 왕비[347]도 아직 물러나지 않았는데, 사전에 예고도 없이 내궁의 문지방을 넘어서면, 단순속죄죄[348]를 범하는 것이다.”[349]

---

347) ratana : 왕비는 원래 '보배'란 말인데, 보배는 왕비를 뜻한다.
348) pācittiya : ≪빠알리율≫에서는 '왕족으로서 권정을 받지 않았거나, 왕이 침실에서 떠났거나, 왕비가 침실에서 물러났거나, 양자가 떠났거나, 침실이 아니거나, 정신착란자이거나, 최초의 범행자인 경우'는 예외이고, ≪사분율≫에서는 '왕비나 궁녀가 이미 나가고, 금은보화를 감추었거나, 알릴 것이 있거나, 청함을 받았거나, 힘센 자에게 끌려왔거나, 목숨이 위태로웠거나, 청정행이 어려웠거나, 이 학습계율시설의 원인이 된 최초의 범행자이거나, 정신착란자이거나, 마음이 심란한 자이거나, 애통해 하는 자인 경우'를 예외로 한다.
349) • 돌입왕궁계∅(突入王宮戒) / Khu-Pāc. 83 : yo pana bhikkhu rañño khattiyassa muddhāvasittassa anikkhatantarājake aniggatar-anake pubbe appaṭisaṁvidito indakhīlaṁ atikkāmeyya, pācittiyan'ti. ■ 돌입왕궁계(突入王宮戒) / 사분승바일제 81 : 若比丘 刹利水澆頭王, 王未出, 未藏寶, 若入宮門過閾者, 波逸提

Pali-Khup. 133

133(5-9-2) 단순속죄죄법 제84조

재보에 대한 학습계율

[Ratanasikkhāpada]

[세존] "어떠한 수행승이든 재보나 재보로 간주되는 것을 집어갖거나 집어갖게 하면, 승원 안에서나 처소 안에서는 예외로 하고, 단순속죄죄350)를 범하는 것이다. 그러나 수행승이 승원 안에서나 처소안에서 재보나 재보로 간주되는 것을 '소유한 자가 가져갈 것이다.'라고 생각하여 집어갖거나 집어갖게 해서 맡아 두면, 이것이 그 경우의 적절한 조치이다."351)

---

350) pācittiya : ≪빠알리율≫에서는 '맡아 두는 경우이거나, 재보로 간주되는 것을 신뢰에 의해서 가지거나, 잠시 맡아두거나, 그것을 넝마처럼 생각하거나, 정신착란자이거나, 최초의 범행자인 경우'는 예외이고, ≪사분율≫에서는 '승원이나 숙소에서 맡아두고 찾으러 오는 자가 있으면 어떤 것인지를 물어서 확인하고 돌려주었거나, 주인에게 탑과 사원의 장엄구로 공양한 것을 맡아두었거나, 이 학습계율시설의 원인이 된 최초의 범행자이거나, 정신착란자이거나, 마음이 심란한 자이거나, 애통해 하는 자인 경우'를 예외로 한다.

351) • 착보계⊙(捉寶戒) / Khu-Pāc. 84(Nī-Pāc. 161) : yo pana bhikkhu ratanaṁ vā ratanasammataṁ vā aññatra ajjhārāmā vā ajjhāvasathā vā uggaṇheyya vā uggaṇhāpeyya vā, pācittiyaṁ, ratanaṁ vā pana bhikkhunā ratanasammataṁ vā ajjhārāme vā ajjhāvasathe vā uggahetvā vā uggahāpetvā vā nikkhipitabbaṁ, yassa bhavissati so harissatī'ti. ayaṁ tattha sāmīcī'ti. ■ 착보계(捉寶戒) / 사분승바일제

82 : 若比丘 若寶及寶莊飾具 若自捉 若教人捉 除僧伽藍中及寄宿處 波逸提 若在僧伽藍中及寄宿處 若寶及寶莊飾具 若自捉 若教人捉 識者當取 如是因緣非餘.

Pali-Khup. 134

134(5-9-3) 단순속죄죄법 제85조

때 아닌 때의 시간의 마을들기에 대한 학습계율
[Vikālegāmappavesanasikkhāpada]

[세존] "어떠한 수행승이든, 수행승이 있는 경우에 허락을 구하지 않고, 때 아닌 때의 시간에 마을로 들어가면, 긴급한 일이 있는 경우를 제외하고, 단순속죄죄[352])를 범하는 것이다."[353])

---

352) pācittiya : ≪빠알리율≫에서는 '긴급한 일이 있어 수행승에게 허락을 구하고 들어가거나, 수행승이 없는 경우 허락을 구하지 않고 들어가거나, 마을 사이로 가거나, 수행녀의 처소로 가거나, 이교도의 숙소로 가거나, 돌아가거나, 길이 마을을 통하거나, 사고가 일어났거나, 정신착란된 자나 최초의 범행자인 경우'는 예외이다. ≪사분율≫에서는 '참모임의 일이 있거나 탑사와 관련된 일이나 간병의 일이 있어서 다른 수행승에게 부촉했거나, 길이 마을을 통과해 있거나, 알릴 일이나 부름을 받았거나, 힘센 자에게 끌려왔거나, 목숨이 위태로웠거나, 청정행이 어려웠거나, 이 학습계율시설의 원인이 된 최초의 범행자이거나, 정신착란자이거나, 마음이 심란한 자이거나, 애통해 하는 자인 경우'를 예외로 한다.

353) • 비시입취락계⊘(非時入聚落戒) / Khu-Pāc. 85 : yo pana bhikkhu santaṁ bhikkhuṁ anāpucchā vikāle gāmaṁ paviseyya aññatra tathārūpā accāyikā karaṇiyā pācittiyan'ti. ■ 비시입취락계(非時入聚落戒) / 사분승바일제 83 : 若比丘 非時入聚落, 不囑餘比丘者, 波逸提

Pali-Khup. 135

135(5-9-4) 단순속죄죄법 제86조

바늘통에 대한 학습계율

[Sucigharasikkhāpada]

[세존] "어떠한 수행승이든 뼈로 이루어지거나 상아로 이루어지거나 뿔로 이루어진 바늘통을 만들게 하면, 부수는 것을 포함하여, 단순속죄죄[354]를 범하는 것이다."[355]

---

354) pācittiya : ≪빠알리율≫에서는 '인끈판이거나, 부싯목이거나, 죔쇠이거나, 연고상자이거나, 연고막대이거나, 손도끼자루이거나, 수건이거나, 정신착란된 자이거나, 최초의 범행자인 경우'는 예외이다. ≪사분율≫에서는 '쇠나 구리나 납이나 주석이나 백납이나 대나무나 나무나 사라풀로 만들거나, 주장자 끝에 징을 끼우거나, 일산의 자루와 말굽을 박거나, 갈고리와 긁어내는 칼을 만들거나, 수저를 만들거나, 표주박을 만들거나, 혀를 긁는 물건을 만들거나, 이쑤시개나 귀쑤시개 등을 만들거나, 이 학습계율시설의 원인이 된 최초의 범행자이거나, 정신착란자이거나, 마음이 심란한 자이거나, 애통해 하는 자인 경우'를 예외로 한다.

355) • 골아각침통계⊙(骨牙角鍼筒戒) / Khu-Pāc. 86(Nī-Pāc. 162) : yo pana bhikkhu aṭṭhamayaṁ vā dantamayaṁ vā visānamayaṁ vā sucigharaṁ kārāpeyya, bhedanakaṁ pācittiyan'ti. ■ 골아각침통계(骨牙角鍼筒戒) / 사분승바일제 86 : 若比丘 用骨。牙。角作針筒, 刳刮成者, 波逸提

Pali-Khup. 136

136(5-9-5) 단순속죄죄법 제87조

침상과 의자에 대한 학습계율
[Mañcapīṭhasikkhāpada]

[세존] "수행승이 새로운 침상이나 의자를 만들도록 할 때에는 그 다리를 하부의 대에 들어가는 부분을 제외하고 행복한 님의 손가락마디로 여덟 손가락마디 크기(20cm∨60cm)로 만들어야 하지만, 그 치수를 초과하면, 잘라내는 것을 포함하여 단순속죄죄[356]를 범하는 것이다."[357]

---

356) pācittiya : ≪빠알리율≫에서는 '적당한 치수를 알아서 만들거나, 적당한 치수 이하로 만들거나, 타인이 만든 적당한 치수를 초과하는 것을 얻어서 절단하고 사용하는 경우이거나, 정신착란된 자이거나, 최초의 범행자인 경우'은 예외이고 ≪사분율≫에서도 '여덟 손가락 마디의 길이거나 그 보다 짧거나, 다른 사람이 완성된 것을 보시한 것을 잘라 사용하거나 다리를 뽑아 사용하거나, 이 학습계율시설의 원인이 된 최초의 범행자이거나, 정신착란자이거나, 마음이 심란한 자이거나, 애통해 하는 자인 경우'를 예외로 한다.

357) • 과량상족계⊙(過量牀足戒) / Khu-Pāc. 87(Nī-Pāc. 163) : navaṁ [80-81] pana bhikkhunā mañcaṁ vā pīṭhaṁ vā kārayamānena aṭṭhaṅgulapādakaṁ kāretabbaṁ sugataṅgulena aññatra heṭṭhimāya aṭaniyā. taṁ atikkāmayato chedanakaṁ pācittiyan'ti. ■ 과량상족계(過量牀足戒) / 사분승바일제 84 : 若比丘 作繩床。木床 足應高如來八指 除入陛孔上截竟 過者 波逸提

Pali-Khup. 137

137(5-9-6) 단순속죄죄법 제88조

솜을 씌우는 것에 대한 학습계율
[Tūlonaddhasikkhāpada]

[세존] "어떠한 수행승이든 침상이나 의자를 솜을 씌워 만들게 하면, 솜을 뜯어내는 것을 포함하여, 단순속죄죄[358]를 범하는 것이다."[359]

---

358) pācittiya : ≪빠알리율≫에서는 '인끈이나, 허리띠나, 어깨끈이나, 발우주머니나, 여과낭을 위한 것이거나 베개를 만드는 경우이거나, 타인이 만든 것을 얻어서 솜을 뜯어내고 사용하는 경우이거나, 정신착란된 자이거나 최초의 범행자의 경우'는 예외이고, ≪사분율≫에서는 '구라야풀이나 문야풀이나 사바풀이나 솜털이나 면화의 솜이나 헤어진 헝겊으로 요나 좌와구용 깔개에 넣었거나, 도라솜(兜羅綿)을 어깨 바치는 물건이나 수레 위의 베개에 넣거나, 이 학습계율시설의 원인이 된 최초의 범행자이거나, 정신착란자이거나, 마음이 심란한 자이거나, 애통해 하는 자인 경우'를 예외로 한다. 참고로 도라솜은 '초목과 꽃의 솜'을 총칭하는 것이다.

359) • 도라저상욕계⊙(兜羅貯牀褥戒) / Khu-Pāc. 88(Nī-Pāc. 164) : yo pana bhikkhu mañcaṁ vā pīṭhaṁ vā tūlonaddhaṁ kārāpeyya, uddālanakaṁ pācittiyan'ti. ■ 도라면저상욕계(兜羅綿貯牀褥戒) / 사분승바일제 85 : 若比丘 作兜羅綿, 貯作繩床。木床。臥具。坐褥者, 波逸提

Pali-Khup. 138

138(5-9-7) 단순속죄죄법 제89조

좌와구용 깔개에 대한 학습계율

[Nisīdanasikkhāpada]

[세존] “수행승이 좌와구용 깔개를 만들도록 할 때에는 적당한 치수로 만들도록 해야 하고, 그때 그 적당한 치수는 행복한 님의 뼘으로 길이 두 뼘(46cm∨180m)이고 너비 한 뼘 반(34.5cm∨135cm)이고 테두리 한 뼘(23cm∨90m)이어야 하는데. 그것을 초과하면, 잘라내는 것을 포함하여 단순속죄죄360)를 범하는 것이다.”361)

---

360) pācittiya : 《빠알리율》에서는 '적당한 치수를 알아서 만들거나, 적당한 치수 이하로 만들거나, 타인이 만든 적당한 치수를 초과하는 것을 얻어서 잘라내고 사용하거나, 천개 혹은 땅 위에 까는 것이나 천막이나 긴 베개나 베개를 만드는 경우이거나, 정신착란된 자이거나, 최초의 범행자인 경우'는 예외이고, 《사분율》에서는 '치수에 맞게 만들거나 치수의 이하로 만들거나, 타인에게서 완성된 것을 얻었으면 다시 재단하여 치수에 맞게 하거나, 접어서 두 겹으로 만들거나, 이 학습계율시설의 원인이 된 최초의 범행자이거나, 정신착란자이거나, 마음이 심란한 자이거나, 애통해 하는 자인 경우'를 예외로 한다.

361) • 과량니사단계∅(過量尼師壇戒) / Khu-Pāc. 89 : nisīdanaṁ pana bhikkhunā kārayamānena pamāṇikaṁ kāretabbaṁ. tatr'idaṁ pamāṇaṁ dīghaso dve vidatthiyo sugatavidatthiyā tiriyaṁ diyaḍḍhaṁ. dasā vidatthi, taṁ atikkāmayato chedanakaṁ pācittiyan'ti. ▪ 과량니사단계∅(過量尼師壇戒) / 사분승바일제 87 : 若比丘 作尼師壇, 當應量作. 是中量者, 長佛二磔手, 廣一磔手半, 更增廣長各半磔手. 若過成者, 波逸提

Pali-Khup. 139

139(6-9-8) 단순속죄죄법 제90조

복창의(覆瘡衣)에 대한 학습계율

[Kaṇḍupaṭiccādisikkhāpada]

[세존] "수행승이 복창의(覆瘡衣)를 만들도록 할 때에는 적당한 치수로 만들도록 해야 하고, 그때 그 적당한 치수는 행복한 님의 뼘으로 길이 네 뼘(92cm∨360cm)이고 너비 두 뼘(46cm∨180cm)이어야 하는데. 그것을 초과하면, 잘라내는 것을 포함하여 단순속죄죄[362]를 범하는 것이다."[363]

---

362) pācittiya : 《빠알리율》에서는 '적당한 치수를 알아서 만들거나, 적당한 치수 이하로 만들거나, 타인이 만든 적당한 치수를 초과하는 것을 얻어서 절단하여 사용하거나, 천개 혹은 땅 위에 까는 것, 천막, 긴 베개나 베개를 만드는 경우이거나, 정신착란된 자이거나, 최초의 범행자인 경우'는 예외이고, 《사분율》에서는 '치수에 맞게 만들거나 치수의 이하로 만들거나, 타인에게서 얻은 것을 쪼개서 치수에 맞게 만들거나, 접어서 두 겹으로 만들거나, 이 학습계율시설의 원인이 된 최초의 범행자이거나, 정신착란자이거나, 마음이 심란한 자이거나, 애통해 하는 자인 경우'를 예외로 한다.

363) • 복창의과량계⊙(覆瘡衣過量戒) / Pāc. 90(Nī-Pāc. 165) : kaṇḍupaṭicchādiṁ pana bhikkhunā kārayamānena pamāṇikā kāretabbā. tatr'idaṁ pamāṇaṁ dīghaso catasso vidatthiyo sugatavidatthiyā tiriyaṁ dve vidatthiyo, taṁ atikkāmayato chedanakaṁ pācittiyan'ti. ■ 복창의과량계(覆瘡衣過量戒) / 사분승바일제 88 : 若比丘 作覆瘡衣, 當應量作. 是中量者, 長佛四磔手, 廣二磔手. 若過成者, 波逸提

Pali-Khup. 140

140(5-9-9) 단순속죄죄법 제91조

우기옷에 대한 학습계율

[Vassikasāṭikasikkhāpada]

[세존] "수행승이 우기옷을 만들도록 할 때에는 적당한 치수로 만들도록 해야 하고, 그때 그 치수는 행복한 님의 뼘으로 길이 여섯 뼘(138cm∨540cm)이고 너비 두 뼘 반(57.5cm∨225cm)이어야 하는데. 그것을 초과하면, 잘라내는 것을 포함하여 단순속죄죄[364]를 범하는 것이다."[365]

---

364) pācittiya : 《빠알리율》에서는 '적당한 치수를 알아서 만들거나, 적당한 치수 이하로 만들거나, 타인이 만든 적당한 치수를 초과하는 것을 얻어서 절단하여 사용하는 경우이거나, 천개 혹은 땅 위에 까는 것, 천막, 긴 베개나 베개를 만드는 경우이거나, 정신착란된 자이거나, 최초의 범행자인 경우'는 예외이고, 《사분율》에서는 '치수에 맞게 만들거나 치수의 이하로 만들거나, 타인에게서 얻은 것을 쪼개서 치수에 맞게 만들거나, 접어서 두 겹으로 만들거나, 이 학습계율시설의 원인이 된 최초의 범행자이거나, 정신착란자이거나, 마음이 심란한 자이거나, 애통해 하는 자인 경우'를 예외로 한다.

365) • 우의과량계⊘(雨衣過量戒) / Khu-Pāc. 91 : vassikasāṭikaṁ pana bhikkhunā kārayamānena pamāṇika kāretabbā. tatr'idaṁ pamāṇaṁ dīghaso cha vidatthiyo sugatavidatthiyā, tiriyaṁ aḍḍhateyyā. taṁ atikkāmayato chedanakaṁ pācittiyan'ti. ▪ 우욕의과량계(雨浴衣過量戒) / 사분승바일제 89 : 若比丘 作雨浴衣, 當應量作. 是中量者, 長佛六磔手, 廣二磔手半. 若過成者, 波逸提

Pali-Khup. 141

141(5-9-10) 단순속죄죄법 제92조

장로 난다와 관련된 학습계율

[Nandattherasikkhāpada]

[세존] "어떠한 수행승이든 행복한 님의 옷과 같은 치수의 옷이나 그 이상의 치수의 옷을 입고 다니면, 잘라내는 것을 포함하여 단순속죄죄[366]를 범하는 것이다. 여기서 행복한 님의 옷의 치수라면 행복한 님의 뼘으로 길이 아홉 뼘(207cm∨810cm)이고 너비 여섯 뼘(138cm∨540cm)이니, 그것이 바로 행복한 님의 옷의 치수이다."[367]

---

366) pācittiya : 《빠알리율》에서는 '이하로 만들거나, 타인이 만든 것을 얻어서 잘라내고 사용한다거나, 천개 혹은 땅 위에 까는 것, 천막, 긴 베개나 베개를 만드는 경우이거나, 정신착란된 자이거나, 최초의 범행자인 경우'는 예외이고, 《사분율》에서는 '치수에 맞게 만들거나 치수의 이하로 만들거나, 타인에게서 얻은 것을 쪼개서 치수에 맞게 만들거나, 접어서 두 겹으로 만들거나, 이 학습계율시설의 원인이 된 최초의 범행자이거나, 정신착란자이거나, 마음이 심란한 자이거나, 애통해 하는 자인 경우'를 예외로 한다.

367) • 여불등량작의계⊙(與佛等量作衣戒) : Pāc. 92(Nī-Pāc. 166) : yo [82-83] pana bhikkhu sugatacīvarappamāṇaṁ cīvaraṁ kārāpeyya atirekaṁ vā chedanakaṁ pācittiyaṁ. tatr'idaṁ sugatacīvarappamāṇaṁ: dīghaso nava vidatthiyo sugatavidatthiyā, tiriyaṁ cha vidatthiyo idaṁ sugatassa sugatacīvarappamāṇan'ti. ■ 여불등량작의계(與佛等量作衣戒) | 사분승바일제 90 : 若比丘 佛衣等量作, 若過成者, 波逸提 是中量者, 長佛九磔手, 廣六磔手, 是名佛衣等量.

제9품 재보가 끝났다.

존자들이여,
이와 같이 92개 조항의 단순속죄죄법을
송출하였습니다.368)

이와 관련하여
저는 존자들께 묻겠습니다.
이와 관련하여 완전히 청정합니까?
두 번째에도 저는 존자들께 묻겠습니다.
이와 관련하여 완전히 청정합니까?
세 번째에도 저는 존자들께 묻겠습니다.
이와 관련하여 완전히 청정합니까?

존자들께서는
완전히 청정한 까닭에 침묵했으므로
저는 그와 같이 알겠습니다.369)

단순속죄죄법의 송출이 끝났다.

---

368) •*uddiṭṭhā kho āyasmanto dvenavuti pācittiyā dhammā* ▪*諸大德我已說九十波逸提法*

369) •*tatthāyasmante pucchāmi kaccīttha parisuddhā? dutiyampi pucchāmi kaccittha parisuddhā? tatiyampi pucchāmi kaccittha parisuddhā? parisuddhetthāyasmanto, tasmā tuṇhī. evametaṁ dhārayāmī'ti.* ▪*今問諸大德 是中清淨不? (如是三說) 諸大德 是中清淨, 默然故 是事如是持*

제6장 고백죄법의 송출

(Pāṭidesanīyuddesa)

존자들이여,
이제 이와 같은 4개 조항의 고백죄법을
송출하겠습니다.[370]

---

370) •ime [84-85] kho panāyasamanto cattāro pāṭidesanīyā dhammā uddesaṁ āgacchanti. ■波羅提提舍尼法 諸大德 是四波羅提提舍尼法 半月半月說 戒經中來

Pali-Khup. 142

142(6-1) 고백죄법 제1조
친척 아닌 자에게 받기에 대한 학습계율
[Aññātikāpaṭiggahaṇasikkhāpada]

[세존] "어떠한 수행승이든, 시정에서 탁발에 들어간, 친척이 아닌 수행녀의 손에서 단단한 음식이거나 부드러운 음식을 자신의 손으로 받아서 씹었거나 먹었다면, 그 수행승은 '존자들이여, 저는 비난받을 만하고 적절하지 못한, 고백죄[371]를 범했는데, 그것을 고백합니다.'라고 고백해야 한다."[372]

---

371) pāṭidesanīya : ≪빠알리율≫에서는 '친척인 자이거나, 주게 시키거나, 가까이 둔 뒤에 주거나, 승원 안에서이거나, 수행녀의 처소에서 이거나, 이교도의 숙소에서 이거나, 돌아가는 길이거나, 마을에서 밖으로 나오면서 주거나, 시분약, 칠일약, 진형수약을 원인이 있어서 복용하라고 주거나, 정학녀로부터나, 사미니로부터인 경우이거나, 정신착란된 자이거나 최초의 범행자인 경우'는 예외이고, ≪사분율≫에서는 '친척인 비구니에게 밥을 받거나, 병이 있거나 땅에다 놓아주었거나 사람을 시켜서 주었거나 마을 밖에서 주었거나 비구니의 사원에서 주었을 때 받았거나, 이 학습계율시설의 원인이 된 최초의 범행자이거나, 정신착란자이거나, 마음이 심란한 자이거나, 애통해 하는 자인 경우'를 예외로 한다.

*372) ● 재속가종비친니취식계∅(**在俗家從非親尼取食戒**) / Khu-Paṭid. 1 : yo pana bhikkhu aññātikāya bhikkhuniyā antaragharaṁ paviṭṭhāya hatthato khādanīyaṁ vā bhojanīyaṁ vā sahatthā paṭiggahetvā khādeyya vā bhuñjeyya vā paṭidesetabbaṁ tena bhikkhunā, gār-*

---

ayhaṁ āvuso dhammaṁ āpajjiṁ asappāyaṁ pāṭidesanīyaṁ taṁ paṭidesemī'ti. ■ *재속가종비친니취식계(在俗家從非親尼取食戒) / 사분승제사니 1 : 若比丘 入村中, 無病, 從非親里比丘尼, 自手受食食, 是比丘應向餘比丘悔過言:「大德 我犯可訶法 所不應爲 今向大德悔過」 是名悔過法*

Pali-Khup. 143

143(6-2) 고백죄법 제2조

지시통제에 대한 학습계율
[Vosāsasikkhāpada]

[세존] "수행승들이 가정에 초대를 받아 식사를 한다면, 만약에 그때 수행녀가 있어서 '여기에 카레를 주십시오. 여기에 밥을 주십시오.'라고 지시한다면, 수행승들은 '자매여, 수행승들이 공양을 할 때까지 물러나시오.'라고 그 수행녀를 통제해야 한다. 만약 수행승들 가운데 한 사람이라도 그 수행녀를 통제하기 위해 '자매여, 수행승들이 공양을 할 때까지 물러나시오.'라고 말하지 않았을 때에는, 그 수행승들은 '존자들이여, 저희들은 비난받을 만하고 적절하지 못한, 고백죄[373]를 범했는

---

373) pāṭidesanīya : ≪빠알리율≫에서는 '그녀가 자신의 식사를 주게 하고 스스로 주지 않거나, 그녀가 다른 사람에게 식사를 주고 주게 시키지 않던가, 주어지지 않은 것을 주게 하거나, 주어지지 않은 곳에 준다던가, 모든 사람에게 평등하게 준다던가, 정학녀가 준다던가, 사미니가 준다던가, 다섯 종류의 식사를 제외하고 어떠한 경우이거나, 정신착란된 자이거나 최초의 범행자의 경우'는 예외이고, ≪사분율≫에서는 "'자매여 잠시 그치시오. 비구들이 다 먹어야 합니다.'라고 하였거나, 비구니가 자신이 단월이 되었거나, 단월이 공양을 준비해서 비구니에게 처분을 맡겼거나, 고의로 치우치게 이 자는 주고 저 자는 주지 않은 것이 아니었거나, 이 학습계율시설의 원인이 된 최초의 범행자이거나, 정신착란자이거나, 마음이 심란한

데, 그것을 고백합니다.'라고 고백해야 한다."374)

자이거나, 애통해 하는 자인 경우를 예외로 한다.

374) ● 재속가편심수식계∅(在俗家偏心授食戒) / Khu-Paṭid. 2 : bhikkhū pan'eva kulesu nimattitā bhuñjanti. tatra ce sā bhikkhunī vosāsamānarūpā ṭhitā hoti 'idha sūpaṁ detha idha odanaṁ dethā'ti, tehi bhikkhūhi sā bhikkhunī apasādetabbā. apasakka tāva bhagini, yāva bhikkhū bhuñjatī'ti. ekassa ce pi bhikkhuno nappaṭibhāseyya taṁ bhikkhuniṁ apasādetuṁ apasakka tāva bhagini, yāva bhikkhū bhuñjantī'ti. paṭidesetabbaṁ tehi bhikkhūhi gārayhaṁ āvuso dhammaṁ āpajjimhā asappāyaṁ pāṭidesanīyaṁ taṁ paṭidesemā'ti. ■ 재속가편심수식계(在俗家偏心授食戒) / 사분승제사니 2 : 若比丘 在白衣家食, 是中有比丘尼指示, 與某甲羹, 與某甲飯. 諸比丘應語彼比丘尼言: 「大姊 且止, 須諸比丘食竟」 若無一比丘語彼比丘尼者, 是比丘應向餘比丘悔過言: 「大德 我犯可訶法 所不應爲 今向大德悔過」 是名悔過法

Pali-Khup. 144

144(6-3) 고백죄법 제3조

학지인정가정과 관계된 학습계율
[Sekhasammatakulasikkhāpada]

[세존] "어떠한 가문이든지 학지인정가정이 있다면, 어떠한 수행승이든 그러한 학지인정가정에서, 초대받지 않았고 환자가 아닌 한, 단단한 음식이거나 부드러운 음식을 자신의 손으로 받아서 씹었거나 먹었다면, 그 수행승은 '존자들이여, 저는 비난받을 만하고 적절하지 못한, 고백죄375)를 범했는데, 그것을 고백합니다.'라고 고백해야 한다."376)

---

375) pāṭidesanīya : ≪빠알리율≫에서는 '초대받은 자이거나, 환자이거나, 초대받거나 환자의 잔식을 먹거나, 타인을 위하여 식사가 거기에 차려져있거나, 집에서 가지고 나와서 주거나, 상시식이거나, 행주식이거나, 십오일식이거나, 포살식이거나, 월초일식이거나, 시분약, 칠일약, 진형수약을 원인이 있어서 주는 경우이거나 정신착란된 자이거나, 최초의 범행자인 경우'는 예외이고, ≪사분율≫에서는 '먼저 청을 받았거나, 병이 있거나, 땅에 놓아서 주었거나, 사람을 시켜서 준 것을 받았거나, 학지인정가정이 보시한 뒤에 다시 재물이 많아졌거나, 이 학습계율시설의 원인이 된 최초의 범행자이거나, 정신착란자이거나, 마음이 심란한 자이거나, 애통해 하는 자인 경우'를 예외로 한다.

376) • 학가과수계⊘(學家過受戒) / Khu-Paṭid. 3 : yāni kho pana tāni sekhasammatāni kulāni yo pana bhikkhu tathārūpesu sekhasammatesu kulesu pubbe animantito agilāno khādanīyaṁ vā bhojanīyaṁ vā sahatthā paṭiggahetvā khādeyya, khādeyya vā bhuñjeyya vā paṭidesetabbaṁ tena bhikkhunā [86-87] gārayhaṁ āvuso dhammaṁ āpajjiṁ asappāyaṁ pāṭidesanīyaṁ, taṁ paṭidesemī'ti. ■ *학가과수계(學家過受戒) / 사분승제사니 3 : 有諸學家, 僧作學家羯磨. 若比丘知是學家, 先不受請, 無病, 自手受食食, 是比丘應向餘比丘 悔過言:「大德 我犯可訶法 所不應爲, 今向大德悔過」 是名悔過法*

Pali-Khup. 145

145(6-4) 고백죄법 제4조

숲속 처소에 대한 학습계율
[Āraññakasikkhāpada]

[세존] “어떠한 숲속의 처소이든지 위험과 공포를 수반하는 숲속의 처소가 있는데, 어떠한 수행승이든 그러한 처소에 살면서 그 사실을 사전에 알리지 않고 단단한 음식이나 부드러운 음식을 그 승원 안에서 자신의 손으로 받아서 씹었거나 먹었다면, 환자가 아닌 한, 그 수행승은 ‘존자들이여, 저는 비난받을 만하고 적절하지 못한, 고백죄[377]를 범했는데, 그것을 고백합니다.’라고 고백해야 한다.”[378]

---

377) pāṭidesanīya : ≪빠알리율≫에서는 ‘알렸거나, 환자이거나, 알렸을 경우 또는 수행승이 환자인 경우의 잔식을 먹거나, 승원의 밖에서 받아서 안에서 먹거나, 거기에서 생겨난 뿌리나 껍질이나 잎사귀나 꽃이나 열매를 사용하거나, 시분약, 칠일약, 진형수약을 원인에 따라 먹는 경우이거나, 정신착란된 자이거나, 최초의 범행자인 경우'는 예외이고, ≪사분율≫에서는 ‘미리 단월에게 말했거나, 병이 있거나, 땅에 놓아서 주었거나, 사람을 시켜서 주었거나, 분부나 법문을 들으러 올 때에 비구 개인의 음식이 있던 것을 가지고 오게 하여 들었거나, 이 학습계율시설의 원인이 된 최초의 범행자이거나, 정신착란자이거나, 마음이 심란한 자이거나, 애통해 하는 자인 경우'를 예외로 한다.

378) ● 유난란야수식계⊘(有難蘭若受食戒) / Khu-Paṭid. 4 : yāni kho

---

pana tāni āraññakāni senāsanāni sāsaṁkasammatāni sappaṭibhayāni, yo pana bhikkhu tathārūpesu senāsanesu viharanto pubbe appaṭisaṁviditaṁ khādanīyaṁ vā bhojanīyaṁ vā ajjhārāme sahatthā paṭiggahetvā agilāno khādeyya vā bhuñjeyya vā paṭidesetabbaṁ tena bhikkhunā gārayhaṁ āvuso dhammaṁ āpajjiṁ asappāyaṁ pāṭidesanīyaṁ taṁ paṭidesemī'ti. ■ *유난란야수식계(有難蘭若受食戒) / 사분승제사니 4 : 若比丘 若阿蘭若, 逈遠 有疑恐怖處 比丘 如是阿蘭若處住, 先不語檀越 「僧伽藍外不受食」 在僧伽藍內, 無病, 自手受食食, 是比丘應向餘比丘悔過言: 「大德 我犯可訶法 所不應爲, 今向大德悔過」 是名悔過法*

존자들이여,
이와 같이 4개 조항의 고백죄법을
송출하였습니다.379)

이와 관련하여
저는 존자들께 묻겠습니다.
이와 관련하여 완전히 청정합니까?
두 번째에도 저는 존자들께 묻겠습니다.
이와 관련하여 완전히 청정합니까?
세 번째에도 저는 존자들께 묻겠습니다.
이와 관련하여 완전히 청정합니까?

존자들께서는
완전히 청정한 까닭에 침묵했으므로
저는 그와 같이 알겠습니다.380)

고백죄법의 송출이 끝났다.

---

379) •*uddiṭṭhā kho āyasmanto cattāro cattāro pāṭidesanīyā dhammā.* ■*諸大德 我已說四波羅提提舍尼法*

380) •*tatthāyasmante pucchāmi kaccīttha parisuddhā? dutiyampi pucchāmi kaccittha parisuddhā? tatiyampi pucchāmi kaccittha parisuddhā? parisuddhetthāyasmanto, tasmā tuṇhī. evametaṁ dhārayāmī'ti.* ■*今問諸大德 是中清淨不? (如是三說) 諸大德 是中清淨, 默然故 是事如是持*

제7장 중학죄법의 송출

(Sekhiyuddesa)

존자들이여,
이제 이와 같은 [75개 조항의] 중학죄법을
송출하겠습니다.[381]

---

381) • ime [88-89]kho panāyasmato sekhīyā dhammā uddesaṁ āgacchanti. ■*衆學法 諸大德 此衆學戒法 半月半月說 戒經中來*

제1품 원둘레를 두르기
(Parimaṇḍalavagga)

Pali-Khup. 146

146(7-1-1) 중학죄법 제1조

원둘레를 두르기에 대한 학습계율①

[Parimaṇḍalapaṭhamasikkhāpada]

[세존] "'나는 원둘레를 두르도록382) 하의를 입겠다.' 라고 학습규범383)을 지켜야 한다."384)

---

382) parimaṇḍalaṁ : '원둘레를 두르기'를 한역에서는 제정(齊整)을 전원(全圓 : parimaṇḍala)이라고도 한다. '원둘레를 두르기'는 하의로 감싸서 즉, 배꼽바퀴와 양 무릎바퀴를 덮어서 입는 것이다.

383) sekhiya : ≪빠알리율≫에서는 '의도하지 않았거나, 새김을 잃었거나, 알지 못했거나, 환자이거나, 사고가 나거나, 정신착란된 자이거나, 최초의 범행자인 경우'는 예외이고, ≪사분율≫에서는 '이러한 병이 있었거나, 어깨나 팔에 종기가 있어서 내려 입었다든가, 다리나 종아리에 종기가 나서 올려서 입었든가, 승원 안에 있었거나, 이 학습계율시설의 원인이 된 최초의 범행자이거나, 정신착란자이거나, 마음이 심란한 자이거나, 애통해 하는 자인 경우'를 예외로 한다.

384) • 제정착열반승계⊙(齊整著涅槃僧戒) / Khu-Sekh. 1(Nī-Sekh. 1) : parimaṇḍalaṁ nivāsessāmī'ti sikkhā karaṇīyā'ti. ■ 제정착열반승계(齊整著涅槃僧戒) / 사분승중학 1 : 齊整著內衣, 應當學. 제목의 '열반승(涅槃僧)'은 하의를 착의(着衣)할 때에 사용하는 'nivāseti'를 음사한 것처럼 보인다.

Pali-Nip. 147

147(7-1-2) 중학죄법 제2조

원둘레를 두르기에 대한 학습계율②

[Parimaṇḍaladutiyasikkhāpada]

[세존] "'나는 원둘레를 두르도록 상의를 입겠다.'라고 학습규범[385]을 지켜야 한다."[386]

---

385) sekhiya : 앞의 학습계율과 마찬가지로 ≪빠알리율≫에서는 '의도하지 않았거나, 새김을 잃었거나, 알지 못했거나, 환자이거나, 사고가 나거나, 정신착란된 자이거나, 최초의 범행자인 경우'는 예외이고, ≪사분율≫에서는 '이러한 병이 있었거나, 옆구리 주변에 종기가 있었거나, 승원 안에 있었거나, 이 학습계율시설의 원인이 된 최초의 범행자이거나, 정신착란자이거나, 마음이 심란한 자이거나, 애통해 하는 자인 경우'를 예외로 한다.

386) • 제정착삼의계⊙(齊整著三衣戒) / Khu-Sekh. 2(Nī-Sekh. 2) : parimaṇḍalaṁ pārupissāmī'ti sikkhā karaṇīyā'ti. ■ 제정착삼의계(齊整著三衣戒) / 사분승중학 2 : 齊整著三衣, 應當學.

Pali-Nip. 148

148(7-1-3) 중학죄법 제3조

단정한 착의에 대한 학습계율①

[Suppaṭicchannapaṭhamasikkhāpada]

[세존] "'나는 단정하게 입고 시정에서 다니겠다.'라고 학습규범387)을 지켜야 한다."388)

---

387) sekhiya : ≪빠알리율≫에서는 '의도하지 않았거나, 새김을 잃었거나, 알지 못했거나, 환자이거나, 사고가 일어났거나, 정신착란된 자이거나, 최초의 범행자인 경우'는 예외이고, ≪사분율≫에서는 '(그렇지 못할 경우) 이러한 병이 있었거나, 결박을 당했거나, 바람이 불어 옷이 몸에서 벗겨졌거나, 이 학습계율시설의 원인이 된 최초의 범행자이거나, 정신착란자이거나, 마음이 심란한 자이거나, 애통해 하는 자인 경우'를 예외로 한다.

388) • 복신계⊙(覆身戒) / Khu-Sekh. 3(Nī-Sekh. 3) : supaṭicchanno antaraghare gamissāmī'ti sikkhā karaṇīyā'ti. ■ 복신계(覆身戒) / 사분승중학 18 : 好覆身 入白衣舍, 應當學.

Pali-Nip. 149

149(7-1-4) 중학죄법 제4조

단정한 착의에 대한 학습계율②
[Suppaṭicchannadutiyasikkhāpada]

[세존] "'나는 단정하게 입고 시정에서 앉겠다.'라고 학습규범389)을 지켜야 한다."390)

---

389) *sekhiya* : *≪빠알리율≫에서는 '의도하지 않았거나, 새김을 잃었거나, 알지 못했거나, 환자이거나, 사고가 일어났거나, 안거의 처소로 갔거나, 정신착란된 자이거나, 최초의 범행자인 경우'는 예외이고, 앞의 학습계율과 마찬가지로 ≪사분율≫에서는 '(그렇지 못할 경우) 이러한 병이 있었거나, 결박을 당했거나, 바람이 불어 옷이 몸에서 벗겨졌거나, 이 학습계율시설의 원인이 된 최초의 범행자이거나, 정신착란자이거나, 마음이 심란한 자이거나, 애통해 하는 자인 경우'를 예외로 한다.*

390) • *복신좌계*⊙(*覆身坐戒*) / *Khu-Sekh. 4(Nī-Sekh. 4)* : *supaṭicchanno antaraghare nisīdissāmī'ti sikkhā karaṇīyā'ti.* ■ *복신좌계*(*覆身坐戒*) / *사분승중학 19* : *好覆身 白衣舍坐, 應當學.*

Pali-Nip. 150

150(7-1-5) 중학죄법 제5조

위의의 수호에 대한 학습계율①
[Susaṁvutapaṭhamasikkhāpada]

[세존] "'나는 위의를 잘 수호하고 시정에서 다니겠다.' 라고 학습규범391)을 지켜야 한다."392)

---

391) sekhiya : ≪빠알리율≫에서는 '의도하지 않았거나, 새김을 잃었거나, 알지 못했거나, 환자이거나, 사고가 일어났거나, 정신착란된 자이거나, 최초의 범행자인 경우'는 예외이다.

392) • 정위의계⊙(正威儀戒) / Khu-Sekh. 5(Nī-Sekh. 5) : susaṁvuto antaraghare gamissāmī'ti sikkhā karaṇīyā'ti.

Pali-Nip. 151

151(7-1-6) 중학죄법 제6조
위의의 수호에 대한 학습계율②
[Susaṁvutadutiyasikkhāpada]

[세존] "'나는 위의를 잘 수호하고 시정에서 앉겠다.'라고 학습규범393)을 지켜야 한다."394)

---

393)sekhiya : ≪빠알리율≫에서는 '의도하지 않았거나, 새김을 잃었거나, 알지 못했거나, 환자이거나, 사고가 일어났거나, 정신착란된 자이거나, 최초의 범행자인 경우'는 예외이다.

394) • 정위의좌계⊙(正威儀坐戒) / Khu-Sekh. 6(Nī-Sekh. 6) : susaṁvuto antaraghare nisīdissāmī'ti sikkhā karaṇīyā'ti.

Pali-Nip. 152

152(7-1-7) 중학죄법 제7조

눈의 하방주시에 대한 학습계율①
[Okkhittacakkhupaṭhamasikkhāpada]

[세존] "'나는 눈을 아래로 주시하고[395] 시정에서 다니겠다.'라고 학습규범[396]을 지켜야 한다."[397]

---

395) okkhittacakkhunā : Smp. 890에서는 '아래로 눈을 던지고'라고 되어 있는데, Bd. III. 122에 따르면, '쟁기의 거리만큼 앞을 보며 하방으로 주시하고'의 뜻이다. Stn. 411을 참조하라: '눈을 아래로 뜨고 새김을 확립하고 있다.' Manu. VI-6-8에 따르면, '생물을 완전하게 보호하기 위해서는 낮으로나 밤으로나 항상 신체에 고통이 있더라도 지상을 세밀하게 조사하면서 거닐어야 한다.'라고 되어있다.

396) sekhiya : 《빠알리율》에서는 '의도하지 않았거나, 새김을 잃었거나, 알지 못했거나, 환자이거나, 사고가 일어났거나, 정신착란된 자이거나, 최초의 범행자인 경우'는 예외이고, 《사분율》에서는 '이러한 병이 있었거나, 시간을 알기 위해 해를 올려다 보았거나, 목숨이 위태롭거나 청정행이 어려워서 좌우로 길을 찾아 도망가고자 했거나, 이 학습계율시설의 원인이 된 최초의 범행자이거나, 정신착란 자이거나, 마음이 심란한 자이거나, 애통해 하는 자인 경우'를 예외로 한다.

397) • 시하방계⊙(視下方戒) / Khu-Sekh. 7(Nī-Sekh. 7) : okkhītta-cakkhunā antaraghare gamissāmī'ti sikkhā karaṇīyā'ti. ■ 좌우고시계(左右顧視戒) / 사분승중학 20 : 不得左右顧視 入白衣舍, 應當學.

Pali-Nip. 153

153(7-1-8) 중학죄법 제8조

눈의 하방주시에 대한 학습계율②

[Okkhittacakkhudutiyasikkhāpada]

[세존] "'나는 눈을 아래로 주시하고 시정에서 앉겠다.' 라고 학습규범398)을 지켜야 한다."399)

---

398) sekhiya : ≪빠알리율≫에서는 '의도하지 않았거나, 새김을 잃었거나, 알지 못했거나, 환자이거나, 사고가 일어났거나, 안거의 처소로 갔거나, 정신착란된 자이거나, 최초의 범행자인 경우'는 예외이고, 앞의 학습계율과 마찬가지로 ≪사분율≫에서는 '이러한 병이 있었거나, 시간을 알기 위해 해를 올려다 보았거나, 목숨이 위태롭거나 청정행이 어려워서 좌우로 길을 찾아 도망가고자 했거나, 이 학습계율시설의 원인이 된 최초의 범행자이거나, 정신착란자이거나, 마음이 심란한 자이거나, 애통해 하는 자인 경우'를 예외로 한다.

399) • 시하방좌계⊙(視下方坐戒) / Khu-Sekh. 8(Nī-Sekh. 8) : okkhittacakkhunā [230-231] antaraghare nisīdissāmī'ti sikkhā karaṇīyā'ti. ■ 좌우고시좌계(左右顧視坐戒) / 사분승중학 21 : 不得左右顧視 白衣舍坐, 應當學.

Pali-Nip. 154

154(7-1-9) 중학죄법 제9조

옷을 치켜 올림에 대한 학습계율①
[Ukkhittakapaṭhamasikkhāpada]

[세존] "'나는 옷을 치켜 올리고[400] 시정에서 다니지 않겠다.'라고 학습규범[401]을 지켜야 한다."[402]

---

400) ukkhittakāya : Smp. 891에 따르면, '한쪽이나 양쪽의 옷을 치켜 올리고'라는 뜻이다.

401) sekhiya : ≪빠알리율≫에서는 '의도하지 않았거나, 새김을 잃었거나, 알지 못했거나, 환자이거나, 사고가 나거나, 정신착란된 자이거나, 최초의 범행자인 경우'는 예외이고, ≪사분율≫에서는 '이러한 병이 있었거나, 옆구리 주변에 종기가 있었거나, 승원 안에 있었거나, 이 학습계율시설의 원인이 된 최초의 범행자이거나, 정신착란자이거나, 마음이 심란한 자이거나, 애통해 하는 자인 경우'를 예외로 한다.

*402) • 반초의계①(反抄衣戒) / Khu-Sekh. 9(Nī-Sekh. 9) : na ukkhittakāya antaraghare gamissāmī'ti sikkhā karaṇīyā'ti. ■ 반초의계(反抄衣戒) / 사분승중학 3 : **不得反抄衣, 入白衣舍, 應當學.***

Pali-Nip. 155

155(7-1-10) 중학죄법 제10조

옷을 치켜 올림에 대한 학습계율②
[Ukkhittakadutiyasikkhāpada]

[세존] "'나는 옷을 치켜 올리고 시정에서 앉아 있지 않겠다.'라고 학습규범403)을 지켜야 한다."404)

제1품 원둘레를 두르기가 끝났다.

---

403) sekhiya : 앞의 학습계율과 마찬가지로 《빠알리율》에서는 '의도하지 않았거나, 새김을 잃었거나, 알지 못했거나, 환자이거나, 사고가 나거나, 정신착란된 자이거나, 최초의 범행자인 경우'는 예외이고, 《사분율》에서는 '이러한 병이 있었거나, 옆구리 주변에 종기가 있었거나, 승원 안에 있었거나, 이 학습계율시설의 원인이 된 최초의 범행자이거나, 정신착란자이거나, 마음이 심란한 자이거나, 애통해 하는 자인 경우'를 예외로 한다.

404) • 반초의좌계⊙(反抄衣坐戒) / Khu-Sekh. 10(Nī-Sekh. 10) : na ukkhittakāya antaraghare nisīdissāmī'ti sikkhā karaṇīyā'ti. ■ 반초의좌계(反抄衣坐戒) / 사분승중학 4 : 不得反抄衣, 白衣舍坐, 應當學.

제2품 큰 웃음
(Ujjagghikāvagga)

Pali-Nip. 156

156(7-2-1) 중학죄법 제11조
큰 웃음에 대한 학습계율①
[Ujjagghikapaṭhamasikkhāpada]

[세존] "'나는 큰 웃음을 치면서 시정에서 다니지 않겠다.'라고 학습규범405)을 지켜야 한다."406)

---

405) sekhiya : ≪빠알리율≫에서는 '의도하지 않았거나, 새김을 잃었거나, 알지 못했거나, 환자이거나, 웃을 만한 일이 있을 때 미소짓거나, 사고가 일어났거나, 정신착란된 자이거나, 최초의 범행자인 경우'를 예외로 하고, ≪사분율≫에서는 '이러한 병이 있었거나, 입술이 아파서 치아를 덮지 못했거나, 가르침을 생각하고 기뻐서 웃었거나, 이 학습계율시설의 원인이 된 최초의 범행자이거나, 정신착란자이거나, 마음이 심란한 자이거나, 애통해 하는 자인 경우'를 예외로 한다.

406) ● 홍소계⊙(哄笑戒) / Khu-Sekh. 11(Nī-Sekh. 11) : na ujjagghikāya antaraghare gamissāmī'ti sikkhā karaṇīyā'ti. ■ 희소계(戲笑戒) / 사분승중학 24 : 不得戲笑 入白衣舍, 應當學.

Pali-Nip. 157

157(7-2-2) 중학죄법 제12조

큰 웃음에 대한 학습계율②

[Ujjagghikadutiyasikkhāpada]

[세존] "'나는 큰 웃음을 치면서 시정에서 앉아 있지 않겠다.'라고 학습규범407)을 지켜야 한다."408)

---

407) sekhiya : 앞의 학습계율과 마찬가지로 ≪빠알리율≫에서는 '의도하지 않았거나, 새김을 잃었거나, 알지 못했거나, 환자이거나, 웃을 만한 일이 있을 때 미소짓거나, 사고가 일어났거나, 정신착란된 자이거나, 최초의 범행자인 경우'를 예외로 하고, ≪사분율≫에서는 '이러한 병이 있었거나, 입술이 아파서 치아를 덮지 못했거나, 가르침을 생각하고 기뻐해서 웃었거나, 이 학습계율시설의 원인이 된 최초의 범행자이거나, 정신착란자이거나, 마음이 심란한 자이거나, 애통해 하는 자인 경우'를 예외로 한다.

408) • 홍소좌계⊙(哄笑坐戒) / Khu-Sekh. 12(Nī-Sekh. 1 2) : na ujjagghikāya antaraghare nisīdissāmī'ti sikkhā karaṇīyā'ti. ■ 희소좌계(戱笑坐戒) / 사분승중학 25 : 不得戱笑 白衣舍坐, 應當學.

Pali-Nip. 158

158(7-2-3) 중학죄법 제13조

큰 소리에 대한 학습계율①

[Uccasaddapaṭhamasikkhāpada]

[세존] "'나는 큰 소리를 치면서 시정에서 다니지 않겠다.'라고 학습규범[409]을 지켜야 한다."[410]

---

409) sekhiya : ≪빠알리율≫에서는 '의도하지 않았거나, 새김을 잃었거나, 알지 못했거나, 환자이거나, 사고가 일어났거나, 정신착란된 자이거나, 최초의 범행자인 경우'는 예외이고, ≪사분율≫에서는 '이러한 병이 있어 큰소리를 불러야 했거나, 청각장애인이어서 소리를 듣지 못했거나, 큰소리로 부탁을 했거나, 큰소리로 음식을 나누어주었거나, 목숨이 위태롭거나 청정행이 어려워 큰 소리를 내고 달아났거나, 이 학습계율시설의 원인이 된 최초의 범행자이거나, 정신착란자이거나, 마음이 심란한 자이거나, 애통해 하는 자인 경우'를 예외로 한다.

410) • 저성행계⊙(低聲行戒) / Khu-Sekh. 13(Nī-Sekh. 1 3) : appasaddo antaraghare gammissāmī'ti sikkhā karaṇīyā'ti. ■ 정묵계(靜默戒) / 사분승중학 22 : 靜默 入白衣舍, 應當學.

Pali-Nip. 159

159(7-3-4) 중학죄법 제14조

큰 소리에 대한 학습계율②

[Uccasaddadutiyasikkhāpada]

[세존] "'나는 큰 소리를 치면서 시정에서 앉아 있지 않겠다.'라고 학습규범[411]을 지켜야 한다."[412]

---

411) sekhiya : 앞의 학습계율과 마찬가지로 《빠알리율》에서는 '의도하지 않았거나, 새김을 잃었거나, 알지 못했거나, 환자이거나, 사고가 일어났거나, 정신착란된 자이거나, 최초의 범행자인 경우'는 예외이고, 《사분율》에서는 '이러한 병이 있어 큰소리를 불러야 했거나, 청각장애인이어서 소리를 듣지 못했거나, 큰소리로 부탁을 했거나, 큰소리로 음식을 나누어주었거나, 목숨이 위태롭거나 청정행이 어려워 큰 소리를 내고 달아났거나, 이 학습계율시설의 원인이 된 최초의 범행자이거나, 정신착란자이거나, 마음이 심란한 자이거나, 애통해 하는 자인 경우'를 예외로 한다.

412) • 저성좌계⊙(低聲坐戒) / Khu-Sekh. 14(Nī-Sekh. 1 4) : appasaddo antaraghare nisīdissāmī'ti sikkhā karaṇīyā'ti. ■ 정묵좌계(靜默坐戒) / 사분승중학 23 : 靜默 白衣舍坐, 應當學.

Pali-Nip. 160

160(7-2-5) 중학죄법 제15조

몸 흔들기에 대한 학습계율①

[Kāyappacālakapaṭhamasikkhāpada]

[세존] "'나는 몸을 흔들면서 시정에서 다니지 않겠다.'라고 학습규범413)을 지켜야 한다."414)

---

413) sekhiya : ≪빠알리율≫에서는 '의도하지 않았거나, 새김을 잃었거나, 알지 못했거나, 환자이거나, 사고가 일어났거나, 정신착란된 자이거나, 최초의 범행자인 경우'는 예외이고, ≪사분율≫에서는 '이러한 병이 있었거나, 타인이 때리거나 사나운 코끼리 등이 와서 피했거나, 구덩이 · 도랑 · 진흙탕을 건너면서 몸을 흔들렸다든가, 옷을 입을 때에 몸을 돌려 단정한지를 살펴보았거나, 이 학습계율시설의 원인이 된 최초의 범행자이거나, 정신착란자이거나, 마음이 심란한 자이거나, 애통해 하는 자인 경우'를 예외로 한다.

414) • 요신계⊙(搖身戒) / Khu-Sekh. 15(Nī-Sekh. 15) : na kāyappacālakaṁ antaraghare gāmissāmī'ti sikkhā karaṇīyā'ti. ■ 요신계(搖身戒) / 사분승중학 14 : 不得搖身 入白衣舍, 應當學.

Pali-Nip. 161

161(7-2-6) 중학죄법 제16조

몸 흔들기에 대한 학습계율②
[Kāyappacālakadutiyasikkhāpada]

[세존] "'나는 몸을 흔들면서 시정에서 앉아 있지 않겠다.'라고 학습규범415)을 지켜야 한다."416)

---

415) sekhiya : 《빠알리율》에서는 '의도하지 않았거나, 새김을 잃었거나, 알지 못했거나, 환자이거나, 안거의 처소로 갔거나, 사고가 일어났거나, 정신착란된 자이거나, 최초의 범행자인 경우'는 예외이고, 앞의 학습계율과 마찬가지로 《사분율》에서는 '이러한 병이 있었거나, 타인이 때리거나 사나운 코끼리 등이 와서 피했거나, 구덩이·도랑·진흙탕을 건너면서 몸을 흔들렸다든가, 옷을 입을 때에 몸을 돌려 단정한지를 살펴보았거나, 이 학습계율시설의 원인이 된 최초의 범행자이거나, 정신착란자이거나, 마음이 심란한 자이거나, 애통해 하는 자인 경우'를 예외로 한다.

416) • 요신좌계⊙(搖身坐戒) / Khu-Sekh. 16(Nī-Sekh. 16) : na kāyappacālakaṁ antaraghare nisīdassāmī'ti sikkhā karaṇīyā'ti. ■ 요신좌계(搖身坐戒) / 사분승중학 15 : 不得搖身 白衣舍坐, 應當學.

Pali-Nip. 162

162(7-2-7) 중학죄법 제17조

팔 흔들기에 대한 학습계율①

[Bāhuppacālakapaṭhamasikkhāpada]

[세존] "'나는 팔을 흔들면서 시정에서 다니지 않겠다.'라고 학습규범417)을 지켜야 한다."418)

---

417) sekhiya : 《빠알리율》에서는 '의도하지 않았거나, 새김을 잃었거나, 알지 못했거나, 환자이거나, 안거의 처소로 갔거나, 사고가 일어났거나, 정신착란된 자이거나, 최초의 범행자인 경우'는 예외이고, 앞의 학습계율과 마찬가지로 《사분율》에서는 '이러한 병이 있었거나, 타인이 때리거나 사나운 코끼리 등이 와서 피했거나, 구덩이·도랑·진흙탕을 건너면서 몸을 흔들렸다든가, 옷을 입을 때에 몸을 돌려 단정한지를 살펴보았거나, 이 학습계율시설의 원인이 된 최초의 범행자이거나, 정신착란자이거나, 마음이 심란한 자이거나, 애통해 하는 자인 경우'를 예외로 한다.

418) ● 도비계⊙(掉臂戒) / Khu-Sekh. 17(Nī-Sekh. 17) : na [232-233] bāhuppacālakaṁ antaraghare gamissatī'ti sikkhā karaṇīyā'ti. ■ 도비계(掉臂戒) / 사분승중학 16 : 不得掉臂 入白衣舍, 應當學.

Pali-Nip. 163

163(7-2-8) 중학죄법 제18조

팔 흔들기에 대한 학습계율②

[Bāhuppacālakadutiyasikkhāpada]

[세존] "'나는 팔을 흔들면서 시정에서 앉아 있지 않겠다.'라고 학습규범[419]을 지켜야 한다."[420]

---

419) sekhiya : ≪빠알리율≫에서는 '의도하지 않았거나, 새김을 잃었거나, 알지 못했거나, 환자이거나, 안거의 처소로 갔던가, 사고가 일어났거나, 정신착란된 자이거나, 최초의 범행자인 경우'는 예외이고, 앞의 학습계율과 마찬가지로 ≪사분율≫에서는 '이러한 병이 있었거나, 타인이 때려서 손을 들어 막았거나, 사나운 코끼리 등이 와서 손을 들어 막았거나, 물을 건너거나 구덩이 · 도랑 · 진흙탕을 건너거나 도반과 함께 가다가 따라가지 못해 손으로 불렀거나, 이 학습계율시설의 원인이 된 최초의 범행자이거나, 정신착란자이거나, 마음이 심란한 자이거나, 애통해 하는 자인 경우'를 예외로 한다.

420) • 도비좌계⊙(掉臂坐戒) / Khu-Sekh. 18(Nī-Sekh. 18) : na bāhuppacālakaṁ antaraghare nisīdissatī'ti sikkhā karaṇīyā'ti. ■ 도비좌계(掉臂坐戒) / 사분승중학 17 : 不得掉臂 白衣舍坐, 應當學.

Pali-Nip. 164

164(7-2-9) 중학죄법 제19조

머리 흔들기에 대한 학습계율①

[Sīsappacālakapaṭhamasikkhāpada]

[세존] "'나는 머리를 흔들면서 시정에서 다니지 않겠다.'라고 학습규범421)을 지켜야 한다."422)

---

421) *sekhiya : ≪빠알리율≫에서는 '의도하지 않았거나, 새김을 잃었거나, 알지 못했거나, 환자이거나, 안거의 처소로 갔거나, 사고가 일어났거나, 정신착란된 자이거나, 최초의 범행자인 경우'는 예외이고, 앞의 학습계율과 마찬가지로 ≪사분율≫에서는 '이러한 병이 있었거나, 타인이 때리거나 사나운 코끼리 등이 와서 피했거나, 구덩이·도랑·진흙탕을 건너면서 몸을 흔들렸다든가, 옷을 입을 때에 몸을 돌려 단정한지를 살펴보았거나, 이 학습계율시설의 원인이 된 최초의 범행자이거나, 정신착란자이거나, 마음이 심란한 자이거나, 애통해 하는 자인 경우'를 예외로 한다.*

422) *• 요두계⊙(搖頭戒) / Khu-Sekh. 19(Nī-Sekh. 19) : na sīsappacālakaṁ antaraghare gāmissamī'ti sikkhā karaṇīyā'ti. ⇒■ 요신좌계(搖身坐戒) / 사분승중학 15 : 不得搖身 白衣舍坐, 應當學.*

Pali-Nip. 165

165(7-2-10) 중학죄법 제20조

머리 흔들기에 대한 학습계율②

[Sīsappacālakadutiyasikkhāpada]

[세존] "'나는 머리를 흔들면서 시정에서 앉아 있지 않겠다.'라고 학습규범423)을 지켜야 한다."424)

제2품 큰 웃음이 끝났다.

---

423) sekhiya : 앞의 학습계율과 마찬가지로 ≪빠알리율≫에서는 '의도하지 않았거나, 새김을 잃었거나, 알지 못했거나, 환자이거나, 안거의 처소로 갔거나, 사고가 일어났거나, 정신착란된 자이거나, 최초의 범행자인 경우'는 예외이고, 앞의 학습계율과 마찬가지로 ≪사분율≫에서는 '이러한 병이 있었거나, 타인이 때리거나 사나운 코끼리 등이 와서 피했거나, 구덩이 · 도랑 · 진흙탕을 건너면서 몸을 흔들렸다든가, 옷을 입을 때에 몸을 돌려 단정한지를 살펴보았거나, 이 학습계율시설의 원인이 된 최초의 범행자이거나, 정신착란자이거나, 마음이 심란한 자이거나, 애통해 하는 자인 경우'를 예외로 한다.

424) • 요두좌계⊙(搖頭坐戒) / Khu-Sekh. 20(Nī-Sekh. 20) : na sīsappacālakaṁ antaraghare nisīdissamī'ti sikkhā karaṇīyā'ti. ⇒■요신좌계(搖身坐戒) / 사분승중학 15 : 不得搖身 白衣舍坐, 應當學.

제3품 차요(扠腰)
(Khambhakatavagga)

Pali-Nip. 166

166(7-3-1) 중학죄법 제21조
차요(扠腰)에 대한 학습계율①
[Khambhakatapaṭhamasikkhāpada]

[세존] "'나는 손을 허리에 대고 팔꿈치를 벌리고 시정에서 다니지 않겠다.'라고 학습규범[425]을 지켜야 한다."[426]

---

425) sekhiya : ≪빠알리율≫에서는 '의도하지 않았거나, 새김을 잃었거나, 알지 못했거나, 환자이거나, 안거의 처소로 갔거나, 사고가 일어났거나, 정신착란된 자이거나, 최초의 범행자인 경우'는 예외이고 ≪사분율≫에서는 '이러한 병이 있었거나, 옆구리 아래에 종기가 생겼거나, 승원 안에 있었거나, 이 학습계율시설의 원인이 된 최초의 범행자이거나, 정신착란자이거나, 마음이 심란한 자이거나, 애통해 하는 자인 경우'를 예외로 한다.

426) • 차요계⊙(扠腰戒) / Khu-Sekh. 21(Nī-Sekh. 21) : na khambhakato antaraghare gamissāmī'ti sikkhā karaṇīyā'ti. ■ 차요계(叉腰戒) / 사분승중학 12 : 不得叉腰 入白衣舍, 應當學.

Pali-Nip. 167

167(7-3-2) 중학죄법 제22조

차요(扠腰)에 대한 학습계율②
[Khambhakatadutiyasikkhāpada]

[세존] "'나는 손을 허리에 대고 팔꿈치를 벌리고 시정에서 앉아 있지 않겠다.'라고 학습규범[427]을 지켜야 한다."[428]

---

427) *sekhiya : 앞의 학습계율과 마찬가지로 ≪빠알리율≫에서는 '의도하지 않았거나, 새김을 잃었거나, 알지 못했거나, 환자이거나, 안거의 처소로 갔거나, 사고가 일어났거나, 정신착란된 자이거나, 최초의 범행자인 경우'는 예외이고, ≪사분율≫에서는 '이러한 병이 걸렸거나, 옆구리 아래에 종기가 생겼거나, 승원 안에 있었거나, 이 학습계율시설의 원인이 된 최초의 범행자이거나, 정신착란자이거나, 마음이 심란한 자이거나, 애통해 하는 자인 경우'를 예외로 한다.*

428) *• 차요좌계⊙(扠腰坐戒) / Khu-Sekh. 22(Nī-Sekh. 22) : na khambhakato antaraghare nisīdissāmī'ti sikkhā karaṇīyā'ti. ▪ 차요좌계(叉腰坐戒) / 사분승중학 13 : 不得叉腰 白衣舍坐, 應當學.*

Pali-Nip. 168

168(7-3-3) 중학죄법 제23조

머리까지 옷을 두르기에 대한 학습계율①
[Oguṇṭhitapaṭhamasikkhāpada]

[세존] "'나는 머리까지 옷을 두르고 시정에서 다니지 않겠다.'라고 학습규범429)을 지켜야 한다."430)

---

429) sekhiya : ≪빠알리율≫에서는 '의도하지 않았거나, 새김을 잃었거나, 알지 못했거나, 환자이거나, 안거의 처소로 갔거나, 사고가 일어났거나, 정신착란된 자이거나, 최초의 범행자인 경우'는 예외이고 ≪사분율≫에서는 '이러한 병이 있었거나, 감기가 들었거나, 머리에 종기가 났거나, 목숨이 위태롭거나 청정행이 어려워 머리를 덮고 갔거나, 이 학습계율시설의 원인이 된 최초의 범행자이거나, 정신착란자이거나, 마음이 심란한 자이거나, 애통해 하는 자인 경우'를 예외로 한다.

430) • 복두계⊙(覆頭戒) / Khu-Sekh. 23(Nī-Sekh. 23) : na oguṇṭhito antaragghare gammissāmī'ti sikkhā karaṇīyā'ti. ■ 복두계(覆頭戒) / 사분승중학 7 : 不得覆頭 入白衣舍, 應當學.

Pali-Nip. 169

169(7-3-4) 중학죄법 제24조

머리까지 옷을 두르기에 대한 학습계율②
[Oguṇṭhitadutiyasikkhāpada]

[세존] "'나는 머리까지 옷을 두르고 시정에서 앉아 있지 않겠다.'라고 학습규범431)을 지켜야 한다."432)

---

431) sekhiya : 앞의 학습계율과 마찬가지로 ≪빠알리율≫에서는 '의도하지 않았거나, 새김을 잃었거나, 알지 못했거나, 환자이거나, 안거의 처소로 갔거나, 사고가 일어났거나, 정신착란된 자이거나, 최초의 범행자인 경우'는 예외이고, ≪사분율≫에서는 '이러한 병이 있었거나, 감기가 들었거나, 머리에 종기가 났거나, 목숨이 위태롭거나 청정행이 어려워 머리를 덮고 갔거나, 이 학습계율시설의 원인이 된 최초의 범행자이거나, 정신착란자이거나, 마음이 심란한 자이거나, 애통해 하는 자인 경우'를 예외로 한다.

432) • 복두좌계⊙(覆頭坐戒) / Khu-Sekh. 24(Nī-Sekh. 24) : na oguṇṭhito antaraghare nisīdissāmī'ti sikkhā karaṇīyā'ti. ■ 복두좌계(覆頭坐戒) / 사분승중학 8 : 不得覆頭 白衣舍坐, 應當學.

Pali-Nip. 170

170(7-3-5) 중학죄법 제25조

웅크린 자세로 걷기에 대한 학습계율

[Ukkuṭikasikkhāpada]

[세존] "'나는 웅크린 자세로 시정에서 다니지 않겠다.'라고 학습규범433)을 지켜야 한다."434)

---

433) sekhiya : 《빠알리율》에서는 의도하지 않았거나, 새김을 잃었거나, 알지 못했거나, 환자이거나, 웃을 만한 일이 있을 때 미소짓거나, 사고가 일어났거나, 정신착란된 자이거나, 최초의 범행자인 경우'는 예외이고, 《사분율》에서는 '이러한 병이 있었거나, 엉덩이 주변에 종기가 났거나, 줄 것이 있었거나, 절할 때였거나, 참회할 때였거나, 가르침을 받을 때였거나, 이 학습계율시설의 원인이 된 최초의 범행자이거나, 정신착란자이거나, 마음이 심란한 자이거나, 애통해 하는 자인 경우'를 예외로 한다.

434) • 슬행계⊙(膝行戒) / Khu-Sekh. 25(Nī-Sekh. 25) : na ukkuṭikāya antaraghare gāmissāmī'ti sikkhā karaṇīyā'ti. ⇒■ 준좌계(蹲坐戒) / 사분승중학 11 : 不得蹲坐 白衣舍內, 應當學.

Pali-Nip. 171

171(7-3-6) 중학죄법 제26조

빈둥거리는 자세로 앉기에 대한 학습계율
[Pallatthikasikkhāpada]

[세존] "'나는 빈둥거리는 자세로 시정에서 앉아 있지 않겠다.'라고 학습규범[435]을 지켜야 한다."[436]

---

435) *sekhiya* : *≪빠알리율≫에서는 '의도하지 않았거나, 새김을 잃었거나, 알지 못했거나, 환자이거나, 우기의 처소로 갔거나, 사고가 일어났거나, 정신착란된 자이거나, 최초의 범행자인 경우'는 예외이다.*

436) *• 난자계⊙(亂姿戒) / Khu-Sekh. 26(Nī-Sekh. 26) : na [234-235] pallatthikāya antaraghare nisīdissāmī'ti sikkhā karaṇīyā'ti.*

Pali-Nip. 172

172(7-3-7) 중학죄법 제27조

탁발음식 공손히 받기에 대한 학습계율
[Sakkaccapaṭiggahaṇasikkhāpada]

[세존] "'나는 공손하게 탁발음식을 받겠다.'라고 학습 규범[437]을 지켜야 한다."[438]

---

437) sekhiya : ≪빠알리율≫에서는 '의도하지 않았거나, 새김을 잃었거나, 알지 못했거나, 환자이거나, 사고가 일어났거나, 정신착란된 자이거나, 최초의 범행자인 경우'는 예외이고, ≪사분율≫에서는 '이러한 병이 있었거나, 발우가 작아서 공양할 때 밥을 흘렸거나, 탁자 위에 떨어졌거나, 이 학습계율시설의 원인이 된 최초의 범행자이거나, 정신착란자이거나, 마음이 심란한 자이거나, 애통해 하는 자인 경우'를 예외로 한다.

438) ● 용의수식계⊙(用意受食戒) / Khu-Sekh. 27(Nī-Sekh. 27) : sakkaccaṁ piṇḍapātaṁ paṭiggahessāmī'ti sikkhā karaṇīyā'ti. ■ 정의수식계(正意受食戒) / 사분승중학 26 : 正意受食, 應當學.

Pali-Nip. 173

173(7-3-8) 중학죄법 제28조

발우에 주시하며 받기에 대한 학습계율
[Pattasaññīpaṭiggahaṇasikkhāpada]

[세존] "'나는 발우에 주시하면서 탁발음식을 받겠다.'라고 학습규범439)을 지켜야 한다."440)

---

439) sekhiya : ≪빠알리율≫에서는 '의도하지 않았거나, 새김을 잃었거나, 알지 못했거나, 환자이거나, 사고가 일어났거나, 정신착란된 자이거나, 최초의 범행자인 경우'는 예외이고, ≪사분율≫에서는 '이러한 병이 있었거나, 옆자리의 비구가 병들었거나 눈이 어두워 대신 받아주었거나 얻었는지 받았는지 봐 주었거나, 정오인지를 고개를 들어 쳐다보았거나, 목숨이 위태롭거나 청정행이 어려워 도망가려고 좌우를 살폈거나, 이 학습계율시설의 원인이 된 최초의 범행자이거나, 정신착란자이거나, 마음이 심란한 자이거나, 애통해 하는 자인 경우'를 예외로 한다.

440) • 주시발계⊙(注視鉢戒) / Khu-Sekh. 28(Nī-Sekh. 28) : pattasaññinā piṇḍapātaṁ paṭiggahessāmī'ti sikkhā karaṇīyā'ti. ■ 계발상식계(繫鉢想食戒) / 사분승중학 35 : 當繫鉢想食, 應當學.

Pali-Nip. 174

174(7-3-9) 중학죄법 제29조

적량 카레의 탁발에 대한 학습계율
[Samasūpakapaṭiggahaṇasikkhāpada]

[세존] "'나는 탁발음식을 받으면서 적량의 카레를 받겠다.'라고 학습규범441)을 지켜야 한다."442)

---

441) sekhiya : ≪빠알리율≫에서는 '의도하지 않았거나, 새김을 잃었거나, 알지 못했거나, 환자이거나, 다른 풍미가 있는 것이 있었거나, 친척의 것이었거나, 제공되었거나, 사고가 일어났거나, 정신착란된 자이거나, 최초의 범행자인 경우'는 예외이고, ≪사분율≫에서는 '이러한 병이 있었거나, 바로 밥이 필요했으나 국이 필요하지 않았든가, 바로 국이 필요했으나 밥은 필요하지 않았든가, 정오가 지나려고 했거나, 목숨이 위태로웠거나, 청정행이 어려웠거나, 이 학습계율시설의 원인이 된 최초의 범행자이거나, 정신착란자이거나, 마음이 심란한 자이거나, 애통해 하는 자인 경우'를 예외로 한다.

442) • 갱반적량수계⊙(羹飯適量受戒) / Khu-Sekh. 29(Nī-Sekh. 29) : *samasūpakaṁ piṇḍapātaṁ paṭiggahessāmī'ti sikkhā karaṇīyā'ti.* ■ 갱반등식계(羹飯等食戒) / 사분승중학 29 : 羹飯俱食, 應當學.

Pali-Nip. 175

175(7-3-10) 중학죄법 제30조

알맞은 정도에 대한 학습계율
[Samatitthikasikkhāpada]

[세존] "'나는 탁발음식을 받으면서 발우에 알맞은 정도로[443] 받겠다.'라고 학습규범[444]을 지켜야 한다."[445]

제3품 차요(扠腰)가 끝났다.

---

443) *samatitthikaṁ : Smp. 892에 따르면, 발우에 평평하게 채워진 것을 뜻한다.*

444) *sekhiya : 앞의 학습계율과 마찬가지로 ≪빠알리율≫에서는 '의도하지 않았거나, 새김을 잃었거나, 알지 못했거나, 환자이거나, 사고가 일어났거나, 정신착란된 자이거나, 최초의 범행자인 경우'는 예외이고, ≪사분율≫에서는 '이러한 병이 있었거나, 발우가 작아서 공양할 때 밥을 흘렸거나, 탁자위에 떨어졌거나, 이 학습계율시설의 원인이 된 최초의 범행자이거나, 정신착란자이거나, 마음이 심란한 자이거나, 애통해 하는 자인 경우'를 예외로 한다.*

445) *• 수발수식계⊙(手鉢受食戒) / Khu-Sekh. 30(Nī-Sekh. 30) : samatitthikaṁ piṇḍapātaṁ paṭiggahessamī'ti sikkhā karaṇīyā'ti. ■ 평발수반계(平鉢受飯戒) / 사분승중학 27 : 平鉢受飯 應當學.*

제4품 공손
(Sakkaccavagga)

Pali-Nip. 176

176(7-4-1) 중학죄법 제31조
탁발음식 공손히 먹기에 대한 학습계율
[Sakkaccabhuñjanasikkhāpada]

[세존] "'나는 공손하게 탁발음식을 먹겠다.'라고 학습 규범446)을 지켜야 한다."447)

---

446) sekhiya : 《빠알리율》에서는 '의도하지 않았거나, 새김을 잃었거나, 알지 못했거나, 환자이거나, 사고가 일어났거나, 정신착란된 자이거나, 최초의 범행자인 경우'는 예외이고, 《사분율》에서는 '이러한 병이 있었거나, 발우가 작아서 공양할 때 밥을 흘렸거나, 탁자 위에 떨어졌거나, 이 학습계율시설의 원인이 된 최초의 범행자이거나, 정신착란자이거나, 마음이 심란한 자이거나, 애통해 하는 자인 경우'를 예외로 한다.

447) • 주의취식계⊙(注意取食戒) / Khu-Sekh. 31(Nī-Sekh. 31) : sakkaccaṁ piṇḍapātaṁ bhuñjissāmī'ti sikkhā karaṇīyā'ti. ⇒■ 정의수식계(正意受食戒) / 사분승중학 26 : 正意受食, 應當學.

Pali-Nip. 177

177(7-4-2) 중학죄법 제32조
발우에 주시하며 먹기에 대한 학습계율
[Pattasaññībhuñjanasikkhāpada]

[세존] "'나는 발우에 주시하면서 탁발음식을 먹겠다.'라고 학습규범448)을 지켜야 한다."449)

---

448) *sekhiya : 《빠알리율》에서는 '의도하지 않았거나, 새김을 잃었거나, 알지 못했거나, 환자이거나, 사고가 일어났거나, 정신착란된 자이거나, 최초의 범행자인 경우'는 예외이고, 《사분율》에서는 '이러한 병이 있었거나, 옆자리의 비구가 병들었거나 눈이 어두워 대신 받아주었거나 얻었는지 받았는지 봐 주었거나, 정오인지를 고개를 들어 쳐다보았거나, 목숨이 위태롭거나 청정행이 어려워 도망가려고 좌우를 살폈거나, 이 학습계율시설의 원인이 된 최초의 범행자이거나, 정신착란자이거나, 마음이 심란한 자이거나, 애통해 하는 자인 경우'를 예외로 한다.*

449) *• 주의발식계⊙(注意鉢食戒) / Khu-Sekh. 32(Nī-Sekh. 32) : pattasaññī piṇḍapātaṁ bhuñjissāmī'ti sikkhā karaṇīyā'ti. ⇒■ 계발상식계(繫鉢想食戒) / 사분승중학 35 : 當繫鉢想食, 應當學.*

Pali-Nip. 178

178(7-4-3) 중학죄법 제33조

순차적으로 먹기에 대한 학습계율
[Sapadānasikkhāpada]

[세존] "'나는 순차적으로 탁발음식을 먹겠다.'라고 학습규범450)을 지켜야 한다."451)

---

450) sekhiya : ≪빠알리율≫에서는 '의도하지 않았거나, 새김을 잃었거나, 알지 못했거나, 환자이거나, 타인에게 줄 때 인내하지 못했거나, 타인의 발우에 채울 때 인내하지 못했거나, 부식(副食)이었거나, 사고가 일어났거나, 정신착란된 자이거나, 최초의 범행자인 경우'는 예외이고, ≪사분율≫에서는 '이러한 병이 있었거나, 밥이 뜨거울까봐 식은 것을 골라 먹었거나, 정오가 지나가려했거나, 목숨이 위태로웠거나, 청정행이 어려웠거나, 이 학습계율시설의 원인이 된 최초의 범행자이거나, 정신착란자이거나, 마음이 심란한 자이거나, 애통해 하는 자인 경우'를 예외로 한다.

451) • 이차식계⊙(以次食戒) / Khu-Sekh. 33(Nī-Sekh. 33) : sapadānaṁ piṇḍapātaṁ bhuñjissāmī'ti sikkhā karaṇīyā'ti. ■ 이차식계(以次食戒) / 사분승중학 30 : 以次食, 應當學.

Pali-Nip. 179

179(7-4-4) 중학죄법 제34조

적량 카레의 먹기에 대한 학습계율
[Samasūpakasikkhāpada]

[세존] "'나는 탁발음식을 먹으면서 적량의 카레를 먹겠다.'라고 학습규범452)을 지켜야 한다."453)

---

452) sekhiya : ≪빠알리율≫에서는 '의도하지 않았거나, 새김을 잃었거나, 알지 못했거나, 환자이거나, 다른 풍미가 있는 것이 있었거나, 친척의 것이었거나, 제공되었거나, 사고가 일어났거나, 정신착란된 자이거나, 최초의 범행자인 경우'는 예외이고, ≪사분율≫에서는 '이러한 병이 있었거나, 바로 밥이 필요했으나 국이 필요하지 않았든가, 바로 국이 필요했으나 밥은 필요하지 않았든가, 정오가 지나려고 했거나, 목숨이 위태로웠거나, 청정행이 어려웠거나, 이 학습계율시설의 원인이 된 최초의 범행자이거나, 정신착란자이거나, 마음이 심란한 자이거나, 애통해 하는 자인 경우'를 예외로 한다.

453) • 갱반적량식계⊙(羹飯適量食戒) / Khu-Sekh. 34(Nī-Sekh. 34) : samasūpakaṁ [236-237] piṇḍapātaṁ bhuñjissāmī'ti sikkhā karaṇīyā'ti. ⇒■갱반등식계(羹飯等食戒) / 중학 29 : 羹飯俱食, 應當學.

Pali-Nip. 180

180(7-4-5) 중학죄법 제35조

꼭대기부터 먹기에 대한 학습계율
[Thūpakatasikkhāpada]

[세존] "'나는 꼭대기부터 짓이기지 않고 탁발음식을 먹겠다.'라고 학습규범[454]을 지켜야 한다."[455]

---

454) sekhiya : 《빠알리율》에서는 '의도하지 않았거나, 새김을 잃었거나, 알지 못했거나, 환자이거나, 소량 남은 것을 한쪽으로 모아서 먹었거나, 사고가 일어났거나, 정신착란된 자이거나, 최초의 범행자인 경우'는 예외이고, 《사분율》에서는 '이러한 병이 있었거나, 밥이 뜨거울까봐 가운데를 파서 먹었거나, 정오가 지나가려했거나, 목숨이 위태로웠거나, 청정행이 어려웠거나, 이 학습계율시설의 원인이 된 최초의 범행자이거나, 정신착란자이거나, 마음이 심란한 자이거나, 애통해 하는 자인 경우'를 예외로 한다.

455) ● 압중취식계⊙(壓中取食戒) / Khu-Sekh. 35(Nī-Sekh. 35) : na thūpato omadditvā piṇḍapātaṁ bhuñjissāmī'ti sikkhā karaṇīyā'ti. ■ 불도발중앙식계(不挑鉢中央食戒) / 사분승중학 31 : 不得挑鉢中央食, 應當學.

Pali-Nip. 181

181(7-4-6) 중학죄법 제36조

밥으로 덮기에 대한 학습계율
[Odanapaṭicchādanasikkhāpada]

[세존] "'나는 카레나 양념을 더 많이 원하면서 밥으로 덮지 않겠다.'라고 학습규범456)을 지켜야 한다."457)

---

456) sekhiya : ≪빠알리율≫에는 '의도하지 않았거나, 새김을 잃었거나, 알지 못했거나, 시주가 덮어서 주었거나, 더 많은 것을 얻고자 원하지 않았거나, 사고가 일어났거나, 정신착란된 자이거나, 최초의 범행자인 이 학습계율시설의 원인이 된 최초의 범행자이거나, 정신착란자이거나, 마음이 심란한 자이거나, 애통해 하는 자인 경우'를 예외로 한다. ≪사분율≫에서는 '이러한 병이 있었거나, 초대를 받았거나, 바로 국이 필요했거나 바로 밥이 필요했거나, 이 학습계율시설의 원인이 된 최초의 범행자이거나, 정신착란자이거나, 마음이 심란한 자이거나, 애통해 하는 자인 경우'를 예외로 한다.

457) • 반복갱계⊙(飯覆羹戒) / Khu-Sekh. 36(Nī-Sekh. 36) : na sūpaṁ vā byañajanaṁ vā odanena paṭicchādessāmi bhiyyokamyataṁ upādāyā'ti sikkhā karaṇīyā'ti. ▪ 반복갱계(飯覆羹戒) / 사분승중학 33 : 不得以飯覆羹 更望得, 應當學.

Pali-Nip. 182

182(7-4-7) 중학죄법 제37조

카레나 밥의 요청에 대한 학습계율

[Sūpodanaviññattisikkhāpada]

[세존] "'나는, 환자가 아닌 한, 카레나 밥을 자신을 위해서 요청해서 먹지 않겠다.'라고 학습규범[458]을 지켜야 한다."[459]

---

458) sekhiya : ≪빠알리율≫에서는 '의도하지 않았거나, 새김을 잃었거나, 알지 못했거나, 시주가 덮어서 주었거나, 더 많은 것을 얻고자 원하지 않았거나, 사고가 일어났거나, 정신착란된 자이거나, 최초의 범행자인 경우'는 예외이고, ≪사분율≫에서는 '병이 나서 스스로 요청했거나, 자기가 타인을 위해서 요청했거나, 타인이 자기를 위해서 요청했거나, 요청하지 않았는데도 얻었거나, 이 학습계율시설의 원인이 된 최초의 범행자이거나, 정신착란자이거나, 마음이 심란한 자이거나, 애통해 하는 자인 경우'를 예외로 한다.

459) • 색갱반계⊙(索羹飯戒) / Khu-Sekh. 37(Nī-Sekh. 37) : na sūpaṁ vā odanaṁ vā agilāno attano atthāya viññāpetvā bhuñjissāmī'ti sikkhā karaṇiyā'ti. ■ 색갱반계(索羹飯戒) / 사분승중학 32 : 無病不得爲己索羹飯 應當學.

Pali-Nip. 183

183(7-4-8) 중학죄법 제38조

불만의 생각을 지닌 것에 대한 학습계율
[Ujjhānasaññīsikkhāpada]

[세존] "'나는 불만의 생각을 가지고 타인의 발우를 바라보지 않겠다.'라고 학습규범460)을 지켜야 한다."461)

---

460) sekhiya : ≪빠알리율≫에서는 '의도하지 않았거나, 새김을 잃었거나, 알지 못했거나, '내가 주겠다. 내가 주도록 시키겠다.'라고 바라보거나, 불만의 생각이 없었다던가, 사고가 일어났거나, 정신착란된 자이거나, 최초의 범행자인 경우'는 예외이고, ≪사분율≫에서는'이러한 병이 있었거나, 옆자리의 비구가 병이 있었거나 눈이 어두워서 음식을 얻었는지 받았는지를 살펴주었거나, 이 학습계율시설의 원인이 된 최초의 범행자이거나, 정신착란자이거나, 마음이 심란한 자이거나, 애통해 하는 자인 경우'를 예외로 한다.

461) ● 시비좌발중계⊙(視比坐鉢中戒) / Khu-Sekh. 38(Nī-Sekh. 38) : na ujjhānasaññi paresaṁ pattaṁ olokessāmī'ti sikkhā karaṇīyā'ti. ■ 시비좌발계(視比座鉢戒) / 사분승중학 34 : 不得視比坐鉢中 起嫌心 應當學.

Pali-Nip. 184

184(7-4-9) 중학죄법 제39조

한 입 가득한 음식덩이에 대한 학습계율
[Kabaḷasikkhāpada]

[세존] "'나는 지나치게 큰 한 입 가득한 음식덩이를 만들지 않겠다.'라고 학습규범462)을 지켜야 한다."463)

---

462) sekhiya : 《빠알리율》에서는 '의도하지 않았거나, 새김을 잃었거나, 알지 못했거나, 환자이거나, 단단한 음식이거나, 각종과일이거나, 부식(副食)이거나, 사고가 일어났거나, 정신착란된 자이거나, 최초의 범행자인 경우'는 예외이고, 《사분율》에서는 '이러한 병이 있었거나, 정오가 지나가려 했거나, 목숨이 위태롭거나 청정행이 어려워 빨리 먹었거나, 이 학습계율시설의 원인이 된 최초의 범행자이거나, 정신착란자이거나, 마음이 심란한 자이거나, 애통해 하는 자인 경우'를 예외로 한다.

463) • 대박식계⊙(大博食戒) / Khu-Sekh. 39(Nī-Sekh. 39) : nātimahantaṁ kabaḷaṁ karissāmī'ti sikkhā karaṇīyā'ti. ■ 대박식계(大摶食戒) / 사분승중학 36 : 不得大摶飯食, 應當學.

Pali-Nip. 185

185(7-4-10) 중학죄법 제40조

한 조각의 음식덩이에 대한 학습계율
[Ālopasikkhāpada]

[세존] "'나는 둥근 조각의 음식덩이를 만들겠다.' 라고 학습규범464)을 지켜야 한다."465)

제4품 공손이 끝났다.

---

464) sekhiya : ≪빠알리율≫에서는 '의도하지 않았거나, 새김을 잃었거나, 알지 못했거나, 환자이거나, 단단한 음식이거나, 각종과일이거나, 부식(副食)이거나, 사고가 난 경우이거나, 정신착란된 자이거나, 최초의 범행자인 경우'는 예외이다.

465) • 원반구계⊙(圓飯球戒) / Khu-Sekh. 40(Nī-Sekh. 40) : parimaṇḍalaṁ ālopaṁ karissāmī'ti sikkhā karaṇīyā'ti.

제5품 한 입 음식덩이
(Kabaḷavagga)

Pali-Nip. 186

186(7-5-1) 중학죄법 제41조
가까이 가져오지 않은 음식덩이에 대한 학습계율
[Anāhaṭasikkhāpada]

[세존] "'나는 음식덩이를 가까이 가져오지 않고는 입을 열지 않겠다.'라고 학습규범466)을 지켜야 한다."467)

---

466) sekhiya : ≪빠알리율≫에는 '의도하지 않았거나, 새김을 잃었거나, 알지 못했거나, 환자이거나, 사고가 일어났거나, 정신착란된 자이거나, 최초의 범행자인 경우'는 예외이고, 앞의 학습계율과 마찬가지로 ≪사분율≫에서는 '이러한 병이 있었거나, 정오가 지나가려 했거나, 목숨이 위태롭거나 청정행이 어려워 빨리 먹었거나, 이 학습계율시설의 원인이 된 최초의 범행자이거나, 정신착란자이거나, 마음이 심란한 자이거나, 애통해 하는 자인 경우'를 예외로 한다.

467) • 장구대식계⊙(張口待食戒) / Khu-Sekh. 41(Nī-Sekh. 41) : na anāhaṭe [238-239] kabaḷe mukhadvāraṁ vivarissāmī'ti sikkhā karaṇīyā'ti. ■ 장구대식계(張口待食戒) / 사분승중학 37 : 不得張口待飯食, 應當學.

Pali-Nip. 187

187(7-5-2) 중학죄법 제42조

식사할 때에 대한 학습계율
[Bhuñjamānasikkhāpada]

[세존] "'나는 식사를 하면서 통째로 손을 입에 집어넣지 않겠다.'라고 학습규범[468)]을 지켜야 한다."[469)]

---

468) *sekhiya : ≪빠알리율≫에서는 '의도하지 않았거나, 새김을 잃었거나, 알지 못했거나, 환자이거나, 사고가 일어났거나, 정신착란된 자이거나, 최초의 범행자인 경우'는 예외이고, ≪사분율≫에서는 '이러한 병이 있었거나, 음식 안에 풀이나 벌레가 있거나, 부정한 것으로 더러워졌거나, 수식법을 하지 않은 음식이 있어 놓아버렸거나, 이 학습계율시설의 원인이 된 최초의 범행자이거나, 정신착란자이거나, 마음이 심란한 자이거나, 애통해 하는 자인 경우'를 예외로 한다.*

469) *• 전수구중계⊙(全手口中戒) / Khu-Sekh. 42(Nī-Sekh. 42) : na bhuñjamāno sabbaṁ hatthaṁ mukhe pakkhipissāmī'ti sikkhā karaṇīyā'ti. ■ 파산반식계(把散飯食戒) / 사분승중학 46 : 不得手把散飯食, 應當學.*

Pali-Nip. 188

188(7-5-3) 중학죄법 제43조

입에 가득 넣은 음식에 대한 학습계율
[Sakabaḷasikkhāpada]

[세존] "'나는 음식덩이를 입에 가득 넣은 채 이야기하지 않겠다.'라고 학습규범470)을 지켜야 한다."471)

---

470) sekhiya : ≪빠알리율≫에서는 '의도하지 않았거나, 새김을 잃었거나, 알지 못했거나, 환자이거나, 사고가 일어났거나, 정신착란된 자이거나, 최초의 범행자인 경우'는 예외이고, ≪사분율≫에서는 '이러한 병이 있었던가, 목이 메어 물을 찾았던가, 목숨이 위태롭거나 청정행이 어려워 소리 내어 먹었거나, 이 학습계율시설의 원인이 된 최초의 범행자이거나, 정신착란자이거나, 마음이 심란한 자이거나, 애통해 하는 자인 경우'를 예외로 한다.

471) • 함반어계⊙(含飯語戒) / Khu-Sekh. 43(Nī-Sekh. 43) : na sakabaḷena mukhena byāharissāmī'ti sikkhā karaṇīyā'ti. ■ 함반어계(含飯語戒) / 사분승중학 38 : 不得含食語, 應當學.

Pali-Nip. 189

189(7-5-4) 중학죄법 제44조

음식 던져 넣기에 대한 학습계율
[Piṇḍukkhepakasikkhāpada]

[세존] "'나는 음식덩이를 던져 넣으며 먹지 않겠다.'라고 학습규범472)을 지켜야 한다."473)

---

472) sekhiya : ≪빠알리율≫에서는 '의도하지 않았거나, 새김을 잃었거나, 알지 못했거나, 환자이거나, 단단한 음식이거나, 각종과일이거나, 사고가 일어났거나, 정신착란된 자이거나, 최초의 범행자인 경우'는 예외이고, ≪사분율≫에서는 '이러한 병이 있었거나, 묶여 있어 입안에 음식을 던져 넣었거나, 이 학습계율시설의 원인이 된 최초의 범행자이거나, 정신착란자이거나, 마음이 심란한 자이거나, 애통해 하는 자인 경우'를 예외로 한다.

473) •투입식계⊙(投入食戒) / Khu-Sekh. 44(Nī-Sekh. 44) : na piṇḍukkhepakaṁ bhuñjissāmī'ti sikkhā karaṇīyā'ti. ■요척구중식계(遙擲口中食戒) / 사분승중학 39 : 不得摶飯擲口中, 應當學.

Pali-Nip. 190

190(7-5-5) 중학죄법 제45조

한 입 가득 넣고 갉아먹기에 대한 학습계율
[Kabaḷāvacchedakasikkhāpada]

[세존] "'나는 음식을 한 입 가득 넣고 갉아먹지 않겠다.' 라고 학습규범474)을 지켜야 한다."475)

---

474) sekhiya : 《빠알리율》에서는 '의도하지 않았거나, 새김을 잃었거나, 알지 못했거나, 환자이거나, 단단한 음식이거나, 각종과일이거나, 부식(副食)이거나, 사고가 일어났거나, 정신착란된 자이거나, 최초의 범행자인 경우'는 예외이다.

475) • 설식계⊙(齧食戒) / Khu-Sekh. 45(Nī-Sekh. 45) : na kabaḷāvacchedakaṁ bhuñjissāmī'ti sikkhā karaṇīyā'ti.

Pali-Nip. 191

191(7-5-6) 중학죄법 제46조

볼 부풀려 먹기에 대한 학습계율
[Avagaṇḍakārakasikkhāpada]

[세존] "'나는 볼을 부풀려 먹지 않겠다.'라고 학습규범476)을 지켜야 한다."477)

---

476) sekhiya : ≪빠알리율≫에서는 '의도하지 않았거나, 새김을 잃었거나, 알지 못했거나, 환자이거나, 각종과일이거나, 사고가 일어났거나, 정신착란된 자이거나, 최초의 범행자인 경우'는 예외이고, ≪사분율≫에서는 '이러한 병이 있었거나, 정오가 지나가려 했거나, 목숨이 위태롭거나 청정행이 어려워 빨리 먹었거나, 이 학습계율시설의 원인이 된 최초의 범행자이거나, 정신착란자이거나, 마음이 심란한 자이거나, 애통해 하는 자인 경우'를 예외로 한다.

477) • 장협식계⊙(張頰食戒) / Khu-Sekh. 46(Nī-Sekh. 46) : na avagaṇḍakārakaṁ bhuñjissāmī'ti sikkhā karaṇīyā'ti. ■ 협식계(頰食戒) / 사분승중학 41 : 不得頰飯食, 應當學.

Pali-Nip. 192

192(7-5-7) 중학죄법 제47조

손을 털면서 먹기에 대한 학습계율

[Hatthaniddhunakasikkhāpada]

[세존] "'나는 손을 털면서 먹지 않겠다.'라고 학습규범[478])을 지켜야 한다."[479])

---

478) sekhiya : ≪빠알리율≫에서는 '의도하지 않았거나, 새김을 잃었거나, 알지 못했거나, 환자이거나, 먼지를 털면서 손을 털었거나, 사고가 일어났거나, 정신착란된 자이거나, 최초의 범행자인 경우'는 예외이고, ≪사분율≫에서는 '이러한 병이 있었거나, 음식에 풀이나 벌레가 있었거나, 손에 더러운 것이 있어서 털려고 했거나, 음식을 받기 전에 수식법(受食法)을 하지 않은 음식에 손을 대어 악촉(惡觸)인 까닭에 손을 털었거나, 이 학습계율시설의 원인이 된 최초의 범행자이거나, 정신착란자이거나, 마음이 심란한 자이거나, 애통해하는 자인 경우'를 예외로 한다.

479) • 진수식계⊙(振手食戒) / Khu-Sekh. 47(Nī-Sekh. 47) : na hatthaniddhunakaṁ bhuñjissāmī'ti sikkhā karaṇīyā'ti. 초역의 '손을 흔들면서'를 '손을 털면서'로 고침. ■ 진수식계(振手食戒) / 사분승중학 45 : 不得振手食, 應當學.

Pali-Nip. 193

193(7-5-8) 중학죄법 제48조

밥덩이 흩뜨리기에 대한 학습계율
[Sitthāvakārakasikkhāpada]

[세존] "'나는 밥덩이를 흩뜨리면서 먹지 않겠다.'라고 학습규범480)을 지켜야 한다."481)

---

480) sekhiya : ≪빠알리율≫에서는 '의도하지 않았거나, 새김을 잃었거나, 알지 못했거나, 환자이거나, 먼지를 털면서 밥덩이를 흩뜨렸다던가, 사고가 일어났거나, 정신착란된 자이거나, 최초의 범행자인 경우'는 예외이다.

481) • 살반립계⊙(撒飯粒戒) / Khu-Sekh. 48(Nī-Sekh. 48) : na sitthāvakārakaṁ bhuñjissāmī'ti sikkhā karaṇīyā'ti.

Pali-Nip. 194

194(7-5-9) 중학죄법 제49조

혀 내밀며 먹기에 대한 학습계율
[Jivhanicchārakasikkhāpada]

[세존] "'나는 혀를 내밀면서 먹지 않겠다.'라고 학습규범[482]을 지켜야 한다."[483]

---

482) sekhiya : ≪빠알리율≫에서는 '의도하지 않았거나, 새김을 잃었거나, 알지 못했거나, 환자이거나, 사고가 일어났거나, 정신착란된 자이거나, 최초의 범행자인 경우'는 예외이고, ≪사분율≫에서는 '이러한 병이 있었거나, 결박을 당했거나, 손에 흙이 묻었거나 손이 더러워 혀로 핥아먹었거나, 이 학습계율시설의 원인이 된 최초의 범행자이거나, 정신착란자이거나, 마음이 심란한 자이거나, 애통해 하는 자인 경우'를 예외로 한다.

483) • 설지식계⊙(舌舐食戒) / Khu-Sekh. 49(Nī-Sekh. 49) : na [240-241] jivhānicchārakaṁ bhuñjissāmī'ti sikkhā karaṇīyā'ti. ■ 설지식계(舌舐食戒) / 사분승중학 44 : 不得舌舐食, 應當學.

Pali-Nip. 195

195(7-5-10) 중학죄법 제42조

쩝쩝 소리에 대한 학습계율

[Capucapukārakasikkhāpada]

[세존] "'나는 쩝쩝 소리 내면서 먹지 않겠다.'라고 학습규범484)을 지켜야 한다."485)

제5품 한 입 음식덩이가 끝났다.

---

484) sekhiya : ≪빠알리율≫에서는 '의도하지 않았거나, 새김을 잃었거나, 알지 못했거나, 환자이거나, 사고가 일어났거나, 정신착란된 자이거나, 최초의 범행자인 경우'는 예외이고, 사분승중학 40과 마찬가지로 ≪사분율≫에서는 '이러한 병이 있었거나, 얇은 과자, 누룽지, 고기, 껍질이 있는 견과류, 사탕수수, 채소, 안바라과(庵婆羅果), 배, 장미사과, 포도, 꽃술 등을 먹었거나, 이 학습계율시설의 원인이 된 최초의 범행자이거나, 정신착란자이거나, 마음이 심란한 자이거나, 애통해 하는 자인 경우'를 예외로 한다.

485) • 작성식계⊙(作聲食戒) / Khu-Sekh. 50(Nī-Sekh. 50) : na capucapukārakaṁ bhuñjissāmī'ti sikkhā karaṇīyā'ti. ■ 작반작성계(嚼飯作聲戒) / 사분승중학 42 : 不得嚼飯作聲, 應當學.

제6품 후룩후룩
(Surusuruvagga)

Pali-Nip. 196

196(7-6-1) 중학죄법 제51조

후룩후룩 소리에 대한 학습계율

[Surusurukārakasikkhāpada]

[세존] "'나는 후룩후룩 소리 내면서 먹지 않겠다.'라고 학습규범486)을 지켜야 한다."487)

---

486) sekhiya : 《빠알리율》에서는 '의도하지 않았거나, 새김을 잃었거나, 알지 못했거나, 환자이거나, 사고가 일어났거나, 정신착란된 자이거나, 최초의 범행자인 경우'는 예외이고, 《사분율》에서는 '이러한 병이 있었거나, 입이 아팠거나, 국이나 타락(酪)이나 낙장(酪漿), 소비라장(酥毘羅醬), 식초를 먹었거나, 이 학습계율시설의 원인이 된 최초의 범행자이거나, 정신착란자이거나, 마음이 심란한 자이거나, 애통해 하는 자인 경우'를 예외로 한다. 소비라장은 보리를 빻아서 용기에 넣어 물을 뿌리고 3일이 경과후에 식초를 넣고 발효시켜 걸러 마시는 것으로 풍병에 효험이 있었다.

487) • 흡식계⊙(吸食戒) / Khu-Sekh. 51(Nī-Sekh. 51) : na surusurukārakaṁ bhuñjissāmī'ti sikkhā karaṇīyā'ti. ■ 흡반식계(噏飯食戒) / 사분승중학 43 : 不得大噏飯食, 應當學.

Pali-Nip. 197

197(7-6-2) 중학죄법 제52조

손 핥기에 대한 학습계율
[Hatthanillehakasikkhāpada]

[세존] "'나는 손을 핥으면서 먹지 않겠다.'라고 학습규범488)을 지켜야 한다."489)

---

488) sekhiya : ≪빠알리율≫에서는 '의도하지 않았거나, 새김을 잃었거나, 알지 못했거나, 환자이거나, 사고가 일어났거나, 정신착란된 자이거나, 최초의 범행자인 경우'는 예외이고, ≪사분율≫에서는 '이러한 병이 있었거나, 결박을 당했거나, 손에 흙이 묻었거나 손이 더러워 혀로 핥아먹었거나, 이 학습계율시설의 원인이 된 최초의 범행자이거나, 정신착란자이거나, 마음이 심란한 자이거나, 애통해 하는 자인 경우'를 예외로 한다.

489) • 지수식계⊙(舐手食戒) / Khu-Sekh. 52(Nī-Sekh. 1) : na hatthanillehakaṁ bhuñjissāmī'ti sikkhā karaṇīyā'ti. ⇒■설지식계(舌舐食戒) / 사분승중학 44 : 不得舌舐食, 應當學.

Pali-Nip. 198

198(7-6-3) 중학죄법 제53조

발우 핥기에 대한 학습계율

[Pattanillehakasikkhāpada]

[세존] "'나는 발우를 핥으면서 먹지 않겠다.'라고 학습규범[490]을 지켜야 한다."[491]

---

490) sekhiya : 앞의 학습계율과 마찬가지로 《빠알리율》에서는 '의도하지 않았거나, 새김을 잃었거나, 알지 못했거나, 환자이거나, 사고가 일어났거나, 정신착란된 자이거나, 최초의 범행자인 경우'는 예외이고, 《사분율》에서는 '이러한 병이 있었거나, 결박을 당했거나, 손에 흙이 묻었거나 손이 더러워 혀로 핥아먹었거나, 이 학습계율시설의 원인이 된 최초의 범행자이거나, 정신착란자이거나, 마음이 심란한 자이거나, 애통해 하는 자인 경우'를 예외로 한다.

491) • 지발식계⊙(舐鉢食戒) / Khu-Sekh. 53 (Nī-Sekh. 53) : na patta-nillehakaṁ bhuñjissāmī'ti sikkhā karaṇīyā'ti. ⇒■ 설지식계(舌舐食戒) / 사분승중학 44 : 不得舌舐食, 應當學.

Pali-Nip. 199

199(7-6-4) 중학죄법 제54조

입술 핥기에 대한 학습계율
[Oṭṭhanillehakasikkhāpada]

[세존] "'나는 입술을 핥으면서 먹지 않겠다.'라고 학습규범[492)]을 지켜야 한다."[493)]

---

492) sekhiya : 앞의 학습계율과 마찬가지로 ≪빠알리율≫에서는 '의도하지 않았거나, 새김을 잃었거나, 알지 못했거나, 환자이거나, 사고가 일어났거나, 정신착란된 자이거나, 최초의 범행자인 경우'는 예외이고, ≪사분율≫에서는 '이러한 병이 있었거나, 결박을 당했거나, 손에 흙이 묻었거나 손이 더러워 혀로 핥아먹었거나, 이 학습계율시설의 원인이 된 최초의 범행자이거나, 정신착란자이거나, 마음이 심란한 자이거나, 애통해 하는 자인 경우'를 예외로 한다.

493) • 지순식계⊙(舐脣食戒) / Khu-Sekh. 54 (Nī-Sekh. 5 4) : na oṭṭhanillehakaṁ bhuñjissāmī'ti sikkhā karaṇīyā'ti. ⇒ ▪ 설지식계(舌舐食戒) / 사분승중학 44 : 不得舌舐食, 應當學.

Pali-Nip. 200

200(7-6-5) 중학죄법 제55조

음식 묻은 손에 대한 학습계율

[Sāmisasikkhāpada]

[세존] "'나는 음식이 묻은 손으로 물병을 만지지 않겠다.'라는 학습규범494)을 지켜야 한다."495)

---

494) sekhiya : ≪빠알리율≫에서는 "의도하지 않았거나, 새김을 잃었거나, 알지 못했거나, 환자이거나, '내가 씻겠다.'라거나 '내가 씻게 시키겠다.'라고 받았거나, 사고가 일어났거나, 정신착란된 자이거나, 최초의 범행자인 경우"는 예외이고, ≪사분율≫에서는 '이러한 병이 있었거나, 풀이나 잎사귀 위에 받았다든가, 손을 씻고 받았거나, 이 학습계율시설의 원인이 된 최초의 범행자이거나, 정신착란자이거나, 마음이 심란한 자이거나, 애통해 하는 자인 경우'를 예외로 한다.

495) • 오수착수병계⊙(污手捉水甁戒) / Khu-Sekh. 55 (Nī-Sekh. 55) : na sāmisena hatthena pānīyathālakaṁ paṭiggahessāmī'ti sikkhā karaṇīyā'ti. ■ 오수착식기계(汙手捉食器戒) / 사분승중학 47 : 不得污手捉食器, 應當學.

Pali-Nip. 201

201(7-6-6) 중학죄법 제56조

밥알갱이가 포함된 물에 대한 학습계율
[Sasitthakasikkhāpada]

[세존] "'나는 밥알갱이가 포함된 발우 씻은 물을 시정에 버리지 않겠다.'라고 학습규범496)을 지켜야 한다."497)

---

496) sekhiya : ≪빠알리율≫에서는 '의도하지 않았거나, 새김을 잃었거나, 알지 못했거나, 환자인 경우나, 제거하고 버렸거나, 부수어서 버렸거나, 덮어서 버렸거나, 골라내고 버리거나, 사고가 일어났거나, 정신착란된 자이거나, 최초의 범행자인 경우'는 예외이고, ≪사분율≫에서는 '이러한 병이 있었거나, 그릇이나 씻는 용도의 용기에 발우 씻은 물을 받아서 집밖에 버렸거나, 이 학습계율시설의 원인이 된 최초의 범행자이거나, 정신착란자이거나, 마음이 심란한 자이거나, 애통해 하는 자인 경우'를 예외로 한다.

497) ● 기세발수계⊙(棄洗鉢水戒) / Khu-Sekh. 56(Nī-Sekh. 56) : na sasitthakaṁ pattadhovanaṁ antaraghare chaḍḍhessāmī'ti sikkhā karaṇīyā'ti. ■ 기세발수계(棄洗鉢水戒) / 사분승중학 48 : 不得洗鉢水 棄白衣舍內, 應當學.

Pali-Nip. 202

202(7-6-7) 중학죄법 제57조

일산을 손에 든 자에 대한 학습계율

[Chattapāṇisikkhāpada]

[세존] "'나는, 환자가 아닌 한, 일산을 손에 든 자에게 가르침을 설하지 않겠다.'라고 학습규범498)을 지켜야 한다."499)

---

498) sekhiya : 앞의 학습계율에서처럼 ≪빠알리율≫에서는 '의도하지 않았거나, 새김을 잃었거나, 알지 못했거나, 환자이거나, 사고가 난 경우이거나, 정신착란된 자이거나, 최초의 범행자인 경우'는 예외이고, ≪사분율≫에서는 '이러한 병이 있었거나, 왕이나 대신들을 위한 것이었거나, 이 학습계율시설의 원인이 된 최초의 범행자이거나, 정신착란자이거나, 마음이 심란한 자이거나, 애통해 하는 자인 경우'를 예외로 한다.

499) • 위지개인설법계⊙(爲持蓋人說法戒) / Khu-Sekh. 57(Nī-Sekh. 57) : na [242-243] chattapāṇissa agilānassa dhammaṁ desissāmī'ti sikkhā karaṇīyā'ti. ■ 지개인설법계(持蓋人說法戒) / 사분승중학 100 : 人持蓋, 不應爲說法 除病, 應當學.

Pali-Nip. 203

203(7-6-8) 중학죄법 제58조

지팡이를 손에 든 자에 대한 학습계율
[Daṇḍapāṇisikkhāpada]

[세존] "'나는 환자가 아닌, 지팡이를 손에 든 자에게 가르침을 설하지 않겠다.'라고 학습규범500)을 지켜야 한다."501)

---

500) sekhiya : ≪빠알리율≫에서는 '의도하지 않았거나, 새김을 잃었거나, 알지 못했거나, 환자이거나, 사고가 난 경우이거나, 정신착란된 자이거나, 최초의 범행자인 경우'는 예외이고, ≪사분율≫에서는 '이러한 병이 있었거나, 왕이나 대신들을 위한 것이었거나, 이 학습계율시설의 원인이 된 최초의 범행자이거나, 정신착란자이거나, 마음이 심란한 자이거나, 애통해 하는 자인 경우'를 예외로 한다.

501) • 위지장인설법계⊙(爲持杖人說法戒) / Khu-Sekh. 58(Nī-Sekh. 58) : na daṇḍapāṇissa agilānassa dhammaṁ desissāmī'ti sikkhā karaṇīyā'ti. ■ 지장인설법계(持杖人說法戒) / 사분승중학 96 : 人持杖, 不應爲說法, 除病, 應當學.

Pali-Nip. 204

204(7-6-9) 중학죄법 제59조

칼을 손에 든 자에 대한 학습계율
[Satthapāṇisikkhāpada]

[세존] "'나는, 환자가 아닌 한, 칼을 손에 든 자에게 가르침을 설하지 않겠다.'라고 학습규범502)을 지켜야 한다."503)

---

502) sekhiya : 앞의 학습계율에서처럼 《빠알리율》에서는 '의도하지 않았거나, 새김을 잃었거나, 알지 못했거나, 환자이거나, 사고가 난 경우이거나, 정신착란된 자이거나, 최초의 범행자인 경우'는 예외이고, 《사분율》에서는 '이러한 병이 있었거나, 왕이나 대신들을 위한 것이었거나, 이 학습계율시설의 원인이 된 최초의 범행자이거나, 정신착란자이거나, 마음이 심란한 자이거나, 애통해 하는 자인 경우'를 예외로 한다.

503) ● 위지도인설법계⊙(爲持刀人說法戒) / Khu-Sekh. 59(Nī-Sekh. 59) : na satthapāṇissa agilānassa dhammaṁ desessāmī'ti sikkhā karaṇīyā'tI. ⇒■ 지검인설법계(持劍人說法戒) / 사분승중학 97 : 人持劍, 不應爲說法, 除病, 應當學. ; ⇒■ 지도인설법계(持刀人說法戒) / 사분승중학 99 : 人持刀, 不應爲說法, 除病, 應當學.

Pali-Nip. 205

205(7-6-10) 중학죄법 제60조

무기를 손에 든 자에 대한 학습계율
[Āvudhapāṇisikkhāpada]

[세존] "'나는, 환자가 아닌 한, 무기를 손에 든 자에게 가르침을 설하지 않겠다.'라고 학습규범504)을 지켜야 한다."505)

제6품 후룩후룩이 끝났다.

---

504) sekhiya : 앞의 학습계율에서처럼 《빠알리율》에서는 '의도하지 않았거나, 새김을 잃었거나, 알지 못했거나, 환자이거나, 사고가 난 경우이거나, 정신착란된 자이거나, 최초의 범행자인 경우'는 예외이고, 《사분율》에서는 '이러한 병이 있었거나, 왕이나 대신들을 위한 것이었거나, 이 학습계율시설의 원인이 된 최초의 범행자이거나, 정신착란자이거나, 마음이 심란한 자이거나, 애통해 하는 자인 경우'를 예외로 한다.

505) ● 위지무기인설법계⊙(爲持武器人說法戒) / Khu-Sekh. 60(Nī-Sekh. 60) : na āvudhapāṇissa agilānassa dhammaṁ desessāmī'ti sikkhā karaṇīyā'ti. ■ 지모인설법계(持矛人說法戒) / 사분승중학 98 : 人持矛, 不應爲說法 除病, 應當學.

제7품 샌들
(Pādukavagga)

Pali-Nip. 206

206(7-7-1) 중학죄법 제61조
샌들에 대한 학습계율
[Pādukasikkhāpada]

[세존] "'나는, 환자가 아닌 한, 샌들을 신은 자에게 가르침을 설하지 않겠다.'라고 학습규범506)을 지켜야 한다."507)

---

506) sekhiya : 《빠알리율》에서는 '의도하지 않았거나, 새김을 잃었거나, 알지 못했거나, 환자이거나, 사고가 일어났거나, 정신착란된 자이거나, 최초의 범행자인 경우'는 예외이고, 앞의 학습계율과 마찬가지로 《사분율》에서는 '이러한 병이 있었거나, 왕이나 대신을 위한 것이었거나, 이 학습계율시설의 원인이 된 최초의 범행자이거나, 정신착란자이거나, 마음이 심란한 자이거나, 애통해 하는 자인 경우'를 예외로 한다.

507) • 위착초리자설법계⊙(爲著草履者說法戒) / Khu-Sekh. 61(Nī-Sekh. 61) : na pādukārūḷhassa agilānassa dhammaṁ desessāmī'ti sikkhākaraṇīyā'ti. ■ 착목극인설법계(著木屐人說法戒) / 사분승중학 58 : 不得爲著木屐人 說法 除病, 應當學.

Pali-Nip. 207

207(7-7-2) 중학죄법 제62조

신발에 대한 학습계율

[Upāhanasikkhāpada]

[세존] "'나는, 환자가 아닌 한, 신발을 신은 자에게 가르침을 설하지 않겠다.'라고 학습규범[508]을 지켜야 한다."[509]

---

508) sekhiya : ≪빠알리율≫에서는 '의도하지 않았거나, 새김을 잃었거나, 알지 못했거나, 환자이거나, 사고가 일어났거나, 정신착란된 자이거나, 최초의 범행자인 경우'는 예외이고, 앞의 학습계율과 마찬가지로 ≪사분율≫에서는 '이러한 병이 있었거나, 왕이나 대신을 위한 것이었거나, 이 학습계율시설의 원인이 된 최초의 범행자이거나, 정신착란자이거나, 마음이 심란한 자이거나, 애통해 하는 자인 경우'를 예외로 한다.

509) • 위착혜리자설법계⊙(爲著鞋履者說法戒) / Khu-Sekh. 62(Nī-Sekh. 62) : na upāhanārūḷhassa agilānassa dhammaṁ desessāmī'ti sikkhākaraṇīyā'ti. ■ 착혁사인설법계(著革屣人說法戒) / 사분승중학 57 : 不得爲著革屣人 說法 除病, 應當學.

Pali-Nip. 208

208(7-7-3) 중학죄법 제63조

탈것에 탄 자에 대한 학습계율
[Yānagatasikkhāpada]

[세존] "'나는, 환자가 아닌 한, 탈것에 탄 자에게 가르침을 설하지 않겠다.'라고 학습규범[510]을 지켜야 한다."[511]

---

510) sekhiya : ≪빠알리율≫에서는 '의도하지 않았거나, 새김을 잃었거나, 알지 못했거나, 환자이거나, 사고가 일어났거나, 정신착란된 자이거나, 최초의 범행자인 경우'는 예외이고, 앞의 학습계율과 마찬가지로 ≪사분율≫에서는 '이러한 병이 있었거나, 왕이나 대신을 위한 것이었거나, 이 학습계율시설의 원인이 된 최초의 범행자이거나, 정신착란자이거나, 마음이 심란한 자이거나, 애통해 하는 자인 경우'를 예외로 한다.

511) • 위기승자설법계⊙(爲騎乘者說法戒) / Khu-Sekh. 63(Nī-Sekh. 63) : na yānagatassa agilānassa dhammaṁ desissāmī'ti sikkhā karaṇīyā'ti. ■ 기승인설법계(騎乘人說法戒) / 사분승중학 59 : 不得爲騎乘人 說法 除病, 應當學.

Pali-Nip. 209

209(7-7-4) 중학죄법 제64조

침상 위에 있는 자에 대한 학습계율
[Sayanagatasikkhāpada]

[세존] "'나는, 환자가 아닌 한, 침상 위에 있는 자에게 가르침을 설하지 않겠다.'라고 학습규범512)을 지켜야 한다."513)

---

512) *sekhiya : 앞의 학습계율과 마찬가지로 《빠알리율》에서는 '의도하지 않았거나, 새김을 잃었거나, 알지 못했거나, 환자이거나, 사고가 일어났거나, 정신착란된 자이거나, 최초의 범행자인 경우'는 예외이고, 《사분율》에서는 '이러한 병이 있었거나, 왕이나 대신들을 위한 것이었거나, 이 학습계율시설의 원인이 된 최초의 범행자이거나, 정신착란자이거나, 마음이 심란한 자이거나, 애통해 하는 자인 경우'를 예외로 한다.*

513) *• 위와상자설법계⊙(爲臥牀者說法戒) / Khu-Sekh. 64(Nī-Sekh. 64) : na sayanagatassa agilānassa dhammaṁ desissāmī'ti sikkhā karaṇīyā'ti. ■ 인와이좌설법계(人臥己坐說法戒) / 사분승중학 87 : 人臥己坐, 不得爲說法, 除病, 應當學.*

Pali-Nip. 210

210(7-7-5) 중학죄법 제65조

빈둥거리는 자세로 앉은 자에 대한 학습계율
[Pallatthikanisinnasikkhāpada]

[세존] "'나는, 환자가 아닌 한, 빈둥거리는 자세로 앉아 있는 자에게 가르침을 설하지 않겠다.'라고 학습규범514)을 지켜야 한다."515)

---

514) sekhiya : ≪빠알리율≫에서는 '의도하지 않았거나, 새김을 잃었거나, 알지 못했거나, 환자이거나, 사고가 일어났거나, 정신착란된 자이거나, 최초의 범행자인 경우'는 예외이다.

515) • 위난좌자설법계⊙(爲亂坐者說法戒) / Khu-Sekh. 65(Nī-Sekh. 65) : na [244-245] pallatthikāya nisinnassa agilānassa dhammaṁ desessāmī'ti sikkhā karaṇīyā'ti. [僧祇戒本 중학56에만 존재]

Pali-Nip. 211

211(7-7-6) 중학죄법 제66조

터번을 두른 자에 대한 학습계율
[Veṭhitasikkhāpada]

[세존] "'나는, 환자가 아닌 한, 머리에 터번을 두른 자에게 가르침을 설하지 않겠다.'라고 학습규범[516)] 을 지켜야 한다."[517)]

---

516)sekhiya : ≪빠알리율≫에서는 '의도하지 않았거나, 새김을 잃었거나, 알지 못했거나, 환자이거나, 터번을 열어서 머리가 보이도록 했거나, 사고가 일어났거나, 정신착란된 자이거나, 최초의 범행자인 경우'는 예외이고, 앞의 학습계율과 마찬가지로 ≪사분율≫에서는 '이러한 병이 있었거나, 왕이나 대신을 위한 것이었거나, 이 학습계율시설의 원인이 된 최초의 범행자이거나, 정신착란자이거나, 마음이 심란한 자이거나, 애통해 하는 자인 경우'를 예외로 한다.

517) • 위리두자설법계⊙(爲裹頭者說法戒) / Khu-Sekh. 66(Nī-Sekh. 66) : na veṭhitasīsassa agilānassa dhammaṁ desessāmī'ti sikkhā karaṇīyā'ti. ■ 이두인설법계(裹頭人說法戒) / 사분승중학 55 : 不得爲裹頭人 說法 除病, 應當學.

Pali-Nip. 212

212(7-7-7) 중학죄법 제67조

복면을 한 자에 대한 학습계율

[Oguṇṭhitasīsasikkhāpada]

[세존] "'나는, 환자가 아닌 한, 머리에 복면을 한 자에게 가르침을 설하지 않겠다.'라고 학습규범[518]을 지켜야 한다."[519]

---

518) sekhiya : 《빠알리율》에서는 '의도하지 않았거나, 새김을 잃었거나, 알지 못했거나, 환자이거나, 복면을 열어서 머리가 보이도록 했거나, 사고가 일어났거나, 정신착란된 자이거나, 최초의 범행자인 경우'는 예외이고, 앞의 학습계율과 마찬가지로 《사분율》에서는 '이러한 병이 있었거나, 왕이나 대신을 위한 것이었거나, 이 학습계율시설의 원인이 된 최초의 범행자이거나, 정신착란자이거나, 마음이 심란한 자이거나, 애통해 하는 자인 경우'를 예외로 한다.

519) • 위복면자설법계⊙(爲覆面者說法戒) / Khu-Sekh. 67(Nī-Sekh. 67) : oguṇṭhitasīsassa agilānassa dhammaṁ desessāmī'ti sikkhā karaṇīyā'ti. ■ 복두인설법계(覆頭人說法戒) / 사분승중학 54 : 不得爲覆頭人 說法 除病, 應當學.

Pali-Nip. 213

213(7-7-8) 중학죄법 제68조
맨바닥에 대한 학습계율
[Chamāsikkhāpada]

[세존] "'나는 맨바닥에 앉아서, 환자가 아닌 한, 자리에 앉은 자에게 가르침을 설하지 않겠다.'라고 학습규범520)을 지켜야 한다."521)

---

520) sekhiya : 빠알리문에는 '자리아닌 자리' 대신에 '맨바닥에 앉아서'라고 되어 있다. 앞의 학습계율과 마찬가지로 ≪빠알리율≫에서는 '의도하지 않았거나, 새김을 잃었거나, 알지 못했거나, 환자이거나, 사고가 일어났거나, 정신착란된 자이거나, 최초의 범행자인 경우'는 예외이고, ≪사분율≫에서는 '이러한 병이 있었거나, 왕이나 대신들을 위한 것이었거나, 이 학습계율시설의 원인이 된 최초의 범행자이거나, 정신착란자이거나, 마음이 심란한 자이거나, 애통해하는 자인 경우'를 예외로 한다.

521) • 인재좌기재비좌설법계⊙(人在座己在非座說法戒) / Khu-Sekh. 68(Nī-Sekh. 68) : na chamāya nisīditvā āsane nisinnassa agilānassa dhammaṁ desessāmī'ti sikkhā karaṇīyā'ti. ■ 인재좌기재비좌설법계(人在座己在非座說法戒) / 사분승중학 88 : 人在座, 己在非座, 不得爲說法, 除病, 應當學.

Pali-Nip. 214

214(7-7-9) 중학죄법 제69조

낮은 자리에 대한 학습계율
[Nīcāsanasikkhāpada]

[세존] "'나는 낮은 자리에 앉아서, 환자가 아닌 한, 높은 자리에 앉은 자에게 가르침을 설하지 않겠다.' 라고 학습규범[522]을 지켜야 한다."[523]

---

522) sekhiya : 앞의 학습계율과 마찬가지로 《빠알리율》에서는 '의도하지 않았거나, 새김을 잃었거나, 알지 못했거나, 환자이거나, 사고가 일어났거나, 정신착란된 자이거나, 최초의 범행자인 경우'는 예외이고, 《사분율》에서는 '이러한 병이 있었거나, 왕이나 대신들을 위한 것이었거나, 이 학습계율시설의 원인이 된 최초의 범행자이거나, 정신착란자이거나, 마음이 심란한 자이거나, 애통해 하는 자인 경우'를 예외로 한다.

523) • 인재고좌기재하좌설법계⊙(人在高座己在下座說法戒) / Khu-Sekh. 69(Nī-Sekh. 69) : na nīce āsane nisīditvā ucce āsane nisinnassa agilānassa dhammaṁ desessāmī'ti sikkhā karaṇiyā'ti. ■ 인재고좌설법계(人在高座說法戒) / 사분승중학 89 : 人在高座, 己在下座, 不得爲說法 除病, 應當學.

Pali-Nip. 215

215(7-7-10) 중학죄법 제70조

서 있는 채로에 대한 학습계율
[Ṭhitasikkhāpada]

[세존] "'나는 선 채로, 환자가 아닌 한, 자리에 앉은 자에게 가르침을 설하지 않겠다.'라고 학습규범[524]을 지켜야 한다."[525]

---

524) sekhiya : ≪빠알리율≫에서는 '의도하지 않았거나, 새김을 잃었거나, 알지 못했거나, 환자이거나, 사고가 일어났거나, 정신착란된 자이거나, 최초의 범행자인 경우'는 예외이고, ≪사분율≫에서는 '이러한 병이 있었거나, 왕이나 대신들을 위한 것이었거나, 이 학습계율시설의 원인이 된 최초의 범행자이거나, 정신착란자이거나, 마음이 심란한 자이거나, 애통해 하는 자인 경우'를 예외로 한다.

525) • 인좌기립설법계⊙(人坐己立說法戒) / Khu-Sekh. 70(Nī-Sekh. 70) : na ṭhito nisinnassa agilānassa dhammaṁ desessāmī'ti sikkhā-karaṇīyā'ti. ■ 인좌기립설법계(人坐己立說法戒) / 사분승중학 86 : 人坐, 己立, 不得爲說法, 除病, 應當學.

Pali-Nip. 216

216(7-7-11) 중학죄법 제71조

뒤에 가는 동안에 대한 학습계율
[Pacchatogamanasikkhāpada]

[세존] "'나는 뒤에 가면서, 환자가 아닌 한, 앞에 가는 자에게 가르침을 설하지 않겠다.'라고 학습규범526)을 지켜야 한다."527)

526) sekhiya : 앞의 학습계율과 마찬가지로 《빠알리율》에서는 '의도하지 않았거나, 새김을 잃었거나, 알지 못했거나, 환자이거나, 사고가 일어났거나, 정신착란된 자이거나, 최초의 범행자인 경우'는 예외이고, 《사분율》에서는 '이러한 병이 있었거나, 왕이나 대신들을 위한 것이었거나, 이 학습계율시설의 원인이 된 최초의 범행자이거나, 정신착란자이거나, 마음이 심란한 자이거나, 애통해 하는 자인 경우'를 예외로 한다.

527) • 인재전행기재후설법계⊙(人在前行己在後說法戒) / Khu-Sekh. 71(Nī-Sekh. 71) : na pacchato gacchanto purato gacchantassa agilānassa dhammaṁ desessāmī'ti sikkhā karaṇīyā'ti. ■ 인재전행설법계(人在前行說法戒) / 사분승중학 90 : 人在前行, 己在後行, 不得爲說法 除病, 應當學.

Pali-Nip. 217

217(7-7-12) 중학죄법 제72조

갓길을 가는 동안에 대한 학습계율
[Uppathenagamanasikkhāpada]

[세존] "'나는 갓길을 가면서, 환자가 아닌 한, 가운데 길을 가는 자에게 가르침을 설하지 않겠다.'라고 학습규범[528)]을 지켜야 한다."[529)]

---

528) sekhiya : 앞의 학습계율과 마찬가지로 ≪빠알리율≫에서는 '의도하지 않았거나, 새김을 잃었거나, 알지 못했거나, 환자이거나, 사고가 일어났거나, 정신착란된 자이거나, 최초의 범행자인 경우'는 예외이고, ≪사분율≫에서는 '이러한 병이 있었거나, 왕이나 대신들을 위한 것이었거나, 이 학습계율시설의 원인이 된 최초의 범행자이거나, 정신착란자이거나, 마음이 심란한 자이거나, 애통해 하는 자인 경우'를 예외로 한다.

529) • 인재도기재비도설법계⊙(人在道己在非道說法戒) / Khu-Sekh. 72(Nī-Sekh. 72) : na [246-247] uppathena gacchanto pathena gaccantassa agilānassa dhammaṁ desessāmī'ti sikkhākaraṇīyā'ti. ■ 인재도설법계(人在道說法戒) / 사분승중학 92 : 人在道 己在非道 不得爲說法 除病, 應當學.

Pali-Nip. 218

218(7-7-13) 중학죄법 제73조

선 채로 용변보기에 대한 학습계율
[Ṭhitouccārasikkhāpada]

[세존] "'나는 선 채로, 환자가 아닌 한, 대변을 보거나 소변을 보지 않겠다.'라고 학습규범[530]을 지켜야 한다."[531]

---

530) sekhiya : ≪빠알리율≫에서는 '의도하지 않았거나, 새김을 잃었거나, 알지 못했거나, 환자이거나, 사고가 일어났거나, 정신착란된 자이거나, 최초의 범행자인 경우'는 예외이고, ≪사분율≫에서는 '이러한 병이 있었거나, 결박되어 있었거나, 종아리에 더러운 기름때가 묻었거나 진흙으로 더러워졌거나, 이 학습계율시설의 원인이 된 최초의 범행자이거나, 정신착란자이거나, 마음이 심란한 자이거나, 애통해 하는 자인 경우'를 예외로 한다.

531) • 입대소변계⊙(立大小便戒) / Khu-Sekh. 73(Nī-Sekh. 73) : na ṭhito agilāno uccāraṁ vā passāvaṁ vā karissāmī'ti sikkhā karaṇīyā'ti. ■ 입대소변계(立大小便戒) / 사분승중학 51 : 不得立大。小便, 除病, 應當學. '선채로 소변을 보지 말라'는 것은 승복이 원래는 둘러 싸서 입는 가사로 이루어진 구조상의 문제에서 오는 것이다.

Pali-Nip. 219

219(7-7-14) 중학죄법 제74조

풀 위에 용변보기에 대한 학습계율
[Hariteuccārasikkhāpada]

[세존] "'나는, 환자가 아닌 한, 풀 위에 대변을 보거나 소변을 보거나 타액을 뱉거나 하지 않겠다.'라고 학습규범[532]을 지켜야 한다."[533]

---

532) sekhiya : ≪빠알리율≫에서는 '의도하지 않았거나, 새김을 잃었거나, 알지 못했거나, 환자이거나, 풀이 없는 곳에 보고 풀을 뿌려 덮거나, 사고가 일어났거나, 정신착란된 자이거나, 최초의 범행자인 경우'는 예외이고, ≪사분율≫에서는 '이러한 병이 있었거나, 풀이 없는 곳에서 보았으나 흘러서 풀 위에 떨어졌거나, 바람이 불거나 새가 물고 가서 풀 위에 떨어졌거나, 이 학습계율시설의 원인이 된 최초의 범행자이거나, 정신착란자이거나, 마음이 심란한 자이거나, 애통해 하는 자인 경우'를 예외로 한다.

533) • 생초상대소변계⊙(生草上大小便戒) / Khu-Sekh. 74(Nī-Sekh. 74) : na harite agilāno uccāraṁ vā passāvaṁ vā kheḷaṁ vā karissāmī'ti sikkhā karaṇīyā'ti. ■ 생초상대소변계(生草上大小便戒) / 사분승중학 49 : 不得生草上大。小便。涕。唾, 除病, 應當學.

Pali-Nip. 220

220(7-7-15) 중학죄법 제75조

물 위에 용변보기에 대한 학습계율

[Udakeuccārasikkhāpada]

[세존] "'나는, 환자가 아닌 한, 물 위에 대변을 보거나 소변을 보거나 타액도 뱉지 않겠다.'라고 학습규범534)을 지켜야 한다."535)

534) sekhiya : *《빠알리율》에서는 '의도하지 않았거나, 새김을 잃었거나, 알지 못했거나, 환자이거나, 땅 위에 대소변을 보고 물을 뿌려 씻거나, 사고가 일어났거나, 정신착란된 자이거나, 최초의 범행자인 경우'는 예외이고, 《사분율》에서는 '이러한 병이 있었거나, 언덕 위에서 보았는데 흘러서 물위에 떨어졌거나, 바람이 불거나 새가 물고 가서 물 위에 떨어졌거나, 이 학습계율시설의 원인이 된 최초의 범행자이거나, 정신착란자이거나, 마음이 심란한 자이거나, 애통해 하는 자인 경우'를 예외로 한다.*

535) • *수중대소변계*⊙(*水中大小便戒*) / *Khu-Sekh. 75(Nī-Sekh. 75) : na udake agilāno uccāraṁ vā passāvaṁ vā kheḷaṁ vā karissāmī'ti sikkhā karaṇīyā'ti.* ■ *수중대소변계*(*水中小便戒*) / *사분승중학 50 : 不得淨水中大。小便。涕。唾, 除病, 應當學.*

존자들이여,
이와 같이 [75개 조항의] 중학죄법을
송출하였습니다.[536)]

이와 관련하여
저는 존자들께 묻겠습니다.
이와 관련하여 완전히 청정합니까?
두 번째에도 저는 존자들께 묻겠습니다.
이와 관련하여 완전히 청정합니까?
세 번째에도 저는 존자들께 묻겠습니다.
그대들은 [108-109] 이와 관련하여
완전히 청정합니까?

존자들께서는
완전히 청정한 까닭에 침묵했으므로
저는 그와 같이 알겠습니다.[537)]

중학죄법이 끝났다.

536) •uddiṭṭhā kho āyasmanto sekhīyā dhammā. ■諸大德 我已說衆學法

537) •tatthāyasmante pucchāmi kaccīttha parisuddhā? dutiyampi pucchāmi kaccittha parisuddhā? tatiyampi pucchāmi kaccittha parisuddhā? parisuddhetthāyasmanto, tasmā tuṇhī. evametaṁ dhārayāmī'ti. ■今問諸大德 是中淸淨不? (如是三說) 諸大德 是中淸淨, 默然故 是事如是持.

제8장 멸쟁죄법의 송출

(Adhikaraṇasamathuddesa)

존자들이여,
이제 이와 같은 7개 조항의 멸쟁죄법을
송출하겠습니다.[538]

538) •*ime kho panāyasmanto satta adhikaraṇasamathā dhammā uddesaṁ āgacchanti* ■諸大德 是七滅諍法 半月半月說 戒經中來 若有諍事起 卽應除滅

Pali-Khup. 221

221(8-1) 멸쟁죄법 제1조

현전에 입각한 조정의 학습계율
[Sammukhāvinayasikkhāpada]

[세존] "논쟁이 일어날 때마다 그 멸쟁을 위하여 현전에 입각한 조정[539]을 제공할 수 있다."

---

539) • 현전비니⊙(現前毘尼) / Khu-Adhik. 1(Nī-Adhik. 1) : uppannupannānaṁ adhikaraṇānaṁ samathāya vūpasamāya sammukhāvinayo dātabbo : 일곱 가지 방식의 멸쟁 가운데 그 첫 번째로, 현전에 입각한 조정이다. 이것은 당사자가 출석하여 대면하여 쟁사를 그치게 하는 것이다. 상세한 것은 Vin. II. 79-100; MN. II. 247-250; AN. I. 99를 참조하라. ▪ 현전비니(現前毘尼) / 사분승멸쟁 1 : 應與現前毘尼, 當與現前毘尼.

Pali-Khup. 222

222(8-2) 멸쟁죄법 제2조

기억에 입각한 조정의 학습계율
[Sativinayasikkhāpada]

[세존] "논쟁이 일어날 때마다 그 멸쟁을 위하여 기억에 입각한 조정[540)]을 제공할 수 있다."

540) • 억념비니⊙(憶念毘尼) / Khu-Adhik. 2(Nī-Adhik. 2) : uppannupannānaṁ adhikaraṇānaṁ samathāya vūpasamāya sativinayo dātabbo : 일곱 가지 방식의 멸쟁 가운데 두 번째로, 과거의 기억을 환기시켜 쟁사를 그치게 하는 것으로, 자신의 잘못이 없음을 확인하는 완전한 기억에 도달했다면, 기억에 입각한 무죄평결을 주는 것이다. 상세한 것은 Vin. II. 79-100; MN. II. 247-250; AN. I. 99를 참조하라. ■ 억념비니(億念毘尼) / 사분승멸쟁 2 : 應與憶念毘尼, 當與憶念毘尼

Pali-Khup. 223

223(8-3) 멸쟁죄법 제3조

착란에 입각한 조정의 학습계율

[Amūḷhavinayasikkhāpada]

[세존] "논쟁이 일어날 때마다 그 멸쟁을 위하여 착란에 입각한 조정[541]을 제공할 수 있다."

---

541) • 불치비니⊙(不痴毘尼) / Khu-Adhik. 3(Nī-Adhik. 3) : uppannuppannānaṁ adhikaraṇānaṁ samathāya vūpasamāya amūḷhavinayo dātabbo : 일곱 가지 방식의 멸쟁 가운데 세 번째로, 당시의 정신착란을 확인하여 그 정신착란에 대하여 고의성이 없이 죄를 저질렀음을 증명하여 무죄평결을 주는 것이다. 상세한 것은 Vin. II. 79-100; MN. II. 247-250; AN. I. 99를 참조하라. ■ 불치비니(不癡毘尼) / 사분승멸쟁 3 : 應與不癡毘尼, 當與不癡毘尼

Pali-Khup. 224

224(8-4) 멸쟁죄법 제4조

자인에 입각한 조정의 학습계율

[Paṭiññātakaraṇasikkhāpada]

[세존] "논쟁이 일어날 때마다 그 멸쟁을 위하여 자인에 입각한 조정[542]을 제공할 수 있다."

---

542) • 자언치⊙(自言治) / *Khu-Adhik. 4(Nī-Adhik. 4) : uppannupannānaṁ adhikaraṇānaṁ samathāya vūpasamāya paṭiññāya kāretabbaṁ* : 일곱 가지 방식의 멸쟁 가운데 네 번째로, 스스로 잘못을 인정하게 하여 자신의 고백으로 쟁사를 그치게 하는 것이다. 상세한 것은 Vin. II. 79-100; MN. II. 247-250; AN. I. 99를 참조하라. ■ 자언치(自言治) / 사분승멸쟁 4 : 應與自言治, 當與自言治.

Pali-Khup. 225

225(8-5) 멸쟁죄법 제5조

다수에 입각한 조정의 학습계율
[Yebhuyyasikasikkhāpada]

[세존] "논쟁이 일어날 때마다 그 멸쟁을 위하여 다수에 입각한 조정[543]을 제공할 수 있다."

---

543) • 다인멱⊙(多人覓) / *Khu-Adhik.* 5(*Nī-Adhik.* 5) : *uppannupannānaṁ adhikaraṇānaṁ samathāya vūpasamāya yebhuyyasikā* : 일곱 가지 방식의 멸쟁 가운데 다섯 번째로, 다수의 의견을 통한 해결을 따름으로써 쟁사를 그치게 하는 것이다. 이것에 대해서는 *Vin. II.* 79-100; *MN. II.* 247-250; *AN. I.* 99를 참조하라. ■ 다멱죄상(多覓罪相) / 사분승멸쟁 5 : 應與多覓罪相, 當與多覓罪相.

Pali-Khup. 226

226(8-6) 멸쟁죄법 제6조

심문에 입각한 조정의 학습계율
[Tassapāpiyyasikasikkhāpada]

[세존] "논쟁이 일어날 때마다 그 멸쟁을 위하여 심문에 입각한 조정[544]을 제공할 수 있다."

---

544) • 멱죄상⊙(覓罪相) / Khu-Adhik. 6(Nī-Adhik. 6) : uppannupannānaṁ adhikaraṇānaṁ samathāya vūpasamāya tassapāpiyyasikā : 일곱 가지 방식의 멸쟁 가운데 여섯 번째로, 상대의 죄악에 대하여 밝혀진 것 이외에 더 추궁하고 심문하여 자인하게 함으로써 쟁사를 그치게 하는 것이다. 상세한 것은 Vin. II. 79-100; MN. II. 24 7-250; AN. I. 99를 참조하라. ■ 멱죄상(覓罪相) / 사분승멸쟁 6 : 應與覓罪相, 當與覓罪相

Pali-Khup. 227

227(8-7) 멸쟁죄법 제7조

대속에 입각한 조정의 학습계율
[Tiṇavatthārakasikkhāpada]

[세존] "논쟁이 일어날 때마다 그 멸쟁을 위하여 대속에 입각한 조정[545]을 제공할 수 있다."

---

545) • 여초복지⊙(如草覆地) / Khu-Adhik. 7(Nī-Adhik. 7) : uppannuppannānaṁ adhikaraṇānaṁ samathāya vūpasamāya tiṇavatthārako : 일곱 가지 방식의 멸쟁 가운데 일곱 번째로, 어떤 사람이나 어떤 편의 잘못을 한 사람이 대표해서 인정하고 고백함으로써 잘못을 풀로 덮어두는 방식으로 쟁사를 그치게 하는 것이다. 상세한 것은 Vin. II. 79-100; MN. II. 247-250; AN. I. 99를 참조하라. 역자가 대속(代贖)이라고 번역한 것은 '나의 죄를 대신 갚음'이라는 일반적 의미를 취한 것이 아니라 '대표가 대신 속죄함'의 불교적 의미에서 취한 것이다. ■초복지(草覆地) 또는 여초포지(如草布地) / 사분승멸쟁 7 : 應與如草覆地, 當與如草覆地

존자들이여,
이와 같이 7개 조항의 멸쟁죄법을
송출했습니다.546)

이와 관련하여
저는 존자들께 묻겠습니다.
이와 관련하여 완전히 청정합니까?
두 번째에도 저는 존자들께 존자들께 묻겠습니다.
이와 관련하여 완전히 청정합니까?
세 번째에도 저는 존자들께 존자들께 묻겠습니다.
이와 관련하여 완전히 청정합니까?
존자들께서는
완전히 청정한 까닭에 침묵했으므로
저는 그와 같이 알겠습니다.547)

멸쟁죄법이 끝났다.

---

546) • *uddiṭṭhā kho āyasmanto satta adhikaraṇasamathā dhammā.* ■ *諸大德 我已說七滅諍法*

547) • *tatthāyasmante pucchāmi kaccīttha parisuddhā? dutiyampi pucchāmi kaccittha parisuddhā? tatiyampi pucchāmi kaccittha parisuddhā? parisuddhetthāyasmanto, tasmā tuṇhī. evametaṁ dhārayām'ti.* ■ *今問諸大德 是中清淨不? (如是三說) 諸大德 是中清淨, 默然故 是事如是持*

존자들이여,
인연과,
4개 조항의 승단추방죄법, 13개 조항의 승단잔류죄법,
2개 조항의 부정죄법, 30개 조항의 상실속죄죄법,
92개 조항의 단순속죄죄법, 4개 조항의 고백죄법,
[75개 조항의] 중학죄법,
7개 조항의 멸쟁죄법을 송출했습니다.

[모두 합해서]
[227개 조항의 빅쿠-의무계율을 송출했습니다.]

이와 같이 그분 세존의
계경에서 유래하고 계경에 포함된 것을
반월마다 송출합니다.

그것에 관하여
모두가 화합하여 함께 기뻐하면서
다툼이 없이 배우겠습니다.548)

수행승의 의무계율이 끝났다.

---

548) •uddiṭṭhaṁ kho āyasmanto nidānaṁ, uddiṭṭhā cattāro pārājikā dhammā. uddiṭṭhā terasa [110-111] saṅghādisesā dhammā. uddiṭṭhā dve aniyatā dhammā. uddiṭṭhā tiṁsa nissaggiyā pācittiyā dhammā. uddiṭṭhā dve navuti pācittiyā dhammā uddiṭṭhā cattāro pāṭidesanīyā dhammā. uddiṭṭhā sekhīyā dhammā. uddiṭṭhā satta adhikaraṇasamathā dhammā. ettakaṁ tassa bhagavato suttāgataṁ suttapariyāpannaṁ anvaddhamāsaṁ uddesaṁ āgacchati, tattha sabbeheva samaggehi sammodamānehi avivadamānehi sikkhitabbanti. ■諸大德 我已說戒經序, 已說四波羅夷法 已說十三僧伽婆尸沙法 已說二不定法 已說三十尼薩耆波逸提法 已說九十波逸提法 已說四波羅提提舍尼法 已說衆學戒法 已說七滅諍法 此是佛所說戒經 半月半月說 戒經中來

『사분승계본』

사분율비구계본(四分律比丘戒本)

Caturvargavinayabhikṣupraṭimokṣa

[四分僧戒本 : 大正22권1023]

비구바라제목차(比丘波羅提木叉)

Bhikṣuprātimokṣa

後秦三藏 佛陀耶舍竺佛念 共譯

비구의 의무계율

(Bhikṣuprātimokṣa)

[比丘波羅提木叉]

A. 계율에 대한 찬탄(戒讚)

1. [송출자] 부처님과 가르침과 참모임에
머리를 조아려서 예경하옵니다.
이제 바로 율법을 송출하리니
바른 가르침 오래 가게 하기 위함입니다.549)

2. 계율은 바다같이 한량이 없고
보배를 구하는 일 싫음 없듯,
부처님의 거룩한 법을 수호하려거든
함께 모여 저의 송출을 들으십시오.550)

3. 네 가지 승단추방죄를 없애고
내지는 [열셋] 승단잔류죄를 멸하고
서른 가지 상실속죄죄를 막으려거든
함께 모여 저의 송출을 들으십시오.551)

4. 첫째 비빳씬,552) 둘째 씨킨553)

---

549) *稽首禮諸佛, 及法比丘僧. 今演毘尼法, 令正法久住*
550) *戒如海無涯, 如寶求無厭. 欲護聖法財, 衆集聽我說*
551) *欲除四棄法, 及滅僧殘法, 障三十捨墮, 衆集聽我說*
552) *Vipassin : 비빳씬은 한역에서는 비바시불(毘婆尸佛) 이라고 음*

셋째 벳싸부554) 넷째 까꾸싼다555)
다섯째 꼬나가마나556) 여섯째 깟싸빠557)
일곱째 싸끼야무니558) 부처님.559)

5. 존귀하신 모든 부처님들께서

사한다. 이 부처님은 역사적인 싸끼야무니 부처님 이전의 과거24불 가운데 19번째 부처님이다. 91겁 전에 출현했던 부처님이다. 과거칠불 가운데서는 첫 번째에 해당하는 부처님이다.

553) Sikhin : 씨킨 부처님은 한역으로 시기불(尸棄佛)이라고 한다. 31겁 이전에 출현하신 부처님이다. 역사적인 싸끼야무니부처님 이전의 과거24불 가운데 20번째의 부처님이다. 과거칠불 가운데서는 두 번째에 해당하는 부처님이다.

554) Vessabhū : 벳싸부 부처님은 한역으로 비사부불(毘舍浮佛)이라고 한다. 씨킨 부처님과 같은 31겁 전의 부처님이다. 역사적인 싸끼야무니 부처님 이전의 과거24불 가운데 21번째 부처님이다. 과거칠불 가운데서는 세 번째에 해당하는 부처님이다.

555) Kakusandha : 까꾸싼다 부처님은 한역으로 구류손불(拘留孫佛)이라고 한다. 역사적인 석가모니 부처님 이전의 24불 가운데 22번째의 부처님이며 과거칠불 가운데서는 네 번째에 해당하는 부처님이다.

556) Koṇāgamana : 꼬나가마나 부처님은 한역으로 구나함불(拘那含佛)이라고 한다. 역사적인 싸끼야무니 부처님 이전의 과거24불 가운데 23번째 부처님이며 과거칠불 가운데 다섯 번째 부처님이다.

557) Kassapa : 깟싸빠 부처님은 한역으로 가섭불(迦葉佛)이라고 한다. 역사적인 싸끼야무니 부처님 이전의 과거24불 가운데 24번째 부처님이며, 과거칠불의 여섯 번째 분이다.

558) Sakyamuni : 마하 싸끼야무니 고따마(Mahā Sakyamuni Gotama)는 한역으로 석가모니불(釋迦牟尼佛)이라고 한다. 그는 과거25불 가운데 25번째의 부처님이고, 과거칠불 가운데는 일곱 번째 부처님이다.

559) 毘婆尸式棄, 毘舍拘樓孫, 拘那含牟尼, 迦葉釋迦文.

저희들을 위해 말씀한 계법
지금 제가 법답게 송출하오니
여러분들 다 함께 경청하십시오.[560]

6. 사람으로 두 발을 망가뜨리면,
어디든 걸어갈 수 없는 것 같이
계율을 망가뜨리면 마찬가지로,
천상에나 인간에 날 수 없습니다.[561]

7. 하늘 세상에 태어나려 하거나
인간 세상에 태어나려면
항상 계율의 조항을 잘 수호하여
훼손이 되지 않도록 해야 합니다.[562]

8. 수레 끌고 험한 길 들어설 적에
핀을 잃고 굴대를 부술까 근심하듯,
계율을 파하는 것도 그와 같으니.
죽을 때엔 두려운 생각이 납니다.[563]

9. 사람이 자신을 거울에 비추면
미추에 따라 기쁨과 슬픔이 생겨나듯,
송출하는 계율도 그와 같으니,
온존과 훼손으로 기쁨과 슬픔이 갈립니다.[564]

---

560) *諸世尊大德 爲我說是事, 我今欲善說 諸賢咸共聽*
561) *譬如人毀足, 不堪有所涉 毀戒亦如是 不得生天人*
562) *欲得生天上, 若生人中者, 常當護戒足, 勿令有毀損*
563) *如御入險道 失轄折軸憂 毀戒亦如是, 死時懷恐懼*
564) *如人自照鏡 好醜生欣慼, 說戒亦如是 全毀生憂喜*

10. 두 진영이 함께 싸울 때에는
용약과 비겁에 따라 나아가고 물러서듯,
송출하는 계율도 그와 같으니,
청정과 오예로 안온과 포외가 갈립니다.[565)]

11. 인간에선 임금이 으뜸이 되고
흘러가는 물에는 바다가 으뜸이며
반짝이는 별 가운데 달이 으뜸이고
성인들 가운데 부처님이 으뜸입니다.[566)]

12. 일체의 여러 가지 계율 중에는
의무계율의 조항이 가장 으뜸이라,
여래께서 마련하신 금계이니,
언제나 반월마다 항상 송출합니다.[567)]

---

565) 如兩陣共戰 勇怯有進退 說戒亦如是 淨穢生安畏
566) 世間王爲最 衆流海爲最 衆星月爲最 衆聖佛爲最
567) 一切衆律中, 戒經爲上最 如來立禁戒 半月半月說

B. 인연의 송출

1. [문] "비구들의 참모임은 다 모였습니까?"
[답] "다 모였습니다."568)

2. [문] "참모임의 모임은 화합을 이루었습니까?"
[답] "모임은 화합을 이루었습니다."569)

3. [문] "구족계를 받지 않은 이가 있지 않습니까?"
[답] (구족계를 받지 않은 이가 있으면, 내 보내고 나서 '구족계 받지 않은 이는 나갔습니다.'라고 말하고, 만약 없으면 '이 가운데에 구족계 받지 않은 이가 없습니다.'라고 말해야 한다)570)

4. [문] "이 자리에 오지 못한 비구들이 청정동의와 청정권리의 위임571)을 하지 않았습니까?"
[답] (원리에 따라 위임했다면, '청정동의를 받고 청정권리를 위임받은 이가 있습니다.'라고 말하고, 만약 그렇지 않다면, '이 가운데 청정동의를 받고 청정권리를 위임받은 이가 없습니다.'라고 말해야 한다.)572)

---

568) 僧集不? 答言僧集
569) 和合不? 答言和合
570) 未受大戒者出不? (有者遣出. 答言. 未受大戒者已出. 無者答言. 此中無未受大戒者)
571) 청정권리의 위임(pārisuddhidāna : Vin. I. 119)과 청정동의의 위임(chandadāna : Vin, I. 121)의 위임
572) 不來諸比丘 說欲及清淨有不? (有依法竟答言. 說欲已 無者答言. 此中無說欲者)

5. [문] "누군가 비구니가 와서 교계를 청하여 파견된 이가 있습니까?"

[답] (비구니의 부탁을 받은 이가 있으면, '비구니가 와서 교계를 청한 이가 있습니다.'고 하고, 만약에 없으면, '이 가운데는 비구니가 와서 교계를 청한 이가 없습니다.'고 말해야 한다.)[573]

6. [문] 오늘 참모임이 화합을 이룬 것은 무엇을 위한 것입니까?

[답] 포살을 위한 것입니다.[574]

7. [문] "대덕들이여, 들으십시오. 오늘은 보름날 참모임의 포살일입니다. 참모임을 위한 적절한 시간이 되었다면, 참모임은 잘 들으십시오. 모임이 완전하므로 의무계율을 송출합니다. 제안은 이와 같습니다. 제안이 성립되었습니까?"

[답] (성립이 되었으면 '성립이 되었습니다.'고 말하고, 만약에 성립이 되지 않았으면 '성립되지 않았습니다.'고 말해야 한다.)[575]

8. 대덕들이여,[576] 지금 의무계율을 송출하겠으니, 여러 비구들은 한 곳에 모여 자세히 듣고, 정신활동을 기울여야 합

---

573) 誰遣比丘尼來請教誡? (有受尼囑者. 爲說訖答言. 請教誡 已無者答云. 此中無尼來請教誡)

574) 僧今和合何所作爲? (答云說戒羯磨)

575) 大德僧聽 今白月十五日 衆僧說戒 若僧時到, 僧忍聽 和合說戒白如是! 作白成不? (若成答云成若不成答云不成)

576) 諸大德 : 빠알리문에는 없다.

니다. 죄가 있는 이는 참회하십시오.577)

9. 죄가 없는 이는 침묵하십시오. 그런데 침묵하면 청정권리가 있다고 인정할 것입니다.578)

10. 한번 질문할 때마다 대답하는 방식으로, 이와 같은 대중 가운데 세 번까지 선언해야 합니다. 만약 어떠한 비구이든, 기억나는 죄가 있는 데도 밝히지 않으면,579) 의도적인 거짓말을 하는 것이 됩니다. 세존께서는 의도적인 거짓말은 장애가 되는 것이라고 말했습니다.580)

11. 그러므로 비구가 청정해지고자 원한다면, 기억나는 죄가 있다면, 죄를 참회하십시오. 참회하면, 평안하게 될 것입니다.'581)

---

577) ■諸大德 我今欲說波羅提木叉, 諸比丘共集在一處 應當諦聽善思念之 若有犯者, 應懺悔 •*pāṭimokkhaṁ uddisissāmi. taṁ sabbeva santā sādhukaṁ suṇoma. manasi karoma. yassa siyā āpatti, so āvīkareyya.*

578) ■無犯者默然; 默然故 知諸大德清淨 •*asantiyā āpattiyā tuṇhī bhavitabbaṁ. tuṇhībhāvena kho panāyasmante parisuddhā ti vedissāmi.*

579) 憶念有罪 不發露者 : 빠알리문에서는 앞에 '세 번까지 선언하는 동안'이 추가되어 있다.

580) ■若有他問者 亦卽應如實答. 如是諸比丘在衆中乃至三問 憶念有罪 不發露者. 得故妄語罪 佛說故妄語 是障道法 •*yathā kho pana paccekapuṭṭhassa veyyākaraṇaṁ hoti, evamevaṁ evarūpāya parisāya yāvatatiyaṁ anusāvitaṁ hoti. yo pana bhikkhu yāva tatiyaṁ anusāviyamāne saramāno santiṁ āpattiṁ nāvīkareyya, sampajānamusāvādassa hoti. sampājānamusāvādo kho panāyasmanto antarāyiko dhammo vutto bhagavatā.*

대덕들이여,
이와 같이 인연을 송출하였습니다.582)

이와 관련하여
저는 대덕들께 묻겠습니다.
이와 관련하여 완전히 청정합니까?
두 번째에도 저는 대덕들께 묻겠습니다.
이와 관련하여 완전히 청정합니까?
세 번째에도 저는 대덕들께 묻겠습니다.
이와 관련하여 완전히 청정합니까?
대덕들께서는
완전히 청정한 까닭에 침묵했으므로
저는 그와 같이 알겠습니다.583)

인연이 끝났다.

---

581) ■彼比丘 自憶知有罪 欲求清淨者當懺悔 懺悔則安樂 •tasmā saramānena bhikkhunā āpannena visuddhāpekkhena santī āpatti āvikātabbā. āvikatā hissa phāsu hotī'ti

582) ■諸大德 我已說戒經序 •uduṭṭham kho ayasmanto nidānaṁ

583) ■今問諸大德 是中清淨不? (第二第三亦如是說) 諸大德 是中清淨, 默然故 是事如是持 •tatthāyasmante pucchāmi kaccīttha parisuddhā? dutiyampi pucchāmi kaccittha parisuddhā? tatiyampi pucchāmi kaccittha parisuddhā? parisuddhetthāyasmanto, tasmā tuṇhī. evametaṁ dhārayāmī'ti.

제1장 승단추방죄법의 송출

[波羅夷法]

대덕들이여,
이제 이와 같은 계경에 나오는[584] 4개 조항의
승단추방죄법을 반월마다[585] 송출합니다.[586]

584) 戒經中來 : 이하의 각 죄법의 빠알리문에는 결여되어 있다.
585) 半月半月說 : 이하의 각 죄법의 빠알리문에는 결여되어 있다.
586) ■諸大德 是四波羅夷法 半月半月說 戒經中來 •tatr'ime cattāro pārājikā dhammā uddesaṁ āgacchanti.

Catu-Kṣup. 1

1(1-1) 승단추방죄법 제1조

성적 교섭을 행하는 것에 대한 학습계율
[음계(婬戒)]

[세존] "어떠한 비구이든 비구들의 학습계율을 받고, 학습계율의 반납도 없이 자신의 학습계율에 대한 취약성도 뉘우치지 않고,[587] 성적 교섭에 빠진다면, 심지어 축생과 행하더라도, 이러한 비구는 승단추방죄[588]를 범하는 것이므로, 함께 살 수 없느니라."[589]

---

*587) **共戒同戒 不捨戒 戒羸 不自悔**: '학습계율의 반납'이라는 것은 '나는 더 이상 비구가 아니라고 선언하는 것'이라는 뜻이다. '학습계율에 대한 취약성을 뉘우치는 것'은 '자신이 계행을 지킬 수 없는 것을 인지하고 가사를 벗는 것'을 뜻한다.*

*588) **波羅夷**: ≪빠알리율≫에서는 '알지 못했거나, 동의하지 않아 즐거움을 느끼지 않은 경우이거나, 정신착란자이거나, 마음이 심란한 자이거나, 애통해 하는 자이거나, 최초의 범행자인 경우'는 예외이고, ≪사분율≫에서는 그 밖에 '잠들어서 알아차리지 못했거나, 즐거움을 느끼지 않았거나, 일체 음행의 뜻이 없었거나, 이 학습계율시설의 원인이 된 최초의 범행자이거나, 정신착란자이거나, 마음이 심란한 자이거나, 애통해 하는 자인 경우'를 예외로 한다.*

*589) ■음계(婬戒) / 사분승바라이 1 : **若比丘 共戒同戒 不捨戒 戒羸 不自悔 犯不淨行 乃至共畜生 是比丘波羅夷 不共住** ●음계⊙(淫戒) / Khu-Pār. 1(Nī-Pār. 1) : yo pana bhikkhu bhikkhūnaṁ sikkhāsājīvasamāpanno sikkhaṁ apaccakkhāya dubbalyaṁ anāvīkatvā methunaṁ dhammaṁ patiseveyya, antamaso tiracchānagatāya pi, pārājiko hoti asaṁvāso'ti.*

Catu-Kṣup. 2

2(1-2) 승단추방죄법 제2조

주지 않는 것을 빼앗는 것에 대한 학습계율
[도계(盜戒)]

[세존] "어떠한 비구이든, 마을에서나 한적한 숲속에서 주지 않는 것을 빼앗을 생각으로 훔치면, 예를 들어 주지 않는 것을 빼앗은 죄로 왕에게나 대신들에게 붙들려, '그대는 강도이다. 그대는 천치이다. 그대는 무지한 자이다.'라고 구속되거나, 추방되거나, 살해되는 것처럼,[590] 이러한 비구는 승단추방죄[591]를 범하는

---

590) 在村落中, 若閑靜處 不與物, 盜心取 隨不與取法 若爲王及王大臣所捉 若縛。若驅出國。若殺:「汝是賊 汝癡 汝無所知」: 빠알리문은 "주지 않는 것을 빼앗은 죄로 왕에게나 대신들에게 붙들려, '그대는 강도이다. 그대는 천치이다. 그대는 무지한 자이다.'라고 구속되거나, 추방되거나, 살해되게 되면" 대신에 "주지 않은 것을 훔칠 의도로 빼앗는다면, 이와 같이 훔치는 경우에 예를 들어 왕들은 훔친 자를 붙잡아서 '그대는 강도이다. 그대는 바보이다. 그대는 천치이다. 그대는 도둑이다.'라고 구타하거나 구속하거나 추방할 것이다. 이와 마찬가지로 수행녀가 주지 않는 것을 빼앗는다면'이라고 되어 있다.

591) 波羅夷: ≪빠알리율≫에서는 '자신의 것이라고 알았거나, 신뢰에 입각하여 취한 것이거나, 잠시 빌린 것이거나, 아귀의 영역에 있는 자의 소유이거나, 축생으로 있는 자의 소유이거나, 쓰레기더미인 것을 알거나, 마음이 심란한 자이거나, 애통해 하는 자의 경우'는 예외이고, ≪사분율≫에서는 '준 것이라고 생각했거나, 자기의 것이라고 생각했거나, 버린 것이라고 생각했거나, 잠깐 취한 것이라고 생각했거나, 친분이

것이므로, 함께 살 수 없느니라."592)

두터운 사람의 것이라고 생각했거나, 이 학습계율시설의 원인이 된 최초의 범행자이거나, 정신착란자이거나, 마음이 심란한 자이거나, 애통해 하는 자인 경우를 예외로 한다.

592) ■도계(盜戒) / 사분승바라이 2 : 若比丘 在村落中, 若閑靜處 不與物, 盜心取 隨不與取法 若爲王及王大臣所捉 若縛。若驅出國。若殺:「汝是賊 汝癡 汝無所知」 是比丘波羅夷, 不共住 ●도계⊙(盜戒) / Khu-Pār. 2(Nī-Pār. 2) : *yo pana bhikkhu gāmā vā araññā vā adinnaṁ theyyasaṅkhātaṁ ādiyeyya, yathārūpe adinnādāne rājāno coraṁ gahetvā haneyyuṁ vā bandheyyuṁ vā pabbājeyyaṁ vā, coro'si bālo'si mụḷho'si theno'sīti, tathārūpaṁ bhikkhu adinnaṁ ādiyamāno ayampi pārājiko hoti asaṁvāso'ti.*

Catu-Kṣ up. 3

3(1-3) 승단추방죄법 제3조

인체의 살해에 대한 학습계율
[살인계(殺人戒)]

[세존] "어떠한 비구이든 사람의 목숨을 손수 끊거나, 칼을 구해주거나, 죽음을 찬탄하거나, 죽음을 권유하여 '이보게, 이러한 악한 고통스러운 삶이 무슨 의미가 있는가. 살기보다는 죽는 것이 낫다.'라고 이와 같이 사유하여, 여러 가지 방편으로 죽음에 이르도록 찬탄하거나, 죽음에 이르도록 권유하면,593) 이러한 비구는 승단추방죄594)를 범하는 것이므로, 함께 살 수

---

593) 故斷人命, 持刀與人, 歎譽死。快勸死:「咄! 男子, 用此惡活爲? 寧死不生.」作如是思惟, 種種方便, 歎譽死。快勸死 : 빠알리문에는 '칼을 구해주거나' 대신에 '목숨을 빼앗는 무기 – 칼도 의미한다. – 를 구해주거나'라고 되어 있다.

594) 波羅夷 : ≪빠알리율≫에서는 '의도하지 않았거나, 알지 못했거나, 살의가 없거나, 정신착란자이거나, 마음이 심란한 자이거나, 애통해 하는 자이거나, 최초의 범행자인 경우'는 예외이고, ≪사분율≫에서는 '칼이나 몽둥이나 기와나 돌을 던졌는데 잘못하여 타인의 몸에 맞아 그 사람이 죽었거나, 집을 짓는 일을 하다가 잘못하여 벽돌이나 재목이나 서까래나 기둥이 떨어져 사람이 죽었거나, 환자를 부축하거나 목욕을 시키거나 음식을 먹이거나 다른 곳으로 옮기거나 방으로 들고나거나 화장실로 들고 날 때에 해치려는 마음이 없는데 죽었거나, 이 학습계율시설의 원인이 된 최초의 범행자이거나, 정신착란자이거나, 마음이 심란한 자이거나, 애통해 하는 자인 경우'를 예외로 한다.

없느니라."595)

595) ■ 살인계(殺人戒) / 사분승바라이 3 : 若比丘 故斷人命, 持刀與人, 歎譽死。快勸死:「咄! 男子, 用此惡活爲? 寧死不生.」作如是思惟 種種方便, 歎譽死。快勸死, 是比丘波羅夷, 不共住 • 살인계⊙(殺人戒) / Khu-Pār. 3(Nī-Pār. 3) : yo pana bhikkhu sañcicca manussaviggahaṁ jīvitā voropeyya, satthahārakaṁ vāssa pariyeseyya, maraṇavaṇṇaṁ vā saṁvaṇṇeyya, maraṇāya vā samādapeyya: 'ambho purisa kiṁ tuyhaminā pāpakena dujjīvitena, matante jīvitā seyyo'ti iti cittamano cittasaṅkappo anekapariyāyena maraṇavaṇṇaṁ vā saṁvaṇṇeyya maraṇāya vā samādapeyya, ayampī pārājiko hoti asaṁvāso'ti.

Catu-Kṣup. 4

4(1-4) 승단추방죄법 제4조

인간을 뛰어넘는 상태에 대한 학습계율
[Uttarimanussadhammasikhāpada]

[세존] "어떠한 비구이든 곧바른 앎이 없으면서 자칭하여, '나는 인간을 뛰어넘는 상태, 거룩한 지혜의 탁월한 원리에 들어갔으며, 나는 이와 같이 알고, 이와 같이 본다.'라고 하다가, 나중에 묻거나 묻지 않거나 간에 청정해지려고, 고쳐 말하기를 '내가 진실로 알지도 못하고 보지도 못하지만, 안다고 말하고, 본다고 말한 것은 허황된 말, 거짓된 말, 망언을 한 것이다.'고 하면, 과도한 자만을 제외하고,[596] 이러한 비구는 승단추방죄[597]를 범하는 것이므로,

---

596) 實無所知 自稱言 我得上人法 我已入聖智勝法 我知是我見是 後於異時 若問若不問 欲自淸淨故 作是說 我實不知不見 言知言見 虛誑妄語 除增上慢 : 빠알리문에는 '나중에'는 '충분한 고귀한 앎과 봄을 선언한다면, 그리고 나중에'라고 '청정해지려고'는 '타락하여, 죄의 정화를 기대하고'라고 되어 있다.

597) 波羅夷 : ≪빠알리율≫에서는 '과도한 자만을 지녔거나, 망어를 의식하지 못하는 경우나, 정신착란자이거나, 마음이 심란한 자이거나, 애통해 하는 자이거나,, 최초의 범행자인 경우'는 예외이고, ≪사분율≫에서는 '과도한 자만이었다'라고 스스로 말했거나, '이것은 업보의 인연이고 스스로 수행해서 얻은 것이 아니다'라고 말했거나, 실제로 인간을 뛰어넘은 상태를 얻어서 동의하는 비구에게 말했거

함께 살 수 없느니라."598)

나, 남에게 그러한 상태의 원리를 설했으나 '내가 그것을 얻었다.'라고 하지 않았거나, 장난으로 말했거나, 빨리 말해서 상대가 알아듣지 못했거나, 혼자 있는 데서 말했거나, 꿈속에서 말했거나, 이것을 말하려다가 저것을 말했거나, 이 학습계율시설의 원인이 된 최초의 범행자이거나, 정신착란자이거나, 마음이 심란한 자이거나, 애통해하는 자인 경우'를 예외로 한다.

598) ■ 대망어계(大妄語戒) / 사분승바라이 4 : 若比丘 實無所知, 自稱言:「我得上人法 我已入聖智勝法 我知是 我見是」彼於異時, 若問。若不問, 欲自淸淨故, 作是說「我實不知不見, 言知言見, 虛誑妄語」除增上慢 是比丘波羅夷, 不共住 • 대망어계⊙(大妄語戒) / Khu-Pār. 4 (Nī-Pār. 4) : yo pana bhikkhu anabhijānaṁ uttarimanussadhammaṁ attūpanāyikaṁ alamariyañāṇadassanaṁ samudācareyya'iti jānāmi, iti passāmī'ti. tato aparena samayena samanuggāhiyamāno vā asamanuggāhiyamāno vā āpanno visuddhāpekkho evaṁ vadeyya: ajānamevāhaṁ āvuso avacaṁ jānāmi, apassaṁ passāmi, tucchaṁ musā vilapin'ti aññatra adhimānā. ayampi pārājiko hoti asaṁvāso'ti.

대덕들이여,
이와 같이 4개 조항의 승단추방죄법을 송출하였습니다.
비구가 이 가운데 어떠한 것이라도 범하면,
출가이전과 마찬가지로 범계이후에도
승단에서 추방되는 상태가 되어
비구들과 함께 살 수 없습니다.599)

이와 관련하여
저는 대덕들께 묻겠습니다.
이와 관련하여 완전히 청정합니까?
두 번째에도 저는 대덕들께 묻겠습니다.
이와 관련하여 완전히 청정합니까?
세 번째에도 저는 대덕들께 묻겠습니다.
이와 관련하여 완전히 청정합니까?

대덕들께서는
완전히 청정한 까닭에 침묵했으므로
저는 그와 같이 알겠습니다.600)

---

599) ■諸大德 我已說四波羅夷法 若比丘 犯一一法 不得與諸比丘共住如前, 後犯亦爾. 是比丘得波羅夷罪, 不應共住 •uddiṭṭhā kho āyasmanto cattāro pārājikā dhammā, yesaṁ bhikkhu aññataraṁ vā aññataraṁ vā āpajjitvā na labhati bhikkhūhi saddhiṁ saṁvāsaṁ, yathā pure tathā pacchā pārājiko hoti asaṁvāso : Smp. 516에 따르면, '이전과 마찬가지로'라는 것은 '출가 이전의 재가자와 마찬가지로 승단추방의 상태가 되어'라는 뜻으로 재가자가 출가자와 함께 포살이나 자자 등을 할 수 없다는 뜻이다.

600) ■今問諸大德 是中清淨不? (第二第三亦如是說) 諸大德 是中清淨, 默然故 是事如是持. •tatthāyasmante pucchāmi kaccīttha parisuddhā? dutiyampi pucchāmi kaccittha parisuddhā? tatiyampi pucchāmi kaccittha parisuddhā? parisuddhetthāyasmanto, tasmā tuṇhī. evametaṁ dhārayāmī'ti.

제2장 승단잔류죄법의 송출

[僧殘法]

대덕들이여,
이제 이와 같은 계경에 나오는
13개 조항의 승단잔류죄법을
반월마다 송출하겠습니다.[601]

601) ■諸大德 是十三僧伽婆尸沙法 半月半月說 戒經中來 •ime kho panāyasmanto terasa saṅghādisesā dhammā uddesaṁ āgacchanti.

Catu-Kṣup. 5

5(2-1) 승단잔류죄법 제1조

고의로 정액을 누정하는 것에 대한 학습계율
[고출정계(故失精戒)]

[세존] "어떠한 비구이든 일부러 성기를 갖고 놀다가 정액을 유출한다면,602) 몽정을 제외하고, 승단잔류죄603)를 범하는 것이니라."604)

---

602) *故弄陰失精 : 빠알리문에는 '의도적으로 정액을 사정한다면'이라고 되어 있다.*

603) *僧伽婆尸沙 : 《빠알리율》에서는 '몽정을 하거나, 사정의 의도가 없거나, 정신착란된 자이거나, 마음이 심란한 자이거나, 애통해 하는 자이거나, 최초의 범행자의 경우'는 예외이고, 《사분율》에서는 '몽정을 하거나, 여색을 보고 건드리지 않아도 누정하거나, 옷에 닿거나 대소변을 보다가 누정하거나, 찬물이나 더운 물로 목욕할 때에 누정하거나, 비누나 진흙으로 몸을 씻다가 누정하거나, 가려워서 긁다가 누정하거나, 몹시 울거나 힘겹게 일하다가 누정하거나, 이 학습계율시설의 원인이 된 최초의 범행자이거나, 정신착란 자이거나, 마음이 심란한 자이거나, 애통해 하는 자인 경우'를 예외로 한다.*

604) *■고출정계(故失精戒) / 사분승승가바시사 1. 若比丘 故弄陰失精, 除夢中, 僧伽婆尸沙. ●고출정계∅(故出精戒) / Khu-Saṅgh. 1 : sañcetanikā sukkavisaṭṭhi aññatra supinantā saṅghādiseso'ti.*

Catu-Kṣup. 6

6(2-2) 승단잔류죄법 제2조

여인과 신체를 접촉하는 것에 대한 학습계율
[마촉여인계(摩觸女人戒)]

[세존] "어떠한 비구이든 욕정의 마음을 일으켜 여인과 함께 신체적 접촉을 하되, 어느 한 곳이라도 신체적 접촉을 행한다면,605) 승단잔류죄606)를 범하는 것이니라."607)

---

605) 婬欲意, 與女人身相觸, 若觸一一身分者, : 빠알리문에는 '정을 일으켜 일탈한 마음으로 여인과 함께 신체적 접촉, 손을 잡는 것이나 두발(頭髮)을 잡는 것이나 혹은 사지를 마촉하는 것을 행한다면' 이라고 되어 있다.

606) 僧伽婆尸沙 : 《빠알리율》에서는 '의도가 없거나, 새김이 없거나, 알지 못하고 했거나, 향락하지 않았거나, 정신착란된 자이거나, 마음이 심란한 자이거나, 애통해 하는 자이거나, 최초의 범행자의 경우'는 예외이고, 《사분율》에서는 '가질 것이 있어서 서로 닿았거나, 웃다가 서로 닿았거나, 서로 헤어지다가 닿았거나, 이 학습계율시설의 원인이 된 최초의 범행자이거나, 정신착란자이거나, 마음이 심란한 자이거나, 애통해 하는 자인 경우'를 예외로 한다.

607) ■ 마촉여인계(摩觸女人戒) / 사분승승가바시사 2 : 若比丘 婬欲意, 與女人身相觸, 若觸一一身分者, 僧伽婆尸沙. • 마촉여인계∅(摩觸女人戒) / Khu-Saṅgh. 2 : yo pana bhikkhu otiṇṇo vipariṇatena cittena mātugāmena saddhiṁ kāyasaṁsaggaṁ samāpajjayya: hatthagāhaṁ vā veṇigāhaṁ vā aññatarassa vā aññatarassa vā aṅgassa parāmasanaṁ, saṅghādiseso'ti.

Catu-Kṣup. 7

7(2-3) 승단잔류죄법 제3조

여인과 추잡한 말로 거스르는 것에 대한 학습계율
[여여인조어계(與女人粗語戒)]

[세존] “어떠한 비구이든 욕정의 마음을 일으켜 여인에게 음탕한 말로 거스르면,608) 승단잔류죄609)를 범하는 것이니라.”610)

---

608) *婬欲意, 婬欲語者 : 빠알리문에는 '예를 들어, 젊은 남자가 젊은 여자에게 하는 것과 같은 성적 교섭과 관계된 말로 거스르면'이라는 구절이 추가되어 있다.*

609) *僧伽婆尸沙 : 《빠알리율》에서는 '의미를 존중하여 설하거나, 원칙을 존중하여 설하거나, 가르침을 존중하여 설하는 경우이거나, 정신착란된 자이거나, 최초의 범행자의 경우'는 예외이고, 《사분율》에서는 '여자들에게 부정관(**不淨觀**)을 가르치면서 아홉 구멍 — 두 눈, 두 귀, 두 콧구멍, 입, 대변도, 소변도 — 을 언급할 때에 여인이 이를 추악한 말이라고 했거나, 계율을 설명할 때에 여기에 이르렀을 때에 추악한 말이라고 했거나, 이 학습계율시설의 원인이 된 최초의 범행자이거나, 정신착란자이거나, 마음이 심란한 자이거나, 애통해 하는 자인 경우'를 예외로 한다.*

610) *▪ 여여인조어계(**與女人粗語戒**) / 사분승승가바시사 3. **若比丘** 婬欲意, 婬欲語者, 僧伽婆尸沙. • 여여인추어계∅(**與女人醜語戒**) / Khu-Saṅgh. 3 : yo pana bhikkhū otiṇṇo vipariṇatena cittena mātugāmaṁ duṭṭhullāhi vācāhi obhāseyya yathā taṁ yuvā yuvatiṁ methunūpasaṁhitāhi, saṅghādiseso'ti.*

Catu-Kṣup. 8

8(2-4) 승단잔류죄법 제4조

여성에게 몸을 찬탄하여 섬김을 구하는 것에 대한 학습계율
[향여탄신색공계(向女歎身索供戒)]

[세존] "어떠한 비구이든 욕정의 마음을 일으켜 여인의 앞에서 자신을 찬탄하여, '자매여, 나는 청정한 삶을 닦고, 계행을 지키고, 정진하고, 선법을 닦는 자인데, 성적 교섭으로 섬길만한 자이니, 이러한 행위로 공양하면, 공양하는 자 가운데 최상자가 된다.'라고 말하면, 승단잔류죄[611]를 범하는 것이니라."[612]

---

611) 僧伽婆尸沙 : 《빠알리율》에서는 '의복이나 탁발음식이나 와좌구나 필수의약을 공양하라고 하는 경우이거나, 정신착란된 자이거나, 최초의 범행자의 경우'는 예외이고, 《사분율》에서는 "여인에게 '이 비구는 계를 지키고 선법을 닦으니 인자한 신구의의 삼업으로 공양하라.'고 했을 때나 계율을 설할 때에 저 비구가 자신을 찬탄한다고 했거나, 경을 배우고 송출할 때에 두 사람이 함께 배우고 묻고 외우고 희롱하고 웃고 이야기했거나, 빨리 말했거나, 꿈속에서 말했거나, 이것을 말하려다가 착오로 저것을 말했거나, 이 학습계율 시설의 원인이 된 최초의 범행자이거나, 정신착란자이거나, 마음이 심란한 자이거나, 애통해 하는 자인 경우"를 예외로 한다.

612) ■ 향여탄신색공계(向女歎身索供戒) / 사분승승가바시사 4 : 若比丘 婬欲意, 於女人前, 自歎身言:「大姊! 我修梵行, 持戒精進, 修善法, 可持是婬欲法供養我. 如是供養第一最」僧伽婆尸沙. ● 향여탄신색공계ⓓ(向女歎身索供戒) / Khu-Saṅgh. 4 : yo pana bhikkhu otiṇṇo vipariṇatena cittena mātugāmassa santike attakāmapāricariyāya vaṇ-

ṇaṁ bhāseyya: etad aggaṁ bhagini, pāricariyānaṁ yā mādisaṁ sīlavantaṁ kalyāṇadhammaṁ brahmacāriṁ etena dhammena paricareyyā'ti methunūpasaṁhitena, saṅghādiseso'ti.

Catu-Kṣ up. 9

9(2-5) 승단잔류죄법 제5조

중매를 하는 것에 대한 학습계율
[매인계(媒人戒)]

[세존] "어떠한 비구이든 여인에 대한 남자의 의중을 또는 남자에 대한 여인의 의중을 중매해서 부부관계를 맺게 하거나 애인관계를 맺게 하면, 그것이 일시적인 관계라도,613) 승단잔류죄614)를 범하는 것이니라."615)

---

613) 往來彼此媒嫁 持男意語女, 持女意語男, 若爲成婦事, 及爲私通事, 乃至須臾頃 : 빠알리문에는 '그 수행승는 처음부터 죄가 되는 일에 떨어지고, 마침내'라는 구절이 추가되어 있다.

614) 僧伽婆尸沙 : 《빠알리율》에서는 '참모임을 위한 것이거나, 탑묘를 위한 것이거나, 환자를 위하여 일을 보기 위해 가거나, 정신착란자이거나, 최초의 범행자인 경우'는 예외이고, 《사분율》에서는 '남녀가 먼저 통하고 후에 이별했다가 다시 화합했거나, 부모나 신심이 돈독한 재가자나 환자나 감옥에 있는 자를 위해 서신을 가지고 갔거나, 참모임이나 승원이나 탑묘나 환우비구를 위해서 서신을 보고 가지고 갔거나, 이 학습계율시설의 원인이 된 최초의 범행자이거나, 정신착란자이거나, 마음이 심란한 자이거나, 애통해 하는 자인 경우'를 예외로 한다.

615) ■ 매인계(媒人戒) / 사분승승가바시사 5 : 若比丘 往來彼此媒嫁 持男意語女, 持女意語男, 若爲成婦事, 及爲私通事, 乃至須臾頃 僧伽婆尸沙. • 매인계⊙(媒人戒) / Khu-Saṅgh. 5(Nī-Saṅgh. 7) : yo pana bhikkhu sañcarittaṁ samāpajjeyya itthiyā vā purisamatiṁ purisassa vā itthimatiṁ, jāyattane vā jārattane vā, antamaso taṅkhaṇikāya pi, saṅghādiseso'ti.

Catu-Kṣ up. 10

10(2-6) 승단잔류죄법 제6조

암자의 건축에 대한 학습계율
[무주방불처분계(無主房不處分戒)]

[세존] "어떠한 비구이든 시주가 없이 자신을 위해 스스로 탁발하여[616] 암자를 짓거든, 척도에 맞게 행복한 님의 뼘[617]으로 길이 열두 뼘(276cm∨1080cm), 너비 일곱 뼘(161cm∨630cm)으로 짓되, 비구들을 초빙하여 부지를 지정해 달라고 요청해서 위해가 없

616) *自求 : 빠알리문의 'saññācikāya'를 번역한 것이다. Smp. 566에 따르면, 스스로 걸행하여 구걸하는 것을 뜻한다.*

617) *佛搩手 : 한역에서는 불수척(佛手尺 : sugatavidatthi)이라고도 한다. 한역문헌에서는 손으로 물건을 잴 때 무지(拇指)와 장지(長指)를 편 크기로 12손가락마디(手節)의 크기라고 본다. 손가락마디는 일 인치(1 inch = 2.5 cm) 정도의 크기를 말한다. 따라서 30cm의 크기이다. 한편, 빠알리문헌의 Smp. 567에 따르면, 행복한 님의 뼘은 '보통사람의 키의 크기는 행복한 님의 뼘으로 3뼘'이므로, 목공의 완척(腕尺 : hattha = 46~56 cm)으로 1½완척의 크기이다. 그러므로 주석에 따른다면, 행복한 님의 한 뼘은 보통사람의 세 배정도의 크기로 75cm 전후로 보아야 한다. 그러나 이것에 대하여 한역의 주석서에서도 이설이 많아서 Bd. I. 253에서는 '수용된 길이(the accepted length)'라고 번역한다. 이것은 '행복한 님(sugata)'을 여래라고 보지 않고 '수용된 것'이라는 과거분사로 해석한 것인데, 그렇게 되면, 표준사이즈를 말하는 것이다. 표준사이즈로 말하자면, 보통사람의 뼘은 23cm정도를 언급한 것이다.*

고 접근가능한618) 부지에 대한 지정을 받아야 하나니, 만약 비구가 위해가 있고 접근가능하지 않은 곳에 시주가 없이 스스로 탁발하여 자신을 위해 암자를 짓고, 여러 비구들에게 부지의 지정을 요청하지도 않고 척도에 맞게 짓지도 않으면, 승단잔류죄619)를 범하는 것이니라."620)

---

*618) **無難處有行處** : 빠알리문의 'anārambhaṁ saparikkamanaṁ'를 번역한 것이다. Bd. I. 253에 따르면, 위해가 없는 곳은 살아있는 생명체에 위해가 없는 곳이라는 뜻이고, 접근가능한 곳은 유행하기 좋은 곳인데, 수레가 접근할 수 있는 곳을 뜻한다.*

*619) **僧伽婆尸沙** : ≪빠알리율≫에서는 '산굴이나 소옥이나 초옥을 짓거나, 타인을 위하여 짓거나, 자신의 주거용집을 제외하고 어떠한 경우이거나, 정신착란된 자이거나, 최초의 범행자의 경우'는 예외이고, ≪사분율≫에서는 '비구들이 지시한 대로 지었거나, 어려움과 장애가 없는 곳에 지었거나, 비구들을 위한 탑묘나 강당이나 초암을 지었거나, 몸을 겨우 용납하는 집이나 여러 사람을 위한 집을 지었거나, 이 학습계율시설의 원인이 된 최초의 범행자이거나, 정신착란자이거나, 마음이 심란한 자이거나, 애통해 하는 자인 경우'를 예외로 한다.*

*620) ▪무주방불처분계(**無主房不處分戒**) / 사분승승가바시사 6 : **若比丘 自求作屋, 無主, 自爲己, 當應量作. 是中量者, 長佛十二磔手, 內廣七磔手. 當將諸比丘指授處所, 彼應指授處所, 無難處 無妨處. 若比丘有難處。妨處 自求作屋, 無主, 自爲己, 不將諸比丘指授處所, 若過量作者, 僧伽婆尸沙.** • 무주승불처분과량방계ⓢ(**無主僧不處分過量房戒**) / Khu-Saṅgh. 6 : saññācikāya pana bhikkhunā kuṭiṁ kārayamānena assāmikaṁ attuddesaṁ pamāṇikā kāretabbā. tatridaṁ pamāṇaṁ: dīghaso dvādasavidatthiyo sugatavidatthiyā tiriyaṁ sattantarā, bhikkhū abhinetabbā vatthudesanāya. tehi bhikkhūhi vatthuṁ desetabbaṁ anārambhaṁ saparikkamanaṁ. sārambhe ce bhikkhu vatthusmiṁ aparikkamane saññācikāya kuṭiṁ kāreyya bhikkhū vā anabhineyya vatthudesanāya pamāṇaṁ vā atikkāmeyya saṅghādiseso'ti.*

Catu-Kṣup. 11

11(2-7) 승단잔류죄법 제7조

시주가 있을 때에 부지의 지정이 없는 것에 대한 학습계율
[유주승불처분방계(有主僧不處分房戒)]

[세존] "어떠한 비구이든 큰 정사를 후원자의 지지아래 자신을 위해서 지으려고 한다면, 비구들을 초빙하여 부지에 대한 지정을 받아야 하되, 그 비구들은 상해가 없는 곳, 접근가능한 곳에 부지에 대한 지정을 해야 하나니, 만약에 그 비구가 상해가 있는 곳, 접근불가능한 곳에 정사를 짓거나, 비구들을 초빙해서 부지에 대한 지정을 받지 않으면, 승단잔류죄[621]를 범하는 것이니라."[622]

---

621) 僧伽婆尸沙 : ≪빠알리율≫에서는 '산굴이나 소옥이나 초옥을 짓거나, 타인을 위하여 짓거나, 자신의 주거용집을 제외하고 어떠한 경우이거나, 정신착란된 자이거나, 최초의 범행자의 경우'는 예외이고, ≪사분율≫에서는 '비구들이 지시한 대로 지었거나, 어려움과 장애가 없는 곳에 지었거나, 비구들을 위한 탑묘나 강당이나 초암을 지었거나, 몸을 겨우 용납하는 집이나 여러 사람을 위한 집을 지었거나, 이 학습계율시설의 원인이 된 최초의 범행자이거나, 정신착란자이거나, 마음이 심란한 자이거나, 애통해 하는 자인 경우'를 예외로 한다.

622) ■유주승불처분방계(有主僧不處分房戒) / 사분승승가바시사 7. 若比丘 欲作大房, 有主, 爲己作, 當將餘比丘指授處所, 彼應指授處所, 無難處。無妨處 若比丘 難處。妨處作大房, 有主, 爲己作, 不將餘比

丘指授處所者, 僧伽婆尸沙: • *유주승불처분방계⊘(有主僧不處分房戒) / Khu-Saṅgh. 7 : mahallakaṁ pana bhikkhunā vihāraṁ kārayamānena sassāmikaṁ attuddesaṁ, bhikkhū abhinetabbā vatthudesanāya. tehi bhikkhuhi vatthuṁ desetabbaṁ anārambhaṁ saparikkamanaṁ, sārambhe ce bhikkhu vatthusmiṁ aparikkamane mahallakaṁ vihāraṁ kāreyya, bhikkhū vā anabhineyya vatthudesanāya, saṅghādiseso'ti.*

Catu-Kṣup. 12

12(2-8) 승단잔류죄법 제8조

근거 없이 중죄로 비방하는 것에 대한 학습계율
[무근방타중죄계(無根謗他重罪戒)]

[세존] "어떠한 비구이든 화가 난 탓으로, 다른 종류의 쟁사 가운데 부분을 취해서, 승단추방죄를 짓지 않은 비구에게 근거없이 승단추방죄를 범했다고 비방하여 그의 청정한 삶을 망가뜨리려하다가 그 뒤에 묻거나, 묻지 않거나 간에 말하되, '그 일이 근거 없는 줄 알면서도, 내가 성낸 탓으로 그런 말을 하였다.'라고 하면,[623] 승단잔류죄[624]를 범하는 것이니라."[625]

---

623) *以瞋恚故 於異分事中取片. 非波羅夷比丘. 以無根波羅夷法謗. 欲破彼淸淨行. 後於異時. 若問若不問. 知是異分事中取片. 便言我瞋恚故 作如是說 : 빠알리문에는 '수행승를 악의나 분노나 불만으로 다른 종류의 쟁사 가운데 어떤 것이든 유사한 점을 관련시켜 '아마도 그를 내가 이러한 청정한 삶에서 몰아낼 수 있겠다.'라고 말하며 승단추방죄에 해당한다고 비방하고, 나중에 조사를 받건 조사를 받지 않건, 그 쟁사가 다른 쟁사에 속한 것으로 드러나고, 어떤 것이든 유사한 점을 관련시켜 취한 것이고, 수행승이 자신의 잘못을 시인하면'이라고 되어 있다.*

624) *僧伽婆尸沙 : ≪빠알리율≫에서는 '충고받지 못했거나, 그만두거나, 정신착란자이거나, 최초의 범행자인 경우'는 예외이고, ≪사분율≫에서는 '장난으로 말했거나, 빨리 말했거나, 혼자 있는 데서 말했거나, 꿈속에서 말했거나, 이것을 말하려다 착오로 저것을 말했거나, 이 학습계율시설의 원인이 된 최초의 범행자이거나, 정신착란자*

이거나, 마음이 심란한 자이거나, 애통해 하는 자인 경우'를 예외로 한다.

625) ■무근방타중죄계(無根謗他重罪戒) / 사분승승가바시사 8 : 若比丘 瞋恚所覆故 非波羅夷比丘, 以無根波羅夷法謗, 欲壞彼清淨行. 彼於異時, 若問。若不問, 知此事無根說「我瞋恚故 作是語」者, 僧伽婆尸沙. ● 무근중죄방타계⊙(無根重罪謗他戒) / Khu-Sangh. 8(Nī-Saṅgh. 8) : yo pana bhikkhu bhikkhuṁ duṭṭho doso appatīto amūlakena pārājikena dhammena anuddhaṁseyya appeva nāma naṁ imamhā brahmacariyā cāveyyan'ti. tato aparena samayena samanuggāhiyamāno vā asamanuggāhiyamāno vā amūlakañceva taṁ adhikaraṇaṁ hoti bhikkhu ca dosaṁ patiṭṭhāti, saṅghādiseso'ti.

Catu-Kṣup. 13

13(2-9) 승단잔류죄법 제9조

거짓 근거로 비방하는 것에 대한 학습계율
[가근방계(假根謗戒)]

[세존] “어떠한 비구이든 화가 난 탓으로, 다른 종류의 쟁사 가운데 한 부분을 취해서, 승단추방죄를 짓지 아니한 비구에게 근거 없이 승단추방죄를 범했다고 비방하여 그의 청정한 삶을 망가뜨리려하다가 그 뒤에 묻거나, 묻지 않거나 간에 말하되, ‘그 일이 근거 없는 것을 알면서도, 내가 성낸 탓으로 그런 말을 하였다.’라고 하면,626) 승단잔류죄627)를 범하는

---

*626) **以瞋恚故 於異分事中取片. 非波羅夷比丘 以無根波羅夷法謗. 欲破彼清淨行. 後於異時 若問。若不問. 知是異分事中取片. 便言 : 我瞋恚故 作如是說** : 빠알리문에는 ‘수행승를 악의나 분노나 불만으로 다른 종류의 쟁사 가운데 어떤 것이든 유사한 점을 관련시켜 ‘아마도 그를 내가 이러한 청정한 삶에서 몰아낼 수 있겠다.’라고 말하며 승단추방죄에 해당한다고 비방하고, 나중에 조사를 받건 조사를 받지 않건, 그 쟁사가 다른 쟁사에 속한 것으로 드러나고, 어떤 것이든 유사한 점을 관련시켜 취한 것이고, 수행승이 자신의 잘못을 시인하면’이라고 되어 있다.*

*627) **僧伽婆尸沙** : 《빠알리율》에서는 ‘충고받지 못했거나, 그만두거나, 정신착란자이거나, 최초의 범행자인 경우’는 예외이고, 《사분율》에서는 ‘장난으로 말했거나, 빨리 말했거나, 혼자 있는 데서 말했거나, 꿈속에서 말했거나, 이것을 말하려다 착오로 저것을 말했거나, 이 학습계율시설의 원인이 된 최초의 범행자이거나, 정신착란자*

것이니라."628)

이거나, 마음이 심란한 자이거나, 애통해 하는 자인 경우'를 예외로 한다.

628) ■가근방계(假根謗戒) / 사분승승가바시사 9 : 若比丘 以瞋恚故 於異分事中取片, 非波羅夷比丘, 以無根波羅夷法謗, 欲壞彼清淨行. 彼於異時, 若問。若不問, 知是異分事中取片, 便言: 我瞋恚故, 作是語者, 僧伽婆尸沙. ●가근방계⊙(假根謗戒) / Khu-Saṅgh. 9(Nī-Saṅgh. 9) ∴yo pana bhikkhu bhikkhuṁ duṭṭho doso appatīto aññabhāgiyassa adhikaraṇassa kiñci desaṁ lesamattaṁ upādāya pārājikena dhammena anuddhaṁseyya, appeva nāma naṁ imamhā brahmacariyā cāveyyan'ti. tato aparena samayena samanuggāhiyamāno vā asamanuggāhiyamāno vā aññabhāgiyañceva taṁ adhikaraṇaṁ hoti, koci deso lesamatto upādinno, bhikkhu ca dosaṁ patiṭṭhāti, saṅghādiseso'ti.

Catu-Kṣup. 14

14(2-10) 승단잔류죄법 제10조

참모임의 분열로 인한 충고를 어기는 것에 대한 학습계율
[파승위간계(破僧違諫戒)]

[세존] "어떠한 비구이든 화합참모임을 파괴하려고, 수단을 써서 화합참모임의 분열을 지지하며 그만두지 않으면, 저 비구는 이 비구에게 충고하여, '대덕이여, 화합참모임을 파괴하지 마시오. 수단을 써서 화합참모임을 분열시키지 마시오, 참모임의 분열을 지지하지 마시오. 대덕이여, 참모임과 화합하여 서로 즐거워하고, 다투지 말며, 동일한 스승께 배우면서 물과 우유처럼 화합해야 합니다. 그래야 부처님 가르침 가운데서 이익을 얻고 편안히 지내게 됩니다.'라고 충고해야 하되,629) 이렇게 충고하여도 이 비구가 고집하여 그

---

629) *欲壞和合僧, 方便受壞和合僧法 堅持不捨 彼比丘應諫是比丘言:「大德 莫壞和合僧, 莫方便壞和合僧, 莫受壞僧法 堅持不捨 大德 應與僧和合, 歡喜不諍, 同一師學, 如水乳合, 於佛法中有增益安樂住」: 빠알리문에는 '화합참모임을 파괴하려고 기도하거나, 분열로 이끄는 쟁사를 취하여 공개하여 지지하면, 그 수행승 대하여 수행승은 '존자는 화합참모임을 파괴하려고 기도하거나, 분열로 이끄는 쟁사를 취하여 공개하여 지지하지 마시오. 존자는 참모임과 화평해야 합니다. 그래야 비로소 참모임이 조화롭고, 친절하고, 다투지 않고, 동일한 가르침 아래 평안하게 지내기 때문입니다.'라고 말해야 한다.'라고 되어 있다.*

만두지 않으면 저 비구가 그만두게 하기 위해 세 번까지 충고해야 하나니, 세 번 충고하여 그만두면 훌륭한 일이요, 그래도 끝내 그만두지 않으면, 승단잔류죄630)를 범하는 것이니라."631)

---

630) 僧伽婆尸沙 : ≪빠알리율≫에서는 '충고받지 못했거나, 그만두는 경우이거나, 정신착란자이거나, 마음이 심란한 자이거나, 애통해 하는 자이거나, 최초의 범행자인 경우'는 예외이고, ≪사분율≫에서는 '한두 번 충고했을 때 그만두었거나, 원칙에 맞지 않는 갈마를 통해 충고했거나, 가르침이나 계율에 맞지 않게 충고했거나, 꾸짖고 충고하기 이전이었거나, 악한 도반을 막아서 못하게 했거나, 방편으로 참모임의 분열을 막아서 못하게 했거나, 두세 사람이 갈마를 하는 것을 막았거나, 참모임이나 승원이나 친교사와 궤범사와 같은 선지식 등을 위하여 참모임의 분열을 도모하여 손해를 끼친 사람들이 살 곳이 없게 만들어 그것을 막았거나, 이 학습계율시설의 원인이 된 최초의 범행자이거나, 정신착란자이거나, 마음이 심란한 자이거나, 애통해 하는 자인 경우'를 예외로 한다.

631) ■파승위간계(破僧違諫戒) / 사분승승가바시사 10 : 若比丘 欲壞和合僧, 方便受壞和合僧法, 堅持不捨, 彼比丘應諫是比丘言:「大德 莫壞和合僧, 莫方便壞和合僧, 莫受壞僧法, 堅持不捨. 大德 應與僧和合, 歡喜不諍, 同一師學, 如水乳合, 於佛法中有增益安樂住」是比丘如是諫時, 堅持不捨, 彼比丘應三諫, 捨此事故, 乃至三諫, 捨者善; 不捨者, 僧伽婆尸沙. ●파승위간계⊙(破僧違諫戒) / Khu-Saṅgh. 10(Nī-Saṅgh. 14) : yo pana bhikkhu samaggassa saṅghassa bhedāya parakkameyya, bhedanasaṁvattanikaṁ vā adhikaraṇaṁ samādāya paggayha tiṭṭheyya, so bhikkhu bhikkhūhi evam assa vacanīyo: mā āyasmā samaggassa saṅghassa bhedāya parakkami, bhedanasaṁvattanikaṁ vā adhikaraṇaṁ samādāya paggayha aṭṭhāsi, samet' āyasmā saṅghena samaggo hi saṅgho sammodamāno avivadamāno ekuddeso phāsu viharatī'ti. evañca so bhikkhu bhikkhūhi vuccamāno tath'eva paggaṇheyya, so bhikkhu bhikkhūhi yāvatatiyaṁ samanubhāsitabbo tassa paṭinissaggāya, yāvatatiyañc'eva samanubhāsiyamāno taṁ paṭinissajeyya, iccetaṁ kusalaṁ. no ce paṭinissajeyya, saṅghādiseso'ti.

Catu-Kṣ up. 15

15(2-11) 승단잔류죄법 제11조

참모임의 분열을 돕고 충고를 어기는 것에 대한 학습계율
[조파승위간계(助破僧違諫戒)]

[세존] "어떠한 비구이든 다른 당파로 하나나 둘이나 셋이나 무수한 자들을 거느리고 있는데, 이 비구들이 저 비구에게 말하기를, '대덕이여, 그 비구에게 충고하지 마시오. 그 비구는 가르침을 말하고, 계율을 말합니다. 그 비구의 하는 말을 우리들이 좋아하고 훌륭하게 여깁니다.'라고 하면, 저 비구는 '대덕이여, 그런 말씀을 하지 마시오. '그 비구는 가르침을 말하고, 계율을 말한다. 그 비구의 하는 말을 우리들이 좋아하고 훌륭하게 여긴다.'고 하지만, 그러나 그 비구는 가르침을 말하고, 계율을 말하는 것이 아닙니다. 대덕이여, 참모임과 조화롭게 지내십시오. 대덕이여, 참모임과 화합하여 서로 화목하여 다투지 말며, 같은 스승에게 배우면서 물과 우유처럼 화합해야 합니다. 그래야 부처님 가르침 가운데서 이익을 얻고 편안히 지내게 됩니다.'라고 충고해야 하되,[632] 이렇게 충고하여도 이 비구들

632) *有餘伴黨, 若一◦二◦三 乃至無數 是比丘語彼比丘言:「大德*

이 고집하여 그만두지 않으면 저 비구는 그만두게 하기 위해 세 번까지 충고해야 하나니, 세 번 충고하여 그만두면 훌륭한 일이요, 그래도 끝내 그만두지 않으면, 승단잔류죄633)를 범하는 것이니라."634)

莫諫此比丘, 此比丘是法語。律語比丘, 此比丘所說 我等喜樂, 我等忍可. 然此比丘非法語。非律語比丘 大德 莫欲壞和合僧, 汝等當樂欲和合僧. 大德 與僧和合, 歡喜不諍, 同一師學, 如水乳合, 於佛法中有增益安樂住」. : 빠알리문에는 '수행승들을 하나나 둘이나 셋이나 거느리고 있는데, 그들이 그를 추종하고 편을 들어 말하길 '대덕들이여, 그 수행승에 대하여 어떠한 것이든 말하지 마십시오. 그 수행승는 가르침을 말하고, 계율을 말합니다. 그 수행승는 우리의 의도와 취향을 취하여 표현하고, 우리를 위해 말하는 것이 우리에게 알맞은 것인가를 압니다.'라고 말하면, 수행승들은 그 수행승들에게 '대덕들이여, 그렇게 말하지 마시오. 그 수행승는 가르침을 말하지 않고, 계율을 말하지 않습니다. 대덕들도 승단의 분열을 좋아하지 마십시오. 대덕들께서는 참모임과 화평해야 합니다. 그래야 비로소 참모임이 조화롭고, 친절하고, 다투지 않고, 동일한 가르침 아래 평안하게 지내기 때문입니다.'라고 말해야 한다.'라고 되어 있다.

633) 僧伽婆尸沙 : ≪빠알리율≫에서는 '충고받지 못했거나, 그만두는 경우이거나, 마음이 심란한 자이거나, 애통해 하는 자이거나 정신착란자이거나, 최초의 범행자인 경우'는 예외이고, ≪사분율≫에서는 '한두 번 충고했을 때 그만두었거나, 원칙에 맞지 않는 갈마를 통해 충고했거나, 가르침이나 계율에 맞지 않게 충고했거나, 꾸짖고 충고하기 이전이었거나, 이 학습계율시설의 원인이 된 최초의 범행자이거나, 정신착란자이거나, 마음이 심란한 자이거나, 애통해 하는 자인 경우'를 예외로 한다.

634) ■조파승위간계(助破僧違諫戒) / 사분승승가바시사 11 : 若比丘 有餘伴黨, 若一。二。三 乃至無數 是比丘語彼比丘言:「大德 莫諫此比丘, 此比丘是法語。律語比丘, 此比丘所說 我等喜樂, 我等忍可. 然此比丘非法語。非律語比丘 大德 莫欲壞和合僧, 汝等當樂欲和合僧. 大德 與僧和合, 歡喜不諍, 同一師學, 如水乳合, 於佛法中有

增益安樂住」 是比丘如是諫時, 堅持不捨, 彼比丘應三諫, 捨此事故 乃至三諫 捨者善; 不捨者, 僧伽婆尸沙. • *조파승위간계*⊙*(助破僧違諫戒)* / *Khu-Saṅgh. 11(Nī-Saṅgh. 15)* : *tasseva kho pana bhikkhussa bhikkhū honti anuvattakā vaggavādakā eko vā dve vā tayo vā, te evaṁ vadeyyuṁ: mā āyasmanto etaṁ bhikkhuṁ kiñci avacuttha, dhammavādī ceso bhikkhū vinayavādī ceso bhikkhu amhākaṁ ceso bhikkhu chandañca ruciñca ādāya voharati, jānāti no bhāsati, amhākampetaṁ khamatī'ti. te bhikkhu bhikkhūhi evamassu vacanīyā: mā āyasmanto evaṁ avacuttha, na ceso bhikkhu dhammavādī, na ceso bhikkhu vinayavādī, mā āyasmantānampi saṅghabhedo rucittha. smet' āyasmantānaṁ saṅghena, samaggo hi saṅgho sammodamāno avivadamāno ekuddeso phāsu viharatī'ti. evañca te bhikkhu bhikkhūhi vuccamānā tatheva paggaṇheyyuṁ, te bhikkhu bhikkhūhi yāvatatiyaṁ samanubhāsitabbā tassa paṭinissaggāya. yāva tatiyañce samanu- bhāsiyamānā taṁ paṭinissajeyyuṁ, iccetuṁ kusalaṁ, no ce paṭinissajeyyuṁ, saṅghādiseso'ti.*

Catu-Kṣ up. 16

16(2-12) 승단잔류죄법 제12조

가정을 오염시키고 참모임의 충고를 어기는 것에 대한 학습계율
[오가빈방위승간계(汚家擯謗違僧諫戒)]

[세존] "어떠한 비구이든 마을에나 도시에 있으면서 남의 가정을 오염시키고 악행을 하는 것을 직접 보았거나 들었다면, 저 비구들은 이 비구에 대하여, '대덕이여, 가정을 오염시키고 악행을 행하는 것을 직접 보았거나 들었습니다. 지금 이 마을을 떠나고 여기 있지 마십시오.'라고 말해야 하되, 이 비구가 저 비구들에 대하여 '참모임은 욕망의 길을 가기도 하고, 분노의 길을 가기도 하고, 우치의 길을 가기도 하고, 공포의 길을 가기도 하는데, 이와 같은 죄악을 지은 비구들에 대하여 어떤 자들은 한시퇴출시키고 어떤 자들은 한시퇴출시키지 않습니다.'라고 말하거든, 저 비구들은 이 비구에게 '대덕이여, 그와 같이 말하지 마십시오. 왜냐하면, 참모임은 욕망의 길을 가지 않고, 분노의 길을 가지 않고, 우치의 길을 가지 않고, 공포의 길을 가지 않습니다. 대덕이여, 그대가 가정을 오염시키고 악행을 행하는 것을 직접 보았거나 들었습니다.'라고 충고해야 하되,635) 이렇게 충고하여도 이 비구가 고집하여 그만두

지 않으면, 이 비구에 대하여 저 비구들은 그것을 그만 두도록 세 번까지 충고해야 하나니, 세 번까지 충고해서 그만둔다면, 그것은 훌륭한 일이지만, 그만두지 않으면, 승단잔류죄636)를 범하는 것이니라."637)

---

635) 諸比丘諫言:「大德 莫作是語 言:『僧有愛。有恚。有怖。有癡 有如是同罪比丘, 有驅者, 有不驅者.』 而僧不愛。不恚。不怖。不癡 大德 汚他家。行惡行, 俱有見聞」: 빠알리문에는 참모임이 '수행승들'이라고 되어 있고, '직접 보았거나 들었다는 것이' 악행하는 것이 보이고 또한 들리고, 그가 가정을 오염시키는 것이 보이고 들린다.'라고 되어 있다.

636) 僧伽婆尸沙 : ≪빠알리율≫에서는 '충고받지 못했거나, 그만두었거나 정신착란자이거나, 최초의 범행자인 경우'는 예외이고, ≪사분율≫에서는 '한두 번 충고했을 때에 그만두었거나, 가르침이나 계율에 맞지 않는 갈마를 했거나, 일체의 견책조치의 갈마를 하기 이전이거나, 부모나 환자나 어린 아이나 임신부나 감옥에 갇힌 자나 사원에서 일하는 자에게 주었거나, 스스로 또는 남을 시켜 꽃이나 나무를 심거나 화만을 만들거나 실로 꽃을 꿰거나 꽃을 가져오게 하거나 화망을 가져와서 삼보에 공양하거나, 사람이 손을 들어 때리려고 했거나 도둑 · 코끼리 · 곰 · 사자 · 호랑이 · 이리 등이 왔거나 뾰족한 것을 메고 와서 피했거나, 강 · 도랑 · 구덩이를 건너려고 뛰었거나, 도반이 따라오다 보이지 않아 휘파람을 불었다든가, 부모나 신심이 돈독한 재가자, 환자, 감옥에 갇힌 자를 위해 서신을 보고 갔다던가, 승원과 비구들을 위하거나 환우비구를 위해 서신을 가지고 갔거나, 이 학습계율시설의 원인이 된 최초의 범행자이거나, 정신착란자이거나, 마음이 심란한 자이거나, 애통해 하는 자인 경우'를 예외로 한다.

637) ■ 오가빈방위승간계(汚家擯謗違僧諫戒) | 사분승승가바시사 12 : 若比丘 依聚落, 若城邑住, 汚他家, 行惡行, 俱有見聞 諸比丘當語是比丘言:「大德 汚他家, 行惡行, 俱有見聞, 今可遠此聚落去, 不須住此」 是比丘語彼比丘言:「大德 今僧有愛。有恚。有怖。有癡, 有如是同罪比丘, 有驅者, 有不驅者.」 諸比丘諫言:「大德 莫作是語 言:

『僧有愛。有恚。有怖。有癡 有如是同罪比丘, 有驅者, 有不驅者.」而僧不愛。不恚。不怖。不癡 大德 汚他家。行惡行, 俱有見聞」是比丘如是諫時, 堅持不捨 彼比丘應三諫 捨此事故 乃至三諫捨者善; 不捨者, 僧伽婆尸沙: ●오가빈방위간계⊙(汚家擯謗違諫戒) / Khu-Saṅgh. 13(Nī-Saṅgh. 17) : bhikkhu pan'evaaññataraṁ gāmaṁ vā nigamaṁ vā upanissāya viharati kuladūsako pāpasamācāro, tassa kho pāpakā samācārā dissanti ceva suyyanti ca, kulāni ca tena duṭṭhāni dissanti ceva suyyanti ca, so bhikkhu bhikkhūhi evam assa vacanīyo: āyasmā kho kuladūsako pāpasamācāro, āyasmato kho pāpakā samācārā dissanti ceva suyyanti ca, kulāni cāyasmatā duṭṭhāni dissanti ceva suyyanti ca, pakkamat'āyasmā imamhā āvāsā, alaṁ te idha vāsenā'ti, evañca so bhikkhu bhikkhūhi vuccamāno te bhikkhū evaṁ vadeyya: chandagāmino ca bhikkhū dosagāmino ca bhikkhū mohagāmino ca bhikkhū bhayagāmino ca bhikkhū, tādisikāya āpattiyā ekaccaṁ pabbājenti: ekaccaṁ na pabbājentī'ti. so bhikkhu bhikkhūhi evam assa vacanīyo: mā āyasmā evaṁ avaca, na ca bhikkhū chandagāmino na ca bhikkhū dosagāmino na ca bhikkhū mohagāmino na ca bhikkhū bhayagāmino, āyasmā kho kuladūsako pāpasamācāro, āyasmato kho pāpakā samācārā dissanti ceva suyyanti ca kulāni cāyasmatā duṭṭhāni dissanti ceva suyyanti ca pakkamatāyasmā imamhā āvāsā, alaṁ te idha vāsenā'ti. evañca so bhikkhu bhikkhūhi vuccamāno tatheva paggaṇheyya, so bhikkhu bhikkhūhi yāva tatiyaṁ samanubhāsitabbo tassa paṭinissaggāya, yāvatatiyañ- ceva samanubhāsiyamāno taṁ paṭinissajeyya, iccetaṁ kusalaṁ, no ce paṭinissajjeyya saṅghādiseso'ti.

Catu-Kṣup. 17

17(2-13) 승단잔류죄법 제13조

악한 성품으로 참모임을 거슬러 충고를 어기는 것에 대한 학습계율
[악성거승위간계(惡性拒僧違諫戒)]

[세존] "어떠한 비구이든 악한 성품으로 남의 충고를 받아들이지 않을 경우, 계법에 있는 대로 여러 비구들의 충고를 듣지 않고 '대덕들이여, 나에게 선이건 악이건 어떠한 충고도 하지 말라. 나도 또한 대덕들께 선이건 악이건 어떠한 충고도 하지 않겠다. 대덕들은 나에게 충고하지 말라.'라고 말하면, 저 비구들이 이 비구에게 '대덕이여, 왜 충고를 받지 않으려고 합니까? 대덕이여, 스스로 충고를 잘 들으시오. 대덕도 원칙에 맞게 비구에게 충고하고 비구들도 대덕에게 원칙에 맞게 충고하여, 불제자들이 이익을 얻고 돌아가며 서로 충고하고 서로 가르쳐 참회해야 합니다.'라고 충고해야 하되,638) 이렇게 충고하여도 고집하여 그만두지 않는

---

638) *「大德 莫不受諫語 大德當受諫語 大德如法諫諸比丘, 諸比丘亦如法諫大德 如是佛弟子衆得增益, 展轉相諫。相教。懺悔」*: 빠알리 문에서의 충고는 '대덕이여, 자신을 남이 충고할 수 없는 자로 만들지 마십시오. 대덕이여, 자신을 남이 충고할 수 있는 자로 만드십시오. 대덕도 원칙에 맞게 수행승에게 충고할 수 있어야 하고 수행승들도 존귀한 자매에게 원칙에 맞게 충고할 수 있어야 합니다. 이와 같이 하면

다면, 이 비구에 대하여 저 비구들은 그것을 그만두도록 세 번까지 충고해야 하나니, 세 번까지 충고해서 그만둔다면, 그것은 훌륭한 일이지만, 그만두지 않으면, 승단잔류죄[639]를 범하는 것이니라."[640]

서로서로 충고하고 서로서로 독려하는 세존의 회중이 증가하는 것입니다."라고 되어 있다.

639) *僧伽婆尸沙 : ≪빠알리율≫에서는 '충고받지 못했거나, 그만두거나, 정신착란자이거나, 최초의 범행자인 경우'는 예외이고, ≪사분율≫에서는 '한두 번 충고했을 때에 그만두었거나, 가르침이나 계율에 맞지 않는 갈마를 했거나, 일체의 견책조치의 갈마를 하기 이전이거나, 지혜가 없는 사람이 충고할 때에 그에게 '그대의 친교사나 궤범사가 행하는 것도 이와 같으니 다시 잘 배우고 경을 외어 충고하는 법을 알고 난 후에 충고해야 한다.'라고 했거나, 그 일이 사실과 같았거나, 장난으로 했거나, 빨리 말했거나, 혼자 말했거나, 꿈속에서 말했거나, 이것을 말하려다가 저것을 말했거나, 이 학습계율시설의 원인이 된 최초의 범행자이거나, 정신착란자이거나, 마음이 심란한 자이거나, 애통해 하는 자인 경우'를 예외로 한다.*

640) *■ 악성거승위간계(惡性拒僧違諫戒) / 사분승승가바시사 13 : 若比丘 惡性不受人語 於戒法中, 諸比丘如法諫已, 不受諫語 言:「諸大德 莫向我說若好。若惡 我亦不向諸大德說若好。若惡 大德且止! 莫數諫我」彼比丘諫是比丘言:「大德 莫不受諫語 大德當受諫語 大德如法諫諸比丘, 諸比丘亦如法諫大德 如是佛弟子衆得增益 展轉相諫。相教。懺悔」是比丘如是諫時, 堅持不捨, 彼比丘應三諫, 捨此事故 乃至三諫 捨者善; 不捨者, 僧伽婆尸沙. • 악성거승위간계⊙(惡性拒僧違諫戒) / Khu-Saṅgh. 12(Nī-Saṅgh. 16) : bhikkhu pan' evadubbacajātiko hoti, uddesapariyāpannesu sikkhāpadesu bhikkhūhi sahadhammikaṁ vuccamāno attānaṁ avacanīyaṁ karoti, 'mā maṁ āyasmanto kiñci avacuttha, kalyāṇaṁ vā pāpakaṁ vā, ahampāyasmante na kiñci vakkhāmi kalyāṇaṁ vā pāpakaṁ vā, virama- āyasmanto mama vacanāyā'ti. so bhikkhu bhik- khūhi evam assa vacanīyo: 'mā āyasmā attānaṁ avacanīyaṁ akāsi. vacanīyamevāyasmā*

attānaṁ karotu. āyasmāpi bhikkhu vadetu saha dhammena. bhikkhūpi āyasmantaṁ vakkhanti saha dhammena. evaṁ saṁvaddhā hi tassa bhagavato parisā, yadidaṁ aññamaññavacanena aññamaññavuṭṭhāpanenā'ti. evañca so bhikkhu bhikkhūhi vuccamāno tatheva paggaṇheyya, so bhikkhu bhikkhūhi yāvatatiyaṁ samanubhāsitabbo tassa paṭinissaggāya. yāvatatiyañce samanubhāsiyamāno taṁ paṭinissajeyya, iccetaṁ kusalaṁ no ce paṭinissajeyya, saṅghādiseso'ti.

대덕들이여, [22–23]
이와 같이 13개 조항의 승단잔류죄법을 송출하였습니다.
9개 조항(1–9)은 즉시,
4 개 조항(10–13)은
세 번의 충고 후에 적용됩니다.
비구가 이것들 가운데 어느 하나라도 범하면,
알면서 감춘 날만큼 격리생활을 받아야 합니다.
격리생활을 하고 난 뒤에는
6일간의 참회생활을 해야 합니다.
참회생활이 끝나면
20명의 비구들의 무리의 참모임이 있는 곳에서
출죄복귀를 할 수 있습니다.
20명 미만의 비구들의 무리의 참모임이
그 비구를 출죄복귀시킨다면,
그 비구는 출죄복귀된 것이 아니며,
그 비구들은 비난받아야 합니다.
이것이 그 경우의 적절한 조치입니다.641)

---

641) ■諸大德 我已說十三僧伽婆尸沙法 九戒初犯 餘至三諫 若比丘犯一一法 知而覆藏 應强與波利婆沙; 行波利婆沙竟 增上與六夜摩那埵; 行摩那埵已 應與出罪 當二十人僧中出是比丘罪 若少一人 不滿二十衆 是比丘罪不得除 諸比丘亦可訶 此是時. •uddiṭṭhā kho āyasmanto terasa saṅghādisesā dhammā, nava paṭhamāpattikā, cattāro yāvatatiyakā, yesaṁ bhikkhu aññataraṁ vā aññataraṁ vā āpajjitvā yāvatīhaṁ jānaṁ paṭicchādeti, tāvatīhaṁ tena bhikkhunā akāmā parivatthabbaṁ. parivutthaparivāsena bhikkhunā uttari chārattaṁ bhikkhu mānattāya paṭipajjitabbaṁ. ciṇṇamānatto bhikkhu yattha siyā vīsatigaṇo bhikkhusaṅgho, tattha so bhikkhu abbhetabbo. ekenapi ce ūno vīsatigaṇo bhikkhusaṅgho taṁ bhikkhuṁ abbheyya, so ca bhikkhu anabbhito. te ca bhikkhū gārayhā. ayaṁ tattha sāmīci.

이와 관련하여
저는 대덕들께 묻겠습니다.
이와 관련하여 완전히 청정합니까?
두 번째에도 저는 대덕들께 묻겠습니다.
이와 관련하여 완전히 청정합니까?
세 번째에도 저는 대덕들께 묻겠습니다.
이와 관련하여 완전히 청정합니까?

대덕들께서는
완전히 청정한 까닭에 침묵했으므로
저는 그와 같이 알겠습니다.642)

---

642) ■今問諸大德 是中清淨不? (第二第三亦如是說) 諸大德 是中清淨, 默然故, 是事如是持. ●tatthāyasmante pucchāmi kaccīttha parisuddhā? dutiyampi pucchāmi kaccittha parisuddhā? tatiyampi pucchāmi kaccittha parisuddhā? parisuddhetthāyasmanto, tasmā tuṇhī. evametaṁ dhārayāmī'ti.

제3장 부정죄법의 송출

(Aniyatuddesa)

대덕들이여,
이제 이와 같은 계경에 나오는
2개 조항의 부정죄법을
반월마다 송출하겠습니다.643)

643) ■*諸大德 是二不定法 半月半月說 戒經中來* •*ime kho panāyasmanto dve aniyatā dhammā uddesaṁ āgacchanti.*

Catu-Kṣup. 18

18(3-1) 부정죄법 제1조

가려진 곳의 정해지지 않은 원칙에 대한 학습계율
[병처부정계(屛處不定戒)]

[세존] "어떠한 비구이든 여인과 함께 서로 은밀히 음행도 가능한 가려진 곳, 덮여진 곳, 막혀진 곳에 단 둘이 앉아 여법하지 못한 말을 하는 것을 믿을 만한 재가의 여신도가 있어서, 승단추방죄법이나 승단잔류죄법이나 단순속죄죄법의 세 가지 원칙 가운데 하나를 거론하고, 이 앉았던 비구가 '내가 그 죄를 범했습니다.'라고 인정하면,644) 이 승단추방죄법이나 승단잔류죄법이나 단순속죄죄법의 세 가지 원칙 가운데 하나로, 믿을만한 재가의 여신도가 말한 대로, 그 비구는 여법하게 처벌받아야 하나니, 이것이 부정죄법645)이니라."646)

---

644) *共女人 獨在屛處。覆處。障處 可作婬處坐, 說非法語 有住信優婆夷, 於三法中一一法說 若波羅夷。若僧伽婆尸沙。若波逸提; 是坐比丘自言: 我犯是罪* : *빠알리문에는 '가려진 곳, 덮여진 곳, 막혀진 곳' 대신에 '가려진 장소'로, '여법하지 못한 말을 하는 것'은 생략되어 있다. 그리고 믿을 만한 재가의 여신도는 Smp. 632에 따르면, 흐름에 든 경지(豫流果)를 얻은 재가의 여신도를 말한다.*

645) *不定法* : *≪빠알리율≫에서는, '부정죄법'이라는 것은 '승단추방죄(Khu-Pār. 1) 혹은 승단잔류죄(Khu-Saṅgh. 2) 혹은 단순속죄죄*

(Khu-Pāc. 44) 등에 속하는가'가 정해지지 않은 것을 뜻하고 《사분율》에서는 단순히 '일정한 법이 없는 까닭에 부정죄법이다.'라고 하는 까닭에 결정되면 그 죄법에 따라 예외가 정해진다.

646) ■ 병처부정계⊘(屛處不定戒) / 사분승부정법 2 : 若比丘 共女人 獨在屛處。覆處。障處 可作婬處坐, 說非法語 有住信優婆夷, 於三法中一一法說 : 若波羅夷。若僧伽婆尸沙。若波逸提, 是坐比丘自言: 我犯是罪 於三法中應一一治 : 若波羅夷。若僧伽婆尸沙。若波逸提 如住信優婆夷所說, 應如法治是比丘, 是名不定法 • 병처부정계⊘(屛處不定戒) / Khu-Aniy. 1 : *yo pana bhikkhu mātugāmena saddhiṁ eko ekāya raho paṭicchanne āsane alaṁkammaṇiye nisajjaṁ kappeyya, tam enaṁ saddheyyavacasā upāsikā disvā tiṇṇaṁ dhammānaṁ aññatarena vadeyya, pārājikena vā saṅghādisesena vā pācittiyena vā, nisajjaṁ bhikkhu paṭijānamāno tiṇṇaṁ dhammānaṁ aññatarena kāretabbo pārājikena vā saṅghādisesena vā pācittiyena vā. yena vā sā saddheyyavacasā upāsikā vadeyya, tena so bhikkhu kāretabbo. ayaṁ dhammo aniyato'ti.*

Catu-Kṣup. 19

19(3-2) 부정죄법 제2조

가려진 곳이 아닌 곳의 정해지지 않은 원칙에 대한 학습계율
[노처부정계(露處不定戒)]

[세존] "어떠한 비구이든 가려진 곳이 아니고 음행이 가능한 곳이 아니더라도, 여인과 음담을 나누는 것을, 믿을만한 재가의 여신도가 있어서, 승단잔류죄법이나 단순속죄죄법의 두 가지 원칙 가운데 하나를 말하고, 그 앉았던 비구가 '내가 그 죄를 범했습니다.'라고 인정하면,[647] 승단잔류죄법이나 단순속죄죄법의 두 가지 원칙 가운데 하나로, 믿을만한 재가의 여신도가 말한 대로, 그 비구는 여법하게 처벌받아야 하나니, 이것이 부정죄법[648]이니라.[649]

---

647) *共女人, 在露現處 不可作婬處坐, 作麤惡語 有住信優婆夷, 於二法中一一法說 若僧伽婆尸沙.若波逸提, 是坐比丘自言: 我犯是罪 : 빠알리문에는 '음담을 나누기 적당한 곳에 은밀히 앉는 것'에 초점을 맞추고 있고 믿을 만한 재가의 여신도는 Smp. 632에 따르면, 흐름에 든 경지(豫流果)를 얻은 재가의 여신도를 말한다. 승단잔류죄법 제3조(Khu-Saṅgh. 3)와 단순속죄죄법(Khu-Pāc. 45) 등과 관계된 것이다.*

648) *不定法 : 《빠알리율》에서는 '부정죄법'이라는 것은 '승단잔류죄에 속하는 것인가 단순속죄죄에 속하는 것인가'가 결정되지 않은 것을 뜻하고, 《사분율》에서는 단순히 '일정한 법이 없는 까닭에 부정죄법이다.'라고 하는 까닭에 예외가 따로 없고, 결정되면 그 죄*

법에 따라 예외가 정해진다.

649) ■노처부정계(露處不定戒) / 사분승부정법 2 : 若比丘 共女人, 在露現處 不可作婬處坐, 作麤惡語, 有住信優婆夷, 於二法中一一法說: 若僧伽婆尸沙.若波逸提, 是坐比丘自言: 我犯是罪, 於二法中應一一治: 若僧伽婆尸沙。若波逸提, 如住信優婆夷所說, 應如法治是比丘, 是名不定法 •노처부정계⌀(露處不定戒) / Khu-Aniy. 2 : na heva kho pana paṭicchannaṁ āsanaṁ hoti nālaṁkammaṇiyaṁ, alañca kho hoti mātugāmaṁ duṭṭhullāhi vācāhi obhāsituṁ. yo pana bhikkhu thatārūpe āsane mātugāmena saddhiṁ eko ekāya raho nisajjaṁ kappeyya, tam enaṁ saddheyyavacasā upāsikā disvā dvinnaṁ dhammānaṁ aññatarena vadeyya saṅghādisesena vā pācittiyena vā, nisajjaṁ bhikkhu paṭijānamāno dvinnaṁ dhammānaṁ aññatarena kāretabbo saṅghādisesena vā pācittiyena vā, yena vā sā saddheyyavacasā upāsikā vadeyya tena so bhikkhu kāretabbo. ayampi dhammo aniyato'ti.

대덕들이여,
이와 같이 2개 조항의 부정죄법을
송출하였습니다.650)

이와 관련하여
저는 대덕들께 묻겠습니다.
이와 관련하여 완전히 청정합니까?
두 번째에도 저는 대덕들께 묻겠습니다.
이와 관련하여 완전히 청정합니까?
세 번째에도 저는 대덕들께 묻겠습니다.
이와 관련하여 완전히 청정합니까?

대덕들께서는
완전히 청정한 까닭에 침묵했으므로
저는 그와 같이 알겠습니다.651)

---

650) ■諸大德 我已說二不定法 •uddiṭṭhā kho āyasmanto dve aniyatā dhammā

651) ■今問諸大德 是中清淨不? (如是三說) 諸大德 是中清淨, 默然故 是事如是持 •tatthāyasmante pucchāmi kaccīttha parisuddhā? dutiyampi pucchāmi kaccittha parisuddhā? tatiyampi pucchāmi kaccittha parisuddhā? parisuddhetthāyasmanto, tasmā tuṇhī. evametaṁ dhārayāmī'ti.

제4장 상실속죄죄법의 송출

(Nissaggiyapācittiyuddesa)

대덕들이여,
이제 이와 같은 계경에 나오는
30개 조항의 상실속죄죄법을
반월마다 송출하겠습니다.652)

652) ■諸大德 是三十尼薩耆波逸提法 半月半月說 戒經中來 •ime kho panāyasmanto tiṁsa nissaggiyā pācittiyā dhammā uddesaṁ āgacchanti.

Catu-Kṣup. 20

20(4-1) 상실속죄죄법 제1조

여분의 옷의 기한을 넘기는 것에 대한 학습계율
[장의과한계(長衣過限戒)]

[세존] "어떠한 비구이든 옷의 끝남에 의해서, 까티나 특권이 해제되었을 때, 최대한 열흘까지는 여분의 옷을 지닐 수 있지만, 그 기간이 지나면,653) 상실속죄죄654)를 범하는 것이니라."655)

---

*653) **衣已竟 迦絺那衣已出. 畜長衣經十日. 不淨施得畜. 若過者** : 옷의 끝남(**衣已竟**)은 Vin. III. 196에 따르면, 비구를 위하여 옷이 만들어졌거나, 망실되었거나, 파괴되었거나, 불타버렸거나, 옷에 대한 기대가 상실된 것을 뜻한다. 카티나특권은 Vin. I. 254에 따르면, 다섯 가지가 있다 : 1) 허락 없이도 탁발하는 것, 2) 완전히 착의하지 않고 탁발하는 것, 3) 무리지어 식사하는 것, 4) 필요한 만큼의 옷을 받는 것, 5) 어떤 옷이 거기서 생겨나든, 그들의 것이 된다. 카티나특권의 해제(**迦絺那衣已出**)는 Vin. I. 254에 따르면, 여덟 가지 경로로 해제된다. 1) 떠남에 의한 것, 2) 끝남에 의한 것, 3) 결정에 의한 것, 4) 망실에 의한 것, 5) 청문에 의한 것, 6) 희망의 단절에 의한 것, 7) 결계의 벗어남에 의한 것, 8) 함께 하는 해제에 의한 것이다.*

*654) **尼薩耆波逸提** : ≪빠알리율≫에서는 '열흘 이내에 개인의 소유로 결정되거나, 양도되거나, 증여되거나, 망실되거나, 파괴되거나, 불태워진 경우이거나, 약탈되는 경우이거나, 신뢰로 취해지거나 정신착란자이거나, 최초의 범행자인 경우'는 예외이고, ≪사분율≫에서는 그 밖에 '그가 이불을 만들라고 주었거나, 옷을 맡아준 이가 목숨이 다했거나, 멀리 떠났거나, 환속했거나, 도적에 강제로 끌려갔거나, 짐승에 피해를 입었거나 물에 떠내려간 이유로 보시하거나 양도하지 않았거나, 이 학습계율시설의 원인이 된 최초의 범행자이거나, 정신착란자*

이거나, 마음이 심란한 자이거나, 애통해 하는 자인 경우'를 예외로 한다.

655) ■장의과한계(長衣過限戒) / 사분승니살기바일제 1 : 若比丘 衣已竟, 迦絺那衣已出, 得長衣, 經十日, 不淨施, 得畜. 若過者, 尼薩耆波逸提 • 장의과한계⊙(長衣過限戒) / Khu-Niss. 1(Nī-Niss. 13) : niṭṭhitacīvarasmiṁ bhikkhunā ubbhatasmiṁ kaṭhine dasāhaparamaṁ atirekacīvaraṁ dhāretabbaṁ. taṁ atikkāmayato nissaggiyaṁ pācittiyanti.

Catu-Kṣ up. 21

21(4-2) 상실속죄죄법 제2조

세 벌 옷을 떠나서 숙박하는 것에 대한 학습계율
[이의삼숙계(離衣三宿戒)]

[세존] "어떠한 비구이든 옷의 끝남에 의해서, 까티나 특권이 해제되었을 때, 단 하룻밤이라도 세 벌의 옷 가운데 한 벌이라도 떠나 지내면,656) 비구의 동의를 제외하고, 상실속죄죄657)를 범하는 것이니라."658)

---

*656) **衣已竟, 迦絺那衣已出, 於三衣中, 若離一一衣異處宿**：옷의 끝남(**衣已竟**)과 카티나특권의 해제(**迦絺那衣已出**)에 대해서는 앞의 주석을 보라. 비구의 경우 세 벌은 대의(**大衣**), 상의(**上衣**), 하의(**下衣**)를 말한다.*

*657) **尼薩耆波逸提**：≪빠알리율≫에서는 '일출 전에 해제되거나, 증여되거나, 망실되거나, 파괴되거나, 소실되거나, 약탈되는 경우이거나, 신뢰로 취해지는 경우이거나, 수행승들이 동의한 경우'는 예외이고, ≪사분율≫에서는 그 밖에 '대중들이 갈마를 해주었거나, 날이 밝기 전에 손으로 가사를 잡고 있었거나 가사를 내놓았거나 손으로 돌을 던져서 닿을 수 있는 곳 안에 있었던가, 위협을 받아서 빼앗기거나 망실되거나 파괴되거나 소실되거나 약탈되는 경우에 손으로 돌을 던져서 닿을 수 있는 곳 안에 있던가, 물길이 끊기거나 길이 험난하거나 도적이 사나운 짐승에 위해를 입었거나, 힘센 자의 강요였거나, 목숨이 위태롭거나 청정행이 어려운 경우에 손으로 돌을 던져서 닿을 수 있는 곳 안에 있는 경우'를 예외로 한다. 그러나 ≪빠알리율≫의 손이 닿을 수 있는 거리(hatthapāsā)를 옷이 떠나서는 안 된다. 그래서 주석서(Smp. 652)에 의하면, 옷은 2½ 라따나 [1ratana = 1hattha = 46-56cm]를 떠나 있어서는 안 된다. 그러나*

≪사분율≫에서는 그것을 척석소급처(擲石所及處) 즉, 손으로 돌을 던져 닿는 거리라고 해석하고 있다.

658) ■이의삼숙계(離衣三宿戒) / 사분승니살기바일제 2 : 若比丘 衣已竟, 迦絺那衣已出, 於三衣中, 若離一一衣異處宿, 除僧羯磨, 尼薩耆波逸提 •이삼의숙계⊙(離三衣宿戒) / Khu-Niss. 2(Nī-Niss. 14) : niṭṭhitacīvarasmiṁ bhikkhunā ubbhatasmiṁ kaṭhine ekarattampi ce bhikkhu ticīvarena vippavaseyya aññatra bhikkhusammutiyā, nissaggiyaṁ pācittiyan'ti.

Catu-Kṣup. 22

22(4-3) 상실속죄죄법 제3조

한 달 안에 옷을 만들 수 있는 희망에 대한 학습계율
[월망의계(月望衣戒)]

[세존] "어떠한 비구이든 옷의 끝남에 의해서, 까티나특권이 해제되었을 때, 때 아닌 때의 시간에 옷을 얻는 경우, 희망이 있다면 받을 수 있는데, 받으면 빨리 옷을 만들되, 여건이 갖추어지면 좋지만, 갖추어지지 않으면, 한 달까지는 갖추어지기를 기다릴 수 있지만, 그 기간이 지나면,[659] 상실속죄죄[660]

---

659) 衣已竟 迦絺那衣已出. 得非時衣 欲須便受. 受已疾成衣 若足者善. 若不足者. 得畜經一月. 爲滿足故 若過者 : 옷의 끝남(衣已竟)과 카티나특권의 해제(迦絺那衣已出,)에 대해서는 앞의 주석을 보라. 빠알리문의 후반부는 '그러나 만약 그것이 그에게 충분하지 않다면, 최대한 1개월까지는, 부족한 것이 채워지리라는 희망이 있다면, 그 수행승이 그 옷을 따로 둘 수 있지만, 그 기간이 지나서 따로 두면, 희망이 있더라도'라고 되어 있다.

660) 尼薩耆波逸提 : ≪빠알리율≫에서는 '한 달 이내에 개인의 소유로 결정되거나, 양도되거나, 증여되거나, 망실되거나, 파괴되거나, 소실되거나, 약탈되는 경우이거나, 신뢰로 취해지거나 정신착란자이거나, 최초의 범행자인 경우'는 예외이고, ≪사분율≫에서는 그 밖에 '이불로 만들었다든가, 옷을 맡아준 비구가 죽었거나 길을 떠났거나 환속했거나 도적에게 빼앗겼거나 사나운 짐승에 해를 입었거나 사고를 당했거나, 이 학습계율시설의 원인이 된 최초의 범행자이거나, 정신착란자이거나, 마음이 심란한 자이거나, 애통해 하는

를 범하는 것이니라."661)

자인 경우'를 예외로 한다.

661) ■월망의계(月望衣戒) / 사분승니살기바일제 3 : 若比丘 衣已竟, 迦絺那衣已出, 得非時衣, 欲須便受, 受已疾成. 若足者善; 若不足者, 得畜經一月, 爲滿足故. 若過者, 尼薩耆波逸提 ●월망의계⊙(月望衣戒) / Khu-Niss. 3(Nī-Niss. 15) : niṭṭhitacīvarasmiṁ bhikkhunā ubbhatasmiṁ kaṭhine bhikkhuno pan'eva akālacīvaraṁ uppajjeyya, ākaṅkhamānena bhikkhunā paṭiggahetabbaṁ, paṭiggahetvā khippam eva kāretabbaṁ. no c'assa pāripūri, māsaparamaṁ tena bhikkhunā taṁ cīvaraṁ nikkhipitabbaṁ ūnassa pāripūriyā satiyā paccāsāya, tato ce uttariṁ nikkhipeyya satiyā'pi paccāsāya, nissaggiyaṁ pācittiyan'ti.

Catu-Kṣ up. 23

23(4-4) 상실속죄죄법 제4조

친척이 아닌 비구니에게 옷을 받아 지니는 것에 대한 학습계율
[취비친니의계(取非親尼衣戒)]

[세존] "어떠한 비구이든 친척이 아닌 비구니의 손으로부터 옷을 받아 지니면, 교환을 제외하고, 상실속죄죄662)를 범하는 것이니라."663)

---

662) 尼薩耆波逸提 : 《빠알리율》에서는 '친척으로부터 얻거나, 교환으로 얻거나, 작은 것을 주고 큰 것을 얻거나, 큰 것을 주고 작은 것을 얻거나, 수행승이 신뢰로 받거나, 잠시 동안 받거나, 옷을 제외한 다른 필수자구를 받거나, 정학녀로부터 받거나 사미니로부터 받는 경우이거나, 정신착란된 자이거나, 최초의 범행자인 경우'는 예외이고, 《사분율》에서는 '친척인 비구니에게서 옷을 받거나 바꾸거나, 참모임과 사원을 위해서 받거나, 이 학습계율시설의 원인이 된 최초의 범행자이거나, 정신착란자이거나, 마음이 심란한 자이거나, 애통해 하는 자인 경우'를 예외로 한다.

*663) ■취비친니의계(**取非親尼衣戒**) / 사분승니살기바일제 4 : **若比丘 取非親里比丘尼衣 除貿易, 尼薩耆波逸提** • 취비친니의계∅(**取非親尼衣戒**) / Khu-Niss. 5 : yo pana bhikkhu aññātikāya bhikkhuniyā hatthato cīvaraṁ paṭiggaṇheyya aññatra pārivattakā, nissaggiyaṁ pācittiyan'ti : Vin. IV. 60을 참조하라. 교환을 제외하고 친척이 아닌 수행녀에게 옷을 주는 것은 단순속죄죄를 범하는 것이다.*

Catu-Kṣup. 24

24(4-5) 상실속죄죄법 제5조

친척이 아닌 비구니에게 옷을 세탁시키는 것에 대한 학습계율 [사비친니완고의계(使非親尼浣故衣戒)]

[세존] "어떠한 비구이든 친척이 아닌 비구니에게, 예전에 입었던 옷664)을 세탁시키거나 염색하게 하거나 다듬이질하게 하면, 상실속죄죄665)를 범하는 것이니라."666)

---

664) 衣 : 빠알리문에는 '옷'이 '예전에 입었던 옷'으로 되어 있다.

665) 尼薩耆波逸提 : ≪빠알리율≫에서는 '친척인 여자가 세탁을 하거나, 친척이 아닌 자인 조력자가 돕거나, 부탁하지 않았는데도 여자가 세탁하거나, 사용하지 않은 옷을 세탁하게 하거나, 옷 이외에 다른 필수자구를 세탁하게 하거나, 정학녀에게 세탁하게 하거나, 사미니에게 세탁하게 하는 경우나, 정신착란된 자와 최초의 범행자의 경우'는 예외이다. ≪사분율≫에서는 '친척인 비구니에게 헌 옷을 주어 세탁·염색·다듬이질 하게 하거나, 환자를 위해서나 참모임이나 승원을 위해서 세탁·염색·다듬이질 하게 하거나, 옷을 빌렸다가 세탁·염색·다듬이질하게 하거나, 이 학습계율시설의 원인이 된 최초의 범행자이거나, 정신착란자이거나, 마음이 심란한 자이거나, 애통해 하는 자인 경우'를 예외로 한다.

666) ■사비친니완고의계(使非親尼浣故衣戒) / 사분승니살기바일제 5 : 若比丘 使非親里比丘尼浣。染。打故衣者, 尼薩耆波逸提 ●사비친니완고의계∅(使非親尼浣故衣戒) / Khu-Niss. 4 : yo pana bhikkhu aññātikāya bhikkhuniyā purāṇacīvaraṁ dhovāpeyya vā rajāpeyya vā ākoṭāpeyya vā nissaggiyaṁ pācittiyan'ti.

Catu-Kṣup. 25

25(4-6) 상실속죄죄법 제6조

친척 아닌 속인에게 옷을 구하는 것에 대한 학습계율
[종비친속걸의계(從非親俗乞衣戒)]

[세존] "어떠한 비구이든 친척이 아닌 장자나 장자의 부인에게 옷을 구하면, 특별한 상황을 제외하고, 상실속죄죄[667]를 범하는 것이니, 여기서 특별한 상황이란, 비구의 옷이 약탈당했거나 잃었거나 불탔거나 떠내려갔을 경우에,[668] 그러한 상황을 뜻하느니라."[669]

---

667) 尼薩耆波逸提 : 《빠알리율》에서는 '제 때의 시간이거나, 친척인 자에게나, 초대받았거나, 타인을 위한 것이거나 자신의 재물로 얻었거나, 정신착란자이거나, 최초의 범행자인 경우'는 예외이고, 《사분율》에서는 '옷을 빼앗겼거나, 잃어버렸거나, 불탔거나, 물에 떠내려갔거나 친척이 아닌 장자나 장자의 부인에게서 구했거나, 같은 출가자에게 구했거나, 자신이 타인을 위해 구했거나, 타인이 자신을 위해 구했거나, 구하지 않았는데 저절로 얻어졌거나, 이 학습계율시설의 원인이 된 최초의 범행자이거나, 정신착란자이거나, 마음이 심란한 자이거나, 애통해 하는 자인 경우'를 예외로 한다.

668) 奪衣◦失衣◦燒衣◦漂衣 : 빠알리문에는 '옷이 약탈당했거나 망가졌을 경우에'라고 되어 있다.

669) ■종비친속걸의계(從非親俗乞衣戒) / 사분승니살기바일제 6 : 若比丘 從非親里居士◦若居士婦乞衣 除餘時, 尼薩耆波逸提 餘時者, 奪衣◦失衣◦燒衣◦漂衣 此是時. ●종비친속인걸의계⊙(從非親俗人乞衣戒) / Khu-Niss. 6(Nī-Niss. 16) : yo pana bhikkhu aññātakaṁ gahapatiṁ vā gahapatāniṁ vā cīvaraṁ viññāpeyya aññatra samayā, nissaggiyaṁ pācittiyaṁ. tatthāyaṁ samayo: acchinnacīvaro vā hoti bhikkhu naṭṭhacīvaro vā. ayaṁ tattha samayo'ti.

Catu-Kṣup. 26

26(4-7) 상실속죄죄법 제7조

과도하게 옷을 수용하는 것에 대한 학습계율

[과분취의계(過分取衣戒)]

[세존] "어떠한 비구이든 옷이 약탈당했거나 잃었거나 불탔거나 떠내려갔을 경우, 친척이 아닌 장자나 장자의 부인이 초대하여 옷을 많이 보시하거든, 그 비구는 충분한 만큼만 수용하되, 그 이상을 수용하면,[670] 상실속죄죄[671]를 범하는 것이니라."[672]

---

*670) **奪衣失衣燒衣漂衣 是非親里居士 若居士婦 自恣請 多與衣 是比丘尼 當知足受. 若過者** : 빠알리문에는 '옷을 빼앗겼거나 잃었거나 태웠거나 물에 떠내려 보냈을 때에'라는 조건이 없고 '초대'가 아니라 '가져와서 바치면'이라고 되어 있다. 그리고 '충분한 만큼'이란 '최대한 하의와 상의까지만'으로 되어있다. 그 이유는 '보통은 삼의 가운데 상의와 하의만 입어도 충분했고 외투인 대의는 필수적인 것은 아니었다.'라는 것을 뜻한다.*

*671) **尼薩耆波逸提** : ≪빠알리율≫에서는 "내가 남은 것을 가지겠다.'라고 가지고 가거나, '남은 것은 그대의 것이다.'라고 주거나, 옷이 약탈되었기 때문에 주지 않거나, 옷이 망가졌기 때문에 주지 않거나, 친척이기 때문이거나, 초대되었기 때문이거나, 자신의 재물로 얻거나, 정신착란자이거나, 최초의 범행자인 경우'는 예외이고, ≪사분율≫에서는 "필요한 만큼 가지거나, 필요한 것 보다 적게 가지거나, 거사가 옷감을 많이 주었는데도 부드럽고 얇고 견고하지 못할 경우 물어서 장자가 '옷을 잃어버려서 주는 것이 아니라, 우리가 스스로 남에게 보시하는 것입니다.'라고 했거나, 이 학습계율시설의 원인이 된 최초의 범행자이거나, 정신착란자이거나, 마음이 심란한 자이거나,*

애통해 하는 자인 경우'를 예외로 한다.

672) ■과분취의계(過分取衣戒) / 사분승니살기바일제 7 : 若比丘 奪衣。失衣。燒衣。漂衣, 是非親里居士。若居士婦, 自恣請多與衣, 是比丘當知足受. 若過者, 尼薩耆波逸提 ■과분취의계⊙(過分取衣戒) / Khu -Niss. 7(Nī-Niss. 17) : tañce aññātako gahapati vā gahapatānī vā bahūhi cīvarehi abhihaṭṭhuṁ pavāreyya, santaruttaraparamaṁ tena bhikkhunā tato cīvaraṁ sāditabbaṁ. tato ce uttariṁ sādiyeyya, nissaggiyaṁ pācittiyanti.

Catu-Kṣ up. 27

27(4-8) 상실속죄죄법 제8조

웃의 자금을 증액하길 권하는 것에 대한 학습계율
[권증의가계(勸增衣價戒)]

[세존] "어떠한 비구이든, 비구를 위하여, 친척이 아닌 장자나 장자의 부인이, 그에게 옷의 자금이 마련되었을 경우, 그 비구가 초대받지 않았는데도 장자의 집에 가서 좋은 것을 원해서 '존귀한 분이여! 이러 이러한 옷을 마련하여 내게 보시하시오.'라고 하여 옷을 받으면,673) 상실속죄죄674)를 범하는 것이니라."675)

---

*673) **居士 居士婦 爲比丘具衣價 是比丘先不受自恣請 到居士家 作如是說 善哉居士. 辦如是衣 與我 爲好故 若得衣者** : 의가(**衣價**)는 교환을 위한 옷의 자금을 뜻한다. 빠알리문에는 "그 옷의 자금으로 옷을 구입해서 '이러이러한 수행승에게 옷을 보시하고 싶다.'라고 생각했는데"라는 구절이 전반부에 추가되어 있고, 후반부에는 "'이 옷의 자금으로 이러이러한 옷이나 이러이러한 옷을 구입해서 보시하십시오.'라고 옷에 대해 왈가왈부하면"이라고 되어있다.*

*674) **尼薩耆波逸提** : ≪빠알리율≫에서는 '친척으로부터이거나, 초대받았거나, 타인을 위한 것이거나, 자신의 재물로 이거나, 비싼 것을 구하려고 했는데 싼 것을 구하거나, 정신착란자이거나, 최초의 범행자인 경우'는 예외이고, ≪사분율≫에서는 '초대를 받고 가서 만족을 알고 적게 구했거나, 친척이나 출가자에게 구했거나, 자신이 타인을 위해 구했거나, 타인이 자신을 위해 구했거나, 구하지 않았는데 저절로 얻어졌거나, 이 학습계율시설의 원인이 된 최초의 범행자이거나, 정신착란자이거나, 마음이 심란한 자이거나, 애통해 하*

는 자인 경우'를 예외로 한다.

675) ■권증의가계(勸增衣價戒) / 사분승니살기바일제 8 : 若比丘 居士。居士婦, 爲比丘具衣價, 是比丘先不受自恣請, 到居士家, 作如是說: 「善哉居士! 辦如是衣與我」, 爲好故, 若得衣者, 尼薩耆波逸提 • 권증의가계⊙(勸增衣價戒) / Khu-Niss. 8(Nī-Niss. 18) : bhikkhuṁ pan' evauddissa aññātakassa gahapatissa vā gahapatāniyā vā cīvaracetāpannaṁ upakkhaṭaṁ hoti, iminā cīvaracetāpannena cīvaraṁ cetāpetvā itthannāmaṁ bhikkhuṁ cīvarena acchādessāmī'ti. tatra ceso bhikkhu pubbe appavārito upasaṅkamitvā cīvare vikappaṁ āpajjeyya. sādhu vata maṁ āyasmā iminā cīvaracetāpannena evarūpaṁ vā evarūpaṁ vā cīvaraṁ cetāpetvā acchādehī'ti kalyāṇakamyataṁ upādāya, nissaggiyaṁ pācittiyan'ti.

Catu-Kṣup. 28

28(4-9) 상실속죄죄법 제9조

두 재가자에게 권하여 옷의 자금을 올리는 것에 대한 학습계율
[권이가증의가계(勸二家增衣價戒)]

[세존] "어떠한 비구이든, 비구를 위하여 친척이 아닌 두 장자들이나 장자의 부인들이, 그들에게 각자 옷의 자금이 비축되었을 경우, '각자 옷의 자금으로서 각자 옷을 교환해서 이러이러한 비구에게 옷을 보시하고 싶다.'라고 생각했는데, 만약 그때 그 비구가 아직 초대받지 않았는데도 보다 훌륭한 것을 원해서 찾아가서 이와 같이 '장자들이여, 훌륭합니다. 각자의 이와 같은 옷의 자금으로 함께 구입해서 제게 보시하십시오.'라고 하여, 옷을 받으면,676) 상실속죄죄677)를 범

---

676) 「善哉居士! 辦如是衣與我 共作一衣」 爲好故 若得衣者 : 빠알리문계문에는 "보다 훌륭한 것을 원해서 찾아가서 이와 같이 '존귀한 분들이여, 이 각자 옷의 자금으로 이러이러한 옷이나 이러이러한 옷을 둘이서 함께 구입해서 보시하십시오.'라고 옷에 대하여 왈가왈부하면" 이라고 되어 있다.

677) 尼薩耆波逸提 : 《빠알리율》에서는 '친척으로부터이거나, 초대받았거나, 타인을 위한 것이거나, 자신의 재물로 이거나, 비싼 것을 구하려고 했는데 싼 것을 구했거나, 정신착란자이거나, 최초의 범행자인 경우'는 예외이고, 《사분율》에서는 '먼저 초대를 받고 가서 만족을 알고 적게 구했거나, 친척이나 출가자에게서 구했거나, 타인을 위해 구했거나 타인이 자신을 위해 구했거나, 구하지 않았는데

하는 것이니라."678)

저절로 얻어졌거나, 이 학습계율시설의 원인이 된 최초의 범행자이거나, 정신착란자이거나, 마음이 심란한 자이거나, 애통해 하는 자인 경우'를 예외로 한다.

678) ■ *권이가증의가계(勸二家增衣價戒) / 사분승니살기바일제 9 : 若比丘 二居士。居士婦, 與比丘辦衣價 是比丘, 先不受自恣請, 到二居士家 作如是說「善哉居士! 辦如是衣與我 共作一衣」爲好故 若得衣者, 尼薩耆波逸提* ● *권이가증의가계⊙(勸二家增衣價戒) / KhuNiss. 9(Nī-Niss. 19) : bhikkhuṁ pan'evauddissa ubhinnaṁ aññātakānaṁ gahapatīnaṁ vā gahapatānīnaṁ vā paccekacīvaracetāpannā upakkhaṭā honti: imehi mayaṁ paccekacīvaracetāpanehi paccekacīvarāni cetāpetvā itthannāmaṁ bhikkhuṁ cīvarehi acchāde- ssāmā'ti. tatra ceso bhikkhu pubbe appavārito upasaṅkamitvā cīvare vikappaṁ āpajjeyya: sādhu vata maṁ āyasmanto imehi paccekacīvaracetāpannehi evarūpaṁ vā evarūpaṁ vā cīvaraṁ cetāpetvā acchādetha. ubho'va santā ekenā'ti, kalyāṇakamyataṁ upādāya, nissaggiyaṁ pācittiyan'ti.*

Catu-Kṣ up. 29

29(4-10) 상실속죄죄법 제10조

한도 이상 독촉해서 옷을 구하는 것에 대한 학습계율
[과한총체색의가계(過限悤切索衣家戒)]

[세존] "어떠한 비구이든, 비구를 위하여 왕이나 대신이나 바라문이나 장자가 사자를 파견해서 옷의 자금을 보내서[679] 그 사자가 그 비구에게 다가가서 '대덕이여, 이 옷의 자금은 대덕을 위하여 보낸 것입니다. 대덕께서는 이 옷의 자금을 받아주십시오.'라고 말한다면, 그 비구는 그 사자에게 이와 같이 '대덕이여, 우리는 옷의 자금을 받지 않습니다. 우리는 제 때의 시간에 허용될 수 있는 옷만을 받습니다.'라고 할 경우, 그 사자는 그 비구에게 이와 같이 '대덕의 집사인[680]이

---

679) 遣使爲比丘送衣價 : 빠알리문에는 '이 옷의 자금으로 옷을 구입하여 이러이러한 수행승에게 옷을 보시하라.'라고 옷의 자금을 보내온다고 할 때'라고 되어 있다.

680) 執事人 : 집사인(執事人 : veyyāvaccakara : Vin. III. 220)은 한역에서는 동일하게 정인이라고 번역되지만, 정인(淨人 : ārāmika)보다는 조금 나은 위치에 있는 자로서 주석서(Smp. 672)에 따르면, 수행승를 위해 '해야 할 일을 행하는 자(kiccakāra)'이다. 그리고 그와 유사한 의미로 '어떤 것을 수행승들에게 허용될 수 있는 것으로 만드는 자'라는 의미의 시봉인(侍奉人)을 의미하는 깝삐야까라까(kappiyakāraka : Vin. I. 206) ― 남방에서는 줄여서 '깝삐야'라고 부름 ― 가 있다. 그리고 실제로 주석서(Smp. 672)에서는 집사인을 시봉

누구라도 있습니까?'라고 말할 것이고, 그 비구가 '있습니다. 정인이나 재가의 남자신도에 대해 이 분이 비구들의 집사인입니다.'라고 말할 것인 즉,[681] 그 사자는 그 집사인이 있는 곳에 가서 옷값을 주고, 그 비구에게 다시 와서, '대덕이여, 지정한 모 집사인에게 옷의 자금을 주었으니, 대덕께서는 때가 되면 찾아가십시오.'라고 말할 것이니,[682] 옷을 원하는 비구는 집사인이 있는 곳을 찾아가서 두세 번 '벗이여, 나는 옷을 원합니다.'라고 독촉하여 상기시키되, 두세 번 독촉하여 상기시켜서 그 옷을 얻는다면, 그것으로 훌륭한 것이지만, 만약에 얻지 못한다면, 네 번, 다섯 번, 최대한 여섯 번까지 침묵하면서 그 목적을 위하여 서 있다가 그 옷을 얻으면, 그것도 훌륭한 것이나, 얻지 못해 그 이상 애써서 그 옷을 얻으면, 상실속죄죄[683]를 범하

인이라고 설명하고 있다.

681) ***比丘言: 「有! 若僧伽藍民。若優婆塞, 此是比丘執事人*** : *빠알리문은 '수행승들이여, 옷을 원하는 수행승는 정인이나 재가의 남자신도에 대하여 '이 분이 수행승들의 집사인입니다.'라고 집사인으로 지정해야 한다.'라고 되어 있다.*

682) ***彼使詣執事人所, 與衣價已, 還到比丘所言: 「大德 所示 某甲執事人, 我已與衣價. 大德知時, 往彼當得衣」*** *빠알리문은 "그 사자는 그 집사인에게 사실을 알리고 그 수행승에게 다가가서 이와 같이 '대덕이여, 대덕께서 집사인이라고 지정한 자에게 제가 사실을 알려주었습니다. 대덕께서는 때가 되면 찾아가십시오. 그가 대덕에게 옷을 줄 것입니다.'라고 말할 것이다."라고 되어 있다.*

는 것이니라. 만약에 얻지 못하면, 옷의 자금을 보낸 시주 앞에 스스로 가거나 사자를 파견해서[684] '존귀한 분들이여, 그대들이 비구를 위하여 옷의 자금을 보냈는데, 그 비구가 옷을 얻지 못했으니, 존귀한 분들께서는 스스로 거두어들여 망실하게 하지 마십시오."라고 말해야 하나니, 이것이 그 경우에 적절한 조치이니라."[685]

---

683) 尼薩耆波逸提 : ≪빠알리율≫에서는 '세 번 독촉하고 여섯 번 서 있거나, 세 번 이하 독촉하고 여섯 번 이하 서 있거나, 독촉하지 않고 주거나, 주인이 독촉하고 주거나, 정신착란자이거나, 최초의 범행자인 경우'는 예외이고, ≪사분율≫에서는 그 밖에 '옷을 얻지 못해 옷의 자금을 얻은 곳에 말했더니 '다시 찾아 잃지 마시오'라고 하거나, 그가 '필요가 없다. 비구에게 보시한 것이다.'라고 해서 이 비구가 알맞은 때에 부드러운 말이나 방편으로 그 옷을 찾았든가, 제 때에 요구했거나 부드러운 말로 요구했거나 방편으로 요구했거나, 이 학습계율시설의 원인이 된 최초의 범행자이거나, 정신착란자이거나, 마음이 심란한 자이거나, 애통해 하는 자인 경우'를 예외로 한다.

684) 若自往 若遣使往 : Smp. 674에 따르면 수행승이 스스로 가지 않거나 사자를 파견하지 않으면 관행을 깨는 악작죄를 범하는 것이다.

685) ■과한총체색의가계(過限悤切索衣家戒) / 사분승니살기바일제 10 : 若比丘 若王。若大臣。若婆羅門。居士。居士婦, 遣使爲比丘送衣價 彼使至比丘所言:「大德 今送衣價, 可受取之」是比丘言:「我所不應 須衣, 合時, 清淨, 當受.」彼使報言:「大德 有執事人不?」比丘言:「有! 若僧伽藍民。若優婆塞, 此是比丘執事人」彼使詣執事人所, 與衣價已, 還到比丘所言:「大德 所示 某甲執事人, 我已與衣價, 大德知時, 往彼當得衣」須衣比丘, 當往執事人所, 若一。二。三反, 爲作憶念, 得衣者善; 若不得衣, 應四。五。六反, 在前默然住, 令彼憶念, 得衣者善; 若不得衣, 過是求得衣者, 尼薩耆波逸提 若不得衣, 從

所來處 若自往。若遣使往 語言:「汝先遣使送衣價與某甲比丘 是比丘竟不得衣 汝還取 莫使失 此是時.」• 과근홀절색의가계⊙(過根忽切索衣價戒) / Khu-Niss. 10(Nī-Niss. 20) ∶ bhikkhuṁ pan 'evauddissa rājā vā rājabhoggo vā brāhmaṇo vā gahapatiko vā dūtena cīvaracetāpannaṁ pahiṇeyya: iminā cīvaracetāpannena cīvaraṁ cetāpetvā itthannāmaṁ bhikkhuṁ cīvarena acchādehī'ti. so ce dūto taṁ bhikkhuṁ upasaṅkamitvā evaṁ vadeyya: idaṁ kho bhante āyasmantaṁ uddissa cīvaracetāpanaṁ ābhataṁ. patigganhātu āyasmā cīvaracetāpanan' ti. tena bhikkhūnā so dūto evam assa vacanīyo: na kho mayaṁ āvuso cīvaracetāpanaṁ patigaṇhāma, cīvarañca kho mayaṁ patigaṇhāma kālena kappiyan'ti. so ce dūto taṁ bhikkhuṁ evaṁ vadeyya: atthi panāyasmato koci veyyāvaccakaro'ti cīvaratthikena bhikkhave bhikkhunā veyyāvaccakaro niddisitabbo ārāmiko vā upāsako vā, 'eso kho āvuso bhikkhūnaṁ veyyāvaccakaro'ti. so ce dūto taṁ veyyāvaccakaraṁ saññāpetvā taṁ bhikkhuṁ upasaṅkamitvā evaṁ vadeyya: yaṁ kho bhante āyasmā veyyāvaccakaraṁ niddisi, saññatto so mayā, upasaṅkamatu āyasmā kālena, cīvarena taṁ acchādessatī'ti. cīvaratthikena bhikkhave bhikkhunā veyyāvaccakaro upasaṅkamitvā dvattikkhattuṁ codetabbo sāretabbo: 'attho me āvuso cīvarenā'ti; dvattikkhattuṁ codayamāno sārayamāno taṁ cīvaraṁ abhinipphādeyya, iccetaṁ kusalaṁ. no ce abhinipphādeyya, catukkhattuṁ pañcakkhattuṁ chakkhattuparamaṁ tuṇhībhutena uddissa ṭhātabbaṁ. catukkhattuṁ pañcakkhattuṁ chakkhattuparamaṁ tuṇhībhuto uddissa tiṭṭhamāno taṁ cīvaraṁ abhinipphādeyya, iccetaṁ kusalaṁ. tato ce uttariṁ vāyamamāno taṁ cīvaraṁ abhinipphādeyya nissaggiyaṁ pācittiyaṁ. no ce abhinipphādeyya yat'assa cīvaracetāpanaṁ ābhataṁ, tattha sāmaṁ vā gantabbaṁ dūto vā pāhetabbo: yaṁ kho tumhe āyas- manto bhikkhuṁ uddissa cīvaracetāpanaṁ pahiṇittha, na taṁ tassa bhikkhuno kiñci atthaṁ anubhoti, yuñjantāyasmanto sakaṁ mā vo sakaṁ vinassā'ti. ayaṁ tattha sāmīcīti.

Catu-Kṣ up. 30

30(4-11) 상실속죄죄법 제11조

비단실을 빌어다가 깔개를 만드는 것에 대한 학습계율
[걸잠면작와구계(乞蠶綿作臥具戒)]

[세존] "어떠한 비구이든 여러 실과 비단실을 빌어다가 새로운 깔개를 만들면, 상실속죄죄686)를 범하는 것이니라."687)

---

686) *尼薩耆波逸提 : 《빠알리율》에서는 '천개(天蓋)나 바닥깔개나 천막이나 매트리스나 베개의 경우이거나, 정신착란된 자이거나, 최초의 범행자인 경우'는 예외이고 《사분율》에서는 '이미 완성한 것을 얻었거나, 도끼나 낫으로 가늘게 썰어서 진흙에 개어 벽이나 토방에 발랐거나, 이 학습계율시설의 원인이 된 최초의 범행자이거나, 정신착란자이거나, 마음이 심란한 자이거나, 애통해 하는 자인 경우'를 예외로 한다.*

687) *■걸잠면작와구계(乞蠶綿作臥具戒) / 사분승니살기바일제 11 : 若比丘 雜野蠶綿, 作新臥具者, 尼薩耆波逸提 ※조계종독송본의 원래 제목이 걸잠면작가사계(乞蠶綿作伽沙戒)로 되어 있는데, 사분율의 원래 제목은 걸잠면작삼의계(乞蠶綿作三衣戒)로 되어 있다. 그런데 제목의 가사와 삼의는 학습계율의 내용에는 와구(臥具)로 되어 있다. 도선(道宣) 율사의 사분율행사초(四分律行事鈔)에 '와구라는 것이 바로 삼의이다'라고 설명하고 있지만, 빠알리율의 해당술어인 싼타따(santhata)는 양털로 만든 깔개나 매트를 의미하지 가사나 삼의란 뜻은 없다. 따라서 역자는 내용에 맞도록 제목을 환원한다. • 잡야잠면작와구계∅(雜野蠶綿作臥具戒) / Khu-Niss. 11 : yo pana bhikkhu kosiyamissakaṁ santhataṁ kārāpeyya, nissaggiyaṁ pācittiyanti.*

Catu-Kṣup. 31

31(4-12) 상실속죄죄법 제12조

순흑색 양모의 깔개에 대한 학습계율

[흑모와구계(黑毛臥具戒)]

[세존] "어떠한 비구이든 순흑색양모로 깔개를 만들게 하면,688) 상실속죄죄689)를 범하는 것이니라."690)

---

688) 以新純黑糯羊毛, 作臥具者 : 한역에서는 와구(臥具)라고 되어 있는데 양모를 접착제로 접착하여 만든 깔개나 매트와 같은 것인데, 크기가 정해져 있지 않다.

689) 尼薩耆波逸提 : ≪빠알리율≫에서는 '천개나 바닥깔개나 커튼이나 담장이나 매트리스나 베개로 사용하거나, 정신착란된 자이거나, 최초의 범행자인 경우'는 예외이고, ≪사분율≫에서는 '이미 완성된 것을 얻었거나, 쪼개고 끊어서 괴색(壞色)을 만들거나, 베개를 만들거나, 누빈 요를 만들거나, 방석을 만들거나, 발우를 펴는 방석을 만들거나, 삭도(削刀)의 주머니를 만들거나, 모자나 버선이나 땀수건이나 신발주머니를 만들거나, 이 학습계율시설의 원인이 된 최초의 범행자이거나, 정신착란자이거나, 마음이 심란한 자이거나, 애통해하는 자인 경우'를 예외로 한다.

690) ■흑모와구계(黑毛臥具戒) / 사분승니살기바일제 12 : 若比丘以新純黑糯羊毛, 作臥具者, 尼薩耆波逸提 ※ 원래 조계종 사분율독송본에는 모삼의계(毛三衣戒)라는 제목이 붙어있는데, 도선(道宣) 율사의 사분율행사초(四分律行事鈔)에 '와구라는 것이 바로 삼의이다.'라고 설명한데서 연유한 듯하다. 빠알리율의 해당 술어인 싼타따(santhata)는 양털로 만든 깔개나 매트를 의미하지 삼의(三衣)란 뜻은 없다. 따라서 필자는 이 학습계율의 제목을 남전율과 일치하도록 흑모와구계(黑毛臥具戒)로 바꾼다. ●흑모와구계∅(黑毛臥具戒) / Khu- Niss. 12 : yo pana bhikkhu suddhakāḷakānaṁ eḷakalomānaṁ santhataṁ kā- rāpeyya, nissaggiyaṁ pācittiyanti.

Catu-Kṣup. 32

32(4-13) 상실속죄죄법 제13조

흰 색 양모의 깔개에 대한 학습계율
[백모와구계(白毛臥具戒)]

[세존] "어떠한 비구이든 새로운 깔개를 만들도록 할 때, 두 부분(2/4)은 순흑색양모, 세 번째 부분(1/4)은 백색양모, 네 번째 부분(1/4)은 갈색양모를 취해야 하는데, 만약 비구가 두 부분은 순흑색양모, 세 번째 부분은 백색양모, 네 번째 부분은 갈색양모를 취하지 않고 새로운 깔개를 만들게 하면, 상실속죄죄691)를 범하는 것이니라."692)

---

691) 尼薩耆波逸提 : 《빠알리율》에서는 '1뚤라 분의 백색양모와 1뚤라 분의 갈색양모를 취해서 만들거나, 그 이상의 백색양모와 그 이상의 갈색양모를 취해서 만들거나, 순전히 백색양모와 순전히 갈색양모를 취해서 만드는 경우, 천개나 바닥깔개나 커튼이나 담장이나 매트리스나 베개의 경우이거나, 정신착란된 자이거나, 최초의 범행자인 경우'는 예외이고, 《사분율》에서는 '이미 완성된 것을 얻었거나, 쪼개고 끊어서 괴색(壞色)을 만들거나, 베개를 만들거나, 누빈 요를 만들거나, 방석을 만들거나, 발우를 펴는 방석을 만들거나, 삭도(削刀)의 주머니를 만들거나, 모자나 버선이나 땀수건이나 신발주머니를 만들거나, 이 학습계율시설의 원인이 된 최초의 범행자이거나, 정신착란자이거나, 마음이 심란한 자이거나, 애통해 하는 자인 경우'를 예외로 한다.

692) ■ 백모와구계(白毛臥具戒) / 사분승니살기바일제 13 : 若比丘作新臥具, 應用二分純黑羊毛, 三分 白, 四分尨. 若比丘不用二分純黑

羊毛, 三分 白, 四分尨 作新臥具者, 尼薩耆波逸提 • *백모와구계*∅ *(白毛臥具戒)* / *Khu-Niss. 13 : navaṁ pana bhikkhunā santhataṁ kārayamānena dve bhāgā suddhakāḷakānaṁ eḷakalomānaṁ ādā- tabbā, tatiyaṁ odātānaṁ, catutthaṁ gocariyānaṁ, anādā ce bhikkhu dve bhāge suddhakāḷakānaṁ eḷakalomānaṁ tatiyaṁ odātānaṁ, catutthaṁ gocariyānaṁ, navaṁ santhataṁ kārāpeyya, nissaggiyaṁ pācittiyanti.*

Catu-Kṣ up. 33

33(4-14) 상실속죄죄법 제14조

육 년이 지나지 않아 깔개를 만드는 것에 대한 학습계율
[감육년작와구계(減六年作臥具戒)]

[세존] "어떠한 비구이든 새로운 깔개를 만들게 하면 6년을 지녀야 하지만, 만약 6년 이내에 그 깔개를 처분하지 않고 다른 새로운 깔개를 만들게 하면, 비구들의 갈마를 제외하고,693) 상실속죄죄694)를 범하는 것이니라."695)

---

693) *作新臥具 應滿六年持. 若減六年, 不捨故, 更作新者, 除僧羯磨 : 빠알리문에는 '처분하지 않고'는 '버리거나 버리지 않고'라고, '갈마를 제외하고' 대신에 '동의를 제외하고'라고 되어 있다.*

694) *尼薩耆波逸提 : ≪빠알리율≫에서는 '6년에 만들거나, 6년 이상이 되어 만들거나, 타인을 위하여 만들거나 만들게 하거나, 타인이 만든 것을 얻어 사용하는 경우나, 천개나 바닥깔개나 커튼이나 담장이나 매트리스나 베개의 경우, 정신착란된 자나 최초의 범행자의 경우'는 예외이고, ≪사분율≫에서는 '대중이 허락했거나, 만 6년이 되었거나, 6년이 되기 전에 새 것을 만들었거나, 없어서 스스로 만들었거나, 타인이 만들어서 주었거나, 이미 이루어진 것을 얻었거나, 이 학습계율시설의 원인이 된 최초의 범행자이거나, 정신착란자이거나, 마음이 심란한 자이거나, 애통해 하는 자인 경우'를 예외로 한다.*

695) *■ 감육년작와구계(減六年作臥具戒) / 사분승니살기바일제 14 : 若比丘 作新臥具 應滿六年持. 若減六年, 不捨故, 更作新者, 除僧羯磨, 尼薩耆波逸提 • 감육년작와구계∅(減六年作臥具戒) / Khu-Niss. 14 : navaṁ pana bhikkhunā santhataṁ kārāpetvā chabbassāni dhāretabbaṁ, orena ce channaṁ vassānaṁ taṁ santhataṁ vissajjetvā vā avissajjetvā vā aññaṁ navaṁ santhataṁ kārāpeyya, aññatra bhikkhusammutiyā, nissaggiyaṁ pācittiyanti.*

Catu-Kṣup. 34

34(4-15) 상실속죄죄법 제15조

좌와구용 깔개에 대한 학습계율
[불설좌구계(不揲坐具戒)]

[세존] "만약에 비구가 좌와구용 깔개[696]를 만들도록 할 때, 그것을 괴색으로 만들기 위해서 예전의 깔개에서 둘레를 행복한 님의 뼘으로 한 뼘(25cm∨60cm)을 취해야 하지만, 만약에 비구가 예전의 좌와구용 깔개에서 둘레를 행복한 님의 뼘으로 한 뼘을 취하지 않고 새로운 좌와구용 깔개를 만들게 한다면, 상실속죄죄[697]를 범하는 것이니라."[698]

---

*696) **坐具**: 좌와구용 깔개는 일종의 부표(**敷布**: Nisīdana)로 주로 앉을 때 사용하지만, 몸을 수호하고 옷을 수호하고 처소를 수호하기 위한 것(Vin. I. 295)으로 허용된 것이다.*

*697) **尼薩耆波逸提**: 《빠알리율》에서는 '예전의 좌와구용 깔개에서 둘레를 행복한 님의 뼘으로 한 뼘을 취하여 만들거나, 얻지 못해서 조금만 취해서 만들거나, 얻지 못해서 취하지 않고 만들거나, 타인이 만든 것을 사용하는 경우이거나, 천개(**天蓋**)나 바닥깔개나 커튼이나 담장이나 매트리스나 베개로 사용하거나, 정신착란된 자이거나, 최초의 범행자인 경우'는 예외이고, 《사분율》에서는 '헌 것을 잘라서 새 것 위에 포개서 괴색을 만들거나, 얻지 못해서 새 것으로 만들거나, 타인이 만들어주었거나, 이미 만들어진 것을 얻었거나, 순전히 헌 것으로 만들었거나, 이 학습계율시설의 원인이 된 최초의 범행자이거나, 정신착란자이거나, 마음이 심란한 자이거나, 애통해 하는 자인 경우'를 예외로 한다.*

698) ■불설좌구계(不揲坐具戒) / 사분승니살기바일제 15 : 若比丘作新坐具, 當取故者, 縱廣一磔手, 揲新者上, 爲壞色故. 若比丘作新坐具, 不取故者, 縱廣一磔手揲者, 尼薩耆波逸提 • 불첩좌구계∅(不貼座具戒) / Khu-Niss. 15 : nisīdanasanthataṁ na bhikkhūnā kārayamānena purāṇasanthatassa sāmantā sugatavidatthī ādātadabbā dubbaṇṇakaraṇāya. anādā ce bhikkhu purāṇasanthatassa sāmantā sugatavidatthiṁ navaṁ nisīdanasanthataṁ kārāpeyya, nissaggiyaṁ pācittiyan' ti.

Catu-Kṣup. 35

35(4-16) 상실속죄죄법 제16조

양모를 가지고 한계를 지나치는 것에 대한 학습계율
[지양모과한계(持羊毛過限戒)]

[세존] "어떠한 비구이든 여행길을 가다가 양모를 얻게 되면 필요하면 가질 수 있는데, 가져가는 사람이 없으면, 3요자나(48km∨걸어서3일)까지는 스스로 가지고 갈 수 있지만, 그 이상을 넘어서 가져오면, 상실속죄죄[699]를 범하는 것이니라."[700]

---

699) *尼薩耆波逸提 : ≪빠알리율≫에서는 '3요자나의 거리를 가져오거나, 3요자나 미만의 거리를 가져오거나, 3요자나의 거리를 가져오고 되가져가거나, 3요자나의 거리를 체류할 의도로 가서 그 이상의 거리를 가져가거나, 빼앗긴 것을 되찾아서 가져오거나, 망실된 것을 되찾아 가져오거나, 타인에게 하물로서 갖고 오게 하는 경우이거나, 정신착란된 자이거나, 최초의 범행자인 경우'는 예외이고, ≪사분율≫에서는 "3요자나의 거리를 가져오거나, 3요자나 미만의 거리를 가져오거나, 들고 갈 사람이 있으면 가지고 가자고 말해서 중간에 도와서 자신이 짊어지지 않거나, 비구니나 정학녀나 사미나 사미니에게 짊어지고 가게 하여 3요자나를 가거나, 취장(毳莊)과 취승(毳繩)을 메고 가거나, 머리나 정수리나 다리의 양모를 메고 가거나, 모자나 수건이나 신발주머니를 만들거나, 이 학습계율시설의 원인이 된 최초의 범행자이거나, 정신착란자이거나, 마음이 심란한 자이거나, 애통해 하는 자인 경우'를 예외로 한다.*

700) *■지양모과한계(持羊毛過限戒) / 사분승니살기바일제 16 : 若比丘 行道中得羊毛 須者應取 無人持, 自持, 行三由旬, 若過者, 尼薩耆波逸提 ●지양모과한계Ø(持羊毛過限戒) / Khu-Niss. 16 : bhikkhu-*

---

no pan' evaaddhānamaggappaṭipannassa eḷakalomāni uppajjeyyuṁ, ākaṅkhamānena bhikkhunā paṭiggahetabbāni. paṭiggahetvā tiyojanaparamaṁ sahatthā haritabbāni. asante hārake. tato ce uttariṁ hareyya asantepi hārake nissaggiyaṁ pācittiyan'ti.

Catu-Kṣ up. 36

36(4-17) 상실속죄죄법 제17조

친척이 아닌 비구니의 양모 세탁·염색에 대한 학습계율
[사비친니완염양모계(使非親尼浣染羊毛戒)]

[세존] "어떠한 비구이든 친척이 아닌 비구니들에게 양모를 세탁하게 하거나, 염색하게 하거나, 다듬게 하면, 상실속죄죄[701]를 범하는 것이니라."[702]

---

701) 尼薩耆波逸提 : 《빠알리율》에서는 '친척인 여자가 세탁을 하거나, 친척이 아닌 자인 조력자가 돕거나, 여자가 말하지 않았는데도 세탁하거나, 사용하지 않은 꾸러미에 묶인 제품을 세탁하게 하거나, 정학녀에게 세탁하게 하거나, 사미니에게 세탁하게 하거나, 정신착란된 자이거나, 최초의 범행자인 경우'는 예외이고 《사분율》에서는 '친척인 비구니에게 세탁·염색·다듬질을 하게 하거나, 환자를 위해서 세탁·염색·다듬질을 하게 하거나, 참모임과 부처님과 사원을 위해서 세탁·염색·다듬질을 하게 하거나, 이 학습계율시설의 원인이 된 최초의 범행자이거나, 정신착란자이거나, 마음이 심란한 자이거나, 애통해 하는 자인 경우'를 예외로 한다.

702) ■사비친니완염양모계(使非親尼浣染羊毛戒) / 사분승니살기바일제 17 : 若比丘 使非親里比丘尼浣。染。擘羊毛者, 尼薩耆波逸提 ●사비친니완염모계∅(使非親尼浣染毛戒) / Khu-Niss. 17 :yo pana bhikkhu aññātikāya bhikkhuniyā oḷakalomāni dhovāpeyya vā rajāpeyya vā vijaṭāpeyya vā, nissaggiyaṁ pācittiyanti.

Catu-Kṣ up. 37

37(4-18) 상실속죄죄법 제18조

금은이나 돈을 받는 것에 대한 학습계율
[축전보계(畜錢寶戒)]

[세존] "어떠한 비구이든 금은이나 돈[703]을 자신을 위해 받거나 받게 하거나 자신을 위해 보관하게 하는 것에 동의하면, 상실속죄죄[704]를 범하는 것이니라."[705]

---

703) 金◦銀◦若錢 : 빠알리문에서 역자는 '금은'을 '금전'이라고 번역했다.

704) 尼薩耆波逸提 : 《빠알리율》에서는 "승원 안에서나 공공 휴게소 안에서 받거나 타인에게 받게 하거나, '소유자가 가져 갈 것이다.' 라고 치워두거나, 정신착란된 자이거나, 최초의 범행자인 경우"는 예외이고, 《사분율》에서는 "'이것을 알고 이것을 보시오'라고 말했거나, 정인(淨人)에게 내놓고 나서 돌려주거나 돌려주지 않거나 간에 비구가 원칙에 맞게 행했거나, 이 학습계율시설의 원인이 된 최초의 범행자이거나, 정신착란자이거나, 마음이 심란한 자이거나, 애통해 하는 자인 경우"를 예외로 한다.

705) ■축전보계(畜錢寶戒) / 사분승니살기바일제 18 : 若比丘 自手受金◦銀◦若錢 若敎人取 若口可受者, 尼薩耆波逸提 ●축전보계⊙(畜錢寶戒) / Khu-Niss. 18(Nī-Niss. 21) : yo pana bhikkhu jātarūpara-jataṁ uggaṇaheyya vā uggaṇhāpeyya vā upanikkhittaṁ vā sādiyeyya, nissaggiyaṁ pācittiyan'ti.

Catu-Kṣup. 38

38(4-19) 상실속죄죄법 제19조

보물을 사고파는 것에 대한 학습계율
[무보계(貿寶戒)]

[세존] "어떠한 비구이든 여러 종류의 보물을 사고 팔면,706) 상실속죄죄707)를 범하는 것이니라."708)

---

706) *種種買賣寶物者 : 빠알리문에는 '보물을 사고 파는 것' 대신에 '금전거래'라고 되어 있다. 여기서 보물은 '금, 은, 돈'을 의미한다.*

707) *尼薩耆波逸提 : ≪빠알리율≫에서는 '금전이 아닌 것에 대하여 금전이 아닌 것이라고 지각하고 사용하거나, 정신착란자이거나, 최초의 범행자인 경우'는 예외이다. ≪사분율≫에서는 "'이것을 알고 이것을 보시오'라고 말했거나, 정인에게 내놓고 나서 돌려주거나 돌려주지 않거나 간에 비구가 원칙에 맞게 행했거나, 돈으로 영락과 장신구를 사서 삼보를 위해 사용했거나, 영락이나 장신구를 돈으로 바꾸어 삼보를 위해 사용했거나, 이 학습계율시설의 원인이 된 최초의 범행자이거나, 정신착란자이거나, 마음이 심란한 자이거나, 애통해 하는 자인 경우'를 예외로 한다.*

708) *■무보계(貿寶戒) / 사분승니살기바일제 19 : 若比丘 種種賣買寶物者, 尼薩耆波逸提 ● 무보계⊙(貿寶戒) / Khu-Niss. 19(Nī-Niss. 22) : yo pana bhikkhu nānappakārakaṁ rūpiyasaṁvohāraṁ samāpajjeyya, nissaggiyaṁ pācittiyan'ti.*

Catu-Kṣ up. 39

39(4-20) 상실속죄죄법 제20조

물품교역을 하는 것에 대한 학습계율
[판매계(販賣戒)]

[세존] "어떠한 비구이든 여러 종류의 물품교역을 하면709), 상실속죄죄710)를 범하는 것이니라."711)

---

709) 種種販賣者 : 일반사람들은 여래에 대하여 '수행자 고따마는 사고 파는 것을 여의었다.'라고(DN. I. 5) 칭찬했다.

710) 尼薩耆波逸提 : 《빠알리율》에서는 "가격을 묻거나, 집사인에게 지시하거나, '이것은 우리의 것이다. 우리는 이러저러한 것을 원한다.'라고 말하거나, 정신착란된 자이거나, 최초의 범행자의 경우"는 예외이고, 《사분율》에서는 '출가자들(五衆)과 서로 바꾸되 스스로 값을 정하고 값을 올리거나 내리지 않거나, 정인으로 하여금 바꾸게 시켰고 후회하는 경우 돌려주었거나, 생버터를 기름으로 바꾸었다든가 기름을 생버터로 바꾸었거나, 이 학습계율시설의 원인이 된 최초의 범행자이거나, 정신착란자이거나, 마음이 심란한 자이거나, 애통해 하는 자인 경우'를 예외로 한다.

711) ■판매계(販賣戒) / 사분승니살기바일제 20 : 若比丘 種種販賣者, 尼薩耆波逸提 • 판매계⊙(販賣戒) / Khu-Niss. 20(Nī-Niss. 23) : yo pana bhikkhu nānappakārakaṁ kayavikkayaṁ samāpajjeyya, nissaggiyaṁ pācittiyanti.

Catu-Kṣup. 40

40(4-21) 상실속죄죄법 제21조

발우에 대한 학습계율

[Pattasikkhāpada]

[세존] "어떠한 비구이든 여분의 발우는 최대한 열흘까지 지닐 수 있는데, 그것을 초과하면, 상실속죄죄[712]를 범하는 것이니라."[713]

---

712) *尼薩耆波逸提 : 《빠알리율》에서는 '열흘 이내에 개인의 소유로 결정되거나, 양도되거나, 증여되거나, 망실되거나, 파괴되거나, 파열되거나, 약탈되거나, 신뢰로 취해지거나, 정신착란된 자이거나, 최초의 범행자인 경우'는 예외이고, 《사분율》에서는 '열흘 이내에 보시하거나, 남에게 주거나, 빼앗겼다거나 잃어버렸거나 파괴되었거나 물에 떠내려갔다고 생각했거나, 빼앗겼다거나 잃어버렸거나 파괴되었거나 물에 떠내려간 것을 갔다고 사용했다던가, 남이 준 것을 받아서 사용했다던가, 발우를 맡겨 둔 비구가 죽었든가 멀리 갔던가 수행을 그만 두었거나 도적을 만났거나 사나운 짐승에 상해를 입었든가 물에 빠졌을 때에 남에게 주지 않았거나, 이 학습계율 시설의 원인이 된 최초의 범행자이거나, 정신착란자이거나, 마음이 심란한 자이거나, 애통해 하는 자인 경우'를 예외로 한다.*

713) *■ 축장발과한계(畜長鉢過限戒) / 사분승니살기바일제 21. 若比丘 畜長鉢, 不淨施, 得畜齊十日. 若過者, 尼薩耆波逸提 ● 축장발과한계∅(畜長鉢過限戒) / Khu-Niss. 21 : dasāhaparamaṁ atirekapatto dhāretabbo, taṁ atikkāmayato, nissaggiyaṁ pācittiyanti.*

Catu-Kṣ up. 41

41(4-22) 상실속죄죄법 제22조

발우를 구하는 것에 대한 학습계율
[걸발계(乞鉢戒)]

[세존] "어떠한 비구이든 다섯 곳보다 적게 수리된 발우가 새지도 않는데 좋은 것을 구하려고 다른 새로운 발우를 구한다면,[714] 상실속죄죄[715]를 범하는 것이니, 그 비구는 그 새 발우를 비구들의 대중에게 넘겨주어야 하고, 대중은 돌아가며 바꾸어 최하의 발우를 취하게 하여 망가질 때까지 가지도록 해야 하나니,[716]

---

714) ***畜鉢減五綴不漏 更求新鉢 爲好故*** : *빠알리문에는 '새지도 않는데 좋은 것을 구하려고'라는 구절은 없다.*

715) *《빠알리율》에는 '발우를 잃어버렸거나, 발우가 부서졌거나, 친척의 것을 소유했거나, 초대받거나, 타인을 위해 탁발하거나, 자신의 재산에 의한 것이거나, 정신착란자이거나, 최초의 범행자인 경우'는 예외이고, 《사분율》에서는 '발우가 다섯 번 수리되고 샜거나, 다섯 번 보다 적지만 새기 때문에 새 발우를 구했거나, 친척이나 출가인에게 구했거나, 타인을 위해 구했거나 타인이 나를 위해 구했거나, 구하지 않았는데 얻었거나, 발우를 보시할 때에 차례가 되어 얻었거나, 자기의 재물로 사서 모았거나, 이 학습계율시설의 원인이 된 최초의 범행자이거나, 정신착란자이거나, 마음이 심란한 자이거나, 애통해 하는 자인 경우'를 예외로 한다.*

716) ***展轉 取最下鉢 與之令持 乃至破應持*** : *빠알리문에는 "그 수행승들의 대중에게 속하는 마지막으로 남은 발우가 있다면, 그것이 어떤 것이든 그 수행승에게 '수행승이여, 이것이 그대의 발우이다.*

이것이 그 경우의 올바른 조치이니라."717)

파괴되기까지 그대가 지녀라.'라고 주어져야 한다."라고 되어 있다.

717) ■ *걸발계⊙(乞鉢戒) / 사분승니살기바일제 22. 若比丘 畜鉢減五綴不漏 更求新鉢 爲好故 尼薩耆波逸提 彼比丘是鉢應往僧中捨 展轉取最下鉢 與之令持 乃至破應持 此是時.* • *걸발계⊙(乞鉢戒) / Khu-Niss. 22(Nī-Niss. 24) : yo pana bhikkhu ūnapañcabandhanena pattena aññaṁ navaṁ pattaṁ cetāpeyya, nissaggiyaṁ pācittiyaṁ. tena bhikkhunā so patto bhikkhuparisāya nissajitabbo. yo ca tassā bhikkhuparisāya pattapariyanto so tassa bhikkhuno padātabbo 'ayaṁ te bhikkhu patto yāva bhedanāya dhāretabbo'ti. ayaṁ tattha sāmīcīti.*

Catu-Kṣ up. 42

42(4-23) 상실속죄죄법 제23조

스스로 실을 빌어 비친척에게 옷을 짜는 것에 대한 학습계율
[자걸루사비친직의계(自乞縷使非親織衣戒)]

[세존] "어떠한 비구이든 스스로 실을 탁발하고는 친척이 아닌 직조사로 하여금 옷을 짜게 한다면,718) 상실속죄죄719)를 범하는 것이니라."720)

---

718) 自乞縷線 使非親里織師 織作衣者 : 빠알리문에는 '친척이 아닌'이란 구절이 없다.

719) 尼薩耆波逸提 : ≪빠알리율≫에서는 '인끈에나 허리띠에나 어깨끈에나 발우주머니에나 여과낭에 천을 깁기 위한 것이거나, 친척에게 속하거나, 초대받았거나, 남을 위해 탁발하거나, 자신의 재물로 얻었거나, 정신착란자이거나, 최초의 범행자인 경우'는 예외이고, ≪사분율≫에서는 '직조사나 실을 준 사람이 친척이거나, 좌선띠, 모자, 양말, 땀닦는 수건, 가죽신을 싸는 수건이거나 직접 천을 짜서 발우주머니, 가죽신주머니, 바늘꽂이를 만들었거나, 이 학습계율시설의 원인이 된 최초의 범행자이거나, 정신착란자이거나, 마음이 심란한 자이거나, 애통해 하는 자인 경우'를 예외로 한다.

720) ■ 자걸루사비친직의계(自乞縷使非親織衣戒) / 사분승니살기바일제 23 : 若比丘 自乞縷線, 使非親里織師, 織作衣者, 尼薩耆波逸提 • 자걸루사비친직계⊙(自乞縷使非親織戒) / Khu-Niss. 26(Nī-Niss. 27) : yo pana bhikkhu sāmaṁ suttaṁ viññāpetvā tantavāyehi cīvaraṁ vāyāpeyya, nissaggiyaṁ pācittiyan'ti.

Catu-Kṣup. 43

43(4-24) 상실속죄죄법 제24조

직조사에게 실을 더 사용하기를 권하는 것에 대한 학습계율
[권직사증의루계(勸織師增衣縷戒)]

[세존] "어떠한 비구이든, 친척이 아닌 장자나 장자의 부인이 직조사에게 옷을 짜게 할 때, 그때 그 비구가 초대받기 전에 직조사를 찾아가서 '이 옷은 나를 위해 짜는 것이오. 아주 잘 짜주시오. 넓고 길고 단단하고 촘촘하고 고르고 반듯하게 잘 가다듬어 짜시오. 혹시 내가 그대에게 옷값을 주리라.'라고 말하는 경우, 그 비구가 한 끼의 가치가 있는 옷값이라도 주고 옷을 얻는다면,[721] 상실속죄죄[722]를 범하는 것이니라."[723]

---

721) 乃至一食直, 若得衣者, : 빠알리문에는 '어떠한 약소한 탁발물이라도 사례한다면'이라고 되어 있다.

722) 尼薩耆波逸提 : ≪빠알리율≫에서는 '친척인 자이거나, 초대받았다거나, 타인을 위해서라거나, 자신의 재물을 수단으로 하거나, 값비싼 직물을 원하다가 값싼 직물을 짜서 얻었거나, 정신착란자이거나, 최초의 범행자인 경우'는 예외이고, ≪사분율≫에서는 그 밖에 '출가자에게서 얻었거나, 타인을 위해 얻었거나, 구하지 않았는데 저절로 얻었거나, 이 학습계율시설의 원인이 된 최초의 범행자이거나, 정신착란자이거나, 마음이 심란한 자이거나, 애통해 하는 자인 경우'를 예외로 한다.

723) ■권직사증의루계(勸織師增衣縷戒) / 사분승니살기바일제24 : 若比丘 居士。居士婦, 使織師爲比丘織作衣 是比丘先不受自恣請,

往織師所言:「此衣爲我作, 汝當極好織 令廣長堅緻 齊整好, 我當與汝價」是比丘與衣價 乃至一食直, 若得衣者, 尼薩耆波逸提 • 권직사증의루계⊙(*勸織師增衣縷戒*) / *Khu-Niss. 27(Nī-Niss. 28)* : *bhikkhuṁ pan'evauddissa aññātako gahapati vā gahapatānī vā tantavāyehi cīvaraṁ vāyāpeyya, tatra ce so bhikkhu pubbe appavārito tantavāye upasaṅkamitvā cīvare vikappaṁ āpajjeyya: idaṁ kho āvuso cīvaraṁ maṁ uddissa viyyati, āyatañca karotha citthatañca appitañca suvītañca suppavāyitañca suvilekhitañca suvitacchitañca karotha, appeva nāma mayampi āyasmantānaṁ kiñcimattaṁ anupadajjeyyāmā'ti, evañca so bhikkhu vatvā kiñcimattaṁ anupadajjeyya antamaso piṇḍapātamattampi, nissaggiyaṁ pācittiyan'ti.*

Catu-Kṣup. 44

44(4-25) 상실속죄죄법 제25조

옷을 빼앗는 것에 대한 학습계율
[탈의계(奪衣戒)]

[세존] "어떠한 비구이든 다른 비구에게 스스로 옷을 주고 나서 화가 나고 불쾌하다고 스스로 빼앗거나 타인에게 빼앗게 하여, 그 비구가 옷을 내놓아서 취하면,[724] 상실속죄죄[725]를 범하는 것이니라."[726]

---

724) 先與比丘尼衣 後瞋恚故 若自奪 若使人奪 是比丘應還衣 若取者 : 빠알리문에는 '그 비구가 옷을 내놓아서 취하면'의 구절이 없다.

725) 尼薩耆波逸提 : 《빠알리율》에서는 '그가 주거나, 그에 대하여 신뢰하여 취하거나, 정신착란자이거나, 최초의 범행자인 경우'는 예외이고, 《사분율》에서는 "화내지 않고 '내가 후회하니 내옷을 돌려주시오'라고 말하거나, 준 것을 후회하는 것을 알고 돌려주었거나, 타인이 '그가 후회하니 돌려주시오'라고 해서 돌려주었거나, 입으라고 주었는데 도리에 맞지 않아 다시 가졌거나, 옷을 잃거나 망가질까 두려웠거나, 옷을 받은 사람이 계율이나 견해나 위의를 깨뜨렸거나 권리정지되었거나 멸빈되었거나, 옷을 준 일 때문에 목숨이 위태로웠거나, 청정행이 어려웠거나, 이 학습계율시설의 원인이 된 최초의 범행자이거나, 정신착란자이거나, 마음이 심란한 자이거나, 애통해 하는 자인 경우"를 예외로 한다.

726) ■ 탈의계(奪衣戒) / 사분승니살기바일제 25 : 若比丘 先與比丘衣, 後瞋恚, 若自奪, 若使人奪. 是比丘應還衣, 若取者, 尼薩耆波逸提 • 탈의계⊙(奪衣戒) / Khu-Niss. 25(Nī-Niss. 26) : yo pana bhikkhu bhikkhussa sāmaṁ cīvaraṁ datvā kupito anattamano acchindeyya vā acchindāpeyya vā nissaggiyaṁ pācittiyan'ti.

Catu-Kṣ up. 45

45(4-26) 상실속죄죄법 제26조

약을 보관하는 기한을 넘기는 것에 대한 학습계율
[약과한계(藥過限戒)]

[세존] "어떠한 비구이든 환우비구들이 복용해야 하는 약들, 즉, 버터기름, 신선한 버터, 기름, 꿀, 당밀을 수령하면, 최대한 7일까지 보관하여 사용할 수 있지만, 그것을 초과하면, 상실속죄죄[727]를 범하는 것이니라."[728]

---

727) 尼薩耆波逸提 : ≪빠알리율≫에서는 '7일 이내에 개인의 소유로 결정되거나, 양도되거나, 증여되거나, 망실되거나, 소실되거나, 약탈되는 경우거나, 신뢰로 취해지는 경우이거나, 구족계를 받지 않은 자에게 바쳐지고 내놓아지고 희사되는 경우이거나, 바램 없이 주고 받거나 사용하거나, 정신착란자이거나, 최초의 범행자인 경우'는 예외이고, ≪사분율≫에서는 '7일이 지난 약이 연유나 기름이어서 문틀에 발랐거나 꿀이나 석밀이어서 집사인에게 주었거나, 7일이 된 약을 다른 비구에게 주어서 먹게 했거나, 7일이 되기 전에의 약을 그 비구에게 돌려주었는데 사용하여 약을 바르거나 등불을 켰거나, 이 학습계율시설의 원인이 된 최초의 범행자이거나, 정신착란자이거나, 마음이 심란한 자이거나, 애통해 하는 자인 경우"를 예외로 한다.

728) ■ 약과한계(藥過限戒) / 사분승니살기바일제 26. 若比丘 有病畜酥◦油◦生酥◦蜜◦石蜜, 齊七日得服 若過者, 尼薩耆波逸提 ● 축칠일약과한계⊙(畜七日藥過限戒) / Khu-Niss. 23(Nī-Niss. 25) : yāni kho pana tāni gilānānaṁ bhikkhūnaṁ paṭisāyanīyāni bhesajjāni seyyathīdaṁ: sappī navatītaṁ telaṁ madhu phāṇitaṁ, tāni paṭiggahetvā sattāhaparamaṁ sanatidhikārakaṁ paribhuñjitabbāni. taṁ atikkāmayato nissaggiyaṁ pācittiyan'ti.

Catu-Kṣup. 46

46(5-27) 상실속죄죄법 제27조

우기옷을 기한을 남기기 전에 구하는 것에 대한 학습계율
[과전구우의과전용계(過前求雨衣過前用戒)]

[세존] "어떠한 비구이든 봄철을 한 달 남기고 우기옷을 구해야 하고, 반월 남기고 옷을 사용해야 하지만, 어떠한 비구이든 봄철 한 달 남기기 전에 비구가 우기옷을 구하고, 반월 남기기 전에 우기옷을 사용하면,729) 상실속죄죄730)를 범하는 것이니라."731)

---

729) 若比丘 春殘一月在, 應求雨浴衣, 半月應用浴. 若比丘 春一月前求雨浴衣, 半月前用者 : 빠알리문은 '봄철' 대신에 '하계', '사용해야 하나.' 대신에 '만들어 입어야 한다.'라고 되어 있다. 한 달 전에 옷감을 구하고 보름 전에 옷을 만들어 입을 수 있다는 뜻이다.

730) 尼薩耆波逸提 : ≪빠알리율≫에서는 '하계를 한 달 남기고 우기옷을 구하거나, 하계를 반월 남기고 우기옷을 만들어 입거나, 하계를 한 달 미만 남기고 옷을 구하거나, 하계를 반월 미만 남기고 우기옷을 만들어 입거나, 구해진 우기옷이 우기를 지났거나, 착용한 우기옷이 우기를 지났거나, 세탁하여 보관했거나, 제 때의 시간에 착용했거나, 옷을 빼앗겼거나, 옷을 잃어버렸거나, 사고가 일어난 경우이거나, 정신착란된 자이거나, 최초의 범행자인 경우'는 예외이고, ≪사분율≫에서는 '3월 16일부터 구하고 4월1일부터 사용하거나, 우기옷을 버린 뒤에 다른 데에 쓰거나, 목욕하는 옷을 입고 목욕하거나, 우기옷이 없거나, 목욕옷을 만든다거나, 세탁하거나 물들이거나, 이 학습계율시설의 원인이 된 최초의 범행자이거나, 정신착란 자이거나, 마음이 심란한 자이거나, 애통해 하는 자인 경우'를 예외로 한다.

731) ■과전구우의과전용계(過前求雨衣過前用戒) / 사분승니살기바일제27 : 若比丘 春殘一月在, 應求雨浴衣, 半月應用浴. 若比丘 春一月前求雨浴衣, 半月前用者, 尼薩耆波逸提 • 과전구우의과전용계∅(過前求雨衣過前用戒) / Khu-Niss. 24 : māso seso gimhānan ti bhikkhunā vassikasāṭikacīvaraṁ pariyesitabbaṁ. addhamāso seso gimhānanti katvā nivāsetabbaṁ. orena ce māso seso gimhānan ti vassikasāṭikacīvaraṁ pariyeseyya, oren'addhamāso seso gimhānan ti katvā nivāseyya, nissaggiyaṁ pācittiyan'ti.

Catu-Kṣup. 47

47(4-28) 상실속죄죄법 제28조

급히 주는 옷을 받고 시기를 넘기는 것에 대한 학습계율
[과전수급시의과후축계(過前受急施衣過後畜戒)]

[세존] "어떠한 비구이든 여름 석 달 안거가 차기전에 열흘 동안 급히 보시하는 옷이 있으면 받아도 되고, 받아서 옷처리시기가 될 때까지 보관해둘 수 있지만,[732] 그 때를 지나치면, 상실속죄죄[733]를 범하는 것이니라."[734]

---

*732) **十日未滿夏三月, 若有急施衣, 應受. 乃至衣時, 應畜** : 빠알리문에는 전반부가 '깟띠까 월의 만월이 되기 전에 특별한 보시옷을 얻으면, 그것이 특별한 것이라고 생각되면 수행승는 받아도 되고'라고 되어 있다. 옷처리시기(**衣時**)에 대해서는 「부록의 옷처리시기와 옷의 수납」을 참조하라.*

*733) **尼薩耆波逸提** : 《빠알리율》에서는 '시기 이내에 개인의 소유로 결정되거나, 양도되거나, 증여되거나, 망실되거나, 파괴되거나, 소실되거나, 약탈되는 경우이거나, 신뢰로 취해지거나, 정신착란자이거나, 최초의 범행자인 경우'는 예외이고, 《사분율》에서는 이 밖에도 '망실되거나 파괴되거나 소실되거나 약탈되었다고 생각해서 기한 후에 받았던가, 물길이 끊어졌거나 길이 험난하거나 도적에게 사로잡혔거나 사나운 짐승에 해를 입었거나 강물이 불어났거나 힘센 자에게 사로잡혔거나 목숨이 위태로웠거나, 청정행이 어려웠거나, 맡아준 비구가 죽었거나 길을 떠났거나 환속했거나 도적에게 빼앗겼거나 사나운 짐승에 해를 입었거나 사고를 당했거나, 이 학습계율시설의 원인이 된 최초의 범행자이거나, 정신착란자이거나, 마음이 심란한 자이거나, 애통해 하는 자인 경우'를 예외로 한다.*

734) ■과전수급시의과후축계(過前受.急施衣過後畜戒) / 사분승니살기바일제 28 : 若比丘 十日未滿夏三月, 若有急施衣, 應受. 乃至衣時, 應畜. 若過者, 尼薩耆波逸提 • 과전수급시의과후축계⊙(過前受.急施衣過後畜戒) / Khu-Niss. 28(Nī-Niss. 29) : dasāhānāgataṁ kattikatemāsikapuṇṇamaṁ bhikkhuno pan'evaaccekacīvaraṁ uppajjeyya, accekaṁ maññamānena bhikkhunā paṭiggahetabbaṁ, paṭiggahetvā yāva cīvarakālasamayaṁ nikkhipitabbaṁ. tato ce uttariṁ nikkhipeyya, nissaggiyaṁ pācittiyan'ti.

Catu-Kṣ up. 48

48(4-29) 상실속죄죄법 제29조

위험한 곳일 경우 옷을 떠나는 것에 대한 학습계율
[유난란야리의계(有難蘭若離衣戒)]

[세존] "어떠한 비구이든 여름 석 달 안거를 마치고 8월 15일이 지난 뒤에 마을과 거리가 멀어서 위험한 일을 만날 염려가 있는 처소에 있을 경우, 세 벌의 옷 가운데 한 벌을 마을의 집에 맡겨두고 볼 일이 있을 때에 엿새 밤까지는 옷을 떠나서 지낼 수 있는데, 이를 초과해서 떠나 지내면,[735] 상실속죄죄[736]

---

735) *夏三月安居竟 至八月十五日滿已 若逈遠有疑恐怖畏難處 比丘在如是處住, 於三衣中, 若留一一衣, 置村舍內, 及有緣事, 離衣宿, 乃至六夜 若過者 : 빠알리문에는 전반부가 '숲속의 처소에 살면서, 깟띠까 월의 만월((우기가 지속하는 4개월의 끝)까지 여름 석달의 안거를 보내고, 위험하고 무서운 곳이라고 생각되면'이라고 되어 있고 끝에는 '수행승들의 동의를 제외하고'가 추가되어 있다.*

736) *尼薩耆波逸提 : ≪빠알리율≫에서는 '엿새 동안을 옷을 떠나 지내거나, 엿새 이하를 옷을 떠나 지내거나, 엿새를 떠나 지내고 다시 마을의 경계내로 들어와 지내다가 다시 떠나거나, 엿새 이내에 옷이 해제되거나, 증여되거나, 망실되거나, 파괴되거나, 소실되거나, 약탈되는 경우이거나, 신뢰로 취해지는 경우이거나, 수행승들이 동의한 경우이거나, 정신착란된 자이거나, 최초의 범행자의 경우'는 예외이고, ≪사분율≫에서는 '6일 밤이 지나 제7일 일출전에 옷이 있는 곳에 이르거나, 옷을 버리거나 옷을 손에 잡고 돌을 던져서 닿는 곳에 이르렀거나, 빼앗겼다거나 물에 떠웠거나 불에 탔다고 생*

를 범하는 것이니라."[737]

각하여 옷을 버리지 않고 옷을 손에 잡지 않고 돌을 던져 닿은 곳에 이르지 않았거나, 이 학습계율시설의 원인이 된 최초의 범행자이거나, 정신착란자이거나, 마음이 심란한 자이거나, 애통해 하는 자인 경우'를 예외로 한다.

737) ■유난란야리의계(有難蘭若離衣戒) / 사분승니살기바일제 29 : 若比丘 夏三月安居竟 至八月十五日滿已 若迥遠有疑恐怖畏難處 比丘在如是處住, 於三衣中, 若留一一衣, 置村舍內, 及有緣事, 離衣宿, 乃至六夜 若過者, 尼薩耆波逸提 •유난란군리의계∅(有難蘭君離衣戒) / Khu-Niss. 29 : upavassaṁ kho pana kattikapuṇṇamaṁ yāni kho pana tāni āraññakāni senāsanāni sāsaṅkasammatāni sappaṭibhayāni, tathārūpesu bhikkhu senāsanesu viharanto ākaṅkhamāno tiṇṇaṁ cīvarānaṁ aññataraṁ cīvaraṁ antaraghare nikkhipeyya, siyā ca tassa bhikkhuno kocid eva paccayo tena cīvarena vippavāsāya, chārattaparamaṁ tena bhikkhunā tena cīvarena vippavasitabbaṁ. tato ce uttariṁ vippavaseyya aññatra bhikkhusammutiyā, nissaggiyaṁ pācittiyan'ti.

Catu-Kṣup. 49

49(4-30) 상실속죄죄법 제30조

기증된 것에 대한 학습계율
[Pariṇatasikkhāpada]

[세존] "어떠한 비구이든 알면서 참모임에 속하는 기증된 소득을 자신의 것으로 전용하면, 상실속죄죄[738]를 범하는 것이니라."[739]

---

738) 尼薩耆波逸提 : 《빠알리율》에서는 "'어디에 줄까?'라고 자신이 질문하거나, 그대의 보시물이 사용되거나 수리되거나 오랫동안 유지되는 곳에, 또는 그대의 마음이 청정해지는 곳에 그곳에 주시오'라고 말한 경우"는 예외이고, 《사분율》에서는 '약속했는데 약속하지 않았다고 생각했거나, 조금 보시하기로 했는데 권해서 많은 물건을 보시했거나, 적은 사람에게 약속했는데 권해서 많은 사람에게 보시했거나, 악한 이에게 보시하려고 약속했는데 권해서 좋은 사람에게 보시했거나, 장난으로 말했거나, 이 학습계율시설의 원인이 된 최초의 범행자이거나, 정신착란자이거나, 마음이 심란한 자이거나, 애통해 하는 자인 경우'를 예외로 한다. 참고로 참모임에 속하는 것 즉, 승물(僧物)에는 ① 승가에 약속한 것 ② 승가를 위해 만들어진 것 ③ 승가에 보시한 것의 세 종류가 있다.

739) ■회승물입이계⊙(廻僧物入已戒) / 사분승니살기바일제 30 : 若比丘 知他欲與僧物, 自廻入己者, 尼薩耆波逸提 회승물입이계⊙(廻僧物入已戒) / Khu-Niss. 30(Nī-Niss. 30) : yo pana bhikkhu jānaṁ saṅghikaṁ lābhaṁ pariṇataṁ attano pariṇāmeyya, nissaggiyaṁ pācittiyanti.

대덕들이여,
이와 같이 30개 조항의
상실속죄죄법을 송출하였습니다.740)

이와 관련하여
저는 대덕들께 묻겠습니다.
이와 관련하여 완전히 청정합니까?
두 번째에도 저는 대덕들께 묻겠습니다.
이와 관련하여 완전히 청정합니까?
세 번째에도 저는 대덕들께 묻겠습니다.
이와 관련하여 완전히 청정합니까?

대덕들께서는
완전히 청정한 까닭에 침묵했으므로
저는 그와 같이 알겠습니다.741)

---

740) ■諸大德 我已說三十尼薩耆波逸提法 •uddiṭṭhā kho āyasmanto tiṁsanissaggiyā pācittiyā dhammā

741) ■今問諸大德 是中清淨不? (如是三說) 諸大德 是中清淨, 默然故 是事如是持 •tatthāyasmante pucchāmi kaccīttha parisuddhā? dutiyampi pucchāmi kaccittha parisuddhā? tatiyampi pucchāmi kaccittha parisuddhā? parisuddhetthāyasmanto, tasmā tuṇhī. evametaṁ dhārayāmī'ti.

제5장 단순속죄죄법의 송출

[波逸提]

대덕들이여,
이제 이와 같은 계경에 나오는
90개 조항의 단순속죄죄법을
반월마다 송출하겠습니다.742)

742) ■波逸提法 諸大德 是九十波逸提法 半月半月說 戒經中來 • *ime kho panāyasmanto dvenavuti pācittiyā dhammā uddesaṁ āgacchanti.*

Catu-Kṣup. 50

50(5-1) 단순속죄죄법 제1조

작은 거짓말에 대한 학습계율
[소망어계(小妄語戒)]

[세존] "어떠한 비구이든 의도적으로 거짓말을 하면,743) 단순속죄죄744)를 범하는 것이니라."745)

---

743) 故妄語 : 여기서는 모든 의도적인 거짓말이 속죄죄인 것처럼 서술되고 있다. 그러나 그것은 소망어(小妄語)에 해당하는 것이고, 대망어(大妄語)는 인간을 뛰어넘는 상태(上人法)를 성취했다고 의도적으로 거짓말하는 것으로 승단추방죄에 해당하고, (Khu-Pār. 4) 누군가를 승단추방죄라고 의도적으로 거짓말하면 승단잔류죄에 해당하고, (Khu-Saṅgh. 8) 누군가를 승단잔류죄라고 의도적으로 거짓말하면 단순속죄죄에 해당하고(Khu-Pāc. 76) 누군가가 계행을 지키지 않는다고 의도적으로 거짓말하면, 악작죄에 해당한다.(Vin IV. 148)

744) 波逸提 : ≪빠알리율≫에서는 "농담으로 말하거나, 성급하게 말하거나 즉, '농담으로 말하거나'라는 것은 사려가 없이 말하는 것이고, '성급하게 말하거나' 라는 것은 '나는 이것을 말하겠다.'하고서 다른 것을 말하는 것인데 그러한 때나, 정신착란자이거나, 최초의 범행자인 경우'는 예외이고, ≪사분율≫에서는 '본 것, 들은 것, 인지한 것, 의식한 것을 그렇다고 말했거나, 보지 않은 것, 듣지 않은 것, 인지하지 않은 것, 의식하지 않은 것을 그렇다고 말했거나, 이 학습계율시설의 원인이 된 최초의 범행자이거나, 정신착란자이거나, 마음이 심란한 자이거나, 애통해 하는 자인 경우'를 예외로 한다.

745) ■소망어계(小妄語戒) / 사분승바일제 1 : 若比丘 知而妄語者, 波逸提 •소망어계⊙(小妄語戒) / Khu-Pāc. 1(Nī-Pāc. 97) : sampajānamusāvāde pācittiyanti.

Catu-Kṣ up. 51

51(5-2) 단순속죄죄법 제2조

욕설을 하는 것에 대한 학습계율
[매계(罵戒)]

[세존] "어떠한 비구이든 욕설을 하면, 단순속죄죄746)를 범하는 것이니라."747)

---

746) 波逸提 : ≪빠알리율≫에서는 '의미를 설명하기 위한 것이거나, 진리를 설명하기 위한 것이거나, 가르침을 설명하기 위한 것이거나, 정신착란자이거나, 최초의 범행자인 경우'는 예외이고, ≪사분율≫에서는 그 밖에 '이롭게 하려고 말했거나, 친밀한 자에게 말했거나, 장난으로 말했거나, 말하다가 실수로 말했거나, 이 학습계율시설의 원인이 된 최초의 범행자이거나, 정신착란자이거나, 마음이 심란한 자이거나, 애통해 하는 자인 경우'를 예외로 한다.

747) ■ 매계(罵戒) / 사분승바일제 2 : 若比丘 種類毁呰語者, 波逸提 • 매계⊙(罵戒) / Khu-Pāc. 2(Nī-Pāc. 98) : omasavāde pācittiyan'ti.

Catu-Kṣup. 52

52(5-3) 단순속죄죄법 제3조

이간질로 중상하는 것에 대한 학습계율
[양설계(兩舌戒)]

[세존] "어떠한 비구이든 중상하면, 단순속죄죄748) 를 범하는 것이니라."749)

---

748) 波逸提 : 《빠알리율》에서는 '애호를 얻기 위한 것이 아니거나, 이간을 시키기 위한 것이 아니거나, 정신착란자이거나, 최초의 범행자인 경우'는 예외이고, 《사분율》에서는 '악한 도반이나 나쁜 무리나 대중의 화합을 깨뜨리는 자를 부수기 위한 것이거나, 원칙에 맞지 않고 계율에 맞지 않는 갈마를 깨뜨리기 위한 것이거나, 참모임이나 승원이나 친교사 등을 위해 의미 없고 이익 없는 일을 하려는 것을 깨뜨리기 위한 것이었거나, 이 학습계율시설의 원인이 된 최초의 범행자이거나, 정신착란자이거나, 마음이 심란한 자이거나, 애통해 하는 자인 경우'를 예외로 한다.

749) ■ 양설계(兩舌戒) / 사분승바일제 3 : 若比丘 兩舌語者, 波逸提 • 양설계⊙(兩舌戒) / Khu-Pāc. 3(Nī-Pāc. 99) : bhikkhu pesuññe pācittiyan'ti.

Catu-Kṣ up. 53

53(5-4) 단순속죄죄법 제4조

여인과 동숙하는 것에 대한 학습계율
[공여인숙계(共女人宿戒)]

[세존] "어떠한 비구이든 여인과 동숙하면, 단순속죄죄[750])를 범하는 것이니라."[751])

---

750) 波逸提 : ≪빠알리율≫에서는 '완전히 덮였으나 완전히 둘러싸이지 않았거나, 완전히 둘러싸였으나 완전히 덮이지 않았거나, 부분적으로 덮이지 않았거나, 부분적으로 둘러싸이지 않은 경우나, 여자가 앉아 있을 때 수행승이 앉거나, 수행승이 앉아 있을 때 여자가 앉거나, 양자가 동시에 앉아 있거나, 정신착란자이거나, 최초의 범행자인 경우'는 예외이고, ≪사분율≫에서는 그 밖에 '비구가 여자가 먼저 도착할 줄 몰랐거나, 여자가 뒤에 도착했으나 몰랐거나, 방이 덮여있으나 사면에 벽이 없었거나, 방이 다 덮였고 반만 또는 조금 막혔거나, 방이 다 막혔고 덮여있지 않거나, 방이 다 막혔고 반만 또는 조금 덮였거나, 방이 반만 덮였고 반만 막혔거나, 방이 조금 덮였고 조금 막혔거나, 덮이지도 막히지도 않은 노지였거나, 방안에 거닐거나 앉아있었거나, 머리가 어지러워 쓰러졌든가, 병이 나서 누었든가, 힘센 자의 강요였거나, 결박당했거나, 목숨이 위태로웠거나, 청정행이 어려웠거나, 이 학습계율시설의 원인이 된 최초의 범행자이거나, 정신착란자이거나, 마음이 심란한 자이거나, 애통해 하는 자인 경우'를 예외로 한다.

751) ■공여인숙계(共女人宿戒) / 사분승바일제 4 : 若比丘 與婦人同室宿者, 波逸提 • 공여인숙계⊙(共女人宿戒) / Khu-Pāc. 6(Nī-Pāc. 102) : yo pana bhikkhu mātugāmena sahaseyyaṁ kappeyya pācittiyan'ti.

Catu-Kṣ up. 54

54(5-5) 단순속죄죄법 제5조

미수구인과의 동숙에 한도를 지나치는 것에 대한 학습계율
[공미수구인숙과한계(共未受具人宿過限戒)]

[세존] "어떠한 비구이든 구족계를 받지 않은 자와 삼일이 지나도록 동숙한다면,752) 단순속죄죄753)를 범하는 것이니라."754)

---

*752) **與未受大戒人共宿, 過二夜至三夜者** : 빠알리문은 삼일이 지나도록' 대신에 '이틀이나 삼일이 지나도록'이라고 되어 있다.*

*753) **波逸提** : 《빠알리율》에서는 '이틀을 묵고 사흘째의 일출 이전에 떠나서 다시 묵는 경우나, 완전히 덮였으나 완전히 둘러싸이지 않았거나, 완전히 둘러싸였으나 완전히 덮이지 않았거나, 부분적으로 덮이지 않았거나, 부분적으로 둘러싸이지 않은 경우나, 구족계를 받지 않은 자가 앉아 있을 때 수행승이 앉거나, 수행승이 앉아 있을 때 구족계를 받지 않은 자가 앉거나, 양자가 동시에 앉아 있거나, 정신착란자이거나, 최초의 범행자인 경우'는 예외이고, 《사분율》에서는 '비구가 구족계를 받지 않은 자가 먼저 도착할 줄 몰랐거나, 구족계를 받지 않은 자가 뒤에 도착했으나 몰랐거나, 방이 덮여있으나 사면에 벽이 없었거나, 방이 다 덮였고 반만 또는 조금 막혔거나, 방이 다 막혔고 덮여있지 않거나, 방이 다 막혔고 반만 또는 조금 덮였거나, 방이 반만 덮였고 반만 막혔거나, 방이 조금 덮였고 조금 막혔거나, 덮이지도 막히지도 않은 노지였거나, 방안에 거닐거나 앉아있었거나, 머리가 어지러워 쓰러졌든가, 병이 나서 누었든가, 힘센 자의 강요였거나, 결박당했거나, 목숨이 위태로웠거나, 청정행이 어려웠거나, 이 학습계율시설의 원인이 된 최초의 범행자이거나, 정신착란자이거나, 마음이 심란한 자이거나, 애통해 하는 자인 경우'를 예외로 한다.*

754) ■ 공미수구인숙과한계(共未受具人宿過限戒) | 사분승바일제5 : 若比丘 與未受大戒人共宿, 過二夜至三夜者, 波逸提 • 공미수구인숙과한계⊙(共未受具人宿過限戒) | Khu-Pāc. 5(Nī-Pāc. 101) : yo pana bhikkhu anupasampannena uttaridvirattatirattaṁ sahaseyyaṁ kappeyya pācittiyan'ti.

Catu-Kṣ up. 55

55(5-6) 단순속죄죄법 제6조

수구인과 가르침을 함께 송출하는 것에 대한 학습계율
[수구인동송계(受具人同誦戒)]

[세존] "어떠한 비구이든 구족계를 받지 않은 자와 가르침을 한 구절 한 구절 함께 송출하면,755) 단순속죄죄756)를 범하는 것이니라."757)

---

755) 與未受大戒人同誦者 : 《빠알리율》에서는 빠알리문은 '구족계를 받지 않은 자에게 가르침을 한 구절 한 구절 송출시키면'이라고 되어 있다.

756) 波逸提 : 《빠알리율》에서는 '함께 독송하게 하거나, 함께 공부하거나, 말하면서 일반적으로 잘 아는 구절을 빠뜨렸거나, 설명하면서 빠뜨리거나, 정신착란자이거나, 최초의 범행자인 경우'는 예외이고, 《사분율》에서는 '내가 송출했으니 그대가 송출하라.'고 했거나, 한 사람이 독송을 마치고 한 사람이 사경했거나, 두 사람이 함께 공부한 사이라서 같이 독송했거나, 장난으로 말했거나, 이 학습계율 시설의 원인이 된 최초의 범행자이거나, 정신착란자이거나, 마음이 심란한 자이거나, 애통해 하는 자인 경우'를 예외로 한다.

757) ■ 수구인동송계(受具人同誦戒) / 사분승바일제 6 : 若比丘 與未受大戒人同誦者, 波逸提 • 여미수구인동송계⊙(與未受具人同誦戒) / Khu-Pāc. 4(Nī-Pāc. 100) : yo pana bhikkhu anupasampannaṁ padaso dhammaṁ vāceyya pācitatiyan'ti.

Catu-Kṣ up. 56

56(5-7) 단순속죄죄법 제7조

미수구자에게 추악죄를 알리는 것에 대한 학습계율
[향비구인설추죄계(向非具人說粗罪戒)]

[세존] "어떠한 비구이든 비구의 추악죄에 대하여 구족계를 받지 않은 자에게 알리면, 비구들의 동의를 제외하고, 단순속죄죄[758]를 범하는 것이니라."[759]

---

758) *波逸提 : ≪빠알리율≫에서는 '일을 알려주고 죄를 알려주지 않거나, 죄를 알려주고 일을 알려주지 않거나, 수행승의 동의가 있거나, 정신착란자이거나, 최초의 범행자인 경우'는 예외이고, ≪사분율≫에서는 '알지 못했거나, 대중이 차출했거나, 추악죄를 추악죄라고 생각하지 않았거나, 재가자가 먼저 추악죄에 대해 들었거나, 이 학습계율시설의 원인이 된 최초의 범행자이거나, 정신착란자이거나, 마음이 심란한 자이거나, 애통해 하는 자인 경우'를 예외로 한다.*

759) *■ 향비구인설추죄계(向非具人說粗罪戒) / 사분승바일제 7 : 若比丘 知他比丘有麤惡罪, 向未受大戒人說, 除僧羯磨, 波逸提 • 향비수구인설추죄계⊙(向非受具人說麤罪戒) / Khu-Pāc. 9(Nī-Pāc. 105) : yo pana bhikkhu bhikkhussa duṭṭhullaṁ āpattiṁ anupasampannassa āroceyya aññatra bhikkhusammutiyā pācittiyan'ti.*

Catu-Kṣup. 57

57(5-8) 단순속죄죄법 제8조

미수구자에게 수행상태를 알리는 것에 대한 학습계율
[실득도향미구자설계(實得道向未具者說戒)]

[세존] "어떠한 비구이든 구족계를 받지 않은 자에게 인간을 뛰어넘는 상태에 도달했다고 알리면, 그것이 사실일 경우,760) 단순속죄죄761)를 범하는 것이니라."762)

---

760) *向未受大戒人 說過人法 言我知是我見是 見知實者 : 인간을 뛰어넘는 상태에 도달한 것이 사실이 아닐 경우는 승단추방죄를 범하는 것이다.*

761) *波逸提 : ≪빠알리율≫에서는 '구족계를 받은 자에게 사실을 말하거나, 정신착란자이거나, 최초의 범행자인 경우'는 예외이고, ≪사분율≫에서는 "지나친 자만이 있었다고 스스로 말했거나, '업보의 인연이고 수행으로 얻은 것이 아니다.'라고 말했거나, 인간을 뛰어넘는 상태를 얻어 동의하는 비구에게 말했거나, 남에게 설명했지만 '내가 얻었다.'라고 말하지 않았거나, 장난으로 말했거나, 빨리 말해서 상대방이 알아듣지 못했거나, 혼자 있는 데서 말했거나, 꿈속에서 말했거나, 다른 것을 말하려다 착오로 말했거나, 이 학습계율시설의 원인이 된 최초의 범행자이거나, 정신착란자이거나, 마음이 심란한 자이거나, 애통해 하는 자인 경우'를 예외로 한다.*

762) *■ 실득도향미구자설계(實得道向未具者說戒) / 사분승바일제 8 : 若比丘 向未受大戒人說過人法 言: 「我見是 我知是」 見知實者, 波逸提. • 실득도향미수구자설계⊙(實得道向未受具者說戒) / Khu-Pāc. 8(Nī-Pāc. 104) : yo pana bhikkhu anupasampannassa uttarimanussadhammaṁ āroceyya bhūtasmiṁ pācittiyan'ti.*

Catu-Kṣ up. 58

58(5-9) 단순속죄죄법 제9조

여인에게 한도를 넘는 설법에 대한 학습계율
[여여인설법과한계(與女人說法過限戒)]

[세존] "어떠한 비구이든 여인에게 대여섯 구절 이상으로 가르침을 설하면, 양식있는 남자의 배석을 제외하고, 단순속죄죄763)를 범하는 것이니라."764)

---

763) *波逸提 : ≪빠알리율≫에서는 "일어났다가 다시 앉아서 가르치거나, 여자들이 일어났다가 다시 앉거나, 바로 그 순간에 가르치거나, 다른 여자를 가르치거나, 질문을 묻는다던가, 질문을 물으면 말하거나, 다른 사람을 위하여 설할 때 여자가 듣는다거나, 정신착란자이거나, 최초의 범행자인 경우'는 예외이고, ≪사분율≫에서는 "장난으로 말했거나, 이 학습계율시설의 원인이 된 최초의 범행자이거나, 정신착란자이거나, 마음이 심란한 자이거나, 애통해 하는 자인 경우'를 예외로 한다.*

764) *■ 여여인설법과한계(與女人說法過限戒) / 사분승바일제 9 : 若比丘 與女人說法過五。六語, 除有智男子, 波逸提 • 여여인설법과한계⊙(與女人說法過限戒) / Khu-Pāc. 7(Nī-Pāc. 103) : yo pana bhikkhu mātugāmassa uttarichappañcavācāhi dhammaṁ deseyya aññatra viññunā purisaviggahena pācittiyan'ti.*

Catu-Kṣup. 59

59(5-10) 단순속죄죄법 제10조

땅을 파는 것에 대한 학습계율
[굴지계(掘地戒)]

[세존] "어떠한 비구이든 자신의 손으로 땅을 파거나 땅을 파게 시키면,765) 단순속죄죄766)를 범하는 것이니라."767)

765) *自手掘地 若教人掘者 : 빠알리문에는 '자신의 손으로'라는 구절이 생략되어 있다.*

766) *波逸提 : 《빠알리율》에서는 "'이것을 알아라, 이것을 주어라, 이것을 가져와라, 이것이 필요하다, 이것을 사용할 수 있게 하라.'고 말하는 경우이거나, 의도하지 않고, 새김을 잃고, 알지 못하거나, 정신착란자이거나, 최초의 범행자인 경우"는 예외이고, 《사분율》에서는 그 밖에 "땅위에 넘어진 울타리를 바로 잡거나, 땅위에 벽돌을 뒤집었거나, 소똥을 취해거나, 언덕이 무너져 흙을 취하든가, 쥐가 무너뜨린 흙을 취하든가, 경행길의 흙을 치웠든가, 집안의 흙을 치웠든가, 마당을 쓸었거나, 지팡이로 땅을 짚었거나, 고의로 파지 않았거나, 이 학습계율시설의 원인이 된 최초의 범행자이거나, 정신착란자이거나, 마음이 심란한 자이거나, 애통해 하는 자인 경우'를 예외로 한다.*

767) *■ 굴지계(掘地戒) / 사분승바일제 10 : 若比丘 自手掘地, 若教人掘者, 波逸提 • 굴지계⊙(掘地戒) / Khu-Pāc. 10(Nī-Pāc. 106) : yo pana bhikkhu paṭhaviyaṁ khaṇeyya vā khaṇāpeyya vā pācittiyan'ti.*

Catu-Kṣup. 60

60(5-11) 단순속죄죄법 제11조

초목을 파괴하는 것에 대한 학습계율
[괴생종계(壞生種戒)]

[세존] "어떠한 비구이든 초목을 파괴하면,768) 단순속죄죄769)를 범하는 것이니라."770)

---

768) 壞鬼神村者 : 한역은 명백하게 초목 또는 식물을 의미하는 'bhūtagāma'에 대한 오역이다. 물론 이 단어를 분리하면 'bhūta'는 존재 혹은 귀신의 의미가 있고 'gāma'는 마을의 의미를 지닌다.

769) 波逸提 : ≪빠알리율≫에서는 "'이것을 알아라, 이것을 주어라, 이것을 가져와라, 이것이 필요하다, 이것을 사용할 수 있게 하라.'고 말하거나, 의도하지 않고, 새김을 잃고, 알지 못하거나, 정신착란자이거나, 최초의 범행자인 경우"는 예외이고, ≪사분율≫에서는 그 밖에 '시들고 마른 초목을 자르거나, 초목위에 목재나 대나무를 끌거나, 초목위에 넘어진 울타리를 바로 잡거나, 초목위에 벽돌이나 돌이 있어 빼내거나, 풀이 길을 덮고 있어 막힌 곳을 뚫었거나, 이 학습계율시설의 원인이 된 최초의 범행자이거나, 정신착란자이거나, 마음이 심란한 자이거나, 애통해 하는 자인 경우'를 예외로 한다.

770) ■괴생종계(壞生種戒) | 사분승바일제 11 : 若比丘 壞鬼神村者, 波逸提 'bhūta gāma'를 한역에서 '鬼神村者'라고 번역한 것은 오역이다. • 괴생종계⊙(壞生種戒) | Khu-Pāc. 11(Nī-Pāc. 107) : bhūtagāmapātavyatāya pācittiyan'ti.

Catu-Kṣ up. 61

61(5-12) 단순속죄죄법 제12조

몸과 말로 핑계를 대는 것에 대한 학습계율

[신구기계(身口綺戒)]

[세존] "어떠한 비구이든 다른 비구에게 망령되게 핑계를 대거나 괴롭힘을 주면,[771] 단순속죄죄[772]

---

771) *妄作異語 惱僧者 : 빠알리문에는 '핑계를 대거나 묵비에 의한 괴롭힘을 주면'이라고 되어 있다.*

772) *波逸提 : 《빠알리율》에서는 "알지 못하면서 묻거나, 아프면서 이야기하지 않는다거나, '참모임의 다툼이나 싸움이나 논쟁이나 논쟁이 있을 것이다.'라고 생각하고 말하지 않거나, '참모임의 분열이나 참모임의 균열이 있을 것이다.'라고 생각하고 말하지 않거나, '원칙에 맞지 않거나 불완전한 모임으로 갈마에 적당하지 않은 자에 대해 갈마를 행할 것이다.'라고 말하지 않거나, 정신착란자이거나, 최초의 범행자인 경우"는 예외이고, 《사분율》에서는 '여러 번 듣고도 이해하지 못하거나, 원칙에 맞지 않는 갈마를 하려하거나, 이익이 없는 갈마를 하려하거나, 일좌식(一坐食) 중이거나 여식법(餘食法)을 하지 않고 공양 중이라던가 집이 무너졌거나 독사가 들어왔거나 도적이나 사나운 짐승이 들어왔거나 힘센 자의 강요를 당했을 때에 말을 듣지 않았을 경우나, 원칙에 맞지 않고 계율에 맞지 않는 갈마나 이익이 없는 갈마를 하려고 해서 말리는 경우나, 인간을 뛰어넘는 상태(上人法)를 물으면서 말하라고 했는데 말하지 않았거나, 장난으로 말했거나, 이 학습계율시설의 원인이 된 최초의 범행자이거나, 정신착란자이거나, 마음이 심란한 자이거나, 애통해 하는 자인 경우'를 예외로 한다. 참고로 일좌식은 한 자리에 앉아서 끝까지 먹는 것이고, 여식법은 남은 음식이 있거나 단월이 음식을 보내왔을 경우, 더 먹고자 할 경우 아직 다 먹지 않은 자에게 '이미 먹었으니 남은 음식*

를 범하는 것이니라."[773)]

을 먹겠습니다.'라고 알리면 상대방이 음식을 조금 취하고 '마음대로 드십시오'라고 하면 먹는 것을 말한다.

773) ■신구기계(身口綺戒) / 사분승바일제 12 : 若比丘 妄作異語惱僧者, 波逸提 •이어뇌승계⊙(異語惱僧戒) / Khu-Pāc. 12(Nī-Pāc. 108) : aññavādake vihesake pācittiyan'ti : Smp. 770에 따르면, 두 개의 별개의 사건이라 두 개를 다 범하는 경우는 두 개의 단순속죄죄를 범하는 것이다.

Catu-Kṣup. 62

62(5-13) 단순속죄죄법 제13조

참모임의 소임자를 원망하거나 매도하는 것에 대한 학습계율
[혐매승지사계(嫌罵僧知事戒)]

[세존] "어떠한 비구이든 소임을 맡은 자를 원망하거나 매도하면,[774] 단순속죄죄[775]를 범하는 것이니라."[776]

---

774) 嫌罵僧知事者 : 빠알리문에는 '소임 맡은 자'는 없으나 비방가의 설명으로 보아 '구족계를 받은 자인 참모임에 의해서 선정된 방사배정자나 식사분배자나 죽분배자나 과일분배자나 견과분배자나 사소한 것의 분배자'로 소임을 맡은 자를 뜻한다.

775) 波逸提 : 《빠알리율》에서는 '성격상 욕망에 의해서 성냄에 의해서 어리석음에 의해서 두려움에 의해서 행한 것을 원망하여 매도하거나, 정신착란자이거나, 최초의 범행자인 경우'는 예외이고, 《사분율》에서는 '실제로 그러할 일이 있어서 나중에 후회할까 걱정되었거나 장난으로 말했거나, 이 학습계율시설의 원인이 된 최초의 범행자이거나, 정신착란자이거나, 마음이 심란한 자이거나, 애통해하는 자인 경우'를 예외로 한다.

776) ■ 혐매승지사계(嫌罵僧知事戒) / 사분승바일제 13 : 若比丘 嫌罵僧知事者, 波逸提 • 혐매승지사계⊙(嫌罵僧知事戒) / Khu-Pāc. 13 (Nī-Pāc. 109) : ujjhāpanake khīyanake pācittiyan'ti.

Catu-Kṣ up. 63

63(5-14) 단순속죄죄법 제14조

노천에 참모임에 속한 물건을 펼치는 것에 대한 학습계율
[노부승물계(露敷僧物戒)]

[세존] "어떠한 비구이든 참모임의 침상이나 의자나 매트나 돗자리를 노천에 펴거나 펼치도록 시키고 떠날 때에 거두지 않거나 거두도록 시키지 않고 무단으로 간다면, 단순속죄죄[777]를 범하는 것이니라."[778]

---

777) 波逸提 : ≪빠알리율≫에서는, '햇볕에 말리고 가거나, 어떤 것이든 장애가 있거나, 사고가 나거나, 정신착란자이거나, 최초의 범행자인 경우'는 예외이고, ≪사분율≫에서는 '힘센 자의 강요였거나, 목숨이 위태로웠거나, 청정행이 어려웠거나, 두 사람이 함께 앉았다가 하좌가 거두었거나, 한 군데 펴놓았다가 거두고 떠나거나, 대중용 방석을 깔았다가 거둔 뒤에 방에 들어가 선정(思惟)을 닦거나, 이 학습계율시설의 원인이 된 최초의 범행자이거나, 정신착란자이거나, 마음이 심란한 자이거나, 애통해 하는 자인 경우'를 예외로 한다.

778) ■노부승물계(露敷僧物戒) / 사분승바일제 14 : 若比丘 取僧繩床。木床。臥具。坐褥, 露地 自敷, 若教人敷, 捨去, 不自擧。不教人擧者, 波逸提 ■노부승물계⊙(露敷僧物戒) / Khu-Pāc. 14(Nī-Pāc. 110) : yo pana bhikkhu saṅghikaṁ mañcaṁ vā pīṭhaṁ vā bhisiṁ vā kocchaṁ vā ajjhokāse santharitvā vā santharāpetvā vā taṁ pakkamanto n'eva uddhareyya na uddharāpeyya anāpucchaṁ vā gaccheyya pācittiyan'ti.

Catu-Kṣ up. 64

64(5-15) 단순속죄죄법 제15조

처소에 잠자리를 펴는 것에 대한 학습계율
[복처부승물계(覆處敷僧物戒)]

[세존] "어떠한 비구이든 참모임에 속한 정사에서 잠자리를 펼치거나 펼치게 시키고 떠날 때에 거두거나 거두도록 시키지 않고 무단으로 가면, 단순속죄죄[779]를 범하는 것이니라."[780]

---

779) 波逸提 : ≪빠알리율≫에서는 '어떤 것이든 장애가 있거나, 곧 돌아오겠다고 기대를 가지고 가다가 머물러 기별을 전하던가, 어떤 것이든 방해자가 있다던가, 사고가 나거나, 정신착란자이거나, 최초의 범행자인 경우'는 예외이고, ≪사분율≫에서는 '방사가 무너졌다든가, 불이 났거나, 독사가 들어왔다든가, 도적이나 사나운 짐승이 들어왔다든가, 힘센 자의 강요에 의한 것이든가, 곧 돌아오겠다고 생각하고 삼일째 되는 날에 기별을 전했거나 물길이 끊어지는 등으로 기별을 전하지 못했거나, 이 학습계율시설의 원인이 된 최초의 범행자이거나, 정신착란자이거나, 마음이 심란한 자이거나, 애통해하는 자인 경우'를 예외로 한다.

780) ■복처부승물계(覆處敷僧物戒) / 사분승바일제 15 : 若比丘 僧房舍內, 敷僧臥具。坐褥, 若自敷, 若教人敷, 若坐。若臥, 從彼捨去, 不自擧 不教人擧者, 波逸提 ●복처부승물계⊙(覆處敷僧物戒) / Khu-Pāc. 15(Nī-Pāc. 111) : yo pana bhikkhu saṅghike vihāre seyyaṁ santharitvā vā santharāpetvā vā taṁ pakkamanto n'eva uddhareyya na uddharāpeyya anāpucchaṁ vā gaccheyya, pācittiyan'ti.

Catu-Kṣ up. 65

65(5-16) 단순속죄죄법 제16조

강제로 잠자리를 차지하는 것에 대한 학습계율
[강부계(强敷戒)]

[세존] "어떠한 비구이든 먼저 도착한 비구를 밀치고 들어가 '비좁게 꽉 끼는 자는 나를 피해 떠날 것이다.' 라고 생각하고 잠자리를 차지하면,[781] 그 동기뿐이고 다른 것이 아닌 한, 단순속죄죄[782]를 범하는 것이니라."[783]

---

781) *先知比丘住處 後來於其中間强敷臥具止宿, 念言:「彼若嫌迮者, 自當避我去.」作如是因緣 非餘, 非威儀者* : 빠알리문에는 '나를 피해'라는 구절이 없다.

782) *波逸提* : 《빠알리율》에서는 '환자가 들어가거나, 한기나 열기에 괴롭힘을 당하여 들어가거나, 사고가 일어나거나, 정신착란자이거나, 최초의 범행자인 경우'는 예외이고, 《사분율》에서는 '먼저 알지 못했거나, 말하자 머물던 사람이 공간을 마련해주었거나, 공간이 충분히 넓었거나, 바닥에 넘어졌거나, 환자였든가, 힘센 자의 강요였거나, 이 학습계율시설의 원인이 된 최초의 범행자이거나, 정신착란자이거나, 마음이 심란한 자이거나, 애통해 하는 자인 경우'를 예외로 한다.

783) ■ 강부계(*强敷戒*) / 사분승바일제 16 : *若比丘 先知比丘住處 後來於其中間强敷臥具止宿, 念言:「彼若嫌迮者, 自當避我去.」作如是因緣 非餘, 非威儀者, 波逸提* • 강부계⊙(*强敷戒*) / Khu-Pāc. 16(Nī-Pāc. 112) : *yo pana bhikkhu saṅghike vihāre jānaṁ pubbupagataṁ bhikkhuṁ anupakhajja seyyaṁ kappeyya yassa sambādho bhavissati so pakkamissatī'ti etad eva paccayaṁ karitvā anaññaṁ pācittiyan'ti.*

Catu-Kṣ up. 66

66(5-17) 단순속죄죄법 제17조

타인을 끌어 승방에서 내모는 것에 대한 학습계율
[견타출승방계(牽他出僧房戒)]

[세존] "어떠한 비구이든 화를 내고 불쾌해 하며 비구를 참모임에 속한 방사에서 끌어내거나 끌어내게 시키면,784) 단순속죄죄785)를 범하는 것이니라."786)

---

784) 瞋他比丘尼 不喜. 衆僧房舍內 若自牽出. 若敎人牽出者 : 빠알리 문에는 '방사(房舍)'가 '정사(精舍 : vihāra)'라고 되어 있다.

785) 波逸提 : 《빠알리율》에서는 '범계자 · 정신착란된 자 · 다툼을 일으킨 자 · 싸움을 일으킨 자 · 쟁론을 일으킨 자 · 분열을 일으킨 자 · 원칙에 맞지 않고 행동하는 학인이나 제자를 끌어내거나 끌어내게 시키거나 그의 필수자구를 끌어내거나 끌어내게 시키거나, 정신착란자이거나, 최초의 범행자인 경우'는 예외이다. 《사분율》에서는 '성내는 마음 없이 차서에 따랐거나, 구족계를 받지 않은 자와 묵었는데 3일째 되는 밤에 내보냈거나, 계행 · 견해 · 위의를 깨뜨렸거나 권리정지되었거나 멸빈당한 인연으로 내보냈거나, 목숨이 위태로웠거나, 청정행이 어려웠거나, 이 학습계율시설의 원인이 된 최초의 범행자이거나, 정신착란자이거나, 마음이 심란한 자이거나, 애통해 하는 자인 경우'를 예외로 한다.

786) ■ 견타출승방계(牽他出僧房戒) / 사분승바일제 17 : 若比丘 瞋他比丘, 不喜, 僧房舍內, 若自牽出, 若敎人牽出者, 波逸提 ● 견타출방계⊙(牽他出房戒) / Khu-Pāc. 17(Nī-Pāc. 113) : yo pana bhikkhu bhikkhuṁ kupito anattamano saṅghikā vihārā nikkaḍḍheyya vā nikkaḍḍhāpeyya vā pācittiyan'ti.

Catu-Kṣ up. 67

67(5-18) 단순속죄죄법 제18조

탈각침상에 앉는 것에 대한 학습계율
[좌탈각상계(坐脫脚牀戒)]

[세존] "어떠한 비구이든 참모임에 속한 정사의 중각 방사에서 탈각침상이나 의자에 갑자기 앉거나 누우면, 단순속죄죄787)를 범하는 것이니라."788)

---

787) 波逸提 : ≪빠알리율≫에서는 '공중이 아닌 방사에 있거나, 머리가 닿는 곳에 있거나, 아래쪽에 사용하지 않는 것이 있거나, 침상의 판이 여러 겹이거나, 고정핀이 주어졌거나, 그 위에 서서 붙잡거나, 정신착란자이거나, 최초의 범행자인 경우'는 예외이고, ≪사분율≫에서는 '노끈평상이거나 굽은 다리의 평상이거나, 다리 없는 평상이거나, 평상을 받치는 주추가 크거나, 다리가 빠진 평상에 쐐기를 박았거나, 평상을 뒤엎어 앉거나 평상 다리를 빼고 앉거나, 이 학습계율 시설의 원인이 된 최초의 범행자이거나, 정신착란자이거나, 마음이 심란한 자이거나, 애통해 하는 자인 경우'를 예외로 한다.

788) ■좌탈각상계(坐脫脚牀戒) / 사분승바일제 18 : 若比丘 僧房若重閣上, 脫脚繩床木床, 若坐若臥者, 波逸提 ●좌탈각상계⊙(坐脫脚牀戒) / Khu-Pāc. 18(Nī-Pāc. 114) : yo pana bhikkhu saṅghike vihāre uparivehāsakuṭiyā āhaccapādakaṁ mañcaṁ vā pīṭhaṁ vā abhinisīdeyya vā abhinipajjeyya vā pācittiyan'ti.

Catu-Kṣup. 68

68(5-19) 단순속죄죄법 제19조

벌레가 들어있는 물을 사용하는 것에 대한 학습계율
[용충수계(用蟲水戒)]

[세존] “어떠한 비구이든 벌레가 들어있는 물을 알고도, 스스로 흙에 뿌리거나 풀에 뿌리거나 사람을 시켜서 뿌리게 한다면,789) 단순속죄죄790)를 범하는 것이니라.”791)

---

789) *知水有蟲. 自用澆泥澆草. 若教人澆者 : 빠알리문에는 '생물이 들어있는 물을 알고도 풀이나 흙에 뿌리거나 뿌리게 하면'로 되어 있다.*

790) *波逸提 : 《빠알리율》에서는 '의도가 없었거나, 새김을 잃었거나, 알지 못했거나, 정신착란자이거나, 최초의 범행자인 경우'는 예외이고, 《사분율》에서는 '벌레가 없다고 생각했거나, 손으로 휘저어 나가게 했거나, 물을 걸러서 뿌렸거나, 이 학습계율시설의 원인이 된 최초의 범행자이거나, 정신착란자이거나, 마음이 심란한 자이거나, 애통해 하는 자인 경우'를 예외로 한다.*

791) *■용충수계(用蟲水戒) / 사분승바일제 19 : 若比丘 知水有蟲, 自用澆泥。澆草, 若教人澆者, 波逸提 ●용충수계⊙(用蟲水戒) / Khu-Pāc. 20(Nī-Pāc. 116) : yo pana bhikkhu jānaṁ sappāṇakaṁ udakaṁ tiṇaṁ vā mattikaṁ vā siñceyya vā siñcāpeyya vā, pācittiyan'ti.*

Catu-Kṣup. 69

69(5-20) 단순속죄죄법 제20조

방사의 축조에 한도를 초과하는 것에 대한 학습계율
[복옥과한계(覆屋過限戒)]

[세존] "어떠한 비구이든 큰 방사를 지으면서, 문과 창과 창호와 내지 통풍장치[792]를 갖추면, 나머지는 두 겹이나 세 겹까지 덮어 씌어 축조하도록 지시할 수 있는데, 그것을 어기면,[793] 단순속죄죄[794]를 범하는 것이니라."[795]

---

792) 莊飾 : Vin. I. 47에 의하면, 백색·흑색·적색을 칠하고, 화만장식, 만곡초장식, 황새치이빨, 목책으로 장식하는 통풍장치를 말한다.

793) 作大房舍, 戶扉窗牖 及諸莊飾具, 指授覆苫 齊二。三節, 若過者 : 빠알리문에 따르면 "수행승이 큰 방사를 지을 때에, 횡목(橫木)을 설치하고 또한 창호를 장치하기 위한 호창소(戶窓所)를 남겨두고, 나머지의 벽은 두세 겹으로 회반죽을 덮어씌워 축조하는 것을, 작물이 없는 곳에 입각해서 결정할 수 있다."라는 뜻이다.

794) 波逸提 : ≪빠알리율≫에서는 '두세 겹 이하 둘러싸거나, 동굴이나 석굴이나 초가집의 경우나, 타인을 위한 것이거나, 자신의 재산으로 만들었거나, 자기의 주옥(主屋)을 제외하거나, 정신착란자이거나, 최초의 범행자인 경우는 예외이고, ≪사분율≫에서는 '세 겹을 다 잇기 전에 보이지 않고 들리지 않는 곳으로 갔거나, 수로나 육로가 끊기는 등이거나 힘센 자의 강요로 보이지 않고 들리지 않는 곳으로 갔거나, 이 학습계율시설의 원인이 된 최초의 범행자이거나, 정신착란자이거나, 마음이 심란한 자이거나, 애통해 하는 자인 경우'를 예외로 한다.

795) ■ 복옥과한계(覆屋過限戒) / 사분승바일제 20 : 若比丘 作大房舍, 戶扉窗牖 及諸莊飾具, 指授覆苫, 齊二。三節, 若過者, 波逸提 •

복옥과삼절계⊙(覆屋過三節戒) / Khu-Pāc. 19(Nī-Pāc. 115) : mahallakaṁ pana bhikkhunā vihāraṁ kārayamānena yāva dvārakosā aggalaṭṭhapanāya ālokasandhiparikammāya dvitticchadanassa pariyāyaṁ appaharite ṭhitena adhiṭṭhātabbaṁ, tato ce uttari appaharite pi ṭhito adhiṭṭhaheyya, pācittiyan'ti : Smp. 784에 따르면, 외짝문(戶)이나 창문(窗)을 설치하기 위해 짜는 사방의 나무를 횡목(橫木 : aggala)이라고 한다. 그 주변인 호창소(戶窗所)는 견고하게 하게 하기 위하여 여러 겹으로 진흙이나 회반죽을 바를 수 있다. 그 밖의 곳은 이중이나 삼중 또는 그 이하로 진흙을 발라야 한다.

Catu-Kṣ up. 70

70(5-21) 단순속죄죄법 제21조

무단으로 비구니를 교계하는 것에 대한 학습계율
[첩교니계(輒教尼戒)]

[세존] "어떠한 비구이든 참모임에서 선정되지 않고서 비구니들을 교계하면, 단순속죄죄796)를 범하는 것이니라."797)

---

796) 波逸提 : 《빠알리율》에서는 "송출을 주거나, 질문을 주거나, '대덕이여, 말씀해 주십시오'라고 말해서 설시하거나, 그녀가 질문하거나, 질문을 받고 대답하던가, 타자의 이익을 위해 말하는 것을 수행녀가 듣는다던가, 정학녀나 사미니가 정신착란된 자이거나, 최초의 범행자인 경우"는 예외이고, 《사분율》에서는 "대중이 선정하여 비구니를 교계하게 했거나, 상좌에게 물어 비구니들의 교계의 요청을 받아 대중이 선정했거나, 비구니들이 처분에 맡긴다고 하면 대중이 항상 교계하는 자 가운데 차례에 따라 선정했거나, 비구들이 때에 맞게 갔거나, 비구니들이 때에 맞게 맞이했거나, 비구니들이 교계사가 온다는 말을 듣고 반 요자나 마중을 나가서 앉을 곳을 마련하고 목욕도구를 장만하고 음식을 마련했거나, 대중이 모이면 교계사가 팔중법을 설하거나 차례대로 가서 설해주었거나, 비구가 병이 났을 때 비구니들이 사람을 보내 대중에게 예배했거나 대중의 수효가 모자라 완전한 모임이 아니더라도 사람을 보내서 예배했거나 비구니가 병이 났을 때 대중이 모자라 완전한 모임이 아니더라도 사람을 보내서 예배했거나, 물길이 막히고 육로가 험난하고 도적이나 호랑이나 이리나 사자의 장애가 있거나 갇혔거나 목숨이 위태롭거나 청정행이 어려워 사람을 보내 예배할 수 없었거나, 이 학습계율시설의 원인이 된 최초의 범행자이거나, 정신착란자이거나, 마음이 심란한 자이거나, 애통해 하는 자인 경우'를 예외로 한다.

797) ■ 첩교니계(輒教尼戒) / 사분승바일제 21 : 若比丘 僧不差, 教誡比丘尼者, 波逸提 • 첩교니계∅(輒教尼戒) / Khu-Pāc. 21 : yo pana bhikkhu asammato bhikkhuniyo ovadeyya pacittiyan'ti.

Catu-Kṣup. 71

71(5-22) 단순속죄죄법 제22조

비구니에게 일몰 후에 교계하는 것에 대한 학습계율
[여니설법지일모계(與尼說法至日暮戒)]

[세존] "어떠한 비구라도 선정되었더라도 해가 진 뒤에 비구니들을 교계하면, 단순속죄죄[798]를 범하는 것이니라."[799]

---

798) 波逸提 : ≪빠알리율≫에서는 "특별한 상황이거나, 송출을 주거나, 질문을 주거나, '대덕이여, 말씀해 주십시오'라고 말해서 설시하거나, 그녀가 질문하거나, 질문을 받고 대답하거나, 타자의 이익을 위해 말하는 것을 수행녀가 듣거나, 정학녀이거나 사미니이거나 정신착란된 자이거나, 최초의 범행자인 경우"는 예외이고, ≪사분율≫에서는 "비구니를 가르치다가 날이 저물기 전에 그치거나, 부녀자들을 제외한 다른 사람들에게 경을 가르치거나 외우게 하거나 묻게 하거나, 나룻배에서 설법하는데 비구니가 듣거나, 장사꾼과 함께 밤길을 가면서 설법하거나, 비구니의 승원에서 설법하거나, 설계일에 교수사를 청하러 대중에게 왔다가 설법하는 자리를 만나 들었거나, 이 학습계율시설의 원인이 된 최초의 범행자이거나, 정신착란자이거나, 마음이 심란한 자이거나, 애통해 하는 자인 경우'를 예외로 한다.

799) ■ 여니설법지일모계(與尼說法至日暮戒) | 사분승바일제 22 : 若比丘 爲僧差, 敎授比丘尼, 乃至日沒者, 波逸提 • 여니설법지일모계∅(與尼說法至日暮戒) | Khu-Pāc. 22 : sammato ce pi bhikkhu atthaṁgate suriye bhikkhuniyo ovadeyya pācittiyan'ti.

Catu-Kṣ up. 72

72(5-23) 단순속죄죄법 제23조

비구니를 교계하는 것에 대한 학습계율

[기교니계(譏教尼戒)]

[세존] "어떠한 비구이든 '비구들이 이득을 얻기 위하여[800] 비구니들을 교계한다.'라고 말하면, 단순속죄죄[801]를 범하는 것이니라."[802]

---

800) *爲飮食故 : 한역의 '음식을 얻기 위해'는 빠알리문의 '자양을 얻기 위해(āmisahetu)'를 직역한 것이다. 역자는 '이득을 얻기 위해'로 번역한다. Vin. IV. 58에 따르면 '이득을 얻기 위한 것'이란 옷과 탁발음식과 와좌구와 필수의약과 명성과 존경과 공경과 예경과 공양을 얻기 위한 것이다.*

801) *波逸提 : ≪빠알리율≫에서는 "사실에 의해서 옷을 얻기 위한 것이거나 탁발음식을 얻기 위한 것이거나 와좌구을 얻기 위한 것이거나 필수의약을 얻기 위한 것이거나 명성을 얻기 위한 것이거나 존경을 얻기 위한 것이거나 공경을 얻기 위한 것이거나 예경을 얻기 위한 것이거나 공양을 얻기 위한 것으로 교계를 말하는 경우이거나 정신착란된 자이거나, 최초의 범행자인 경우"는 예외이고, ≪사분율≫에서는 "음식을 공양하는 까닭에 비구니들을 교계했거나, 음식을 공양하는 까닭에 경을 송출했거나 경을 배우고 묻는 자에게 말했거나, 장난으로 말했거나, 이것을 말하려다 착오로 저것을 말했거나, 이 학습계율시설의 원인이 된 최초의 범행자이거나, 정신착란자이거나, 마음이 심란한 자이거나, 애통해 하는 자인 경우'를 예외로 한다.*

802) *■기교니계(譏教尼戒) / 사분승바일제 23 : 若比丘 語餘(諸)比丘如是語「諸比丘爲飮食故 教授比丘尼」者, 波逸提 •기교니인계∅(譏教尼人戒) / Khu-Pāc. 24 : yo pana bhikkhu evaṁ vadeyya āmisahetu therā bhikkhū bhikkhunīyo ovadantīti pācittiyan'ti.*

Catu-Kṣ up. 73

73(5-24) 단순속죄죄법 제24조

친척이 아닌 비구니에게 옷을 주는 것에 대한 학습계율
[여비친니의계(與非親尼衣戒)]

[세존] "어떠한 비구이든 친척이 아닌 비구니에게 옷을 주면, 교환을 제외하고, 단순속죄죄[803]를 범하는 것이니라."[804]

---

803) 波逸提 : ≪빠알리율≫에서는 '친척에게나, 교환하는 것이거나, 작은 것을 얻고 큰 것을 주거나, 큰 것을 얻고 작은 것을 주거나, 수행녀가 신뢰로 받거나, 잠시 동안 받거나, 옷을 제외한 다른 필수자구를 주거나, 정학녀에게 주거나, 사미니에게 주거나, 정신착란된 자이거나, 최초의 범행자인 경우'는 예외이고, ≪사분율≫에서는 '친척인 비구니에게 주거나, 서로 교환하거나, 탑묘나 부처님에게나 참모임에 주거나, 이 학습계율시설의 원인이 된 최초의 범행자이거나, 정신착란자이거나, 마음이 심란한 자이거나, 애통해 하는 자인 경우'를 예외로 한다.

804) ▪ 여비친니의계(與非親尼衣戒) / 사분승바일제 24 : 若比丘 與非親里比丘尼衣, 除貿易, 波逸提 • 여비친니의계∅(與非親尼衣戒) / Khu-Pāc. 25 : yo pana bhikkhu aññātikāya bhikkhuniyā cīvaraṁ dadeyya aññatra pārivaṭṭakā, pācittiyan'ti : 상실속죄죄법 제5조(Khu-Niss. 5)에 따르면, 친척이 아닌 수행녀로부터 옷을 받는 것은 교환을 제외하고 상실속죄죄를 범하는 것이다.

Catu-Kṣ up. 74

74(5-25) 단순속죄죄법 제25조

옷을 꿰매어주기에 대한 학습계율
[여비친니작의계(與非親尼作衣戒)]

[세존] "어떠한 비구이든 친척이 아닌 비구니를 위하여 옷을 지어주면,805) 단순속죄죄806)를 범하는 것이니라."807)

---

805) ***與非親里比丘尼作衣者*** : *빠알리문은 '옷을 지어주면' 대신에 '꿰매주거나 꿰매주게 시키면'으로 되어 있다.*

806) ***波逸提*** : *≪빠알리율≫에서는 '친척에게나, 옷 이외에 다른 필수자구를 꿰매어주거나 꿰매어주게 시키거나, 정학녀에게나 사미니에게 주는 경우이거나, 정신착란된 자이거나, 최초의 범행자의 경우'는 예외이고, ≪사분율≫에서는 '친척인 비구니에게 만들어주었거나, 비구들에게 만들어주었거나, 탑묘를 위한 것이거나, 빌려 입었거나, 세탁하고 염색하고 다듬어서 주인에게 돌려주었거나, 이 학습계율시설의 원인이 된 최초의 범행자이거나, 정신착란자이거나, 마음이 심란한 자이거나, 애통해 하는 자인 경우'를 예외로 한다.*

807) ■ *여비친니작의계(**與非親尼作衣戒**) / 사분승바일제 25 : **若比丘 與非親里比丘尼作衣者, 波逸提*** ● *여비친니작의계∅(**與非親尼作衣戒**) / Khu-Pāc. 26 : yo pana bhikkhu aññātikāya bhikkhuniyā cīvaraṁ sibbeyya vā sibbāpeyya vā pācittiyan'ti.*

Catu-Kṣ up. 75

75(5-26) 단순속죄죄법 제26조

단 둘이 비구니와 은밀한 곳에 있는 것에 대한 학습계율
[독여병로계(獨與尼屛露戒)]

[세존] "어떠한 비구이든 비구니와 함께 단 둘이서 은밀히 앉으면, 단순속죄죄[808]를 범하는 것이니라."[809]

---

808) 波逸提 : ≪빠알리율≫에서는 '어떠한 양식있는 동석자라도 있거나, 서 있거나, 앉아 있지 않거나, 은밀한 장소를 기대하지 않거나, 다른 어떤 것에 대하여 생각하며 앉아 있은 경우이거나, 정신착란된 자이거나, 최초의 범행자인 경우'는 예외이고, ≪사분율≫에서는 '비구니의 도반이 있거나, 눈멀지 않고 귀먹지 않고 사람 둘이 곁에 있거나, 가다가 갑자기 땅에 쓰러졌거나, 힘센 자에게 붙들렸거나 결박 당했거나 목숨이 위태로웠거나, 청정행이 어려웠거나, 이 학습계율 시설의 원인이 된 최초의 범행자이거나, 정신착란자이거나, 마음이 심란한 자이거나, 애통해 하는 자인 경우'를 예외로 한다.

809) ■독여병로계(獨與尼屛露戒) / 사분승바일제 26 : 若比丘 與比丘尼在屛◦覆處坐者, 波逸提 ●독여니병로좌계∅(獨與尼屛露坐戒) / Khu-Pāc. 30 : yo pana bhikkhu bhikkhuniyā saddhiṁ eko ekāya raho nisajjaṁ kappeyya pācittiyan'ti.

Catu-Kṣup. 76

76(5-27) 단순속죄죄법 제27조

비구니와 약속하고 동행하는 것에 대한 학습계율
[여니기행계(與尼期行戒)]

[세존] "어떠한 비구이든 비구니와 미리 약속하고 여로를 동행하면, 마을까지라도, 특별한 상황을 제외하고, 단순속죄죄810)를 범하는 것이니, 여기서 특별한 상황이란, 함께 가는데811) 위험이 감지되고 공포가 도사리는 여로일 경우에, 그러한 상황을 뜻하느니라."812)

---

810) 波逸提 : ≪빠알리율≫에서는 '특별한 상황이거나, 미리 약속하지 않고 가거나, 수행녀가 미리 약속을 제안하고 수행승이 미리 약속하지 않거나, 미리 약속한 것과 다르게 가거나, 사고가 일어났거나, 정신착란된 자이거나, 최초의 범행자인 경우'는 예외이고, ≪사분율≫에서는 '약속 없이 함께 다녔거나, 의심과 두려움이 있는 곳이었거나, 저곳에 이르면 편안 할 수 있었거나, 힘센 자에게 잡혔거나, 결박을 당했거나, 목숨이 위태로웠거나, 청정행이 어려웠거나, 이 학습계율시설의 원인이 된 최초의 범행자이거나, 정신착란자이거나, 마음이 심란한 자이거나, 애통해 하는 자인 경우'를 예외로 한다.

811) 伴行 : 빠알리문에는 '무기를 지니고 가야 할 정도로'이다.

812) ■여니기행계(與尼期行戒) / 사분승바일제 27 : 若比丘 與比丘尼共同道行. 乃至聚落, 除餘時, 波逸提 餘時者, 伴行, 有疑恐怖處 此是時. • 여니기행계⊘(與尼期行戒) / Khu-Pāc. 27 : yo pana bhikkhu bhikkhuniyā saddhiṁ saṁvidhāya ekaddhānamaggaṁ paṭipajjeyya antamaso gāmantarampi aññatra samayā pācittiyaṁ. tatthāyaṁ samayo: satthagamanīyo hoti maggo, sāsaṅkasammato, sappaṭibhayo ayaṁ tattha samayo'ti.

Catu-Kṣ up. 77

77(5-28) 단순속죄죄법 제28조

비구니와 동일한 객선을 타는 것에 대한 학습계율
[여니동선계(與尼同船戒)]

[세존] "어떠한 비구이든 비구니와 함께 미리 약속하여 상류나 하류로 가는 동일한 객선을 타면, 가로질러 건너는 경우를 제외하고, 단순속죄죄[813]를 범하는 것이니라."[814]

---

813) *波逸提 : ≪빠알리율≫에서는 '가로질러 건너가거나, 미리 약속하지 않고 타거나, 수행녀가 미리 약속을 제안하고 수행승이 미리 약속하지 않거나, 미리 약속한 것과 다르게 타거나, 사고가 나는 경우이거나, 정신착란된 자나 최초의 범행자의 경우'는 예외이고, ≪사분율≫에서는 '함께 약속하지 않았거나, 바로 저편으로 건너가는 배에 탔는데 사공이 잘못해서 배를 오르락내리락했거나, 저편에 가면 편안하지 못했거나, 힘센 자에게 잡혔거나 결박당했거나 목숨이 위태로웠거나, 청정행이 어려웠거나, 이 학습계율시설의 원인이 된 최초의 범행자이거나, 정신착란자이거나, 마음이 심란한 자이거나, 애통해 하는 자인 경우'를 예외로 한다.*

814) *■ 여니동선계(與尼同船戒) / 사분승바일제 28 : 若比丘 與比丘尼, 期同乘一船, 若上水, 若下水, 除直渡者, 波逸提 • 여니동선계∅(與尼同船戒) / Khu-Pāc. 28 : yo pana bhikkhu bhikkhuniyā saddhiṁ saṁvidhāya ekaṁ nāvaṁ abhirūheyya uddhagāminaṁ vā adhogāminiṁ vā aññatra tiriyaṁtaraṇāya pācittiyan'ti.*

Catu-Kṣup. 78

78(5-29) 단순속죄죄법 제29조

비구니가 찬탄한 음식을 먹는 것에 대한 학습계율
[식니탄식계(食尼歎食戒)]

[세존] "어떠한 비구이든 알면서 비구니가 찬탄한 탁발음식을 먹는다면, 이전부터 단월이 준비한 것을 제외하고,[815] 단순속죄죄[816]를 범하는 것이니라."[817]

---

815) *知比丘尼讚歎因緣得食食* : 빠알리문에서는 '찬탄한 음식' 대신에 '알선한 음식', 시주 대신에 '재가자'라고 되어 있다.

816) *波逸提* : 《빠알리율》에서는 '이전부터 재가자가 준비한 것이거나, 정학녀가 알선했거나, 사미니가 알선했거나, 다섯 가지 정식 이외의 모든 것이거나, 정신착란된 자나 최초의 범행자인 경우'는 예외이고, 《사분율》에서는 '단월이 먼저부터 가졌던 뜻을 알지 못하거나, 교화한 것을 교화하지 않았다고 생각했거나, 비구니 자신이 장만했거나, 단월이 비구니를 시켜서 경영했거나, 교화하여 걸식하지 않아도 주었거나, 이 학습계율시설의 원인이 된 최초의 범행자이거나, 정신착란자이거나, 마음이 심란한 자이거나, 애통해 하는 자인 경우'를 예외로 한다.

817) ■ 식니탄식계(*食尼歎食戒*) / 사분승바일제 29 : *若比丘 知比丘尼讚歎因緣得食食, 除施主先有意者, 波逸提* • 식니탄식계∅(*食尼歎食戒*) / *Khu-Pāc. 29* : *yo pana bhikkhu jānaṁ bhikkhunīparipācitaṁ piṇḍapātaṁ bhuñjeyya aññatra pubbe gihīsamārambhā pācittiyan'ti.*

Catu-Kṣup. 79

79(5-30) 단순속죄죄법 제30조

여인과 약속하고 동행하는 것에 대한 학습계율
[여여인기동행계(與女人期同行戒)]

[세존] "어떠한 비구이든 여인과 함께 약속하고 동일한 여행길을 간다면, 마을까지일지라도,[818] 단순속죄죄[819]를 범하는 것이니라."[820]

---

818) 與婦女人期同道行. 乃至聚落者 : 빠알리문에는 '마을과 마을 사이의 거리일지라도'라고 되어 있다.

819) 波逸提 : 《빠알리율》에서는 '미리 약속을 하지 않고 가거나, 여인이 미리 약속하고 수행승이 미리 약속하지 않거나, 미리 약속한 것과 다르게 가거나, 사고가 있거나, 정신착란된 자이거나, 최초의 범행자인 경우'는 예외이고, 《사분율》에서는 '함께 약속하지 않았거나, 저곳에 가야 편안해지겠다거나, 힘센 자에게 잡혔거나 결박당했거나 목숨이 위태로웠거나, 청정행이 어려웠거나, 이 학습계율시설의 원인이 된 최초의 범행자이거나, 정신착란자이거나, 마음이 심란한 자이거나, 애통해 하는 자인 경우'를 예외로 한다.

820) ■ 여여인기동행계(與女人期同行戒) / 사분승바일제 30 : 若比丘 與婦女人期同道行. 乃至聚落者, 波逸提 ● 여여인기행계Ø(與女人期行戒) / Khu-Pāc. 67 : yo pana bhikkhu mātugāmena saddhiṁ saṁvidhāya ekaddhānamaggaṁ paṭipajjeyya antamaso gāmantar-ampi, pācittiyan'ti.

Catu-Kṣ up. 80

80(5-31) 단순속죄죄법 제31조

한 끼 제공하는 곳에서 초과해서 먹는 것에 대한 학습계율
[시일식처과수계(施一食處過受戒)]

[세존] "어떠한 비구이든 환자가 아닌 한, 휴게소의 음식을 한 끼만 먹어야 하며, 그 이상 먹는다면, 단순속죄죄[821]를 범하는 것이니라."[822]

---

821) 波逸提 : 《빠알리율》에서는 '환자이거나, 환자가 아닌 자로서 한 끼만 먹었거나, 가거나 오면서 먹었거나, 시주가 초청해서 대접했거나, 특정인에게 마련된 것이거나, 원하는 만큼 준비되지 않았거나, 다섯 가지 정식을 제외하고 다른 모든 것을 먹거나, 정신착란자이거나, 최초의 범행자인 경우'는 예외이고, 《사분율》에서는 '환자이거나, 시주가 초청했거나, 단월이나 친척이 차례로 음식을 청했거나, 물길이 끊어지는 등의 사고가 있거나, 힘센 자에게 붙들렸거나 결박당했거나 목숨이 위태로웠거나, 청정행이 어려웠거나, 이 학습계율시설의 원인이 된 최초의 범행자이거나, 정신착란자이거나, 마음이 심란한 자이거나, 애통해 하는 자인 경우'를 예외로 한다. 참고로 다섯 가지 정식이라는 것은 부드러운 음식 즉, 밥, 쌀죽, 미숫가루, 물고기, 육고기를 뜻한다.

822) ■시일식처과수계(施一食處過受戒) / 사분승바일제 31 : 若比丘 施一食處 無病比丘應受, 若過者, 波逸提 ●시일식처과수계⊙(施一食處過受戒) / Khu-Pāc. 31(Nī-Pāc. 117) : agilānena bhikkhunā eko āvasathapiṇḍo bhuñjitabbo, tato ce uttariṁ bhuñjeyya pācittiyan'ti.

Catu-Kṣup. 81

81(5-32) 단순속죄죄법 제32조

연속적인 식사에 대한 학습계율

[전전식계(展轉食戒)]

[세존] "어떠한 비구이든 연속하여 식사하는 것은 특별한 상황을 제외하고, 단순속죄죄[823]를 범하는 것이니, 여기서 특별한 상황이란, 병들었을 때이거나 옷이 보시될 때나 옷을 지을 때에,[824] 그러한 상황을 뜻하느니라."[825]

---

823) 波逸提 : 《빠알리율》에서는 '특별한 상황이나, 양도하고 먹거나, 두 세 집의 초대를 받아 한꺼번에 먹거나, 순차적으로 청하여 먹거나, 전체 마을에서 초청을 받아 그 마을의 어느 곳에서든지 먹거나, 전체 조합에서 초대를 받아 그 조합의 어디에서든지 먹거나, 초대를 받고 '나는 탁발을 하겠다.'고 말하거나, 상시식이나, 행주식이나, 십오일식이나, 포살식이나, 월초일식이나, 다섯 가지의 정식 이외의 다른 것을 먹는 경우이거나, 정신착란된 자이거나, 최초의 범행자인 경우'는 예외이고, 《사분율》에서는 '병이 들었거나, 옷을 보시할 때나, 하루에 여러 사람이 청했는데 하나만 받고 나머지는 양도하였거나, 청하고서도 다섯 가지 정식이 아닌 다른 것을 주었거나, 공양을 청한 이가 없어 먹거나 먹은 뒤에 다시 음식이 생겼거나, 한 곳에 앞의 음식과 뒤의 음식이 있거나, 이 학습계율시설의 원인이 된 최초의 범행자이거나, 정신착란자이거나, 마음이 심란한 자이거나, 애통해 하는 자인 경우'를 예외로 한다.

824) 作衣時 : 빠알리문에는 '옷을 지을 때'가 없다.

825) ■ 전전식계(展轉食戒) / 사분승바일제 32. 若比丘 展轉食, 除餘時, 波逸提 餘時者, 病時 ◦ 施衣時 ◦ 作衣時, 此是時. ● 전전식계Ø(展

轉食戒) / Khu-Pāc. 33 : paramparahojane aññatra samayā pācittiyaṁ, tatthāyaṁ samayo; gilānasamayo, cīvaradānasamayo ayaṁ tattha samayo'ti.

Catu-Kṣ up. 82

82(5-33) 단순속죄죄법 제33조

무리지어 식사하는 것에 대한 학습계율
[별중식계(別衆食戒)]

[세존] "어떠한 비구이든 무리지어 식사하면, 특별한 상황을 제외하고,826) 단순속죄죄827)를 범하는 것이니, 여기서 특별한 상황이란, 병들었을 때이거나 옷이 보시될 때이거나 옷을 만들 때이거나 여로를 갈 때이거나 배를 타고 갈 때이거나 다수의 모임이 있을 때이거나 수행자들을 위한 시식이 있을 때에, 그러한 상황을

---

826) 別衆食, 除餘時 : 빠알리어에서는 무리지어 하는 식사(別衆食)를 'gaṇabhojana'라고 하는데, 네 명의 수행승이 다섯 가지 정식 가운데 어느 하나로 초대받아 식사하는 것을 말한다. 이 때에 네 명의 수행승이 한 당파가 되어 행동하면 참모임의 파괴와 연결될 수 있으므로 금지된 것이다. 상세한 것은 Vin. III. 71을 참조하라. 상세한 것은 Vin. III. 71을 참조하라.

827) 波逸提 : ≪빠알리율≫에서는 '두 명이나 세 명이 함께 식사하거나, 탁발하러 가서 함께 모여서 식사하거나, 상시식이나, 행주식이나, 십오일식이나, 포살식이나, 월초일식이나, 다섯 가지 정식 이외의 다른 것을 먹거나, 정신착란자이거나, 최초의 범행자인 경우'는 예외이고, ≪사분율≫에서는 그 밖에 '네 사람이 돌아가며 번갈아 먹었거나 이러한 인연이 있어서 말하고 갔거나, 이 학습계율시설의 원인이 된 최초의 범행자이거나, 정신착란자이거나, 마음이 심란한 자이거나, 애통해 하는 자인 경우'를 예외로 한다. 참고로 행주식(行籌食)은 산가지표로 받는 음식인데, 탁발음식이 모자랄 경우에 산가지표을 발행했다.

뜻하느니라."828)

828) ▪ 별중식계(別衆食戒) / 사분승바일제 33. 若比丘 別衆食, 除餘時, 波逸提 餘時者, 病時。作衣時。施衣時。道行時。船行時。大衆集時。大會時. 沙門施食時. 此是時. • 별중식계⊙(別衆食戒) / Khu-Pāc. 32(Nī-Pāc. 118) : gaṇabhojane aññatra samayā pācittiyaṁ, tatthāyaṁ samayo: gilānasamayo, cīvaradānasamayo cīvarakārasamayo, addhānagamanasamayo. nāvabhirūhanasayo, mahāsamayo samaṇabhattasamayo, ayaṁ tattha samayo'ti.

Catu-Kṣup. 83

83(5-34) 단순속죄죄법 제34조

시댁에 가져가는 음식과 상인의 음식에 대한 학습계율
[취귀부매객식계(取歸婦賈客食戒)]

[세존] "어떠한 비구이든 가정을 찾을 경우 과자나 만타를 가져와서 청하면, 비구가 원한다면, 두세 발우를 받아서 승원으로 가져와서 비구들과 함께 나누어야 하되, 어떠한 비구이든 환자가 아닌 한 그 두세 발우 이상을 받으면,[829] 단순속죄죄[830]를 범하는 것이니라

---

829) 至檀越家, 慇懃請與餅。麨飯, 若比丘須者, 應二。 持至寺內, 應分與餘比丘食, 若比丘無病, 過二。三鉢受者 : 한역의 맥반(麨飯)은 빠알리어의 만타(mantha : Vin. I. 4)를 뜻하는데, 초자(麨子)라고도 한다. 볶은 쌀에 우유를 섞어 만든 일종의 휴대용 음식이다. 빠알리문에는 후반부에 "수행승이 원한다면, 두세 발우를 채워서 받을 수 있지만, 그보다 많이 받으면 단순속죄죄를 범하는 것이다. 그리고 두세 발우를 채워서 받으면, 거기서부터 가지고 나와서 수행승들과 함께 나누어야 한다. 이것이 그 경우의 올바른 조치이다."라고 되어 있다.

830) 波逸提 : ≪빠알리율≫에서는 '두세 발우를 채우거나 이하를 받거나, 보시를 위한 것이나 여행양식으로 준비된 것이 아닌 것을 주거나, 보시를 위한 것이나 여행양식으로 준비되어 남은 것을 주거나, 여행이 취소되었기 때문에 주거나, 친척에게 속한 것이거나, 초대를 받았거나, 타인을 위한 것이거나, 자신의 재산에 의한 것이거나, 정신착란자이거나, 최초의 범행자인 경우'는 예외이고, ≪사분율≫에서는 '환자이거나, 돌아와서 다른 비구와 나누어먹었거나, 승원에 보내온 것을 받았거나, 이 학습계율시설의 원인이 된 최초의 범행자이거나, 정신착란자이거나, 마음이 심란한 자이거나, 애통해 하

."831)

는 자인 경우'를 예외로 한다.

831) ■취귀부매객식계(取歸婦買客食戒) / 사분승바일제 34 : 若比丘 至檀越家, 慇懃請與餅。麨飯, 若比丘須者, 應二。三鉢受, 持至寺內, 應分與餘比丘食, 若比丘無病 過二。三鉢受者, 波逸提 ●취귀부매객식계⊙(取歸婦買客食戒) / Khu-Pāc. 34(Nī-Pāc. 119) : bhikkhuṁ pan' evakulaṁ upagataṁ pūvehi vā manthehi vā abhihaṭṭhuṁ pavāreyya, ākaṁkhamānena bhikkhunā dvattipattapurā paṭiggahetabbā. tato ce uttariṁ paṭigaṇheyya pācittiyaṁ, dvattipattapūre paṭiggahetvā tato nīharitvā bhikkhūhi saddhiṁ saṁvibhajitabbaṁ, ayaṁ tattha sāmīcī'ti.

Catu-Kṣup. 84

84(5-35) 단순속죄죄법 제35조

만족하게 음식을 먹은 자에 대한 학습계율
[족식계(足食戒)]

[세존] "어떠한 비구이든 식사를 마치고 만족했는데도, 잔식이 아닌 음식을 다시 먹는다면,[832] 단순속죄죄[833]를 범하는 것이니라."[834]

---

832) 足食竟, 或時受請, 不作餘食法, 更食者 : 빠알리문에는 "단단한 음식이거나 부드러운 음식을 씹거나 먹는다면"이라고 되어 있다.

833) 波逸提 : ≪빠알리율≫에서는 "잔식인 것으로 만들게 하고 먹거나, 잔식인 것으로 만들게 하고 '내가 먹겠다.'라고 취하거나, 타인을 위해서 가지고 가거나, 환자의 잔식인 것을 먹거나, 시분약, 칠일약, 진형수약을 원인이 있어서 먹는 경우이거나, 정신착란된 자이거나, 최초의 범행자인 경우"는 예외이고, ≪사분율≫에서는 '음식을 음식이 아니라고 생각하고 받지 않거나, 잔식법을 하거나, 밥이 아닌 것에 대해서 잔식법을 하지 않거나, 자기 손에 가지고 잔식법을 하거나, 땅에 놓고 잔식법을 하지 않거나, 서로의 손이 미치는 곳에 놓고 하거나, 남에게 주거나, 남이 나에게 주면서 잔신법을 하거나, 병든 자나 간호하는 자가 잔식법을 하지 않거나, 이미 잔식법을 하였거나, 이 학습계율시설의 원인이 된 최초의 범행자이거나, 정신착란자이거나, 마음이 심란한 자이거나, 애통해 하는 자인 경우'를 예외로 한다.

834) ■족식계(足食戒) | 사분승바일제 35 : 若比丘 足食竟, 或時受請, 不作餘食法, 更食者, 波逸提. •족식계Ø(足食戒) | Khu-Pāc. 35 : yo pana bhikkhu bhuttāvī pavārito anatirittaṁ khādanīyaṁ vā bhojanīyaṁ vā khādeyya vā bhuñjeyya vā, pācittiyan'ti.

Catu-Kṣ up. 85

85(5-36) 단순속죄죄법 제36조

만족하게 먹은 자에게 음식을 권하는 것에 대한 학습계율
[권족식계(勸足食戒)]

[세존] "어떠한 비구이든 비구가 식사를 마치고 만족했는데도 잔식이 아닌 것을 가져와서 '자 비구여, 이 음식을 드시오.'라고 이 동기뿐이고 다른 것이 아닌 한, 잘못을 범하길 기대하면,835) 단순속죄죄836)를 범하

---

835) 知他比丘足食竟, 若受請, 不作餘食法, 慇懃請與食:「大德 取是食.」以是因緣 非餘, 欲使他犯者 : 빠알리문에는 음식이 '잔식이 아닌 것'이 '잔식이 아닌 단단한 음식이거나 부드러운 음식'이라고 되어 있다. 후반부의 문장은 '청하며 알면서 잘못을 범하길 기대하면, 그가 시식할 때'라고 되어 있다.

836) 波逸提 : ≪빠알리율≫에서는 "잔식을 만들게 해서 주거나, 잔식을 만들게 해서 '드시오'라고 주거나, '타인을 위해서 가져와서 가라!'라고 주거나, 환자의 남은 것을 주거나, '시분약, 칠일약, 진형수약을 인연이 있을 때 드시오'라고 주는 경우이거나, 정신착란된 자이거나, 최초의 범행자인 경우"는 예외이고, ≪사분율≫에서는 "먼저 만족하게 먹은 것을 알지 못하고 부족하게 먹었다고 생각했거나, 주었으나 버렸다가 먹게 했거나, 주었으나 두었다가 먹게 했거나, 사람을 시켜서 남에게 보냈다가 먹게 했거나, 아직 잔식법을 하지 않은 자에게 주어 잔식법을 하고 먹으라고 했으나 하지 않고 먹었거나, 환자가 남긴 음식을 주되 범하지 않게 하거나, 잔식법을 하고 주되 남이 범하게 하지 않거나, 이 학습계율시설의 원인이 된 최초의 범행자이거나, 정신착란자이거나, 마음이 심란한 자이거나, 애통해 하는 자인 경우"를 예외로 한다.

는 것이니라."837)

837) ■ *권족식계(勸足食戒) | 사분승바일제 36 : 若比丘 知他比丘足食竟, 若受請, 不作餘食法 慇懃請與食:「大德 取是食.」以是因緣非餘, 欲使他犯者, 波逸提* • *권족식계∅(勸足食戒) | Khu-Pāc. 36 : yo pana bhikkhu bhikkhuṁ bhuttāviṁ pavāritaṁ anatirittena khādanīyena vā bhojaniyena vā abhihaṭṭhuṁ pavāreyya handa bhikkhu khāda vā bhuñja vā ti jānaṁ āsādanāpekkho bhuttasmiṁ pācittiyan'ti.*

Catu-Kṣ up. 86

86(5-37) 단순속죄죄법 제37조

때 아닌 때의 시간에 먹는 것대한 학습계율
[비시식계(非時食戒)]

[세존] "어떠한 비구이든 때 아닌 때의 시간에 음식을 먹는다면,838) 단순속죄죄839)를 범하는 것이니라."840)

---

838) *非時食者 : 빠알리문에는 "때아닌 때에 단단한 음식이나 부드러운 음식을 씹거나 먹는다면,"이라고 되어 있다.*

839) *波逸提 : 《빠알리율》에서는 '시분약, 칠일약, 진형수약을 원인이 있을 때 먹거나, 정신착란자이거나, 최초의 범행자인 경우'는 예외이다. 《사분율》에서는 그 밖에 '환자인 비구가 정오가 지나 보리를 끓여서 즙을 걸러 먹었거나, 트림하다가 목을 올라온 것을 삼켰거나, 이 학습계율시설의 원인이 된 최초의 범행자이거나, 정신착란자이거나, 마음이 심란한 자이거나, 애통해 하는 자인 경우'를 예외로 한다. 참고로 약에는 일정시간 안에 먹어야 하는 약인 시약(時藥 : yāvakālika)과 때 아닌 때의 시간(정오에서 일출 무렵)에 먹을 수 있는 약인 시분약(時分藥 : yāmakālika)과 7일까지 먹을 수 있는 칠일약(七日藥 : sattāhakālika)과 평생 동안에 먹을 수 있는 약인 진형수약(盡形壽藥 : yāvajīvika)이 있다.*

840) *■비시식계(非時食戒) / 사분승바일제 37 : 若比丘 非時食者, 波逸提 ● 비시식계⊙(非時食戒) / Khu-Pāc. 37(Nī-Pāc. 120) : yo pana bhikkhu vikāle khādanīyaṁ vā bhojanīyaṁ vā khādeyya vā bhuñjeyya vā, pācittiyan'ti.*

Catu-Kṣup. 87

87(5-38) 단순속죄죄법 제38조

음식을 남겨서 저장하는 것에 대한 학습계율
[식잔숙계(食殘宿戒)]

[세존] "어떠한 비구이든 음식을 남겼다가 저장해 두고 먹는다면,[841] 단순속죄죄[842]를 범하는 것이니라."[843]

---

841) 食殘宿食者 : 빠알리문에는 '저장해 두었다가 단단한 음식이나 부드러운 음식을 씹거나 먹는다면'이라고 되어 있다.

842) 波逸提 : 《빠알리율》에서는 '시약을 제 때의 시간에 저장하여 먹거나, 시분약을 때 아닌 때의 시간에 저장하여 먹거나, 칠일약을 7일간 저장하여 먹거나, 진형수약을 조건에 따라 먹거나, 정신착란자이거나, 최초의 범행자인 경우'는 예외이다. 《사분율》에서는 '음식이 남아 하룻밤 묵혀 부모에게 주거나, 품삯을 준 것을 다시 받았거나, 발우에 구멍이 있어 씻어도 나오지 않거나, 생버터나 기름으로 코를 씻다가 침을 따라나오면 뱉어야 하는데 그래도 남아있거나, 이 학습계율시설의 원인이 된 최초의 범행자이거나, 정신착란자이거나, 마음이 심란한 자이거나, 애통해 하는 자인 경우'를 예외로 한다.

843) ■ 식잔숙계(食殘宿戒) / 사분승바일제 38 : 若比丘 食殘宿食者, 波逸提 • 식잔숙계⊙(食殘宿戒) / Khu-Pāc. 38(Nī-Pāc. 121) : yo pana bhikkhu sannidhikārakaṁ khādanīyaṁ vā bhojanīyaṁ vā khādeyya vā bhuñjeyya vā, pācittiyan'ti.

Catu-Kṣup. 88

88(5-39) 단순속죄죄법 제39조

주지 않는 음식을 먹는 것에 대한 학습계율
[불수식계(不受食戒)]

[세존] "어떠한 비구이든 주어지지 않은 음식이나 약을 입으로 가져오면,844) 음용수와 치목(齒木)을 제외하고, 단순속죄죄845)를 범하는 것이니라."846)

---

844) 不受食. 若藥 著口中 : 빠알리문에는 '약'이란 단어는 없다.

845) 波逸提 : 《빠알리율》에서는 '네 가지 대정화제(大淨化劑 : 똥, 오줌, 재, 점토)를 조건이 있거나 조건 없이 허용할 수 있는 사람이 없을 때 사용하거나, 정신착란자이거나, 최초의 범행자인 경우'는 예외이다. 《사분율》에서는 '생버터나 기름으로 코를 씻었는데 입으로 나오거나, 새가 물고 가다가 발우에 떨어뜨린 것이나 바람이 불어 발우에 떨어진 것은 손톱만큼이라도 제거해야 하지만 제거하고도 남아 있거나, 이 학습계율시설의 원인이 된 최초의 범행자이거나, 정신착란자이거나, 마음이 심란한 자이거나, 애통해 하는 자인 경우'를 예외로 한다.

846) ■ 불수식계(不受食戒) / 사분승바일제 39 : 若比丘 不受食, 若藥 著口中, 除水及楊枝 波逸提 • 불수식계⊙(不受食戒) / Khu-Pāc. 40 (Nī-Pāc. 122) : yo pana bhikkhu adinnaṁ mukhadvāraṁ āhāraṁ āhāreyya aññatra udakadantapoṇā, pācittiyan'ti.

Catu-Kṣup. 89

89(5-40) 단순속죄죄법 제40조

맛있는 음식을 찾는 것에 대한 학습계율
[색미식계(索美食戒)]

[세존] "어떠한 비구이든 맛있는 음식 즉, 우유, 응유, 물고기, 육고기가 있는데, 환자가 아닌 한, 스스로 자신을 위하여 요청하여 먹으면,[847] 단순속죄죄[848]를 범하는 것이니라."[849]

---

847) *得好美食, 乳◦酪◦魚◦肉, 無病, 自爲己索者 : 빠알리문에는 맛있는 음식으로 '버터기름, 신선한 버터, 기름, 꿀, 당밀, 물고기, 육고기, 우유, 응유와 같은 것'들을 들고 있다.*

848) *波逸提 : ≪빠알리율≫에서는 '환자이거나, 환자여서 요청하여 먹다가 환자가 아닌 자가 되어 먹는다거나, 환자의 남은 것을 먹는다거나, 친척에 속하거나, 초대받았던가, 타인을 위한 것이라거나, 자신의 재산을 통한 경우이거나, 정신착란된 자이거나, 최초의 범행자인 경우'는 예외이고, ≪사분율≫에서는 "환자인 자기가 구하거나, 환자를 위해서 구하거나, 구걸해 얻어서 먹거나, 자기가 남을 위하거나 남이 자기를 위하여 구걸하거나, 구걸하지 않고 얻어지거나, 이 학습계율시설의 원인이 된 최초의 범행자이거나, 정신착란자이거나, 마음이 심란한 자이거나, 애통해 하는 자인 경우'를 예외로 한다.*

849) *■ 색미식계(索美食戒) / 사분승바일제 40 : 若比丘 得好美食, 乳◦酪◦魚◦肉, 無病, 自爲己索者, 波逸提 ● 색미식계∅(索美食戒) / Khu-Pāc. 39 : yāni kho tāni paṇītabhojanāni seyyathīdaṁ: sappi navanītaṁ telaṁ madhu phāṇitaṁ maccho maṁsaṁ khīraṁ dadhi. yo pana bhikkhu evarūpāni paṇītabhojanāni agilāno attato atthāya viññāpetvā bhuñjeyya, pācittiyan'ti.*

Catu-Kṣup. 90

90(5-41) 단순속죄죄법 제41조

외도에게 음식을 주는 것에 대한 학습계율
[여외도식계(與外道食戒)]

[세존] "어떠한 비구이든 외도의 남녀에게 자신의 손으로 음식을 준다면,850) 단순속죄죄851)를 범하는 것이니라."852)

---

850) 外道男女, 自手與食者 : 빠알리문에는 '나형외도에게든지 남녀 유행자에게든지 자신의 손으로 단단한 음식이나 부드러운 음식을 준다면'이라고 되어 있다.

851) 波逸提 : 《빠알리율》에서는 '주게 하고 주지 않거나, 가까이에 던져 주거나, 외상용 연고를 주는 경우이거나, 정신착란된 자이거나, 최초의 범행자인 경우'는 예외이고, 《사분율》에서는 '땅에다 버려서 주거나, 남을 시켜서 주거나, 부모에게 주거나, 탑묘를 위해 일하거나 다른 방사를 위해서 일하는 자에게 주어 밥값을 계산하거나, 힘센 자의 강요였거나, 이 학습계율시설의 원인이 된 최초의 범행자이거나, 정신착란자이거나, 마음이 심란한 자이거나, 애통해 하는 자인 경우'를 예외로 한다.

852) ■여외도식계(與外道食戒) / 사분승바일제 41 : 若比丘 外道男女, 自手與食者, 波逸提 ● 여외도식계∅(與外道食戒) / Khu-Pāc. 41 : yo pana bhikkhu acelakassa vā paribbājakassa vā paribbājikāya vā sahatthā khādanīyaṁ vā bhojanīyaṁ vā dadeyya, pācittiyan'ti.

Catu-Kṣ up. 91

91(5-42) 단순속죄죄법 제42조

도반에게 부촉 없이 마을로 들어가는 것에 대한 학습계율
[불촉동리입취계(不囑同利入聚戒)]

[세존] "어떠한 비구이든 식사에 초대받고, 비구가 있을 경우 부촉하지 않고, 식전이나 식후에[853] 가정들을 방문하러 다니면, 특별한 상황을 제외하고, 단순속죄죄[854]를 범하는 것이니, 여기서 특별한 상황이란, 환우가 있을 때이거나 옷을 만들 때이거나 옷이 보시될 때에,[855] 그러한 상황을 뜻하느니라."[856]

---

*853) **前食後食** : 식전은 날이 밝을 때부터 식사한 때까지이고 식후는 식시로부터 정오까지를 말한다.*

*854) **波逸提** : ≪빠알리율≫에서는 '특별한 상황이거나, 수행승이 없을 때 허락을 구하지 않고 들어가거나, 타인의 집을 통해서 길이 있거나, 집 근처에 길이 있거나, 마을 안으로 들어가거나, 수행녀의 처소로 가거나, 이교도의 잠자는 곳으로 가거나, 참회당으로 가거나, 식당으로 가거나, 사고가 나거나, 정신착란자이거나, 최초의 범행자인 경우'는 예외이고, ≪사분율≫에서는 "병든 때나, 옷을 만드는 때나, 옷을 보시할 때나, 다른 비구에게 부탁했거나, 비구가 없어서 부탁하지 않고 창고나 마을이나 갓방에 갔거나, 비구니의 승원에 갔거나, 부탁한 속인의 집에 갔거나, 여러 집에서 좌구를 펴고 비구를 청했거나, 힘센 자의 강요였거나, 목숨이 위태로웠거나, 청정행이 어려웠거나, 이 학습계율시설의 원인이 된 최초의 범행자이거나, 정신착란자이거나, 마음이 심란한 자이거나, 애통해 하는 자인 경우'를 예외로 한다.*

855) 病時。作衣時。施衣時 : 빠알리문의 순서는 "옷이 보시되는 때이거나 옷을 만들 때이거나 환우가 있을 때에"이다.

856) ■불촉동리입취계(不囑同利入聚戒) / 사분승바일제 42 : 若比丘 先受請已, 若前食。後食行詣餘家, 不囑餘比丘, 除餘時, 波逸提. 餘時者, 病時。作衣時。施衣時, 此是時. ●불촉동리입취계⊙(不囑同利入聚戒) / Khu-Pāc. 46(Nī-Pāc. 127) : yo pana bhikkhu nimantito sabhatto samāno santaṁ bhikkhuṁ anāpucchā purebhattaṁ vā pacchābhattaṁ vā kulesu cārittaṁ āpajjeyya aññatra samayā pācittiyaṁ, tatthāyaṁ samayo; cīvaradānasamayo cīvarakārasamayo [gilānasamayo] ayaṁ tattha samayo'ti : ≪빠알리율≫에서는 '환우가 있을 때'라는 것이 누락되어 있다. Vin. IV. 100의 맥락으로 보아 논리적으로 명백히 환우가 있을 때에 약을 구하기 위해 예외적으로 가정을 방문할 수 있는 것이 전제되므로 '환우가 있을 때'가 삽입되어야 한다.

Catu-Kṣup. 92

92(5-43) 단순속죄죄법 제43조

식사 중인 가정에서 마음대로 앉는 것에 대한 학습계율
[식가강좌계(食家强坐戒)]

[세존] "어떠한 비구이든 식사 중인 가정에 보배가 있는데 마음대로 자리에 앉으면,857) 단순속죄죄858)를 범하는 것이니라."859)

---

*857) **食家中有實 强安坐者**: 빠알리문에는 '보배가 있는데'라는 구절은 없다. '식사 중인 가정'이라는 것은 부인뿐만 아니라 남편이 있고 부부가 밖으로 나오지 않고 양자가 성적인 탐욕을 떠나지 않은 가정을 뜻한다. 여기서 '보배'는 부인을 뜻한다.*

*858) **波逸提**: ≪빠알리율≫에서는 "'큰 집 안에 앉는다면 문기둥과 상인방에서 손이 닿는 거리 이하 떨어져 앉지 않거나, 작은 집에 앉는다면 중앙기둥을 지나 앉지 않거나, 다른 수행승이 있거나, 양자가 집을 나갔거나, 양자가 탐욕을 떠났거나, 침실에 있지 않거나, 정신착란자이거나, 최초의 범행자인 경우'는 예외이고 ≪사분율≫에서는 '손을 펴서 문에 닿을 수 있는 곳에 앉거나, 두 비구가 함께 갔거나, 알고 지내는 자나 손님이 같은 장소에 있거나, 지나갔거나, 질병으로 그곳에 쓰러졌거나, 힘센 자의 강요였거나, 목숨이 위태로웠거나, 청정행이 어려웠거나, 이 학습계율시설의 원인이 된 최초의 범행자이거나, 정신착란자이거나, 마음이 심란한 자이거나, 애통해하는 자인 경우'를 예외로 한다.*

*859) ■식가강좌계(**食家强坐戒**) / 사분승바일제 43 : **此是時. 若比丘食家中有實, 强安坐者, 波逸提** ●식가강좌계⊙(**食家强坐戒**) / Khu-Pāc. 43(Nī-Pāc. 124) : yo pana bhikkhu sabhojane kule anupakhajja nisajjaṁ kappeyya pācittiyan'ti.*

Catu-Kṣup. 93

93(5-44) 단순속죄죄법 제44조

가려진 곳에 여인과 앉는 것에 대한 학습계율
[병여여좌계(屛與女坐戒)]

[세존] "어떠한 비구이든 식사중인 가정에 보배가 있는데, 그녀와 함께 가려진 곳에 앉으면,[860] 단순속죄죄[861]를 범하는 것이니라."[862]

---

860) *食家中有寶 在屛處坐者 : 빠알리문에는 '식사중인 가정에 보배가 있는데'라는 구절이 없고 '여자와 단 둘이 은밀히 앉으면'으로 되어 있다. 여기서 보배는 부인을 말하는 것이다.*

861) *波逸提 : ≪빠알리율≫에서는 '어떠한 자이든지 아는 사람이 있거나, 서 있고 앉아 있지 않거나, 은밀히 앉기를 원하지 않았거나, 다른 것을 생각하면서 앉거나, 정신착란자이거나, 최초의 범행자인 경우'는 예외이고, ≪사분율≫에서는 '손을 펴서 문에 닿을 수 있는 곳에 앉거나, 두 비구가 함께 갔거나, 알고 지내는 자나 손님이 같은 장소에 있거나, 지나갔거나, 질병으로 그곳에 쓰러졌거나, 힘센 자의 강요였거나, 목숨이 위태로웠거나, 청정행이 어려웠거나, 이 학습계율시설의 원인이 된 최초의 범행자이거나, 정신착란자이거나, 마음이 심란한 자이거나, 애통해 하는 자인 경우'를 예외로 한다.*

862) *■병여여좌계(屛與女坐戒) / 사분승바일제 44 : 若比丘 食家中有寶, 在屛處坐者, 波逸提 ⇐•병여여좌계⊙(屛與女坐戒) / Khu-Pāc. 44(Nī-Pāc. 125) : yo pana bhikkhu mātugāmena saddhiṁ raho paṭicchanne āsane nisajjaṁ kappeyya pācittiyan'ti : 단순속죄죄법 제30조(Khu-Pāc. 30)에서는 수행승이 수행녀와 은밀히 앉는 것은 금지되었다. 그리고 부정죄법 제1조와 제2조(Khu-Aniy. 1, 2)를 참조하라.*

Catu-Kṣ up. 94

94(5-45) 단순속죄죄법 제45조

단 둘이 여인과 앉는 것에 대한 학습계율
[독여여인좌계(獨與女人坐戒)]

[세존] "어떠한 비구이든 여인과 함께, 단 둘이서 노지에 앉으면,863) 단순속죄죄864)를 범하는 것이니라."865)

---

863) 獨與女人露地坐者 : 빠알리문에는 '여자와 함께 은밀히 앉으면'이라고 되어 있다.

864) 波逸提 : ≪빠알리율≫에는 '어떠한 자이든지 아는 사람이 있거나, 서 있고 앉아 있지 않거나, 은밀히 앉기를 원하지 않았거나, 다른 것을 생각하면서 앉거나 정신착란자이거나, 최초의 범행자인 경우'는 예외이고, ≪사분율≫에서는 '두 비구가 함께 갔거나, 알고 지내던 사람이나 손님이 같은 장소에 있어 보고 들었거나, 앞으로 지나가고 머물지 않았거나, 질병이 들어 바닥에 쓰러졌거나, 힘센 자에게 잡혔거나 갇혔거나, 목숨이 위태로웠거나, 청정행이 어려웠거나, 이 학습계율시설의 원인이 된 최초의 범행자이거나, 정신착란자이거나, 마음이 심란한 자이거나, 애통해 하는 자인 경우'를 예외로 한다.

865) ■ 독여여인좌계(獨與女人坐戒) / 사분승바일제 45 : 若比丘 獨與女人露地坐者, 波逸提 • 독여여인좌계⊙(獨與女人坐戒) / Khu-Pāc. 45 (Nī-Pāc. 126) : yo pana bhikkhu mātugāmena saddhiṁ eko ekāya raho nisajjaṁ kappeyya pācittiyan'ti : 부정죄법 제1조, 제2조(Khu-Aniy. 1, 2)와 단순속죄죄법 제30조, 제44조(Khu-Pāc. 30, 44)를 참조하라.

Catu-Kṣup. 95

95(5-46) 단순속죄죄법 제46조

다른 동행을 마을에서 쫓아버리는 것에 대한 학습계율
[치타출취계(驅他出聚戒)]

[세존] "어떠한 비구이든 비구에게 이와 같이 '대덕이여, 함께 마을에 가면 음식을 대접하겠소.'[866]라고 말하고, 그에게 탁발음식을 얻었거나 혹은 얻지 못했거나 상관없이 '대덕이여, 가시오. 그대와 함께 말하거나 앉는 것이 불편합니다. 나 혼자서 말하거나 앉는 것이 편합니다.'라고 그를 떼어버린다면, 그 동기뿐이고 다른 것이 아닌 한, 단순속죄죄[867]를 범하

---

866) 共至聚落, 當與汝食 : 빠알리문에는 "오시오. 마을이나 도시로 탁발하러 들어갑시다."라고 되어 있다.

867) 波逸提 : 《빠알리율》에서는 "우리는 두 사람이 한 곳으로 가지 말자'라고 떼어버리거나, '값비싼 물건을 보고 탐심이 일으킬 것이다.'라고 떼어버리거나, '여인을 보고 불만을 일으킬 것이다.'라고 떼어버리거나, '환자나 남은 자나 정인에게 죽이나 밥이나 단단한 음식이나 부드러운 음식을 가져와라.'라고 떼어버리거나, 비행을 행하길 원하지 않고 볼 일이 있어 떼어버리거나, 정신착란자이거나, 최초의 범행자인 경우'는 예외이고, 《사분율》에서는 '음식을 주어서 보냈거나, 계행을 깨뜨렸거나, 견해를 깨뜨렸거나, 권리정지당했거나, 멸빈당했거나, 목숨이 위태로웠거나, 청정행이 어려웠거나 등으로 떼어버렸거나, 이 학습계율시설의 원인이 된 최초의 범행자이거나, 정신착란자이거나, 마음이 심란한 자이거나, 애통해 하는 자인 경우'를 예외로 한다.

는 것이니라."868)

868) ■치타출취계(驅他出聚戒) / 사분승바일제 46 : 若比丘 語諸比丘如是語「大德 共至聚落, 當與汝食.」彼比丘竟不教與是比丘食, 語言:「汝去! 我與汝, 共𠂇坐共語不樂, 我獨坐獨語樂」以是因緣 非餘方便遣者, 波逸提 •치타출취계⊙(馳他出聚戒) / Khu-Pāc. 42(Nī-Pāc. 12 3) : yo pana bhikkhu bhikkhuṁ eh'āvuso gāmaṁ vā nigamaṁ vā piṇḍāya pavisissāmā'ti tassa dāpetvā vā adāpetvā vā uyyojeyya gacchāvuso na me tayā saddhiṁ kathā vā nisajjā vā phāsu hoti ekakassa me kathā vā nisajjā vā phāsu hotī'ti. etad eva paccayaṁ karitvā anaññaṁ, pācittiyan'ti.

Catu-Kṣ up. 96

96(5-47) 단순속죄죄법 제47조

사 개월 기한의 넘는 의약을 청하는 것에 대한 학습계율
[과수사월약청계(過受四月藥請戒)]

[세존] "어떠한 비구이든 환자가 아닌 한, 사 개월 동안 필수의약을 제공하는 초대를 받아들일 수 있는데, 그 이상을 받아들이면,869) 상시의 초대, 추가의 초대, 나눔의 초대, 평생의 초대를870) 제외하고, 단순속죄죄871)를 범하는 것이니라."872)

---

869) *請四月與藥 無病比丘應受. 若過受 : Vin. IV. 103에 따르면, 초대에는 일수에 한계지어지지 않고 약품에 한계지어진 것이 있다. 초대에는 약품에 한계지어지지 않고 일수에 한계지어진 것이 있다. 초대에는 약품에 한계지어진 것과 일수에 한계지어진 것이 있다. 초대에는 약품에도 한계지어지지 않고 일수에 한계지어지지 않은 것이 있다.*

870) *常請 更請 分請 盡形請 : 빠알리문에는 없다. Vin. IV. 104에 따르면, 나눔의 초대는 타인에게 나누어주기 위해서 청할 경우이고 평생의 초대는 자신의 재물에 의한 초대에 응하는 것인 것 같다.*

871) *波逸提 : 《빠알리율》에서는 '그 약품으로 초대받은 그 약품을 청하거나, 그 일수로 초대받은 그 일수에 청하거나, '이러한 약품에 의한 그대의 초대를 받았지만, 우리는 이러이러한 약품을 원한다.'라고 설명하고 청하거나, '이러한 일수에 의한 그대의 초대를 받았지만, 우리는 그 일수가 지나쳤지만 이러이러한 약품을 원한다.'라고 설명하고 청하거나, 친척에 속하거나, 초대를 받았거나, 타인을 위한 것이거나, 자신의 재물에 의한 것이거나, 정신착란자이거나, 최초의 범행자인 경우'는 예외이고, 《사분율》에서는 '환자가 기한을 지나서 청을 받았거나, 항*

상 약을 주겠다는 상청이나, 다시 주겠다는 갱청이나, 승원에 와서 나누어주는 분청이나, 목숨이 다하도록 공양하겠다는 진형수청이었거나, 이 학습계율시설의 원인이 된 최초의 범행자이거나, 정신착란자이거나, 마음이 심란한 자이거나, 애통해 하는 자인 경우를 예외로 한다.

872) ■ 과수사월약청계(過受四月藥請戒) / 사분승바일제 47 : 若比丘 請四月與藥, 無病比丘應受; 若過受, 除常請更請。分請。盡形請者, 波逸提 ● 과수사월약청계⊙(過受四月藥請戒) / Khu-Pāc. 47(Nī-Pāc. 128) : agilānena bhikkhunā cātumāsappaccayapavāraṇā sāditabbā aññatra puna pavāraṇāya aññatra niccapavāraṇāya, tato ce uttariṁ sādiyeyya, pācittiyan'ti.

Catu-Kṣ up. 97

97(5-48) 단순속죄죄법 제48조

출정군을 보러 가는 것에 대한 학습계율

[관군계(觀軍戒)]

[세존] "어떠한 비구이든 출정군을 보러 가면, 그럴 만한 충분한 이유를 제외하고, 단순속죄죄[873]를 범하는 것이니라."[874]

---

873) 波逸提 : ≪빠알리율≫에서는 '승원에서 서서 보거나, 수행승이 서 있는 곳이나 앉아 있는 곳이나 누워 있는 곳에 군대가 오거나, 길을 가면서 보거나, 그럴만한 충분한 이유가 있거나, 사고가 있거나, 정신착란자이거나, 최초의 범행자인 경우'는 예외이고, ≪사분율≫에서는 '일이 있다든가, 청해서 갔거나, 힘센 자의 강요로 갔거나, 먼저 길을 가는데 군진이 뒤에 와서 아랫길로 피했든가 피하려 했거나, 수로와 육로가 끊겼거나, 도적과 사나운 짐승의 환난이 있었거나, 힘센 자에게 잡혀갔거나, 목숨이 위태로웠거나, 청정행이 어려웠거나, 이 학습계율시설의 원인이 된 최초의 범행자이거나, 정신착란자이거나, 마음이 심란한 자이거나, 애통해 하는 자인 경우'를 예외로 한다.

874) ■ 관군계(觀軍戒) / 사분승바일제 48 : 若比丘 往觀軍陣, 除時因緣 波逸提 • 관군계⊙(觀軍戒) / Khu-Pāc. 48(Nī-Pāc. 129) : yo pana bhikkhu uyyuttaṁ senaṁ dassanāya gacceyya aññatra thatārūpap-paccayā, pācittiyan'ti.

Catu-Kṣup. 98

98(5-49) 단순속죄죄법 제49조

인연이 있어도 군대에서 기한을 넘기는 것에 대한 학습계율
[유연군중과한계(有緣軍中過限戒)]

[세존] "어떠한 비구이든 인연이 있어 군대를 방문했어도, 이틀이나 사흘 이상 체류하면, 단순속죄죄[875]를 범하는 것이니라."[876]

---

875) 波逸提 : ≪빠알리율≫에서는 '이틀이나 사흘 체류한다거나, 이틀이나 사흘 이하로 체류한다거나, 이틀 머물고 삼일째 밤의 일출 전에 갔다가 다시 와서 체류한다거나, 병들어 체류한다거나, 환자에 대한 일로 체류한다거나, 군대가 적군에 포위되어 있다거나, 어떤 한 것이든 장애가 있다거나, 사고가 있거나, 정신착란자이거나, 최초의 범행자인 경우'는 예외이고, ≪사분율≫에서는 '두 밤을 지나 삼일째 밤의 일출 전에 보이고 들리는 곳을 떠났거나, 수로와 육로가 끊겼거나, 도적과 사나운 짐승의 환난이 있었거나, 힘센 자에게 잡혀갔거나, 목숨이 위태로웠거나, 청정행이 어려웠거나, 이 학습계율시설의 원인이 된 최초의 범행자이거나, 정신착란자이거나, 마음이 심란한 자이거나, 애통해 하는 자인 경우'를 예외로 한다.

876) ■유연군중과한계(有緣軍中過限戒) / 사분승바일제 49 : 若比丘 有因緣至軍中, 若過二夜, 至三夜者, 波逸提 •유연군중과한계⊙(有緣軍中過限戒) / Khu-Pāc. 49(Nī-Pāc. 130) : siyā ca tassa bhikkhuno kocid eva paccayo setaṁ gamanāya, dvirattatirattaṁ tena bhikkhunā senāya vasitabbaṁ tato ce uttari vaseyya, pācittiyan'ti.

Catu-Kṣ up. 99

99(5-50) 단순속죄죄법 제50조
군사훈련을 관람하는 것에 대한 학습계율
[관군합전계(觀軍合戰戒)]

[세존] "어떠한 비구이든 이틀이나 사흘 군대에 체류하는 사이에 군진이나 전투를 관람하거나 코끼리부대나 기마부대의 병력을 유람하면,877) 단순속죄죄878)를 범하는 것이니라."879)

---

877) 或觀軍陣鬪戰 若觀遊軍象馬勢力者 : 빠알리문에는 '훈련이나 점호나 열병이나 행진(行陣)에 가면'이라고 되어 있다.

878) 波逸提 : 《빠알리율》에서는 '승원에 서서 보거나, 수행승의 서 있는 곳, 앉아 있는 곳, 누워 있는 곳으로 와서 전투가 보이거나, 길을 가다가 보이거나, 볼일이 있어 가다가 보이거나, 사고가 있거나, 정신착란자이거나, 최초의 범행자인 경우'는 예외이고, 《사분율》에서는 '인연이 있었거나, 알리고자 하는 것이 있었거나, 청을 받아서 갔거나, 앞서 길을 가는데 군대가 뒤에 와서 피했거나, 수로와 육로가 끊겼거나, 도적과 사나운 짐승의 환난이 있었거나, 힘센 자에게 잡혀갔거나, 목숨이 위태로웠거나, 청정행이 어려웠거나, 이 학습계율시설의 원인이 된 최초의 범행자이거나, 정신착란자이거나, 마음이 심란한 자이거나, 애통해 하는 자인 경우'를 예외로 한다.

879) ■관군합전계(觀軍合戰戒) / 사분승바일제 50 : 若比丘 軍中住, 若二宿。三宿. 或觀軍陣鬪戰 若觀遊軍象馬勢力者, 波逸提 ● 관군합전계⊙(觀軍合戰戒) / Khu-Pāc. 50(Nī-Pāc. 131) : dvirattatirattaṁ ce bhikkhu senāya vasamāno uyyodhikaṁ vā balaggaṁ vā senābyuhaṁ vā anīkadassanaṁ vā gaccheyya, pācittiyan'ti.

Catu-Kṣup. 100

100(5-51) 단순속죄죄법 제51조

술을 마시는 것에 대한 학습계율
[음주계(飮酒戒)]

[세존] "어떠한 비구이든 술을 마시면,880) 단순속죄죄881)를 범하는 것이니라."882)

---

880) 飮酒者 : 빠알리문에는 '곡주나 과즙주 등의 취기있는 것을 마시면'이라고 되어 있다.

881) 波逸提 : ≪빠알리율≫에서는 '술이 아닌 것으로 술색이 있거나 술향이 있거나 술맛이 있는 것을 마시거나, 카레에 섞은 것이나, 육고기에 섞은 것이나, 기름에 섞은 것이나, 아말라까과즙이나, 알코올이 없는 주정함유음료를 마시거나, 정신착란자이거나, 최초의 범행자인 경우'는 예외이고, ≪사분율≫에서는 '이러한 병이 있어 다른 약으로 고치지 못하여 술에 약을 타든지 술을 종기에 바르거나, 이 학습계율시설의 원인이 된 최초의 범행자이거나, 정신착란자이거나, 마음이 심란한 자이거나, 애통해 하는 자인 경우'를 예외로 한다.

882) ■ 음주계(飮酒戒) / 사분승바일제 51 : 若比丘 飮酒者, 波逸提 • 음주계⊙(飮酒戒) / Khu-Pāc. 51(Nī-Pāc. 132) : surāmerayapāne pācittiyan'ti.

Catu-Kṣup. 101

101(5-52) 단순속죄죄법 제52조

물속에서 놀이를 하는 것에 대한 학습계율
[수중희계(水中戲戒)]

[세존] "어떠한 비구이든 물속에서 놀이하면, 단순속죄[883]를 범하는 것이니라."[884]

---

883) *波逸提 : 《빠알리율》에서는 '유희를 하고자 하지 않고 볼일이 있어서 물속에 들어가서 가라앉거나, 뜨거나, 유영하거나, 다른 곳으로 가면서 물속에 들어가서 가라앉거나 뜨거나 유영하거나, 사고가 있거나, 정신착란자이거나, 최초의 범행자인 경우'는 예외이고, 《사분율》에서는 '길을 가다가 물을 건너게 되어 이 언덕에서 저 언덕으로 갔거나, 물속의 재목이나 뗏목이나 대나무를 끌게 되어 물을 따라 거슬러 갔거나, 모래를 채취하거나 먹을 것을 구하거나 잃어버린 물건을 찾아 들어갔다가 나왔거나, 헤엄치는 법을 배웠거나, 이 학습계율시설의 원인이 된 최초의 범행자이거나, 정신착란자이거나, 마음이 심란한 자이거나, 애통해 하는 자인 경우'를 예외로 한다.*

884) *■ 수중희계(水中戲戒) / 사분승바일제 52 : 若比丘 水中戲者, 波逸提 • 수중희계⊙(水中戲戒) / Khu-Pāc. 53(Nī-Pāc. 134) : udake hassadhamme pācittiyan'ti.*

Catu-Kṣup. 102

102(5-53) 단순속죄죄법 제53조

손가락으로 간질이기에 대한 학습계율
[격력계(擊攊戒)]

[세존] "어떠한 비구이든 타인을 손가락으로 간질이면,885) 단순속죄죄886)를 범하는 것이니라."887)

---

885) 擊攊他者 : 빠알리문에는 '타인'이 없다.

886) 波逸提 : 《빠알리율》에서는 '웃길 의도가 없고 볼 일이 있어서 접촉하거나, 정신착란자이거나, 최초의 범행자인 경우'는 예외이고, 《사분율》에서는 '고의가 아니거나, 조는 자를 흔들어 깨웠거나, 출입하면서 오가거나 마당을 쓸다가 건드렸거나, 막대기의 끝으로 건드렸거나, 이 학습계율시설의 원인이 된 최초의 범행자이거나, 정신착란자이거나, 마음이 심란한 자이거나, 애통해 하는 자인 경우'를 예외로 한다.

887) ■ 격력계(擊攊戒) / 사분승바일제 53 : 若比丘 擊攊他者, 波逸提 • 격력계⊙(擊攊戒) / Khu-Pāc. 52(Nī-Pāc. 133 : aṅgulipatodake pācittiyan'ti.

Catu-Kṣup. 103

103(5-54) 단순속죄죄법 제54조

충고를 받아 들이지 않는 것에 대한 학습계율
[불수간계(不受諫戒)]

[세존] "어떠한 비구이든 충고를 받아들이지 않는다면,[888] 단순속죄죄[889]를 범하는 것이니라."[890]

---

888) *不受諫者 : 빠알리문에는 '경멸의 태도를 취하면'이라고 되어 있다.*

889) *波逸提 : 《빠알리율》에서는 '이와 같이 우리의 궤범사로부터 배운 것이 의문이라고 말하거나 정신착란자이거나, 최초의 범행자인 경우'는 예외이고, 《사분율》에서는 "지혜가 없는 자가 충고해서 상대가 '그대의 궤범사나 친교사에 물어 가르침을 청해서 학습, 송출, 충고하는 법을 알고 난 후에 충고하면 받아들이겠다.'라고 말하거나, 장난으로 그러했거나, 이 학습계율시설의 원인이 된 최초의 범행자이거나, 정신착란자이거나, 마음이 심란한 자이거나, 애통해하는 자인 경우"를 예외로 한다.*

890) *■불수간계(不受諫戒) / 사분승바일제 54 : 若比丘 不受諫者, 波逸提 •불수간계⊙(不受諫戒) / Khu-Pāc. 54(Nī-Pāc. 13 5) : anādariye pācittiyan'ti.*

Catu-Kṣ up. 104

104(5-55) 단순속죄죄법 제55조

비구를 무섭게 놀려주는 것에 대한 학습계율
[포비구계(怖比丘戒)]

[세존] "어떠한 비구이든 다른 비구를 무섭게 놀려주면, 단순속죄죄891)를 범하는 것이니라."892)

---

891) 波逸提 : 《빠알리율》에서는 '무섭게 놀려줄 의도가 없이 형상이나 소리나 냄새나 맛이나 감촉을 사용하거나 도적의 험로나 뱀의 험로나 악귀의 험로를 보여주거나, 정신착란자이거나, 최초의 범행자인 경우'는 예외이고, 《사분율》에서는 '어두운 장소에 있거나 경행할 때에 상대방이 착각하고 놀랐거나, 실제로 그와 같은 일이 있었거나, 장난으로 했거나, 빨리 혼자서 말했거나, 꿈속에서 말했거나, 이것을 말하려다 착오로 저것을 말했거나, 이 학습계율시설의 원인이 된 최초의 범행자이거나, 정신착란자이거나, 마음이 심란한 자이거나, 애통해 하는 자인 경우'를 예외로 한다.

892) ■포비구계(怖比丘戒) / 사분승바일제 55 : 若比丘 恐怖他比丘者, 波逸提 ●포비구계⊙(怖比丘戒) / Khu-Pāc. 55(Nī-Pāc. 136) : yo pana bhikkhu bhikkhuṁ bhiṁsāpeyya pācittiyan'ti.

Catu-Kṣ up. 105

105(5-56) 단순속죄죄법 제56조

반월보다 자주 목욕하는 것에 대한 학습계율
[반월욕과계(半月浴過戒)]

[세존] "어떠한 비구이든 환자가 아닌 한, 반월마다 목욕을 해야 하는데, 그것보다 자주하면,893) 특별한 상황을 제외하고, 단순속죄죄894)를 범하는 것이니, 여기서 특별한 상황이란, 무더운 때이거나895) 병들었을 때이거나 일을 하는 때이거나 바람이 불고 비가 올 때이거나 여행하는 때에,896) 그러한 상황을 뜻하느니라."897)

---

893) 半月洗浴. 無病比丘應受. 若過者 : 빠알리문에는 '반월보다 적은 간격으로 목욕을 하면'이라고 되어 있다.

894) 波逸提 : ≪빠알리율≫에서는 '다른 곳으로 건너가면서 목욕을 하던가, 모든 변경지대에 있거나, 사고가 나거나, 정신착란자이거나, 최초의 범행자인 경우'는 예외이고, ≪사분율≫에서는 '더울 때나 아플 때나 일할 때나 바람이 불 때나 비가 올 때나 길을 갈 때나 힘센 자의 강요였거나, 이 학습계율시설의 원인이 된 최초의 범행자이거나, 정신착란자이거나, 마음이 심란한 자이거나, 애통해 하는 자인 경우'를 예외로 한다.

895) 熱時 : 빠알리문에는 '여름의 마지막 1개월 반과 우기의 첫 1개월 즉, 2개월 반의 더운 때이거나'라고 되어 있다.

896) 風時 ◦ 雨時 ◦ 遠行來時 : 빠알리문의 순서는 '여행하는 때이거나 바람이 불고 비가 올 때에'라고 되어 있다.

897) ▪ 반월욕과계(半月浴過戒) / 사분승바일제 56 : 若比丘 半月洗浴, 無病比丘應受. 若過者, 除餘時, 波逸提. 餘時者, 熱時。病時。作時。風時。雨時。遠行來時. 此是時. • 반월욕과계⊙(半月浴過戒) / Khu-Pāc. 57(Nī-Pāc. 138) : yo pana bhikkhu oren'addhamāsaṁ nhāyeyya aññatra samayā pācittiyaṁ tatthāyaṁ samayo diyaḍḍho māso seso gimhānan ti vassānassa paṭhamo māso icc ete aḍḍhateyyamāsā uṇhasamayo pariḷāhasamayo, gilānasamayo, kammasamayo, addhānagamanasamayo vātavuṭṭhisamayo ayaṁ tattha samayo'ti.

Catu-Kṣ up. 106

106(5-57) 단순속죄죄법 제57조

노지에 불을 지피는 것에 대한 학습계율
[노지연화계(露地然火戒)]

[세존] "어떠한 비구이든 환자가 아닌 한, 몸을 데우기 위해서 노지에 불을 지피거나[898] 지피우게 하면, 그럴만한 충분한 이유를 제외하고, 단순속죄죄[899]를 범하는 것이니라."[900]

---

898) 露地然火 : 빠알리문에는 '노지에'라는 구절이 없다.

899) 波逸提 : 《빠알리율》에서는 '환자이거나, 타인에 의해 만들어진 것에 몸을 데우거나, 타다 남은 숯에 몸을 데우거나, 등불이나 화당이나 욕실에서 몸을 데우거나, 그럴만한 충분한 이유가 있거나, 사고가 나거나, 정신착란자이거나, 최초의 범행자인 경우'는 예외이고, 《사분율》에서는 "앞의 사람에게 '이것을 살펴라. 맡으라'라고 하거나, 환자가 스스로나 타인을 시켜 지피거나, 환자를 위해 국이나 밥을 짓거나, 부엌이 있다든가, 화당이 있다든가, 욕실이 있다든가, 발우에 연기를 쐬거나, 옷을 삶거나 물들이거나, 등을 켜거나 향을 피웠거나, 이 학습계율시설의 원인이 된 최초의 범행자이거나, 정신착란자이거나, 마음이 심란한 자이거나, 애통해 하는 자인 경우"를 예외로 한다.

900) ■노지연화계(露地然火戒) / 사분승바일제 57 : 若比丘 無病爲炙身故 露地然火 若自然 若敎人然 除時因緣 波逸提 ●노지연화계⊙(露地然火戒) / Khu-Pāc. 56(Nī-Pāc. 137) : yo pana bhikkhu agilāno visibbanāpekho jotiṁ samādaheyya vā samādahāpeyya vā aññatra tathārūpapaccayā, pācittiyan'ti.

Catu-Kṣ up. 107

107(5-58) 단순속죄죄법 제58조

타인의 옷과 발우를 감추는 것에 대한 학습계율
[장타의발계(藏他衣鉢戒)]

[세존] "어떠한 비구이든 다른 비구의 옷이나 발우나 좌와구용 깔개나 바늘통901)을 감추거나 감추게 시키면, 웃기 위한 놀이일지라도, 단순속죄죄902)를 범하는 것이니라."903)

---

901) 藏他比丘 衣◦鉢◦坐具◦針筒 : 빠알리문에는 바늘통 다음에 '허리띠'가 추가되어 있다.

902) 波逸提 : ≪빠알리율≫에서는 '웃기위한 놀이가 아니거나, 잘못된 것을 바로 잡거나, 이유를 말하고 돌려주겠다고 생각하고 바로 잡거나, 정신착란자이거나, 최초의 범행자인 경우'는 예외이고, ≪사분율≫에서는 '실제로 그 사람의 물건인 줄 알면서 신뢰하여 가져갔거나, 노지에서 비에 젖거나 바람에 날리는 것을 가져갔거나, 흐뜨러져 있는 물건에 대해 가르침을 주려고 가져갔거나, 잃어버릴까 걱정이 되어 가져갔거나, 물건 때문에 목숨이 위태로와 질 수 있거나 청정행이 어려웠거나, 이 학습계율시설의 원인이 된 최초의 범행자이거나, 정신착란자이거나, 마음이 심란한 자이거나, 애통해 하는 자인 경우'를 예외로 한다.

903) ■장타의발계(藏他衣鉢戒) / 사분승바일제 58 : 若比丘 藏他比丘 衣◦鉢◦坐具◦針筒, 若自藏, 若教人藏, 下至戲笑者, 波逸提 ●장타의발계◎(藏他衣鉢戒) / Khu-Pāc. 60(Nī-Pāc. 141) : yo pana bhikkhu bhikkhussa pattaṁ vā cīvaraṁ vā nisīdanaṁ vā sūcigharaṁ vā kāyabandhanaṁ vā apanidheyya vā apanidhāpeyya vā anatamaso hassāpekho pi pācittiyan'ti.

Catu-Kṣ up. 108

108(5-59) 단순속죄죄법 제59조

양도한 뒤에 취소하지 않고 착용하는 것에 대한 학습계율
[진실정불어취계(眞實淨不語取戒)]

[세존] "어떠한 비구이든 비구나 비구니나 정학녀나 사미나 사미니에게 스스로 양도한 뒤에[904] 주인에게 취소하지 않고 그것을 착용하면, 단순속죄죄[905]를 범하는 것이니라."[906]

---

904) 不淨施比丘。比丘尼。式叉摩那。沙彌。沙彌尼衣 : 정시(淨施)는 빠알리어의 '양도(vikappana)'를 의미하며 두 가지 양도가 있다. 현전에 입각한 양도(眞實淨施)와 부재에 입각한 양도(展轉淨施)이다. '현전에 입각한 양도'라는 것은 '내가 이 옷을 그대나 이러이러한 사람에게 양도한다.'는 뜻이다. '부재에 입각한 양도'라는 것은 '내가 이 옷을 양도하기 위해 그대에게 준다.'라는 뜻이다.

905) 波逸提 : 《빠알리율》에서는 '그가 주거나, 그에 대하여 신뢰하여 사용하거나, 정신착란자이거나, 최초의 범행자인 경우'는 예외이고, 《사분율》에서는, '부재에 입각한 양도이었거나, 이 학습계율 시설의 원인이 된 최초의 범행자이거나, 정신착란자이거나, 마음이 심란한 자이거나, 애통해 하는 자인 경우'를 예외로 한다.

906) ■진실정불어취계(眞實淨不語取戒) / 사분승바일제 59 : 若比丘 淨施比丘。比丘尼。式叉摩那。沙彌。沙彌尼衣, 不問主輒著者, 波逸提 ●진실쟁불어취계⊙(眞實諍不語取戒) / Khu-Pāc. 59(Nī-Pāc. 140) : yo pana bhikkhu bhikkhussa vā bhikkhuniyā vā sikkhamānāya vā sāmaṇerassa vā sāmaṇeriyā vā sāmaṁ cīvaraṁ vikappetvā apaccuddhāraṇaṁ paribhuñjeyya, pācittiyan'ti : 단순속죄죄법 제81조 (Khu-Pāc. 81)를 참조하라.

Catu-Kṣ up. 109

109(5-60) 단순속죄죄법 제60조

새 옷을 착용하는 것에 대한 학습계율
[착신의계(著新衣戒)]

[세존] "어떠한 비구이든 새 옷을 얻으면, 세 가지 괴색(壞色) 즉, 청색이나 흑색이나 목란색 가운데 한 괴색을 취해야 하지만, 만약에 비구가 세 가지 괴색 청색이나 흑색이나 목란색 가운데 한 괴색을 취하지 않고 새 옷을 착용하면,907) 단순속죄죄908)를 범하

---

907) 得新衣 不作三種 染壞色 青黑木蘭 新衣持者 : 괴색(壞色 : dubbaṇṇakaraṇa)을 취한다는 것은 Smp. 863에 따르면, 새 옷이 허용될 수 있도록 찍어 넣는 작은 얼룩점(kappabindu)에 관하여 말한 것이다. 청색이나 흑색이나 목란색은 빠알리문에는 '청색이나 진흙색이나 흑갈색'이라고 되어 있고, 다음 문장의 동일한 구절은 생략되어 있다.

908) 波逸提 : ≪빠알리율≫에서는 '허용괴색이 망실되었거나, 허용괴색이 낡아버렸거나, 허용되지 않은 것이 허용괴색과 함께 꿰매졌거나, 보철을 했거나, 중봉을 했거나, 배봉을 했거나, 정신착란자이거나, 최초의 범행자인 경우'는 예외이고, ≪사분율≫에서는 그밖에 '흰옷을 얻어 청, 흑, 목란색으로 염색했거나, 중의(重衣)나 경의(輕衣)를 깨끗이 하여 쌓아두었거나, 옷이 아닌 발우주머니 등을 깨끗이 하여 쌓아두었거나, 물들인 옷을 재가자의 집에 맡겼거나, 옷이 탈색되어 다시 물들였거나, 이 학습계율시설의 원인이 된 최초의 범행자이거나, 정신착란자이거나, 마음이 심란한 자이거나, 애통해 하는 자인 경우'를 예외로 한다.

는 것이니라."[909]

909) ■ *착신의계(著新衣戒) / 사분승바일제 60 : 若比丘 得新衣, 當作三種染壞色, 青◦黑◦木蘭. 若比丘 得新衣, 不作三種染壞色, 青◦黑◦木蘭, 新衣持者, 波逸提* ● *착신의계⊙(著新衣戒) / Khu-Pāc. 58(Nī-Pāc. 139) : navaṁ pana bhikkhunā cīvaralābhena tiṇṇaṁ dubbaṇṇakaraṇānaṁ aññataraṁ dubbaṇṇakaraṇaṁ ādātabbaṁ nīlaṁ vā kaddamaṁ vā kālasāmaṁ vā, anādā ce bhikkhu tiṇṇaṁ dubbaṇṇakaraṇānaṁ aññataraṁ dubbaṇṇakaraṇaṁ navaṁ cīvaraṁ paribhuñjeyya, pācittiyan'ti.*

Catu-Kṣup. 110

110(5-61) 단순속죄죄법 제61조

축생의 목숨을 빼앗는 것에 대한 학습계율
[탈축생명계(奪畜生命戒)]

[세존] "어떠한 비구이든 의도적으로 축생[910]으로부터 목숨을 빼앗는다면, 단순속죄죄[911]를 범하는 것이니라."[912]

---

910) 畜生 : 빠알리문에는 축생은 '생물'이라고 되어 있다.

911) 波逸提 : 《빠알리율》에서는 '의도하지 않았거나, 새김을 잃었거나, 알지 못했거나, 살의가 없었거나, 정신착란자이거나, 최초의 범행자인 경우'는 예외이고, 《사분율》에서는 '무엇인가 던졌는데 잘못 맞아 죽거나, 방사를 짓다가 도구를 잘못 떨어뜨려 죽거나, 해칠 마음이 없이 도우려다가 죽는 사고사이거나, 이 학습계율시설의 원인이 된 최초의 범행자이거나, 정신착란자이거나, 마음이 심란한 자이거나, 애통해 하는 자인 경우'를 예외로 한다.

912) ■ 탈축생명계(奪畜生命戒) / 사분승바일제 61 : 若比丘 故斷畜生命者, 波逸提 • 탈축생명계⊙(奪畜生命戒) / Khu-Pāc. 61(Nī-Pāc. 142) : yo pana bhikkhu sañcicca pāṇaṁ jīvitā voropeyya pācittiyan'ti.

Catu-Kṣup. 111

111(5-62) 단순속죄죄법 제62조

벌레가 들어있는 물을 마시는 것에 대한 학습계율
[음충수계(飮蟲水戒)]

[세존] "어떠한 비구이든 알면서도 벌레[913]가 들어있는 물을 음용하면, 단순속죄죄[914]를 범하는 것이니라."[915]

---

913) 蟲 : 벌레는 빠알리문에는 '생물'이라고 되어 있다.

914) 波逸提 : 《빠알리율》에는 '생물이 들어있어도 알지 못했거나, 생물이 들어있지 않다고 알거나, 음용해도 죽지 않을 것이라고 알고 음용하거나, 정신착란된 자이거나, 최초의 범행자인 경우'는 예외이고 《사분율》에서는 '벌레가 없다고 생각했거나, 큰 벌레가 있을 때에 물을 건드려 가게 했거나, 물을 걸러 마셨거나, 이 학습계율시설의 원인이 된 최초의 범행자이거나, 정신착란자이거나, 마음이 심란한 자이거나, 애통해 하는 자인 경우'를 예외로 한다.

915) ■음충수계(飮蟲水戒) / 사분승바일제 62 : 若比丘 知水有蟲飮用者, 波逸提 ●음충수계⊙(飮蟲水戒) / Khu-Pāc. 62(Nī-Pāc. 143) : yo pana bhikkhu jānaṁ sappāṇakaṁ udakaṁ paribhuñjeyya pācittiyan'ti.

Catu-Kṣup. 112

112(5-63) 단순속죄죄법 제63조

고의로 비구에게 회한을 일으키는 것에 대한 학습계율
[의뇌비구계(疑惱比丘戒)]

[세존] "어떠한 비구이든 다른 비구에게 '잠시일지라도 그가 평안해서는 안 될 것이다.'라고 의도적으로 회한을 일으키면,916) 단순속죄죄917)를 범하는 것이니라."918)

---

916) 故惱他比丘 乃至少時不樂者 : 빠알리문에는 '그 동기뿐이고 다른 것이 아닌 한'이라는 구절이 추가되어 있다.

917) 波逸提 : 《빠알리율》에는 '회한을 일으킬 의도가 없이 '그대는 틀림없이 20세 미만에 구족계를 받았다. 그대는 틀림없이 때 아닌 때의 시간에 식사를 했다. 그대는 틀림없이 술을 마셨다. 그대는 틀림없이 여인과 함께 은밀히 앉았다. 자, 그대가 알아야 한다. 나중에 그대에게 회한이 일어나서는 안 된다'라고 말했거나, 정신착란자이거나, 최초의 범행자인 경우'는 예외이고, 《사분율》에서는 '그 일이 사실이어서 일부러 한 것이 아니고 의심하고 괴로워하는 일이 있을까 염려가 되어서 했거나, 장난으로 했거나, 빨리 말했거나, 혼자서 말했거나, 꿈속에서 말했거나, 이것을 말하려다 착오로 저것을 말했거나, 이 학습계율시설의 원인이 된 최초의 범행자이거나, 정신착란자이거나, 마음이 심란한 자이거나, 애통해 하는 자인 경우'를 예외로 한다.

918) ■ 의뇌비구계(疑惱比丘戒) / 사분승바일제 63 : 若比丘 故惱他比丘 乃至少時不樂者, 波逸提 • 의뇌비구계⊙(疑惱比丘戒) / Khu-Pāc. 77(Nī-Pāc. 155) : yo pana bhikkhu bhikkhussa sañcicca kukkuccaṁ upadabheyya iti'ssa muhuttampi aphāsu bhavissatī'ti etadeva paccayaṁ karitvā anaññaṁ, pācittiyan'ti.

Catu-Kṣup. 113

113(5-64) 단순속죄죄법 제64조

거친 죄를 덮어주는 것에 대한 학습계율
[복타추죄계(覆他麤罪戒)]

[세존] "어떠한 비구이든 알면서 다른 비구의 거친 죄[919]를 덮어준다면, 단순속죄죄[920]를 범하는 것이니라."[921]

---

919) 麤惡罪 : 해당 《빠알리율》로 보아 여기서는 거친 죄(duṭṭhulla)를 말하는 것으로 한역에서 추죄(麤罪) 또는 추중죄(麤重罪)를 말하는데, 승단추방죄와 승단잔류죄를 말한다.

920) 波逸提 : 《빠알리율》에서는 "참모임의 다툼이나 싸움이나 언쟁이나 분쟁이 생겨날 것이다.'라고 생각하여 알리지 않거나, '참모임의 분열이나 참모임의 반목이 생겨날 것이다.'라고 생각하여 알리지 않거나, '이 자는 난폭하고 잔혹해서 목숨에 위해를 끼치거나 청정한 삶의 위험을 초래할 것이다.'라고 생각하여 알리지 않거나, 다른 적당한 수행승들을 보지 못해서 알리지 않거나, 감출 의도가 없이 알리지 않거나, '자신의 행위로 밝혀질 것이다.'라고 생각하여 알리지 않는 경우이거나, 정신착란된 자이거나 최초의 범행자의 경우"는 예외이고, 《사분율》에서는 "거친 죄가 거친 죄인지 알지 못했거나, 타인에게 말했거나, 말할 사람이 없어서 마음속으로 '내가 말하겠다.'라고 하다가 미처 말하기 전에 날이 샌 뒤에 말했거나, 목숨이 위태로웠거나, 청정행이 어려웠거나, 이 학습계율시설의 원인이 된 최초의 범행자이거나, 정신착란자이거나, 마음이 심란한 자이거나, 애통해 하는 자인 경우'를 예외로 한다.

921) ■복타추죄계(覆他麤罪戒) | 사분승바일제 64 : 若比丘 知他比丘有麤惡罪, 覆藏者, 波逸提 ● 복타추죄계∅(覆他麤罪戒) | Khu-Pāc. 64 : yo pana bhikkhu bhikkhussa jānaṁ duṭṭhullaṁ āpattiṁ paṭicchādeyya, pācittiyan'ti.

Catu-Kṣ up. 114

114(5-65) 단순속죄죄법 제65조

나이가 남은 자에게 구족계를 주는 것에 대한 학습계율
[여년불만계(與年不滿戒)]

[세존] "어떠한 비구이든 만 20에 구족계를 받는 것인데,922) 20세 미만인 자인 것을 알고도 구족계를 주게 하면, 그 자는 구족계를 얻지 못한 것이고, 비구들은 견책을 받아야 하고, 그는 어리석은 까닭으로 단순속죄죄923)를 범하는 것이니라."924)

---

922) 年滿二十, 當與受大戒 : 빠알리문에는 '만 20에 구족계를 받는 것인데'라는 구절은 없다.

923) 波逸提 : ≪빠알리율≫에서는 '20세 미만에 대하여 만 20세라고 지각하고 구족계를 주거나, 만 20세에 대하여 만 20세라고 지각하고 구족계를 주는 경우이거나, 정신착란된 자이거나, 최초의 범행자인 경우'는 예외이고, ≪사분율≫에서는 '먼저 알지 못해 구족계를 받는 자의 말을 믿었거나 측근의 말을 믿었거나 부모의 말을 믿었거나, 구족계를 받은 뒤에 의심이 있으면 모태 속의 해·달의 수효와 윤달의 수효와 14일 설계(說戒)을 모두 세어서 연수로 삼거나, 이 학습계율 시설의 원인이 된 최초의 범행자이거나, 정신착란자이거나, 마음이 심란한 자이거나, 애통해 하는 자인 경우'를 예외로 한다.

924) ■ 여년불만계(與年不滿戒) / 사분승바일제 65 : 年滿二十, 當與受大戒. 若比丘 知年未滿二十, 與受大戒. 此人不得戒. 諸比丘可訶, 彼愚癡故. 波逸提 • 여년불만계∅(與年不滿戒) / Khu-Pāc. 65 : yo pana bhikkhu jānaṁ ūnavīsativassaṁ puggalaṁ upasampādeyya, so ca puggalo anupasampanno te ca bhikkhū gārayihā, idaṁ tasmiṁ pācittiyan'ti.

Catu-Kṣ up. 115

115(5-66) 단순속죄죄법 제66조

쟁사를 번복하는 것에 대한 학습계율
[발쟁계(發諍戒)]

[세존] "어떠한 비구이든 원칙에 맞게 네 가지 쟁사가 결정된 것을 알면서도 다시 갈마에 회부해야 한다고 번복하면,[925] 단순속죄죄[926]를 범하는 것이니라."[927]

---

925) 四諍事 : 빠알리문에는 '쟁사'라고만 되어 있다. 네 가지 쟁사(四諍事)의 그 네 가지는 ① 논쟁에 관한 쟁사(vivādādhikaraṇa) 즉, 논쟁사(論爭事), ② 비난에 관한 쟁사(anuvādādhikaraṇa) 즉, 비난사(非難事), ③ 죄악에 관한 쟁사(āpattādhikaraṇa) 즉, 죄쟁사(罪諍事), ④ 의무에 관한 쟁사(kiccādhikaraṇa) 즉, 행쟁사(行諍事)가 있다. 상세한 것은 Vin. II. 87; Vin. III. 163; MN. II. 247-250; AN. I. 99를 참조하라.

926) 波逸提 : ≪빠알리율≫에서는 '비법에 의한 것이나, 불완전한 모임에 의한 것이거나, 갈마를 적당하지 않은 자가 행했다고 알고 번복하거나, 정신착란자이거나, 최초의 범행자인 경우'는 예외이고, ≪사분율≫에서는 '미처 몰랐거나, 본 것을 보지 못했다고 생각했거나, 적절한 갈마가 성립하지 않았다고 생각했거나, 사실이 그러하다든가 장난으로 말했거나, 이 학습계율시설의 원인이 된 최초의 범행자이거나, 정신착란자이거나, 마음이 심란한 자이거나, 애통해 하는 자인 경우'를 예외로 한다.

927) ■ 발쟁계(發諍戒) / 사분승바일제 66 : 若比丘 知四諍事, 如法滅已, 後更發擧者, 波逸提 • 발쟁계⊙(發諍戒) / Khu-Pāc. 63(Nī-Pāc. 144) : yo pana bhikkhu jānaṁ yathādhammaṁ nihatādhikaraṇaṁ punakammāya ukkoṭeyya, pācittiyan'ti.

Catu-Kṣ up. 116

116(5-67) 단순속죄죄법 제67조

도적과 함께 약속하여 여행하는 것에 대한 학습계율
[여적기행계(與賊期行戒)]

[세존] "어떠한 비구이든 알면서도 도적인 캐러밴과 함께 미리 약속하여 동일한 여행길을 가면, 마을까지 일지라도, 단순속죄죄[928]를 범하는 것이니라."[929]

---

928) *波逸提 : ≪빠알리율≫에서는 '미리 약속을 하지 않고 가거나, 사람들이 미리 약속하고 수행승이 미리 약속하지 않거나, 미리 약속한 것과 다르게 가거나, 사고가 나거나, 정신착란자이거나, 최초의 범행자인 경우'는 예외이고, ≪사분율≫에서는 '미리 알지도 못하고 약속도 하지 않았거나, 그들을 따라가면 편안한 곳에 가게 되거나, 힘센 자의 강요였거나, 목숨이 위태로웠거나, 청정행이 어려웠거나, 이 학습계율시설의 원인이 된 최초의 범행자이거나, 정신착란자이거나, 마음이 심란한 자이거나, 애통해 하는 자인 경우'를 예외로 한다.*

929) *■ 여적기행계(與賊期行戒) / 사분승바일제 67 : 若比丘 知是賊伴, 期同道行, 乃至聚落者, 波逸提 • 여적기행계⊙(與賊期行戒) / Khu-Pāc. 66(Nī-Pāc. 167) : yo pana bhikkhu jānaṁ theyyasatthena saddhiṁ saṁvidhāya ekaddhānamaggaṁ paṭipajjeyya antamaso gāmantarampi, pācittiyan'ti : 단순속죄죄법 제27조(Khu-Pāc. 27)를 참조하라.*

Catu-Kṣup. 117

117(5-68) 단순속죄죄법 제68조

악견으로 충고를 어기는 것에 대한 학습계율
[악견위간계(惡見違諫戒)]

[세존] "어떠한 비구이든 이와 같이 '내가 세존께서 가르치신 진리를 이해하기로는, 감각적 쾌락의 욕망을 추구하는 것은 도에 장애가 되는 것이 아니다.'라고 말한다면, 비구들은 그 비구에게 '대덕이여, 그와 같이 말하지 말라. 세존을 잘못 대변하지 말라. 세존을 잘못 대변하는 것은 옳지 않다. 세존께서는 그와 같이 말하지 않았다. 대덕이여, 세존께서는 여러 가지 방편으로 감각적 쾌락의 욕망을 추구하는 것은 도에 장애된다고 말씀했다.'라고 말해주어야 하되,[930] 비구들이 그

930) *作如是語「我知佛所說法 行婬欲 非障道法」彼比丘應諫是比丘言:「大德 莫作是語 莫謗世尊, 謗世尊者不善, 世尊不作是語 世尊無數方便 說行婬欲是障道法」: 한역의 음욕은 Vin. IV. 134에 따르면 '감각적 쾌락의 욕망'을 의미한다. 음욕에 국한 지어 번역한 것은 잘못이다. 빠알리문의 충고는 '세존께서는 여러 가지 법문으로 장애가 되는 것은 장애라고 말씀했고 그것을 행하는 자에 따라서 장애가 되기에 충분하다고 말씀했다.'라고 되어 있다. 장애가 되는 것은 감각적 쾌락의 욕망이다. 빠알리문은 '여러 가지 법문으로 장애가 되는 것은 장애라고 말씀했고 그것을 행하는 자에 따라서 장애가 되기에 충분하다고 말씀했다.'라고 되어 있다.*

비구에게 이렇게 충고하여도 그와 같이 고집하면, 비구들은 그 비구에게 그것을 그만두도록 세 번까지 충고를 해야 하나니, 세 번까지 충고해서 그것을 그만둔다면, 훌륭한 일이지만, 그만두지 않는다면, 단순속죄죄931)를 범하는 것이니라."932)

---

931) *波逸提 : 《빠알리율》에서는 '충고받지 못했거나, 그만두거나, 정신착란자이거나, 최초의 범행자인 경우'는 예외이고, 《사분율》에서는 '한두 번 충고했을 때 그만두거나, 원칙에 맞지 않는 별중이나 원칙에 맞지 않는 갈마로 견책조치의 갈마를 하거나, 원칙에 맞지 않고, 계율에 맞지 않고, 가르침에 맞지 않는 갈마를 하거나, 일체의 충고를 하기 이전이었거나, 이 학습계율시설의 원인이 된 최초의 범행자이거나, 정신착란자이거나, 마음이 심란한 자이거나, 애통해 하는 자인 경우'를 예외로 한다.*

932) *■ 악견위간계(惡見違諫戒) / 사분승바일제 68 : 若比丘 作如是語「我知佛所說法 行婬欲 非障道法」彼比丘應諫是比丘言:「大德 莫作是語 莫謗世尊 謗世尊者不善 世尊不作是語 世尊無數方便 說行婬欲是障道法」是比丘如是諫時 堅持不捨 彼比丘應三諫 捨此事故 乃至三諫 捨者善; 不捨者, 波逸提 • 사견위간계⊙(邪見違諫戒) / Khu-Pāc. 68(Nī-Pāc. 146) : yo pana bhikkhu evaṁ vadeyya: thatāhaṁ bhagavatā dhammaṁ desitaṁ ājānāmi yathā ye'me antarāyikā dhammā vuttā bhagavatā te paṭisevato nālaṁ antarāyāyā'ti, so bhikkhu bhikkhūhi evam assa vacanīyo, mā āyasmā evaṁ avaca, mā bhagavantaṁ abbhācikkhi, na hi sādhu bhagavato abbhakkhānaṁ, na hi bhagavā evaṁ vadeyya; anekapariyena āvuso, antarāyikā dhammā antarāyikā vutta bhagavatā alañca pana te paṭisevato antarāyāyā'ti. evañca pana so bhikkhu bhikkhūhi vuccamāno tath'eva paggaṇheyya, so bhikkhu bhikkhūhi yāvatatiyaṁ samanubhāsitabbo tassa paṭinissaggāya, yāvatatiyaṁ ce samanubhāsiyamāno tam paṭinissajjeyya, iccetaṁ kusalaṁ, no ce paṭinissajjeyya pācittiyan'ti.*

Catu-Kṣ up. 118

118(5-69) 단순속죄죄법 제69조

권리정지된 자를 따르는 것에 대한 학습계율

[수거계(隨擧戒)]

[세존] "어떠한 비구이든, 원칙에 맞게 충고를 이행하지 않고 사견을 버리지 않은 비구와, 알면서 그렇게 말하는, 그와 함께 향유하거나, 함께 갈마하고, 자고, 이야기한다면,933) 단순속죄죄934)를 범하는

---

933) 知如是語人 未作法 如是惡邪 不捨 供給所須 共同羯磨 止宿言語者 : 빠알리문에는 '함께 향유하거나, 함께 갈마하고, 자고, 이야기한다면' 대신에 '함께 살고 함께 잔다면'이라고 되어 있다. '알면서 그렇게 말하는'은 앞의 학습계율 뜻한다. '향유하는 것'은 두 가지 향유 즉, 음식의 향유와 가르침의 향유가 있다.

934) 波逸提 : ≪빠알리율≫에서는 '권리정지되지 않은 자라고 알거나, 권리정지되어 사면복권되었다고 알거나, 그 견해를 버렸다고 알거나, 정신착란자이거나, 최초의 범행자인 경우'는 예외이다. ≪사분율≫에서는 '비구가 악견으로 권리정지된 자가 먼저 도착할 줄 몰랐거나, 악견으로 권리정지된 자가 뒤에 도착했으나 몰랐거나, 방이 덮여있으나 사면에 벽이 없었거나, 방이 다 덮였고 반만 또는 조금 막혔거나, 방이 다 막혔고 덮여있지 않거나, 방이 다 막혔고 반만 또는 조금 덮였거나, 방이 반만 덮였고 반만 막혔거나, 방이 조금 덮였고 조금 막혔거나, 덮이지도 막히지도 않은 노지였거나, 방안에 거닐거나 앉아있었거나, 머리가 어지러워 쓰러졌든가, 병이 나서 누었든가, 힘센 자의 강요였거나, 결박당했거나, 목숨이 위태로웠거나, 청정행이 어려웠거나, 이 학습계율시설의 원인이 된 최초의 범행자이거나, 정신착란자이거나, 마음이 심란한 자이거나, 애통해 하는

것이니라."935)

자인 경우'를 예외로 한다.

935) ■수거계(隨擧戒) / 사분승바일제 69 : 若比丘 知如是語人未作法 如是邪見不捨, 供給所需, 共同羯磨, 止宿言語者, 波逸提 ●수거계⊙(隨擧戒) / Khu-Pāc. 69(Nī-Pāc. 147) : yo pana bhikkhu jānaṁ tathāvādinā bhikkhunā akaṭānudhammena taṁ diṭṭhiṁ appaṭinissaṭṭhena saddhiṁ sambhuñjeyya vā saṁvaseyya vā saha vā seyyaṁ kappeyya, pācittiyan'ti.

Catu-Kṣup. 119

119(5-70) 단순속죄죄법 제70조

멸빈된 사미를 감싸는 것에 대한 학습계율
[수빈사미계(隨擯沙彌戒)]

[세존] "어떠한 사미이든지 이와 같이 '내가 세존께서 가르치신 진리를 이해하기로는, 감각적 쾌락의 욕망을 추구하는 것은 도에 장애가 되는 것이 아니다.'936) 라고 말한다면, 비구들은 그 사미에게 '사미여, 그와 같이 말하지 말라. 세존을 잘못 대변하지 말라. 세존을 잘못 대변하는 것은 옳지 않다. 세존께서는 그와 같이 말하지 않았다. 사미여, 세존께서는 여러 가지 방편으로 감각적 쾌락의 욕망을 추구하는 것은 도에 장애된다고 말씀했다.'937) 라고 말해야 하되, 비구들이 그 사미에게 이렇게 말하여도 그와 같이 고집하면, 비구들

---

936) 行婬欲 非障道法 : 한역의 음욕은 Vin. IV. 134에 따르면, '감각적 쾌락의 욕망'을 의미한다. 음욕에 국한 지어 번역한 것은 잘못이다. 빠알리문은 '틀림없이 세존께서 장애가 되는 것이라고 설한 것들도 그것들을 수용하는 자에게는 장애가 되지 않습니다.'라고 되어 있다. 장애가 되는 것은 감각적 쾌락의 욕망이다.

937) 世尊無數方便, 說行婬欲是障道法 : 빠알리문은 '여러 가지 법문으로 장애가 되는 것은 장애라고 말씀했고 그것을 행하는 자에 따라서 장애가 되기에 충분하다고 말씀했다.'라고 되어 있다.

은 그 사미에게 '사미여, 오늘부터 그대는 '세존께서 그대의 스승이다.'라고 부르지 마라. 다른 사미가 비구들과 함께 이틀이나 사흘을 함께 자더라도 그대는 그럴 수가 없다. 멀리 가서 사라져 버려라.'라고 말해야 하나니, 어떠한 비구이든 알면서 이와 같이 멸빈된 사미니를 데려다 두고 함께 숙박하면,[938] 단순속죄죄[939]를 범하는 것이니라."[940]

---

938) *若比丘尼 知是被擯沙彌 若畜同一止宿者 : 빠알리문에는 '멸빈된 사미를 위로하거나 후원하거나 함께 향유하거나 함께 자면' 이라고 되어 있다.*

939) *波逸提 : 《빠알리율》에는 '멸빈되지 않은 자라고 알거나, 그 견해를 버린 자라고 알거나, 정신착란자이거나, 최초의 범행자인 경우'는 예외이지만, 《사분율》에서는 '비구가 멸빈된 사미가 먼저 도착할 줄 몰랐거나, 멸빈된 사미가 뒤에 도착했으나 몰랐거나, 방이 덮여있으나 사면에 벽이 없었거나, 방이 다 덮였고 반만 또는 조금 막혔거나, 방이 다 막혔고 덮여있지 않거나, 방이 다 막혔고 반만 또는 조금 덮였거나, 방이 반만 덮였고 반만 막혔거나, 방이 조금 덮였고 조금 막혔거나, 덮이지도 막히지도 않은 노지였거나, 방안에 거닐거나 앉아있었거나, 머리가 어지러워 쓰러졌든가, 병이 나서 누었든가, 힘센 자의 강요였거나, 결박당했거나, 목숨이 위태로웠거나, 청정행이 어려웠거나, 이 학습계율시설의 원인이 된 최초의 범행자이거나, 정신착란자이거나, 마음이 심란한 자이거나, 애통해 하는 자인 경우'를 예외로 한다.*

940) *■수빈사미계(隨擯沙彌戒) / 사분승바일제 70 : 若比丘 知沙彌作如是語「我知佛所說法 行婬欲非障道法」彼比丘應語此沙彌言:「汝莫作是語 莫謗世尊, 謗世尊者不善, 世尊不作是語 沙彌 世尊無數方便 說行婬欲是障道法」是沙彌 如是諫時, 堅持不捨 彼比丘應三諫 捨此事故 乃至三諫 捨者善; 不捨者, 彼比丘 應語此沙彌言:「汝自今已後非佛弟子, 不得隨餘比丘 如餘沙彌得與大比丘二。三宿, 汝*

今無此事, 汝出去◦滅去, 不須住此」若比丘知是被擯沙彌 若畜同一止宿者, 波逸提 • 수빈사미계⊙(隨擯沙彌戒) / Khu-Pāc. 70(Nī-Pāc. 148) : samaṇuddeso pi ce evaṁ vadeyya, tathāhaṁ bhagavatā dhammaṁ desitaṁ ājānāmi yathā ye'me antarāyikā dhammā vuttā bhagavatā te paṭisevato nālaṁ antarāyāyā'ti. so samaṇuddeso bhikkhūhi evam assa vacanīyo: mā āvuso so samaṇuddesa, evaṁ avaca mā bhagavantaṁ abbhācikkhi, na hi sādhu bhagavato abbhakkhānaṁ. na hi bhagavā evaṁ vadeyya; anekapariyāyena āvuso samaṇuddesa, antarāyikā dhammā attarāyikā vuttā bhagavatā alañca pana te paṭisevato antarāyāyā'ti. evañca pana so samaṇuddeso bhikkhūhi vuccamāno tath'eva paggaṇheyya, so samaṇuddeso bhikkhūhi evam assa vacanīyo: ajjatagge te āvuso samaṇuddesa, na c'eva so bhagavā satthā apadisitabbo. yampi c'aññe samaṇuddesā labhanti bhikkhūhi saddhiṁ dvirittatirattaṁ sahaseyyaṁ, sāpi te n'atthi, cara pire vinassā'ti. yo pana bhikkhu jānaṁ tathā nāsitaṁ samaṇuddesaṁ upalāpeyya vā upaṭṭhāpeyya vā sambhuñjeyya vā saha vā seyyaṁ kappeyya, pācittiyan'ti.

Catu-Kṣ up. 120

120(5-71) 단순속죄죄법 제71조

계율을 배울 것을 권하는 것에 대한 학습계율
[거권학계(拒勸學戒)]

[세존] "어떠한 비구이든 비구들에 의해서 원칙에 따라 견책을 받고 이와 같이 '대덕이여, 내가 다른 유능한 지율자인 비구에게 탐문하기 전까지는 나는 이 학습계율을 지키지 않겠다.'라고 말한다면, 단순속죄죄[941]를 범하는 것이니, 올바로 알기 위해서는 조사하고 탐문해 보아야[942] 하느니라."[943]

---

941) 波逸提 : 《빠알리율》에서는 "'나는 알겠다' 또는 '나는 닦겠다'라고 말하거나, 정신착란자이거나, 최초의 범행자인 경우'는 예외이고, 《사분율》에서는 "지혜가 없는 사람이 견책을 했을 때에는 '그대는 돌아가서 그대의 친교사나 궤범사에게 다시 물어보시오 그대는 다시 배워서 충고하시오'라고 하는 경우나 그것이 사실과 같았거나, 장난으로 말했거나, 빨리 말했거나, 혼자서 말했거나, 꿈속에서 말했거나, 이 학습계율시설의 원인이 된 최초의 범행자이거나, 정신착란자이거나, 마음이 심란한 자이거나, 애통해 하는 자인 경우"를 예외로 한다.

942) 欲求解者, 應當難問 : 빠알리문은 '수행승들이여, 학습계율을 배우는 경우 수행승들은 학습계율을 숙지해야 하고, 탐문해야 하고, 고찰해야 하는데, 이것이 그 경우의 올바른 조치이다'라고 되어 있다.

943) ■거권학계(拒勸學戒) / 사분승바일제 71 : 若比丘 餘比丘如法諫時, 作如是語「大德 我今不學此戒 乃至有智慧 持戒律者, 我當難問」波逸提 欲求解者, 應當難問 ●거권학계⊙(拒勸學戒) / Khu-Pāc.

71(Nī-Pāc. 149) : *yo pana bhikkhu bhikkhūhi sahadhammikaṁ vuccamāno evaṁ vadeyya: na tāvāhaṁ āvuso, etasmiṁ sikkhāpade sikkhissāmi yāva na aññaṁ bhikkhuṁ vyattaṁ vinayadharaṁ paripucchāmī'ti pācittiyaṁ. sikkhamānena bhikkhave, bhikkhunā aññātabbaṁ paripucchitabbaṁ paripañhitabbaṁ, ayaṁ tattha sāmīcī'ti.*

Catu-Kṣ up. 121

121(5-72) 단순속죄죄법 제72조

계율을 헐뜯는 것에 대한 학습계율
[훼비니계(毀毘尼戒)]

[세존] "어떠한 비구이든 의무계율이 송출될 때, 이와 같이 '대덕이여, 이러한 사소한 학습계율은 의혹과 고뇌와 혼란만을 야기시키는데, 그것들을 송출하는 것이 무슨 소용이 있는가?'라고 말하며 학습계율을 비방한다면, 단순속죄죄[944]를 범하는 것이니라."[945]

---

944) 波逸提 : 《빠알리율》에서는 '비방하고자 의도하지 않고 '자, 경전이나 게송이나 논서를 배우고 나중에 계율을 배우겠습니다.'라고 말하거나, 정신착란자이거나, 최초의 범행자인 경우'는 예외이고, 《사분율》에서는 그 밖에 '질병이 있는 자에게 독송하라고 했거나 사문의 과위를 이룬 후에 독송하라고 했거나, 장난으로 말했거나, 빨리 말했거나, 혼자서 말했거나, 꿈속에서 말했거나, 이 학습계율시설의 원인이 된 최초의 범행자이거나, 정신착란자이거나, 마음이 심란한 자이거나, 애통해 하는 자인 경우'를 예외로 한다.

945) ■훼비니계(毀毘尼戒) / 사분승바일제 72 : 若比丘 說戒時, 作如是語「大德 何用說此雜碎戒爲? 說是戒時, 令人惱愧懷疑」, 輕訶戒故 波逸提 •훼비니계⊙(毀毘尼戒) / Khu-Pāc. 72(Nī-Pāc. 150) : yo pana bhikkhu pāṭimokkhe uddissamāne evaṁ vadeyya: kiṁ pan'imehi khuddānukhuddakehi sikkhāpadehi uddiṭṭhehi, yāvad eva kukkuccāya vihesāya vilekhāya saṁvattantī'ti sikkhāpadavivaṇṇake pācittiyan'ti.

Catu-Kṣup. 122

122(5-73) 단순속죄죄법 제73조

위범이 두려워 먼저 말하는 것에 대한 학습계율
[공거선언계(恐擧先言戒)]

[세존] "어떠한 비구이든 반월마다 의무계율이 송출될 때, 이와 같이 '이제야 비로소 이 원칙이 조항으로 내려와 조항에 포함되어 반월마다 송출되게 된다는 것을 우리가 알았다.'라고 말할 때, 다른 비구들이 그 비구가 이전에 두세 번, 그 이상은 말할 것도 없이, 의무계율을 송출하는데 앉아 있었던 것을 알았는데, 그 비구가 알지 못하고 이해하지 못했다면, 위범한 죄는 원칙에 따라 처벌받아 하고, 또한 알지 못하는 죄로서[946] '대덕이여, 그대는 의무계율이 송출될 때, 그 가치를 잘 유념하지 않았고 정신활동을 기울이지 않았다.'라고 알지 못한 까닭에,[947] 단순속죄죄[948]를

---

946) *彼比丘 無知無解 若犯罪者, 應如法治, 更重增無知罪* : *빠알리문에는 '의무계율을 송출하는데 앉아 있었던 것을 안다면, 그 수행승는 알지 못한 까닭으로 면책될 수 없다. 그 경우 그가 위범한 그 죄는 원칙에 따라서 처벌받아야 하고 또한 그의 태만은 견책받아야 한다.'라고 되어 있다.*

947) *「大德 汝無利。得不善. 汝說戒時, 不一心思念, 攝耳聽法」 彼無知故* : *빠알리문에는 뒷구절이 '이렇게 되면, 태만한 자로서'라고 되*

범하는 것이니라."949)

어 있다.

948) 波逸提 : ≪빠알리율≫에서는 '아직 상세하게 듣지 못했거나, 두 세 번 이내에 상세히 들었거나, 태만할 의도가 없었거나, 정신착란자이거나, 최초의 범행자인 경우'는 예외이고, ≪사분율≫에서는 '들은 적이 없다던가, 지금 처음 들었던가, 장난으로 말했거나, 빨리 말했거나, 혼자서 말했거나, 꿈속에서 말했거나, 이 학습계율시설의 원인이 된 최초의 범행자이거나, 정신착란자이거나, 마음이 심란한 자이거나, 애통해 하는 자인 경우'를 예외로 한다.

949) ■공거선언계(恐擧先言戒) / 사분승바일제 73 : 若比丘 說戒時, 作如是語「大德 我今始知是法 是戒經, 半月半月說, 戒經中來」若餘比丘, 知是比丘, 若二。若三說戒中坐, 何況多! 彼比丘無知無解, 若犯罪者, 應如法治, 更重增無知罪「大德 汝無利。得不善. 汝說戒時, 不一心思念, 攝耳聽法」彼無知故, 波逸提 • 공거선언계⊙(恐擧先言戒) / Khu-Pāc. 73(Nī-Pāc. 151) : yo pana bhikkhu anvaddhamāsaṁ pāṭimokkhe uddissamāne evaṁ vadeyya: idān'eva kho ahaṁ jānāmi ayampi kira dhammo suttāgato suttapariyāpanno anvaddhamāsaṁ uddesaṁ āgacchatī'ti. tañce bhikkhuṁ aññe bhikkhū jāneyyuṁ nisinnapubbaṁ iminā bhikkhunā dvattikkhattuṁ pāṭimokkhe uddissamāne ko pana vādo bhiyyo na ca tassa bhikkhuno aññāṇakena mutti atthi yañca tattha āpattiṁ āpanno tañca yathādhammo kāretabbo uttariṁ c'assa moho āropetabbo: tassa te āvuso alābhā tassa te dulladdhaṁ yaṁ tvaṁ pāṭimokkhe uddissamāne na sādhukaṁ aṭṭhikatvā manasikarosī'ti. idaṁ tasmiṁ mobhanake pācittiyan'ti.

Catu-Kṣ up. 123

123(5-74) 단순속죄죄법 제74조

갈마를 함께 하고 후회하는 것에 대한 학습계율
[동갈마후회계(同羯磨後悔戒)]

[세존] "어떠한 비구이든, 갈마를 함께 하고[950] 나중에 '비구들이 친밀에 따라 참모임의 소득을 나누어준다.'라고 불평하면, 단순속죄죄[951]를 범하는 것이니라."[952]

---

950) 共同羯磨已 : 빠알리문에는 '화합참모임과 함께 옷을 나누어 준 뒤에'라고 되어 있다.

951) 波逸提 : ≪빠알리율≫에서는 "실제로 욕망과 분노와 어리석음과 두려움에 의해서 행동하는 자에게 주어진 것이 무슨 소용이 되겠는가? 그것을 받더라고 쓸모 없게 만들고 올바로 사용할 수 없을 것이다.'라고 불평하거나, 정신착란자이거나, 최초의 범행자인 경우'는 예외이고, ≪사분율≫에서는 '실제로 그러해서 주었든가, 장난으로 말했거나, 빨리 말했거나, 혼자서 말했거나, 꿈속에서 말했거나, 이 학습계율시설의 원인이 된 최초의 범행자이거나, 정신착란자이거나, 마음이 심란한 자이거나, 애통해 하는 자인 경우'를 예외로 한다.

952) ■동갈마후회계(同羯磨後悔戒) / 방일제 74 : 若比丘 共同羯磨已, 後如是語「諸比丘, 隨親友 以衆僧物與」者, 波逸提 ●동갈마후회계⊙(同羯磨後悔戒) / Khu-Pāc. 81(Nī-Pāc. 159) : yo pana bhikkhu samaggena saṅghena cīvaraṁ datvā pacchā khīyanadhammaṁ āpajjeyya yathāsanthutaṁ bhikkhū saṅghikaṁ lābhaṁ pariṇāmentī'ti, pācittiyan'ti.

Catu-Kṣup. 124

124(5-75) 단순속죄죄법 제75조

청정동의를 위임하지 않는 것에 대한 학습계율
[불여욕계(不與欲戒)]

[세존] "어떠한 비구이든 참모임에서 결의할 때 청정동의를 위임하지 않고 자리에서 일어나 그곳을 떠나면, 단순속죄죄[953]를 범하는 것이니라."[954]

---

953) 波逸提 : ≪빠알리율≫에서는 "참모임의 다툼이나 싸움이나 언쟁이나 분쟁이 있겠다.'라고 생각하고 떠나가거나, '참모임의 분열이나 참모임의 불화가 있겠다.'라고 생각하여 떠나가거나, '원칙에 맞지 않거나 불완전하거나 갈마에 적합하지 않은 자에게 갈마를 행하겠다.'라고 생각하고 떠나가거나, 아프기 때문에 떠나가거나, 대변이나 소변이 마려워서 떠나가거나, 갈마를 방해하지 않기 위하여 '내가 다시 오겠다.'라고 생각하고 떠나가거나, 정신착란자이거나, 최초의 범행자인 경우'는 예외이고, ≪사분율≫에서는 '참모임, 탑묘, 승원이나 환우의 일로 희망의 뜻을 위임하거나, 입이 어눌해서 희망하는 듯을 위임하지 못하거나, 참모임이나 승원이나 친교사 등에게 손해를 끼치거나 이익이 없거나 머물 곳이 없게 하는 갈마를 하려고 해서 위임 않고 떠났거나, 이 학습계율시설의 원인이 된 최초의 범행자이거나, 정신착란자이거나, 마음이 심란한 자이거나, 애통해 하는 자인 경우'를 예외로 한다.

954) ■ 불여욕계(不與欲戒) / 사분승바일제 75 : 若比丘 僧斷事, 不與欲而起去者, 波逸提 • 불여욕계⊙(不與欲戒) / Khu-Pāc. 80(Nī-Pāc. 158) : yo pana bhikkhu saṅghe vinicchayakathāya vattamānāya chandaṁ adatvā uṭṭhāy'āsanā pakkameyya, pācittiyan'ti.

Catu-Kṣ up. 125

125(5-76) 단순속죄죄법 제76조

청정동의를 위임하고 후회하는 것에 대한 학습계율
[여욕후회계(與欲後悔戒)]

[세존] "어떠한 비구이든 청정동의를 위임하고 나중에 불평을 토로하면,955) 단순속죄죄956)를 범하는 것이니라."957)

---

955) 與欲已 後更訶者 : 빠알리문에는 '원칙에 맞는 갈마에 청정동의를 위임하고 나중에 불평을 토로하면'이라고 되어 있다. '청정동의'란 의결할 수 있는 권리를 위임하는 것인데, 예를 들어 아픈 수행승는 갈마에서 청정권리의 위임(pārisuddhidāna : Vin. I. 120)과 청정동의의 위임(chandadāna : Vin, I. 121)의 위임을 행할 수 있다. 여기서 청정(pārisuddhi)은 의무계율에 비추어 어떠한 죄도 짓지 않은 것을 믿는다는 의미에서 청정(pārisuddhi)인데, 자기의 청정을 위임하여 갈마에 출석을 대신한다는 의미를 지닌다.

956) 波逸提 : ≪빠알리율≫에서는 '원칙에 맞지 않았거나 불완전한 모임이거나 갈마에 적합하지 않은 자에 대하여 행해진 것을 알고 불평을 토로하거나 정신착란자이거나, 최초의 범행자인 경우'는 예외이고, ≪사분율≫에서는 "그것이 사실이어서 '원칙에 맞지 않는 갈마이므로 성립하지 않았다.'라고 말했거나, 장난으로 말했거나, 빨리 말했거나, 혼자서 말했거나, 꿈속에서 말했거나, 이 학습계율시설의 원인이 된 최초의 범행자이거나, 정신착란자이거나, 마음이 심란한 자이거나, 애통해 하는 자인 경우"를 예외로 한다.

957) ■ 여욕후회계(與欲後悔戒) / 사분승바일제 76 : 若比丘 與欲已, 後更訶者, 波逸提 ● 여욕후회계⊙(與欲後悔戒) / Khu-Pāc. 79(Nī-Pāc. 157) : yo pana bhikkhu dhammikānaṁ kammānaṁ chandaṁ datvā pacchā khīyanadhammaṁ āpajjeyya, pācittiyan'ti :

Catu-Kṣ up. 126

126(5-77) 단순속죄죄법 제77조

네 가지 쟁사를 엿듣는 것에 대한 학습계율
[병청사쟁계(屛聽四諍戒)]

[세존] "어떠한 비구이든 다른 비구가 다투고 싸우는 것을 알고, 이 사람이 말하는 것을 듣고 다른 자에게 말하면,[958] 단순속죄죄[959]를 범하는 것이니라."[960]

---

958) 知他比丘鬪諍 聽此語已, 向彼說者 : 빠알리문은 '수행승들이 다투고 싸우고 언쟁하는데, '이들이 말하는 것을 내가 듣겠다.'라고 생각하고 엿들으면, 그 동기뿐이고 다른 것이 아닌 한,'이다.

959) 波逸提 : ≪빠알리율≫에서는 "듣고 '나는 그만두겠다. 나는 삼가겠다. 나는 그치겠다. 나를 자유롭게 하겠다.'라고 생각하고 가거나, 정신착란자이거나, 최초의 범행자인 경우'는 예외이고, ≪사분율≫에서는 '두 사람이 어두운 곳이나 가려진 곳에서 이야기하거나 길을 갈 때 앞서 가는 자가 이야기할 때에 손가락을 튕기거나 헛기침을 했거나, 원칙에 맞지 않는 갈마를 하려 하거나 참모임이나 승원이나 친교사에게 손해를 끼치려거나 이익이 없게 하거나 머물 수 없게 하는 갈마를 하려고 할 때에 그것을 알고 가서 들었거나, 이 학습계율시설의 원인이 된 최초의 범행자이거나, 정신착란자이거나, 마음이 심란한 자이거나, 애통해 하는 자인 경우'를 예외로 한다.

960) ■ 병청사쟁계(屛聽四諍戒) / 사분승바일제 77 : 若比丘 知他比丘鬥諍, 聽此語已, 向彼說者, 波逸提 • 병청사쟁계⊙(屛聽四諍戒) / Khu-Pāc. 78(Nī-Pāc. 156) : yo pana bhikkhu bhikkhūnaṁ bhaṇḍanajātānaṁ kalahajātānaṁ vivādāpannānaṁ upassutiṁ tiṭṭheyya yaṁ ime bhaṇissanti taṁ sossāmī'ti etadeva paccayaṁ karitvā anaññaṁ, pācittiyan'ti.

Catu-Kṣ up. 127

127(5-78) 단순속죄죄법 제78조

화가 나서 비구를 구타하는 것에 대한 학습계율
[진타비구계(瞋打比丘戒)]

[세존] "어떠한 비구이든 화가 나고 불만에 가득 차서 비구를 구타하면, 단순속죄죄961)를 범하는 것이니라."962)

---

961) 波逸提 : 《빠알리율》에서는 '어떠한 것에 의해서라도 곤란을 당하여 거기에서 벗어나고자 구타하거나 정신착란자이거나, 최초의 범행자인 경우'는 예외이고, 《사분율》에서는 좀더 구체적으로 '병이 들었거나, 음식이 걸렸거나, 알아듣지 못해 알아듣게 했거나, 잠꼬대를 했거나, 경행할 때나 빗자루를 쓸 때에 부딪쳤거나, 이 학습계율시설의 원인이 된 최초의 범행자이거나, 정신착란자이거나, 마음이 심란한 자이거나, 애통해 하는 자인 경우'를 예외로 한다.

962) ■진타비구계(瞋打比丘戒) | 사분승바일제 78 : 若比丘 瞋故不喜, 打比丘者, 波逸提 ●진타비구계⊙(瞋打比丘戒) | Khu-Pāc. 74(Nī-Pāc. 15 2) : yo pana bhikkhu bhikkhussa kupito anattamano pahāraṁ dadeyya, pācittiyan'ti.

Catu-Kṣ up. 128

128(5-79) 단순속죄죄법 제79조

비구를 위협하는 것에 대한 학습계율
[박비구계(搏比丘戒)]

[세존] "어떠한 비구이든 화가 나고 불만에 가득 차서 비구에게 손짓으로 위협을 가한다면, 단순속죄죄963)를 범하는 것이니라."964)

---

963) *波逸提 : ≪빠알리율≫에서는 '어떠한 것에 의해서라도 곤란을 당하여 거기에서 벗어나고자 손짓으로 위협을 가하거나, 정신착란자이거나, 최초의 범행자인 경우'는 예외이고, ≪사분율≫에서는 '다른 사람이 때리려는데 손으로 막거나, 코끼리 · 도적 · 사나운 짐승이 오거나 가시를 가지고 올 때에 손으로 막거나, 물을 건너거나 진흙을 건널 때에 건드리거나, 상대방이 알아듣지 못해 알아듣게 했거나, 잠을 잘 때 잠꼬대를 했거나, 경행할 때나 빗자루를 쓸 때에 부딪쳤거나, 이 학습계율시설의 원인이 된 최초의 범행자이거나, 정신착란자이거나, 마음이 심란한 자이거나, 애통해 하는 자인 경우'를 예외로 한다.*

964) *■ 박비구계(搏比丘戒) / 사분승바일제 79 : 若比丘 瞋故不喜, 以手搏比丘者, 波逸提 • 박비구계⊙(搏比丘戒) / Khu-Pāc. 75(Nī-Pāc. 153) : yo pana bhikkhu bhikkhussa kupito anattamano talasattikaṁ uggireyya, pācittiyan'ti.*

Catu-Kṣ up. 129

129(5-80) 단순속죄죄법 제80조

근거 없이 승잔죄라고 화내어 비방하는 것에 대한 학습계율
[무승근잔진방계(無根僧殘瞋謗戒)]

[세존] "어떠한 비구이든 화가 나고 불만에 가득 차서[965] 비구에 대하여 근거 없이 '승단잔류죄를 범하는 것이다.'라고 비방한다면, 단순속죄죄[966]를 범하는 것이니라."[967]

---

965) 瞋故不喜 : 빠알리문에는 이 구절이 없다.

966) 波逸提 : 《빠알리율》에서는 '진실이라고 지각하고 꾸짖거나, 꾸짖게 시키거나, 정신착란자이거나, 최초의 범행자인 경우'는 예외이고, 《사분율》에서는 '실제 보고 듣고 의심한 근거로써 뉘우치게 하려고 했거나, 장난으로 말했거나, 빨리 말해서 상대가 알아듣지 못했거나, 혼자 있는 데서 말했거나, 꿈속에서 말했거나, 이것을 말하려다가 저것을 말했거나, 이 학습계율시설의 원인이 된 최초의 범행자이거나, 정신착란자이거나, 마음이 심란한 자이거나, 애통해 하는 자인 경우'를 예외로 한다.

967) ■무승근잔진방계(無根僧殘瞋謗戒) / 사분승바일제 80 : 若比丘 瞋故不喜. 以無根僧伽婆尸沙法謗者, 波逸提 ●무근승잔방계⊙(無根僧殘謗戒) / Khu-Pāc. 76(Nī-Pāc. 154) : yo pana bhikkhu bhikkhuṁ amūlakena saṅghādisesena anuddhaṁseyya, pācittiyan'ti.

Catu-Kṣ up. 130

130(5-81) 단순속죄죄법 제81조

불쑥 내궁으로 들어가는 것에 대한 학습계율
[돌입왕궁계(突入王宮戒)]

[세존] "어떠한 비구이든, 왕족으로서 관정을 받은 왕이 아직 떠나지 않았고 왕비도 아직 물러나지 않았는데, 내궁의 문지방을 넘어서면,[968] 단순속죄죄[969]를 범하는 것이니라."[970]

---

968) 刹利水澆頭王, 王未出, 未藏寶, 若入宮門過閾者 : 빠알리문에는 '사전에 예고도 없이'가 앞 구절에 추가되어 있다. 왕비는 '보배(寶)'을 번역한 것이다. 보배는 왕비를 뜻한다.

969) 波逸提 : ≪빠알리율≫에서는 '왕족으로서 권정을 받지 않았거나, 왕이 침실에서 떠났거나, 왕비가 침실에서 물러났거나, 양자가 떠났거나, 침실이 아니거나, 정신착란자이거나, 최초의 범행자인 경우'는 예외이고, ≪사분율≫에서는 '왕비나 궁녀가 이미 나가고, 금은보화를 감추었거나, 알릴 것이 있거나, 청함을 받았거나, 힘센 자에게 끌려왔거나, 목숨이 위태로웠거나, 청정행이 어려웠거나, 이 학습계율시설의 원인이 된 최초의 범행자이거나, 정신착란자이거나, 마음이 심란한 자이거나, 애통해 하는 자인 경우'를 예외로 한다.

970) ■돌입왕궁계(突入王宮戒) / 사분승바일제 81 : 若比丘 刹利水澆頭王, 王未出, 未藏寶, 若入宮門過閾者, 波逸提 ■돌입왕궁계Ø(突入王宮戒) / Khu-Pāc. 83 : yo pana bhikkhu rañño khattiyassa muddhāvasittassa anikkhatantarājake aniggataratanake pubbe appaṭisaṁvidito indakhīlaṁ atikkāmeyya, pācittiyan'ti.

Catu-Kṣ up. 131

131(5-82) 단순속죄죄법 제82조

보물을 집어갖는 것에 대한 학습계율

[착보계(捉寶戒)]

[세존] "어떠한 비구이든 보물이나 장신구를 집어갖거나 집어갖게 하면,[971] 승원 안에서나 처소 안에서는 예외로 하고, 단순속죄죄[972]를 범하는 것이나, 승원 안에서나 처소 안에서 보물이나 장신구를 집어갖거나 집어갖게 해서 알아서 맡아 두면,[973] 이것이 그 경우의 적절한 조치이니라."[974]

---

971) *寶及寶莊飾具 若自捉 若教人捉 : 빠알리문은 '보물이나 장신구' 대신에 '재보나 재보로 간주되는 것'이라고 되어 있다.*

972) *波逸提 : ≪빠알리율≫에서는 '맡아 두는 경우이거나, 재보로 간주되는 것을 신뢰에 의해서 가지거나, 잠시 맡아두거나, 그것을 넝마처럼 생각하거나, 정신착란자이거나, 최초의 범행자인 경우'는 예외이고, ≪사분율≫에서는 '승원이나 숙소에서 맡아두고 찾으러 오는 자가 있으면 어떤 것인지를 물어서 확인하고 돌려주었거나, 주인에게 탑과 사원의 장엄구로 공양한 것을 맡아두었거나, 이 학습계율시설의 원인이 된 최초의 범행자이거나, 정신착란자이거나, 마음이 심란한 자이거나, 애통해 하는 자인 경우'를 예외로 한다.*

973) *識者當取 : 빠알리문에는 "'소유한 자가 가져갈 것이다.'라고 생각하여 맡아 두면"이라고 되어 있다.*

974) *■ 착보계(捉寶戒) | 사분승바일제 82 : 若比丘 若寶及寶莊飾具 若自捉 若教人捉 除僧伽藍中及寄宿處 波逸提 若在僧伽藍中及寄宿處 若寶及寶莊飾具 若自捉 若教人捉 識者當取 如是因緣非餘.*

• 착보계⊙(捉寶戒) / *Khu-Pāc. 84(Nī-Pāc. 161) : yo pana bhikkhu ratanaṁ vā ratanasammataṁ vā aññatra ajjhārāmā vā ajjhāvasathā vā uggaṇheyya vā uggaṇhāpeyya vā, pācittiyaṁ, ratanaṁ vā pana bhikkhunā ratanasammataṁ vā ajjhārāme vā ajjhāvasathe vā uggahetvā vā uggahāpetvā vā nikkhipitabbaṁ, yassa bhavissati so harissatī'ti. ayaṁ tattha sāmīcī'ti.*

Catu-Kṣ up. 132

132(5-83) 단순속죄죄법 제83조

때 아닌 때의 시간의 마을에 들어 가는 것에 대한 학습계율
[비시입취락계(非時入聚落戒)]

[세존] “어떠한 비구이든, 비구가 있는 경우에 허락을 구하지 않고, 때 아닌 때의 시간에 마을로 들어가면, 단순속죄죄[975]를 범하는 것이니라.”[976]

---

975) 波逸提 : ≪빠알리율≫에서는 ‘긴급한 일이 있어 수행승에게 허락을 구하고 들어가거나, 수행승이 없는 경우 허락을 구하지 않고 들어가거나, 마을 사이로 가거나, 수행녀의 처소로 가거나, 이교도의 숙소로 가거나, 돌아가거나, 길이 마을을 통하거나, 사고가 일어났거나, 정신착란된 자나 최초의 범행자인 경우’는 예외이다. ≪사분율≫에서는 ‘참모임의 일이 있거나 탑사와 관련된 일이나 간병의 일이 있어서 다른 비구에게 부촉했거나, 길이 마을을 통과해 있거나, 알릴 일이나 부름을 받았거나, 힘센 자에게 끌려왔거나, 목숨이 위태로웠거나, 청정행이 어려웠거나, 이 학습계율시설의 원인이 된 최초의 범행자이거나, 정신착란자이거나, 마음이 심란한 자이거나, 애통해 하는 자인 경우’를 예외로 한다.

976) ■비시입취락계(非時入聚落戒) / 사분승바일제 83 : 若比丘 非時入聚落, 不囑餘比丘者, 波逸提 • 비시입취락계∅(非時入聚落戒) / Khu-Pāc. 85 : yo pana bhikkhu santaṁ bhikkhuṁ anāpucchā vikāle gāmaṁ paviseyya aññatra tathārūpā accāyikā karaṇiyā pācittiyan'ti.

Catu-Kṣup. 133

133(5-84) 단순속죄죄법 제84조

평상의 다리의 치수를 초과하는 것에 대한 학습계율
[과량상족계(過量牀足戒)]

[세존] "어떠한 비구이든 새로운 의자이나 침상을 만들도록 할 때에는 그 다리를 하부의 구멍이 들어가는 부분을 제외하고 행복한 님의 손가락마디로 여덟 손가락마디크기(20cm∨60cm)로 만들어야 하지만, 그 치수를 초과하면,[977] 잘라내는 것을 포함하여 단순속죄죄[978]를 범하는 것이니라."[979]

---

977) *作繩床 木床 足應高佛八指 除入陛孔上 截竟 過者 : 여기서 승상(繩床)은 노끈이나 짚으로 만든 의자, 목상(木床)은 침상을 뜻한다. 다만 빠알리문에서는 순서가 '침상이나 의자'로 되어 있다.*

978) *波逸提 : ≪빠알리율≫에서는 '적당한 치수를 알아서 만들거나, 적당한 치수 이하로 만들거나, 타인이 만든 적당한 치수를 초과하는 것을 얻어서 절단하고 사용하는 경우이거나, 정신착란된 자이거나, 최초의 범행자인 경우'은 예외이고 ≪사분율≫에서도 '여덟 손가락 마디의 길이거나 그 보다 짧거나, 다른 사람이 완성된 것을 보시한 것을 잘라 사용하거나 다리를 뽑아 사용하거나, 이 학습계율 시설의 원인이 된 최초의 범행자이거나, 정신착란자이거나, 마음이 심란한 자이거나, 애통해 하는 자인 경우'를 예외로 한다.*

979) *■과량상족계(過量牀足戒) / 사분승바일제 84 : 若比丘 作繩床 ◦木床 足應高如來八指, 除入陛孔上截竟, 過者, 波逸提 ●과량상족계⊙(過量牀足戒) / Khu-Pāc. 87(Nī-Pāc. 163) : navaṁ pana bhikkhunā mañcaṁ vā pīṭhaṁ vā kārayamānena aṭṭhaṅgulapādakaṁ kāretabbaṁ sugataṅgulena aññatra heṭṭhimāya aṭaniyā. taṁ atikkāmayato chedanakaṁ pācittiyan'ti.*

Catu-Kṣ up. 134

134(5-85) 단순속죄죄법 제85조

도라솜을 평상과 깔개에 넣는 것에 대한 학습계율
[도라면저상욕계(兜羅綿貯牀褥戒)]

[세존] "어떠한 비구이든 의자나 침상이나 깔개나 좌복에 도라솜을 넣어 만들게 하면,[980] 단순속죄죄[981]를 범하는 것이니라."[982]

---

980) 作兜羅綿, 貯作繩床◦木床◦臥具◦坐褥者 : 빠알리문에는 '깔개'가 없고 '솜을 뜯어내는 것을 포함하여'가 첨가된다.

981) 波逸提 : ≪빠알리율≫에서는 '인끈이나, 허리띠나, 어깨끈이나, 발우주머니나, 여과낭을 위한 것이거나 베개를 만드는 경우이거나, 타인이 만든 것을 얻어서 솜을 뜯어내고 사용하는 경우이거나, 정신착란된 자이거나 최초의 범행자의 경우'는 예외이고, ≪사분율≫에서는 '구라야풀이나 문야풀이나 사바풀이나 솜털이나 면화의 솜이나 헤어진 헝겊으로 요나 좌와구용 깔개에 넣었거나, 도라솜(兜羅綿)을 어깨 바치는 물건이나 수레 위의 베개에 넣거나, 이 학습계율시설의 원인이 된 최초의 범행자이거나, 정신착란자이거나, 마음이 심란한 자이거나, 애통해 하는 자인 경우'를 예외로 한다. 참고로 도라솜은 '초목과 꽃의 솜을 총칭하는 것이다.

982) ■도라면저상욕계(兜羅綿貯牀褥戒) / 사분승바일제 85 : 若比丘 作兜羅綿, 貯作繩床◦木床◦臥具◦坐褥者, 波逸提 ●도라저상욕계⊙(兜羅貯牀褥戒) / Khu-Pāc. 88(Nī-Pāc. 164) : yo pana bhikkhu mañcaṁ vā pīṭhaṁ vā tūlonaddhaṁ kārāpeyya, uddālanakaṁ pācittiyan'ti.

Catu-Kṣ up. 135

135(5-86) 단순속죄죄법 제86조

뼈나 상아나 뿔로 바늘통을 만드는 것에 대한 학습계율
[골아각침통계(骨牙角鍼筒戒)]

[세존] "어떠한 비구이든 뼈나 상아나 뿔로, 도려내고 갈아서 바늘통을 만들면,983) 단순속죄죄984)를 범하는 것이니라."985)

---

983) 用骨 ◦ 牙 ◦ 角作針筒, 刳刮成者 : 빠알리문에는 '뼈로 이루어지거나 상아로 이루어지거나 뿔로 이루어진 바늘통을 만들게 하면, 부수는 것을 포함하여'라고 되어 있다.

984) 波逸提 : ≪빠알리율≫에서는 '인끈판이거나, 부싯목이거나, 죔쇠이거나, 연고상자이거나, 연고막대이거나, 손도끼자루이거나, 수건이거나, 정신착란된 자이거나, 최초의 범행자인 경우'는 예외이다. ≪사분율≫에서는 '쇠나 구리나 납이나 주석이나 백납이나 대나무나 나무나 사라풀로 만들거나, 주장자 끝에 징을 끼우거나, 일산의 자루와 말굽을 박거나, 갈고리와 긁어내는 칼을 만들거나, 수저를 만들거나, 표주박을 만들거나, 혀를 긁는 물건을 만들거나, 이쑤시개나 귀쑤시개 등을 만들거나, 이 학습계율시설의 원인이 된 최초의 범행자이거나, 정신착란자이거나, 마음이 심란한 자이거나, 애통해 하는 자인 경우'를 예외로 한다.

985) ■골아각침통계(骨牙角鍼筒戒) / 사분승바일제 86 : 若比丘 用骨 ◦ 牙 ◦ 角作針筒, 刳刮成者, 波逸提 ●골아각침통계⊙(骨牙角鍼筒戒) / Khu-Pāc. 86(Nī-Pāc. 162) : yo pana bhikkhu aṭṭhamayaṁ vā dantamayaṁ vā visānamayaṁ vā sucigharaṁ kārāpeyya, bhedanakaṁ pācittiyan'ti.

Catu-Kṣup. 136

136(5-87) 단순속죄죄법 제87조

좌와구용 깔개의 칫수를 초과하는 것에 대한 학습계율
[과량니사단계(過量尼師壇戒)]

[세존] "어떠한 비구이든 좌와구용 깔개를 만들도록 할 때에는 적당한 치수로 만들도록 해야 하고, 그때 그 적당한 치수는 행복한 님의 뼘으로 길이 두 뼘(46cm∨180cm)이고 너비 한 뼘 반(34.5cm∨135 cm)이고 테두리 한 뼘(23cm∨90cm)이어야 하는데, 그것을 초과하면,[986] 단순속죄죄[987]를 범하는 것이니라."[988]

---

986) *作尼師壇 當應量作 是中量者 長佛二磔手, 廣一磔手半, 更增廣長各半磔手. 若過成者 : 빠알리문에는 '잘라내는 것을 포함하여'가 추가되어 있다.*

987) *波逸提 : ≪빠알리율≫에서는 '적당한 치수를 알아서 만들거나, 적당한 치수 이하로 만들거나, 타인이 만든 적당한 치수를 초과하는 것을 얻어서 잘라내고 사용하거나, 천개 혹은 땅 위에 까는 것이나 천막이나 긴 베개나 베개를 만드는 경우이거나, 정신착란된 자이거나, 최초의 범행자인 경우'는 예외이고, ≪사분율≫에서는 '치수에 맞게 만들거나 치수의 이하로 만들거나, 타인에게서 완성된 것을 얻었으면 다시 재단하여 치수에 맞게 하거나, 접어서 두 겹으로 만들거나, 이 학습계율시설의 원인이 된 최초의 범행자이거나, 정신착란자이거나, 마음이 심란한 자이거나, 애통해 하는 자인 경우'를 예외로 한다.*

988) *■ 과량니사단계(過量尼師壇戒) / 사분승바일제 87 : 若比丘 作*

尼師壇, 當應量作. 是中量者, 長佛二磔手, 廣一磔手半, 更增廣長各半磔手. 若過成者, 波逸提 • 과량니사단계⊘(過量尼師壇戒) / Khu-Pāc. 89 : nisīdanaṁ pana bhikkhunā kārayamānena pamāṇīkaṁ kāretabbaṁ. tatr'idaṁ pamāṇaṁ dīghaso dve vidatthiyo sugatavidatthiyā tiriyaṁ diyaḍḍhaṁ. dasā vidatthi, taṁ atikkāmayato chedanakaṁ pācittiyan'ti.

Catu-Kṣup. 137

137(5-88) 단순속죄죄법 제88조

복창의의 칫수를 초과하는 것에 대한 학습계율
[복창의과량계(覆瘡衣過量戒)]

[세존] "어떠한 비구이든 복창의(覆瘡衣)를 만들도록 할 때에는 적당한 치수로 만들도록 해야 하고, 그때 그 적당한 치수는 행복한 님의 뼘으로 길이 네 뼘(92cm∨360cm)이고 너비 두 뼘(46cm∨180cm)이어야 하는데, 그것을 초과하면,[989] 단순속죄죄[990]를 범하는 것이니라."[991]

---

989) 作覆瘡衣, 當應量作. 是中量者, 長佛四磔手, 廣二磔手. 若過成者 : 빠알리문에는 '잘라내는 것을 포함하여'가 추가되어 있다.

990) 波逸提 : ≪빠알리율≫에서는 '적당한 치수를 알아서 만들거나, 적당한 치수 이하로 만들거나, 타인이 만든 적당한 치수를 초과하는 것을 얻어서 절단하여 사용하거나, 천개 혹은 땅 위에 까는 것, 천막, 긴 베개나 베개를 만드는 경우이거나, 정신착란된 자이거나, 최초의 범행자인 경우'는 예외이고, ≪사분율≫에서는 '치수에 맞게 만들거나 치수의 이하로 만들거나, 타인에게서 얻은 것을 쪼개서 치수에 맞게 만들거나, 접어서 두 겹으로 만들거나, 이 학습계율시설의 원인이 된 최초의 범행자이거나, 정신착란자이거나, 마음이 심란한 자이거나, 애통해 하는 자인 경우'를 예외로 한다.

991) ■복창의과량계(覆瘡衣過量戒) / 사분승바일제 88 : 若比丘 作覆瘡衣, 當應量作. 是中量者, 長佛四磔手, 廣二磔手. 若過成者, 波逸提 ● 복창의과량계⊙(覆瘡衣過量戒) / Pāc. 90(Nī-Pāc. 165) : kaṇḍupaṭicchādiṁ pana bhikkhunā kārayamānena pamāṇikā kāretabbā. tatr'idaṁ pamāṇaṁ dīghaso catasso vidatthiyo sugatavidatthiyā tiriyaṁ dve vidatthiyo, taṁ atikkāmayato chedanakaṁ pācittiyan'ti.

Catu-Kṣup. 138

138(5-89) 단순속죄죄법 제89조

우기옷의 칫수를 초과하는 것에 대한 학습계율
[우욕의과량계(雨浴衣過量戒)]

[세존] "어떠한 비구이든 우기옷을 만들도록 할 때에는 적당한 치수로 만들도록 해야 하고, 그때 그 치수는 행복한 님의 뼘으로 길이 여섯 뼘(138cm∨540cm)이고 너비 두 뼘 반(57.5cm∨225cm)이어야 하는데, 그것을 초과하면,992) 단순속죄죄993)를 범하는 것이니라."994)

---

992) 作雨浴衣, 當應量作. 是中量者, 長佛六磔手, 廣二磔手半. 若過成者 : 빠알리문에는 '잘라내는 것을 포함하여'가 추가되어 있다.

993) 波逸提 : 《빠알리율》에서는 '적당한 치수를 알아서 만들거나, 적당한 치수 이하로 만들거나, 타인이 만든 적당한 치수를 초과하는 것을 얻어서 절단하여 사용하는 경우이거나, 천개 혹은 땅 위에 까는 것, 천막, 긴 베개나 베개를 만드는 경우이거나, 정신착란된 자이거나, 최초의 범행자인 경우'는 예외이고, 《사분율》에서는 '치수에 맞게 만들거나 치수의 이하로 만들거나, 타인에게서 얻은 것을 쪼개서 치수에 맞게 만들거나, 접어서 두 겹으로 만들거나, 이 학습계율시설의 원인이 된 최초의 범행자이거나, 정신착란자이거나, 마음이 심란한 자이거나, 애통해 하는 자인 경우'를 예외로 한다.

994) ■ 우욕의과량계(雨浴衣過量戒) / 사분승바일제 89 : 若比丘 作雨浴衣, 當應量作. 是中量者, 長佛六磔手, 廣二磔手半. 若過成者, 波逸提 • 우의과량계∅(雨衣過量戒) / Khu-Pāc. 91 : vassikasāṭikaṁ pana bhikkhunā kārayamānena pamāṇika kāretabbā. tatr'idaṁ pamāṇaṁ dīghaso cha vidatthiyo sugatavidatthiyā, tiriyaṁ aḍḍhateyyā. taṁ atikkāmayato chedanakaṁ pācittiyan'ti.

Catu-Kṣup. 139

139(5-90) 단순속죄죄법 제90조

부처님과 같은 옷의 치수로 만드는 것에 대한 학습계율
[여불등량작의계(與佛等量作衣戒)]

[세존] "어떠한 비구이든 행복한 님의 옷과 같은 치수의 옷이나 그 이상의 치수의 옷을 입고 다니면,[995] 단순속죄[996]를 범하는 것이니, 여기서 행복한 님의 옷의 치수라면 행복한 님의 뼘으로 길이 아홉 뼘(207cm∨810cm)이고 너비 여섯 뼘(138cm∨540cm)인데, 그것이 바로 행복한 님의 옷의 치수이니라."[997]

---

995) 佛衣等量作, 若過成者 : 빠알리문에는 '잘라내는 것을 포함하여'가 추가되어 있다.

996) 波逸提 : 《빠알리율》에서는 '이하로 만들거나, 타인이 만든 것을 얻어서 잘라내고 사용한다거나, 천개 혹은 땅 위에 까는 것, 천막, 긴 베개나 베개를 만드는 경우이거나, 정신착란된 자이거나, 최초의 범행자인 경우'는 예외이고, 《사분율》에서는 '치수에 맞게 만들거나 치수의 이하로 만들거나, 타인에게서 얻은 것을 쪼개서 치수에 맞게 만들거나, 접어서 두 겹으로 만들거나, 이 학습계율시설의 원인이 된 최초의 범행자이거나, 정신착란자이거나, 마음이 심란한 자이거나, 애통해 하는 자인 경우'를 예외로 한다.

997) ■ 여불등량작의계(與佛等量作衣戒) / 사분승바일제 90 : 若比丘 佛衣等量作, 若過成者, 波逸提 是中量者, 長佛九磔手, 廣六磔手, 是名佛衣等量. • 여불등량작의계⊙(與佛等量作衣戒) : Khu-Pāc. 92(Nī-Pāc. 166) : yo pana bhikkhu sugatacīvarappamāṇaṁ cīvaraṁ kārāpeyya atirekaṁ vā chedanakaṁ pācittiyaṁ. tatr'idaṁ sugatacīvarappamāṇaṁ: dīghaso nava vidatthiyo sugatavidatthiyā, tiriyaṁ cha vidatthiyo idaṁ sugatassa sugatacīvarappamāṇan'ti.

대덕들이여,
이와 같이 90개 조항의 단순속죄죄법을
송출하였습니다.998)

이와 관련하여
저는 대덕들께 묻겠습니다.
이와 관련하여 완전히 청정합니까?
두 번째에도 저는 대덕들께 묻겠습니다.
이와 관련하여 완전히 청정합니까?
세 번째에도 저는 대덕들께 묻겠습니다.
이와 관련하여 완전히 청정합니까?

대덕들께서는
완전히 청정한 까닭에 침묵했으므로
저는 그와 같이 알겠습니다.999)

---

998) ■諸大德 我已說九十波逸提法 •*uddiṭṭhā kho āyasmanto dvenavuti pācittiyā dhammā*

999) ■今問諸大德 是中清淨不? (如是三說) 諸大德 是中清淨, 默然故 是事如是持. •*tatthāyasmante pucchāmi kaccittha parisuddhā? dutiyampi pucchāmi kaccittha parisuddhā? tatiyampi pucchāmi kaccittha parisuddhā? parisuddhetthāyasmanto, tasmā tuṇhī. evametaṁ dhārayāmī'ti.*

제6장 고백죄법의 송출

(Pāṭidesanīyuddesa)

대덕들이여,
이제 이와 같은 계경에 나오는
4개 조항의 고백죄법을
반월마다 송출하겠습니다.[1000]

1000) ■波羅提提舍尼法 諸大德 是四波羅提提舍尼法 半月半月說戒經中來 •ime kho panāyasamanto cattāro pāṭidesanīyā dhammā uddesaṁ āgacchanti.

Catu-Kṣup. 140

140(6-1) 고백죄법 제1조

속가에서 친척 아닌 비구니에게 음식받기에 대한 학습계율
[재속가종비친니취식계(在俗家從非親尼取食戒)]

[세존] "어떠한 비구이든, 마을에 들어가서, 병이 들지 않은 한, 친척 아닌 비구니에게서 자기의 손으로 음식을 받아먹었다면, 그 비구는 다른 비구에게 '대덕이여, 제가 비난받을만한 적절하지 못한 죄를 범했으니, 지금 대덕에게 고백합니다.'라고 허물을 뉘우쳐야 하나니,1001) 이것이 곧 고백죄의1002) 원칙이니라."1003)

1001) 入村中, 無病, 從非親里比丘尼, 自手受食食, 是比丘應向餘比丘悔過言 : 빠알리문에는 '병들이 않은 한'이란 구절이 없고 음식에 관해서는 '단단한 음식이거나 부드러운 음식을 자신의 손으로 받아서 씹었거나 먹었다면'이라고 되어 있다.

1002) 悔過 : ≪빠알리율≫에서는 '친적인 자이거나, 주게 시키거나, 가까이 둔 뒤에 주거나, 승원 안에서이거나, 수행녀의 처소에서 이거나, 이교도의 숙소에서 이거나, 돌아가는 길이거나, 마을에서 밖으로 나오면서 주거나, 시분약, 칠일약, 진형수약을 원인이 있어서 복용하라고 주거나, 정학녀로부터나, 사미니로부터인 경우이거나, 정신착란된 자이거나 최초의 범행자인 경우'는 예외이고, ≪사분율≫에서는 '친척인 비구니에게 밥을 받거나, 병이 있거나, 땅에다 놓아주었거나 사람을 시켜서 주었거나 마을 밖에서 주었거나 비구니의 사원에서 주었을 때 받았거나, 이 학습계율시설의 원인이 된 최초의 범행자이거나, 정신착란자이거나, 마음이 심란한 자이거나, 애통해 하는 자인 경우'를 예외로 한다.

1003) ■ 재속가종비친니취식계(在俗家從非親尼取食戒) / 사분승제

사니 1 : 若比丘 入村中, 無病, 從非親里比丘尼, 自手受食食, 是比丘應向餘比丘悔過言:「大德 我犯可訶法 所不應爲 今向大德悔過」是名悔過法. • *재속가종비친니취식계∅(在俗家從非親尼取食戒)* / *Khu-Paṭid. 1 : yo pana bhikkhu aññātikāya bhikkhuniyā antaragharaṁ paviṭṭhāya hatthato khādanīyaṁ vā bhojanīyaṁ vā sahatthā paṭiggahetvā khādeyya vā bhuñjeyya vā paṭidesetabbaṁ tena bhikkhunā, gārayhaṁ āvuso dhammaṁ āpajjiṁ asappāyaṁ pāṭidesanīyaṁ taṁ paṭidesemī'ti.*

Catu-Kṣ up. 141

141(6-2) 고백죄법 제2조

재가에 있으면서 차별하여 음식을 주는 것에 대한 학습계율
[재속가편심수식계(在俗家偏心授食戒)]

[세존] "어떠한 비구라도 마을 사람들의 집에서, 어떤 비구니가 누구에게 국을 주고, 누구에게 밥을 주라고 지시하면,1004) 비구들은 마땅히 그 비구니에게 '자매여, 물러나시오. 비구들의 공양이 끝날 때까지 기다리시오.'라고 해야 하는데, 한 비구도 그 비구니에게 말하지 않았을 때는, 그 비구는 다른 비구에게 '대덕이여, 제가 비난받을만한 적절하지 못한 죄를 범했으니, 지금 대덕에게 고백합니다.'라고 허물을 뉘우쳐야 하나니, 이것이 곧 고백죄1005)의 원칙이니라."1006)

---

*1004) **在白衣家食, 是中有比丘尼指示, 與某甲羹, 與某甲飯** : 빠알리문에는 수행녀의 지시사항이 '여기에 카레를 주십시오. 여기에 밥을 주십시오'라고 되어 있다.*

*1005) **悔過** : 《빠알리율》에서는 '그녀가 자신의 식사를 주게 하고 스스로 주지 않거나, 그녀가 다른 사람에게 식사를 주고 주게 시키지 않던가, 주어지지 않은 것을 주게 하거나, 주어지지 않은 곳에 준다던가, 모든 사람에게 평등하게 준다던가, 정학녀가 준다던가, 사미니가 준다던가, 다섯 종류의 식사를 제외하고 어떠한 경우이거나, 정신착란된 자이거나 최초의 범행자의 경우'는 예외이고, 《사분율》에서는 "'자매여 잠시 그치시오. 비구들이 다 먹어야 합니다.'라고 하였거나, 비구니가 자신이 단월이 되었거나, 단월이 공양을 준비해*

서 비구니에게 처분을 맡겼거나, 고의로 치우치게 이 자는 주고 저 자는 주지 않은 것이 아니었거나, 이 학습계율시설의 원인이 된 최초의 범행자이거나, 정신착란자이거나, 마음이 심란한 자이거나, 애통해 하는 자인 경우'를 예외로 한다.

1006) ■ 재속가편심수식계(在俗家偏心授食戒) / 사분승제사니 2 : 若比丘 在白衣家食, 是中有比丘尼指示, 與某甲羹, 與某甲飯. 諸比丘應語彼比丘尼言:「大姊! 且止, 須諸比丘食竟」若無一比丘語彼比丘尼者, 是比丘應向餘比丘悔過言:「大德! 我犯可訶法, 所不應爲. 今向大德悔過」是名悔過法 • 재속가편심수식계∅(在俗家偏心授食戒) / Khu-Paṭid. 2 : bhikkhu pan'eva kulesu nimattitā bhuñjanti. tatra ce sā bhikkhunī vosāsamānarūpā ṭhitā hoti 'idha sūpaṁ detha idha odanaṁ dethā'ti, tehi bhikkhūhi sā bhikkhunī apasādetabbā. apasakka tāva bhagini, yāva bhikkhū bhuñjatī'ti. ekassa ce pi bhikkhuno nappaṭibhāseyya taṁ bhikkhuniṁ apasādetuṁ apasakka tāva bhagini, yāva bhikkhū bhuñjantī'ti. paṭidesetabbaṁ tehi bhikkhūhi gārayhaṁ āvuso dhammaṁ āpajjimhā asappāyaṁ pāṭidesanīyaṁ taṁ paṭidesemā'ti.

Catu-Kṣ up. 142

142(6-3) 고백죄법 제3조

학지인정가정에서 과도하게 받는 것에 대한 학습계율
[학가과수계(學家過受戒)]

[세존] "어떠한 비구이든, 학지인정가정들이 있는데 참모임의 갈마에서 학지인정가정으로 인정된 가정에서, 초대받지 않았고 환자가 아닌 한, 자신의 손으로 받아서 음식을 먹었다면,1007) 그 비구는 다른 비구에게 '대덕이여, 제가 비난받을만한 적절하지 못한 죄를 범했으니, 지금 대덕에게 고백합니다.'라고 허물을 뉘우쳐야 하나니, 이것이 곧 고백죄1008)의 원칙이

1007) 僧作學家羯磨. 若比丘知是學家, 先不受請, 無病, 自手受食食 : 빠알리문에는 '갈마'라는 말이 없고 음식에 관해서는 '단단한 음식이거나 부드러운 음식을 자신의 손으로 받아서 씹었거나 먹었다면'이라고 되어 있다.

1008) 悔過 : 《빠알리율》에서는 '초대받은 자이거나, 환자이거나, 초대받거나 환자의 잔식을 먹거나, 타인을 위하여 식사가 거기에 차려져있거나, 집에서 가지고 나와서 주거나, 상시식이거나, 행주식이거나, 십오일식이거나, 포살식이거나, 월초일식이거나, 시분약, 칠일약, 진형수약을 원인이 있어서 주는 경우이거나 정신착란된 자이거나, 최초의 범행자인 경우'는 예외이고, 《사분율》에서는 '먼저 청을 받았거나, 병이 있거나, 땅에 놓아서 주었거나, 사람을 시켜서 준 것을 받았거나, 학지인정가정이 보시한 뒤에 다시 재물이 많아졌거나, 이 학습계율시설의 원인이 된 최초의 범행자이거나, 정신착란자이거나, 마음이 심란한 자이거나, 애통해 하는 자인 경우'를 예외로 한다.

니라."[1009)]

1009) ■ 학가과수계(學家過受戒) / 사분승제사니 3 : 有諸學家, 僧作學家羯磨. 若比丘知是學家, 先不受請, 無病, 自手受食食, 是比丘應向餘比丘 悔過言:「大德 我犯可訶法 所不應爲, 今向大德悔過」是名悔過法 • 학가과수계∅(學家過受戒) / Khu-Paṭid. 3 : *yāni kho pana tāni sekhasammatāni kulāni yo pana bhikkhu tathārūpesu sekhasammatesu kulesu pubbe animantito agilāno khādanīyaṁ vā bhojanīyaṁ vā sahatthā paṭiggahetvā khādeyya, khādeyya vā bhuñjeyya vā paṭidesetabbaṁ tena bhikkhunā gārayhaṁ āvuso dhammaṁ āpajjiṁ asappāyaṁ pāṭidesanīyaṁ, taṁ paṭidesemī'ti.*

Catu-Kṣ up. 143

143(6-4) 고백죄법 제4조

숲속 처소에 대한 학습계율

[Āraññakasikkhāpada]

[세존] “어떠한 비구이든, 어떠한 숲속의 처소, 외딴 곳, 위험과 공포를 수반하는 곳에 있으면서, 단월에게 ‘승원 밖으로부터 받지 않겠다.’라고 사전에 알리지 않고, 환자가 아닌 한, 그 승원 안에서 자신의 손으로 음식을 받아서 음식을 먹었다면,1010) 그 비구는 다른 비구에게 ‘대덕이여, 제가 비난받을만한 적절하지 못한 죄를 범했으니, 지금 대덕에게 고백합니다.’라고 허물을 뉘우쳐야 하나니, 이것이 곧 고백죄1011)의 원칙

---

*1010) **若阿蘭若, 逈遠, 有疑恐怖處, 比丘 如是阿蘭若處住, 先不語檀越「僧伽藍外不受食」在僧伽藍內, 無病, 自手受食食**: 빠알리문에는 ‘외딴’ 또는 ‘단월’이라는 말이 없고, 음식에 대해서는 ‘사전에 알리지 않고 단단한 음식이나 부드러운 음식을 그 승원 안에서 자신의 손으로 받아서 씹었거나 먹었다면’이라고 되어 있다.*

*1011) **悔過**: ≪빠알리율≫에서는 ‘알렸거나, 환자이거나, 알렸을 경우 또는 수행승이 환자인 경우의 잔식을 먹거나, 승원의 밖에서 받아서 안에서 먹거나, 거기에서 생겨난 뿌리나 껍질이나 잎사귀나 꽃이나 열매를 사용하거나, 시분약, 칠일약, 진형수약을 원인에 따라 먹는 경우이거나, 정신착란된 자이거나, 최초의 범행자인 경우는 예외이고, ≪사분율≫에서는 ‘미리 단월에게 말했거나, 병이 있거나, 땅에 놓아서 주었거나, 사람을 시켜서 주었거나, 분부나 법문*

이니라."1012)

을 들으러 올 때에 비구 개인의 음식이 있던 것을 가지고 오게 하여 들었거나, 이 학습계율시설의 원인이 된 최초의 범행자이거나, 정신착란자이거나, 마음이 심란한 자이거나, 애통해 하는 자인 경우'를 예외로 한다.

1012) ■ 유난란야수식계(有難蘭若受食戒) / 사분승제사니 4 : 若比丘 若阿蘭若, 迥遠 有疑恐怖處 比丘 如是阿蘭若處住, 先不語檀越「僧伽藍外不受食」, 在僧伽藍內, 無病, 自手受食食, 是比丘應向餘比丘悔過言:「大德 我犯可訶法 所不應爲, 今向大德悔過」是名悔過法 • 유난란야수식계∅(有難蘭若受食戒) / Khu-Paṭid. 4 : yāni kho pana tāni āraññakāni senāsanāni sāsaṁkasammatāni sappaṭibhayāni, yo pana bhikkhu tathārūpesu senāsanesu viharanto pubbe appaṭisaṁviditaṁ khādanīyaṁ vā bhojanīyaṁ vā ajjhārāme sahatthā paṭiggahetvā agilāno khādeyya vā bhuñjeyya vā paṭidesetabbaṁ tena bhikkhunā gārayhaṁ āvuso dhammaṁ āpajjiṁ asappāyaṁ pāṭidesanīyaṁ taṁ paṭidesemī'ti.

대덕들이여,
이와 같이 4개 조항의 고백죄법을
송출하였습니다.[1013]

이와 관련하여
저는 대덕들께 묻겠습니다.
이와 관련하여 완전히 청정합니까?
두 번째에도 저는 대덕들께 묻겠습니다.
이와 관련하여 완전히 청정합니까?
세 번째에도 저는 대덕들께 묻겠습니다.
이와 관련하여 완전히 청정합니까?

대덕들께서는
완전히 청정한 까닭에 침묵했으므로
저는 그와 같이 알겠습니다.[1014]

1013) ■諸大德 我已說四波羅提提舍尼法 •uddiṭṭhā kho āyasmanto cattāro cattāro pāṭidesanīyā dhammā.

1014) ■今問諸大德 是中清淨不? (如是三說) 諸大德 是中清淨, 默然故 是事如是持 •tatthāyasmante pucchāmi kaccīttha parisuddhā? dutiyampi pucchāmi kaccittha parisuddhā? tatiyampi pucchāmi kaccittha parisuddhā? parisuddhetthāyasmanto, tasmā tuṇhī. evametaṁ dhārayāmī'ti.

제7장 중학죄법의 송출

(Sekhiyuddesa)

대덕들이여,
이제 이와 같은 계경에 나오는
[100개 조항의] 중학죄법을
반월마다 송출하겠습니다.[1015]

1015) ■衆學法 諸大德 此衆學戒法 半月半月說 戒經中來 •ime kho panāyasmato sekhīyā dhammā uddesaṁ āgacchanti.

Catu-Kṣ up. 144

144(7-1) 중학죄법 제1조

원둘레를 둘러 하의를 착용하는 것에 대한 학습계율
[제정착열반승계(齊整著涅槃僧戒)]

[세존] "'원둘레를 두르도록 하의를 입겠다.'라고[1016] 학습규범[1017]을 지켜야 하느니라."[1018]

1016) 齊整著內衣 : '원둘레를 두르기'를 한역에서는 제정(齊整)을 전원(全圓 : parimaṇḍala)이라고도 한다. '원둘레를 두르기'는 하의로 감싸서 즉, 배꼽바퀴와 양 무릎바퀴를 덮어서 입는 것이다.

1017) 學 : 《빠알리율》에서는 '의도하지 않았거나, 새김을 잃었거나, 알지 못했거나, 환자이거나, 사고가 나거나, 정신착란된 자이거나, 최초의 범행자인 경우'는 예외이고, 《사분율》에서는 '이러한 병이 있었거나, 어깨나 팔에 종기가 있어서 내려 입었다든가, 다리나 종아리에 종기가 나서 올려서 입었든가, 승원 안에 있었거나, 이 학습계율시설의 원인이 된 최초의 범행자이거나, 정신착란자이거나, 마음이 심란한 자이거나, 애통해 하는 자인 경우'를 예외로 한다.

1018) ■제정착열반승계(齊整著涅槃僧戒) / 사분승중학 1 : 齊整著內衣 應當學. 제목의 '열반승(涅槃僧)'은 하의를 착의(着衣)할 때에 사용하는 'nivāseti'를 음사한 것처럼 보인다. • 제정착열반승계⊙(齊整著涅槃僧戒) / khu-Sekh. 1(Nī-Sekh. 1) : parimaṇḍalaṁ nivāsessāmī'ti sikkhā karaṇīyā'ti.

Catu-Nip. 145

145(7-2) 중학죄법 제2조

원둘레를 두르도록 삼의를 입는 것에 대한 학습계율
[제정착삼의계(齊整著三衣戒)]

[세존] "'원둘레를 두르도록 삼의를 입겠다.'라고1019) 학습규범1020)을 지켜야 하느니라."1021)

1019) 齊整著五衣(三衣) : 빠알리문에는 '원둘레를 두르도록 상의를 입겠다.'라고 되어 있다.

1020) 學 : 앞의 학습계율과 마찬가지로 《빠알리율》에서는 '의도하지 않았거나, 새김을 잃었거나, 알지 못했거나, 환자이거나, 사고가 나거나, 정신착란된 자이거나, 최초의 범행자인 경우'는 예외이고, 《사분율》에서는 '이러한 병이 있었거나, 옆구리 주변에 종기가 있었거나, 승원 안에 있었거나, 이 학습계율시설의 원인이 된 최초의 범행자이거나, 정신착란자이거나, 마음이 심란한 자이거나, 애통해 하는 자인 경우'를 예외로 한다.

1021) ■제정착삼의계(齊整著三衣戒) / 사분승중학 2 : 齊整著三衣應當學. • 제정착삼의계ⓧ(齊整著三衣戒) / khu-Sekh. 2(Nī-Sekh. 2) : parimaṇḍalaṁ pārupissāmī'ti sikkhā karaṇīyā'ti.

Catu-Nip. 146

146(7-3) 중학죄법 제3조

옷을 치켜 올리고 앉아 있는 것에 대한 학습계율
[반초의좌계(反抄衣坐戒)]

[세존] "'옷을 치켜 올리고 시정에서 다니지 않겠다.' 라는[1022] 학습규범[1023]을 지켜야 하느니라."[1024]

1022) 不得反抄衣, 入白衣舍 : '치켜올리고'라는 것은 Smp. 891에 따르면, '한쪽이나 양쪽의 옷을 치켜 올리고'라는 뜻이다.

1023) 學 : 《빠알리율》에서는 '의도하지 않았거나, 새김을 잃었거나, 알지 못했거나, 환자이거나, 사고가 나거나, 정신착란된 자이거나, 최초의 범행자인 경우'는 예외이고, 《사분율》에서는 '이러한 병이 있었거나, 옆구리 주변에 종기가 있었거나, 승원 안에 있었거나, 이 학습계율시설의 원인이 된 최초의 범행자이거나, 정신착란자이거나, 마음이 심란한 자이거나, 애통해 하는 자인 경우'를 예외로 한다.

1024) ■ 반초의계(反抄衣戒) / 사분승중학 3 : 不得反抄衣, 入白衣舍, 應當學. • 반초의계⊙(反抄衣戒) / khu-Sekh. 9(Nī-Sekh. 9) : na ukkhittakāya antaraghare gamissāmī'ti sikkhā karaṇīyā'ti.

Catu-Nip. 147

147(7-4) 중학죄법 제4조

옷을 치켜 올리고 앉아 있는 것에 대한 학습계율
[반초의좌계(反抄衣坐戒)]

[세존] "'옷을 치켜 올리고 시정에서 앉아 있지 않겠다.' 라는 학습규범1025)을 지켜야 하느니라."1026)

1025) 學 : 앞의 학습계율과 마찬가지로 《빠알리율》에서는 '의도하지 않았거나, 새김을 잃었거나, 알지 못했거나, 환자이거나, 사고가 나거나, 정신착란된 자이거나, 최초의 범행자인 경우'는 예외이고, 《사분율》에서는 '이러한 병이 있었거나, 옆구리 주변에 종기가 있었거나, 승원 안에 있었거나, 이 학습계율시설의 원인이 된 최초의 범행자이거나, 정신착란자이거나, 마음이 심란한 자이거나, 애통해 하는 자인 경우'를 예외로 한다.

1026) ■반초의좌계(反抄衣坐戒) / 사분승중학 4 : 不得反抄衣, 白衣舍坐, 應當學. ●반초의좌계ⓧ(反抄衣坐戒) / khu-Sekh. 10(Nī-Sekh. 10) : na ukkhittakāya antaraghare nisīdissāmī'ti sikkhā karaṇīyā'ti.

Catu-Nip. 148

148(7-5) 중학죄법 제5조

옷을 목에 두르고 다니는 것에 대한 학습계율
[의전경계(衣纏頸戒)]

[세존] "'옷을 목에 두르고 시정에서 다니지 않겠다.'라는 학습규범[1027]을 지켜야 하느니라."[1028]

1027) 學 : ≪빠알리율≫에서는 '의도하지 않았거나, 새김을 잃었거나, 알지 못했거나, 환자이거나, 사고가 나거나, 정신착란된 자이거나, 최초의 범행자인 경우'는 예외이고, ≪사분율≫에서는 '이러한 병이 있었거나, 어깨에 종기가 있었거나, 승원 안에 있었거나, 이 학습계율시설의 원인이 된 최초의 범행자이거나, 정신착란자이거나, 마음이 심란한 자이거나, 애통해 하는 자인 경우'를 예외로 한다.

1028) ■의전경계(衣纏頸戒) / 사분승중학 5 : 不得衣纏頸, 入白衣舍, 應當學.

Catu-Nip. 149

149(7-6) 중학죄법 제6조

옷을 목에 두르고 앉는 것에 대한 학습계율
[의전경좌계(衣纏頸坐戒)]

[세존] "'옷을 목에 두르고 시정에서 앉아 있지 않겠다.' 라는 학습규범[1029]을 지켜야 하느니라."[1030]

1029) 學 : 앞의 학습계율과 마찬가지로 ≪빠알리율≫에서는 '의도하지 않았거나, 새김을 잃었거나, 알지 못했거나, 환자이거나, 사고가 나거나, 정신착란된 자이거나, 최초의 범행자인 경우'는 예외이고, ≪사분율≫에서는 '이러한 병이 있었거나, 어깨에 종기가 있었거나, 승원 안에 있었거나, 이 학습계율시설의 원인이 된 최초의 범행자이거나, 정신착란자이거나, 마음이 심란한 자이거나, 애통해 하는 자인 경우'를 예외로 한다.

1030) ■ 의전경좌계(衣纏頸坐戒) / 사분승중학 6 : 不得衣纏頸 入白衣舍坐, 應當學.

Catu-Nip. 150

150(7-7) 중학죄법 제7조

머리까지 옷을 두르고 다니는 것에 대한 학습계율
[복두계(覆頭戒)]

[세존] "'머리까지 옷을 두르고 시정에서 다니지 않겠다.'라는 학습규범1031)을 지켜야 하느니라."1032)

1031) 學 : ≪빠알리율≫에서는 '의도하지 않았거나, 새김을 잃었거나, 알지 못했거나, 환자이거나, 안거의 처소로 갔거나, 사고가 일어났거나, 정신착란된 자이거나, 최초의 범행자인 경우'는 예외이고, ≪사분율≫에서는 '이러한 병이 있었거나, 감기가 들었거나, 머리에 종기가 났거나, 목숨이 위태롭거나 청정행이 어려워 머리를 덮고 갔거나, 이 학습계율시설의 원인이 된 최초의 범행자이거나, 정신착란자이거나, 마음이 심란한 자이거나, 애통해 하는 자인 경우'를 예외로 한다.

1032) ■ 복두계(覆頭戒) / 사분승중학 7 : 不得覆頭 入白衣舍, 應當學. • 복두계⊙(覆頭戒) / khu-Sekh. 23(Nī-Sekh. 23) : na oguṇṭhito antaraghare gammissāmī'ti sikkhā karaṇīyā'ti.

Catu-Nip. 151

151(7-8) 중학죄법 제8조

머리까지 옷을 두르고 앉아 있는 것에 대한 학습계율
[복두좌계(覆頭坐戒)]

[세존] "'머리까지 옷을 두르고 시정에서 앉아 있지 않겠다.'라는 학습규범[1033]을 지켜야 하느니라."[1034]

1033) 學 : 앞의 학습계율과 마찬가지로 ≪빠알리율≫에서는 '의도하지 않았거나, 새김을 잃었거나, 알지 못했거나, 환자이거나, 안거의 처소로 갔거나, 사고가 일어났거나, 정신착란된 자이거나, 최초의 범행자인 경우'는 예외이고, ≪사분율≫에서는 '이러한 병이 있었거나, 감기가 들었거나, 머리에 종기가 났거나, 목숨이 위태롭거나 청정행이 어려워 머리를 덮고 갔거나, 이 학습계율시설의 원인이 된 최초의 범행자이거나, 정신착란자이거나, 마음이 심란한 자이거나, 애통해 하는 자인 경우'를 예외로 한다.

1034) ■복두좌계(覆頭坐戒) / 사분승중학 8 : 不得覆頭 白衣舍坐, 應當學. • 복두좌계⊙(覆頭坐戒) / khu-Sekh. 24(Nī-Sekh. 24) : na oguṇṭhīto antaraghare nisīdissāmī'ti sikkhā karaṇīyā'ti.

Catu-Nip. 152

152(7-9) 중학죄법 제9조

뛰어오르며 다니는 것에 대한 학습계율
[도행계(跳行戒)]

[세존] "'시정에서 뛰어오르며 다니지 않겠다.'라는 학습규범[1035]을 지켜야 하느니라."[1036]

1035) 學 : ≪사분율≫에서는 '이러한 병이 있었거나, 타인이 때렸든가, 도적이나 사나운 짐승이나 뾰족한 것을 가진 사람이 오거나, 웅덩이나 도랑이나 진흙탕을 건너려고 뛰어갔거나, 이 학습계율시설의 원인이 된 최초의 범행자이거나, 정신착란자이거나, 마음이 심란한 자이거나, 애통해 하는 자인 경우'를 예외로 한다.

1036) ■도행계(跳行戒) / 사분승중학 9 : 不得跳行 入白衣舍, 應當學.

Catu-Nip. 153

153(7-10) 중학죄법 제10조

뛰어올랐다가 앉는 것에 대한 학습계율
[도행좌계(跳行坐戒)]

[세존] "'시정에서 뛰어올랐다가 앉지 않겠다.'라는 학습규범[1037]을 지켜야 하느니라."[1038]

1037) 學 : 앞의 학습계율과 마찬가지로 《사분율》에서는 '이러한 병이 있었거나, 타인이 때렸든가, 도적이나 사나운 짐승이나 뾰족한 것을 가진 사람이 오거나, 웅덩이나 도랑이나 진흙탕을 건너려고 뛰어갔거나, 이 학습계율시설의 원인이 된 최초의 범행자이거나, 정신착란자이거나, 마음이 심란한 자이거나, 애통해 하는 자인 경우를 예외로 한다.

1038) ■도행좌계(跳行坐戒) / 사분승중학 10 : 不得跳行 白衣舍坐, 應當學.

Catu-Nip. 154

154(7-11) 중학죄법 제11조

웅크린 자세로 앉는 것에 대한 학습계율

[준좌계(蹲坐戒)]

[세존] "'재가의 집에서 웅크린 자세로 앉지 않겠다.' 라는 학습규범[1039]을 지켜야 하느니라."[1040]

1039) 學 : 빠알리문에는 '웅크린 자세로 시정에서 다니지 않겠다.' 라고 되어 있다. 《빠알리율》에서는 의도하지 않았거나, 새김을 잃었거나, 알지 못했거나, 환자이거나, 웃을 만한 일이 있을 때 미소 짓거나, 사고가 일어났거나, 정신착란된 자이거나, 최초의 범행자인 경우'는 예외이고, 《사분율》에서는 '이러한 병이 있었거나, 엉덩이 주변에 종기가 났거나, 줄 것이 있었거나, 절할 때였거나, 참회할 때였거나, 가르침을 받을 때였거나, 이 학습계율시설의 원인이 된 최초의 범행자이거나, 정신착란자이거나, 마음이 심란한 자이거나, 애통해 하는 자인 경우'를 예외로 한다.

1040) ■준좌계(蹲坐戒) / 사분승중학 11 : 不得蹲坐 白衣舍內, 應當學. ⇐•슬행계⊙(膝行戒) / khu-Sekh. 25(Nī-Sekh. 25) : na ukkuṭikāya antaraghare gāmissāmī'ti sikkhā karaṇīyā'ti.

Catu-Nip. 155

155(7-12) 중학죄법 제12조

손을 허리에 대고 다니는 것에 대한 학습계율
[차요계(叉腰戒)]

[세존] "'손을 허리에 대고 팔꿈치를 벌리고 시정에서 다니지 않겠다.'라는 학습규범1041)을 지켜야 하느니라."1042)

1041) 學 : ≪빠알리율≫에서는 '의도하지 않았거나, 새김을 잃었거나, 알지 못했거나, 환자이거나, 안거의 처소로 갔거나, 사고가 일어났거나, 정신착란된 자이거나, 최초의 범행자인 경우'는 예외이고, ≪사분율≫에서는 '이러한 병이 있었거나, 옆구리 아래에 종기가 생겼거나, 승원 안에 있었거나, 이 학습계율시설의 원인이 된 최초의 범행자이거나, 정신착란자이거나, 마음이 심란한 자이거나, 애통해하는 자인 경우'를 예외로 한다.

1042) ■차요계(叉腰戒) / 사분승중학 12 : 不得叉腰 入白衣舍, 應當學. ●차요계⊙(扠腰戒) / khu-Sekh. 21(Nī-Sekh. 21) : na khambhakato antaraghare gamissāmī'ti sikkhā karaṇīyā'ti.

Catu-Nip. 156

156(7-13) 중학죄법 제13조

손을 허리에 대고 앉는 것에 대한 학습계율
[차요좌계(叉腰坐戒)]

[세존] "'손을 허리에 대고 팔꿈치를 벌리고 시정에서 앉아 있지 않겠다.'라는 학습규범[1043]을 지켜야 하느니라."[1044]

1043) 學 : 앞의 학습계율과 마찬가지로 《빠알리율》에서는 '의도하지 않았거나, 새김을 잃었거나, 알지 못했거나, 환자이거나, 안거의 처소로 갔거나, 사고가 일어났거나, 정신착란된 자이거나, 최초의 범행자인 경우'는 예외이고, 《사분율》에서는 '이러한 병이 걸렸거나, 옆구리 아래에 종기가 생겼거나, 승원 안에 있었거나, 이 학습계율시설의 원인이 된 최초의 범행자이거나, 정신착란자이거나, 마음이 심란한 자이거나, 애통해 하는 자인 경우'를 예외로 한다.

1044) ■차요좌계(叉腰坐戒) / 사분승중학 13 : 不得叉腰 白衣舍坐, 應當學. • 차요좌계⊙(扠腰坐戒) / khu-Sekh. 22(Nī-Sekh. 22) : na khambhakato antaraghare nisīdissāmī'ti sikkhā karaṇīyā'ti.

Catu-Nip. 157

157(7-14) 중학죄법 제14조

몸을 흔들면서 다니는 것에 대한 학습계율
[요신계(搖身戒)]

[세존] "'몸을 흔들면서 시정에서 다니지 않겠다.'라는 학습규범[1045]을 지켜야 하느니라."[1046]

1045) 學 : 《빠알리율》에서는 '의도하지 않았거나, 새김을 잃었거나, 알지 못했거나, 환자이거나, 사고가 일어났거나, 정신착란된 자이거나, 최초의 범행자인 경우'는 예외이고, 《사분율》에서는 '이러한 병이 있었거나, 타인이 때리거나 사나운 코끼리 등이 와서 피했거나, 구덩이 · 도랑 · 진흙탕을 건너면서 몸을 흔들렸다든가, 옷을 입을 때에 몸을 돌려 단정한지를 살펴보았거나, 이 학습계율시설의 원인이 된 최초의 범행자이거나, 정신착란자이거나, 마음이 심란한 자이거나, 애통해 하는 자인 경우'를 예외로 한다.

*1046) ■요신계(搖身戒) / 사분승중학 14 : **不得搖身 入白衣舍, 應當學.** •요신계⊙(搖身戒) / khu-Sekh. 15(Nī-Sekh. 15) : na kāyappacālakaṁ antaraghare gāmissāmī'ti sikkhā karaṇīyā'ti.*

Catu-Nip. 158

158(7-15) 중학죄법 제15조

몸을 흔들면서 앉아 있는 것에 대한 학습계율
[요신좌계(搖身坐戒)]

[세존] "'몸을 흔들면서 시정에서 앉아 있지 않겠다.' 라는 학습규범[1047]을 지켜야 하느니라."[1048]

1047) 學 : 《빠알리율》에서는 '의도하지 않았거나, 새김을 잃었거나, 알지 못했거나, 환자이거나, 안거의 처소로 갔거나, 사고가 일어났거나, 정신착란된 자이거나, 최초의 범행자인 경우'는 예외이고, 앞의 학습계율과 마찬가지로 《사분율》에서는 '이러한 병이 있었거나, 타인이 때리거나 사나운 코끼리 등이 와서 피했거나, 구덩이 · 도랑 · 진흙탕을 건너면서 몸을 흔들렸다든가, 옷을 입을 때에 몸을 돌려 단정한지를 살펴보았거나, 이 학습계율시설의 원인이 된 최초의 범행자이거나, 정신착란자이거나, 마음이 심란한 자이거나, 애통해하는 자인 경우'를 예외로 한다.

1048) ■요신좌계(搖身坐戒) / 사분승중학 15 : 不得搖身 白衣舍坐, 應當學. •요신좌계㉦(搖身坐戒) / khu-Sekh. 16(Nī-Sekh. 16) : na kāyappacālakaṁ antaraghare nisīdassāmī'ti sikkhā karaṇīyā'ti.

Catu-Nip. 159

159(7-16) 중학죄법 제16조

팔 흔들면서 다니는 것에 대한 학습계율
[도비좌계(掉臂戒)]

[세존] "'팔을 흔들면서 시정에서 다니지 않겠다.'라는 학습규범1049)을 지켜야 하느니라."1050)

1049) 學 : ≪빠알리율≫에서는 '의도하지 않았거나, 새김을 잃었거나, 알지 못했거나, 환자이거나, 사고가 일어났거나, 정신착란된 자이거나, 최초의 범행자인 경우'는 예외이고, ≪사분율≫에서는 '이러한 병이 있었거나, 타인이 때려서 손을 들어 막았거나, 사나운 코끼리 등이 와서 손을 들어 막았거나, 물을 건너거나 구덩이 · 도랑 · 진흙탕을 건너거나 도반과 함께 가다가 따라가지 못해 손으로 불렀거나, 이 학습계율시설의 원인이 된 최초의 범행자이거나, 정신착란자이거나, 마음이 심란한 자이거나, 애통해 하는 자인 경우'를 예외로 한다.

1050) ■도비계(掉臂戒) / 사분승중학 16 : 不得掉臂 入白衣舍, 應當學. • 도비계⊙(掉臂戒) / khu-Sekh. 17(Nī-Sekh. 17) : na bāhuppacālakaṁ antaraghare gamissatī'ti sikkhā karaṇīyā'ti.

Catu-Nip. 160

160(7-17) 중학죄법 제17조

팔 흔들면서 앉아 있는 것에 대한 학습계율
[도비좌계(掉臂坐戒)]

[세존] "'팔을 흔들면서 시정에서 앉아 있지 않겠다.' 라는 학습규범1051)을 지켜야 하느니라."1052)

1051) 學 · ≪빠알리율≫에서는 '의도하지 않았거나, 새김을 잃었거나, 알지 못했거나, 환자이거나, 안거의 처소로 갔던가, 사고가 일어났거나, 정신착란된 자이거나, 최초의 범행자인 경우'는 예외이고, 앞의 학습계율과 마찬가지로 ≪사분율≫에서는 '이러한 병이 있었거나, 타인이 때려서 손을 들어 막았거나, 사나운 코끼리 등이 와서 손을 들어 막았거나, 물을 건너거나 구덩이 · 도랑 · 진흙탕을 건너거나 도반과 함께 가다가 따라가지 못해 손으로 불렀거나, 이 학습계율시설의 원인이 된 최초의 범행자이거나, 정신착란자이거나, 마음이 심란한 자이거나, 애통해 하는 자인 경우'를 예외로 한다.

1052) ■도비좌계(掉臂坐戒) / 사분승중학 17 : 不得掉臂 白衣舍坐, 應當學. ●도비좌계⊙(掉臂坐戒) / khu-Sekh. 18(Nī-Sekh. 18) : na bāhuppacālakaṁ antaraghare nisīdissatī'ti sikkhā karaṇīyā'ti.

Catu-Nip. 161

161(7-18) 중학죄법 제18조
단정하게 입고 다니는 것에 대한 학습계율
[복신계(覆身戒)]

[세존] "'단정하게 입고 시정에서 다니겠다.'라고 학습 규범1053)을 지켜야 하느니라."1054)

1053) 學 : 《빠알리율》에서는 '의도하지 않았거나, 새김을 잃었거나, 알지 못했거나, 환자이거나, 사고가 일어났거나, 정신착란된 자이거나, 최초의 범행자인 경우'는 예외이고, 《사분율》에서는 '(그렇지 못할 경우) 이러한 병이 있었거나, 결박을 당했거나, 바람이 불어 옷이 몸에서 벗겨졌거나, 이 학습계율시설의 원인이 된 최초의 범행자이거나, 정신착란자이거나, 마음이 심란한 자이거나, 애통해하는 자인 경우'를 예외로 한다.

*1054) ■복신계(覆身戒) / 사분승중학 18 : **好覆身 入白衣舍, 應當學.** ●복신계⊙(覆身戒) / khu-Sekh. 3(Nī-Sekh. 3) : supaṭicchanno antaraghare gamissāmī'ti sikkhā karaṇīyā'ti.*

Catu-Nip. 162

162(7-19) 중학죄법 제19조

단정하게 입고 앉아 있는 것에 대한 학습계율
[복신좌계(覆身坐戒)]

[세존] "'단정하게 입고 시정에서 앉겠다.'라고 학습규범[1055]을 지켜야 하느니라."[1056]

1055) 學 : ≪빠알리율≫에서는 '의도하지 않았거나, 새김을 잃었거나, 알지 못했거나, 환자이거나, 사고가 일어났거나, 안거의 처소로 갔거나, 정신착란된 자이거나, 최초의 범행자인 경우'는 예외이고, 앞의 학습계율과 마찬가지로 ≪사분율≫에서는 '(그렇지 못할 경우) 이러한 병이 있었거나, 결박을 당했거나, 바람이 불어 옷이 몸에서 벗겨졌거나, 이 학습계율시설의 원인이 된 최초의 범행자이거나, 정신착란자이거나, 마음이 심란한 자이거나, 애통해 하는 자인 경우'를 예외로 한다.

1056) ■복신좌계(覆身坐戒) / 사분승중학 19 : 0好覆身 白衣舍坐, 應當學. •복신좌계⊙(覆身坐戒) / khu-Sekh. 4(Nī-Sekh. 4) : supaṭicchanno antaraghare nisīdissāmī'ti sikkhā karaṇīyā'ti.

Catu-Nip. 163

163(7-20) 중학죄법 제20조

두리번거리며 다니는 것에 대한 학습계율
[좌우고시계(左右顧視戒)]

[세존] "'두리번거리면서 시정에서 다니지 않겠다.' 라는[1057] 학습규범[1058]을 지켜야 하느니라."[1059]

1057) 不得左右顧視 入白衣舍 : 빠알리문에는 '눈을 아래로 주시하고 시정에서 다니겠다.'라고 되어 있다.

1058) 學 : 《빠알리율》에서는 '의도하지 않았거나, 새김을 잃었거나, 알지 못했거나, 환자이거나, 사고가 일어났거나, 정신착란된 자이거나, 최초의 범행자인 경우'는 예외이고, 《사분율》에서는 '이러한 병이 있었거나, 시간을 알기 위해 해를 올려다 보았거나, 목숨이 위태롭거나 청정행이 어려워서 좌우로 길을 찾아 도망가고자 했거나, 이 학습계율시설의 원인이 된 최초의 범행자이거나, 정신착란자이거나, 마음이 심란한 자이거나, 애통해 하는 자인 경우'를 예외로 한다.

1059) ■좌우고시계(左右顧視戒) / 사분승중학 20 : 不得左右顧視 入白衣舍, 應當學. •시하방계⊙(視下方戒) / khu-Sekh. 7(Nī-Sekh. 7) : okkhīttacakkhunā antaraghare gamissāmī'ti sikkhā karaṇīyā'ti.

Catu-Nip. 164

164(7-21) 중학죄법 제21조

두리번거리며 앉아 있는 것에 대한 학습계율
[좌우고시좌계(左右顧視坐戒)]

[세존] "'두리번거리면서 시정에서 앉지 않겠다.'라는[1060] 학습규범[1061]을 지켜야 하느니라."[1062]

---

*1060) **不得左右顧視 白衣舍坐** : 빠알리문에는 '눈을 아래로 주시하고 시정에서 앉아있겠다.'라고 되어 있다.*

*1061) **學** : 빠알리문에는 '눈을 아래로 주시하고 시정에서 다니겠다.' 라고 되어 있다. ≪빠알리율≫에서는 '의도하지 않았거나, 새김을 잃었거나, 알지 못했거나, 환자이거나, 사고가 일어났거나, 안거의 처소로 갔거나, 정신착란된 자이거나, 최초의 범행자인 경우'는 예외이고, 앞의 학습계율과 마찬가지로 ≪사분율≫에서는 '이러한 병이 있었거나, 시간을 알기 위해 해를 올려다 보았거나, 목숨이 위태롭거나 청정행이 어려워서 좌우로 길을 찾아 도망가고자 했거나, 이 학습계율시설의 원인이 된 최초의 범행자이거나, 정신착란자이거나, 마음이 심란한 자이거나, 애통해 하는 자인 경우'를 예외로 한다.*

*1062) ■좌우고시좌계(**左右顧視坐戒**) / 사분승중학 21 : **不得左右顧視 白衣舍坐, 應當學.** • 시하방좌계⊙(**視下方坐戒**) / khu-Sekh. 8(Nī-Sekh. 8) : okkhittacakkhunā antaraghare nisīdissāmī'ti sikkhā karaṇīyā'ti.*

Catu-Nip. 165

165(7-22) 중학죄법 제22조

조용히 다니는 것에 대한 학습계율
[정묵계(靜默戒)]

[세존] "'조용히 시정에서 다니겠다.'라는[1063] 학습규범[1064]을 지켜야 하느니라."[1065]

---

*1063) **靜默 入白衣舍** : 역자는 빠알리문에서 '큰 소리를 치면서 시정에서 다니지 않겠다.'라고 번역했다.*

*1064) **學** : ≪빠알리율≫에서는 '의도하지 않았거나, 새김을 잃었거나, 알지 못했거나, 환자이거나, 사고가 일어났거나, 정신착란된 자이거나, 최초의 범행자인 경우'는 예외이고, ≪사분율≫에서는 '이러한 병이 있어 큰소리를 불러야 했거나, 청각장애인이어서 소리를 듣지 못했거나, 큰소리로 부탁을 했거나, 큰소리로 음식을 나누어주었거나, 목숨이 위태롭거나 청정행이 어려워 큰 소리를 내고 달아났거나, 이 학습계율시설의 원인이 된 최초의 범행자이거나, 정신착란자이거나, 마음이 심란한 자이거나, 애통해 하는 자인 경우'를 예외로 한다.*

*1065) ■ 정묵계(**靜默戒**) / 사분승중학 22 : **靜默 入白衣舍, 應當學.** • 저성행계⊙(**低聲行戒**) / khu-Sekh. 13(Nī-Sekh. 13) : appasaddo antaraghare gammissāmī'ti sikkhā karaṇīyā'ti.*

Catu-Nip. 166

166(7-23) 중학죄법 제23조

조용히 앉아 있는 것에 대한 학습계율
[정묵좌계(靜默坐戒)]

[세존] "'조용히 시정에서 앉아 있겠다.'라는[1066] 학습규범[1067]을 지켜야 하느니라."[1068]

---

*1066) **靜默 入白衣舍** : 역자는 빠알리문에서 '큰 소리를 치면서 시정에서 앉아 있겠다.'라고 번역했다.*

*1067) **學** : 앞의 학습계율과 마찬가지로 《빠알리율》에서는 '의도하지 않았거나, 새김을 잃었거나, 알지 못했거나, 환자이거나, 사고가 일어났거나, 정신착란된 자이거나, 최초의 범행자인 경우'는 예외이고, 《사분율》에서는 '이러한 병이 있어 큰소리를 불러야 했거나, 청각장애인이어서 소리를 듣지 못했거나, 큰소리로 부탁을 했거나, 큰소리로 음식을 나누어주었거나, 목숨이 위태롭거나 청정행이 어려워 큰 소리를 내고 달아났거나, 이 학습계율시설의 원인이 된 최초의 범행자이거나, 정신착란자이거나, 마음이 심란한 자이거나, 애통해 하는 자인 경우'를 예외로 한다.*

*1068) ■ 정묵좌계(**靜默坐戒**) / 사분승중학 23 : **靜默 白衣舍坐, 應當學.** • 저성좌계⊙(**低聲坐戒**) / khu-Sekh. 14(Nī-Sekh. 14) : appasaddo antaraghare nisīdissāmī'ti sikkhā karaṇīyā'ti.*

Catu-Nip. 167

167(7-24) 중학죄법 제24조

큰 웃음을 치면서 다니는 것에 대한 학습계율
[희소계(戱笑戒)]

[세존] "'큰 웃음을 치면서 시정에서 다니지 않겠다.' 라는 학습규범1069)을 지켜야 하느니라."1070)

1069) 學 : ≪빠알리율≫에서는 '의도하지 않았거나, 새김을 잃었거나, 알지 못했거나, 환자이거나, 웃을 만한 일이 있을 때 미소짓거나, 사고가 일어났거나, 정신착란된 자이거나, 최초의 범행자인 경우'를 예외로 하고, ≪사분율≫에서는 '이러한 병이 있었거나, 입술이 아파서 치아를 덮지 못했거나, 가르침을 생각하고 기뻐서 웃었거나, 이 학습계율시설의 원인이 된 최초의 범행자이거나, 정신착란자이거나, 마음이 심란한 자이거나, 애통해 하는 자인 경우'를 예외로 한다.

*1070) ■희소계(戱笑戒) / 사분승중학 24 : **不得戱笑 入白衣舍, 應當學.** • 홍소계⊙(哄笑戒) / khu-Sekh. 11(Nī-Sekh. 11) : na ujjagghikāya antaraghare gamissāmī'ti sikkhā karaṇīyā'ti.*

Catu-Nip. 168

168(7-25) 중학죄법 제25조

큰 웃음을 치면서 앉아 있는 것에 대한 학습계율
[희소좌계(戱笑坐戒)]

[세존] "'큰 웃음을 치면서 시정에서 앉아 있지 않겠다.' 라는 학습규범[1071]을 지켜야 하느니라."[1072]

1071) 學 : 앞의 학습계율과 마찬가지로 《빠알리율》에서는 '의도하지 않았거나, 새김을 잃었거나, 알지 못했거나, 환자이거나, 웃을 만한 일이 있을 때 미소짓거나, 사고가 일어났거나, 정신착란된 자이거나, 최초의 범행자인 경우'를 예외로 하고, 《사분율》에서는 '이러한 병이 있었거나, 입술이 아파서 치아를 덮지 못했거나, 가르침을 생각하고 기뻐해서 웃었거나, 이 학습계율시설의 원인이 된 최초의 범행자이거나, 정신착란자이거나, 마음이 심란한 자이거나, 애통해 하는 자인 경우'를 예외로 한다.

1072) ■ 희소좌계(戱笑坐戒) / 사분승중학 25 : 不得戱笑 白衣舍坐, 應當學. • 홍소좌계⊙(哄笑坐戒) / khu-Sekh. 12(Nī-Sekh. 1 2) : na ujjagghikāya antaraghare nisīdissāmī'ti sikkhā karaṇīyā'ti.

Catu-Nip. 169

169(7-26) 중학죄법 제26조

공손하게 탁발음식을 받는 것에 대한 학습계율
[정의수식계(正意受食戒)]

[세존] "'공손하게 탁발음식을 받겠다.'라는 학습규범1073)을 지켜야 하느니라."1074)

1073) 學 : ≪빠알리율≫에서는 '의도하지 않았거나, 새김을 잃었거나, 알지 못했거나, 환자이거나, 사고가 일어났거나, 정신착란된 자이거나, 최초의 범행자인 경우'는 예외이고, ≪사분율≫에서는 '이러한 병이 있었거나, 발우가 작아서 공양할 때 밥을 흘렸거나, 탁자위에 떨어졌거나, 이 학습계율시설의 원인이 된 최초의 범행자이거나, 정신착란자이거나, 마음이 심란한 자이거나, 애통해 하는 자인 경우'를 예외로 한다.

1074) ■ 정의수식계(正意受食戒) / 사분승중학 26 : 正意受食, 應當學. • 용의수식계⊙(用意受食戒) / khu-Sekh. 27(Nī-Sekh. 27) : sakkaccaṁ piṇḍapātaṁ paṭiggahessāmī'ti sikkhā karaṇīyā'ti.

Catu-Nip. 170

170(7-27) 중학죄법 제27조

발우에 알맞은 탁발음식을 받는 것에 대한 학습계율
[평발수반계(平鉢受飯戒)]

[세존] "'탁발음식을 받으면서 발우에 알맞은 정도로 받겠다.'라는1075) 학습규범1076)을 지켜야 하느니라."1077)

1075) 平鉢受飯 : 빠알리어의 알맞은 정도(samatitthikaṁ)의 탁발음식을 한역에서 평발(平鉢)이라고 했는데, Smp. 892에 따르면, 발우에 평평하게 채워진 것을 뜻한다.

1076) 學 : 앞의 학습계율과 마찬가지로 ≪빠알리율≫에서는 '의도하지 않았거나, 새김을 잃었거나, 알지 못했거나, 환자이거나, 사고가 일어났거나, 정신착란된 자이거나, 최초의 범행자인 경우'는 예외이고, ≪사분율≫에서는 '이러한 병이 있었거나, 발우가 작아서 공양할 때 밥을 흘렸거나, 탁자위에 떨어졌거나, 이 학습계율시설의 원인이 된 최초의 범행자이거나, 정신착란자이거나, 마음이 심란한 자이거나, 애통해 하는 자인 경우'를 예외로 한다.

1077) ■평발수반계(平鉢受飯戒) / 사분승중학 27 : 平鉢受飯 應當學. ⇐•수발수식계⊙(手鉢受食戒) / khu-Sekh. 30(Nī-Sekh. 30) : samatitthikaṁ piṇḍapātaṁ paṭiggahessamī'ti sikkhā karaṇīyā'ti.

Catu-Nip. 171

171(7-28) 중학죄법 제28조

발우에 알맞은 국을 받는 것에 대한 학습계율
[평발수갱계(平鉢受羹戒)]

[세존] "'발우에 알맞은 정도로 국[1078]을 받겠다.'라는 학습규범[1079]을 지켜야 하느니라."[1080]

1078) 羹 : 인도의 카레이지만 한역에서는 '국(羹)'이라고 번역했다.
1079) 學 : 《빠알리율》에서는 '의도하지 않았거나, 새김을 잃었거나, 알지 못했거나, 환자이거나, 사고가 일어났거나, 정신착란된 자이거나, 최초의 범행자인 경우'는 예외이고, 《사분율》에서는 '이러한 병이 있었거나, 발우가 작아서 음식이 탁자위에 떨어졌거나, 넘치지 않게 받은 이 학습계율시설의 원인이 된 최초의 범행자이거나, 정신착란자이거나, 마음이 심란한 자이거나, 애통해 하는 자인 경우'를 예외로 한다.
1080) ■평발수갱계(平鉢受羹戒) / 사분승중학 28 : 平鉢受羹, 應當學. ⇐• 수발수식계⊙(手鉢受食戒) / khu-Sekh. 30(Nī-Sekh. 30) : samatitthikaṁ piṇḍapātaṁ paṭiggahessamī'ti sikkhā karaṇīyā'ti.

Catu-Nip. 172

172(7-29) 중학죄법 제29조

국과 밥을 함께 먹는 것에 대한 학습계율
[갱반등식계(羹飯等食戒)]

[세존] "'국과 밥을 함께 먹겠다.'라는[1081] 학습규범[1082]을 지켜야 하느니라."[1083]

---

*1081) **羹飯俱食** : 빠알리문에는 '탁발음식을 받으면서 적량의 카레를 받겠다.'라고 되어 있다.*

*1082) **學** : ≪빠알리율≫에서는 '의도하지 않았거나, 새김을 잃었거나, 알지 못했거나, 환자이거나, 다른 풍미가 있는 것이 있었거나, 친척의 것이었거나, 제공되었거나, 사고가 일어났거나, 정신착란된 자이거나, 최초의 범행자인 경우'는 예외이고, ≪사분율≫에서는 '이러한 병이 있었거나, 바로 밥이 필요했으나 국이 필요하지 않았든가, 바로 국이 필요했으나 밥은 필요하지 않았든가, 정오가 지나려고 했거나, 목숨이 위태로웠거나, 청정행이 어려웠거나, 이 학습계율시설의 원인이 된 최초의 범행자이거나, 정신착란자이거나, 마음이 심란한 자이거나, 애통해 하는 자인 경우'를 예외로 한다.*

*1083) ■ 갱반등식계(**羹飯等食戒**) / 사분승중학 29 : **羹飯俱食, 應當學.** ● 갱반적량수계⊙(**羹飯適量受戒**) / khu-Sekh. 29(Nī-Sekh. 29) : samasūpakaṁ piṇḍapātaṁ paṭiggahessāmī'ti sikkhā karaṇīyā'ti.*

Catu-Nip. 173

173(7-30) 중학죄법 제30조

순차적으로 먹는 것에 대한 학습계율
[이차식계(以次食戒)]

[세존] "'순차적으로 탁발음식을 먹겠다.'라는 학습규범1084)을 지켜야 하느니라."1085)

1084) 學 : ≪빠알리율≫에서는 '의도하지 않았거나, 새김을 잃었거나, 알지 못했거나, 환자이거나, 타인에게 줄 때 인내하지 못했거나, 타인의 발우에 채울 때 인내하지 못했거나, 부식(副食)이었거나, 사고가 일어났거나, 정신착란된 자이거나, 최초의 범행자인 경우'는 예외이고, ≪사분율≫에서는 '이러한 병이 있었거나, 밥이 뜨거울까봐 식은 것을 골라 먹었거나, 정오가 지나가려했거나, 목숨이 위태로웠거나, 청정행이 어려웠거나, 이 학습계율시설의 원인이 된 최초의 범행자이거나, 정신착란자이거나, 마음이 심란한 자이거나, 애통해 하는 자인 경우'를 예외로 한다.

1085) ■이차식계(以次食戒) / 사분승중학 30 : 以次食, 應當學. •이차식계⊙(以次食戒) / khu-Sekh. 33(Nī-Sekh. 33) : sapadānaṁ piṇḍapātaṁ bhuñjissāmī'ti sikkhā karaṇīyā'ti.

Catu-Nip. 174

174(7-31) 중학죄법 제31조

발우 한 가운데부터 파먹는 것에 대한 학습계율
[불도발중앙식계(不挑鉢中央食戒)]

[세존] "'발우 한 가운데부터 파서 먹지 않겠다.'라는[1086] 학습규범[1087]을 지켜야 하느니라."[1088]

---

*1086) **不得挑鉢中央食**: 빠알리문은 '꼭대기부터 짓이기지 않고 탁발음식을 먹겠다.'라고 되어 있다.*

*1087) **學**: 《빠알리율》에서는 '의도하지 않았거나, 새김을 잃었거나, 알지 못했거나, 환자이거나, 소량 남은 것을 한쪽으로 모아서 먹었거나, 사고가 일어났거나, 정신착란된 자이거나, 최초의 범행자인 경우'는 예외이고, 《사분율》에서는 '이러한 병이 있었거나, 밥이 뜨거울까봐 가운데를 파서 먹었거나, 정오가 지나가려했거나, 목숨이 위태로웠거나, 청정행이 어려웠거나, 이 학습계율시설의 원인이 된 최초의 범행자이거나, 정신착란자이거나, 마음이 심란한 자이거나, 애통해하는 자인 경우'를 예외로 한다.*

*1088) ■불도발중앙식계(**不挑鉢中央食戒**) / 사분승중학 31 : **不得挑鉢中央食, 應當學.** • 압중취식계⊙(**壓中取食戒**) / khu-Sekh. 35(Nī-Sekh. 35) : na thūpato omadditvā piṇḍapātaṁ bhuñjissāmī'ti sikkhā karaṇīyā'ti.*

Catu-Nip. 175

175(7-32) 중학죄법 제32조
국이나 밥을 요청하는 것에 대한 학습계율
[색갱반계(索羹飯戒)]

[세존] "'환자가 아닌 한, 국이나 밥을 자신을 위해서 요청해서 먹지 않겠다.'라는 학습규범[1089]을 지켜야 하느니라."[1090]

1089) 學 : ≪빠알리율≫에서는 '의도하지 않았거나, 새김을 잃었거나, 알지 못했거나, 시주가 덮어서 주었거나, 더 많은 것을 얻고자 원하지 않았거나, 사고가 일어났거나, 정신착란된 자이거나, 최초의 범행자인 경우'는 예외이고, ≪사분율≫에서는 '병이 나서 스스로 요청했거나, 자기가 타인을 위해서 요청했거나, 타인이 자기를 위해서 요청했거나, 요청하지 않았는데도 얻었거나, 이 학습계율시설의 원인이 된 최초의 범행자이거나, 정신착란자이거나, 마음이 심란한 자이거나, 애통해 하는 자인 경우'를 예외로 한다.

1090) ■ 색갱반계(索羹飯戒) / 사분승중학 32 : 無病不得爲己索羹飯應當學. • 색갱반계⊙(索羹飯戒) / khu-Sekh. 37(Nī-Sekh. 37) : na sūpaṁ vā odanaṁ vā agilāno attano atthāya viññāpetvā bhuñjissāmī'ti sikkhā karaṇiyā'ti.

Catu-Nip. 176

176(7-33) 중학죄법 제33조

밥으로 국을 덮는 것에 대한 학습계율
[반복갱계(飯覆羹戒)]

[세존] "'밥으로 국을 덮고 더 많이 얻기를 바라지 않겠다.'라는[1091] 학습규범[1092]을 지켜야 하느니라."[1093]

1091) 不得以飯覆羹 更望得 : 빠알리문은 '카레나 양념을 더 많이 원하면서 밥으로 덮지 않겠다.'라고 되어 있다.

1092) 學 : 《빠알리율》에는 '의도하지 않았거나, 새김을 잃었거나, 알지 못했거나, 시주가 덮어서 주었거나, 더 많은 것을 얻고자 원하지 않았거나, 사고가 일어났거나, 정신착란된 자이거나, 최초의 범행자인 이 학습계율시설의 원인이 된 최초의 범행자이거나, 정신착란자이거나, 마음이 심란한 자이거나, 애통해 하는 자인 경우'를 예외로 한다. 《사분율》에서는 '이러한 병이 있었거나, 초대를 받았거나, 바로 국이 필요했거나 바로 밥이 필요했거나, 이 학습계율시설의 원인이 된 최초의 범행자이거나, 정신착란자이거나, 마음이 심란한 자이거나, 애통해 하는 자인 경우'를 예외로 한다.

1093) ■ 반복갱계(飯覆羹戒) / 사분승중학 33 : 不得以飯覆羹 更望得, 應當學. • 반복갱계⊙(飯覆羹戒) / khu-Sekh. 36(Nī-Sekh. 36) : na sūpaṁ vā byañajanaṁ vā odanena paṭicchādessāmi bhiyyokamyataṁ upādāyā'ti sikkhā karaṇīyā'ti.

Catu-Nip. 177

177(7-34) 중학죄법 제34조

다른 자리에 있는 발우와 비교하는 것에 대한 학습계율
[시비좌발계(視比座鉢戒)]

[세존] "'타인의 발우를 비교하여 불만의 마음을 일으키지 않겠다.'라는1094) 학습규범1095)을 지켜야 하느니라."1096)

1094) 不得視比坐鉢中 起嫌心 : 빠알리문에는 '불만의 생각을 가지고 타인의 발우를 바라보지 않겠다.'라는 되어 있다.

1095) 學 : ≪빠알리율≫에서는 '의도하지 않았거나, 새김을 잃었거나, 알지 못했거나, '내가 주겠다. 내가 주도록 시키겠다.'라고 바라보거나, 불만의 생각이 없었다던가, 사고가 일어났거나, 정신착란된 자이거나, 최초의 범행자인 경우'는 예외이고, ≪사분율≫에서는 '이러한 병이 있었거나, 옆자리의 비구가 병이 있었거나 눈이 어두워서 음식을 얻었는지 받았는지를 살펴주었거나, 이 학습계율시설의 원인이 된 최초의 범행자이거나, 정신착란자이거나, 마음이 심란한 자이거나, 애통해 하는 자인 경우'를 예외로 한다.

1096) ■시비좌발계(視比座鉢戒) / 사분승중학 34 : 不得視比坐鉢中 起嫌心, 應當學. •시비좌발중계⊙(視比坐鉢中戒) / khu-Sekh. 38(Nī-Sekh. 38) : na ujjhānasaññi paresaṁ pattaṁ olokessāmī'ti sikkhā karaṇīyā'ti.

Catu-Nip. 178

178(7-35) 중학죄법 제35조

발우에 주시하며 먹기에 대한 학습계율
[계발상식계(繫鉢想食戒)]

[세존] "'발우에 주시하면서 탁발음식을 먹겠다.'라는[1097] 학습규범[1098]을 지켜야 하느니라."[1099]

1097) 當繫鉢想食 : 빠알리문에는 '탁발음식을 받겠다.'라고 되어 있다.

1098) 學 : ≪빠알리율≫에서는 '의도하지 않았거나, 새김을 잃었거나, 알지 못했거나, 환자이거나, 사고가 일어났거나, 정신착란된 자이거나, 최초의 범행자인 경우'는 예외이고, ≪사분율≫에서는 '이러한 병이 있었거나, 옆자리의 비구가 병들었거나 눈이 어두워 대신 받아주었거나 얻었는지 받았는지 봐 주었거나, 정오인지를 고개를 들어 쳐다보았거나, 목숨이 위태롭거나 청정행이 어려워 도망가려고 좌우를 살폈거나, 이 학습계율시설의 원인이 된 최초의 범행자이거나, 정신착란자이거나, 마음이 심란한 자이거나, 애통해 하는 자인 경우'를 예외로 한다.

1099) ■계발상식계(繫鉢想食戒) / 사분승중학 35 : 當繫鉢想食, 應當學. • 주시발계⊙(注視鉢戒) / khu-Sekh. 28(Nī-Sekh. 28) : pattasaññinā piṇḍapātaṁ paṭiggahessāmī'ti sikkhā karaṇīyā'ti.

Catu-Nip. 179

179(7-36) 중학죄법 제36조

한 입 가득한 음식덩이에 대한 학습계율
[대박식계(大摶食戒)]

[세존] "'지나치게 큰 한 입 가득한 음식덩이를 먹지 않겠다.'라는 학습규범1100)을 지켜야 하느니라."1101)

1100) 學 : 빠알리문에는 '음식덩이를 만들지 않겠다.'라고 되어 있다. ≪빠알리율≫에서는 '의도하지 않았거나, 새김을 잃었거나, 알지 못했거나, 환자이거나, 단단한 음식이거나, 각종과일이거나, 부식(副食)이거나, 사고가 일어났거나, 정신착란된 자이거나, 최초의 범행자인 경우'는 예외이고, ≪사분율≫에서는 '이러한 병이 있었거나, 정오가 지나가려 했거나, 목숨이 위태롭거나 청정행이 어려워 빨리 먹었거나, 이 학습계율시설의 원인이 된 최초의 범행자이거나, 정신착란자이거나, 마음이 심란한 자이거나, 애통해 하는 자인 경우'를 예외로 한다.

1101) ▪ 대박식계(大摶食戒) / 사분승중학 36 : 不得大摶飯食, 應當學. • 대박식계⊙(大博食戒) / khu-Sekh. 39(Nī-Sekh. 39) : nātimahantaṁ kabaḷaṁ karissāmī'ti sikkhā karaṇīyā'ti.

Catu-Nip. 180

180(7-37) 중학죄법 제37조

입을 열고 음식덩이를 기다리는 것에 대한 학습계율
[장구대식계(張口待食戒)]

[세존] "'입을 벌리고 음식덩이를 기다리지 않겠다.' 라는 학습규범[1102]을 지켜야 하느니라."[1103]

1102) 學 : 《빠알리율》에는 '의도하지 않았거나, 새김을 잃었거나, 알지 못했거나, 환자이거나, 사고가 일어났거나, 정신착란된 자이거나, 최초의 범행자인 경우'는 예외이고, 앞의 학습계율과 마찬가가지로 《사분율》에서는 '이러한 병이 있었거나, 정오가 지나가려 했거나, 목숨이 위태롭거나 청정행이 어려워 빨리 먹었거나, 이 학습계율시설의 원인이 된 최초의 범행자이거나, 정신착란자이거나, 마음이 심란한 자이거나, 애통해 하는 자인 경우'를 예외로 한다.

1103) ■ 장구대식계(張口待食戒) / 사분승중학 37 : 不得張口待飯食, 應當學. • 장구대식계⊙(張口待食戒) / khu-Sekh. 41(Nī-Sekh. 41) : na anāhaṭe kabaḷe mukhadvāraṁ vivarissāmī'ti sikkhā karaṇīyā'ti.

Catu-Nip. 181

181(7-38) 중학죄법 제38조

음식덩이를 입에 넣고 이야기하는 것에 대한 학습계율
[함반어계(含飯語戒)]

[세존] "'음식덩이를 입에 가득 넣은 채 이야기하지 않겠다.'라는 학습규범[1104]을 지켜야 하느니라."[1105]

1104) 學 : ≪빠알리율≫에서는 '의도하지 않았거나, 새김을 잃었거나, 알지 못했거나, 환자이거나, 사고가 일어났거나, 정신착란된 자이거나, 최초의 범행자인 경우'는 예외이고, ≪사분율≫에서는 '이러한 병이 있었던가, 목이 메어 물을 찾았던가, 목숨이 위태롭거나 청정행이 어려워 소리 내어 먹었거나, 이 학습계율시설의 원인이 된 최초의 범행자이거나, 정신착란자이거나, 마음이 심란한 자이거나, 애통해 하는 자인 경우'를 예외로 한다.

*1105) ■ 함반어계(**含飯語戒**) / 사분승중학 38 : **不得含食語 應當學.***
*• 함반어계⊙(**含飯語戒**) / khu-Sekh. 43(Nī-Sekh. 43) : na sakabaḷena mukhena byāharissāmī'ti sikkhā karaṇīyā'ti.*

Catu-Nip. 182

182(7-39) 중학죄법 제39조

음식을 입안으로 던져 넣는 것에 대한 학습계율
[요척구중식계(遙擲口中食戒)]

[세존] "'음식덩이를 입 안으로 던져 넣으며 먹지 않겠다.'라는1106) 학습규범1107)을 지켜야 하느니라."1108)

---

*1106) **不得摶飯擲口中** : 빠알리문에는 '입 안에'라는 구절이 없다.*

*1107) **學** : 《빠알리율》에서는 '의도하지 않았거나, 새김을 잃었거나, 알지 못했거나, 환자이거나, 단단한 음식이거나, 각종과일이거나, 사고가 일어났거나, 정신착란된 자이거나, 최초의 범행자인 경우'는 예외이고, 《사분율》에서는 '이러한 병이 있었거나, 묶여 있어 입안에 음식을 던져 넣었거나, 이 학습계율시설의 원인이 된 최초의 범행자이거나, 정신착란자이거나, 마음이 심란한 자이거나, 애통해 하는 자인 경우'를 예외로 한다.*

*1108) ■요척구중식계(**遙擲口中食戒**) / 사분승중학 39 : **不得摶飯擲口中, 應當學.** •투입식계⊙(**投入食戒**) / khu-Sekh. 44(Nī-Sekh. 44) : na piṇḍukkhepakaṁ bhuñjissāmī'ti sikkhā karaṇīyā'ti.*

Catu-Nip. 183

183(7-40) 중학죄법 제40조

밥덩이를 흩뜨리면서 먹는 것에 대한 학습계율
[유락식계(遺落食戒)]

[세존] "'밥덩이를 흩뜨리면서 먹지 않겠다.'라는 학습 규범1109)을 지켜야 하느니라."1110)

1109) 學 : ≪빠알리율≫에서는 '의도하지 않았거나, 새김을 잃었거나, 알지 못했거나, 환자이거나, 먼지를 털면서 밥덩이를 흩뜨렸다던가, 사고가 일어났거나, 정신착란된 자이거나, 최초의 범행자인 경우'는 예외이고, ≪사분율≫에서는 '이러한 병이 있었거나, 얇은 과자, 누룽지, 고기, 껍질이 있는 견과류, 사탕수수, 채소, 안바라과(庵婆羅果), 배, 장미사과, 포도, 꽃술 등을 먹었거나, 이 학습계율시설의 원인이 된 최초의 범행자이거나, 정신착란자이거나, 마음이 심란한 자이거나, 애통해 하는 자인 경우'를 예외로 한다.

1110) ■유락식계(遺落食戒) / 사분승중학 40 : 不得遺落飯食, 應當學. • 살반립계⊙(撒飯粒戒) / khu-Sekh. 48(Nī-Sekh. 48) : na sitthāvakārakaṁ bhuñjissāmī'ti sikkhā karaṇīyā'ti.

Catu-Nip. 184

184(7-41) 중학죄법 제41조

볼 부풀려 먹기에 대한 학습계율

[협식계(頰食戒)]

[세존] "'볼을 부풀려 먹지 않겠다.'라는 학습규범1111)을 지켜야 하느니라."1112)

1111) 學 : ≪빠알리율≫에서는 '의도하지 않았거나, 새김을 잃었거나, 알지 못했거나, 환자이거나, 각종과일이거나, 사고가 일어났거나, 정신착란된 자이거나, 최초의 범행자인 경우'는 예외이고, ≪사분율≫에서는 '이러한 병이 있었거나, 정오가 지나가려 했거나, 목숨이 위태롭거나 청정행이 어려워 빨리 먹었거나, 이 학습계율시설의 원인이 된 최초의 범행자이거나, 정신착란자이거나, 마음이 심란한 자이거나, 애통해 하는 자인 경우'를 예외로 한다.

1112) ■ 협식계(頰食戒) / 사분승중학 41 : 不得頰飯食, 應當學. • 장협식계⊙(張頰食戒) / khu-Sekh. 46(Nī-Sekh. 46) : na avagaṇḍakārakaṁ bhuñjissāmī'ti sikkhā karaṇīyā'ti.

Catu-Nip. 185

185(7-42) 중학죄법 제42조

쩝쩝 소리 내며 먹는 것에 대한 학습계율
[작반작성계(嚼飯作聲戒)]

[세존] "'쩝쩝 소리 내면서 먹지 않겠다.'라는 학습규범1113)을 지켜야 하느니라."1114)

1113) 學 : ≪빠알리율≫에서는 '의도하지 않았거나, 새김을 잃었거나, 알지 못했거나, 환자이거나, 사고가 일어났거나, 정신착란된 자이거나, 최초의 범행자인 경우'는 예외이고, 사분승중학 40과 마찬가지로 ≪사분율≫에서는 '이러한 병이 있었거나, 얇은 과자, 누룽지, 고기, 껍질이 있는 견과류, 사탕수수, 채소, 안바라과(庵婆羅果), 배, 장미사과, 포도, 꽃술 등을 먹었거나, 이 학습계율시설의 원인이 된 최초의 범행자이거나, 정신착란자이거나, 마음이 심란한 자이거나, 애통해 하는 자인 경우'를 예외로 한다.

1114) ■ 작반작성계(嚼飯作聲戒) / 사분승중학 42 : 不得嚼飯作聲, 應當學. • 작성식계⊙(作聲食戒) / khu-Sekh. 50(Nī-Sekh. 50) : na capucapukārakaṁ bhuñjissāmī'ti sikkhā karaṇīyā'ti.

Catu-Nip. 186

186(7-43) 중학죄법 제43조

후룩후룩 소리 내며 먹는 것에 대한 학습계율
[흡반식계(嗡飯食戒)]

[세존] "'후룩후룩 소리 내면서 먹지 않겠다.'라는 학습 규범[1115]을 지켜야 하느니라."[1116]

1115) 學 : 《빠알리율》에서는 '의도하지 않았거나, 새김을 잃었거나, 알지 못했거나, 환자이거나, 사고가 일어났거나, 정신착란된 자이거나, 최초의 범행자인 경우'는 예외이고, 《사분율》에서는 '이러한 병이 있었거나, 입이 아팠거나, 국이나 타락(酪)이나 낙장(酪漿), 소비라장(酥毘羅醬), 식초를 먹었거나, 이 학습계율시설의 원인이 된 최초의 범행자이거나, 정신착란자이거나, 마음이 심란한 자이거나, 애통해 하는 자인 경우'를 예외로 한다. 소비라장은 보리를 빻아서 용기에 넣어 물을 뿌리고 3일이 경과후에 식초를 넣고 발효시켜 걸러 마시는 것으로 풍병에 효험이 있었다.

1116) ■흡반식계(嗡飯食戒) / 사분승중학 43 : 不得大嗡飯食, 應當學. • 흡식계⊙(吸食戒) / khu-Sekh. 51(Nī-Sekh. 51) : na surusuru-kārakaṁ bhuñjissāmī'ti sikkhā karaṇīyā'ti.

Catu-Nip. 187

187(7-44) 중학죄법 제44조

혀로 핥으면서 먹는 것에 대한 학습계율
[설지식계(舌舐食戒)]

[세존] "'혀로 핥으면서[1117] 먹지 않겠다.'라는 학습 규범[1118]을 지켜야 하느니라."[1119]

1117) 舌舐 : 빠알리문에는 '혀를 내밀면서'라고 되어 있다.

1118) 學 : ≪빠알리율≫에서는 '의도하지 않았거나, 새김을 잃었거나, 알지 못했거나, 환자이거나, 사고가 일어났거나, 정신착란된 자이거나, 최초의 범행자인 경우'는 예외이고, ≪사분율≫에서는 '이러한 병이 있었거나, 결박을 당했거나, 손에 흙이 묻었거나 손이 더러워 혀로 핥아먹었거나, 이 학습계율시설의 원인이 된 최초의 범행자이거나, 정신착란자이거나, 마음이 심란한 자이거나, 애통해 하는 자인 경우'를 예외로 한다.

1119) ■ 설지식계(舌舐食戒) / 사분승중학 44 : 不得舌舐食, 應當學. • 설지식계⊙(舌舐食戒) / khu-Sekh. 49(Nī-Sekh. 49) : na jivhānicchārakaṁ bhuñjissāmī'ti sikkhā karaṇīyā'ti.

Catu-Nip. 188

188(7-45) 중학죄법 제45조

손을 털면서 먹기에 대한 학습계율
[진수식계(振手食戒)]

[세존] "'손을 털면서[1120] 먹지 않겠다.'라는 학습규범[1121]을 지켜야 하느니라."[1122]

1120) 振手 : 역자의 빠알리비나야의 초역에서는 '손을 흔들면서'라고 했다.

1121) 學 : ≪빠알리율≫에서는 '의도하지 않았거나, 새김을 잃었거나, 알지 못했거나, 환자이거나, 먼지를 털면서 손을 털었거나, 사고가 일어났거나, 정신착란된 자이거나, 최초의 범행자인 경우'는 예외이고, ≪사분율≫에서는 '이러한 병이 있었거나, 음식에 풀이나 벌레가 있었거나, 손에 더러운 것이 있어서 털려고 했거나, 음식을 받기 전에 수식법(受食法)을 하지 않은 음식에 손을 대어 악촉(惡觸)인 까닭에 손을 털었거나, 이 학습계율시설의 원인이 된 최초의 범행자이거나, 정신착란자이거나, 마음이 심란한 자이거나, 애통해 하는 자인 경우'를 예외로 한다.

1122) ■진수식계(振手食戒) / 사분승중학 45 : 不得振手食, 應當學. • 진수식계⊙(振手食戒) / khu-Sekh. 47(Nī-Sekh. 47) : na hatthaniddhunakaṁ bhuñjissāmī'ti sikkhā karaṇīyā'ti.

Catu-Nip. 189

189(7-46) 중학죄법 제46조

음식을 집었다가 흘리는 것에 대한 학습계율
[파산반식계(把散飯食戒)]

[세존] "'음식을 손으로 집었다가 흘리면서 식사하지 않겠다.'라는 학습규범1123)1124)을 지켜야 하느니라."1125)

1123) 不得手把散飯食 : 빠알리문에는 '식사를 하면서 통째로 손을 입에 집어넣지 않겠다.'라고 되어 있다.

1124) 學 : 《빠알리율》에서는 '의도하지 않았거나, 새김을 잃었거나, 알지 못했거나, 환자이거나, 사고가 일어났거나, 정신착란된 자이거나, 최초의 범행자인 경우'는 예외이고 《사분율》에서는 '이러한 병이 있었거나, 음식 안에 풀이나 벌레가 있거나, 부정한 것으로 더러워졌거나, 수식법을 하지 않은 음식이 있어 놓아버렸거나, 이 학습계율시설의 원인이 된 최초의 범행자이거나, 정신착란자이거나, 마음이 심란한 자이거나, 애통해 하는 자인 경우'를 예외로 한다.

1125) ■ 파산반식계(把散飯食戒) / 사분승중학 46 : 不得手把散飯食, 應當學. • 전수구중계⊙(全手口中戒) / khu-Sekh. 42(Nī-Sekh. 42) : na bhuñjamāno sabbaṁ hatthaṁ mukhe pakkhipissāmī'ti sikkhā karaṇīyā'ti.

Catu-Nip. 190

190(7-47) 중학죄법 제47조

더러운 손으로 식기를 만지는 것에 대한 학습계율
[오수착식기계(汙手捉食器戒)]

[세존] "'더러운 손으로 식기를 만지지 않겠다.'라는[1126] 학습규범[1127]을 지켜야 하느니라."[1128]

1126) 汚手捉食器 : 빠알리문에는 '음식이 묻은 손으로 물병을'이라고 되어 있다.

1127) 學 : 《빠알리율》에서는 "의도하지 않았거나, 새김을 잃었거나, 알지 못했거나, 환자이거나, '내가 씻겠다.'라거나 '내가 씻게 시키겠다.'라고 받았거나, 사고가 일어났거나, 정신착란된 자이거나, 최초의 범행자인 경우"는 예외이고, 《사분율》에서는 '이러한 병이 있었거나, 풀이나 잎사귀 위에 받았다든가, 손을 씻고 받았거나, 이 학습계율시설의 원인이 된 최초의 범행자이거나, 정신착란자이거나, 마음이 심란한 자이거나, 애통해 하는 자인 경우'를 예외로 한다.

1128) ■오수착식기계(汙手捉食器戒) / 사분승중학 47 : 不得汚手捉食器. 應當學. ●오수착수병계⊙(汚手捉水瓶戒) / khu-Sekh. 55(Nī-Sekh. 55) : na sāmisena hatthena pānīyathālakaṁ paṭiggahessāmī'ti sikkhā karaṇīyā'ti.

Catu-Nip. 191

191(7-48) 중학죄법 제48조

발우 씻은 물에 대한 학습계율
[기세발수계(棄洗鉢水戒)]

[세존] "'발우 씻은 물[1129]을 시정에 버리지 않겠다.' 라는 학습규범[1130]을 지켜야 하느니라."[1131]

1129) 洗鉢水 : 빠알리본에는 '밥알갱이가 포함된 발우 씻은 물'이라고 되어 있다.

1130) 學 : ≪빠알리율≫에서는 '의도하지 않았거나, 새김을 잃었거나, 알지 못했거나, 환자인 경우나, 제거하고 버렸거나, 부수어서 버렸거나, 덮어서 버렸거나, 골라내고 버리거나, 사고가 일어났거나, 정신착란된 자이거나, 최초의 범행자인 경우'는 예외이고, ≪사분율≫에서는 '이러한 병이 있었거나, 그릇이나 씻는 용도의 용기에 발우 씻은 물을 받아서 집밖에 버렸거나, 이 학습계율시설의 원인이 된 최초의 범행자이거나, 정신착란자이거나, 마음이 심란한 자이거나, 애통해 하는 자인 경우'를 예외로 한다.

1131) ■기세발수계(棄洗鉢水戒) / 사분승중학 48 : 不得洗鉢水 棄白衣舍內, 應當學. • 기세발수계⊙(棄洗鉢水戒) / khu-Sekh. 56(Nī-Sekh. 56) : na sasitthakaṁ pattadhovanaṁ antaraghare chaḍḍhessāmī'ti sikkhā karaṇīyā'ti.

Catu-Nip. 192

192(7-49) 중학죄법 제49조

풀 위에 용변을 보기에 대한 학습계율
[생초상대소변계(生草上大小便戒)]

[세존] "'환자가 아닌 한, 풀 위에 대변을 보거나 소변을 보거나 타액을 뱉거나 하지 않겠다.'라는 학습규범1132)을 지켜야 하느니라."1133)

1132) *學 : 《빠알리율》에서는 '의도하지 않았거나, 새김을 잃었거나, 알지 못했거나, 환자이거나, 풀이 없는 곳에 보고 풀을 뿌려 덮거나, 사고가 일어났거나, 정신착란된 자이거나, 최초의 범행자인 경우'는 예외이고, 《사분율》에서는 '이러한 병이 있었거나, 풀이 없는 곳에서 보았으나 흘러서 풀 위에 떨어졌거나, 바람이 불거나 새가 물고 가서 풀 위에 떨어졌거나, 이 학습계율시설의 원인이 된 최초의 범행자이거나, 정신착란자이거나, 마음이 심란한 자이거나, 애통해 하는 자인 경우'를 예외로 한다.*

1133) *■ 생초상대소변계(生草上大小便戒) / 사분승중학 49 : 不得生草上大小便涕唾, 除病, 應當學. • 생초상대소변계⊙(生草上大小便戒) / khu-Sekh. 74(Nī-Sekh. 74) : na harite agilāno uccāraṁ vā passāvaṁ vā khelaṁ vā karissāmī'ti sikkhā karaṇīyā'ti.*

Catu-Nip. 193

193(7-50) 중학죄법 제50조

물 위에 용변을 보기에 대한 학습계율
[수중대소변계(水中小便戒)]

[세존] "'환자가 아닌 한, 물 위에 대변을 보거나 소변을 보거나 타액도 뱉지 않겠다.'라는 학습규범[1134]을 지켜야 하느니라."[1135]

1134) 學 : ≪빠알리율≫에서는 '의도하지 않았거나, 새김을 잃었거나, 알지 못했거나, 환자이거나, 땅 위에 대소변을 보고 물을 뿌려 씻거나, 사고가 일어났거나, 정신착란된 자이거나, 최초의 범행자인 경우'는 예외이고, ≪사분율≫에서는 '이러한 병이 있었거나, 언덕 위에서 보았는데 흘러서 물위에 떨어졌거나, 바람이 불거나 새가 물고 가서 물 위에 떨어졌거나, 이 학습계율시설의 원인이 된 최초의 범행자이거나, 정신착란자이거나, 마음이 심란한 자이거나, 애통해 하는 자인 경우'를 예외로 한다.

1135) ▪수중대소변계(水中小便戒) / 사분승중학 50 : 不得淨水中大小便涕唾, 除病, 應當學. •수중대소변계⊙(水中大小便戒) / khu-Sekh. 75(Nī-Sekh. 75) : na udake agilāno uccāraṁ vā passāvaṁ vā khelaṁ vā karissāmī'ti sikkhā karaṇīyā'ti.

Catu-Nip. 194

194(7-51) 중학죄법 제51조

선 채로 용변을 보기에 대한 학습계율
[입대소변계(立大小便戒)]

[세존] "'선 채로, 환자가 아닌 한, 대변을 보거나 소변을 보지 않겠다.'라는 학습규범[1136]을 지켜야 하느니라."[1137]

1136) 學 : ≪빠알리율≫에서는 '의도하지 않았거나, 새김을 잃었거나, 알지 못했거나, 환자이거나, 사고가 일어났거나, 정신착란된 자이거나, 최초의 범행자인 경우'는 예외이고, ≪사분율≫에서는 '이러한 병이 있었거나, 결박되어 있었거나, 종아리에 더러운 기름때가 묻었거나 진흙으로 더러워졌거나, 이 학습계율시설의 원인이 된 최초의 범행자이거나, 정신착란자이거나, 마음이 심란한 자이거나, 애통해 하는 자인 경우'를 예외로 한다.

1137) ■ 입대소변계(立大小便戒) / 사분승중학 51 : 不得立大小便, 除病, 應當學. • 입대소변계⊙(立大小便戒) / khu-Sekh. 73(Nī-Sekh. 73) : na ṭhito agilāno uccāraṁ vā passāvaṁ vā karissāmī'ti sikkhā karaṇīyā'ti. '선채로 소변을 보지 말라'는 것은 승복이 원래는 둘러싸서 입는 가사로 이루어진 구조상의 문제에서 오는 것이다.

Catu-Nip. 195

195(7-52) 중학죄법 제52조

옷을 치켜 올린 자에게 설법하는 것에 대한 학습계율
[반초의인설법계(反抄衣人說法戒)]

[세존] "'옷을 치켜 올리고 있는 사람에게, 환자가 아닌 한, 설법하지 않겠다.'라는 학습규범[1138]을 지켜야 하느니라."[1139]

1138) 學 : ≪사분율≫에서는 '이러한 병이 있었거나, 왕이나 대신을 위한 것이었거나, 이 학습계율시설의 원인이 된 최초의 범행자이거나, 정신착란자이거나, 마음이 심란한 자이거나, 애통해 하는 자인 경우'를 예외로 한다.

1139) ■ 반초의인설법계(反抄衣人說法戒) / 사분승중학 53 : 不得與反抄衣人 說法 除病, 應當學.

Catu-Nip. 196

196(7-53) 중학죄법 제53조

옷을 목에 두른 자에게 설법하는 것에 대한 학습계율
[의전경인설법계(衣纏頸人說法戒)]

[세존] "'옷을 목에 두르고 있는 사람에게, 환자가 아닌 한, 설법하지 않겠다.'라는 학습규범[1140]을 지켜야 하느니라."[1141]

1140) 學 : 앞의 학습계율과 마찬가지로 ≪사분율≫에서는 '이러한 병이 있었거나, 왕이나 대신을 위한 것이었거나, 이 학습계율시설의 원인이 된 최초의 범행자이거나, 정신착란자이거나, 마음이 심란한 자이거나, 애통해 하는 자인 경우'를 예외로 한다.

1141) ■ 의전경인설법계(衣纏頸人說法戒) / 사분승중학 53 : 不得爲衣纏頸人 說法 除病, 應當學.

Catu-Nip. 197

197(7-54) 중학죄법 제54조

복면을 한 자에게 설법하는 것에 대한 학습계율
[복두인설법계(覆頭人說法戒)]

[세존] "'환자가 아닌 한, 머리에 복면을 한 자에게 가르침을 설하지 않겠다.'라는 학습규범[1142]을 지켜야 하느니라."[1143]

1142) 學 : ≪빠알리율≫에서는 '의도하지 않았거나, 새김을 잃었거나, 알지 못했거나, 환자이거나, 복면을 열어서 머리가 보이도록 했거나, 사고가 일어났거나, 정신착란된 자이거나, 최초의 범행자인 경우'는 예외이고, 앞의 학습계율과 마찬가지로 ≪사분율≫에서는 '이러한 병이 있었거나, 왕이나 대신을 위한 것이었거나, 이 학습계율시설의 원인이 된 최초의 범행자이거나, 정신착란자이거나, 마음이 심란한 자이거나, 애통해 하는 자인 경우'를 예외로 한다.

1143) ■ 복두인설법계(覆頭人說法戒) / 사분승중학 54 : 不得爲覆頭人 說法, 除病, 應當學. • 위복면자설법계⊙(爲覆面者說法戒) / Khu-Sekh. 67(Nī-Sekh. 67) : oguṇṭhitasīsassa agilānassa dhammaṁ desessāmī'ti sikkhā karaṇīyā'ti.

Catu-Nip. 198

198(7-55) 중학죄법 제55조

터번을 두른 자에게 설법하는 것에 대한 학습계율
[이두인설법계(裹頭人說法戒)]

[세존] "'환자가 아닌 한, 머리에 터번을 두른 자에게 가르침을 설하지 않겠다.'라는 학습규범[1144]을 지켜야 하느니라."[1145]

1144) 學 : ≪빠알리율≫에서는 '의도하지 않았거나, 새김을 잃었거나, 알지 못했거나, 환자이거나, 터번을 열어서 머리가 보이도록 했거나, 사고가 일어났거나, 정신착란된 자이거나, 최초의 범행자인 경우'는 예외이고, 앞의 학습계율과 마찬가지로 ≪사분율≫에서는 '이러한 병이 있었거나, 왕이나 대신을 위한 것이었거나, 이 학습계율시설의 원인이 된 최초의 범행자이거나, 정신착란자이거나, 마음이 심란한 자이거나, 애통해 하는 자인 경우'를 예외로 한다.

1145) ■ 이두인설법계(裹頭人說法戒) / 사분승중학 55 : 不得爲裹頭人 說法 除病, 應當學. • 위리두자설법계⊙(爲裹頭者說法戒) / Khu-Sekh. 66(Nī-Sekh. 66) : na veṭhitasīsassa agilānassa dhammaṁ desessāmī'ti sikkhā karaṇīyā'ti.

Catu-Nip. 199

199(7-56) 중학죄법 제56조

손을 허리에 댄 자에게 설법하는 것에 대한 학습계율
[차요인설법계(叉腰人說法戒)]

[세존] "'환자가 아닌 한, 손을 허리에 대고 팔꿈치를 벌린 자에게 가르침을 설하지 않겠다.'라는 학습규범1146)을 지켜야 하느니라."1147)

1146) 學 : 앞의 학습계율과 마찬가지로 ≪사분율≫에서는 '이러한 병이 있었거나, 왕이나 대신을 위한 것이었거나, 이 학습계율시설의 원인이 된 최초의 범행자이거나, 정신착란자이거나, 마음이 심란한 자이거나, 애통해 하는 자인 경우'를 예외로 한다.

1147) ■차요인설법계(叉腰人說法戒) / 사분승중학 56 : 不得爲叉腰人 說法 除病, 應當學.

Catu-Nip. 200

200(7-57) 중학죄법 제57조

신발을 신은 자에게 설법하는 것에 대한 학습계율
[착혁사인설법계(著革屣人說法戒)]

[세존] "'환자가 아닌 한, 신발을 신은 자에게 가르침을 설하지 않겠다.'라는 학습규범1148)을 지켜야 하느니라."1149)

1148) *學 : ≪빠알리율≫에서는 '의도하지 않았거나, 새김을 잃었거나, 알지 못했거나, 환자이거나, 사고가 일어났거나, 정신착란된 자이거나, 최초의 범행자인 경우'는 예외이고, 앞의 학습계율과 마찬가지로 ≪사분율≫에서는 '이러한 병이 있었거나, 왕이나 대신을 위한 것이었거나, 이 학습계율시설의 원인이 된 최초의 범행자이거나, 정신착란자이거나, 마음이 심란한 자이거나, 애통해 하는 자인 경우'를 예외로 한다.*

1149) *■ 착혁사인설법계(著革屣人說法戒) / 사분승중학 57 : 不得爲著革屣人 說法, 除病, 應當學. • 위착혜리자설법계⊙(爲著鞋履者說法戒) / khu-Sekh. 62(Nī-Sekh. 62) : na upāhanārūḷhassa agilānassa dhammaṁ desessāmī'ti sikkhā karaṇīyā'ti.*

Catu-Nip. 201

201(7-58) 중학죄법 제58조

샌들을 신은 자에게 설법하는 것에 대한 학습계율
[착목극인설법계(著木屐人說法戒)]

[세존] "'환자가 아닌 한, 샌들을 신은 자에게 가르침을 설하지 않겠다.'라는 학습규범1150)을 지켜야 하느니라."1151)

1150) 學 : ≪빠알리율≫에서는 '의도하지 않았거나, 새김을 잃었거나, 알지 못했거나, 환자이거나, 사고가 일어났거나, 정신착란된 자이거나, 최초의 범행자인 경우'는 예외이고, 앞의 학습계율과 마찬가지로 ≪사분율≫에서는 '이러한 병이 있었거나, 왕이나 대신을 위한 것이었거나, 이 학습계율시설의 원인이 된 최초의 범행자이거나, 정신착란자이거나, 마음이 심란한 자이거나, 애통해 하는 자인 경우'를 예외로 한다.

1151) ■착목극인설법계(著木屐人說法戒) / 사분승중학 58 : 不得爲著木屐人 說法 除病, 應當學. • 위착초리자설법계⊙(爲著草履者說法戒) / khu-Sekh. 61(Nī-Sekh. 61) : na pādukārūḷhassa agilānassa dhammaṁ desessāmī'ti sikkhākaraṇīyā'ti.

Catu-Nip. 202

202(7-59) 중학죄법 제59조

탈것에 탄 자에게 설법하는 것에 대한 학습계율
[기승인설법계(騎乘人說法戒)]

[세존] "'환자가 아닌 한, 탈것에 탄 자에게 가르침을 설하지 않겠다.'라는 학습규범[1152]을 지켜야 하느니라."[1153]

1152) 學 : ≪빠알리율≫에서는 '의도하지 않았거나, 새김을 잃었거나, 알지 못했거나, 환자이거나, 사고가 일어났거나, 정신착란된 자이거나, 최초의 범행자인 경우'는 예외이고, 앞의 학습계율과 마찬가지로 ≪사분율≫에서는 '이러한 병이 있었거나, 왕이나 대신을 위한 것이었거나, 이 학습계율시설의 원인이 된 최초의 범행자이거나, 정신착란자이거나, 마음이 심란한 자이거나, 애통해 하는 자인 경우'를 예외로 한다.

1153) ■기승인설법계(騎乘人說法戒) / 사분승중학 59 : 不得爲騎乘人 說法 除病, 應當學. • 위기승자설법계⊙(爲騎乘者說法戒) / khu-Sekh. 63(Nī-Sekh. 63) : na yānagatassa agilānassa dhammaṁ desissāmī'ti sikkhā karaṇīyā'ti.

Catu-Nip. 203

203(7-60) 중학죄법 제60조

불탑에서 유숙하는 것에 대한 학습계율
[불탑중숙계(佛塔中宿戒)]

[세존] "'수호하기 위한 것이 아닌 한, 불탑에서 유숙하지 않겠다.'라는 학습규범[1154]을 지켜야 하느니라."[1155]

1154) 學 : ≪사분율≫에서는 '이러한 병이 있었거나, 수호하기 위해서 잤거나, 힘센 자의 강요였거나, 이 학습계율시설의 원인이 된 최초의 범행자이거나, 정신착란자이거나, 마음이 심란한 자이거나, 애통해 하는 자인 경우'를 예외로 한다.

1155) ■ 불탑중숙계(佛塔中宿戒) / 사분승중학 60 : 不得佛塔內宿, 除爲守護故 應當學.

Catu-Nip. 204

204(7-61) 중학죄법 제61조

불탑에 재물을 보관하는 것에 대한 학습계율
[장물탑중계(藏物塔中戒)]

[세존] "'영구히 보존하려는 것이 아닌 한, 불탑에 재물을 보관하지 않겠다.'라는 학습규범1156)을 지켜야 하느니라."1157)

1156) 學 : ≪사분율≫에서는 '이러한 병이 있었거나, 굳게 지키기 위해 불탑에 재물을 감추었거나, 힘센 자의 강요였거나, 이 학습계율시설의 원인이 된 최초의 범행자이거나, 정신착란자이거나, 마음이 심란한 자이거나, 애통해 하는 자인 경우'를 예외로 한다.

1157) ■장물탑중계(藏物塔中戒) / 사분승중학 61 : 不得佛塔內 藏財物, 除爲堅牢故, 應當學.

Catu-Nip. 205

205(7-62) 중학죄법 제62조

불탑 안으로 신발을 신고 들어가는 것에 대한 학습계율
[착혁사입탑중계(著革屣入塔中戒)]

[세존] "'불탑 안으로 신발[1158]을 신고 들어가지 않겠다.'라는 학습규범[1159]을 지켜야 하느니라."[1160]

1158) 革屣 : 혁사는 빠알리어 신발(upāhana)을 한역한 것이다.
1159) 學 : 앞의 학습계율과 마찬가지로 ≪사분율≫에서는 '이러한 병이 있었거나, 굳게 지키기 위해 불탑에 재물을 감추었거나, 힘센 자의 강요였거나, 이 학습계율시설의 원인이 된 최초의 범행자이거나, 정신착란자이거나, 마음이 심란한 자이거나, 애통해 하는 자인 경우'를 예외로 한다.
1160) ■착혁사입탑중계(著革屣入塔中戒) / 사분승중학 62 : 不得著革屣 入佛塔中, 應當學.

Catu-Nip. 206

206(7-63) 중학죄법 제63조

불탑 안으로 신발을 들고 들어가는 것에 대한 학습계율
[수착혁사입탑중계(手捉革屣入塔中戒)]

[세존] "'불탑 안으로 신발을 손에 들고 들어가지 않겠다.'라는 학습규범[1161]을 지켜야 하느니라."[1162]

1161) 學 : 앞의 학습계율과 마찬가지로 《사분율》에서는 '이러한 병이 있었거나, 굳게 지키기 위해 불탑에 재물을 감추었거나, 힘센 자의 강요였거나, 이 학습계율시설의 원인이 된 최초의 범행자이거나, 정신착란자이거나, 마음이 심란한 자이거나, 애통해 하는 자인 경우'를 예외로 한다.

1162) ■ 수착혁사입탑중계(手捉革屣入塔中戒) / 사분승중학 63 : 不得手捉革屣 入佛塔中, 應當學.

Catu-Nip. 207

207(7-64) 중학죄법 제64조

불탑을 신발 신고 도는 것에 대한 학습계율
[불착혁사요탑행계(不著革屣繞塔行戒)]

[세존] "'불탑을 신발을 신고 돌지 않겠다.'라는 학습규범1163)을 지켜야 하느니라."1164)

1163) 學 : 앞의 학습계율과 마찬가지로 ≪사분율≫에서는 '이러한 병이 있었거나, 굳게 지키기 위해 불탑에 재물을 감추었거나, 힘센 자의 강요였거나, 이 학습계율시설의 원인이 된 최초의 범행자이거나, 정신착란자이거나, 마음이 심란한 자이거나, 애통해 하는 자인 경우'를 예외로 한다.

1164) ■불착혁사요탑행계(不著革屣繞塔行戒) / 사분승중학 64 : 不得著革屣 繞佛塔. 應當學.

Catu-Nip. 208

208(7-65) 중학죄법 제65조

불탑 안으로 구두를 신고 들어가는 것에 대한 학습계율
[착부라입탑중계(著富羅入塔中戒)]

[세존] "'불탑 안으로 구두[1165]를 신고 들어가지 않겠다.'라는 학습규범[1166]을 지켜야 하느니라."[1167]

---

*1165) **富羅** : Divyāvadāna. 581에 따르면, 부라(**富羅**)는 범어로 '뿔라'(sk. pula)로 구두(**屨**)를 의미하고, '포라(**布羅**)'라고도 음사한다.*

*1166) **學** : 앞의 학습계율과 마찬가지로 ≪사분율≫에서는 '이러한 병이 있었거나, 굳게 지키기 위해 불탑에 재물을 감추었거나, 힘센 자의 강요였거나, 이 학습계율시설의 원인이 된 최초의 범행자이거나, 정신착란자이거나, 마음이 심란한 자이거나, 애통해 하는 자인 경우'를 예외로 한다.*

*1167) ■착부라입탑중계(**著富羅入塔中戒**) / 사분승중학 65 : **不得著富羅 入佛塔中. 應當學.***

Catu-Nip. 209

209(7-66) 중학죄법 제66조

불탑 안으로 구두를 들고 가는 것에 대한 학습계율
[수착부라입탑중계(手捉富羅入塔中戒)]

[세존] "'불탑 안으로 구두를 손에 들고 들어가지 않겠다.'라는 학습규범1168)을 지켜야 하느니라."1169)

1168) 學 : 앞의 학습계율과 마찬가지로 《사분율》에서는 '이러한 병이 있었거나, 굳게 지키기 위해 불탑에 재물을 감추었거나, 힘센 자의 강요였거나, 이 학습계율시설의 원인이 된 최초의 범행자이거나, 정신착란자이거나, 마음이 심란한 자이거나, 애통해 하는 자인 경우'를 예외로 한다.

1169) ■수착부라입탑중계(手捉富羅入塔中戒) / 사분승중학 66 : 不得手捉富羅 入佛塔中. 應當學.

Catu-Nip. 210

210(7-67) 중학죄법 제67조

불탑 아래서 음식을 버리는 것에 대한 학습계율
[탑하좌류식계(塔下坐留食戒)]

[세존] "'불탑 아래서 음식을 먹고, 풀과 음식을 버려서 땅을 오염시키지 않겠다.'라는 학습규범1170)을 지켜야 하느니라."1171)

1170) 學 : 《사분율》에서는 '이러한 병이 있었거나, 한 곳에 모아 두었다가 나와서 버렸거나, 이 학습계율시설의 원인이 된 최초의 범행자이거나, 정신착란자이거나, 마음이 심란한 자이거나, 애통해 하는 자인 경우'를 예외로 한다.

1171) ■ 탑하좌류식계(塔下坐留食戒) / 사분승중학 67 : 不得塔下食, 留草及食污地, 應當學.

Catu-Nip. 211

211(7-68) **중학죄법 제68조**

불탑 아래로 시신을 나르는 것에 대한 학습계율
[탑하담사시과계(塔下擔死屍過戒)]

[세존] "'불탑 아래로 시신을 메고 지나가지 않겠다.'라는 학습규범1172)을 지켜야 하느니라."1173)

1172) 學 : ≪사분율≫에서는 '이러한 병이 있었거나, 이 길을 가야 했거나, 힘센 자의 강요였거나, 이 학습계율시설의 원인이 된 최초의 범행자이거나, 정신착란자이거나, 마음이 심란한 자이거나, 애통해 하는 자인 경우'를 예외로 한다.

1173) ■ 탑하담사시과계(塔下擔死屍過戒) / 사분승중학 68 : 不得擔死屍 從塔下過 應當學.

Catu-Nip. 212

212(7-69) 중학죄법 제69조

불탑 아래에 시신을 묻는 것에 대한 학습계율
[탑하매사시계(塔下埋死屍戒)]

[세존] "'불탑 아래 시신을 묻지 않겠다.'라는 학습 규범1174)을 지켜야 하느니라."1175)

1174) 學 : 앞의 학습계율과 마찬가지로 ≪사분율≫에서는 '이러한 병이 있었거나, 이 길을 가야했거나, 힘센 자의 강요였거나, 이 학습계율시설의 원인이 된 최초의 범행자이거나, 정신착란자이거나, 마음이 심란한 자이거나, 애통해 하는 자인 경우'를 예외로 한다.

1175) ■ 탑하매사시계(塔下埋死屍戒) / 사분승중학 69 : 不得塔下埋死屍 應當學

Catu-Nip. 213

213(7-70) 중학죄법 제70조
불탑 아래서 시신을 태우는 것에 대한 학습계율
[탑하소사시계(塔下燒死屍戒)]

[세존] "'불탑 아래에서 시신을 태우지 않겠다.'라는 학습규범1176)을 지켜야 하느니라."1177)

1176) 學 : 앞의 학습계율과 마찬가지로 ≪사분율≫에서는 '이러한 병이 있었거나, 이 길을 가야했거나, 힘센 자의 강요였거나, 이 학습계율시설의 원인이 된 최초의 범행자이거나, 정신착란자이거나, 마음이 심란한 자이거나, 애통해 하는 자인 경우'를 예외로 한다.
1177) ■ 탑하소사시계(塔下燒死屍戒) / 사분승중학 70 : 不得塔下燒死屍. 應當學.

Catu-Nip. 214

214(7-71) 중학죄법 제71조

불탑을 향해 시신을 태우는 것에 대한 학습계율
[향탑소사시계(向塔燒死屍戒)]

[세존] "'불탑을 향해 시신을 태우지 않겠다.'라는 학습규범[1178]을 지켜야 하느니라."[1179]

1178) 學 : 앞의 학습계율과 마찬가지로 ≪사분율≫에서는 '이러한 병이 있었거나, 이 길을 가야했거나, 힘센 자의 강요였거나, 이 학습계율시설의 원인이 된 최초의 범행자이거나, 정신착란자이거나, 마음이 심란한 자이거나, 애통해 하는 자인 경우'를 예외로 한다.

1179) ■ 향탑소사시계(向塔燒死屍戒) / 사분승중학 71 : 不得向塔燒死屍 應當學.

Catu-Nip. 215

215(7-72) 중학죄법 제72조

불탑 주변에서 시신을 태우는 것에 대한 학습계율
[요탑사변소사시계(繞塔四邊燒死屍戒)]

[세존] "'불탑 주위 사방에 시신을 태워 냄새가 들어오게 하지 않겠다.'라는 학습규범[1180]을 지켜야 하느니라."[1181]

1180) 學 : 앞의 학습계율과 마찬가지로 ≪사분율≫에서는 '이러한 병이 있었거나, 이 길을 가야했거나, 힘센 자의 강요였거나, 이 학습계율시설의 원인이 된 최초의 범행자이거나, 정신착란자이거나, 마음이 심란한 자이거나, 애통해 하는 자인 경우'를 예외로 한다.

1181) ■요탑사변소사시계(繞塔四邊燒死屍戒) / 사분승중학 72 : 不得繞塔四邊 燒死屍 使臭氣來入, 應當學.

Catu-Nip. 216

216(7-73) 중학죄법 제73조

불탑아래 망자의 옷 등을 나르는 것에 대한 학습계율
[지사인의상탑하과계(持死人衣牀塔下過戒)]

[세존] "'씻어서 물들이고 향훈을 쏘인 것이 아닌 한, 망자의 옷과 평상 등을 가지고 불탑 아래로 지나가지 않겠다.'라는 학습규범1182)을 지켜야 하느니라."1183)

1182) 學 : ≪사분율≫에서는 '이러한 병이 있었거나, 씻어 물들이고 향을 쐬었거나, 이 학습계율시설의 원인이 된 최초의 범행자이거나, 정신착란자이거나, 마음이 심란한 자이거나, 애통해 하는 자인 경우'를 예외로 한다.

1183) ■지사인의상탑하과계(持死人衣牀塔下過戒) / 사분승중학 73 : 不得持死人 衣及床 從塔下過 除浣染香熏, 應當學.

Catu-Nip. 217

217(7-74) 중학죄법 제74조

불탑 아래에 대소변 누기에 대한 학습계율
[탑하대소변계(塔下大小便戒)]

[세존] "'불탑 아래에 대변이나 소변을 누지 않겠다.' 라는 학습규범1184)을 지켜야 하느니라."1185)

1184) 學 : 앞의 학습계율(사분승중학 72)과 마찬가지로 《사분율》에서는 '이러한 병이 있었거나, 이 길을 가야했거나, 힘센 자의 강요였거나, 이 학습계율시설의 원인이 된 최초의 범행자이거나, 정신착란자이거나, 마음이 심란한 자이거나, 애통해 하는 자인 경우'를 예외로 한다.

1185) ■ 탑하대소변계(塔下大小便戒) / 사분승중학 74 : 不得塔下 大小便 應當學.

Catu-Nip. 218

218(7-75) 중학죄법 제75조

불탑을 향해 대소변 누기에 대한 학습계율
[향탑대소변계(向塔大小便戒)]

[세존] "'불탑을 향해서 대변이나 소변을 누지 않겠다.' 라는 학습규범1186)을 지켜야 하느니라."1187)

1186) 學 : 앞의 학습계율과 마찬가지로 《사분율》에서는 '이러한 병이 있었거나, 이 길을 가야했거나, 힘센 자의 강요였거나, 이 학습계율시설의 원인이 된 최초의 범행자이거나, 정신착란자이거나, 마음이 심란한 자이거나, 애통해 하는 자인 경우'를 예외로 한다.

1187) ■ 향탑대소변계(向塔大小便戒) / 사분승중학 75 : 不得向塔 大小便 應當學.

Catu-Nip. 219

219(7-76) 중학죄법 제76조

불탑 주위에서 대소변 누기에 대한 학습계율
[요탑사변대소변계(繞塔四邊大小便戒)]

[세존] "'불탑 사방의 주위에서 대변이나 소변을 누어 냄새가 들어오게 하지 않겠다.'라는 학습규범[1188]을 지켜야 하느니라."[1189]

1188) 學 : 앞의 학습계율과 마찬가지로 《사분율》에서는 '이러한 병이 있었거나, 이 길을 가야했거나, 힘센 자의 강요였거나, 이 학습계율시설의 원인이 된 최초의 범행자이거나, 정신착란자이거나, 마음이 심란한 자이거나, 애통해 하는 자인 경우'를 예외로 한다.

1189) ■요탑사변대소변계(繞塔四邊大小便戒) / 사분승중학 76 : 不得繞塔四邊 大小便 使臭氣來入 應當學

Catu-Nip. 220

220(7-77) 중학죄법 제77조

불상을 모시고 대소변소 가기에 대한 학습계율
[지불상지대소변계(持佛像至大小便戒)]

[세존] "'불상을 모시고 대변이나 소변을 누는 곳에 가지 않겠다.'라는 학습규범1190)을 지켜야 하느니라."1191)

1190) 學 : 앞의 학습계율과 마찬가지로 ≪사분율≫에서는 '이러한 병이 있었거나, 이 길을 가야했거나, 힘센 자의 강요였거나, 이 학습계율시설의 원인이 된 최초의 범행자이거나, 정신착란자이거나, 마음이 심란한 자이거나, 애통해 하는 자인 경우'를 예외로 한다.

1191) ■ 지불상지대소변계(持佛像至大小便戒) / 사분승중학 77 : 不得持佛像 至大小便處 應當學.

Catu-Nip. 221

221(7-78) 중학죄법 제78조

불탑 아래에서 양치하기에 대한 학습계율
[탑하작양지계(塔下嚼楊枝戒)]

[세존] "'불탑 아래서 양치질하지 않겠다.'라는 학습 규범[1192]을 지켜야 하느니라."[1193]

1192) 學 : 앞의 학습계율과 마찬가지로 ≪사분율≫에서는 '이러한 병이 있었거나, 이 길을 가야했거나, 힘센 자의 강요였거나, 이 학습계율시설의 원인이 된 최초의 범행자이거나, 정신착란자이거나, 마음이 심란한 자이거나, 애통해 하는 자인 경우'를 예외로 한다.

1193) ■ 탑하작양지계(塔下嚼楊枝戒) / 사분승중학 78 : 不得塔下 嚼楊枝 應當學.

Catu-Nip. 222

222(7-79) 중학죄법 제79조

불탑을 향해 양치하기에 대한 학습계율
[향탑작양지계(向塔嚼楊枝戒)]

[세존] "'불탑을 향해서 양치질하지 않겠다.'라는 학습규범1194)을 지켜야 하느니라."1195)

1194) 學 : 앞의 학습계율과 마찬가지로 《사분율》에서는 '이러한 병이 있었거나, 이 길을 가야했거나, 힘센 자의 강요였거나, 이 학습계율시설의 원인이 된 최초의 범행자이거나, 정신착란자이거나, 마음이 심란한 자이거나, 애통해 하는 자인 경우'를 예외로 한다.

1195) ■ 향탑작양지계(向塔嚼楊枝戒) / 사분승중학 79 : 不得向塔 嚼楊枝 應當學.

Catu-Nip. 223

223(7-80) 중학죄법 제80조

불탑의 주변에서 양치하기에 대한 학습계율
[요탑사변작양지계(繞塔四邊嚼楊枝戒)]

[세존] "'불탑의 사방 주위에서 양치질하지 않겠다.' 라는 학습규범[1196]을 지켜야 하느니라."[1197]

1196) 學 : 앞의 학습계율과 마찬가지로 《사분율》에서는 '이러한 병이 있었거나, 이 길을 가야했거나, 힘센 자의 강요였거나, 이 학습계율시설의 원인이 된 최초의 범행자이거나, 정신착란자이거나, 마음이 심란한 자이거나, 애통해 하는 자인 경우'를 예외로 한다.

1197) ■요탑사변작양지계(繞塔四邊嚼楊枝戒) / 사분승중학 80 : 不得繞塔四邊 嚼楊枝. 應當學.

Catu-Nip. 224

224(7-81) 중학죄법 제81조

불탑 아래서 타액 뱉기에 대한 학습계율
[탑하체타계(塔下涕唾戒)]

[세존] "'불탑 아래서 타액을 뱉지 않겠다.'라는 학습규범[1198]을 지켜야 하느니라."[1199]

1198) 學 : 앞의 학습계율과 마찬가지로 ≪사분율≫에서는 '이러한 병이 있었거나, 이 길을 가야했거나, 힘센 자의 강요였거나, 이 학습계율시설의 원인이 된 최초의 범행자이거나, 정신착란자이거나, 마음이 심란한 자이거나, 애통해 하는 자인 경우'를 예외로 한다.

1199) ■ 탑하체타계(塔下涕唾戒) / 사분승중학 81 : 不得塔下 涕唾, 應當學.

Catu-Nip. 225

225(7-82) 중학죄법 제82조

불탑을 향해 타액 뱉기에 대한 학습계율
[향타체타계(向塔涕唾戒)]

[세존] "'불탑을 향해서 타액을 뱉지 않겠다.'라는 학습규범1200)을 지켜야 하느니라."1201)

1200) 學 : 앞의 학습계율과 마찬가지로 ≪사분율≫에서는 '이러한 병이 있었거나, 이 길을 가야했거나, 힘센 자의 강요였거나, 이 학습계율시설의 원인이 된 최초의 범행자이거나, 정신착란자이거나, 마음이 심란한 자이거나, 애통해 하는 자인 경우'를 예외로 한다.

1201) ■ 향타체타계(向塔涕唾戒) / 사분승중학 82 : 不得向塔 涕唾, 應當學.

Catu-Nip. 226

226(7-83) 중학죄법 제83조

불탑 주변에서 타액 뱉기에 대한 학습계율
[불요탑사변체타계(不繞塔四邊涕唾戒)]

[세존] "'불탑의 사방 주위에서 타액을 뱉지 않겠다.' 라는 학습규범[1202])을 지켜야 하느니라."[1203])

1202) 學 : ≪사분율≫에서는 '이러한 병이 있었거나, 큰 새가 물어다가 탑묘의 주변에 두었든가, 바람이 불어서 날아갔거나, 이 학습계율시설의 원인이 된 최초의 범행자이거나, 정신착란자이거나, 마음이 심란한 자이거나, 애통해 하는 자인 경우'를 예외로 한다.

1203) ■불요탑사변체타계(不繞塔四邊涕唾戒) / 사분승중학 83 : 不得繞塔四邊 涕唾, 應當學.

Catu-Nip. 227

227(7-84) 중학죄법 제84조

불탑을 향해 다리 뻗기에 대한 학습계율
[향탑서각계(向塔舒脚戒)]

[세존] "'불탑을 향해서 다리를 뻗지 않겠다.'라는 학습규범[1204]을 지켜야 하느니라."[1205]

1204) 學 : ≪사분율≫에서는 '이러한 병이 있었거나, 자신과 탑 사이가 가려져 있거나, 힘센 자의 강요였거나, 이 학습계율시설의 원인이 된 최초의 범행자이거나, 정신착란자이거나, 마음이 심란한 자이거나, 애통해 하는 자인 경우'를 예외로 한다.

1205) ■ 향탑서각계(向塔舒脚戒) / 사분승중학 83 : 不得向塔 舒脚坐, 應當學.

Catu-Nip. 228

228(7-85) 중학죄법 제85조

불상을 낮은 방에 모시는 것에 대한 학습계율
[안불하방계(安佛下房戒)]

[세존] "'불상을 아래층에 모시고 위층에서 지내지 않겠다.'라는 학습규범[1206]을 지켜야 하느니라."[1207]

1206) 學 : 《사분율》에서는 '이러한 병이 있어 불탑을 아래층에 모시고 자기는 위층에서 지냈거나, 목숨이 위태롭거나 청정행이 어려웠거나, 이 학습계율시설의 원인이 된 최초의 범행자이거나, 정신착란자이거나, 마음이 심란한 자이거나, 애통해 하는 자인 경우'를 예외로 한다.

1207) ■ 안불하방계(安佛下房戒) / 사분승중학 85 : 不得安佛在下房, 己在上房住, 應當學.

Catu-Nip. 229

229(7-86) 중학죄법 제86조

자리에 앉은 자에게 서서 설법하는 것에 대한 학습계율
[인좌기립설법계(人坐己立說法戒)]

[세존] "'환자가 아닌 한, 자리에 앉은 자에게 서서, 가르침을 설하지 않겠다.'라는 학습규범1208)을 지켜야 하느니라."1209)

1208) 學 : ≪빠알리율≫에서는 '의도하지 않았거나, 새김을 잃었거나, 알지 못했거나, 환자이거나, 사고가 일어났거나, 정신착란된 자이거나, 최초의 범행자인 경우'는 예외이고, ≪사분율≫에서는 '이러한 병이 있었거나, 왕이나 대신들을 위한 것이었거나, 이 학습계율 시설의 원인이 된 최초의 범행자이거나, 정신착란자이거나, 마음이 심란한 자이거나, 애통해 하는 자인 경우'를 예외로 한다.

1209) ■ 인좌기립설법계(人坐己立說法戒) / 사분승중학 86 : 人坐, 己立, 不得爲說法, 除病, 應當學. • 인좌기립설법계⊙(人坐己立說法戒) / khu-Sekh. 70(Nī-Sekh. 70) : na ṭhito nisinnassa agilānassa dhammaṁ desessāmī'ti sikkhā karaṇīyā'ti.

Catu-Nip. 230

230(7-87) 중학죄법 제87조

누워 있는 자에게 앉아서 설법하는 것에 대한 학습계율
[인와이좌설법계(人臥己坐說法戒)]

[세존] "'환자가 아닌 한, 누워 있는 자에게 앉아서 가르침을 설하지 않겠다.'라는1210) 학습규범1211)을 지켜야 하느니라."1212)

1210) 人臥, 己坐, 不得爲說法, 除病 : 빠알리문에는 '누워있는 자에게' 대신에 '침상위에 있는 자에게'라고 되어 있다.

1211) 學 : 앞의 학습계율과 마찬가지로 ≪빠알리율≫에서는 '의도하지 않았거나, 새김을 잃었거나, 알지 못했거나, 환자이거나, 사고가 일어났거나, 정신착란된 자이거나, 최초의 범행자인 경우'는 예외이고, ≪사분율≫에서는 '이러한 병이 있었거나, 왕이나 대신들을 위한 것이었거나, 이 학습계율시설의 원인이 된 최초의 범행자이거나, 정신착란자이거나, 마음이 심란한 자이거나, 애통해 하는 자인 경우'를 예외로 한다.

1212) ■ 인와이좌설법계(人臥己坐說法戒) / 사분승중학 87 : 人臥, 己坐, 不得爲說法, 除病, 應當學. ● 위와상자설법계⊙(爲臥牀者說法戒) / khu-Sekh. 64(Nī-Sekh. 64) : na sayanagatassa agilānassa dhammaṁ desissāmī'ti sikkhā karaṇīyā'ti.

Catu-Nip. 231

231(7-88) 중학죄법 제88조

바닥에 앉아 자리에 앉은 자에게 설법하는 것에 대한 학습계율
[인재좌기재비좌설법계(人在座己在非座說法戒)]

[세존] "'환자가 아닌 한, 자리에 앉은 자에게 자리 아닌 자리에 앉아서 가르침을 설하지 않겠다.'라는 학습규범1213)을 지켜야 하느니라."1214)

1213) 學 : 빠알리문에는 '자리아닌 자리' 대신에 '맨바닥에 앉아서' 라고 되어 있다. 앞의 학습계율과 마찬가지로 ≪빠알리율≫에서는 '의도하지 않았거나, 새김을 잃었거나, 알지 못했거나, 환자이거나, 사고가 일어났거나, 정신착란된 자이거나, 최초의 범행자인 경우'는 예외이고, ≪사분율≫에서는 '이러한 병이 있었거나, 왕이나 대신들을 위한 것이었거나, 이 학습계율시설의 원인이 된 최초의 범행자이거나, 정신착란자이거나, 마음이 심란한 자이거나, 애통해 하는 자인 경우'를 예외로 한다.

1214) ■ 인재좌기재비좌설법계(人在座己在非座說法戒) / 사분승중학 88 : 人在座, 己在非座, 不得爲說法, 除病, 應當學. • 인재좌기재비좌설법계⊙(人在座己在非座說法戒) / khu-Sekh. 68(Nī-Sekh. 68) : na chamāya nisīditvā āsane nisinnassa agilānassa dhammaṁ desessāmī'ti sikkhā karaṇīyā'ti.

Catu-Nip. 232

232(7-89) 중학죄법 제89조

높은 자리에 앉은 자에의 설법에 대한 학습계율
[인재고좌설법계(人在高座說法戒)]

[세존] "'낮은 자리에 앉아서, 환자가 아닌 한, 높은 자리에 앉은 자에게 가르침을 설하지 않겠다.'라는 학습규범1215)을 지켜야 하느니라."1216)

1215) 學 : 앞의 학습계율과 마찬가지로 《빠알리율》에서는 '의도하지 않았거나, 새김을 잃었거나, 알지 못했거나, 환자이거나, 사고가 일어났거나, 정신착란된 자이거나, 최초의 범행자인 경우'는 예외이고, 《사분율》에서는 '이러한 병이 있었거나, 왕이나 대신들을 위한 것이었거나, 이 학습계율시설의 원인이 된 최초의 범행자이거나, 정신착란자이거나, 마음이 심란한 자이거나, 애통해 하는 자인 경우'를 예외로 한다.

1216) ■ 인재고좌설법계(人在高座說法戒) / 사분승중학 89 : 人在高座, 己在下座, 不得爲說法, 除病, 應當學. ● 인재고좌기재하좌설법계⊙(人在高座己在下座說法戒) / khu-Sekh. 69(Nī-Sekh. 69) : na nīce āsane nisīditvā ucce āsane nisinnassa agilānassa dhammaṁ desessāmī'ti sikkhā karaṇīyā'ti.

Catu-Nip. 233

233(7-90) 중학죄법 제90조

앞에 가는 자에의 설법에 대한 학습계율
[인재전행설법계(人在前行說法戒)]

[세존] "'뒤에 가면서, 환자가 아닌 한, 앞에 가는 자에게 가르침을 설하지 않겠다.'라는 학습규범1217)을 지켜야 하느니라."1218)

1217) 學 : 앞의 학습계율과 마찬가지로 《빠알리율》에서는 '의도하지 않았거나, 새김을 잃었거나, 알지 못했거나, 환자이거나, 사고가 일어났거나, 정신착란된 자이거나, 최초의 범행자인 경우'는 예외이고, 《사분율》에서는 '이러한 병이 있었거나, 왕이나 대신들을 위한 것이었거나, 이 학습계율시설의 원인이 된 최초의 범행자이거나, 정신착란자이거나, 마음이 심란한 자이거나, 애통해 하는 자인 경우'를 예외로 한다.

1218) ■ 인재전행설법계(人在前行說法戒) / 사분승중학 90 : 人在前行, 己在後行, 不得爲說法 除病, 應當學. • 인재전행기재후설법계⊙(人在前行己在後說法戒) / khu-Sekh. 71(Nī-Sekh. 71) : na pacchato gacchanto purato gacchantassa agilānassa dhammaṁ desessāmī'ti sikkhā karaṇīyā'ti.

Catu-Nip. 234

234(7-91) 중학죄법 제91조

높은 경행처에서 가는 자에의 설법에 대한 학습계율
[인재고경행처설법계(人在高經行處說法戒)]

[세존] "'낮은 경행처에서 가면서, 환자가 아닌 한, 높은 경행처에서 가는 자에게 가르침을 설하지 않겠다.'라는 학습규범[1219]을 지켜야 하느니라."[1220]

1219) 學 : 앞의 학습계율과 마찬가지로 ≪사분율≫에서는 '이러한 병이 있었거나, 왕이나 대신들을 위한 것이었거나, 이 학습계율시설의 원인이 된 최초의 범행자이거나, 정신착란자이거나, 마음이 심란한 자이거나, 애통해 하는 자인 경우'를 예외로 한다.

1220) ■ 인재고경행처설법계(人在高經行處說法戒) / 사분승중학 91 : 人在高經行處 己在下經行處 不得爲說法 除病, 應當學.

Catu-Nip. 235

235(7-92) 중학죄법 제92조

길에 있는 자에의 설법에 대한 학습계율
[인재도설법계(人在道說法戒)]

[세존] "'갓길을 가면서, 환자가 아닌 한, 가운데 길을 가는 자에게 가르침을 설하지 않겠다.'라는 학습규범1221)을 지켜야 하느니라."1222)

1221) 學 : 앞의 학습계율과 마찬가지로 ≪빠알리율≫에서는 '의도하지 않았거나, 새김을 잃었거나, 알지 못했거나, 환자이거나, 사고가 일어났거나, 정신착란된 자이거나, 최초의 범행자인 경우'는 예외이고, ≪사분율≫에서는 '이러한 병이 있었거나, 왕이나 대신들을 위한 것이었거나, 이 학습계율시설의 원인이 된 최초의 범행자이거나, 정신착란자이거나, 마음이 심란한 자이거나, 애통해 하는 자인 경우'를 예외로 한다.

1222) ■ 인재도설법계(人在道說法戒) / 사분승중학 92 : 人在道, 己在非道, 不得爲說法, 除病, 應當學. • 인재도기재비도설법계⊙(人在道己在非道說法戒) / khu-Sekh. 72(Nī-Sekh. 72) : na uppathena gacchanto pathena gaccantassa agilānassa dhammaṁ desessāmī'ti sikkhākaraṇīyā'ti.

Catu-Nip. 236

236(7-93) 중학죄법 제93조

손을 마주 잡고 길 가기에 대한 학습계율
[휴수도행계(攜手道行戒)]

[세존] "'손을 마주잡고 길을 가지 않겠다.'라는 학습 규범[1223]을 지켜야 하느니라."[1224]

1223) 學 : ≪사분율≫에서는 '이러한 병이 있었거나, 비구니가 병으로 눈이 어두워서 붙잡아 주었거나, 이 학습계율시설의 원인이 된 최초의 범행자이거나, 정신착란자이거나, 마음이 심란한 자이거나, 애통해 하는 자인 경우'를 예외로 한다.

1224) ■휴수도행계(攜手道行戒) / 사분승중학 93 : 不得攜手在道行, 應當學.

Catu-Nip. 237

237(7-94) 중학죄법 제94조

한 길 넘게 나무에 오르기에 대한 학습계율
[상수과인계(上樹過人戒)]

[세존] "'특별한 상황을 제외하고, 한 길 넘게 나무에 오르지 않겠다.'라는 학습규범[1225]을 지켜야 하느니라."[1226]

1225) 學 : ≪사분율≫에서는 '이러한 병이 있었거나, 목숨이 위태롭거나 청정행이 어려워서 높은 나무에 올라갔거나, 이 학습계율시설의 원인이 된 최초의 범행자이거나, 정신착란자이거나, 마음이 심란한 자이거나, 애통해 하는 자인 경우'를 예외로 한다.

1226) ■ 상수과인계(上樹過人戒) / 사분승중학 94 : 不得上樹 過人頭 除時因緣 應當學.

Catu-Nip. 238

238(7-95) 중학죄법 제95조

지팡이에 행낭을 메는 것에 대한 학습계율
[담장락낭계(擔杖絡囊戒)]

[세존] "'행낭에 발우를 넣고 지팡이 끝에 걸어서 어깨에 메고 다니지 않겠다.'라는 학습규범[1227]을 지켜야 하느니라."[1228]

1227) 學 : ≪사분율≫에서는 '이러한 병이 있었거나, 힘센 자의 강요였거나, 이 학습계율시설의 원인이 된 최초의 범행자이거나, 정신착란자이거나, 마음이 심란한 자이거나, 애통해 하는 자인 경우'를 예외로 한다.

1228) ■ 담장락낭계(擔杖絡囊戒) / 사분승중학 95 : 不得絡囊盛鉢貫杖頭 置肩上行, 應當學.

Catu-Nip. 239

239(7-6-8) 중학죄법 제96조

지팡이를 손에 든 자에 대한 학습계율
[지장인설법계(持杖人說法戒)]

[세존] "'환자가 아닌 한, 지팡이를 손에 든 자에게 가르침을 설하지 않겠다.'라는 학습규범[1229]을 지켜야 하느니라."[1230]

1229) 學 : ≪사분율≫에서는 '이러한 병이 있었거나, 왕이나 대신들을 위한 것이었거나, 이 학습계율시설의 원인이 된 최초의 범행자이거나, 정신착란자이거나, 마음이 심란한 자이거나, 애통해 하는 자인 경우'를 예외로 한다.

1230) ■ 지장인설법계(持杖人說法戒) / 사분승중학 96 : 人持杖, 不應爲說法, 除病, 應當學. ● 위지장인설법계⊙(爲持杖人說法戒) / khu-Sekh. 58(Nī-Sekh. 58) : na daṇḍapāṇissa agilānassa dhammaṁ desissāmī'ti sikkhā karaṇīyā'ti.

Catu-Nip. 240

240(7-6-9) 중학죄법 제97조

검을 손에 든 자에 대한 학습계율
[지검인설법계(持劍人說法戒)]

[세존] "'환자가 아닌 한, 검(劍)을 손에 든 자에게 가르침을 설하지 않겠다.'라는 학습규범[1231]을 지켜야 하느니라."[1232]

1231) 學 : 앞의 학습계율에서처럼 《사분율》에서는 '이러한 병이 있었거나, 왕이나 대신들을 위한 것이었거나, 이 학습계율시설의 원인이 된 최초의 범행자이거나, 정신착란자이거나, 마음이 심란한 자이거나, 애통해 하는 자인 경우'를 예외로 한다.

1232) ■지검인설법계(持劍人說法戒) / 사분승중학 97 : 人持劍, 不應爲說法 除病, 應當學 ⇐•위지도인설법계⊙(爲持刀人說法戒) / khu-Sekh. 59(Nī-Sekh. 59) : na satthapāṇissa agilānassa dhammaṁ desessāmī'ti sikkhā karaṇīyā'tI.

Catu-Nip. 241

241(7-98) 중학죄법 제98조

창을 손에 든 자에 대한 학습계율
[지모인설법계(持矛人說法戒)]

[세존] "'환자가 아닌 한, 창[1233]을 손에 든 자에게 가르침을 설하지 않겠다.'라는 학습규범[1234]을 지켜야 하느니라."[1235]

1233) 矛 : 한역에서는 '창(矛)'이라고 되어 있으나 빠알리본에는 '무기를 손에 든 자'라고 되어 있다.

1234) 學 : 앞의 학습계율에서처럼 ≪사분율≫에서는 '이러한 병이 있었거나, 왕이나 대신들을 위한 것이었거나, 이 학습계율시설의 원인이 된 최초의 범행자이거나, 정신착란자이거나, 마음이 심란한 자이거나, 애통해 하는 자인 경우'를 예외로 한다.

1235) ■지모인설법계(持矛人說法戒) / 사분승중학 98 : 人持矛, 不應爲說法, 除病, 應當學. • 위지무기인설법계○(爲持武器人說法戒) / khu-Sekh. 60(Nī-Sekh. 60) : na āvudhapāṇissa agilānassa dhammaṁ desessāmī'ti sikkhā karaṇīyā'ti.

Catu-Nip. 242

242(7-99) 중학죄법 제99조

칼을 손에 든 자에 대한 학습계율
[지도인설법계(持刀人說法戒)]

[세존] "'환자가 아닌 한, 칼(刀)를 손에 든 자에게 가르침을 설하지 않겠다.'라는 학습규범[1236]을 지켜야 하느니라."[1237]

1236) 學 : 앞의 학습계율에서처럼 《사분율》에서는 '이러한 병이 있었거나, 왕이나 대신들을 위한 것이었거나, 이 학습계율시설의 원인이 된 최초의 범행자이거나, 정신착란자이거나, 마음이 심란한 자이거나, 애통해 하는 자인 경우'를 예외로 한다.

1237) ■지도인설법계(持刀人說法戒) / 사분승중학 99 : 人持刀, 不應爲說法 除病, 應當學. ⇐•위지도인설법계⊙(爲持刀人說法戒) / khu-Sekh. 59(Nī-Sekh. 59) : na satthapāṇissa agilānassa dhammaṁ desessāmī'ti sikkhā karaṇīyā'tI.

Catu-Nip. 243

243(7-100) 중학죄법 제100조

일산을 손에 든 자에 대한 학습계율
[지개인설법계(持蓋人說法戒)]

[세존] "'환자가 아닌 한, 일산을 손에 든 자에게 가르침을 설하지 않겠다.'라는 학습규범1238)을 지켜야 하느니라."1239)

1238) 學 : 앞의 학습계율에서처럼 ≪사분율≫에서는 '이러한 병이 있었거나, 왕이나 대신들을 위한 것이었거나, 이 학습계율시설의 원인이 된 최초의 범행자이거나, 정신착란자이거나, 마음이 심란한 자이거나, 애통해 하는 자인 경우'를 예외로 한다.

1239) ■지개인설법계(持蓋人說法戒) / 사분승중학 100 : 人持蓋, 不應爲說法, 除病, 應當學. • 위지개인설법계⊙(爲持蓋人說法戒) / khu-Sekh. 57(Nī--Sekh. 57) : na chattapāṇissa agilānassa dhammaṁ desissāmī'ti sikkhā karaṇīyā'ti.

대덕들이여,
이와 같이 [100개 조항의] 중학죄법을
송출하였습니다.1240)

이와 관련하여
저는 대덕들께 묻겠습니다.
이와 관련하여 완전히 청정합니까?
두 번째에도 저는 대덕들께 묻겠습니다.
이와 관련하여 완전히 청정합니까?
세 번째에도 저는 대덕들께 묻겠습니다.
이와 관련하여
완전히 청정합니까?

대덕들께서는
완전히 청정한 까닭에 침묵했으므로
저는 그와 같이 알겠습니다.1241)

1240) ■諸大德 我已說衆學法 ●uddiṭṭhā kho āyasmanto sekhīyā dhammā.

1241) ■今問諸大德 是中清淨不? (如是三說) 諸大德 是中清淨, 默然故 是事如是持 ●tatthāyasmante pucchāmi kaccīttha parisuddhā? dutiyampi pucchāmi kaccittha parisuddhā? tatiyampi pucchāmi kaccittha parisuddhā? parisuddhetthāyasmanto, tasmā tuṇhī. evametaṁ dhārayāmī'ti.

제8장 멸쟁죄법의 송출

(Adhikaraṇasamathuddesa)

대덕들이여,
이제 이와 같은 계경에 나오는
7개 조항의 멸쟁죄법을
반월마다 송출하오니,
쟁사가 일어나면 제멸해주십시오.[1242]

1242) ■諸大德 是七滅諍法 半月半月說 戒經中來 若有諍事起 卽應除滅 ●ime kho panāyasmanto satta adhikaraṇasamathā dhammā uddesaṁ āgacchanti.

Catu-Kṣup. 244

244(8-1) 멸쟁죄법 제1조

현전에 입각한 조정의 학습계율
[현전비니(現前毘尼)]

[세존] "현전에 입각한 조정이 필요하면 현전에 입각한 조정을 제공해야 하느니라."1243)

1243) ■ 현전비니(現前毘尼) / 사분승멸쟁 1 : 應與現前毘尼, 當與現前毘尼. • 현전비니⊙(現前毘尼) / Khu-Adhik. 1(Nī-Adhik. 1) : uppannupannānaṁ adhikaraṇānaṁ samathāya vūpasamāya sammukhāvinayo dātabbo : 일곱 가지 방식의 멸쟁 가운데 그 첫 번째로, 현전에 입각한 조정이다. 이것은 당사자가 출석하여 대면하여 쟁사를 그치게 하는 것이다. 상세한 것은 Vin. II. 79-100; MN. II. 247-250; AN. I. 99를 참조하라.

Catu-Kṣ up. 245

245(8-2) 멸쟁죄법 제2조

기억에 입각한 조정의 학습계율
[억념비니(憶念毘尼)]

[세존] "기억에 입각한 조정이 필요하면 기억에 입각한 조정을 제공해야 하느니라."[1244)]

1244) ■ 억념비니(憶念毘尼) / 사분승멸쟁 2 : 應與憶念毘尼, 當與憶念毘尼 • 억념비니⊙(憶念毘尼) / Khu-Adhik. 2(Nī-Adhik. 2) : uppannupannānaṁ adhikaraṇānaṁ samathāya vūpasamāya sativinayo dātabbo : 일곱 가지 방식의 멸쟁 가운데 두 번째로, 과거의 기억을 환기시켜 쟁사를 그치게 하는 것으로, 자신의 잘못이 없음을 확인하는 완전한 기억에 도달했다면, 기억에 입각한 무죄평결을 주는 것이다. 상세한 것은 Vin. II. 79-100; MN. II. 247-250; AN. I. 99를 참조하라.

Catu-Kṣ up. 246

246(8-3) 멸쟁죄법 제3조

착란에 입각한 조정의 학습계율
[불치비니(不癡毘尼)]

[세존] "착란에 입각한 조정이 필요하면 착란에 입각한 조정을 제공해야 하느니라."1245)

---

*1245) ■ 불치비니(不癡毘尼) / 사분승멸쟁 3 : **應與不癡毘尼, 當與不癡毘尼** • 불치비니⊙(不痴毘尼) / Khu-Adhik. 3(Nī-Adhik. 3) : uppannupannānaṁ adhikaraṇānaṁ samathāya vūpasamāya amūḷhavinayo dātabbo : 일곱 가지 방식의 멸쟁 가운데 세 번째로, 당시의 정신착란을 확인하여 그 정신착란에 대하여 고의성이 없이 죄를 저질렀음을 증명하여 무죄평결을 주는 것이다. 상세한 것은 Vin. II. 79-100; MN. II. 247-250; AN. I. 99를 참조하라.*

Catu-Kṣup. 247

247(8-4) 멸쟁죄법 제4조

자인에 입각한 조정의 학습계율
[자언치(自言治)]

[세존] "자인에 입각한 조정이 필요하면 자인에 입각한 조정을 제공해야 하느니라."1246)

1246) ■자언치(自言治) / 사분승멸쟁 4 : 應與自言治, 當與自言治 ●자언치⊙(自言治) / Khu-Adhik. 4(Nī-Adhik. 4) : uppannupannānaṁ adhikaraṇānaṁ samathāya vūpasamāya paṭiññāya kāretabbaṁ : 일곱 가지 방식의 멸쟁 가운데 네 번째로, 스스로 잘못을 인정하게 하여 자신의 고백으로 쟁사를 그치게 하는 것이다. 상세한 것은 Vin. II. 79-100; MN. II. 247-250; AN. I. 99를 참조하라.

Catu-Kṣ up. 248

248(8-5) 멸쟁죄법 제5조

다수에 입각한 조정의 학습계율
[다멱죄상(多覓罪相)]

[세존] "다수에 입각한 조정이 필요하면 다수에 입각한 조정을 제공해야 하느니라."[1247]

1247) ■ 다멱죄상(多覓罪相) / 사분승멸쟁 5 : 應與多覓罪相, 當與多覓罪相. • 다인멱⊙(多人覓) / Khu-Adhik. 5(Nī-Adhik. 5) : uppannuppannānaṁ adhikaraṇānaṁ samathāya vūpasamāya yebhuyyasikā : 일곱 가지 방식의 멸쟁 가운데 다섯 번째로, 다수의 의견을 통한 해결을 따름으로써 쟁사를 그치게 하는 것이다. 이것에 대해서는 Vin. II. 79-100; MN. II. 247-250; AN. I. 99를 참조하라.

Catu-Kṣup. 249

249(8-6) 멸쟁죄법 제6조

심문에 입각한 조정의 학습계율
[멱죄상(覓罪相)]

[세존] "심문에 입각한 조정이 필요하면 심문에 입각한 조정을 제공해야 하느니라."1248)

1248) ■ 멱죄상(覓罪相) / 사분승멸쟁 6 : 應與覓罪相, 當與覓罪相.
● 멱죄상⊙(覓罪相) / Khu-Adhik. 6(Nī-Adhik. 6) : uppannupannānaṁ adhikaraṇānaṁ samathāya vūpasamāya tassapāpiyyasikā : 일곱 가지 방식의 멸쟁 가운데 여섯 번째로, 상대의 죄악에 대하여 밝혀진 것 이외에 더 추궁하고 심문하여 자인하게 함으로써 쟁사를 그치게 하는 것이다. 상세한 것은 Vin. II. 79-100; MN. II. 24 7-250; AN. I. 99를 참조하라.

Catu-Kṣup. 250

250(8-7) 멸쟁죄법 제7조

대속에 입각한 조정의 학습계율

[초복지(草覆地)]

[세존] "대속에 입각한 조정이 필요하면 대속에 입각한 조정을 제공해야 하느니라."1249)

1249) ■초복지(草覆地) 또는 여초포지(如草布地) / 사분승멸쟁 7 : 應與如草覆地, 當與如草覆地. ● 여초복지⊙(如草覆地) / Khu-Adhik. 7(Nī-Adhik. 7) : uppannupannānaṁ adhikaraṇānaṁ samathāya vūpasamāya tiṇavatthārako : 일곱 가지 방식의 멸쟁 가운데 일곱 번째로, 어떤 사람이나 어떤 편의 잘못을 한 사람이 대표해서 인정하고 고백함으로써 잘못을 풀로 덮어두는 방식으로 쟁사를 그치게 하는 것이다. 상세한 것은 Vin. II. 79-100; MN. II. 247-250; AN. I. 99를 참조하라. 역자가 대속(代贖)이라고 번역한 것은 '나의 죄를 대신 갚음'이라는 일반적 의미를 취한 것이 아니라 '대표가 대신 속죄함'의 불교적 의미에서 취한 것이다.

대덕들이여,
이와 같이 7개 조항의 멸쟁죄법을
송출했습니다.[1250)]

이와 관련하여
저는 대덕들께 묻겠습니다.
이와 관련하여 완전히 청정합니까?
두 번째에도 저는 대덕들께 대덕들께 묻겠습니다.
이와 관련하여 완전히 청정합니까?
세 번째에도 저는 대덕들께 대덕들께 묻겠습니다.
이와 관련하여 완전히 청정합니까?

대덕들께서는
완전히 청정한 까닭에 침묵했으므로
저는 그와 같이 알겠습니다.[1251)]

1250) ■諸大德 我已說七滅諍法 •uddiṭṭhā kho āyasmanto satta adhikaraṇasamathā dhammā.

1251) ■今問諸大德 是中清淨不? (如是三說) 諸大德 是中清淨, 默然故 是事如是持. •tatthāyasmante pucchāmi kaccīttha parisuddhā? dutiyampi pucchāmi kaccittha parisuddhā? tatiyampi pucchāmi kaccittha parisuddhā? parisuddhetthāyasmanto, tasmā tuṇhī. evametaṁ dhārayāmī'ti.

대덕들이여,
인연과,
4개 조항의 승단추방죄법, 13개 조항의 승단잔류죄법,
2개 조항의 부정죄법, 30개 조항의 상실속죄죄법,
90개 조항의 단순속죄죄법, 4개 조항의 고백죄법,
100개 조항의 중학죄법, 7개 조항의 멸쟁죄법을
송출했습니다.

[모두 합해서 250개 조항의 비구-의무계율을 송출했습니다.]

이상이 부처님이 말씀하신 의무계율인데,
계경에 나오는 대로[1252]
반월마다 송출합[1253]니다.[1254]

1252) 所說戒經 : 빠알리문에서는 '계경에서 유래하고 계경에 포함된 것을'이라고 되어 있다.

1253) 半月半月說 : 빠알리문에서 여기에 '그것에 관하여 모두가 화합하여 함께 기뻐하며 다툼이 없이 배우겠습니다.'가 추가되어 있다.

1254) ■諸大德! 我已說戒經序, 已說四波羅夷法 已說十三僧伽婆尸沙法 已說二不定法 已說三十尼薩耆波逸提法 已說九十波逸提法 已說四波羅提提舍尼法 已說衆學戒法 已說七滅諍法 此是佛所說戒經, 半月半月說, 戒經中來 •uddiṭṭhaṁ kho āyasmanto nidānaṁ, uddiṭṭhā cattāro pārājikā dhammā. uddiṭṭhā terasa saṅghādisesā dhammā. uddiṭṭhā dve aniyatā dhammā. uddiṭṭhā tiṁsa nissaggiyā pācittiyā dhammā. uddiṭṭhā dve navuti pācittiyā dhammā uddiṭṭhā cattāro pāṭidesanīyā dhammā. uddiṭṭhā sekhīyā dhammā. uddiṭṭhā satta adhikaraṇasamathā dhammā. ettakaṁ tassa bhagavato suttāgataṁ suttapariyāpannaṁ anvaddhamāsaṁ uddesaṁ āgacchati, tattha sabbeheva samaggehi sammodamānehi avivadamānehi sikkhitabbanti.

C. 계율에 대한 마음가짐

이 밖에도
다른 부처님의 교계가 있으니,
이 가운데 모두 화합하여 배워야 합니다.1255)

1. [비빳씬] "인욕이 무엇보다 최상의 길이라,
부처님의 가르침에 견줄 것이 없나니,
출가한 사람으로 다른 이를 괴롭히면,
무엇으로든 수행자라고 할 수 있으리요."1256)

이것이 집착의 대상을 여읜 님,
올바로 원만히 깨달은 님이신 비빳씬 부처님께서
말씀하신 계경입니다.1257)

2. [씨킨] "비유컨대 실로 눈 밝은 님이 있다면
아무리 험한 길도 피해갈 수 있는 것처럼,
이 세상 누구든지 지혜가 밝으면,
어떠한 악하고 불건전한 것도 여읠 수 있으리."1258)

이것은 집착의 대상을 여읜 님,
올바로 원만히 깨달은 님이신 씨킨 부처님께서

1255) 若更有餘佛法 是中皆共和合, 應當學.
1256) 忍辱第一道 佛說無爲最 出家惱他人, 不名爲沙門.
1257) 此是毘婆尸如來, 無所著, 等正覺 說是戒經
1258) 譬如明眼人, 能避險惡道 世有聰明人, 能遠離諸惡

말씀하신 계경입니다.[1259]

3. [벳싸부] "비방도 하지 말고 미워도 하지 말고,
이 계행을 섬기길 알맞게 음식 먹듯 섬기라.
항상 즐겁게 한적한 곳에 머물러
마음으로 선정의 즐거움을 누리며 정진하면,
이것이 모든 부처님들의 가르침이니라."[1260]

이것은 집착의 대상을 여읜 님,
올바로 원만히 깨달은 님이신 벳싸부 부처님께서
말씀하신 계경입니다..[1261]

4. [까꾸싼다] "마치 벌들이 꽃에서 일하며
빛과 향기 그냥 두고
단지 단맛만 채취하여 가듯,
수행승 마을에 탁발하더라도,
남의 일 거스르지 말고 잘잘못 살피지 말고
단지 자신의 행실이
옳은 지 그른 지를 살펴야 할 것이니라."[1262]

1259) 此是尸棄如來, 無所著, 等正覺, 說是戒經

1260) 不謗亦不嫉, 當奉行於戒, 飮食知止足, 常樂在空閑, 心定樂精進, 是名諸佛敎

1261) 此是毘葉羅如來, 無所著, 等正覺, 說是戒經

1262) 譬如蜂采華, 不壞色與香, 但取其味去, 比丘入聚然, 不違戾他事, 不觀作不作, 但自觀身行, 若正若不正

이것은 집착의 대상을 여읜 님,
올바로 원만히 깨달은 님이신 까꾸싼다 부처님께서
말씀하신 계경입니다.1263)

5. [꼬나가마나] "마음은 결코 방일하지 말아야 하리,
고귀한 가르침은 노력하여 배워야 하나니,
이렇게 하여 근심과 걱정을 여의면,
마음의 선정을 이루고, 열반에 들게 되리라."1264)

이것은 집착의 대상을 여읜 님,
올바로 원만히 깨달은 님이신 꼬나가마나 여래께서
말씀하신 계경입니다.1265)

6. [깟싸빠] "모든 일체의 죄악을 짓지 말고
모든 착하고 건전한 것들을 받들어 행하고
자신의 마음을 깨끗이 하는 것,
이것이 모든 깨달은 님의 가르침이니라"1266)

이것은 집착의 대상을 여읜 님,
올바로 원만히 깨달은 님이신 깟싸빠 부처님께서
말씀하신 계경입니다.1267)

1263) 此是拘留孫如來, 無所著, 等正覺, 說是戒經

1264) 心莫作放逸, 聖法當勤學, 如是無憂愁, 心定入涅槃

1265) 此是拘那含牟尼如來, 無所著, 等正覺, 說是戒經

1266) 一切惡莫作, 當奉行諸善, 自淨其志意, 是則諸佛教 : Dhp. 183 과 병행한다.

1267) 此是迦葉如來, 無所著, 等正覺, 說是戒經

7. [싸끼야무니] "언어적 행위를 수호하고,
자신의 정신을 정화하고,
몸으로 악하고 불건전한 것들을 행하지 않아,
세 가지 행위의 길을 모두 맑히니,
이러한 실천을 닦는다면,
그것인 위대한 선인의 길이니라."1268)

이것은 집착의 대상을 여읜 님,
올바로 원만히 깨달은 님이신 싸끼야무니 부처님께서
12년 동안에 쟁사가 없었던 참모임을 위해
말씀하신 계경입니다.1269)

그 이후로는
여러 가지로 분별하여 말씀하셨는데,
수행승들은 스스로 가르침을 좋아하고,
수행자의 삶을 좋아하고, 부끄러움을 알고, 창피함을 알고,
학습계율 배우기를 좋아한다면,
여기서 배워야합니다.1270)

1. [송출자] 명지가 있는 사람이
계법을 지키면.

1268) 善護於口言, 自淨其志意, 身莫作諸惡, 此三業道淨, 能得如是行, 是大仙人道

1269) 此是釋迦牟尼如來, 無所著, 等正覺, 於十二年中, 爲無事僧, 說是戒經

1270) 從是已後, 廣分別說, 諸比丘, 自爲樂法。樂沙門者, 有慚有愧, 樂學戒者, 當於中學.

세 가지 종류의 즐거움을 얻으니,
명예 내지는 이익을 얻고
죽은 뒤 천상에 태어납니다.[1271]

2. 이러한 점을 살펴보고
현명한 자는 계법을 힘써 지키니.
계행이 맑아 지혜 밝아지고
문득 최상의 길이 성취됩니다.[1272]

3. 과거세의 모든 부처님,
미래세의 모든 부처님,
마찬가지로 현재세의 모든 세존,
온갖 번뇌를 여의고,
모두가 함께 계법을 섬기니,
이것이 모든 부처님들의 가르침입니다,[1273]

4. 스스로 자신을 위하는 것으로
부처님의 길을 구한다면,
언제나 올바른 가르침을 섬겨야 하니.
이것이 모든 부처님들의 가르침입니다.[1274]

5. 존귀한 과거의 일곱 부처님께서는
온갖 결박을 끊어버리셨고,

1271) 明人能護戒 能得三種樂, 名譽及利養, 死得生天上
1272) 當觀如是處 有智勤護戒 戒淨有智慧 便得第一道
1273) 如過去諸佛 及以未來者, 現在諸世尊, 能勝一切憂, 皆共尊敬戒 此是諸佛法
1274) 若有自爲身, 欲求於佛道 當尊重正法 此是諸佛教

저희들이 모든 결박에서 벗어나도록
일곱 계경을 설하시고, 열반에 드셨으니,
모든 희론을 영원히 제멸하신 것입니다.[1275]

6. 위대한 선인들이 말씀하시고,
성현들께서 칭찬하신 계법을
제자들이 섬기고 실천하면,
적멸의 열반에 들게 됩니다.[1276]

7. 부처님께서 완전한 열반에 드실 때에
큰 연민을 일으키셨으니
수행승들의 참모임을 모아 놓고
이와 같이 교계를 하셨습니다.[1277]

8. [세존] "내가 열반 한 뒤에는
'청정한 삶을 사는 자에게 의지처가 없다.'라고
말하지 말라. 지금 내가 설한 이 계경,
그 훌륭하게 설해진 계율이 있으니,
나는 완전한 열반에 들어도
그 계율들을 대하길 세존을 보듯 하라.[1278]

9. 이 계경이 오래 세상에 남으면,

1275) 七佛爲世尊, 滅除諸結使 說是七戒經, 諸縛得解脫, 已入於涅槃, 諸戲永滅盡
1276) 尊行大仙說, 聖賢稱譽戒 弟子之所行, 入寂滅涅槃
1277) 世尊涅槃時, 興起於大悲 集諸比丘衆, 與如是教誡
1278) 莫謂我涅槃, 淨行者無護 我今說戒經, 亦善說毘尼, 我雖般涅槃, 當視如世尊,

부처님의 가르침이 널리 창성할 것이고,
그렇게 널리 창성하는 까닭에
열반을 성취할 수 있으리라.1279)

10. 이러한 계법을 지키지 않고
여법하게 포살을 행하지 않으면
밝은 해 떨어지는 것과 같아
세상이 모두 어둠에 떨어지리니,
야크가 꼬리를 아끼듯,
이러한 계법을 지켜야 하리."1280)

11. [송출자] 화합하여 한데 모여서
부처님께서 하신 말씀대로
계경을 송출하였으니,
참모임은 포살을 마칩니다.1281)

12. 이제 계경을 송출하였으니,
송출한 그지없는 공덕을
일체 뭇삶에게 회향하오니,
모두 함께 성불하여지이다.1282)

『사분승계본』이 끝났다.1283)

1279) 此經久住世, 佛法得熾盛, 以是熾盛故, 得入於涅槃
1280) 若不持此戒, 如所應布薩, 喩如日沒時, 世界皆闇冥
1281) 當護持是戒, 如犛牛愛尾, 和合一處坐, 如佛之所說
1282) 我已說戒經, 衆僧布薩竟, 我今說戒經, 所說諸功德, 施一切衆生, 皆共成佛道
1283) 四分僧戒本

빠띠목카-의무계율

부록

참고문헌
빠알리어의 한글표기법
참모임의 못에 대한 고찰
계명 및 기타색인
빠알리계명색인
빠알리성전협회안내

참 고 문 헌

○ ≪빠알리율≫장의 빠알리원전과 주석서

『Vinaya Piṭakaṁ』(Roman character) vol. I－V. ed. Hermann Oldenberg, London : Pali Text Society, 1879－1883.

『Vinaya Piṭaka』(Sinhalese character) : ed. Rev. Telwatte Shri Aryawansa Swami, 1913; ed. Bentota Saddhatissa thera, 1922.

『Vinaya Piṭaka』(Sinhalese character) : The Buddha Jayanthi Edition of Tripitaka, which contains Pali version of Thripitaka and its Sinhala translation, was sponsored by the Government of Sri Lanka, during 1956 - 1990 and the last volume was published by the Government Publishers in 1990. [BJT]

『Vinaya Piṭaka』(Siamese character) : ed. Mahamakuta Government Publication, 1926.

『Vinaya Piṭaka』(Burmese character) : Chatthasangayana Publication, 1956.

『Vinaya Piṭaka』(Devanaga0ri character) : General ed. Bhikkhu J. Kashyap, Pali Publication Board(Bihar Government), 1956.

『Samantapāsādikā』(Roman character) vol. I－VII, Buddhaghosa, ed. by J. Takakusu & M. Nagai. London PTS. 1927－1947

『The Pāṭimokkha』(Roman character) ed. by William Pruitt. tr. by K. R. Norman. PTS. Oxford. 2001.

○ ≪빠알리율≫장의 근현대적 번역

『The Books of the Discipline』 vol. I－V, tr. I. B. Horner. London : Pali Text Society, 1938－1966. Vol. I. Suttavibhanga (London : PTS, 1938). Vol. II. Suttavibhanga(London : PTS, 1940). Vol.III. Sutta－vibhanga (London : PTS, 1942). Vol.IV. Mahavagga(London : PTS, 1951), Vol. V. Cullavagga (London : PTS, 1952). Vol.VI. Parivara (London : PTS, 1966)].

『Vinaya Texts』 tr. T. W. Rhys Davids & H. Oldenberg. Secred Books of the East. [Vol. I . Patimokkha (London : SBE, 1881; Delhi, 1968). Vol. II. Mahavagga(London : SBE, 1882; Delhi, 1968). Vol.III. Cullavagga (London : SBE, 1885; Delhi, 1969)]. Oxford : Clarendon Fress. 1882-1885

『The Patimokkha』 being the Buddhist Office of the Confession of Preists. tr. J. F. Dickson (London : 1975).

『Buddhism in Translations』 tr. Henry Clarke Warren (Harvard University, 1896; New York, 1972). Includes Mahavagga I,1,6,21,23,63; II,1; III,1; IV,1; VI,34. Cullavagga V,6; VI,1; X.1.

『Buddhist Scriptures』 tr. E. J. Thomas (London, 1913). Includes "The First Preaching" (Mahavagga I,6,10) and "The Fire Discourse" (Mahavagga I,21).

『The Bhikkhuni Patimokkha of the Six Schools』 by Chatsumarn Kabilsingh (Bangkok: Thammasat University, 1991). A comparative look at the nuns' Patimokkha rules in six Buddhist schools.

『The Bhikkhus' Rules』 A Guide for Lay people compiled and explained by Bhikkhu Ariyesako (Sanghaloka Forest Hermitage, 1999). A very readable summary of the bhikkhus' Vinaya rules, aimed at giving laypeople a better understanding of the monks' way of life.

『The Road to Nirvana』 tr. E. J. Thomas(London, 1950). Includes "The First Preaching" (Mahavagga I,6,10) & the "Sermon on the Marks of Non-Self" (Mahavagga I,6).

『The Buddhist Monastic Code, Volume I』 The Patimokkha Training Rules Translated and Explained, by Thanissaro Bhikkhu(Valley Center, CA: Metta Forest Monastery, 2007). A comprehensive modern commentary to the 227 Patimokkha rules for Theravada monks.

『The Buddhist Monastic Code, Volume II』 The Khandhaka Training Rules Translated and Explained, by Thanissaro Bhikkhu(Valley Center, CA: Metta Forest Monastery, 2007). A detailed explanation of the Khandhaka training rules.

『南傳大藏經 律部』 제1권-제5권 大正新修大藏經刊行會 昭和15年

○ 범어율장문헌의 원전

『Gilgit Manuscripts Vinaya of the Mulasarvastivadin』 ed. N. Dutt. 8 Vols. Srinagar Kashmir.

『Manuscript Remains of Buddhist Literature founded in Eastern Turkestan』 ed. by A. F. Rudolf Hoernle, London. 1916

『Prātimokṣasūtra of Sarvastivādins』 ed, by M. Louis Finot. JA. Nov.-Dec. 1913

『Prātimokṣasūtra of Mahāsaṅghikās』 ed. by W. Pachow and R. Mishra, Allahabad, 1956. ed. and rev. by Nathmal Tatia, Patna, 1975.

『Prātimokṣasūtra of Mūlasarvastivādins』 ed. by Banerjee, IHQ. 1953; Calcutta, 1954.

『Buddhist Monastic Discipline: The Sanskrit Pratimoksa Sutra of the Mahasanghikas and Mulasarvastivadins』 ed. by Prebish, C. University Park: Pennsylvania University Press, 1975

『Vinayavibhaṅga zum Bhikṣuprātimokṣa der Sarvastivādins』 ed. Valentina Rosen, Sanskritfragmaente nebst einer Analyse der chinesischen Übersetzung, Berlin 1959

『Bhikṣuṇīvinaya including Bhikṣuṇīparakīrṇaka & a summary of the Arya Mahāsaṅghika-Lokuttaravādin, ed. Gustav Roth, Patna. 1970.

『Comparative Arrangements of two Translations of the Buddhist Ritual for the Priesthood, known as the Pratimoksha or Patimokkha』 tr. S. Beal and D. J. Gogerly (Journal of the Royal Asiatic Society, London, 1862).

○ 한역율장의 원전과 주석서

『十誦律』(Daśādhyāyavinaya) 61권 佛若多羅·羅什 共譯(AD. 404-406) … 說一切有部의 전승

『四分律』(Caturvargavinaya) 60권 佛陀耶舍譯(AD. 410-412) … 法藏部의 전승

『摩訶僧祇律』(Mahāsāṅghikavinaya) 40권 佛陀跋陀羅·法顯 共譯(AD. 416-418) … 大衆部의 전승

『五分律』(Pañcavargavinaya) 30권 佛陀什譯(AD. 423-424) … 化地部의 전승

『根本說一切有部毘奈耶』(Mūlasarvāstivādavinaya) 50권 義淨譯(AD.

703) … 根本說一切有部의 전승
『解脫戒本』 1권 瞿曇留支譯(AD. 543) … 飮光部의 전승]
『善見律毘婆沙』(Samantapāsādikā) 18권 肅齊 僧伽跋摩譯(AD. 489) … 上座部의 전승
『根本薩婆多部律攝』(Mūlasarvāstivādavinayasaṁgraha) 14권 義淨譯 … 根本說一切有部의 전승
『薩婆多部毘尼摩得勒伽』(Sarvāstivādanikāyavinayamatrika) 10권 僧伽跋摩譯(AD. 435) … 說一切有部의 전승
『薩婆多毘尼毘婆沙』(Sarvāstivādavinayavibhasa) 9권 失譯(AD. 5세기전반) … 說一切有部의 전승
『毘尼母經』(Vinayamatrikaśāstra) 8권 失譯(AD. 5세기전반) … 부파불명의 전승
『律二十二明了論』(Vinayadvaviṁsatiprasannārthaśāstra) 1권 眞諦譯(AD. 568) … 正量部의 전승

○ 티베트역율장의 원전과 주석서
『'Dul ba gži』 : Vinayavastu
『So sor thar pa'i mdo』 : Prātimokṣasūtra
『'Dul ba rnam par 'byed ba』 : Vinayavibhaṅga
『dGe sloṅ ma'i so sor thar pa'i mdo』 : Bhikṣuṇīprātimokṣasūtra
『dGe sloṅ ma'i 'dul ba rnam par 'byed ba』 : Bhikṣuṇīvinayavibhaṅga
『'Dul ba phran tshegs kyi gži』 : Vinayakṣudrakavastu
『'Dul ba gžuṅ bla ma』 : Vinayottaragrantha
『'Dul ba bsdus pa』: Vinayasaṁgraha
『Sisters in Solitude』 by Karma Lekshe Tsomo (Albany, NY: SUNY Press, 1996). A translation of the Mulasarvastivadin and Dharmaguptaka bhikkhuni Patimokkhas.

빠알리어 한글표기법

빠알리어는 구전되어 오다가 각 나라 문자로 정착되었으므로 고유한 문자가 없다. 그러므로 일반적으로 빠알리성전협회(Pali Text Society)의 표기에 따라 영어 알파벳을 보완하여 사용한다. 빠알리어의 알파벳은 41개이며, 33개의 자음과 8개의 모음으로 되어 있다. 모음에는 단모음과 장모음이 있다. a, ā, i, ī, u, ū, e, o 모음의 발음은 영어와 같다. 단 단음은 영어나 우리말의 발음보다 짧고, 장음은 영어나 우리말보다 약간 길다. 단음에는 a, i, u가 있고, 장음에는 ā, ī, ū, e, o가 있다. 유의할 점은 e와 o는 장모음이지만 종종 복자음 앞에서 짧게 발음된다 : metta, okkamati.

ka는 '까'에 가깝게 발음되고, kha는 '카'에 가깝게 소리나므로 그대로 표기한다. ga, gha는 하나는 무기음이고 하나는 대기음이지만 우리말에는 구별이 없으므로 모두 '가'으로 표기한다. 발음에서 특히 유의해야 할 것은 aṅ은 '앙'으로, añ은 '얀'으로, aṇ은 '안, 언'으로, an은 '안'으로, aṁ은 그 다음에 오는 소리가 ① ② ③ ④ ⑤일 경우에는 각각 aṅ, añ, aṇ, an, am으로 소리나며, 모음일 경우에는 '암', 그 밖의 다른 소리일 경우에는 '앙'으로 소리난다.

그리고 y와 v일 경우에는 일반적으로 영어처럼 발음되지만 그 앞에 자음이 올 경우와 모음이 올 경우 각각 발음이 달라진다. 예를 들어 aya는 '아야'로 tya는 '띠야'로 ava는 엄밀하게 '아봐'로 일반적으로 '아바'로 tva는 '뜨와'로 소리난다. 또한 añña는 어원에 따라 '앙냐' 또는 '안냐'로 소리난다. 예를 들어 *sk.* saṁjñā에서 유래한 saññā는 쌍냐로 *sk.* prajñā에서 유래한 paññā는 '빤냐'로 읽는 것이 좋다. yya는 '이야'로 소리난다. 폐모음 ② ③ ④가 묵음화되어 받침이 될 경우에는 ㅅ, ①은 ㄱ ⑤는 ㅂ으로 표기한다.

글자의 사전적 순서는 위의 모음과 자음의 왼쪽부터 오른쪽으로의 순서와 일치한다. 단지 ṁ은 항상 모음과 결합하여 비모음에 소속되므로 해당 모음의 뒤에 배치된다.

빠알리어나 범어에 대한 정확한 발음은 본 협회의 개정판 ≪빠알리-한글사전≫을 참고하기 바란다. 그리고 이미 관행으로 굳어진 발음은 그대로 채용한다.

자음(子音)	폐쇄음(閉鎖音)				비음(鼻音)
	무성음(無聲音)		유성음(有聲音)		
	무기음	대기음	무기음	대기음	무기음
① 후음(喉音)	ka 까	kha 카	ga 가	gha 가	ṅa 나
② 구개음(口蓋音)	ca 짜	cha 차	ja 자	jha 자	ña 냐
③ 권설음(捲舌音)	ṭa 따	ṭha 타	ḍa 다	ḍha 다	ṇa 나
④ 치음(齒音)	ta 따	tha 타	da 다	dha 다	na 나
⑤ 순음(脣音)	pa 빠	pha 파	ba 바	bha 바	ma 마
⑥ 반모음(半母音)	ya 야, 이야 va 바, 와				
⑦ 유활음(流滑音)	ra 라 la ㄹ라 ḷa ㄹ라				
⑧ 마찰음(摩擦音)	sa 싸				
⑨ 기식음(氣息音)	ha 하				
⑩ 억제음(抑制音)	ṁ -ㅇ, -ㅁ, -ㄴ				

참모임의 옷에 대한 고찰

○ 옷의 종류

불교교단에서 옷은 '찌바라(Cīvara)'라고 한다. 거기에 황토빛의 색으로 염색하면, 가사(袈裟, 黃依 : kāsāya. kāsāva)가 된다. 재료는 분소의(糞掃衣 : Paṁsukulacīvara)를 기반으로 하지만, 아마옷, 면옷, 비단옷, 모직옷, 모시옷, 삼베옷(Vin. I. 57)이 허용되었다. 그리고 나중에는 장자가 제공하는 옷(Gahapaticīvara)도 허용되었다.(Vin. I. 280) 부처님께서 수행승들에게는 처음에는 대의(大衣 : Saṅghāṭī), 상의(上衣 : Uttarāsaṅga), 하의(下衣 : Antaravāsaka)의 세벌 옷(三衣 : Ticīvara : Vin. I. 288)만을 허용했는데, 나중에 수행승에게는 여섯 가지의 추가적인 옷이 허용되었다. 우기옷(雨浴衣 : Vassikasāṭika), 복창의(覆瘡衣 : Kaṇḍupaṭicchādī, Vin. I. 296), 타월(拭面布 : Mukhapuñchana), 좌와구용 깔개(敷布 : Nisīdana), 모전(毛廛 : Paccattharaṇa), 필수자구로 사용되는 천(資具巾 : Parikkhāracoḷaka : Vin. I. 297, 녹수낭과 행낭으로 사용)이었다. 그러나 수행녀에게는 두 가지 추가적인 옷 즉, 목욕옷(水浴衣 : Udakasāṭika, Vin. I. 294)과 복견의(覆肩衣 : Saṅkacchika : Vin. II. 272)이 허용되었고, 나중에 월경시에 사용하는 옷인 월화의(月華衣 : āvasathacīvara)가 허용되었다. 그리고 세벌 옷에서 대의는 옷이 새 것일 경우 천을 두 겹으로 겹쳐서 만들고, 상의와 하의는 한 겹의 천으로 만들었다.(Vin. I. 289) 그러나 옷이 헐었을 경우에는 헝겊조각을 대어서 대의는 네 겹으로, 상의와 하의는 두 겹으로 만들 수 있었고 분소의일 경우에는 헝겊의 보강이 무제한으로 이루어질 수 있으므로 여러 겹으로 만들 수 있었다.(Vin. I. 290)

○ 옷의 크기

일반수행승들의 옷은 부처님의 옷의 크기를 넘어서면 안 된다, 부처님의 옷의 크기는 행복한 님의 뼘으로 길이 아홉 뼘(navasugatavidatth i : 207cm∨810cm)이고 너비 여섯 뼘(chasugatavidatthi : 138cm∨540cm)으로 만들었는데, 그것을 초과하면, 단순속죄죄를 범하는 것이다.(괄호 안은 최소크기=표준크기∨최대크기를 표시; Vin. IV. 172; Khu-Pāc. 92; Nī-Pāc. 166). 아래의 도면에 언급된 크기는 쿳다까식카(Kuddakasikkhā Gāthā.45. 46)에서 그 최소 크기는 길이 뭇티빤짜까(Muṭṭhipañcaka=4.5 hattha)이고 넓이 뭇티띠까(Muṭṭhitika=2.5 hattha)이다. 그 크기가 얼마나 되는지 정확히 알 수 없으나 1핫타는 1완척(1腕尺=46-56cm)의 크기이니 대체로 뭇티빤자까는 위에서 행복한 님의 치수로 언급된 최소크기=표준크기와 거의 일치하는 것을 알 수 있다. 그러나 행복한 님의 치수에 대해서는 의견이 분분하다. 주석서(Smp. 567)에 따르면, '보통사람의 키의 크기는 행복한 님의 뼘(sugatavidatthi : 佛搩手=佛手尺)으로 3뼘'이므로, 목공의 완척(腕尺 : hattha = 46~56 cm)으로 1½완척의 크기이다. 그러므로 주석에 따른다면, 행복한 님의 1뼘은 보통사람의 세 배정도의 크기로 75cm 전후로 보아야 한다. 이렇게 보면, 주석서의 주장은 터무니 없이 큰 '확대크기'가 되어 버린다. 그러나 현재의 보통사람의 뼘의 표준크기는 23cm정도이다. 단순속죄죄법 제92조에 나오는 옷의 치수는 '행복한 님의 뼘으로 길이 9뼘, 폭 6뼘'이라고 되어 있으니, 표준크기로 207 ~ 270cm × 138 ~ 180cm이거나 확대크기로는 675 ~ 810cm × 450 ~ 540cm가 되어야 한다. '확대크기'가 맞다면, 터무니 없이 큰 옷이라 신화적인 요소가 개입된 것이라고 밖에 볼 수 없을 것이다. 따라서 행복한 님의 빠알리어인 '쑤가따'라는 말을 달리 해석해 볼 필요가 있다. '쑤가따'는 물론 초기경전에서 행복한 님, 또는 올바른 길로 잘 가신 님(善逝)은 고따마 부처님을 의미하지만, 앙굿따라니까야(AN. I. 217)이나 쌍윳따니까야(SN. IV. 252)에서는 부처님의 제자를 의미하기도 한다. 따라서 율장에서의 의미는 한역에서 일반적으로 번역하는 '부처님'이 아닌 다른 것일 수도 있다. 호너(Bd. I. 253)는 그것을 '행복한 님'인 여래라고 보지 않고 '수용된 것'이라는 과거분사로 해석하여 '수용된 길이(the accepted length)'라고 번역했는데, 그렇다면, '표준크기' 또는 '표준치수'라고 아예 이해하기 쉽게 번역하는 것이 옳을 수도 있다.

※ 참모임의 옷의 표준

오조가사(五條袈裟 : Pañcakhaṇḍikacīvara)의 재단

① Bāhanta ② Anuvivaṭṭa ③ Vivaṭṭa

④ Gaṇṭhiphalaka(※Gaṇṭhi) ⑤ Pāsakaphalaka(※Pāsaka)

← Muṭṭhipañcaka →

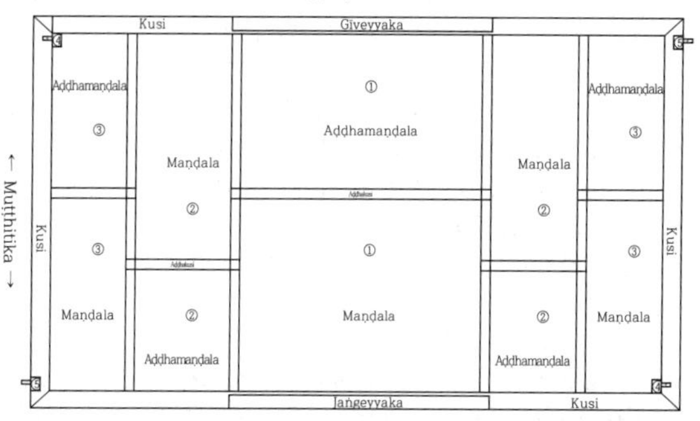

○ 옷의 재단(裁斷)

수행승들은 분소의를 기초생활수단으로 묘지에서 넝마를 얻어 그것으로 옷을 만들었지만, 부처님께서 라자가하 시에서 닥키나기리(Dakkhiṇāgiri) 언덕으로 유행을 떠나면서 수행승들을 위한 옷을 만들어보라고 제안한 것이 바로 위의 도면과 같은 구조의 옷이었다. 옷의 바깥 솔기부분을 꾸씨(大壇 : Kusi)라고 하고, 세로로 배치된 중앙의 조-조각, 즉 칸디까(條 : Khaṇḍika)을 비밧따(中條 : ①Vivaṭṭa)라고 하고, 여기에 연결되는 두 개의 조-조각을 아누비밧따(緣 : ②Anuvivaṭṭa)라고 한다. 그 밖으로 연결되는 두 조-조각을 바한따(臂帖 : ③Bāhanta)라고 한다. 각각의 조-조각은 위 아래로 다시 큰 것과 작은 것의 한 쌍으로 재단된 것을 꿰맨 것으로, 큰 것은 만달라(條 : Maṇḍala) 작은 것은 앗다만달라(葉 : Aḍḍhamaṇḍala)라고 하는데, 엇갈리게 배치

된다. '만달라'라고 명칭지어진 것은 착용했을 때, 몸을 둥글게 감싸기 때문이다. 이러한 다섯 조-조각이 연결되어 오조가사(五條袈裟 : Pañcakhaṇḍikacīvara)가 된다. 그리고 중앙의 연결솔기-부위들은 앗다꾸씨(Aḍḍhakusi)라고 하고, 그리고 밖의 솔기-부위는 꾸씨(大壇 : Kusi)라고 하는데, 윗쪽은 기베이야까(頸帖 : Gīveyyaka)라고 불리는 다른 천조각층으로 강화되는데, 목부분에서 닳아 없어지는 것을 방지하기 위한 것이다. 그리고 아랫쪽은 장게이야까(脚帖 : Jaṅgeyyaka)라고 불리는 천-조각층으로 강화되는데, 다리부분에서 닳아 없어지는 것을 방지하기 위한 것이다. 그리고 옷의 내부의 귀퉁이에 각각 버튼을 조이는 것이 있는데, 각각 간티=인끈(紐 : ④※Gaṇṭhi)와 빠싸까=고리끈(鉤 : ⑤※Pāsaka)라고 불리고, 이 부분은 간티팔라까=인끈판(紐板 ④ : Gaṇṭhikaphalaka)와 빠싸까팔라까=고리판(鉤板 : ⑤ Pāsakaphalaka)이라고 불리는 옷의 다른 조각판에 붙어서 조여진다. 오조가사(五條袈裟)는 참모임의 표준적인 옷이라고 할 수 있다. 왜냐하면, 공덕의(功德衣)라고 불리는 '까티나옷은 오조(五條) 또는 오조이상이 그 같은 날에 재단되고 테두리가 만들어지지 않는 것에 의해서 성립되지 않는다.'(Vin. I. 254)라는 말이 있기 때문이다. 오조가사는 다섯 조각으로 재단하여 꿰매는 것이지만, 일곱 조각으로 만드는 칠조가사(七條袈裟), 아홉 조각 등으로 만드는 구조가사(九條袈裟) 등이 있다.(Smp. 1196) 그런데 반드시 홀수의 조각이어야 한다. 인끈판을 단에 붙이는데 고리판의 일곱 손가락마디(17.5cm∨52.5cm)이나 여덟 손가락마디(20cm∨60cm) 물러나 붙여야 한다.(Vin. II. 137) 세벌 옷은 논밭의 조각처럼 조각으로 재단되어 만들어지지 않았다면, 입어서는 안 된다(Vin. I. 287)는 원칙이 있었으나 세 벌 옷 가운데 적어도 한 벌은 천조각으로 재단한 것을 기운 옷을 입어야 한다(Vin. I. 297)는 것으로 원칙이 수정되었다.

그리고 옷의 재단과 관련하여 세벌 옷(三衣 : Ticīvara)에 대하여 좀 더 상세히 설명하자면, 승단에는 개인의 소유를 허용한 삼의(三衣 : ticīvara) 즉, 세벌 가사(袈裟)가 있다. 각각의 가사의 치수는 어떠한 수행승이든 행복한 님의 옷과 같은 치수의 옷이나 그 이상의 치수의 옷을 입고 다니면, 잘라내는 것을 포함하여 단순속죄죄를 범하는 것이다. 여기서 행복한 님의 옷의 치수라면 행복한 님의 뼘으로 길이 아홉 뼘(207cm∨810cm)이고 너비 여섯 뼘(138cm∨540cm)이니, 그것이 바로 행복한 님의 옷의 치수이다.(Vin. IV. 172; Khu-Pāc. 92) ① 대의(大衣 : saṅghāṭī) : 한역음사는 승가리(僧伽梨)로 세벌 옷 가운데 가장 크므로 대의(大衣)라고 한다. 전체적으로 천-조각들을 두 겹으로 겹쳐서 만든 중의(重衣)로, 조-조각(條 : khaṇḍika)의 수가 가장 많으므로 잡쇄의(雜碎衣)라고 한다. 조-조각은 9조 내지 25조까지 재단하여 만들 수 있는데, 설법할 때, 걸식하러 갈 때, 왕궁에 갈 때 입는다. ② 상의(上衣 : uttarāsaṅga) : 한역음사는 울다라승(鬱多羅僧)으로 윗도리로 입기 때문에 상의(上衣)·상착의(上著衣)라고 하며, 세벌 옷 가운데 그 가치가 중간이므로 중가의(中價衣)라고 한다. 주로 대중이 모인 의식 때 입기 때문에 입중의(入衆衣)라고 한다. 조-조각은 7조로 구성되며, 의식을 행할 때 입는다. ③ 하의(下衣 : antaravāsaka) : 한역음사는 안타회(安陀會)로 하의(下衣)·내의(內衣)·중숙의(中宿衣)라고 한다. 조-조각은 5조로 구성되며 오조가사(五條袈裟)라고도 하는데, 작업하거나 잠을 잘 때나 길을 갈 때나 사원의 실내에서 입는다.

기타의 다른 옷의 종류를 만들 때에는 치수만이 규정되어 있다. 우기옷은 행복한 님의 뼘으로 길이 여섯 뼘(138cm∨540cm)이고 너비 두 뼘 반(57.5cm∨225cm)이어야 한다.(Vin. IV. 172; Khu-Pāc. 91) 좌와구용 깔개는 행복한 님의 뼘으로 길이 두 뼘(46cm∨180m)이고 너비 한 뼘 반(34.5cm∨135cm)이고 테두리 한 뼘(23cm∨90m)이어야 한다. 복창의(覆瘡衣)는 행복한 님의 뼘으로 길이 네 뼘(92cm∨360cm)이고 너비 두 뼘(46cm∨180cm)이어야 한다.(Vin. IV. 170; Khu-Pāc. 90) 수행녀에게 허용된 목욕옷은 행복한 님의 뼘으로 길이는 네 뼘(92cm∨360cm)이고 너비 두 뼘(46cm∨180cm)이어야 한다.(Vin. IV. 297 : Nī-Pāc. 22)

○ 옷의 꿰매기

옷으로 사용할 수 있는 최소한 천조각의 크기는 행복한 님의 손가락마디로, 길이 여덟 손가락마디(20cm∨60 cm), 너비 네 손가락마디(10cm∨30cm)이다.(Vin. I. 297) 옷을 꿰매는 도구로 바늘(suci), 바늘통(sucighara), 까티나틀(Kaṭhina), 까티나틀줄(Kaṭhinarajju), 까티나틀의 막대(daṇḍakaṭhina) 꼬챙이(vidalaka) 나무핀(salāka) 묶음줄(vinandhanarajju), 묶음끈(vinandhanasuttaka), 골무(paṭiggaha), 시침실(moghasuttaka) 등을 사용했다.(Vi. II. 116)

○ 옷의 염색

옷은 알맞게 염색되어야 사용할 수 있다. 처음에는 참모임에서 다른 이교도들이 하듯이 황토(Paṇḍumattikā)를 사용하거나 쇠똥(Chakaṇa)을 사용하여 염색을 했다. 나중에 부처님은 이러한 재료를 대신해서 여섯 가지 염료 즉, 뿌리-염료(Mūlarajana), 줄기-염료(Khandharajana), 껍질-염료(Tacarajana) 잎-염료(Pattarajana), 꽃-염료(Puppharajana), 열매-염료(Phalarajana)를 허용했다.(Vin. I. 286) 옷의 색깔은 온통 푸른색, 온통 노란색, 온통 붉은색, 온통 진홍색, 온통 검은색, 온통 홍람색(sabbamahāraṅgarattāni), 온통 낙엽색 옷(sabbamahānāmarattāni)으로 염색해서는 안 된다.(Vin. II. 306) 염색-재료에서 준비된 염료를 '까싸바(Kasāva)'라고 하는데, 그래서 수행승의 옷을 가사(袈裟 : Kasāva)라고 부른 것이다. 일반적인 '까싸바'의 색깔은 현재 남방의 수행승의 법의에서 보듯, 붉은색과 노란색의 중간에 해당한다. 스리랑카에서는 잭프루트(jackfruit)의 뿌리의 색깔이 법의의 표준색깔로 통용된다. 그리고 염색을 위한 다양한 도구를 화덕(Culli), 염색용-단지(Rajanakumbhī), 수반(Uttarālumpa), 염료용-국자(Rajanuluṅka), 염료용-주전자(Rajanakolamba)와 염료용-옹기(Rajanaghaṭa), 염료용-나무통(Rajanadoṇi), 옷시렁(Cīvaravaṁsa), 옷걸이줄(Cīvararajju) 등을 부처님께서는 허용했다.(Vin. I. 286) 그리고 특기할 만한 것은 옷은 반드시 사용하기 전에 한 모퉁이라도 세 가지 괴색(壞色) 즉, 청색이나 진흙색이나 흑갈색 가운데 한 괴색을 취해야 하지만, 만약에 수행승이 세 가지 괴색 가운데 한 괴색을 취하지 않고 새 옷을 착용하면, 단순속죄죄를 범하는 것이다.(Khu-Pāc. 58; Nī-pāc. 134) 괴색을 취한다는 것은 새 옷이 허용될 수 있도록 찍어 넣는 작은 얼룩점(Kappabindu : Smp. 863)을 취한다는 것이다. 이것은 옷을 타인의 옷과 구별하기 위한 것으로 보인다.

○ 옷처리시기와 옷의 수납

경전 상에서 옷과 옷의 구별이 별도로 없이 찌바라(Cīvara)라고 사용되기 때문에, 그것을 일일이 구분하는 것은 쉽지가 않다. 일반적으로 옷은 안거(Vassāvāsa)가 끝나면, 수행승들에게 제공된다. 그후 몇 달 동안 지속되는 옷을 만드는 시기를 옷처리시기(Cīvarakāla)라고 한다. 이 옷처리시기는 수행승에게 옷이 보시되는 때(Cīvaradānasamaya)와 옷을 만들 때(Cīvarakārasamaya)를 말한다. '옷처리시기'라는 것은 까티나옷이 성립하지 않을 때의 우기의 마지막 달이나 까티나옷이 성립할 때의 다섯 달 동안을 뜻한다.(Vin. IV. 287) 참모임에 기증되는 옷이 많아지자, 참모임을 위한 옷수납자(cīvarapaṭiggāhaka), 옷보관자(Cīvaranidāhaka), 창고(Bhaṇḍāgā ra), 창고관리자(Bhaṇḍāgārika), 옷분배자(Cīvarabhājaka)이 생겨났다.(Vin. I. 283)

○ 기타 율장의 옷에 관한 대강

옷은 수행승의 주요 필수품의 하나이다. 율장은 그 사용에 대하여 많은 부분을 할애하고 있다. 율장의 『다발부』에서는 『마하박가』에서 제7장은 전체가 까티나옷의 다발(Kaṭhinakkhandhaka)을 다루고 제8장은 전체가 옷의 다발(Cīvarakkhandhaka)을 다루고 있다.(Vin. I. 253-311) 그리고 『비방가』와 『빠띠목카』에서, 23개의 수행승의 상실속죄죄법(23 Khu-Niss.), 16개의 수행녀의 상실속죄죄법(16 Nī-Niss.), 10개의 수행승의 단순속죄죄법(10 Khu-Pāc.), 17개의 수행녀의 단순속죄죄법(17 Nī-Pāc.)이 옷에 관한 의무계율을 다루고 있다. 부처님께서는 수행승들에게 옷에 대하여 이주 주의 깊게 다루도록 설한 것이 있다 : 수행승들이여, 헝겊조각을 대는 것, 실로 꿰매는 것, 철하는 것, 천조각으로 표시하는 것, 단단히 매듭짓는 것을 허용한다.(anujānāmi bhikkhave aggaḷaṁ, tunnaṁ, ovaṭṭikaṁ, kaṇḍūsakaṁ, daḷhīkamman'ti Vin. I. 290)

아난다는 우데나와 왕과 참모임의 옷에 대하여 문답을 한다. 아난다는 옷이 닳아서 낡은 폐의(dubbalacīvarā)가 되면, 침상-깔개(uttarattharaṇa)로 만들고, 그것이 낡으면, 매트-싸개(bhisicchaviyo)로 만들고, 그것이 낡으면, 바닥깔개(bhummattharaṇāni)로 만들고, 그것이 낡으면, 발-매트(pādapuñchaniyo)로 만들고, 그것이 낡으면, 막사용-걸레(rajoharaṇa)로 만들고 그것도 낡으면, 그것을 찢어서 진흙으로 섞어서 바닥에 바를 것이라고 대답한다.(Vin. II. 292)

○ 개인의 소유로서의 결정(Cīvarādhiṭṭhana)

세벌 옷(ticīvara)이나 우기옷(vassikasāṭika)이나 좌와구용 깔개(nisīdana)나 모전(paccattharaṇa)이나 복창의(kaṇḍupaṭicchādī : 覆瘡衣)나 타월(mukhapuñjanacoḷa)이나 필수자구로 사용되는 천(parikkhāracoḷaka)의 아홉 가지 옷은 새로운 옷을 사용하기 이전에 개인의 소유로 결정되어야 하는 옷(Cīvarādhiṭṭhana)이고, 이 가운데 우기옷과 복창의와 우기와 병들었을 때만 개인의 소유로 결정되어야 하고, 이 이후에는 양도되어야 하는 것이다.(Vin. I. 297) 그밖에 수행녀의 복견의와 목욕옷(Vin. II. 272)은 세벌 옷처럼 취급되지만, 수행녀의 월화의(月華衣)는 월경시에만 사용하고(Vin. IV. 303; Nī-Pāc. 47) 그 이후에는 넘겨주어야 한다. 그리고 새로운 옷은 열흘까지는 사용하지 않고 보관할 수 있다. 그 기간을 넘기면 상실속죄죄법(Khu-Niss. 1과 Nī-Niss. 13)에 저촉된다.

계명 및 기타색인

의전경계(衣纏頸戒) …………… 605

빠알리계명색인

비나야삐따까의 교정

이 책을 통한 ≪빠알리율≫과 ≪사분율≫의 계본대조로 윤문이 필요하거나 빠알리문 따붙이기 실수로 인한
비나야삐따까(2020년)를 다음과 같이 교정합니다.

비나야삐따까교정

전체 : 와좌구용→ 좌와구용. 280쪽이하 12 ~26, 33 ~37 : 수행승들이여. 와주십시오. 수행승들→ 존자들이여, 와주십시오. 존자들. 1633쪽, 주석 3861 : 축생활→ 축생계. 2675쪽 2-4 : 없다 → 있다. 2785쪽 2-3, 2786쪽 2-3 : 주는→ 받을 수 있도록 맡는 Khu-Pār. 2(Nī-Pār. 2) : 정글→ 숲속. Khu-Saṅgh. 9 : deso→ doso. Khu-Saṅgh. 13(Nī-Saṅgh. 17) : 수행승(녀)들은 … 자들이고(자들인데)→ … 수행승(녀)들이 있고(있는데), Bhikkhu Aniy.→ Khu-Aniy. Nī-Niss. 3 : 옷을 빼앗기 → 교환한 옷; acchindana→ parivattana. Khu-Niss. 9 : 그 옷의 자금으로 옷을 구입해서→ 삭제. Nī-Niss. 17(Nī ∅Niss. 7)→ Nī-Niss. 7(Nī ∅Niss. 7). Khu-Niss. 25(Nī-Niss. 6)→ Khu-Niss. 25(Nī-Niss. 26). Khu-Pāc. 17, 18(Nī-Pāc. 113, 114) : pāv→ pāc. Khu-Pāc. 24 : 식(識)→기(譏). Khu-Pāc. 68, 70(Nī-Pāc. 146, 148) : 옳지 않다.→ 옳지 않다. 세존께서 그와 같이 말하지 않았다. Khu-Pāc. 69(Nī-Pāc. 147) : 말하고→ 말하는. Khu-Pāc. 82(Nī-Pāc. 160) : 수행승들이여→ 삭제. Khu-Pāc. 83 : tananake→ ratanake. Khu-Pāc. 84 (Nī-Pāc. 161) : 수행승들이든 → 수행승이든, Nī-Pār. 6 : '라고 말해야 한다 → 저는 않는다면 그녀→ 않겠습니다.'라고 하더라도, 그녀. Khu-Pāc. 89 : m→cm. Nī-Pāc. 18 : 경멸→ 협책. Nī-Pāc. 83 : 82→83. Nī-Pāc. 96 : 승지지→ 승기지. Nī-Pāc. 103 : purisavi→ itthivi. Nī-Pāc. 155 그가 → 그녀가. Nī-Pāc. 139, 156, 159 : 수행승→ 수행녀. Khu-Pāc. 65 : 수행승들이여→ 어떠한 수행승이든. Khu-Paṭid. 2 : supaṁ→ sūpaṁ, Nī-Paṭid. 1 : 걸수→걸소. Khu-Sekh. 57. 58. 63. 64(Nī-Sekh, 57. 58. 63. 64) : sikhāpadaṁ→ sikhā. 3428쪽 : 제17조→ 제7조. 주석7195 : bhante saṅgho→ bhante saṅgho ajj'uposatho pannraso. asanniyā→ asantiyā, āpantena→ āpa- nnena, santi→ santī; 주석7486(문장을 여성형으로) : bhante saṅgho→ ayye saṅgho ajj'uposatho pannaraso. āyasmanto→ ayyāyo. sabbeva→ sabbāva. puṭṭhassa→ puṭṭhassā.. yo pana bhikkhu→ yā pana bhikkhunī. usāvādassa→ usāvādassā. bhik- khunā āpannena→ bhikkhuniyā āpannnāya. pekkhena santi→pekkhāya santī. 3503쪽이하/빅쿠니의무계율조항대조표/법장부 : Nī-Pār. 6→ 7. 7→ 8, 8→6; Nī-Saṅgh. 6→7. 7→6. 12→13. 13→12. Nī-Niss. 15→ 16. 16→15; Nī-Pāc. 31→21. 33→22. 34→23. 37→24. 38→ 25. 39→ 26. 46→31. 43→ 28. 44→ 29. 45→ 30. 42→ 27. 47→32. 48→33. 49→ 34. 50→35. 51→36. 53→38. 52→ 37. 54→39. 55→40. 57→42. 56→41. 60→45. 59→44. 58→ 43. 61→46. 62→47. 66→50. 67→51. 69→53. 70→ 54. 71→ 55. 72→56. 73→57. 78→62. 79→63. 80→64. 63→48. 77→ 61. 76→60. 75→59. 74→58. 82→66. 86→ ∅. 84→ ∅. 85→ ∅. 88→ ∅ 89→ ∅; 39→139. Nī-Paṭid.. 5→7. 6→8. 7→5. 8→6.

빠알리성전 간행에 힘을 보태주십시오

이 세상에 꽃비가 되어 흩날리는 모든 공덕의 근원은 역사적인 부처님께서 몸소 실천하신 자비의 한걸음 한걸음 속에 있습니다. 한국빠알리성전협회는 부처님의 가르침을 생생한 원음으로 만나고자 원하는 분들을 위하여 부처님말씀을 살아 있는 오늘의 우리말로 번역 보급하고 있습니다. 불교를 알고자 하는 분이나 좀 더 깊은 수행을 원하는 분에게 우리말 빠알리대장경은 세상에 대한 앎과 봄의 지혜를 열어줄 것입니다. 한국빠알리성전협회에 내시는 후원금이나 회비 그리고 책판매수익금은 모두 빠알리성전의 우리말 번역과 출판, 보급을 위해 쓰입니다. 작은 물방울이 모여서 바다를 이루듯, 작은 정성이 모여 역경불사가 원만히 성취되도록 많은 격려와 성원을 부탁드립니다.

신한은행 313-04-195605 국민은행 752-21-0363-543
우리은행 110-319399-02-101 농 협 023-02-417420
전재성

명예 발간인을 초빙합니다.

빠알리성전협회에서는 경전은 기본적으로 천권 단위로 출간을 합니다. 새로 번역되는 경전의 출간뿐만 아니라 이미 역출하여 발간된 경전도 지속적으로 재간하여 가르침의 혈맥이 법계에 끊이지 않고 전파되도록 개인이나 가족단위로 기부가 이루어지고 있습니다. 본협회에서는 한 번에 천권 단위의 경전을 출간할 때에 필요한 최소한의 출판비를 전액 기부하시는 분에게는 그 경전의 명예 발간인으로 초대되어 발간사를 헌정하는 전통을 갖고 있습니다. 이미 출간된 많은 경전이 오 년 내지 칠 년이 지나 재출간을 기다리고 있습니다. 명예발간인은 역경된 빠알리성전의 출간뿐만 아니라 그러한 재출간이나 개정본출간에도 발간사를 헌정할 수 있습니다. 또한 원한다면, 명예발간인은 본협회발행의 경전들 가운데 어떤 특정한 경전을 지정하여 출간비를 보시할 수도 있습니다. 단, 그럴 경우 경전에 따라서 재출간되기까지 상당한 시일이 소요될 수 있습니다.

빠알리대장경구성과 약어표시	
빠알리삼장	주석서
Vinaya Piṭaka(律藏)	Samantapāsādikā(Smp.善見律毘婆沙疏) Kaṅkhāvitaraṇī(on Pātimokkha) (解疑疏 : 戒本에 대한 것)
Sutta Piṭaka(經藏);	
Dīgha Nikāya(DN.長部阿含)	Sumaṅgalavilāsinī(Smv.妙吉祥讚)
Majjhima Nikāya(MN.中部阿含)	Papañcasūdanī(Pps.滅戱論疏)
Saṁyutta Nikāya(SN.相應阿含)	Sāratthappakāsinī(Srp.要義解疏)
Aṅguttara Nikāya(AN.增部阿含)	Manorathapūraṇī(Mrp.如意成就)
Khuddaka Nikāya(小部阿含);	
Khuddakapāṭha(小誦經)	Paramatthajotikā(I)(Prj.勝義明疏)
Dhammapada(Dhp.法句經)	Dhamapadaṭṭhakathā(DhpA.法句義釋)
Udāna(Ud.自說經)	Paramatthadīpanī(I)(UdA.勝義燈疏)
Itivuttaka(It.如是語經)	Paramatthadīpanī(II)(ItA.勝義燈疏)
Suttanipāta(Stn.經集)	Paramatthajotikā(II)(Prj.勝義明疏)
Vimānavatthu(天宮事)	Paramatthadīpanī(III)(勝義燈疏)
Petavatthu(餓鬼事)	Paramatthadīpanī(IV)(勝義燈疏)
Theragāthā(Thag.長老偈)	Paramatthadīpanī(V)(勝義燈疏)
Therīgāthā(Thig.長老尼偈)	
Jātaka(Jāt.本生經)	Jātakaṭṭhavaṇṇanā(本生經讚)
Niddesa(Nid.義釋)	Saddhammapajotikā(妙法解疏)
Paṭisambhidāmagga(Paṭis.無碍解道)	Saddhammappakāsinī(妙法明釋)
Apadāna(Ap.譬喩經)	Visuddhajanavilāsinī(淨人贊疏)
Buddhavaṁsa(佛種姓經)	Madhuratthavilāsinī(如蜜義讚)
Cariyāpiṭaka(所行藏)	Paramatthadīpanī(VII)(勝義燈疏)
Abhidhamma Piṭaka(論藏);	
Dhammasaṅgaṇi(法集論)	Aṭṭhasālinī(勝義論疏)
Vibhaṅga(分別論)	Sammohavinodani(除迷妄疏)
Dhātukathā(界論)	Pañcappakarañatthakathā(五論義疏)
Puggalapaññatti(人施設論)	Pañcappakarañatthakathā(五論義疏)
Kathavatthu(論事)	Pañcappakaraṇatthakathā(五論義疏)
Yamaka(雙論)	Pañcappakaraṇatthakathā(五論義疏)
Tikapaṭṭhāna(發趣論)	Pañcappakaraṇatthakathā(五論義疏)
Dukapaṭṭhāna(發趣論)	Pañcappakaraṇatthakathā(五論義疏)